z 59868

Paris
1868

Schiller, Friedrich von

Oeuvres complètes

Poésies

Tome 3

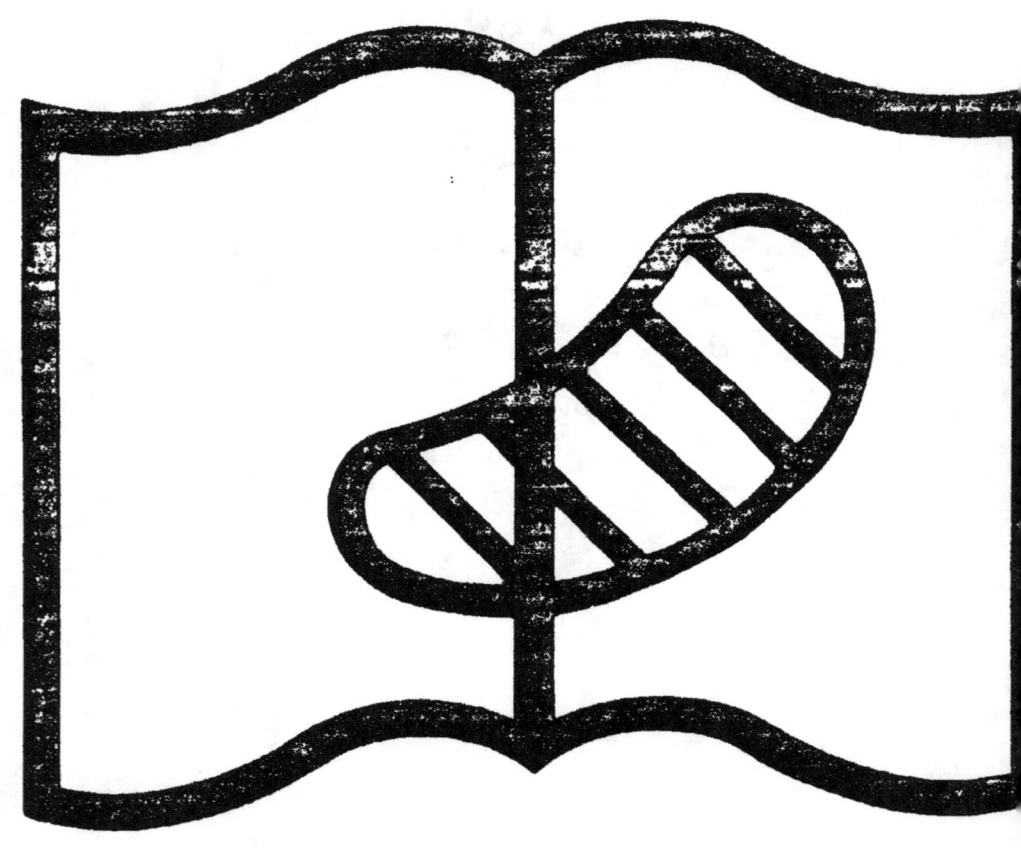

Symbole applicable
pour tout, ou partie
des documents microfilmés

Original illisible

NF Z 43-120-10

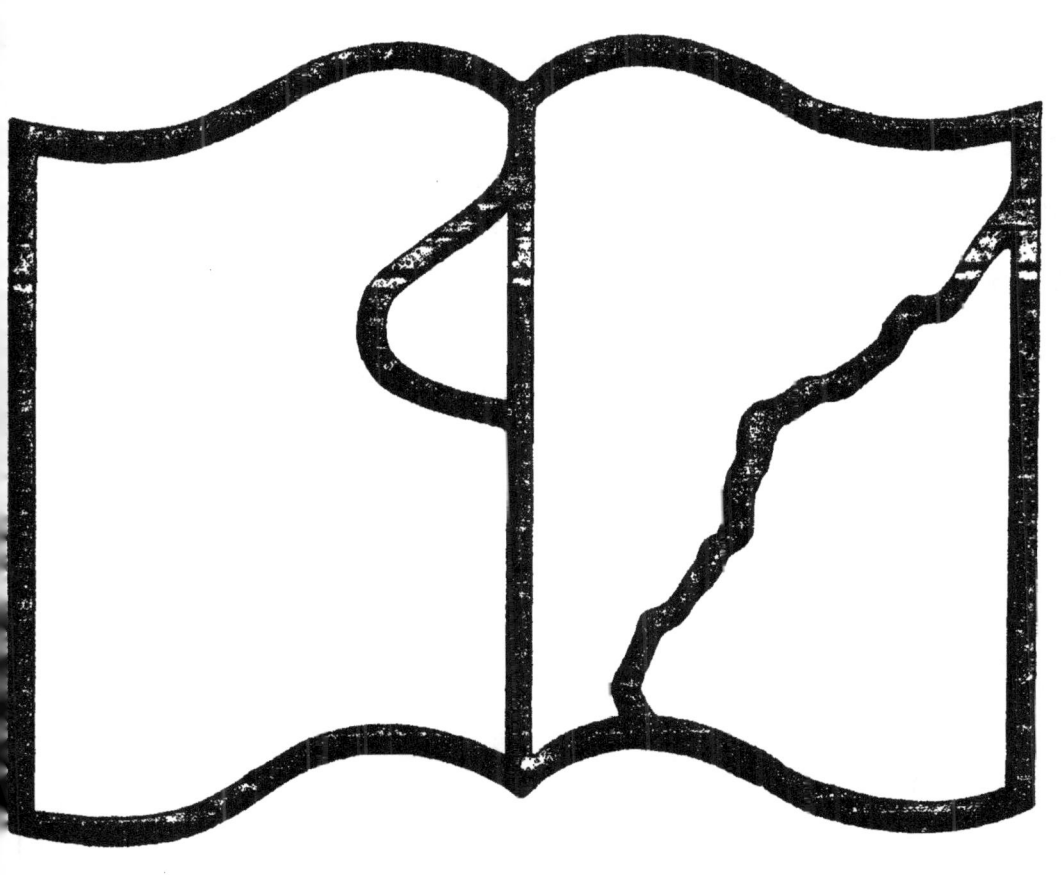

Symbole applicable
pour tout, ou partie
des documents microfilmés

Texte détérioré — reliure défectueuse

NF Z 43-120-11

59868

ŒUVRES
DE SCHILLER

III

IMPRIMERIE GÉNÉRALE DE CH. LAHURE
Rue de Fleurus, 9, à Paris

THÉATRE
DE SCHILLER

TRADUCTION NOUVELLE

PAR AD. REGNIER
MEMBRE DE L'INSTITUT

TOME DEUXIÈME

PARIS
LIBRAIRIE DE L. HACHETTE ET Cie
BOULEVARD SAINT-GERMAIN, N° 77

1869

DON CARLOS

INFANT D'ESPAGNE

POÉME DRAMATIQUE

PERSONNAGES.

PHILIPPE II, roi d'Espagne.
ÉLISABETH DE VALOIS, sa femme.
DON CARLOS, prince royal.
ALEXANDRE FARNÈSE, prince de Parme, neveu du roi.
L'INFANTE CLAIRE-EUGÉNIE, enfant de trois ans.
LA DUCHESSE D'OLIVAREZ, grande maîtresse de la cour.
LA MARQUISE DE MONDÉCAR, }
LA PRINCESSE D'ÉBOLI, } dames de la reine.
LA COMTESSE FUENTÈS, }
LE MARQUIS DE POSA, chevalier de Malte, }
LE DUC D'ALBE, }
LE COMTE DE LERME, commandant de la garde du corps, }
LE DUC DE FÉRIA, chevalier de la Toison d'or, } grands d'Espagne.
LE DUC DE MÉDINA SIDONIA, amiral, }
DON RAIMOND DE TAXIS, grand maître des postes, }
DOMINGO, confesseur du roi.
LE GRAND INQUISITEUR du royaume.
LE PRIEUR d'une chartreuse.
UN PAGE de la reine.
DON LOUIS MERCADO, médecin de la reine.
Plusieurs dames et grands d'Espagne. Pages. Officiers. La garde du corps et divers personnages muets.

DON CARLOS

INFANT D'ESPAGNE.

ACTE PREMIER.

Le jardin royal d'Aranjuez.

SCÈNE I.

CARLOS, DOMINGO.

DOMINGO.

Les beaux jours d'Aranjuez sont maintenant finis. Votre Altesse Royale quitte ce séjour sans y avoir retrouvé la sérénité. C'est en vain que nous sommes venus ici. Rompez ce silence énigmatique; ouvrez votre cœur, prince, au cœur paternel. Le roi ne pourra jamais payer trop cher le repos de son fils.... de son fils unique.... (*Carlos regarde la terre et demeure en silence.*) Y aurait-il encore quelque désir que le ciel refusât au plus cher de ses enfants? J'étais présent lorsque, dans les murs de Tolède, le fier Carlos reçut l'hommage, que des princes se pressaient à son baise-main, et que, dans une seule.... une seule génuflexion, six royaumes tombaient à ses pieds.... J'étais là;

et je vis le noble sang du jeune homme monter à ses joues, son sein agité de royales pensées ; je vis son regard enivré voler par toute l'assemblée, éclater de joie.... prince, et ce regard disait : « Je suis satisfait. » *(Carlos se détourne.)* Ce chagrin muet et solennel, prince, que, depuis huit mois déjà, nous lisons dans vos yeux, cette énigme de toute la cour, cette angoisse du royaume, a déjà coûté à Sa Majesté plus d'une nuit inquiète, plus d'une larme à votre mère.

CARLOS *se retourne vivement.*

Ma mère !... O ciel ! fais que je pardonne à celui qui en a fait ma mère !

DOMINGO.

Prince !

CARLOS *se ravise et passe la main sur son front.*

Révérend père.... j'ai bien du malheur avec mes mères. Mon premier acte, quand j'ouvris les yeux à la lumière du jour, a été le meurtre de ma mère.

DOMINGO.

Est-il possible, prince ? Se peut-il que ce reproche pèse sur votre conscience ?

CARLOS.

Et ma nouvelle mère.... ne m'a-t-elle pas déjà coûté l'amour de mon père ? Mon père m'aimait à peine ; tout mon mérite était, à ses yeux, d'être son unique enfant. Elle lui a donné une fille.... Oh ! qui sait ce qui sommeille dans les profondeurs du temps à venir ?

DOMINGO.

Vous vous moquez de moi, prince. Toute l'Espagne idolâtre sa reine. Vous seul la regarderiez avec les yeux de la haine ? A sa vue, vous n'écouteriez que les calculs de la prudence ? Comment, prince ? La plus belle femme du monde, et reine.... et naguère votre fiancée ?... Impossible, prince ! incroyable ! jamais ! Ce que tous aiment, Carlos ne peut être seul à le haïr. Carlos ne saurait être dans une si étrange contradiction avec lui-même. Prenez garde, prince, qu'elle apprenne jamais à quel point elle déplait à son fils. La nouvelle l'affligerait.

CARLOS.

Croyez-vous ?

DOMINGO.

Si Votre Altesse se souvient du dernier tournoi de Saragosse, où un éclat de lance effleura le roi notre seigneur.... La reine était assise, avec ses dames, à la tribune du milieu du palais, et regardait le combat. Tout à coup l'on cria : « Le roi saigne!... » On se précipite confusément, un sourd murmure parvient à l'oreille de la reine. « Le prince? » s'écrie-t-elle, et elle veut.... elle veut s'élancer du haut du balcon.... « Non, c'est le roi lui-même! » lui répond-on.... » Eh bien! qu'on aille chercher des médecins, » réplique-t-elle en reprenant haleine. (*Après un moment de silence.*) Vous demeurez pensif?

CARLOS.

J'admire l'humeur joviale du confesseur du roi et m'étonne de le voir si bien au courant des histoires malignes. (*D'un ton grave et sombre.*) Cependant j'ai toujours ouï dire que ceux qui épient les démarches et colportent des histoires ont fait plus de mal en ce monde que le poison ou le poignard dans la main du meurtrier. Vous pouviez, mon père, vous épargner cette peine. Si vous attendez des remercîments, allez auprès du roi.

DOMINGO.

Vous faites très-bien, mon prince, d'être circonspect avec les hommes.... mais il faut du discernement. Ne repoussez pas l'ami avec l'hypocrite. J'ai les meilleures dispositions pour vous.

CARLOS.

Gardez-vous de le laisser voir au roi. C'en serait fait de votre pourpre.

DOMINGO, *jouant la surprise.*

Comment?

CARLOS.

Eh bien oui! Ne vous a-t-il pas promis le premier chapeau dont disposera l'Espagne?

DOMINGO.

Prince, vous vous raillez de moi.

CARLOS.

Que Dieu me garde de railler l'homme redoutable dont la sentence peut sauver mon père ou le damner!

DOMINGO.

Je ne serai point assez téméraire, prince, pour pénétrer l'auguste secret de votre chagrin. Seulement, je prie Votre Altesse de se rappeler que l'Église ouvre aux angoisses de la conscience un refuge dont les monarques n'ont point la clef, où les crimes même sont déposés en sûreté sous le sceau du sacrement.... Vous savez, prince, de quoi je veux parler. J'en ai dit assez.

CARLOS.

Non, loin de moi la pensée de soumettre le garde du sceau à une telle tentation!

DOMINGO.

Prince, cette méfiance.... Vous méconnaissez votre plus fidèle serviteur.

CARLOS *lui prend la main.*

Eh bien! renoncez plutôt à me guérir. Vous êtes un saint homme, le monde le sait.... mais, à parler franchement.... pour moi, vous êtes déjà trop surchargé. Jusqu'à ce que vous soyez assis sur le trône de saint Pierre, votre route, révérend père, est longue entre toutes. Trop savoir pourrait embarrasser votre marche. Rapportez cela au roi, qui vous a envoyé ici.

DOMINGO.

Qui m'a envoyé?

CARLOS.

Je l'ai dit. Oh! je sais bien, trop bien, que je suis trahi à cette cour.... Je sais que cent yeux sont soldés pour me surveiller; je sais que le roi Philippe a vendu son fils unique aux plus vils de ses valets, et que chaque syllabe qu'on me surprend est payée au délateur plus royalement qu'il n'a jamais payé une bonne action. Je sais.... Oh! taisons-nous! Rien de plus! mon cœur menace de déborder, et j'en ai déjà trop dit.

DOMINGO.

Le roi a l'intention de rentrer à Madrid avant ce soir. Déjà la cour se rassemble. Aurai-je l'honneur, prince....

CARLOS.

C'est bien. Je vais vous suivre. (*Domingo sort. — Après un mo-*

ment de silence.) O roi digne de pitié! non moins à plaindre que ton fils!... Déjà je vois ton cœur saigner de la morsure envenimée du soupçon; ta malheureuse curiosité veut précipiter la plus terrible des découvertes, et tu seras en proie à la rage, quand tu l'auras faite.

SCÈNE II.

CARLOS, LE MARQUIS DE POSA.

CARLOS.

Qui vient là?... Que vois-je?... Oh! mes bons anges! mon Rodrigue!

LE MARQUIS.

Mon Carlos!

CARLOS.

Est-il possible? Est-il vrai? Ne me trompé-je pas? Est-ce toi?... Oh! oui, c'est toi! Je te presse sur mon cœur, je sens le tien battre sur ma poitrine avec une force toute-puissante. Oh! maintenant, tout est bien! tout est réparé! Mon cœur malade retrouve la santé dans cet embrassement. Je repose sur le sein de mon Rodrigue.

LE MARQUIS.

Malade? votre cœur malade? Et qu'est-ce qui est réparé? Qu'est-ce donc qui avait besoin d'être réparé? Vous entendez ce qui cause mon étonnement.

CARLOS.

Et qu'est-ce qui te ramène si inopinément de Bruxelles? A qui dois-je cette surprise? A qui? Je le demande encore? Pardonne ce blasphème à l'ivresse de ma joie, auguste Providence! A qui, si ce n'est à toi, Dieu de toute bonté? Tu savais que Carlos n'avait pas de bon ange, tu m'as envoyé celui-ci, et j'interroge encore?

LE MARQUIS.

Pardon, mon cher prince, si je ne réponds que par la stupeur à ces transports impétueux. Ce n'était pas ainsi que je m'attendais à revoir le fils de don Philippe. Une rougeur, qui n'est point naturelle, enflamme vos joues pâles, et vos lèvres tremblent de la fièvre. Que dois-je croire, mon cher prince?... Ce n'est pas là le jeune homme au cœur de lion vers qui m'envoie un peuple héroïque opprimé.... Car maintenant, ce n'est pas Rodrigue qui est devant vous, ce n'est pas le compagnon des jeux de Carlos enfant.... C'est le député de l'humanité tout entière qui vous embrasse.... Ce sont les provinces de Flandre qui pleurent sur votre sein et vous adjurent solennellement de les délivrer. C'en est fait de cette contrée chère à votre cœur, si Albe, ce dur valet de bourreau du fanatisme, paraît devant Bruxelles avec les lois d'Espagne. C'est sur le glorieux petit-fils de l'empereur Charles que repose le dernier espoir de ces nobles provinces. Tout est perdu pour elles, si son cœur généreux ne sait plus battre pour l'humanité.

CARLOS.

Tout est perdu.

LE MARQUIS.

Malheur à moi! Que faut-il que j'entende!

CARLOS.

Tu parles d'un temps qui n'est plus. Moi aussi, j'ai rêvé jadis d'un Charles dont les joues s'enflammaient quand on parlait de liberté.... mais celui-là est dans la tombe depuis longtemps. Celui que tu vois en ce moment n'est plus ce Charles qui prit congé de toi à Alcala, qui, dans une douce ivresse, se faisait fort de devenir en Espagne le créateur d'un nouvel âge d'or.... Oh! c'était une idée d'enfant, mais divinement belle! Ces rêves sont passés....

LE MARQUIS.

Rêves, prince?... Ainsi, ce n'étaient que des rêves?

CARLOS.

Laisse-moi pleurer, pleurer sur ton cœur des larmes brûlantes, mon unique ami. Je n'ai personne.... personne.... sur cette grande et vaste terre, personne. Aussi loin que s'étend le sceptre de mon père, aussi loin que les navires portent notre pavillon, il n'est aucune place.... aucune..... où je puisse me soulager de mes larmes, aucune, hors celle-ci. Oh! Rodrigue, par tout ce que toi et moi nous espérons un jour dans le ciel, ne me bannis pas de cette place.

LE MARQUIS *se penche sur lui, dans une muette émotion.*

CARLOS.

Persuade-toi que je suis un orphelin que ta compassion a recueilli auprès d'un trône. Car enfin, je ne sais pas ce que signifie le mot père.... je suis fils de roi.... Oh! si ce que mon cœur me dit est vrai, si, parmi des millions d'hommes, tu t'es rencontré pour me comprendre; s'il est vrai que la nature créatrice a reproduit Rodrigue dans Carlos et qu'au matin de notre vie elle a mis d'accord, comme deux lyres délicates, nos deux âmes; si une larme qui me procure du soulagement t'est plus précieuse que la faveur de mon père....

LE MARQUIS.

Oh! plus précieuse que le monde entier.

CARLOS.

Je suis tombé si bas.... je suis devenu si pauvre qu'il me faut reporter ta pensée aux premières années de notre vie.... te prier d'acquitter la dette depuis longtemps oubliée, que tu contractas jadis, sous le costume aisé de l'enfance, quand toi et moi, deux garçons fougueux, nous grandissions fraternellement ensemble, et que le seul chagrin qui pesât sur mon cœur était de voir mon esprit si fort éclipsé par le tien.... Enfin, je résolus hardiment de t'aimer sans mesure, puisque j'avais perdu le courage de t'égaler. Alors je me mis à te tourmenter de mille caresses et de mon tendre amour de frère. Toi, cœur orgueilleux, tu y répondais froidement. Souvent j'étais là, et.... tu ne le vis jamais.... de lourdes et chaudes larmes roulaient dans mes yeux, quand, passant d'un bond devant moi, tu allais serrer dans tes bras des enfants d'une condition inférieure. « Pourquoi ceux-là seulement? m'écriais-je avec douleur; n'ai-je pas, moi aussi, une cordiale amitié pour toi?... » Mais toi, tu fléchissais le genou devant moi avec froideur et gravité : « Voilà, disais-tu, ce qui est dû au fils du roi. »

LE MARQUIS.

Oh! ne rappelez pas, prince, ces histoires d'enfants, qui maintenant encore me font rougir de honte.

CARLOS.

Je n'avais pas mérité cela de toi. Tu pouvais dédaigner, déchirer mon cœur, mais non l'éloigner de toi. Trois fois tu repoussas le prince, trois fois il revint, en suppliant, te demander ton amitié, t'imposer la sienne par contrainte. Ce que Carlos n'avait jamais pu, un hasard le fit. Il arriva un jour, dans nos jeux, que ton volant alla frapper dans l'œil la reine de Bohême, ma tante. Elle crut que c'était prémédité, et s'en plaignit au roi, le visage en larmes. Toute la jeunesse du palais dut comparaître pour lui nommer le coupable. Le roi jura de punir cette méchanceté perfide, fût-ce sur son propre fils, d'une manière terrible.... Je te voyais rester à l'écart, tout tremblant. Alors je m'avançai et me jetai aux pieds du roi. « C'est moi, c'est moi qui l'ai fait, m'écriai-je! Accomplis la vengeance sur ton fils. »

LE MARQUIS.

Ah! que me rappelez-vous, prince?

CARLOS.

Elle fut accomplie! elle le fut par un châtiment servile, infligé à ton Charles, à la vue de toute la troupe des courtisans, qui m'entourait, émue de pitié. Je te regardai et je ne pleurai pas. La douleur me faisait claquer et grincer les dents, je ne pleurai pas. Mon sang royal coulait honteusement sous d'impitoyables coups, je le regardai et je ne pleurai pas.... Tu vins, tu tombas à mes pieds, en sanglotant. « Oui, oui, crias-tu, mon orgueil est vaincu. Je te payerai quand tu seras roi. »

LE MARQUIS *lui tend la main.*

Je le ferai, Charles. Ce serment de l'enfant, l'homme à présent le renouvelle. Je m'acquitterai, et mon heure sonne peut-être.

CARLOS.

Maintenant, maintenant.... oh! ne diffère pas.... elle a sonné. Le temps est venu où tu peux t'acquitter. J'ai besoin d'affection.... Un horrible secret brûle ma poitrine. Il faut, il faut qu'il sorte. Je veux, sur ton front pâlissant, lire l'arrêt de ma mort. Écoute.... frémis.... mais ne réponds rien.... J'aime ma mère.

LE MARQUIS.

Oh! mon Dieu!

CARLOS.

Non, je ne veux pas de ce ménagement. Parle sans feinte, dis-moi que, sur ce vaste globe de la terre, il n'y a pas d'infortune qui approche de la mienne.... Parle.... ce que tu peux me dire, je le devine déjà. Le fils aime sa mère. Les coutumes du monde, l'ordre de la nature et les lois de Rome condamnent cette passion. Le vœu de mon cœur attente affreusement aux droits de mon père. Je le sens, et pourtant j'aime. Cette route ne conduit qu'à la démence ou à l'échafaud.... J'aime sans espérance.... criminellement.... avec de mortelles angoisses et au péril de la vie.... Je vois tout cela, et pourtant j'aime.

LE MARQUIS.

La reine est-elle instruite de ce penchant?

CARLOS.

Pouvais-je me découvrir à elle? Elle est femme de Philippe et reine, et nous sommes sur la terre d'Espagne. Surveillée par la jalousie de mon père, enfermée de toutes parts dans les entraves de l'étiquette, comment pouvais-je m'approcher d'elle sans témoins? Huit mois d'angoisses infernales se sont écoulés déjà, depuis que le roi m'a rappelé de la haute école et que je suis condamné à la voir journellement et à rester muet comme la tombe.... Huit mois d'angoisses infernales, Rodrigue, depuis que ce feu sévit dans mon cœur, que l'horrible aveu erre à chaque instant sur mes lèvres et rentre lâchement se cacher dans mon cœur. O Rodrigue.... quelques minutes seulement, quelques minutes seul avec elle....

LE MARQUIS.

Ah! et votre père, prince....

CARLOS.

Malheureux! Pourquoi me faire penser à lui? Parle-moi de toutes les terreurs de la conscience, ne me parle pas de mon père.

LE MARQUIS.

Vous haissez votre père?

CARLOS.

Non, oh! non, je ne hais point mon père.... mais pourtant, des frissons, l'anxiété d'un malfaiteur me saisissent à ce nom redoutable. Est-ce ma faute si une éducation servile a tout d'abord écrasé dans mon jeune cœur le tendre germe de l'amour filial? J'avais vécu six ans, quand, pour la première fois, l'homme redouté, qui, me disait-on, était mon père, parut à mes yeux. C'était un matin, où il signa tout d'un trait quatre sentences de mort. Après cela, je ne le vis plus que lorsqu'un châtiment m'était imposé pour quelque faute.... O Dieu! ici je sens que je deviens amer.... Fuyons.... fuyons.... partons d'ici.

LE MARQUIS.

Non, prince, il faut, c'est maintenant qu'il faut m'ouvrir votre cœur. Les paroles soulagent un cœur oppressé.

CARLOS.

Souvent j'ai lutté avec moi-même; souvent, vers minuit, quand mes gardes dormaient, je me suis jeté, versant des larmes brûlantes, devant l'image de la Vierge bénie; je l'ai priée de me donner le cœur d'un fils.... mais je me relevais, sans être exaucé. Ah! Rodrigue! explique-moi cette étrange énigme de la Providence.... Pourquoi, entre mille pères, tout juste à moi, ce père-là? Et à lui, tout juste ce fils, entre mille autres meilleurs? La nature ne pouvait trouver, dans son domaine, deux contrastes plus incompatibles. Par quel caprice a-t-elle uni d'un lien si sacré les deux extrêmes du genre humain.... lui et moi? Effroyable destin! Pourquoi faut-il qu'il en soit ainsi? Pourquoi deux hommes, qui toujours s'évitent, se rencontrent-ils, par un horrible accord, dans un même vœu? Tu vois ici, Rodrigue, deux astres ennemis, qui, une seule fois dans tout le cours des temps, tombant à plomb l'un sur l'autre, se heurtent à se briser, puis, à jamais, s'écartent, et se fuient pour toute l'éternité.

LE MARQUIS.

Je pressens un moment fécond en malheurs.

CARLOS.

Moi-même aussi. Comme les furies de l'abîme, les rêves les plus affreux me poursuivent. En proie au doute, mon bon génie lutte avec d'horribles résolutions. Ma malheureuse subtilité s'engage dans un labyrinthe de sophismes, jusqu'à ce qu'enfin elle s'arrête, effrayée, au bord du précipice.... O Rodrigue, si jamais j'oubliais en lui le père.... Rodrigue.... je le vois, à ta pâleur mortelle, tu m'as compris.... Si jamais j'oubliais en lui le père, que serait le roi pour moi?

LE MARQUIS, *après un moment de silence.*

Oserai-je adresser une prière à mon Carlos? Quoi que vous puissiez résoudre, promettez-moi de ne rien entreprendre sans votre ami. Me promettez-vous cela?

CARLOS.

Tout, tout ce que ton amitié m'ordonne. Je me jette entièrement dans tes bras.

LE MARQUIS.

Le roi veut, dit-on, retourner à la ville. Le temps est court. Si vous voulez entretenir la reine en secret, ce ne peut être qu'à Aranjuez. Le calme de ce lieu.... les habitudes moins contraintes de la campagne favorisent....

CARLOS.

C'était aussi mon espoir; mais, hélas! il a été vain.

LE MARQUIS.

Pas encore entièrement. Je vais à l'instant me présenter chez elle. Si elle est encore en Espagne telle que je l'ai connue naguère à la cour d'Henri, je trouverai un cœur ouvert. Si je puis lire dans ses regards un espoir pour Carlos, si je la vois disposée à cet entretien.... s'il y a moyen d'écarter ses dames....

CARLOS.

La plupart me sont dévouées.... Surtout Mme de Mondécar, que j'ai gagnée par son fils, qui me sert en qualité de page....

LE MARQUIS.

Tant mieux. Restez dans le voisinage, prince, pour paraître à mon premier signal.

CARLOS.

Oui, sans doute.... oui.... Seulement hâte-toi!

LE MARQUIS.

Je ne perdrai pas un moment. Ainsi, prince, à revoir.

(*Ils sortent par deux côtés différents.*)

La résidence de la Reine à Aranjuez. Un paysage simple, coupé par une allée et borné par la maison de campagne de la Reine.

SCÈNE III.

LA REINE, LA DUCHESSE D'OLIVAREZ, LA PRINCESSE D'ÉBOLI *et* LA MARQUISE DE MONDÉCAR. *Elles montent par l'allée.*

LA REINE, *à la Marquise.*

Je veux vous avoir près de moi, Mondécar. L'œil joyeux de la princesse m'a tourmentée tout ce matin. Voyez, elle sait à peine cacher le bonheur qu'elle éprouve de prendre congé de la campagne.

ÉBOLI.

Je ne veux pas nier, ma reine, que ce sera pour moi une grande joie de revoir Madrid.

MONDÉCAR.

N'est-ce pas aussi le sentiment de Votre Majesté? Auriez-vous tant de regret de quitter Aranjuez?

LA REINE.

Oui.... cette belle contrée, tout au moins. Je suis ici comme dans un monde à moi. J'ai choisi depuis longtemps ce petit endroit pour mon séjour favori. Ici me sourit une nature semblable à celle de mon pays, à l'amie de cœur de mes jeunes années. Ici je retrouve les jeux de mon enfance; ici l'on respire l'air de ma France chérie. Il ne faut pas m'en vouloir. Notre cœur nous entraîne tous vers la patrie.

ÉBOLI.

Mais comme ici tout est solitaire et mort et triste! On se croirait à la Trappe.

LA REINE.

Tout au contraire. Ce n'est que Madrid qui me paraît mort.... Mais qu'en dit notre duchesse?

OLIVAREZ.

Je suis d'avis, Votre Majesté, que ç'a été la coutume de passer un mois ici, un autre au Pardo, et l'hiver dans la capitale, depuis qu'il y a des rois en Espagne.

LA REINE.

Oui, duchesse, vous le savez, j'ai renoncé à jamais à discuter avec vous.

MONDÉCAR.

Et comme sous peu Madrid va s'animer! Déjà l'on dispose la Plaza Mayor pour un combat de taureaux, et l'on nous a aussi promis un auto-da-fé.

LA REINE.

Promis? Est-ce ma douce Mondécar qui parle ainsi?

MONDÉCAR.

Pourquoi non? Ne sont-ce pas des hérétiques qu'on voit brûler?

ACTE I, SCÈNE III.

LA REINE.

J'espère que mon Éboli pense autrement.

ÉBOLI.

Moi, Votre Majesté? Je vous supplie de ne pas me croire plus mauvaise chrétienne que la marquise de Mondécar.

LA REINE.

Ah! j'oublie où je suis.... Changeons d'entretien.... Nous parlions, je crois, de la campagne. Ce mois a passé, ce me semble, avec une rapidité merveilleuse. Je m'étais promis beaucoup, beaucoup de joie de ce séjour. Je n'ai pas trouvé ce que j'espérais. En est-il ainsi de toute espérance? Je ne puis découvrir cependant un seul de mes vœux qui n'ait été accompli.

OLIVAREZ.

Princesse Éboli, vous ne nous avez pas encore dit si Gomez pouvait espérer, si nous pourrons vous saluer bientôt comme sa fiancée?

LA REINE.

Oui, je suis bien aise que vous m'y fassiez songer, duchesse. (*A la princesse.*) On me prie de vous parler pour lui. Mais comment le puis-je? Il faut que l'homme que je récompenserai par le don de mon Éboli soit un homme digne d'elle.

OLIVAREZ.

Votre Majesté, il l'est en effet. C'est un homme fort estimable, que notre très-gracieux monarque honore, comme tout le monde sait, de sa royale faveur.

LA REINE.

C'est fort heureux pour lui.... Mais nous désirons savoir s'il peut aimer et mériter l'amour.... Éboli, c'est à vous que je le demande.

ÉBOLI *demeure muette et troublée, les yeux baissés vers la terre, enfin elle tombe aux pieds de la Reine.*

Généreuse reine, ayez pitié de moi. Ne souffrez pas.... pour l'amour de Dieu, ne souffrez pas.... que je sois sacrifiée.

LA REINE.

Sacrifiée? Je n'ai pas besoin d'en entendre davantage. Levez-vous! C'est un cruel destin d'être sacrifiée. Je vous crois. Levez-vous!... Y a-t-il longtemps déjà que vous avez refusé le comte?

ÉBOLI, *se levant.*

Oh! plusieurs mois. Le prince Carlos était encore à la haute école.

LA REINE *paraît surprise et l'examine d'un œil scrutateur.*
Vous êtes-vous aussi demandé pour quels motifs?

ÉBOLI, *avec une certaine vivacité.*

Jamais cela ne sera, cela ne peut être, ma reine, pour mille raisons, jamais.

LA REINE, *très-sérieusement.*

Plus d'une, c'est déjà trop. Il ne peut vous plaire.... Cela me suffit. N'en parlons plus. (*Aux autres dames.*) Mais je n'ai pas encore vu l'infante aujourd'hui. Marquise, apportez-la-moi.

OLIVAREZ *regarde à sa montre.*

Ce n'est pas encore l'heure, Votre Majesté.

LA REINE.

Pas encore l'heure où il m'est permis d'être mère? C'est pourtant triste. N'oubliez pas, de grâce, de m'avertir quand l'heure sera venue. (*Un Page entre et parle bas à la grande Maîtresse, qui ensuite se tourne vers la Reine.*)

OLIVAREZ.

Le marquis de Posa, Votre Majesté....

LA REINE.

De Posa?

OLIVAREZ.

Il vient de France et des Pays-Bas, et sollicite la faveur de remettre des lettres de la reine mère.

LA REINE.

Et cela est-il permis?

OLIVAREZ, *incertaine.*

Dans mes instructions, ce cas particulier n'est point prévu, où un grand de Castille se présenterait pour remettre à la reine d'Espagne, dans son petit parc, des lettres apportées d'une cour étrangère.

LA REINE.

Eh bien! je le recevrai à mes risques et périls.

OLIVAREZ.

Mais que Votre Majesté me permette de m'éloigner pendant ce temps....

LA REINE.

Faites comme vous l'entendrez, duchesse. (*La grande Maîtresse s'éloigne, et la Reine fait un signe au Page, qui sort aussitôt.*)

SCÈNE IV.

LA REINE, LA PRINCESSE D'ÉBOLI, LA MARQUISE DE MONDÉCAR *et* **LE MARQUIS DE POSA.**

LA REINE.

Soyez le bienvenu, chevalier, sur la terre d'Espagne!

LE MARQUIS.

Que je n'ai jamais nommée ma patrie avec un plus juste orgueil qu'en ce moment....

LA REINE, *aux deux dames.*

Le marquis de Posa, qui, au tournoi de Reims, rompit une lance avec mon père, et fit trois fois triompher mes couleurs.... Il est le premier de sa nation qui m'apprit à sentir la gloire d'être reine des Espagnols. (*Se tournant vers le Marquis.*) Quand nous nous vîmes pour la dernière fois au Louvre, chevalier, vous n'imaginiez sans doute pas encore que vous seriez un jour mon hôte en Castille?

LE MARQUIS.

Non, grande reine.... car alors je n'imaginais pas que la France dût encore nous abandonner la seule chose que nous lui eussions enviée.

LA REINE.

Orgueilleux Espagnol! La seule chose?... Et dire cela à une fille de la maison de Valois?

LE MARQUIS.

Ne puis-je pas maintenant parler ainsi, Votre Majesté?... Maintenant vous êtes à nous.

LA REINE.

Votre voyage, me dit-on, vous a aussi conduit en France. Que m'apportez-vous de mon auguste mère et de mes frères bien-aimés?

LE MARQUIS *lui remet les lettres.*

J'ai trouvé la reine mère malade, détachée de toutes les joies de ce monde, hormis celle de savoir sa royale fille heureuse sur le trône d'Espagne.

LA REINE.

Peut-elle ne pas l'être par le tendre souvenir que lui gardent des parents si chers? par la douce pensée de.... Vous avez visité bien des cours, dans vos voyages, chevalier, et vu beaucoup de contrées, les mœurs de beaucoup d'hommes.... et maintenant, dit-on, vous avez le projet de vivre pour vous-même dans votre patrie? plus grand prince dans vos paisibles murs que le roi Philippe sur son trône.... homme libre, philosophe!... Je doute fort que vous puissiez vous plaire à Madrid. On est très.... tranquille à Madrid.

LE MARQUIS.

C'est un avantage dont ne peut se vanter le reste de l'Europe.

LA REINE.

C'est ce que j'entends dire. J'ai désappris, presque à en perdre le souvenir, les affaires de ce monde. (*A la princesse d'Éboli.*) Il me semble, princesse Éboli, que je vois là fleurir une jacinthe.... Voulez-vous me l'apporter? (*La Princesse va au lieu indiqué. La Reine un peu plus bas au marquis.*) Chevalier, ou je me trompe fort, ou votre arrivée a fait à cette cour un heureux.

LE MARQUIS.

J'ai trouvé fort triste un cœur.... qu'une seule chose au monde pourrait réjouir.... (*La Princesse revient avec la fleur.*)

ÉBOLI.

Comme le chevalier a vu tant de pays, il aura sans doute à nous raconter bien des choses intéressantes.

LE MARQUIS.

Certainement, et chercher les aventures est, comme l'on sait, le devoir des chevaliers.... défendre les dames, le plus sacré de tous.

MONDÉCAR.

Contre des géants! A présent il n'y a plus de géants.

LE MARQUIS.

La violence est toujours, pour le faible, un géant.

LA REINE.

Le chevalier a raison. Il y a encore des géants, mais il n'y a plus de chevaliers.

LE MARQUIS.

Dernièrement encore, à mon retour de Naples, j'ai été témoin d'une histoire touchante, qui, par un legs sacré de l'amitié, est devenue mienne.... Si je ne craignais de fatiguer Votre Majesté par ce récit....

LA REINE.

Ai-je donc le choix ? La curiosité de la princesse ne se laisse rien dérober. Ainsi au fait! Moi aussi, d'ailleurs, j'aime les histoires.

LE MARQUIS.

Deux nobles maisons de Mirandola, fatiguées de la jalousie, de la longue inimitié, transmise comme un héritage, de siècle en siècle, depuis les Gibelins et les Guelfes, résolurent de s'unir, dans une paix éternelle, par les nœuds d'une tendre alliance. Fernando, fils de la sœur du puissant Piétro, et la divine Mathilde, fille de Colonna, furent choisis pour nouer ce beau lien de concorde. Jamais la nature n'avait formé deux plus nobles cœurs l'un pour l'autre.... Jamais, jamais le monde n'avait autant applaudi à un choix. Fernando n'avait encore adoré que l'image de son aimable fiancée.... Comme Fernando tremblait de ne pas trouver véridique le témoignage du portrait, que, dans son espoir le plus ardent, il osait à peine croire! A Padoue, où ses études l'enchaînaient, Fernando attendait l'heureux moment où la faveur lui serait accordée de bégayer aux pieds de Mathilde le premier hommage de l'amour. (*La Reine devient plus attentive. Le Marquis, après un moment de silence, continue son récit, qu'il adresse plus particulièrement, autant que le permet la présence de la Reine, à la princesse d'Éboli.*) Cependant la main de Piétro devient libre par la mort de sa femme.... Le vieillard, avec une ardeur juvénile, dévore avidement les voix de la renommée qui ne tarissait point sur l'éloge de Mathilde. Il vient.... Il voit.... Il aime. Ce nouveau penchant étouffe en lui la voix plus faible de la parenté. L'oncle recherche la fiancée de son neveu et consacre ce larcin au pied de l'autel.

LA REINE.

Et que résout Fernando ?

LE MARQUIS.

Sur les ailes de l'amour, il vole, tout enivré, à Mirandola, ignorant ce terrible échange. Les étoiles brillent au ciel, quand son coursier rapide atteint les portes de la ville.... Un bruit étourdissant de danses, d'orchestre, sort du palais illuminé et tonne à son oreille. Il monte les degrés d'un pas timide et tremblant, et se trouve, inconnu, dans une bruyante salle de noce, où, parmi la foule enivrée des convives, était assis Piétro..... un ange à ses côtés, un ange que Fernando connaît, qui, même en rêve, ne lui est jamais apparu aussi brillant. Un seul regard lui montre ce qu'il possédait, lui montre ce qu'il a perdu pour toujours.

ÉBOLI.

Malheureux Fernando!

LA REINE.

N'est-ce pas? l'histoire est finie, chevalier.... Elle doit être finie.

LE MARQUIS.

Pas encore entièrement.

LA REINE.

Ne nous disiez-vous pas que Fernando était votre ami?

LE MARQUIS.

Je n'en ai pas de plus cher.

ÉBOLI.

Continuez donc l'histoire, chevalier.

LE MARQUIS.

Elle devient fort triste.... et ce souvenir renouvelle ma douleur. Faites-moi grâce du dénoûment.... (*Silence général.*)

LA REINE *se tourne vers la princesse d'Éboli.*

Maintenant enfin il doit m'être permis d'embrasser ma fille? Princesse, apportez-la-moi. (*La Princesse s'éloigne. Le Marquis fait signe à un Page, qui se montre dans le fond et disparaît aussitôt. La Reine ouvre les lettres que le Marquis lui a données, et paraît surprise. Pendant ce temps, le Marquis parle à voix basse et d'un air de vif intérêt à la marquise de Mondéxar. — La Reine a lu les lettres et se tourne vers le Marquis, sur qui elle jette un regard scrutateur.*) Vous ne nous avez rien dit de Mathilde. Peut-être ne sait-elle pas combien Fernando souffre?

LE MARQUIS.

Personne n'a encore sondé le cœur de Mathilde.... mais les grandes âmes souffrent en silence.

ACTE I, SCÈNE IV.

LA REINE.

Vous regardez autour de vous. Qui vos yeux cherchent-ils ?

LE MARQUIS.

Je songe combien serait heureux à ma place quelqu'un que je n'ose nommer.

LA REINE.

A qui la faute s'il ne l'est pas ?

LE MARQUIS, *reprenant vivement.*

Comment ? Oserai-je interpréter à mon gré ces paroles ?... Il obtiendrait son pardon, s'il paraissait maintenant ?

LA REINE, *effrayée.*

Maintenant, marquis, maintenant ? Que voulez-vous dire ?

LE MARQUIS.

Il pourrait espérer.... Pourrait-il ?

LA REINE, *dans un trouble croissant.*

Vous m'effrayez, marquis.... Il ne va pas, j'espère....

LE MARQUIS.

Le voici déjà.

SCÈNE V.

LA REINE, CARLOS. *Le marquis de Posa et la marquise de Mondécar se retirent vers le fond du théâtre.*

CARLOS, *tombant à genoux devant la Reine.*

Le moment est donc enfin venu, et Carlos peut toucher cette main si chère !

LA REINE.

Quelle démarche !... quelle coupable et téméraire surprise ! Levez-vous ! On nous voit. Ma cour est près d'ici.

CARLOS.

Je ne me lèverai point.... Je veux rester éternellement ici, à vos pieds, enraciné par un charme à cette place, dans cette attitude....

LA REINE.

Insensé ! A quelle audace vous entraîne ma bonté ? Comment ? Savez-vous que c'est à la reine, à la mère, que s'adresse ce téméraire langage ? Savez-vous que cette surprise, le roi, par moi.... par moi-même, en....

CARLOS.

Et qu'il faut que je meure! Eh bien! qu'on m'entraîne d'ici à l'échafaud! Un moment, vécu dans le paradis, n'est pas payé trop cher par la mort.

LA REINE.

Et votre reine?

CARLOS *se lève*.

Dieu! Dieu! je m'éloigne.... Oh! assurément, je vous quitte.... Ne le faut-il pas quand vous l'exigez ainsi? Mère, mère, quel jeu terrible vous jouez avec moi! Un signe, un coup d'œil imperceptible, un son de votre bouche m'ordonne d'être ou de périr. Que voulez-vous que je fasse encore? Que peut-il y avoir sous le soleil que je ne m'empresse de vous sacrifier, si vous le désirez?

LA REINE.

Fuyez!

CARLOS.

O Dieu!

LA REINE.

C'est la seule chose, Charles, que je vous demande, avec larmes.... Fuyez.... avant que mes dames.... avant que mes geôliers nous surprennent, vous et moi, ensemble, et portent cette grande nouvelle aux oreilles de votre père....

CARLOS.

J'attends mon destin.... que ce soit la vie ou la mort. Comment? Ai-je placé toutes mes espérances sur ce moment unique qui vous offre à moi sans témoins, pour me laisser décevoir, au but, par de vaines terreurs! Non, reine! Le monde peut tourner cent fois, mille fois sur ses pôles, avant que le hasard renouvelle cette faveur.

LA REINE.

Qu'il nous préserve à tout jamais d'une semblable rencontre! Malheureux! que voulez-vous de moi?

CARLOS.

O reine, j'ai lutté, Dieu m'en est témoin, lutté comme aucun mortel ne luttera jamais.... Reine, ce fut en vain! Mon courage, mon héroïsme est épuisé. Je succombe.

LA REINE.

Rien de plus à ce sujet.... au nom de mon repos!

CARLOS.

Vous étiez à moi.... A la face du monde, vous m'étiez promise par deux grands trônes, reconnue pour m'appartenir, par le ciel et la nature entière. Et Philippe, Philippe vous a enlevée à moi....

LA REINE.

Il est votre père.

CARLOS.

Votre époux.

LA REINE.

Qui vous lègue en héritage le plus grand empire du monde.

CARLOS.

Et vous pour mère.

LA REINE.

Grand Dieu! Vous êtes en délire....

CARLOS.

Et sait-il même quelle est sa richesse? A-t-il un cœur sensible, pour apprécier le vôtre? Je ne veux pas me plaindre, non, je veux oublier combien j'aurais été heureux avec elle, heureux d'un bonheur ineffable.... pourvu qu'il le soit, lui. Il ne l'est pas.... C'est là, c'est là une torture infernale. Il ne l'est pas et il ne le sera jamais. Tu ne m'as ravi mon bonheur que pour l'anéantir dans les bras du roi Philippe.

LA REINE.

Pensée abominable!

CARLOS.

Oh! je sais qui a conclu ce mariage.... je sais comment Philippe aime, comment il a fait sa recherche. Qu'êtes-vous donc dans ce royaume? Répondez-moi. Êtes-vous reine régnante? Nullement! Des ducs d'Albe pourraient-ils égorger là où vous régneriez? La Flandre verser son sang pour sa croyance? Ou bien, êtes-vous la femme de Philippe? Impossible! Je ne puis le croire. Une femme possède le cœur de son époux.... et à qui appartient le sien? Les tendresses qui peut-être lui échappent dans l'ardeur de la fièvre, n'en demande-t-il point pardon à son sceptre et à ses cheveux blancs?

LA REINE.

Qui vous a dit qu'auprès de Philippe mon sort soit digne de compassion?

CARLOS.

Mon cœur, qui sent avec transport combien à mes côtés il serait digne d'envie.

LA REINE.

Homme vain! Et si mon cœur me disait le contraire, si la tendresse respectueuse de Philippe, si la muette expression de l'amour peint sur ses traits me touchaient plus profondément que la téméraire éloquence de son orgueilleux fils? Si l'estime réfléchie d'un vieillard....

CARLOS.

C'est autre chose.... Alors.... oui, alors.... pardon! Je ne le savais pas.... Je ne savais pas que vous aimiez le roi.

LA REINE.

L'honorer est mon désir et ma satisfaction.

CARLOS.

Vous n'avez jamais aimé?

LA REINE.

Étrange question!

CARLOS.

Vous n'avez jamais aimé?

LA REINE.

....Je n'aime plus.

CARLOS.

Est-ce votre cœur, est-ce votre serment qui le défend?

LA REINE.

Laissez-moi, prince, et ne revenez jamais à un pareil entretien.

CARLOS.

Est-ce votre cœur, est-ce votre serment qui le défend?

LA REINE.

Mon devoir.... Malheureux! pourquoi cette triste analyse d'un destin auquel, vous et moi, nous sommes obligés d'obéir?

CARLOS.

Obligés? obligés d'obéir?

LA REINE.

Comment? Que voulez-vous dire avec ce ton solennel?

CARLOS.

Que Carlos n'est pas d'humeur à se laisser dire : « Il faut, » quand il peut dire : « Je veux; » que Carlos n'est pas d'humeur à demeurer l'homme le plus malheureux de ce royaume, quand, pour être le plus heureux, il ne lui en coûte que le renversement des lois.

LA REINE.

Vous ai-je compris? Vous espérez encore? Vous osez espérer, quand tout, tout est déjà perdu?

CARLOS.

Je ne nomme perdu que.... ceux qui sont morts.

LA REINE.

C'est à moi, à votre mère que prétend votre espoir? (*Elle le regarde longtemps et d'un œil pénétrant ; puis elle continue d'un ton digne et sévère :*) Pourquoi pas ? Oh ! le roi nouvellement élu peut plus que cela.... il peut anéantir par le feu les décrets du mort, il peut renverser ses images, il peut même.... qui l'en empêche ?... arracher son squelette au repos de l'Escurial, le traîner au grand jour, jeter aux quatre vents sa cendre profanée, et puis enfin, pour terminer dignement....

CARLOS.

Pour l'amour de Dieu, n'achevez pas!

LA REINE.

Enfin, épouser encore sa mère.

CARLOS.

Fils maudit! (*Il reste un moment immobile et sans voix.*) Oui, c'est fini. Maintenant c'est fini.... Je sens clairement, avec évidence, ce qui eût dû toujours, toujours me demeurer obscur. Vous êtes perdue pour moi.... perdue.... perdue.... à tout jamais. Maintenant le sort en est jeté. Vous êtes perdue pour moi.... Oh! l'enfer est dans cette pensée.... L'enfer est aussi dans l'autre, celle de vous posséder.... Malheur ! je ne puis saisir et embrasser cela, et mes nerfs menacent de se rompre.

LA REINE.

Déplorable et cher Carlos ! Je la sens.... je la sens tout entière, la douleur inexprimable qui se déchaîne dans votre sein. Comme votre amour, votre souffrance est infinie. Infinie, comme elle, est aussi la gloire de la vaincre. Il la faut conquérir, jeune héros! Le prix est digne de ce rude et sublime combat, il est digne du jeune homme dans le cœur duquel la vertu de tant de royaux ancêtres se fraye sa route.... Prenez courage, noble prince!... Le petit-fils du grand Charles commence bravement la lutte là où les enfants des autres hommes la cessent découragés.

CARLOS.

Il est trop tard! O Dieu! il est trop tard!

LA REINE.

Pour être homme? O Charles! que notre vertu devient grande, quand notre cœur se brise à la pratiquer! La Providence vous a placé haut.... plus haut que des millions de vos autres frères. Elle a donné par privilége à son favori ce qu'elle a enlevé aux autres, et des millions d'hommes demandent : « Celui-là méritait-il, dès le sein de sa mère, de valoir plus que nous autres mortels? » Allons, justifiez l'équité du ciel! Montrez-vous digne de marcher à la tête de l'humanité, et sacrifiez ce que nul autre ne sacrifia.

CARLOS.

Je le puis en effet.... Pour vous conquérir, j'ai une force de géant; mais pour vous perdre, je suis sans force.

LA REINE.

Avouez-le, Carlos.... C'est la révolte d'un cœur hautain, l'amertume, l'orgueil, qui entraînent avec tant de fougue vos vœux vers votre mère. Cet amour, ce cœur que vous me sacrifiez en prodigue, appartient aux États que vous devez gouverner un jour. Voyez, vous dissipez, comme un tuteur infidèle, les biens confiés à votre garde. L'amour est votre grand devoir. Jusqu'ici, il s'est égaré vers votre mère.... Portez-le, oh! portez-le à vos royaumes à venir, et au lieu des poignards de la conscience, sentez le bonheur d'être un dieu. Élisabeth fut votre premier amour; que l'Espagne soit le second! Que je céderai volontiers, mon bon Charles, à ce plus digne objet de tendresse!

CARLOS, *maîtrisé par son émotion, se jette à ses pieds.*

Que vous êtes grande, ô femme céleste!... Oui, tout ce que vous demandez, je le veux faire.... Que cela soit! (*Il se lève.*) Me voici dans la main du Tout-Puissant, et je jure, je vous jure, je jure un éternel.... O ciel! non, rien qu'un éternel silence, mais non un éternel oubli.

LA REINE.

Comment pourrais-je exiger de Carlos ce que je ne suis pas moi-même résolue d'accomplir?

LE MARQUIS *accourt de l'allée.*

Le roi!

LA REINE.

Dieu!

LE MARQUIS.

Partez, retirez-vous de ce lieu, prince!

LA REINE.

Son soupçon est terrible.... S'il vous voit....

CARLOS.

Je reste.

LA REINE.

Et alors qui sera la victime?

CARLOS *tire le Marquis par le bras.*

Partons, partons! Viens, Rodrigue! (*Il s'en va et revient encore une fois.*) Que puis-je emporter avec moi?

LA REINE.

L'amitié de votre mère.

CARLOS.

Amitié! Mère!

LA REINE.

Et ces larmes, venues des Pays-Bas. (*Elle lui donne quelques lettres. Carlos et le Marquis s'éloignent. La Reine cherche de tous côtés, d'un œil inquiet, ses dames, qu'elle n'aperçoit nulle part. Comme elle veut se retirer vers le fond de la scène, le Roi paraît.*)

SCÈNE VI.

LE ROI, LA REINE, LE DUC D'ALBE, LE COMTE DE LERME, DOMINGO; *quelques dames et quelques grands, qui restent dans l'éloignement.*

LE ROI *regarde autour de lui avec étonnement, et reste un moment silencieux.*

Seule ainsi, madame? Et pas même une dame pour vous accompagner. Cela me surprend.... Où sont vos femmes?

LA REINE.

Mon très-gracieux époux.....

LE ROI.

Pourquoi seule? (*A sa suite.*) Je veux qu'on me rende le

compte le plus sévère de cette impardonnable négligence. Qui est de service près de la reine? Qui devait l'accompagner aujourd'hui?

LA REINE.

Oh! ne vous irritez pas, mon époux.... C'est moi-même, moi qui suis coupable.... C'est par mon ordre que la princesse d'Éboli s'est éloignée.

LE ROI.

Par votre ordre?

LA REINE.

Pour appeler la femme de chambre, parce que je désirais voir l'infante.

LE ROI.

Et pour cela vous avez renvoyé votre suite? Mais cela n'excuse que la première dame. Où était la seconde?

MONDÉCAR, *qui pendant ce temps est revenue et s'est mêlée parmi les autres dames, s'avance.*

Votre Majesté, je sens que je suis coupable....

LE ROI.

Aussi, je vous accorde dix ans de loisir, pour y penser loin de Madrid. (*La Marquise se retire en pleurant. Silence général. Tous les assistants regardent la Reine d'un air consterné.*)

LA REINE.

Marquise, sur qui pleurez-vous? (*Au Roi.*) Si j'ai commis une faute, mon très-gracieux époux, la royale couronne de cet empire, à laquelle je n'ai jamais aspiré, devrait au moins me préserver de rougir. Y a-t-il une loi, dans ce royaume, qui traduise en justice les filles de rois? La contrainte seule garde-t-elle les femmes d'Espagne? Un témoin les protége-t-il mieux que leur vertu? Et maintenant, pardon, mon époux!... Je ne suis pas accoutumée à laisser partir dans les larmes qui m'a servie avec joie... Mondécar! (*Elle prend sa ceinture et la donne à la Marquise.*) Vous avez irrité le roi.... mais non pas moi.... Prenez donc ce souvenir de ma faveur et de ce moment.... Quittez le royaume.... Vous n'avez failli qu'en Espagne; dans ma France on se fera une joie d'essuyer de telles larmes.... Oh! faut-il que je sois toujours rappelée à ce souvenir? (*Elle s'appuie sur la grande Maîtresse et se couvre le visage.*) Dans ma France, c'était autrement.

LE ROI, *avec quelque émotion.*

Un reproche de mon amour a-t-il pu vous affliger ? Vous affliger, un mot que la plus tendre sollicitude a amené sur mes lèvres ? (*Il se tourne vers les grands.*) Voici les vassaux de mon trône. Qu'ils disent si jamais le sommeil tombe sur mes paupières sans qu'au soir de chaque journée j'aie examiné d'abord comment battent les cœurs de mes peuples sous les climats les plus lointains. Et j'aurais plus de souci de mon trône que de l'épouse de mon cœur ?... De mes peuples, mon épée me répond et.... le duc d'Albe : ces yeux seuls me répondent de l'amour de ma femme.

LA REINE.

Si je vous ai offensé, mon époux....

LE ROI.

On me nomme l'homme le plus riche du monde chrétien ; le soleil ne se couche point dans mon empire.... Mais tout cela, un autre l'a déjà possédé, et plus d'un le possédera encore après moi. Ceci est mon bien propre. Ce qu'a le roi appartient à la fortune.... Élisabeth appartient à Philippe. Voilà la place où je suis mortel.

LA REINE.

Vous craignez, sire ?

LE ROI.

Pas ces cheveux blancs, je pense ? Quand j'ai une fois commencé à craindre, j'ai cessé de craindre.... (*Aux grands.*) Je compte les grands de ma cour.... Le premier manque. Où est don Carlos, mon infant ? (*Personne ne répond.*) Le jeune don Carlos commence à m'être redoutable. Il évite ma présence, depuis qu'il est revenu de la haute école d'Alcala. Son sang est ardent, pourquoi son regard est-il si froid ? sa manière d'être, si mesurée, si solennelle ? Soyez vigilants. Je vous le recommande.

ALBE.

Je le suis. Aussi longtemps qu'un cœur battra sous cette cuirasse, don Philippe peut dormir en paix. Comme le chérubin de Dieu devant le paradis, le duc d'Albe se tient devant le trône.

LERME.

Oserai-je contredire, en toute humilité, le plus sage des monarques ?... La majesté de mon roi m'inspire un trop profond respect pour que je juge son fils avec autant de promptitude et de sévérité. Le sang bouillant de Carlos peut inspirer des craintes, mais je ne crains rien de son cœur.

LE ROI.

Comte de Lerme, vous parlez fort bien pour séduire le cœur du père. Le roi aura le duc pour appui.... Brisons là.... (*Il se tourne vers sa suite.*) Maintenant, je retourne sans délai à Madrid, mon devoir de roi m'y appelle. La peste de l'hérésie infecte mes peuples, la révolte croit dans les Pays-Bas. Le temps presse. Il faut qu'un exemple terrible convertisse les égarés. Le grand serment que prêtent tous les rois de la chrétienté, je l'accomplirai demain. Je veux que cette exécution sanglante soit sans pareille. Toute ma cour y est solennellement invitée. (*Il emmène la Reine, les autres suivent.*)

SCÈNE VII.

DON CARLOS, *des lettres à la main;* LE MARQUIS DE POSA.
Ils entrent par le côté opposé.

CARLOS.

Je suis résolu. Que les Flandres soient sauvées! Elle le veut.... Cela me suffit.

LE MARQUIS.

Aussi n'y a-t-il plus un moment à perdre. Déjà, dans le cabinet, dit-on, le duc d'Albe est nommé gouverneur.

CARLOS.

Dès demain, je demande une audience à mon père. Je sollicite cette charge pour moi. C'est la première prière que je me hasarde à lui adresser. Il ne peut me la refuser. Depuis longtemps il me voit à regret à Madrid. Quel prétexte opportun, pour me tenir éloigné! Et.... dois-je te l'avouer, Rodrigue?... j'espère davantage.... Peut-être, face à face avec lui, réussirai-je à rentrer dans ses bonnes grâces. Jamais encore il n'a entendu la voix de la nature. Laisse-moi essayer, Rodrigue, quel pouvoir elle aura dans ma bouche.

LE MARQUIS.

Maintenant enfin, c'est de nouveau mon Carlos que j'entends. Maintenant, vous êtes tout à fait redevenu vous-même.

SCÈNE VIII.

LES PRÉCÉDENTS; LE COMTE DE LERME.

LERME.

Le roi vient de quitter Aranjuez. J'ai l'ordre....

CARLOS.

C'est bien, comte de Lerme. J'arriverai avec le roi.

LE MARQUIS *fait mine de s'éloigner. — Avec un certain air de cérémonie:*
Du reste, Votre Altesse n'a rien à m'ordonner?

CARLOS.

Rien, chevalier. Je vous souhaite une heureuse arrivée à Madrid. Vous me donnerez encore d'autres détails sur la Flandre. (*A Lerme, qui attend toujours.*) Je vous suis à l'instant. *Le comte de Lerme s'éloigne.*)

SCÈNE IX.

DON CARLOS, LE MARQUIS.

CARLOS.

Je t'ai compris. Je te remercie. Mais une telle contrainte n'est justifiée que par la présence d'un tiers. Ne sommes-nous pas frères?... Que cette comédie du rang soit désormais bannie de notre union! Persuade-toi que nous nous sommes rencontrés dans un bal masqué, toi en costume d'esclave, et moi déguisé par fantaisie sous une robe de pourpre. Tant que dure le carnaval, fidèles à nos rôles, nous respectons ce mensonge avec une risible gravité, pour ne pas troubler la douce ivresse de la foule. Mais, à travers le masque, ton Charles te fait signe, tu me serres les mains en passant, et nous nous entendons.

LE MARQUIS.

C'est un divin rêve. Mais ne s'évanouira-t-il jamais? Mon Charles est-il assez sûr de lui pour braver les attraits de l'absolue puissance? Un grand jour vous attend.... un jour.... où cet héroïsme.... je veux d'avance vous avertir.... succombera dans une rude épreuve. Don Philippe meurt. Charles hérite du plus grand empire de la chrétienté.... Un immense abîme le sépare de la race des mortels. Hier encore il était homme, aujourd'hui il est dieu. Désormais il n'a plus de faiblesses. Les devoirs éternels se taisent devant lui. L'humanité.... aujourd'hui, c'est encore un grand mot à son oreille ... se vend elle-même à lui et rampe devant son idole. Sa compassion s'éteint avec la souffrance, sa vertu s'énerve dans les voluptés, le Pérou lui envoie de l'or pour ses folies, la cour dresse des démons pour ses vices. Il s'endort enivré dans ce ciel, que l'artifice de ses esclaves a créé autour de lui. Aussi longtemps que son rêve dure sa divinité.... Malheur à l'insensé qui, par pitié, le réveillerait! Mais alors que deviendrait Rodrigue?... L'amitié est sincère et hardie.... Les yeux malades de la Toute-Puissance ne peuvent supporter ses terribles clartés. Vous ne souffrirez point l'audace du citoyen, ni moi l'orgueil du prince.

CARLOS.

Elle est vraie et terrible, ta peinture des monarques. Oui, je te crois.... mais ce n'est que la volupté qui a ouvert leurs cœurs au vice. Je suis encore pur, et j'ai vingt-trois ans. Ce qu'avant moi mille autres ont dissipé sans remords dans d'impurs embrassements, la meilleure part de l'esprit, la force virile, je l'ai conservé précieusement au souverain futur. Qu'est-ce qui pourrait te chasser de mon cœur, si les femmes ne le peuvent faire?

LE MARQUIS.

Moi-même. Pourrais-je, Carlos, vous aimer encore aussi tendrement, quand il me faudrait vous craindre?

CARLOS.

Cela n'arrivera jamais. As-tu besoin de moi? As-tu de ces passions qui mendient les faveurs du trône? L'or te séduit-il? Tu es, pour un sujet, plus riche que je ne le serai jamais comme roi.... Es-tu avide d'honneurs? Dès le jeune âge, tu en avais épuisé la mesure.... tu les as refusés. Qui de nous deux sera le créancier, et qui le débiteur?... Tu gardes le silence? Tu trembles à l'idée de cette épreuve? Tu n'es pas plus sûr de toi-même?

ACTE I, SCÈNE IX.

LE MARQUIS.

Eh bien, soit! Je cède. Voici ma main!

CARLOS.

Tu es à moi?

LE MARQUIS.

A jamais, et dans toute l'extension la plus hardie du mot.

CARLOS.

Et dévoué au roi un jour, avec la même tendresse et la même foi qu'aujourd'hui à l'infant?

LE MARQUIS.

Je vous le jure.

CARLOS.

Même si le serpent de la flatterie enlaçait mon cœur mal gardé.... même si ces yeux désapprenaient les larmes qu'ils pleuraient autrefois.... si ces oreilles se fermaient à la prière, tu veux, intrépide gardien de ma vertu, me saisir d'un bras fort et appeler mon génie par son grand nom?

LE MARQUIS.

Oui.

CARLOS.

Et maintenant, encore une prière! Dis-moi *tu!* J'ai toujours envié à tes égaux ce privilége de l'intimité. Ce *tu* fraternel trompera mon oreille et mon cœur par de douces illusions d'égalité.... Pas d'objection!... Ce que tu veux dire, je le devine. Pour toi c'est un enfantillage, je le sais.... mais pour moi, fils de roi, c'est beaucoup. Veux-tu être mon frère?

LE MARQUIS.

Ton frère!

CARLOS.

Maintenant, chez le roi! Je ne crains plus rien.... Ma main dans ta main, je défie mon siècle. (*Ils sortent.*)

ACTE DEUXÈIME.

Le palais du roi à Madrid.

SCÈNE I.

LE ROI PHILIPPE, *sur son trône, sous un dais* ; **LE DUC D'ALBE**, *à quelque distance du Roi, la tête couverte* ; **CARLOS**.

CARLOS.

L'État a le pas sur moi. Carlos passera volontiers après le ministre. Il parle pour l'Espagne.... Je suis le fils de la maison. (*Il recule en s'inclinant.*)

PHILIPPE.

Le duc restera, et l'infant peut parler.

CARLOS, *se tournant vers Albe.*

C'est donc de votre générosité, duc, qu'il me faut obtenir le roi, comme un don que j'implore. Un fils.... ne le savez-vous pas?... peut avoir sur le cœur maint secret à confier à un père, et qui n'est pas fait pour un tiers. Le roi, je ne vous le ravirai pas.... Je ne veux le père que pour ce court moment.

PHILIPPE.

C'est son ami qui est là devant vous.

CARLOS.

Ai-je aussi mérité que le duc, à mes yeux, soit le mien?

PHILIPPE.

Et avez-vous jamais voulu le mériter?... Je n'aime point les fils qui font de meilleurs choix que leurs pères !

CARLOS.

La fierté du duc d'Albe, d'un chevalier, peut-elle soutenir une telle scène? Aussi vrai que je vis, ce rôle de l'importun qui ne rougit pas de s'imposer, de se placer de force entre le père et le fils, qui se condamne à rester là en tiers, l'âme pénétrée du sentiment de son néant, ce rôle, par le ciel! non, pour un diadème, je ne voudrais pas le jouer.

PHILIPPE *quitte son siége, en jetant sur le Prince un regard irrité.*

Éloignez-vous, duc. (*Le Duc se dirige vers la grande porte, par laquelle Carlos est venu. Le Roi, par un signe, lui en indique une autre.*) Non, dans le cabinet, jusqu'à ce que je vous appelle.

SCÈNE II.

LE ROI PHILIPPE, CARLOS.

CARLOS, *aussitôt que le Duc a quitté la chambre, s'avance vers le Roi et tombe à ses pieds, avec l'expression de l'émotion la plus vive.*

Maintenant j'ai retrouvé mon père, il m'est rendu! Ma plus ardente reconnaissance pour cette faveur!... Votre main, mon père!... O jour heureux!... La douceur de ce baiser, il y a longtemps qu'elle n'a été accordée à votre fils. Pourquoi me repousser si longtemps de votre cœur, mon père? Qu'ai-je fait?

PHILIPPE.

Infant, ton cœur n'entend rien à ces artifices. Tu peux te les épargner, je ne les aime point.

CARLOS, *se levant.*

C'est cela! J'entends vos courtisans.... mon père! Elles ne sont pas bonnes, par le ciel! pas bonnes de tout point, non, pas toutes, les paroles d'un prêtre, ni toutes celles que disent les créatures d'un prêtre. Je ne suis pas pervers, mon père.... l'ardeur de mon sang est toute ma méchanceté; ma jeunesse, mon seul crime. Je ne suis pas pervers; pervers, non, en vérité!... Bien que souvent d'impétueux transports accusent mon cœur, mon cœur est bon....

PHILIPPE.

Ton cœur est pur, je le sais, comme ta prière.

CARLOS.

Maintenant ou jamais!... Nous sommes seuls. La timide barrière de l'étiquette est tombée entre le père et le fils. Maintenant ou jamais! Un céleste rayon d'espérance luit au dedans de moi, un doux pressentiment traverse mon cœur.... Le ciel entier, avec de joyeux chœurs d'anges, se penche vers nous, et le Dieu trois fois saint contemple avec émotion cette grande et belle scène.... Mon père, réconciliation! (*Il tombe à ses pieds.*)

PHILIPPE.

Laisse-moi et lève-toi.

CARLOS.

Réconciliation!

PHILIPPE *veut se dégager de lui.*

Cette comédie devient trop audacieuse....

CARLOS.

Trop audacieux, l'amour de ton enfant?

PHILIPPE.

Pour achever, des larmes? Indigne spectacle!... Sors de ma présence!

CARLOS.

Maintenant ou jamais!... Réconciliation, mon père!

PHILIPPE.

Loin de mes yeux! Reviens, humilié, de mes batailles, mes bras s'ouvriront pour te recevoir.... Tel que je te vois, je te repousse.... Il n'y a que la faute, la faute lâche, qui se lave honteusement dans des larmes ainsi versées. Qui ne rougit pas de se repentir, jamais ne s'épargnera un remords.

CARLOS.

Quel est cet homme? Par quelle méprise a-t-il pu, étranger à l'humanité, s'égarer parmi les hommes?... Les larmes ne sont-elles pas l'éternel symbole de créance de l'humanité? Son œil est sec : ce n'est point une femme qui l'a enfanté.... Oh! forcez vos yeux, qui jamais ne furent humides, forcez-les, pendant qu'il en est temps encore, à apprendre les larmes; sans quoi, sans quoi peut-être, dans quelque heure cruelle, vous auriez à payer cette dette avec usure.

PHILIPPE.

Penses-tu ébranler par de belles paroles le doute si grave de ton père?

ACTE II, SCÈNE II.

CARLOS.

Le doute ? Je veux le détruire, ce doute.... Je veux m'attacher au cœur de mon père, je veux enlever par un puissant effort, faire tomber de ce cœur, fût-elle inébranlable comme le roc, cette écorce du doute.... Qui sont ceux qui m'ont expulsé de la faveur de mon roi ? Qu'est-ce que le moine a pu offrir au père, à la place de son fils ? Quelle compensation Albe vous donnera-t-il pour une vie, une paternité sacrifiée à la légère ? Vous voulez de l'amour ?... Ici, dans ce sein, jaillit une source plus vive, plus ardente, que dans les citernes impures et bourbeuses qu'il faut d'abord que l'or de Philippe ouvre.

PHILIPPE.

Téméraire, arrête !... Les hommes que tu te permets d'outrager sont les serviteurs de mon choix, des serviteurs éprouvés, et je veux que tu les honores.

CARLOS.

Jamais ! Je me sens. Ce que font vos ducs d'Albe, Carlos le peut faire aussi, et il peut davantage. Quel souci le mercenaire a-t-il d'un royaume qui ne sera jamais son bien propre ?... Que lui importe que les cheveux gris de Philippe blanchissent ? Votre Carlos vous aurait aimé.... Je frémis à l'idée d'être isolé, d'être seul, seul sur un trône....

PHILIPPE, *frappé de ces paroles, demeure pensif et replié sur lui-même. — Après un moment de silence.*

Je suis seul.

CARLOS, *avec chaleur et vivacité, en s'approchant de lui.*

Vous l'avez été. Ne me haïssez plus ; je veux vous aimer filialement, vous aimer avec ardeur : seulement, ne me haïssez plus.... Qu'il est ravissant et doux de se sentir glorifié dans une belle âme, de savoir que notre joie enflamme d'autres joues, que nos angoisses agitent un autre sein, que nos souffrances humectent d'autres yeux !... Qu'il est beau et magnifique de revenir sur ses pas avec un fils cher et bien-aimé, la main dans sa main, par la route fleurie de la jeunesse, de rêver encore une fois tout le rêve de la vie ! Qu'il est grand et doux de se perpétuer dans la vertu de son enfant, de vivre immortel, impérissable, bienfaisant durant des siècles ! Qu'il est beau de planter ce qu'un fils chéri moissonnera un jour, d'amasser ce qui l'enrichira avec usure, de pressentir combien sera vive et ardente sa reconnaissance!... Mon père, vos moines ont gardé un fort prudent silence sur ce paradis.

PHILIPPE, *non sans émotion.*

O mon fils, mon fils! tu prononces toi-même ta sentence. Tu peins, avec des couleurs ravissantes, un bonheur que.... tu ne m'as jamais donné.

CARLOS.

Que le Dieu qui sait tout en soit juge!... Vous-même, vous m'avez exclu, ainsi que du cœur paternel, de toute part à votre autorité. Jusqu'à présent, jusqu'à ce jour.... oh! cela était-il bien? cela était-il juste? jusqu'à présent il m'a fallu, moi, prince héréditaire d'Espagne, rester un étranger en Espagne, un prisonnier sur ce sol où je serai maître un jour. Cela était-il équitable et bienveillant?... Oh! que de fois, que de fois, mon père, j'ai baissé les yeux en rougissant, quand les ambassadeurs des potentats étrangers, quand les gazettes me racontaient les nouvelles de la cour d'Aranjuez!

PHILIPPE.

Le sang bout avec trop d'ardeur dans tes veines. Tu ne saurais que détruire.

CARLOS.

Employez-moi à détruire, mon père!... Oui, le sang bouillonne dans mes veines.... Vingt-trois ans, et rien de fait encore pour l'immortalité. Je m'éveille, je me sens.... Ma vocation au trône des rois me somme comme un créancier, m'arrache au sommeil, et toutes les heures perdues de ma jeunesse crient à mon oreille, comme des dettes d'honneur. Il est venu, le grand, le beau moment qui enfin réclame de moi les intérêts du précieux talent enfoui. L'histoire du monde m'appelle, et la gloire de mes aïeux et la trompette tonnante de la gloire. Le temps est arrivé de m'ouvrir l'illustre arène de la renommée.... Mon roi, oserai-je vous exprimer la prière qui m'a amené ici?

PHILIPPE.

Encore une prière? Fais-la connaître.

CARLOS.

La révolte fait de menaçants progrès en Brabant. L'opiniâtreté des rebelles veut une vigoureuse et sage résistance, pour dompter la fureur des fanatiques, le duc doit conduire une armée en Flandre, investi par le roi de pouvoirs souverains. Que cette mission est glorieuse, qu'elle serait propre à introduire votre fils dans le temple de la Renommée!... O mon roi, confiez cette armée à votre fils, à moi! Je suis aimé des Flamands. J'ose répondre sur ma tête de leur fidélité.

PHILIPPE.

Tu parles comme un rêveur. Cette mission demande un homme fait et non un jeune homme....

CARLOS.

Elle ne veut qu'un homme, et c'est la seule chose qu'Albe n'ait jamais été.

PHILIPPE.

La terreur seule peut dompter la rébellion. La compassion serait démence.... Ton âme est faible, mon fils; le duc est redouté.... Renonce à ta prière.

CARLOS.

Envoyez-moi avec l'armée en Flandre. Risquez la partie avec cette âme faible. Rien que le nom du fils du roi, volant devant mes drapeaux, est sûr de conquérir, où les bourreaux du duc d'Albe ne feront que ravager. Je vous en supplie à genoux. C'est la première prière de ma vie.... Mon père, confiez-moi la Flandre....

PHILIPPE, *examinant l'Infant d'un regard pénétrant.*

Et en même temps ma meilleure armée à ton ambition, le couteau à mon meurtrier?

CARLOS.

O mon Dieu! ne suis-je pas plus avancé, et est-ce là le fruit de cet instant solennel, si longtemps désiré? (*Après un moment de réflexion, avec une gravité plus douce.*) Répondez-moi avec plus de douceur! Ne me renvoyez pas ainsi. Je ne voudrais pas être congédié avec cette triste réponse, vous quitter avec un tel poids sur le cœur. Traitez-moi avec plus de bonté. C'est le pressant besoin de mon âme, c'est une tentative dernière, désespérée.... Je ne puis comprendre, je ne puis endurer, avec la fermeté d'un homme, que vous me refusiez ainsi tout, oui tout, absolument tout. En ce moment, vous me congédiez. Je sors de votre présence sans rien obtenir, et désabusé de mille doux pressentiments.... Votre Albe et votre Domingo vont siéger victorieux là où votre fils a pleuré dans la poussière. La troupe des courtisans, toute la grandesse tremblante, la tribu pâle et contrite des moines étaient là comme témoins quand vous m'avez accordé cette solennelle audience. Ne m'humiliez pas! Ne me faites pas, mon père, cette blessure mortelle, de me livrer honteusement à l'impudente raillerie de la domesticité royale, de montrer à tous que vous prodiguez votre faveur à des étrangers, et que les prières de votre Carlos ne peuvent rien obtenir. Pour preuve que vous voulez m'honorer, envoyez-moi en Flandre, avec l'armée.

PHILIPPE.

Ne répète plus cette parole, par la colère de ton roi!

CARLOS.

Je m'expose à la colère de mon roi, et je vous en supplie pour la dernière fois.... Confiez-moi la Flandre! Ce m'est un devoir et une nécessité de sortir d'Espagne. Pour moi, vivre ici, c'est respirer sous la main du bourreau.... Le ciel à Madrid pèse lourdement sur moi, comme la conscience d'un meurtre. Un prompt changement de climat peut seul me guérir. Si vous voulez me sauver,... envoyez-moi sans retard en Flandre.

PHILIPPE, *avec un calme contraint.*

Des malades tels que toi, mon fils, exigent de bons soins et doivent demeurer sous l'œil du médecin. Tu resteras en Espagne, le duc ira en Flandre.

CARLOS, *hors de lui.*

Oh! maintenant, entourez-moi, mes bons anges....

PHILIPPE, *reculant d'un pas.*

Arrête! Que signifient ces airs?

CARLOS, *d'une voix tremblante.*

Mon père, la décision demeure-t-elle irrévocable?

PHILIPPE.

Elle vient du roi.

CARLOS.

Ma tâche est achevée. (*Il sort dans une violente agitation.*)

SCÈNE III.

PHILIPPE *demeure plongé, pendant quelque temps, dans de sombres réflexions ; enfin il fait quelques pas, allant et venant dans la salle. Le duc d'Albe s'approche avec embarras.*

PHILIPPE.

Attendez-vous, à chaque moment, à l'ordre de partir pour Bruxelles.

ALBE.

Tout est prêt, mon roi.

PHILIPPE.

Vos pleins pouvoirs sont déjà scellés dans mon cabinet. Prenez, en attendant, congé de la reine, et présentez-vous, en vue du départ, à l'infant.

ALBE.

Je l'ai vu à l'instant quitter cette salle, avec tous les dehors de la fureur. Votre royale Majesté est aussi hors d'elle-même et paraît profondément émue. Peut-être le sujet de l'entretien?...

PHILIPPE, *après s'être promené un moment de long en large.*

Le sujet était le duc d'Albe. *(Le Roi, d'un air sombre et les yeux fixés sur lui :)* J'apprends volontiers que Carlos hait mes conseillers, mais je découvre avec chagrin qu'il les méprise.

ALBE *pâlit et veut éclater.*

PHILIPPE.

A présent, point de réponse! Je vous permets d'apaiser le prince.

ALBE.

Sire!

PHILIPPE.

Dites-moi : qui est-ce donc qui le premier m'a averti du noir dessein de mon fils? Je vous entendis alors, sans l'entendre aussi. Je veux tenter l'épreuve. Désormais Carlos sera plus près de mon trône. Allez. *(Le Roi passe dans son cabinet. Le Duc se retire par une autre porte.)*

SCÈNE IV.

Une antichambre de l'appartement de la Reine.

DON CARLOS *entre par la porte du milieu, s'entretenant avec un Page. A son approche, les courtisans qui se trouvent dans l'antichambre, se dispersent dans les salles voisines.*

CARLOS.

Une lettre pour moi?... Pourquoi donc cette clef? Et l'une et l'autre remises avec tant de mystère? Approche.... D'où tiens-tu cela?

LE PAGE, *mystérieusement.*

Autant que la dame m'a laissé voir, elle aime mieux être devinée que dépeinte....

CARLOS, *reculant vivement.*

La dame? (*Examinant le Page avec plus d'attention.*) Quoi?... Comment?... Qui es-tu donc?

LE PAGE.

Un page de Sa Majesté la reine.

CARLOS, *allant à lui avec effroi et lui mettant la main sur la bouche.*

Tu es mort! arrête! J'en sais assez. (*Il brise vivement le cachet et va à l'extrémité de la salle pour lire la lettre. Cependant, le duc d'Albe vient et, passant près du Prince sans être remarqué de lui, il entre dans la chambre de la Reine. Carlos commence à trembler violemment et à rougir et pâlir tour à tour. Après qu'il a lu, il demeure longtemps sans voix, les yeux attachés fixement sur la lettre. — Enfin il se tourne vers le Page.*) C'est elle-même qui t'a donné la lettre?

LE PAGE.

De sa propre main.

CARLOS.

Elle t'a donné elle-même la lettre?... Oh! ne te joue pas de moi. Je n'ai encore rien lu de sa main. Il faut que je te croie, si tu peux le jurer. Si c'était un mensonge, avoue-le-moi franchement, et ne te raille pas de moi.

LE PAGE.

De qui?

CARLOS *considère de nouveau la lettre, et regarde le Page d'un air incertain et scrutateur. Après avoir fait un tour dans la salle.*

Tu as encore tes parents? Oui? Ton père sert le roi? C'est un enfant du pays?

LE PAGE.

Il a péri à Saint-Quentin, colonel de la cavalerie du duc de Savoie, et il se nommait Alonzo, comte de Hénarez.

CARLOS, *le prenant par la main et fixant les yeux sur lui d'un air significatif.*

C'est le roi qui t'a remis cette lettre?

LE PAGE, *blessé.*

Gracieux prince, ai-je mérité ce soupçon?

CARLOS *lit la lettre.*

« Cette clef ouvre les chambres qui sont sur le derrière
« dans le pavillon de la reine. La plus reculée de toutes touche
« sur le côté à un cabinet où jamais ne se sont égarés les pas
« d'aucun espion. Là, l'amour pourra librement, hautement
« avouer ce qu'il n'a osé si longtemps confier qu'à des signes.
« Les vœux de l'amant timide seront exaucés et une douce
« récompense est réservée à sa modeste patience. » (*Comme se réveillant d'une sorte de stupeur.*) Je ne rêve pas.... je ne suis point en délire.... Voici bien mon bras droit.... voici mon épée.... voici des syllabes écrites. C'est vrai, c'est réel, je suis aimé.... je le suis.... oui, je suis, je suis aimé! (*Tout hors de lui, il se précipite à travers la chambre, les bras levés au ciel.*)

LE PAGE.

Venez donc, mon prince, je vous conduirai.

CARLOS.

Laisse-moi d'abord revenir à moi.... Mon âme frémit encore de toutes les terreurs d'une telle félicité. Ai-je conçu jamais un si orgueilleux espoir? Ai-je osé jamais le rêver? Où est l'homme qui s'accoutumerait si vite à être un Dieu? Qui étais-je, et qui suis-je maintenant? C'est un autre ciel, un autre soleil que ceux qui existaient avant.... Elle m'aime!

LE PAGE *veut l'emmener.*

Prince, prince, ce n'est pas ici le lieu.... Vous oubliez....

CARLOS, *soudain glacé d'effroi.*

æ roi, mon père! (*Il laisse tomber les bras, regarde timidement autour de lui, et commence à revenir à lui.*) C'est effrayant.... Oui, tu as raison, mon ami. Je te remercie : tout à l'heure, je n'étais pas bien à moi.... Qu'il me faille taire une telle félicité et l'emprisonner dans mon sein.... cela, oui, cela est affreux! (*Prenant le Page par la main et le menant à l'écart.*) Ce que tu as vu.... tu m'entends?... sans le voir, restera caché, comme un cercueil, au plus profond de ton sein. Maintenant va! Je trouverai. Va! il ne faut pas qu'on nous rencontre ici. Va.... (*Le Page veut s'éloigner.*) Non, pourtant. Arrête! écoute! (*Le Page revient. Carlos lui pose la main sur l'épaule et le regarde en face, d'un air sérieux et solennel.*) Tu emportes un terrible secret, qui, semblable à ces poisons violents, brise le vase où il est gardé.... Maîtrise bien ta physionomie. Que jamais ta tête n'apprenne ce que ton sein recèle. Sois comme le porte-voix inanimé, qui reçoit et rend le son, et lui-même ne l'entend pas! Tu es un enfant.... sois-le toujours et continue ton rôle de libre gaieté.... Qu'elle a bien su choisir son messager d'amour, la main avisée qui a écrit cette lettre! Ce n'est pas là que le roi cherche ses vipères.

LE PAGE.

Et moi, mon prince, je serai fier de me savoir possesseur d'un secret que le roi lui-même ignore....

CARLOS.

Folle vanité d'enfant! c'est là ce qui doit te faire trembler.... S'il arrive que nous nous rencontrions en public, tu t'approcheras de moi d'un air timide et soumis. Que jamais la vanité ne te pousse à laisser voir combien l'infant te veut de bien! Tu ne peux commettre de plus grand crime, mon fils, que de me plaire.... Ce que tu pourras avoir désormais à me transmettre, ne l'exprime jamais par des syllabes, ne le confie pas à tes lèvres; que ton message ne suive pas la voie frayée, la voie commune des pensées. Tu parleras par le mouvement des cils, du doigt; je t'écouterai du regard. L'air, la lumière qui nous entourent sont les créatures de Philippe; les murailles muettes sont à sa solde.... On vient.... (*La chambre de la Reine s'ouvre et le duc d'Albe en sort.*) Pars! A revoir!

LE PAGE.

Prince, n'allez pas au moins vous tromper de chambre. (*Il sort.*)

CARLOS.

C'est le duc.... Non, eh non! c'est bien! Je trouverai.

SCÈNE V.

DON CARLOS, LE DUC D'ALBE.

ALBE, *s'avançant sur le passage du Prince.*
Deux mots, gracieux prince.

CARLOS.

Très-bien.... c'est bon.... Une autre fois. (*Il veut sortir.*)

ALBE.

Ce lieu ne paraît pas, il est vrai, le plus convenable. Peut-être plairait-il à Votre Altesse royale de me donner audience dans son appartement?

CARLOS.

Pourquoi? Cela peut aussi bien se faire ici.... Seulement vite et bref!

ALBE.

Ce qui, à proprement parler, m'amène ici, c'est le désir d'exprimer à Votre Altesse mon humble reconnaissance pour ce qu'elle sait....

CARLOS.

De la reconnaissance? A moi, de la reconnaissance? Pour quel motif?... Et cela du duc d'Albe?

ALBE.

C'est qu'à peine aviez-vous quitté la chambre du roi que j'ai reçu l'ordre de partir pour Bruxelles.

CARLOS.

Pour Bruxelles! Ah!

ALBE.

A quoi, mon prince, sinon à votre gracieuse intervention auprès de Sa Majesté, pourrais-je l'attribuer?

CARLOS.

A moi? Pas le moins du monde.... non, pas à moi, en vérité! Vous partez?... Partez et que Dieu soit avec vous!

ALBE.

Rien de plus? cela m'étonne. Votre Altesse n'aurait du reste rien à m'ordonner pour la Flandre?

CARLOS.

Quoi « du reste? » Et « pour la Flandre? »

ALBE.

Cependant il semblait tout récemment encore que le sort de ces provinces réclamât la présence même de don Carlos.

CARLOS.

Comment cela? Ah oui!... vous avez raison.... C'était ainsi, naguère.... mais c'est bien aussi comme cela, très-bien, d'autant mieux....

ALBE.

J'entends avec surprise....

CARLOS, *sans ironie.*

Vous êtes un grand général.... Qui ne le sait? L'envie même est contrainte de l'affirmer. Moi.... je suis un jeune homme. C'est aussi ce que le roi a pensé. Le roi a raison, parfaitement raison. Je le reconnais maintenant, je suis satisfait, ainsi n'en parlons plus. Bon voyage! Je ne puis décidément, à cette heure, comme vous voyez.... Il se trouve que je suis pour l'instant quelque peu surchargé.... Le reste à demain, ou quand vous voudrez, ou quand vous reviendrez de Bruxelles....

ALBE.

Comment?

CARLOS, *après un moment de silence, voyant que le Duc reste toujours là.*

Vous partez dans la bonne saison.... Vous passez par Milan, la Lorraine, la Bourgogne et l'Allemagne.... L'Allemagne?... Oui, c'était là, on vous y connaît.... Nous sommes maintenant en avril; mai.... juin.... en juillet, tout juste, et, au plus tard, au commencement d'août, vous serez à Bruxelles. Oh! je n'en doute pas, on entendra parler très-prochainement de vos victoires. Vous saurez vous rendre digne de notre très-gracieuse confiance.

ALBE, *d'un ton significatif.*

Le pourrai-je, l'âme pénétrée du sentiment de mon néant?

CARLOS, *après un moment de silence, avec dignité et fierté.*

Vous êtes susceptible, duc.... et à bon droit. Il y avait, je dois l'avouer, peu de ménagement de ma part à employer contre vous des armes dont vous n'êtes pas en état de vous servir contre moi.

ALBE.

Pas en état ?...

CARLOS, *lui tendant la main, avec un sourire.*

C'est dommage que, tout juste en ce moment, le temps me manque de vider avec Albe cette noble querelle. Une autre fois....

ALBE.

Prince, nous nous méprenons tous deux, et d'une façon tout opposée. Vous, par exemple, vous vous portez de vingt ans en avant, dans l'avenir; moi, je vous reporte d'autant en arrière.

CARLOS.

Eh bien?

ALBE.

Et reculant ainsi, je me demande involontairement combien de nuits consacrées à sa belle épouse portugaise, votre mère, le roi aurait bien sacrifiées pour acquérir à sa couronne un bras comme celui-ci. Il savait, sans doute, à quel point il est plus facile de propager les monarques que les monarchies.... à quel point c'est plus vite fait de pourvoir le monde d'un roi, qu'un roi d'un monde.

CARLOS.

C'est très-vrai! Pourtant, duc d'Albe, pourtant....

ALBE.

Et combien de sang, de sang de votre peuple a dû couler, avant que deux gouttes du sien pussent faire de vous un roi.

CARLOS.

C'est très-vrai, par le ciel!... et vous avez renfermé là en deux mots tout ce que l'orgueil du mérite peut opposer à l'orgueil des priviléges fortuits?... Mais venez-en à l'application. Voyons, duc d'Albe!

ALBE.

Malheur au tendre nourrisson qui se nomme Majesté, s'il ose se railler de sa nourrice! Qu'il lui est doux de se laisser aller au sommeil sur le souple coussin de nos victoires ! A la couronne ne brillent que les perles, et non sans doute les blessures par lesquelles elle a été conquise.... Cette épée a dicté les lois espagnoles à des peuples étrangers; elle a brillé, comme la foudre, devant le Dieu crucifié; elle a ouvert à la semence de la foi, sur cet hémisphère, de sanglants sillons : Dieu jugeait dans le ciel; moi, sur la terre....

CARLOS.

Dieu ou le diable, il n'importe! Vous étiez son bras droit. Je sais bien cela.... et à présent n'en parlons plus, je vous en prie. Je voudrais me garder de certains souvenirs.... J'honore le choix de mon père. Mon père a besoin d'un duc d'Albe; qu'il ait besoin d'un tel homme, ce n'est pas là ce que je lui envie. Vous êtes un grand homme.... Soit encore! je le crois presque. Seulement, je crains que vous ne soyez venu quelques milliers d'années trop tôt. Un duc d'Albe, telle serait ma pensée, était fait pour paraître à la fin de tous les temps. Quand la rébellion gigantesque du vice aura épuisé la patience du ciel, que la riche moisson des méfaits, dressant ses épis pleins et mûrs, voudra un moissonneur sans pareil, alors vous serez à votre place.... O Dieu! mon paradis! ma Flandre?... Mais je ne dois pas avoir maintenant cette pensée. Silence à cet égard! On dit que vous emportez une provision de sentences de mort, signées d'avance. C'est une prévoyance louable. On n'a plus de la sorte aucune chicane à craindre.... O mon père, que j'ai mal compris ton intention! Je te reprochais ta dureté, parce que tu me refusais une de ces missions où brillent tes ducs d'Albe.... C'était le commencement de ton estime.

ALBE.

Prince, ce mot mériterait....

CARLOS, *éclatant*.

Quoi?

ALBE.

Mais le titre de fils du roi en garantit Carlos.

CARLOS, *portant la main à son épée*.

Ceci veut du sang.... L'épée hors du fourreau, duc!

ALBE, *froidement*.

Contre qui?

CARLOS, *s'avançant violemment sur lui.*
L'épée à la main, ou je vous perce!
ALBE *tire son épée.*
Eh bien donc! s'il le faut. (*Ils combattent.*)

SCÈNE VI.

LA REINE, DON CARLOS, LE DUC D'ALBE.

LA REINE, *qui sort, épouvantée, de sa chambre.*

Des épées nues! (*Au Prince, avec mécontentement et d'un ton impérieux.*) Carlos!

CARLOS, *mis hors de lui par l'aspect de la Reine, laisse tomber son bras et demeure immobile et comme privé de sentiment; puis il court au Duc et l'embrassant:*

Réconciliation, duc! Que tout soit pardonné! (*Il se jette, muet, aux pieds de la Reine, puis se relève vivement et s'éloigne à la hâte, tout troublé.*)

ALBE, *qui reste immobile de surprise et ne les perd pas de vue un seul moment:*

Par le ciel! voilà qui est pourtant bien étrange....

LA REINE *s'arrête quelques instants, inquiète et incertaine, puis elle se dirige lentement vers sa chambre; arrivée à la porte, elle se retourne.*

Duc d'Albe! (*Le Duc la suit dans sa chambre.*)

Un cabinet de la princesse d'Éboli.

SCÈNE VII.

LA PRINCESSE, *dans une toilette d'un goût idéal, belle, mais simple, joue du luth et chante; ensuite* LE PAGE *de la Reine.*

LA PRINCESSE *s'élance de son siège.*

Il vient!

LE PAGE, *accourant.*

Êtes-vous seule? Je m'étonne fort de ne pas le trouver encore ici: mais il ne peut manquer de paraître à l'instant.

LA PRINCESSE.

Il ne peut manquer? C'est dire qu'il veut.... Ainsi, c'est décidé....

LE PAGE.

Il suit mes pas.... Gracieuse princesse, vous êtes aimée.... aimée, aimée! comme personne ne peut l'être, ni ne l'avoir été. Quelle scène j'ai eue sous les yeux!

LA PRINCESSE *l'attire à elle, pleine d'impatience.*

Vite! Tu lui as parlé? Réponds donc! Qu'a-t-il dit? Quelle était sa contenance? Quelles ont été ses paroles? Il a paru embarrassé? paru troublé? A-t-il deviné la personne qui lui envoyait la clef? Vite.... Ou bien n'a-t-il pas deviné? Sans doute il n'a pas deviné du tout? Il a deviné une autre personne?... Eh bien! tu ne me réponds pas un mot? Oh! fi, fi! n'es-tu pas honteux? Jamais tu n'as été si engourdi, si lent, si insupportable.

LE PAGE.

Puis-je placer un seul mot, princesse? Je lui ai remis la clef et le billet dans l'antichambre de la reine. Il a tressailli et m'a regardé, quand cette parole m'est échappée, que j'étais envoyé par une dame....

LA PRINCESSE.

Il a tressailli? Très-bien! à merveille! Mais poursuis, continue ton récit.

LE PAGE.

Je voulais en dire davantage, alors il a pâli et m'a arraché la lettre des mains, et m'a regardé d'un air menaçant, et m'a dit qu'il savait tout. Il a lu toute la lettre avec un grand trouble, et s'est mis tout à coup à trembler.

LA PRINCESSE.

Qu'il savait tout? qu'il savait tout? A-t-il dit cela?

LE PAGE.

Et il m'a demandé trois fois, quatre fois, si c'était vous-même, bien réellement vous-même, qui m'aviez remis cette lettre.

LA PRINCESSE.

Si c'était moi-même? Ainsi il a prononcé mon nom?

LE PAGE.

Votre nom? Il ne l'a pas prononcé.... Des espions, a-t-il dit, pouvaient écouter dans le voisinage et tout conter au roi.

ACTE II, SCÈNE VII.

LA PRINCESSE, *étonnée.*

A-t-il dit cela?

LE PAGE.

Il importait prodigieusement au roi, a-t-il dit, infiniment, par-dessus tout, d'avoir connaissance de cette lettre.

LA PRINCESSE.

Au roi? As-tu bien entendu? Au roi? Est-ce là le mot dont il s'est servi?

LE PAGE.

Oui! Il a dit que c'était un dangereux secret, et m'a averti de prendre bien garde à mes paroles, à mes moindres signes, pour que le roi ne conçoive aucun soupçon.

LA PRINCESSE, *après avoir réfléchi un moment, avec beaucoup de surprise.*

Tout est d'accord.... Cela ne peut être autrement.... Il faut qu'il soit instruit de cette aventure.... C'est inconcevable! Qui peut lui avoir révélé?... Qui ? Je le demande encore.... Qui a le regard aussi perçant, aussi pénétrant? Qui entre tous? que l'œil d'aigle de l'amour? Mais poursuis, poursuis toujours : il a lu le billet?...

LE PAGE.

Le billet contenait, disait-il, une félicité dont il ne pouvait s'empêcher de frémir; jamais il n'avait osé rêver un tel rêve. Par malheur, le duc est entré dans la chambre, cela nous a forcés....

LA PRINCESSE, *avec humeur.*

Au nom du ciel! qu'est-ce que le duc avait à faire là en ce moment? Mais où, de grâce, où reste-t-il? Que tarde-t-il? Pourquoi ne paraît-il pas?... Vois-tu comme tu es mal informé? Combien il eût déjà été heureux dans le temps qu'il t'a fallu pour me dire qu'il voulait l'être!

LE PAGE.

Le duc, je le crains...

LA PRINCESSE.

Encore le duc? Qu'a-t-il à faire ici? Qu'est-ce qu'il a de commun, le vaillant capitaine, avec ma paisible félicité? Il pouvait le laisser là, le renvoyer. Avec qui au monde ne peut-on pas faire cela?... Oh! vraiment, ton prince comprend aussi mal l'amour que le cœur des dames, à ce qu'il paraît. Il ne sait pas ce que sont les minutes.... Paix! paix! j'entends venir. Pars! C'est le prince. (*Le Page se hâte de sortir.*) Sors, sors!... Où ai-je mon luth? Il faut qu'il me surprenne.... Mon chant doit lui donner le signal....

SCÈNE VIII.

LA PRINCESSE, *et bientôt après* DON CARLOS.

LA PRINCESSE *s'est jetée sur une ottomane et joue du luth.*
CARLOS *entre précipitamment. Il reconnaît la Princesse et s'arrête, comme frappé de la foudre.*

Dieu, où suis-je?

LA PRINCESSE *laisse tomber le luth et va au-devant de lui.*

Ah! le prince Carlos? Oui, vraiment!

CARLOS.

Où suis-je? Erreur insensée.... J'ai manqué le cabinet indiqué.

LA PRINCESSE.

Comme Charles est habile à remarquer les chambres où il y a des dames sans témoins!

CARLOS.

Princesse.... Pardonnez-moi, princesse.... J'ai.... j'ai trouvé l'antichambre ouverte.

LA PRINCESSE.

Est-ce possible? Il me semble pourtant que je l'ai fermée moi-même.

CARLOS.

Il vous semble seulement, il vous semble.... mais, bien sûr, vous vous trompez. Vous avez voulu la fermer, oui, je l'accorde, je le crois.... mais l'avoir fermée? fermée? non, vraiment non! J'ai entendu quelqu'un.... jouer du luth... N'était-ce pas un luth? (*Regardant autour de lui, d'un air de doute.*) Justement! le voilà encore.... Et le luth.... Dieu le sait!... le luth, je l'aime à la folie. Je suis devenu tout oreille; ravi, hors de moi, je me suis précipité dans ce cabinet, pour voir les beaux yeux de l'aimable musicienne, qui me causait cette émotion céleste, qui exerçait sur moi un charme si puissant.

ACTE II, SCÈNE VIII.

LA PRINCESSE.

Charmante curiosité, que vous avez pourtant bien vite apaisée, comme j'en pourrais témoigner. (*Après un moment de silence, d'un ton significatif.*) Oh! je ne puis m'empêcher d'estimer l'homme modeste qui, pour ménager la pudeur d'une femme, s'embarrasse dans de tels mensonges.

CARLOS, *d'un ton de cordiale franchise.*

Princesse, je sens moi-même que je ne fais qu'aggraver ce que je veux réparer. Épargnez-moi un rôle que je suis absolument incapable de jouer jusqu'au bout. Vous cherchiez dans cette chambre un refuge contre le monde. Vous vouliez ici, sans être écoutée par les hommes, vous livrer aux vœux secrets de votre cœur. Moi, enfant du malheur, je me montre; et voilà ce beau songe troublé.... Aussi dois-je, pour ma peine, par une fuite rapide.... (*Il veut sortir.*)

LA PRINCESSE, *surprise et déconcertée, mais se remettant bientôt.*

Prince.... oh! cela est méchant.

CARLOS

Princesse, je comprends ce que signifie un tel regard, dans ce cabinet, et j'honore cet embarras de la pudeur. Malheur à l'homme que la rougeur d'une femme enhardit! Je suis intimidé, quand les femmes tremblent devant moi.

LA PRINCESSE.

Est-ce possible?.... C'est un scrupule sans exemple dans un jeune homme, dans un fils de roi! Oui, prince.... maintenant il faut absolument que vous restiez auprès de moi, maintenant je vous en prie moi-même. Il n'y a pas de jeune fille dont une telle vertu ne dissipe l'inquiétude. Cependant savez-vous que votre soudaine apparition m'a effrayée au milieu de mon air favori? (*Elle le conduit au sofa et reprend son luth.*) Cet air, prince Carlos, il faudra que je le joue encore une fois; votre punition sera de m'écouter.

CARLOS *s'assied, non sans quelque contrainte, auprès de la Princesse.*

Punition aussi digne d'envie que ma faute.... et en vérité ce chant m'a tellement plu, il était si divinement beau, que je l'entendrais volontiers, même une troisième fois.

LA PRINCESSE.

Quoi? Vous avez tout entendu? C'est affreux, prince.... Je crois même qu'il était question d'amour?

CARLOS.

Et, si je ne me trompe, d'un amour heureux.... le texte le plus charmant dans cette charmante bouche, mais sans doute moins vrai que charmant.

LA PRINCESSE.

Moins, moins vrai?... Et ainsi vous doutez?...

CARLOS, *sérieusement.*

Je doute presque que Carlos et la princesse d'Éboli puissent jamais s'entendre, s'il s'agit d'amour. (*La Princesse paraît étonnée ; il le remarque et continue d'un ton de légère galanterie :*) Car qui, à la vue de ces joues de rose, qui pourra croire que la passion ait agité ce cœur? Une princesse d'Éboli court-elle le danger de soupirer en vain et sans être écoutée? Celui-là seul connaît l'amour qui aime sans espérance.

LA PRINCESSE, *retrouvant tout son enjouement.*

Oh! taisez-vous. C'est vraiment terrible à entendre.... Et sans doute ce destin paraît vous poursuivre, vous plus que tout autre, et surtout aujourd'hui.... aujourd'hui. (*Le prenant par la main, avec un intérêt insinuant.*) Vous n'êtes pas gai, mon bon prince.... Vous souffrez.... Par le ciel, vous souffrez certainement beaucoup! Est-ce possible? Et pourquoi souffrir, prince? appelé, invité comme vous l'êtes, à jouir de ce monde, comblé de tous les présents de la nature prodigue, ayant tout droit aux joies de la vie? Vous.... le fils d'un grand roi, et plus que cela, bien plus encore, vous qui déjà dans votre royal berceau, avez été doué de ces dons qui même obscurcissent l'éclatante splendeur de votre rang? Vous.... qui dans le sévère tribunal des femmes ne voyez siéger que des juges séduits, dans ce tribunal qui prononce sans appel ni contradiction sur le mérite et la gloire des hommes? Vous à qui il suffit de regarder pour vaincre; qui savez enflammer en demeurant froid; qui, s'il vous plaît d'aimer, devez prodiguer en vous jouant les joies célestes, le bonheur divin?... Quoi? l'homme que la nature a comblé de dons également efficaces et pour le bonheur de milliers de mortels et pour celui d'un petit nombre de cœurs, cet homme serait lui-même malheureux?...

ACTE II, SCÈNE VIII.

O ciel, qui lui as tout donné, tout, pourquoi donc lu lrefuser des yeux pour voir ses triomphes?

CARLOS, *qui, pendant tout ce temps, était resté plongé dans la plus profonde distraction, est tout à coup rappelé à lui-même par le silence de la Princesse, et bondit sur le sofa.*

C'est ravissant! c'est incomparable, princesse! Chantez-moi encore une fois ce passage.

LA PRINCESSE *le regarde stupéfaite.*

Carlos, où étiez-vous donc pendant ce temps?

CARLOS *se lève d'un bond.*

Oui, par le ciel! vous m'avertissez à propos.... Il faut, il faut que je parte.... que j'aille sans retard....

LA PRINCESSE *le retient.*

Où?

CARLOS, *dans une terrible anxiété.*

En bas, à l'air libre.... Laissez-moi aller.... princesse. Je ne sais ce que j'éprouve : c'est comme si le monde embrasé vomissait derrière moi des tourbillons de fumée et de flamme....

LA PRINCESSE *le retient de force.*

Qu'avez-vous? Pourquoi cette conduite étrange, si peu naturelle? (*Carlos s'arrête et devient pensif. Elle saisit ce moment, pour l'attirer auprès d'elle sur le sofa.*) Vous avez besoin de repos, cher Carlos.... Votre sang est en effervescence.... Asseyez-vous près de moi.... Chassez ces noirs fantômes de la fièvre. Si vous vous interrogiez vous-même de bonne foi, cette tête sait-elle ce qui pèse sur ce cœur? Et si elle le sait.... n'y aurait-il donc parmi tous les chevaliers de cette cour, parmi toutes les dames, personne.... pour vous guérir, pour vous comprendre, voulais-je dire.... aucune qui en fût digne?

CARLOS, *légèrement et sans y penser.*

Peut-être la princesse d'Éboli....

LA PRINCESSE, *avec joie, vivement.*

Vraiment?

CARLOS.

Donnez-moi une supplique.... une lettre de recommandation pour mon père. Donnez! On dit que vous avez beaucoup de crédit.

LA PRINCESSE.

Qui dit cela? (Ah! c'était donc le soupçon qui te rendait muet!)

CARLOS.

Probablement l'histoire circule déjà. L'idée m'est venue tout à coup d'aller en Brabant, pour.... simplement pour gagner mes éperons. Mon père ne le veut pas.... Ce bon père craint, si je commande des armées...., que cela ne fasse tort à mon chant.

LA PRINCESSE.

Carlos, votre jeu n'est pas franc. Avouez-le, vous voulez m'échapper par ce mouvement de couleuvre. Regardez là, hypocrite! Vos yeux dans les miens! Celui qui ne rêve qu'exploits chevaleresques.... s'abaisserait-il au point de dérober avidement les rubans que perdent les dames et.... vous pardonnez.... (*écartant d'un léger mouvement du doigt la fraise de Carlos, elle enlève un nœud de ruban qui y était caché*) de les garder si précieusement?

CARLOS, *reculant avec surprise*.

Princesse.... non, cela va trop loin. Je suis trahi.... On ne peut vous tromper.... Vous avez des intelligences avec des esprits, des démons.

LA PRINCESSE.

Cela vous étonne? cela? Que gagez-vous, prince, que je rappelle à votre cœur des souvenirs, des souvenirs.... Essayez, questionnez-moi. Si les jeux mêmes du caprice, un son inachevé, perdu dans l'air, un sourire effacé soudain par la gravité, si jusqu'à des apparences, des gestes où votre âme n'était pour rien, n'ont pu m'échapper, jugez si j'ai dû comprendre quand vous vouliez être compris.

CARLOS.

C'est, en vérité, hasarder beaucoup.... J'accepte la gageure, princesse. Vous me promettez de découvrir dans mon propre cœur des choses dont je n'ai jamais rien su.

LA PRINCESSE, *un peu piquée et sérieuse*.

Jamais, prince? Ravisez-vous! ouvrez les yeux! Ce cabinet n'est pas une des chambres de la reine, où à la rigueur on pouvait trouver convenable quelque peu de dissimulation.... Vous

vous troublez? Votre visage s'enflamme tout à coup?... Oh! sans doute, qui pourrait être assez pénétrant, assez téméraire, assez désœuvré, pour épier Carlos, quand Carlos ne se croit épié de personne?... Qui a vu comme, au dernier bal de la cour, il a quitté, au milieu de la danse, sa dame, la reine, pour pénétrer de force dans le groupe voisin et tendre la main à la princesse d'Éboli, au lieu de sa royale danseuse? Erreur que remarqua, prince, le roi lui-même, qui venait de paraître tout juste à ce moment.

CARLOS, *avec un sourir ironique*.

Lui-même, vraiment? Ah! sans doute, bonne princesse, un tel mouvement n'était pas fait pour être vu, surtout de lui.

LA PRINCESSE.

Pas plus que cette scène dans la chapelle du château, dont Carlos apparemment ne se souviendra plus lui-même. Vous étiez aux pieds de la sainte Vierge, absorbé dans la prière, quand tout à coup.... était-ce votre faute?... les robes de certaines dames firent un léger bruit derrière vous. Alors le fils héroïque de don Philippe, semblable à un hérétique devant le saint office, se met à trembler; la prière, soudain dénaturée, expire sur ses lèvres pâles.... Dans l'ivresse de la passion.... c'était, prince, une comédie vraiment touchante.... vous saisissez la sainte et froide main de la mère de Dieu et des baisers de feu pleuvent sur le marbre.

CARLOS.

Vous me faites tort, princesse. C'était de la ferveur.

LA PRINCESSE.

Oui, alors c'est autre chose, prince.... En ce cas, sans doute, ce n'était pas non plus un autre sentiment que la crainte de perdre, quand Carlos assis au jeu, avec la reine et moi, me vola, avec une merveilleuse habileté, ce gant (*Carlos, interdit, s'élance du sofa*), qu'il eut toutefois l'attention de jeter, le moment d'après, au lieu d'une carte.

CARLOS.

O Dieu!... Dieu.... Dieu! Qu'ai-je fait là?

LA PRINCESSE.

Rien que vous ayez à désavouer, j'espère. Que je fus agréablement surprise, lorsque inopinément se trouva sous mes doigts un petit billet que vous aviez su cacher dans ce gant. C'était, prince, la plus touchante romance, que....

CARLOS, *l'interrompant soudain.*

De la poésie!... Rien de plus.... De mon cerveau il jaillit souvent de ces bulles légères, étranges, qui éclatent aussitôt qu'elles se forment. Ce n'était que cela, n'en parlons plus.

LA PRINCESSE, *de surprise, s'éloigne de lui, et l'observe de loin pendant quelque temps.*

Je suis à bout.... Toutes mes tentatives glissent sur cet homme bizarre, comme sur la peau lisse d'un serpent. (*Elle se tait quelques instants.*) Mais quoi?... Serait-ce peut-être l'orgueil de son sexe, un orgueil prodigieux qui ne prendrait le masque de la pruderie que pour se procurer de plus douces jouissances?... Oui! (*Elle se rapproche du Prince et le regarde d'un air de doute.*) Enfin, prince, daignez m'instruire.... Je me trouve devant une porte fermée par un charme, qu'aucune de mes clefs ne peut ouvrir.

CARLOS.

Comme moi devant vous.

LA PRINCESSE *le quitte tout à coup, va et vient quelque temps en silence dans le cabinet, et paraît occupée d'une réflexion importante; enfin, après une longue pause, elle dit d'un ton sérieux et solennel:*

Eh bien donc, enfin, puisqu'il le faut.... je me décide à parler. Je vous choisis pour mon juge. Vous êtes une âme loyale... un homme de cœur, un prince, un chevalier. Je me jette dans vos bras. Vous me sauverez, prince, et, si je suis perdue sans ressources, vous pleurerez sur moi avec sympathie. (*Le Prince se rapproche d'elle avec un étonnement plein d'intérêt et dans une attente inquiète.*) Un insolent favori du roi prétend à ma main.... Ruy Gomez, comte de Silva.... Le roi veut, déjà l'on est d'accord pour le marché, je suis vendue à sa créature.

CARLOS, *avec une vive et soudaine émotion.*

Vendue? Vous aussi vendue? et toujours par l'illustre trafiquant du Sud?

LA PRINCESSE.

Non, écoutez tout d'abord. Ce n'est pas assez qu'on me sacrifie à la politique, on en veut aussi à ma vertu.... Tenez!

cette feuille peut démasquer ce saint. (*Carlos prend le papier et écoute avec une avide impatience le récit de la Princesse, sans se donner le temps de lire.*) Où puis-je trouver mon salut, prince? Jusqu'ici c'est mon orgueil qui a protégé ma vertu; mais enfin...

CARLOS.

Enfin vous avez succombé? vous avez cédé? Non, non, au nom du ciel! non!

LA PRINCESSE, *avec noblesse et fierté*.

Cédé à qui? Misérable calcul de l'esprit! Quelle faiblesse pour ces fortes intelligences! Estimer les faveurs des femmes, le bonheur de l'amour, à l'égal d'une marchandise sur laquelle on peut mettre enchère. L'amour est la seule chose, sur tout ce globe terrestre, qui ne souffre pas d'autre acheteur que lui-même. L'amour est le prix de l'amour. C'est le diamant inestimable qu'il me faut ou donner, ou sinon enfouir, sans que nul en jouisse.... pareille à ce grand marchand, qui, insensible à l'or du Rialto, et pour faire rougir les rois, rendit sa perle à la mer opulente, trop fier pour l'adjuger au-dessous de sa valeur.

CARLOS.

(Par le Dieu des merveilles!... Cette femme est belle!)

LA PRINCESSE.

Qu'on l'appelle caprice.... vanité : n'importe. Je ne divise point ce que je puis donner de joie. A l'homme, à l'homme unique, que je me serai choisi, je donnerai tout, pour tout. Je ne ferai don qu'une fois, mais pour toujours. Mon amour ne fera qu'un heureux.... un seul.... mais cet unique heureux, il en fera un dieu.... Le ravissant accord des âmes.... un baiser.... les joies voluptueuses de l'heure du berger.... la sublime, la céleste magie de la beauté, sont les fraternelles couleurs d'un même rayon, les feuilles d'une même fleur. Et j'irais, insensée! arracher et sacrifier une feuille de la belle corolle de cette fleur? Je mutilerais moi-même la sublime majesté de la femme, le chef-d'œuvre de la Divinité, pour réjouir le soir d'un débauché!

CARLOS.

(C'est incroyable! Comment? Madrid possédait une telle jeune fille, et moi.... moi, je ne l'apprends qu'aujourd'hui?)

LA PRINCESSE.

Depuis longtemps j'aurais quitté cette cour, quitté ce monde, pour m'ensevelir dans des murs sacrés; mais il reste un seul rien, un lien tout-puissant qui m'attache à ce monde. Hélas! peut-être un fantôme, mais qui m'est si cher! J'aime, et moi.... je ne suis pas aimée.

CARLOS, *allant à elle, avec feu :*

Vous l'êtes! aussi vrai qu'il habite un Dieu dans le ciel, je le jure, vous l'êtes, et au delà de toute expression!

LA PRINCESSE.

Vous le jurez? Vous? Oh! c'est la voix de mon bon ange! Oui, sans doute, si c'est vous qui le jurez, Charles, alors, je le crois; alors, je le suis.

CARLOS, *qui la serre avec tendresse dans ses bras.*

Douce fille, pleine d'âme! adorable créature!... Me voilà devant vous tout yeux.... tout oreilles.... tout ravissement... tout admiration.... Qui pourrait t'avoir vue, qui sous ce ciel t'aurait vue et se vanterait.... de n'avoir jamais aimé?... Mais ici, à la cour du roi Philippe? Quoi, ici? Que viens-tu faire ici, ô bel ange? Parmi des moines, et une engeance de moines? Ce n'est pas là un climat pour de telles fleurs.... La voudraient-ils cueillir? Ils le voudraient.... oh! je le crois sans peine.... Non pourtant! aussi vrai que je respire, non!... Je t'entoure de mon bras, sur ce bras je t'emporterai à travers un enfer plein de démons! Oui.... permets que je sois ton ange....

LA PRINCESSE, *avec un regard plein d'amour.*

Oh! Carlos, que je vous ai peu connu! Comme votre noble cœur récompense richement, infiniment, la peine qu'il en coûte de le comprendre! (*Elle prend sa main et veut la baiser.*)

CARLOS, *la retirant.*

Princesse, où êtes-vous maintenant?

LA PRINCESSE, *avec grâce et délicatesse, en regardant fixement sa main.*

Que cette main est belle! Qu'elle est riche!... Prince, cette main a encore deux précieux dons à faire.... Un diadème et le cœur de Carlos.... et tous deux peut-être à une seule mortelle?... A une seule? Un grand et divin présent! trop grand presque pour une seule mortelle? Eh! quoi, prince? si vous vous décidiez à un partage? Les reines aiment mal.... Une femme qui sait aimer, s'entend mal à porter la couronne. Mieux vaut donc partager, prince, et dès à présent, dès à présent.... Quoi? ou l'auriez-vous déjà fait? Vous auriez vraiment? Oh! alors, c'est encore mieux! et cette heureuse personne m'est-elle connue?

CARLOS.

Tu la connaîtras. A toi, noble fille, je me découvrirai.... A l'innocence, à la nature même, pure et sans tache, je me découvrirai. Dans cette cour, tu es la plus digne, la seule, la première, qui comprenne mon âme tout entière.... Eh bien! oui, je ne le nie pas.... j'aime!

LA PRINCESSE.

Méchant homme! Cet aveu était-il si pénible pour toi? Il fallait que je devinsse digne de pitié pour que tu me trouvasses digne d'amour?

CARLOS, *stupéfait*.

Quoi? Qu'est-ce que cela?

LA PRINCESSE.

Jouer un tel jeu avec moi! Oh! vraiment, prince, ce n'était pas bien. Et nier même la clef!

CARLOS.

La clef! la clef! (*Après un moment de sombre réflexion.*) Ah! oui.... c'était cela.... Maintenant je comprends.... Oh! mon Dieu! (*Ses genoux chancellent, il s'appuie à un siège, et se cache le visage.*)

LA PRINCESSE, *après un long silence de part et d'autre, pousse un cri et tombe.*

C'est affreux! Qu'ai-je fait?

CARLOS, *se redressant, et avec l'accent de la plus vive douleur.*

Être ainsi précipité de tous mes cieux! Oh! si bas! cela est horrible!

LA PRINCESSE, *cachant son visage dans le coussin du sofa.*

Qu'ai-je découvert? Dieu!

CARLOS, *à ses pieds.*

Je ne suis pas coupable, princesse.... La passion.... une malheureuse méprise.... Par le ciel! je ne suis pas coupable!

LA PRINCESSE *le repousse.*

Sortez de ma présence, pour l'amour de Dieu....

CARLOS.

Jamais! Vous abandonner dans ce trouble affreux?

LA PRINCESSE, *le repoussant avec violence.*

Par générosité, par pitié, sortez de ma présence!... Voulez-vous me tuer? Je hais votre aspect. (*Carlos veut sortir.*) Rendez-moi ma lettre et ma clef. Où avez-vous l'autre lettre?

CARLOS.

L'autre? Quelle autre donc?

LA PRINCESSE.

Celle du roi.

CARLOS, *tressaillant.*

De qui?

LA PRINCESSE.

Celle que vous avez reçue de moi tout à l'heure.

CARLOS.

Du roi? et à qui? à vous?

LA PRINCESSE.

Oh! ciel, dans quelle horrible situation je me suis engagée! La lettre! Rendez-la! Il faut que je l'aie.

CARLOS.

Des lettres du roi? Et à vous?

LA PRINCESSE.

La lettre! Au nom de tous les saints!

CARLOS.

Celle qui devait démasquer quelqu'un à mes yeux.... Celle-là?

LA PRINCESSE.

C'est fait de moi!.... Donnez!

CARLOS.

Cette lettre....

LA PRINCESSE, *se tordant les mains de désespoir.*

Imprudente! qu'ai-je risqué là?

CARLOS.

Cette lettre.... elle venait du roi? Oui, princesse, voilà certes qui change subitement toutes choses. (*Levant la lettre avec une joie triomphante.*) C'est une lettre inestimable.... d'un poids.... et d'un prix infini. Toutes les couronnes de Philippe seraient trop légères, trop insignifiantes pour la racheter.... Cette lettre, je la garde. (*Il sort.*)

LA PRINCESSE veut lui barrer le chemin.

Grand Dieu, je suis perdue!

SCÈNE IX.

LA PRINCESSE, *seule. Elle demeure consternée, hors d'elle-même. Après qu'il est sorti, elle court après lui et veut le rappeler.*

Prince, encore un mot! prince, écoutez.... Il s'en va! Cela encore! Il me méprise.... Me voilà dans un affreux isolement.... repoussée, rejetée.... (*Elle tombe sur un fauteuil. Après une pause.*) Non! seulement écartée par une autre, par une rivale. Il aime. Plus de doute. Il l'a lui-même avoué. Mais quel est cet objet heureux?... Ce qui est certain.... c'est qu'il aime ce qu'il ne devrait pas aimer. Il craint d'être découvert. Sa passion se cache du roi.... Pourquoi de lui? de celui-là même qui voudrait qu'il aimât?... Ou bien, dans le père, n'est-ce pas le père qu'il redoute?... Quand la prétention galante du roi lui a été révélée.... son visage a pris un air de jubilation, il triomphait, comme au comble de ses vœux... D'où vient que sa vertu sévère est alors restée muette? alors? tout juste alors?... Que peut-il donc avoir à gagner, lui, à ce que le roi, infidèle à la reine.... (*Elle s'arrête tout à coup, frappée d'une idée soudaine.... En même temps, elle tire de son sein le ruban qu'elle a pris à Carlos, l'examine rapidement et le reconnaît.*) Oh! insensée! Maintenant enfin, maintenant.... Où étaient mes sens? Maintenant mes yeux s'ouvrent... Ils s'étaient aimés longtemps, avant que le roi la choisît. Jamais le prince ne m'a vue sans elle.... C'était donc à elle, à elle qu'il pensait, quand je me croyais adorée d'un amour infini, si ardent, si vrai? Oh! tromperie sans exemple. Et je lui ai trahi, à elle, ma faiblesse.... (*Silence.*) Se pourrait-il qu'il aimât sans nulle espérance? Je ne puis le croire.... Un amour sans espoir ne résiste pas dans une telle lutte. Jouir d'un bonheur après lequel languit, sans être exaucé, le plus puissant roi de la terre.... En vérité! un amour sans espoir ne fait pas de tels sacrifices. Que son baiser était ardent! Avec quelle tendresse il m'a pressée dans ses bras! avec quelle tendresse, sur son sein palpitant!... L'épreuve était presque trop téméraire pour une fidélité romanesque qui ne serait pas payée de retour.... Il accepte la clef, que la reine, comme il se le persuade, lui envoie.... Il croit à ce pas de géant de l'amour.... Il vient, il vient en vérité, il vient!... Il croit donc la femme de Philippe capable d'une telle résolution, d'un tel délire.... Comment le pourrait-il, si de fortes preuves ne l'y encourageaient? La chose est manifeste. Il est écouté. Elle aime! Par le ciel! cette sainte est sensible. Qu'elle est habile!... Je tremblais, moi-même, devant l'auguste épouvantail de cette vertu. Elle s'élevait auprès de moi comme un être supérieur. Je m'effaçais dans sa splendeur. J'enviais à sa beauté ce calme sublime, affranchi de toutes les agitations de la nature mortelle. Et ce calme n'était qu'une apparence? Elle aurait voulu goûter les délices des deux banquets? Elle aurait offert en spectacle, aux yeux de tous, les dehors divins de la vertu, et en même temps se serait permis de jouir à la dérobée des secrètes douceurs du vice? Elle aurait osé cela? Et il serait dit que ce jeu réussit impunément à la comédienne? qu'il réussit, parce qu'il ne se rencontre aucun vengeur?!... Non, par le ciel! Je l'adorais.... Cela crie vengeance! Il faut que le roi sache cette tromperie.... Le roi! (*Après un moment de réflexion.*) Oui, c'est cela.... c'est un moyen d'avoir audience. (*Elle sort.*)

Une chambre dans le palais du roi.

SCÈNE X.

LE DUC D'ALBE, LE PÈRE DOMINGO.

DOMINGO.

Que voulez-vous me dire?

ALBE.

Une découverte importante que j'ai faite aujourd'hui et au sujet de laquelle je voudrais avoir des éclaircissements.

DOMINGO.

Quelle découverte? De quoi parlez-vous?

ALBE.

Le prince Carlos et moi, nous nous sommes rencontrés cette après-midi dans l'antichambre de la reine. Il m'offense. Nous nous échauffons. La querelle devient bruyante. Nous tirons nos épées. La reine, au bruit, ouvre la porte, se jette entre nous, et regarde le prince d'un regard d'intimité despotique. Ce n'a été qu'un regard.... Son bras s'arrête comme pétrifié.... il vole à mon cou.... Je sens un ardent baiser.... il a disparu.

DOMINGO, *après un moment de silence.*

Cela est très-suspect.... Duc, vous me rappelez quelque chose.... De semblables pensées, je l'avoue, ont germé depuis longtemps dans mon sein.... j'écartais ces rêves, je ne les ai encore confiés à personne. Il y a des lames à deux tranchants, des amis douteux.... je les crains. Les hommes sont difficiles à distinguer, plus difficiles à pénétrer. Des paroles échappées sont comme des confidents offensés.... J'ai donc enseveli mon secret, jusqu'à ce que le temps le mît au jour. Rendre aux rois certains services est chose dangereuse, duc.... Ce sont de ces traits hasardés, qui, s'ils manquent la proie, reviennent frapper celui qui tire.... Ce que je dis, je pourrais le jurer sur la sainte hostie.... mais un témoignage oculaire, un mot surpris, une feuille de papier, pèsent plus dans la balance que mon sentiment le plus vif.... Quel malheur que nous soyons en Espagne!

ALBE.

Pourquoi en Espagne?

DOMINGO.

Dans toute autre cour, la passion peut s'oublier. Ici, elle est avertie par des lois inquiètes. Les reines d'Espagne ont de la peine à pécher.... je le crois.... mais seulement en un point.... juste à celui où nous aurions le plus de chances de les surprendre.

ALBE.

Écoutez-moi encore.... Carlos a été reçu par le roi aujourd'hui. L'audience a duré une heure. Il a demandé le gouvernement des Pays-Bas. Il l'a demandé d'une voix haute et animée; je l'entendais du cabinet. Ses yeux étaient rougis par les pleurs, quand je l'ai rencontré à la porte. L'après-midi, il m'apparaît avec un air de triomphe. Il est ravi que le roi m'ait préféré. Il lui en sait gré. Les choses ont changé, dit-il, et en mieux. Il n'a jamais su feindre. Comment dois-je accorder ces contradictions? Le prince est tout heureux d'avoir eu le dessous, et moi, le roi m'accorde une faveur avec tous les signes de sa colère.... Que dois-je croire? En vérité, cette nouvelle dignité ressemble à un bannissement plutôt qu'à une faveur.

DOMINGO.

Ainsi les choses en seraient venues à ce point? A ce point? Et un instant ruinerait ce que nous avons édifié durant des années? Et vous êtes si tranquille? si calme?... Connaissez-vous ce jeune homme? Pressentez-vous ce qui nous attend s'il devient puissant?... Le prince.... je ne suis pas son ennemi. D'autres soins troublent mon repos, des soins qui ont pour objet le trône, Dieu et son Église. L'infant (je le connais.... je pénètre son âme) couve un horrible projet.... Tolédo.... le projet, dans son ambitieux délire, de gouverner et de se soustraire à notre sainte foi. Son cœur s'est enflammé pour une nouvelle vertu, qui, orgueilleuse, et assurée, et se suffisant à elle-même, ne veut mendier l'appui d'aucune croyance.... Il pense! Sa tête est échauffée par une étrange chimère.... il honore l'homme.... Duc, est-il fait pour devenir notre roi?

ALBE.

Fantômes que cela! Quoi de plus? Peut-être aussi l'orgueil d'un jeune homme qui voudrait jouer un rôle.... Lui reste-t-il un autre choix? Cela passera, quand une fois son tour sera venu de commander.

DOMINGO.

J'en doute.... Il est fier de sa liberté, non fait à la contrainte, par laquelle il se faut résigner à acheter la contrainte d'autrui.... Convient-il pour notre trône? Ce génie audacieux et gigantesque rompra les lignes de notre politique. En vain j'ai essayé d'énerver ce courage hautain dans les voluptés du temps présent : il a triomphé de cette épreuve.... Une telle âme, dans un tel corps, est terrible.... et Philippe touche à sa soixantième année.

ALBE.

Vos regards s'étendent très-loin.

DOMINGO.

Lui et la reine ne sont qu'un. Déjà, dans le sein de tous deux, s'insinue, encore caché il est vrai, le poison des novateurs ; mais bientôt, s'il gagne du terrain, il atteindra le trône. Je connais cette Valois.... Craignons toute la vengeance de cette secrète ennemie, si Philippe se permet des faiblesses. La fortune nous est encore favorable. Prévenons-les. Ils tomberont tous deux dans le même piége.... En ce moment, un tel avis donné au roi, qu'il soit prouvé ou non.... ce sera déjà gagner beaucoup que de l'ébranler. Nous-mêmes, ni vous ni moi, nous n'avons aucun doute. A qui est convaincu il n'est pas difficile de convaincre. Nous ne pouvons manquer de faire d'autres découvertes, si nous sommes sûrs d'avance que nous en devons faire.

ALBE.

Reste maintenant la plus importante de toutes les questions : Qui prendra sur soi la tâche d'instruire le roi ?

DOMINGO.

Ni vous, ni moi. Apprenez donc ce que depuis longtemps, pleine de mon grand dessein, prépare et mûrit en secret mon âme diligente. Il nous manque encore, pour parfaire notre ligue, un troisième personnage, et le plus important.... Le roi aime la princesse Éboli. J'entretiens cette passion qui seconde mes désirs. Je suis son ambassadeur.... je la nourris en vue de notre plan.... Dans cette jeune dame, si mon œuvre réussit, nous devons trouver une alliée, trouver une reine. Elle-même, en ce moment, m'a mandé dans cette chambre. J'espère tout.... Peut-être une fille espagnole brisera-t-elle en une seule nuit ces lis des Valois.

ALBE.

Qu'est-ce que j'apprends ? Est-ce la vérité que je viens d'entendre ?... Par le ciel ! cela me surprend. Oui, c'est un coup décisif. Dominicain, je t'admire. Maintenant nous avons gagné....

DOMINGO.

Paix ! Qui vient ?... C'est elle.... elle-même.

ALBE.

Je serai dans la pièce voisine, si l'on....

DOMINGO.

C'est bien. Je vous appellerai. (*Le duc d'Albe sort.*)

SCÈNE XI.

LA PRINCESSE, DOMINGO.

DOMINGO.

A vos ordres, gracieuse princesse.

LA PRINCESSE, *suivant le Duc d'un regard curieux.*

Est-ce que, par hasard, nous ne serions pas absolument seuls? Vous avez, à ce que je vois, encore un témoin près de vous?

DOMINGO.

Comment?

LA PRINCESSE.

Quelle est la personne qui vient de vous quitter à l'instant même?

DOMINGO.

Le duc d'Albe, gracieuse princesse, qui demande la permission d'être admis après moi.

LA PRINCESSE.

Le duc d'Albe? Que veut-il? Que peut-il vouloir? Sauriez-vous peut-être me le dire?

DOMINGO.

Moi? et avant de savoir quel événement important me procure le bonheur dont j'ai été privé si longtemps, d'approcher de nouveau la princesse d'Éboli? (*Moment de silence, pendant lequel il attend sa réponse.*) S'est-il enfin présenté quelque circonstance qui parle en faveur des vœux du roi? Ai-je eu raison d'espérer que de plus sages réflexions pourraient vous avoir réconciliée avec une offre que l'entêtement, le caprice, avaient seuls repoussée? Je viens avec toute l'impatience de l'attente....

LA PRINCESSE.

Avez-vous porté au roi ma dernière réponse?

DOMINGO.

J'ai encore différé de lui faire cette mortelle blessure. Il en est encore temps, princesse. Il dépend de vous d'adoucir cette réponse.

LA PRINCESSE.

Annoncez au roi que je l'attends.

ACTE II, SCÈNE XI.

DOMINGO.

Puis-je prendre cette parole pour votre véritable pensée, belle princesse?

LA PRINCESSE.

Pas pour un jeu, j'espère? Par le ciel! vous me rendez tout inquiète.... Comment? Qu'ai-je donc fait, si vous.... vous-même, vous pâlissez?

DOMINGO.

Princesse, cette surprise... A peine puis-je le comprendre....

LA PRINCESSE.

Oui, très-révérend père, et je tiens à ce qu'il en soit ainsi. Je ne voudrais pas pour tous les biens du monde que vous le comprissiez. Qu'il vous suffise de savoir que la chose est telle. Épargnez-vous la peine de scruter, de chercher à l'éloquence de qui vous devez ce changement. J'ajouterai, pour votre consolation, que vous n'avez point de part à ce péché, ni l'Église non plus, en vérité! bien que vous m'ayez démontré qu'il pourrait y avoir tels cas où l'Église saurait employer pour de grandes fins jusqu'aux corps et à la jeunesse de ses filles. Non, ni l'Église non plus.... Ces sortes de pieux motifs, très-révérend père, sont trop élevés pour moi....

DOMINGO.

Très-volontiers, princesse, je les retire, dès qu'il m'apparaît qu'ils étaient superflus.

LA PRINCESSE.

Priez de ma part le monarque de ne pas me méconnaître en me voyant agir ainsi. Ce que j'ai été, je le suis encore. L'état des choses a seul changé depuis. Quand j'ai repoussé ses offres avec indignation, je le croyais heureux par la possession de la plus belle des reines.... je croyais la fidèle épouse digne de mon sacrifice. Je croyais cela alors.... alors. Sans doute à présent, à présent je suis mieux informée.

DOMINGO.

Princesse, continuez, continuez! Je le vois, nous nous comprenons.

LA PRINCESSE.

Il suffit. Elle est dévoilée. Je ne la ménagerai pas plus longtemps. Ses ruses et son larcin sont dévoilés. Elle a trompé le roi, toute l'Espagne, et moi. Elle aime. Je sais qu'elle aime. J'ai en mon pouvoir des preuves qui la feront trembler. Le roi est trompé.... mais, par le ciel! il ne faut pas qu'il le soit impunément. Ce masque d'abnégation sublime et surhumaine, je le lui arracherai, pour que tout l'univers reconnaisse le front de la pécheresse. Il m'en coûte un prix immense, mais pourtant.... et c'est ce qui me ravit, ce qui fait mon triomphe.... il lui en coûtera plus cher encore.

DOMINGO.

Maintenant tout est mûr. Permettez que j'appelle le duc. (*Il sort.*)

LA PRINCESSE, *étonnée.*

Qu'est-ce que cela va devenir?

SCÈNE XII.

LA PRINCESSE, LE DUC D'ALBE, DOMINGO.

DOMINGO, *qui introduit le Duc.*

Notre nouvelle, duc d'Albe, arrive ici trop tard. La princesse Eboli nous découvre un secret qu'elle devait précisément apprendre de nous.

ALBE.

Alors, ma visite la surprendra d'autant moins. Je ne me fie pas à mes yeux à moi. De telles découvertes veulent des regards de femme.

LA PRINCESSE.

Vous parlez de découvertes?...

DOMINGO.

Nous désirerions savoir, princesse, quel lieu et quelle heure plus favorable vous....

LA PRINCESSE.

Soit encore! Je vous attendrai demain à midi. J'ai des raisons de ne pas cacher plus longtemps ce coupable mystère.... de ne pas le soustraire plus longtemps au roi.

ALBE.

C'est là ce qui m'amenait. Il faut que le roi le sache sur-le-champ, et par vous; il faut, princesse, que ce soit par vous. Qui

ACTE II, SCÈNE XII.

du reste, qui pourrait-il croire plus volontiers que la sévère, la vigilante compagne de sa femme?

DOMINGO.

Qui plus que celle qui n'a qu'à vouloir pour exercer sur lui un pouvoir sans limites?

ALBE.

Je suis l'ennemi déclaré du prince.

DOMINGO.

On est habitué à me supposer les mêmes sentiments. La princesse Éboli est libre. Où nous devons nous taire, les devoirs de votre emploi vous obligent à parler. Le roi ne nous échappera pas, si vos avis agissent, et alors nous achèverons l'œuvre.

ALBE.

Mais il faut que cela se fasse bientôt, sur-le-champ. Les moments sont précieux. Chacune des heures prochaines peut m'apporter l'ordre du départ....

DOMINGO, *après un moment de réflexion, se tourne vers la Princesse.*

Si l'on pouvait trouver des lettres? Sans doute, des lettres, des lettres saisies, de l'infant, auraient un effet infaillible.... Voyons.... N'est-ce pas?... Oui. Vous couchez.... ce me semble.... dans la même chambre que la reine.

LA PRINCESSE.

Tout près de sa chambre.... Mais que fait cela?

DOMINGO.

Si l'on se connaissait bien en serrures?... Avez-vous remarqué où elle garde ordinairement la clef de sa cassette?

LA PRINCESSE, *réfléchissant.*

Cela pourrait mener à quelque chose.... oui.... la clef pourrait se trouver, je pense....

DOMINGO.

Pour des lettres il faut des messagers.... La suite de la reine est considérable.... Si l'on pouvait découvrir quelque trace!... L'or, sans aucun doute, peut beaucoup....

ALBE.

Quelqu'un a-t-il remarqué si l'infant a des confidents?

DOMINGO.

Pas un seul, dans tout Madrid, pas un seul.

ALBE.

Cela est étrange!

DOMINGO.

Vous pouvez m'en croire. Il méprise toute la cour. J'ai mes preuves.

ALBE.

Mais quoi? Je me rappelle à l'instant que, lorsque je sortais de la chambre de la reine, l'infant était avec un de ses pages : ils parlaient mystérieusement....

LA PRINCESSE *se hâte d'interrompre.*

Mais non, non! c'était.... c'était d'autre chose.

DOMINGO.

Pouvons-nous savoir cela?... Non, la circonstance est suspecte.... (*Au Duc.*) Et connaissiez-vous le page?

LA PRINCESSE.

Enfantillage! Que voudriez-vous du reste que ce fût? Il suffit, je sais ce que c'est.... Ainsi, nous nous reverrons, avant que je parle au roi.... En attendant, on peut faire bien des découvertes.

DOMINGO, *la conduisant à l'écart.*

Et le roi peut espérer? Je puis le lui annoncer? Bien vrai? Et quelle heure fortunée comblera enfin ses désirs? Cela aussi?

LA PRINCESSE.

Dans quelques jours, je serai malade. On me séparera de la personne de la reine.... c'est la coutume dans notre cour, comme vous savez. Alors, je resterai dans mon appartement.

DOMINGO.

Heureuse idée! La grande partie est gagnée. Défi à toutes les reines du monde!...

LA PRINCESSE.

Écoutez! on s'informe de moi.... La reine me demande. Au revoir. (*Elle sort à la hâte.*)

SCÈNE XIII.

ALBE, DOMINGO.

DOMINGO, *après une pause, pendant laquelle il a suivi des yeux la Princesse.*

Duc, ces roses et vos batailles....

ACTE II, SCÈNE XIII.

ALBE.

Et ton Dieu.... Je veux bien de la sorte attendre la foudre qui nous doit renverser. (*Ils sortent.*)

Un couvent de chartreux.

SCÈNE XIV.

DON CARLOS, LE PRIEUR.

CARLOS *au Prieur, en entrant.*

Ainsi, il est déjà venu?... J'en suis fâché.

LE PRIEUR.

Trois fois déjà depuis ce matin. Il est parti il y a une heure....

CARLOS.

Mais il a, je pense, l'intention de revenir? Ne l'a-t-il pas dit en partant?

LE PRIEUR.

Encore avant midi, telle a été sa promesse.

CARLOS, *s'approchant d'une fenêtre et promenant ses regards sur la contrée.*

Votre couvent est loin de la route.... De ce côté on voit encore des tours de Madrid.... Très-bien, et là coule le Mançanarez.... Le paysage est tel que je le désire.... Tout ici est paisible comme un mystère.

LE PRIEUR.

Comme l'entrée dans l'autre vie.

CARLOS.

J'ai confié à votre loyauté, révérend père, ce que j'ai de plus précieux, de plus sacré. Aucun mortel ne doit savoir ni même soupçonner qui j'ai entretenu ici, et en secret. J'ai des motifs très-graves de cacher à tout l'univers mon entrevue avec l'homme que j'attends. Voilà pourquoi j'ai choisi ce cloître. Nous y sommes à l'abri, j'espère, des traîtres, des surprises? Vous vous rappelez, n'est-ce pas, ce que vous m'avez juré?

LE PRIEUR.

Fiez-vous à nous, Monseigneur. Le soupçon des rois n'ira pas fouiller des tombeaux. L'oreille de la curiosité n'écoute qu'aux portes de la fortune et de la passion. Le monde cesse dans ces murs.

CARLOS.

Penseriez-vous peut-être que derrière ces précautions, cette crainte, se cache une conscience coupable?

LE PRIEUR.

Je ne pense rien.

CARLOS.

Vous vous trompez, mon saint père, vous vous trompez en vérité. Mon secret tremble devant les hommes, mais non devant Dieu.

LE PRIEUR.

Mon fils, cela nous inquiète fort peu. Cet asile est ouvert au crime comme à l'innocence. Que ton dessein soit bon ou mauvais, honnête ou coupable.... c'est une affaire à régler avec ton propre cœur.

CARLOS, *avec chaleur*.

Ce que nous cachons ne peut outrager votre Dieu. C'est sa propre œuvre et la plus belle.... A vous, il est vrai, à vous, je puis bien le découvrir.

LE PRIEUR.

A quoi bon? Faites-m'en plutôt grâce, prince. Le monde et son vain attirail est depuis longtemps emballé et scellé, dans l'attente du grand voyage. Pourquoi, un instant avant le départ, ouvrir encore une fois le paquet?... Pour le salut, on a besoin de peu de chose.... La cloche sonne l'office. Il faut que j'aille prier. (*Le Prieur s'en va.*)

SCÈNE XV.

DON CARLOS; LE MARQUIS DE POSA *entre*.

CARLOS.

Ah! enfin, enfin....

LE MARQUIS.

Quelle épreuve pour l'impatience d'un ami! Le soleil s'est deux fois levé et couché deux fois, depuis que le sort de mon

ACTE II, SCÈNE XV.

Carlos s'est décidé. Et à présent, ce n'est qu'à présent que je vais l'apprendre.... Parle, vous êtes réconciliés?

CARLOS.

Qui?

LE MARQUIS.

Toi et le roi Philippe; et pour la Flandre est-ce aussi chose décidée?

CARLOS.

Que le duc part demain pour s'y rendre?... Cela est décidé, oui.

LE MARQUIS.

Cela ne peut être. Cela n'est pas. Tout Madrid serait-il dans l'erreur? Tu as eu une audience secrète, dit-on. Le roi....

CARLOS.

Est demeuré inflexible. Nous sommes divisés à jamais, et plus encore que nous ne l'étions....

LE MARQUIS.

Tu ne vas pas en Flandre?

CARLOS.

Non, non, non!

LE MARQUIS.

O mon espoir!

CARLOS.

Mais ce n'est là qu'un incident. O Rodrigue, depuis que nous nous sommes quittés, que de choses dans ma vie! Mais maintenant, avant tout, un conseil! Il faut que je lui parle....

LE MARQUIS.

Ta mère?... Non!... Pourquoi?

CARLOS.

J'ai une espérance.... Tu pâlis? Rassure-toi. Je dois être heureux et je le serai.... mais ceci à une autre fois. Maintenant trouve-moi un moyen de lui parler....

LE MARQUIS.

A quoi tend cela? Sur quoi se fonde ce nouveau rêve de ta fièvre?

CARLOS.

Ne dis pas un rêve! Par le Dieu des prodiges, non!... C'est une vérité, une vérité, (*tirant la lettre du Roi à la princesse d'Eboli*) contenue dans ce précieux papier. La reine est libre, aux yeux des hommes; aux yeux du ciel, libre. Tiens, lis et cesse de t'étonner.

LE MARQUIS, *ouvrant la lettre.*

Quoi? que vois-je? De la propre main du roi? (*Après avoir lu.*) Et à qui cette lettre?

CARLOS.

A la princesse d'Éboli.... Avant-hier un page de la reine m'apporte une lettre et une clef, venant d'une main inconnue. On m'indique, dans l'aile gauche du palais, habitée par la reine, un cabinet, où doit m'attendre une dame que j'ai toujours aimée. J'obéis aussitôt à cette indication....

LE MARQUIS.

Insensé, tu obéis?

CARLOS.

Pouvais-je faire autrement? Je ne connais pas l'écriture.... je ne connais qu'une dame à qui ces mots s'appliquent. Quelle autre qu'elle peut se croire adorée de Carlos? Plein d'une douce ivresse, je vole au lieu marqué. Un chant divin qui de l'intérieur de l'appartement vient retentir à mon oreille, me sert de guide.... J'ouvre la chambre.... Et qui vois-je?... Juge de mon effroi!

LE MARQUIS.

Oh! Je devine tout.

CARLOS.

J'étais perdu sans ressource, Rodrigue, si je n'étais tombé dans les mains d'un ange. Quel malheureux hasard! Trompée par l'imprudent langage de mes yeux, elle s'était livrée à la douce illusion de se croire elle-même l'idole de mes regards. Touché des secrètes souffrances de mon âme, son tendre cœur, dans sa magnanime étourderie, s'était décidé à me rendre amour pour amour. C'était le respect qui paraissait m'ordonner le silence; elle a la hardiesse de le rompre.... Sa belle âme se dévoile à moi....

LE MARQUIS.

Et tu racontes cela avec tant de calme?... La princesse Éboli a lu dans ton cœur. Plus de doute, elle a pénétré le secret le plus intime de ton amour. Tu l'as cruellement offensée. Elle domine le roi.

CARLOS, *avec confiance.*

Elle est vertueuse.

LE MARQUIS.

Elle l'est dans l'intérêt de son amour.... Cette vertu, je crains fort de la connaître.... qu'elle est loin de s'élever à la hauteur de cet idéal qui, conçu avec une grâce fière et charmante dans le sol maternel de l'âme, germe spontanément et pousse, sans le secours du jardinier, des fleurs abondantes ! C'est un rejeton exotique, qu'on a développé, en imitant le climat du Midi, sous un ciel plus rude : éducation, principes, nomme-le comme tu voudras, innocence acquise, gagnée sur la chaleur du sang par la ruse et par de durs combats, et mise exactement, consciencieusement, au compte du ciel qui la commande et la paye. Réfléchis toi-même. Pourra-t-elle jamais pardonner à la reine qu'un homme ait passé avec indifférence devant sa vertu à elle, fruit d'un pénible combat, pour se consumer d'un feu sans espoir dont l'objet est la femme de Philippe ?

CARLOS.

Connais-tu donc si bien la princesse ?

LE MARQUIS.

Non assurément. Je l'ai à peine vue deux fois. Mais laisse-moi seulement te dire un mot encore : il m'a semblé que du vice, elle évitait avec soin tout ce qui donne prise, et qu'elle connaissait parfaitement sa vertu. J'ai vu aussi la reine. O Charles ! combien est différent tout ce que j'ai remarqué là ! Dans sa grandeur innée et sereine, ne connaissant ni l'insouciante légèreté, ni les calculs pédants des bienséances apprises, également éloignée de l'audace et de la crainte, elle marche d'un pas ferme et héroïque dans cet étroit sentier du milieu, dans le sentier de la vraie décence, ignorant qu'elle a conquis l'adoration, là où jamais elle ne s'accorda, même en rêve, son propre suffrage. Mon Charles reconnaît-il aussi dans ce miroir, maintenant encore, son Éboli ?... La princesse est restée ferme parce qu'elle aimait ; l'amour était expressément stipulé dans sa vertu. Tu ne l'as point récompensé.... elle succombe.

CARLOS, *avec une certaine vivacité.*

Non! non! (*Après s'être promené avec agitation.*) Non, te dis-je.... Oh ! si Rodrigue savait combien il lui va mal de ravir à son

Charles la plus divine des félicités, la croyance à l'humaine vertu!

LE MARQUIS.

Mérité-je ce reproche?... Non, bien-aimé de mon âme, ce n'est pas là ce que je voudrais, non, par le Dieu du ciel!... Oh! cette Éboli.... elle serait à mes yeux un ange, et je me prosternerais respectueusement, avec toi, devant sa gloire, si elle n'avait pas..... appris ton secret.

CARLOS.

Vois combien ta crainte est vaine. A-t-elle d'autres preuves que celles qui la couvriraient de honte? Achètera-t-elle au prix de son honneur le triste plaisir de la vengeance?

LE MARQUIS.

Plus d'une déjà, pour effacer un affront qui l'a fait rougir, s'est sacrifiée à la honte.

CARLOS, *se levant avec vivacité.*

Non, cela est trop dur, trop cruel! Elle est fière et noble; je la connais et ne crains rien. En vain tu essayes de troubler mon espoir. Je parlerai à ma mère.

LE MARQUIS.

Maintenant? Pourquoi?

CARLOS.

Je n'ai plus rien à ménager.... il faut que je connaisse mon sort. Vois seulement comment je pourrai lui parler.

LE MARQUIS.

Et tu veux lui montrer cette lettre? Réellement, le veux-tu?

CARLOS.

Ne m'interroge pas là-dessus. Le moyen, à cette heure, bien que le moyen de lui parler!

LE MARQUIS, *d'un ton significatif.*

Ne m'as-tu pas dit que tu aimais ta mère?... Tu as l'intention de lui montrer cette lettre? (*Carlos baisse les yeux et garde le silence.*) Carlos, je lis quelque chose sur ta physionomie.... qui est tout nouveau pour moi.... que je ne soupçonnais pas jusqu'à ce moment.... Tu détournes les yeux de moi? Ainsi il serait vrai?... Ai-je donc réellement bien lu? Laisse-moi voir....

(*Carlos lui donne la lettre. Le Marquis la déchire.*)

ACTE II, SCÈNE XV.

CARLOS.

Quoi? Es-tu en délire? (*Avec un ressentiment contenu.*) En vérité.... je l'avoue.... je tenais beaucoup à cette lettre.

LE MARQUIS.

Cela m'a paru ainsi.... Voilà pourquoi je l'ai déchirée. (*Le Marquis fixe un œil pénétrant sur le Prince, qui le regarde d'un air de doute. Long silence.*) Parle donc.... qu'a de commun la profanation de la couche royale avec ton.... ton amour? Est-ce Philippe qui était redoutable pour toi? Quel lien peut rattacher la violation des devoirs de l'époux à tes audacieuses espérances? Ah! maintenant, sans doute, j'apprends à te connaître. Combien jusqu'ici je comprenais mal ton amour!

CARLOS.

Comment, Rodrigue? Que crois-tu?

LE MARQUIS.

Oh! je sens quelle habitude je dois perdre. Oui naguère, naguère, c'était tout autrement. Tu étais alors si riche, si ardent.... si riche! Tout un monde trouvait place dans ton vaste sein. Tout cela maintenant a péri, dévoré par une passion, par un petit intérêt personnel. Ton cœur est mort. Pas une larme pour l'affreux destin des Provinces-Unies, plus une seule larme!... O Charles, que tu es devenu pauvre, pauvre à mendier, depuis que tu n'aimes plus personne que toi!

CARLOS *se jette sur un fauteuil. — Après une pause; avec des larmes étouffées à grand'peine.*

Je sais que tu ne m'estimes plus.

LE MARQUIS.

Ne dis pas cela, Charles. Je connais cette effervescence. C'était l'erreur de sentiments louables. La reine t'appartenait, elle t'a été ravie par le roi.... Cependant jusqu'ici tu te défiais modestement de tes droits. Peut-être Philippe était-il digne d'elle. Tu n'osais encore que bien bas prononcer un jugement définitif. La lettre a tranché la question. Le plus digne, c'était toi. Alors, avec une joie orgueilleuse, tu as vu le sort convaincu de tyrannie, de rapt. Tu as triomphé d'être l'offensé; car souffrir l'injustice flatte les grandes âmes. Mais ici ton imagination s'est égarée.... Ton orgueil avait satisfaction.... ton cœur s'est promis l'espérance. Vois, je le savais bien, cette fois tu t'étais mal compris toi-même.

CARLOS, *ému.*

Non, Rodrigue, tu te trompes fort. Je ne pensais pas aussi noblement, loin de là, que tu aimerais à me le faire croire.

LE MARQUIS.

Te connaîtrais-je donc si peu? Vois, Charles, quand tu t'égares, je cherche toujours entre cent vertus celle que je dois accuser de la faute. Mais, maintenant que nous nous comprenons mieux, soit! Tu parleras à la reine, il faut que tu lui parles....

CARLOS, *se jetant à son cou.*

Ah! combien je rougis près de toi!

LE MARQUIS.

Tu as ma parole. Abandonne-moi le reste. Une pensée impétueuse, hardie, heureuse, s'élève dans mon imagination.... Je veux que tu l'entendes, Charles, d'une plus belle bouche.... J'arriverai à la reine. Peut-être dès demain le résultat sera-t-il obtenu. Jusque-là, Charles, n'oublie pas qu'un projet enfanté par une haute raison et dont les souffrances de l'humanité pressent l'exécution, ne doit jamais, eût-il échoué mille fois, être abandonné.... Entends-tu? Souviens-toi de la Flandre.

CARLOS.

Oui, tout ce qui me sera commandé par toi et par la sublime vertu.

LE MARQUIS *va à une fenêtre.*

Le temps est passé. J'entends ta suite. (*Ils s'embrassent.*) Nous voilà de nouveau prince et vassal.

CARLOS.

Tu retournes sur-le-champ à la ville?

LE MARQUIS.

Sur-le-champ.

CARLOS.

Arrête. Encore un mot. J'allais oublier cela.... Un renseignement de la plus haute importance.... les lettres pour le Brabant sont ouvertes par le roi. Sois sur tes gardes. La poste du royaume a, je le sais, des ordres secrets....

ACTE II, SCÈNE XV.

LE MARQUIS.

Comment as-tu appris cela?

CARLOS.

Don Raimond de Taxis est de mes amis.

LE MARQUIS, *après un moment de silence.*

Soit encore! Elles feront un détour par l'Allemagne.

(*Ils s'en vont par des portes diverses.*)

ACTE TROISIÈME.

La chambre à coucher du Roi.

SCÈNE I.

Sur la table de nuit deux flambeaux allumés. Au fond de la chambre quelques Pages, endormis à genoux. Le Roi, le haut du corps à demi déshabillé, se tient devant la table, un bras appuyé sur le fauteuil, dans une attitude pensive. Devant lui sont placés un médaillon et des papiers.

LE ROI.

Qu'elle ait eu jadis la tête exaltée.... qui peut le nier ? Jamais je n'ai pu lui donner d'amour.... et pourtant semblait-il qu'il lui manquât rien ? C'est démontré.... elle est fausse. (*A ces mots, il fait un mouvement, qui le rappelle à lui-même. Il lève les yeux et paraît étonné.*) Où étais-je ? N'y a-t-il donc ici personne qui veille, que le roi ?... Quoi ? les flambeaux sont déjà réduits à ce point ? Pourtant, il n'est pas encore jour, j'espère ?... C'est fait de mon sommeil. Tiens la dette pour acquittée, Nature. Un roi n'a pas le temps de réparer les nuits perdues. Maintenant je suis éveillé, et qu'il fasse jour ! (*Il éteint les flambeaux et ouvre le rideau d'une fenêtre. — Pendant qu'il va et vient, il remarque les enfants endormis et demeure pendant quelques instants en silence devant eux. Puis il tire la sonnette.*) Dort-on peut-être aussi dans mon antichambre ?

SCÈNE II.

LE ROI, LE COMTE DE LERME.

LERME, *avec surprise, en apercevant le Roi.*
Est-ce que Votre Majesté ne se trouve pas bien ?

ACTE III, SCÈNE II.

LE ROI.

Le feu était au pavillon de gauche. N'avez-vous pas entendu le bruit ?

LERME.

Non, Votre Majesté.

LE ROI.

Non ? Comment ? Je l'aurais donc simplement rêvé ? Ce ne peut être l'effet du hasard. La reine ne couche-t-elle pas dans cette aile ?

LERME.

Oui, Votre Majesté.

LE ROI.

Ce rêve m'épouvante. Que désormais l'on y double la garde, entendez-vous ? dès que le soir viendra.... mais secrètement, très-secrètement.... Je ne veux pas que.... Vous m'examinez du regard ?

LERME.

Je remarque des yeux enflammés qui réclament du sommeil. Oserais-je rappeler à Votre Majesté le soin d'une vie précieuse, lui rappeler ses peuples qui liraient, avec une surprise inquiète, dans ces traits de son visage, la trace des nuits sans sommeil ?... Rien que deux petites heures consacrées au repos ce matin....

LE ROI, *les yeux égarés*.

Le sommeil, le sommeil ! je le trouverai à l'Escurial.... Pour le roi, tant qu'il dort, c'en est fait de sa couronne ; pour le mari, du cœur de sa femme.... Non, non ! c'est une calomnie.... N'est-ce pas une femme, une femme qui l'a murmuré à mon oreille ? Le nom de la femme est calomnie. Le crime ne sera pas certain avant qu'un homme me l'affirme. (*Aux Pages, qui, pendant ce temps, se sont éveillés.*) Appelez le duc d'Albe. (*Les Pages sortent.*) Approchez, comte ! Est-ce vrai ? (*Il s'arrête devant le Comte et l'interroge du regard.*) Oh ! pendant un seul battement de mon pouls, avoir la toute-science !... Jurez-le-moi, est-ce vrai ? Je suis trompé ? Le suis-je ? Est-ce vrai ?

LERME.

Mon grand roi, mon excellent roi....

LE ROI, *reculant brusquement*.

Roi ! seulement roi, toujours roi !... Pas de meilleure réponse qu'un écho vide et creux ? Je frappe ce rocher et je veux de l'eau, de l'eau pour ma soif, dans ma fièvre ardente.... et il me donne un or brûlant.

LERME.

Qu'est-ce qui serait vrai, mon roi ?

LE ROI.

Rien, rien. Laissez-moi. Allez. (*Le Comte veut s'éloigner. Il le rappelle encore.*) Vous êtes marié ? Vous êtes père ? Oui ?

LERME.

Oui, Votre Majesté.

LE ROI.

Marié, et vous pouvez vous hasarder à veiller une nuit auprès de votre maître ? Vos cheveux sont gris et vous ne rougissez pas de croire à l'honnêteté de votre femme ? Oh! allez chez vous, et vous la trouverez dans les embrassements incestueux de votre fils. Croyez-en votre roi, allez.... Vous demeurez interdit ? Vous me regardez d'un air significatif ?... Serait-ce parce que j'ai, moi aussi, des cheveux gris ? Malheureux, ravisez-vous. Les reines ne souillent pas leur vertu. Vous êtes un homme mort, si vous doutez....

LERME, *avec chaleur*.

Qui le pourrait ? Dans tous les États de mon roi, qui aurait l'impudence de ternir d'un souffle, envenimé par le soupçon, cette vertu angélique ? Un tel outrage à la meilleure des reines...

LE ROI.

La meilleure ? Pour vous donc aussi la meilleure ? Je trouve qu'elle a des amis bien chauds autour de moi. Cela doit lui avoir coûté cher.... plus cher qu'à ma connaissance elle ne peut payer. Vous pouvez vous retirer. Faites venir le duc.

LERME.

Déjà je l'entends dans l'antichambre....   (*Il veut sortir.*)

LE ROI, *d'un ton adouci*.

Comte! Ce que vous avez remarqué tout à l'heure est vrai, j'en conviens. Ma tête est brûlante, de cette nuit sans sommeil.... Oubliez ce que j'ai dit en rêvant tout éveillé. Entendez-vous ? oubliez-le ! Vous pouvez compter sur la faveur de votre roi. (*Il lui donne sa main à baiser. Lerme se retire et ouvre la porte au duc d'Albe.*)

SCÈNE III.

LE ROI et LE DUC D'ALBE.

ALBE *s'approche du Roi d'un air incertain.*

Un ordre aussi imprévu pour moi.... à cette heure extraordinaire ? (*Il hésite et s'étonne, en examinant le Roi plus attentivement.*) Et cet aspect....

LE ROI *s'est assis et a pris le médaillon sur la table. Il regarde longtemps le Duc en silence.*

C'est donc bien vrai ? Je n'ai pas un seul serviteur fidèle ?

ALBE *s'arrête interdit.*

Comment ?

LE ROI.

Je suis offensé mortellement.... on le sait, et personne qui m'avertisse.

ALBE, *avec un regard de profonde surprise.*

Une offense dont mon roi serait l'objet et qui aurait échappé à mes yeux ?

LE ROI *lui montre les lettres.*

Reconnaissez-vous cette main ?

ALBE.

C'est la main de don Carlos....

LE ROI. (*Moment de silence, pendant lequel il observe le Duc d'un œil pénétrant.*)

Ne soupçonnez-vous rien encore ? Vous m'avez dit d'être en garde contre son ambition. N'était-ce que son ambition, sa seule ambition, que j'eusse à redouter ?

ALBE.

Ambition est un grand.... un vaste mot, qui peut comprendre encore un nombre infini de choses.

LE ROI.

Et n'avez-vous rien de particulier à me révéler ?

ALBE, *après un moment de silence, d'un air mystérieux*

Votre Majesté a confié le royaume à ma vigilance. Je dois au royaume mes pensées les plus intimes et toute ma pénétration. Ce que du reste je conjecture, ou pense, ou sais, m'appartient en propre. C'est un domaine sacré dont l'esclave vendu peut légitimement, de même que le vassal, fermer l'accès aux rois de la terre.... Ce qui est clair aux yeux de mon âme, n'est pas toujours assez mûr pour mon roi. Si cependant il veut que je le satisfasse, je dois le prier de ne pas m'interroger comme mon maître.

LE ROI lui donne les lettres.

Lisez.

ALBE lit et se retourne, effrayé, vers le Roi.

Quel est l'insensé qui a pu remettre ce malheureux écrit dans les mains de mon roi?

LE ROI.

Quoi?... Ainsi vous savez à quoi le contenu se rapporte?... Le nom, s'il m'en souvient, est évité dans cet écrit.

ALBE recule interdit.

J'ai été trop prompt.

LE ROI.

Vous savez?

ALBE, *après un moment de réflexion.*

Mon secret m'a échappé. Mon maître ordonne.... je ne puis plus reculer.... Je ne le nie pas.... je connais la personne.

LE ROI, *se levant, avec une émotion terrible.*

Oh! aide-moi à imaginer une mort nouvelle, dieu terrible de la vengeance!... Leur intelligence est si claire, si connue du monde, si publique, que, sans avoir la peine d'examiner, on la devine au premier coup d'œil.... C'est trop fort! Et je n'en ai rien su! rien su d'un tel secret! Je suis donc le dernier à le découvrir! le dernier de tout mon royaume....

ALBE se jette aux pieds du Roi.

Oui, je me reconnais coupable, très-gracieux monarque. Je rougis d'une lâche prudence qui me conseillait de me taire quand l'honneur de mon roi, la justice et la vérité me pressaient hautement de parler.... Eh bien! puisque tout s'obstine à se taire.... puisque le charme de la beauté enchaîne les langues de tout ce qu'il y a d'hommes à la cour, j'en veux courir le risque, je parlerai, bien que je sache que les assurances insinuantes d'un fils, que les attraits séducteurs, les larmes d'une épouse....

LE ROI, *vivement et avec véhémence.*

Levez-vous! Vous avez ma parole royale.... Levez-vous! parlez sans effroi!

ALBE, *se levant.*

Votre Majesté se souvient peut-être encore de la scène du jardin d'Aranjuez. Vous trouvâtes la reine abandonnée de toutes ses dames..., le regard troublé.... dans une allée écartée.

LE ROI.

Ah! que vais-je entendre? Continuez.

ALBE.

La marquise de Mondécar fut bannie du royaume, parce qu'elle eut assez de générosité pour se sacrifier sur-le-champ à la reine.... Maintenant nous sommes informés.... La marquise n'avait fait que ce qui lui avait été ordonné. Le prince avait été là.

LE ROI.

Il avait été là? Mais alors....

ALBE.

Les traces d'un homme empreintes dans le sable et qui, partant de l'entrée de gauche de cette allée, se perdaient dans la direction d'une grotte, où était encore un mouchoir perdu par l'infant, éveillèrent aussitôt le soupçon. Un jardinier y avait rencontré le prince, et c'était, presque à une minute près, au moment même où Votre Majesté paraissait dans l'allée.

LE ROI, *revenant à lui, après de sombres réflexions.*

Et elle pleura, quand je laissai voir ma surprise! Elle me fit rougir devant toute ma cour, rougir à mes propres yeux.... Par le ciel! j'étais là comme un condamné, devant sa vertu.... (*Long et profond silence. Il s'assied et se couvre le visage.*) Oui, duc d'Albe.... vous avez raison.... Cela pourrait me conduire à quelque chose de terrible.... Laissez-moi seul un moment.

ALBE.

Mon roi, cela même n'est pas encore absolument décisif....

LE ROI, *étendant la main pour saisir les papiers.*

Et ceci non plus? Et ceci? Et encore cela? Et cet accord éclatant de preuves convaincantes? Oh! c'est plus clair que le jour.... Il y a longtemps que je l'avais prévu.... Le crime commença dès ce premier moment où je la reçus de vos mains à Madrid.... Je vois encore ce regard d'effroi qu'elle arrêta, pâle comme un fantôme, sur mes cheveux gris. C'est alors que commença ce jeu perfide!

ALBE.

Le prince, dans sa jeune mère, perdait une fiancée. Déjà ils s'étaient bercés de communs désirs; leurs âmes s'étaient accordées dans une ardente sympathie, que leur situation nouvelle leur interdisait. La crainte était déjà vaincue, la crainte qui accompagne d'ordinaire le premier aveu, et la séduction leur parlait plus hardiment par les images, déjà familières, de leurs légitimes souvenirs. Unis par l'harmonie des sentiments et de l'âge, irrités par la même contrainte, ils obéirent avec d'autant plus d'audace aux transports de la passion. La politique avait attenté aux droits de leur penchant : est-il croyable, mon roi, qu'il ait reconnu cette toute-puissance à un conseil d'État, et qu'il ait résisté à la tentation de soumettre à un examen plus attentif le choix du cabinet? Elle comptait sur l'amour et reçut.... un diadème....

LE ROI, *blessé, et avec amertume.*

Vous distinguez avec beaucoup.... beaucoup de sagesse, duc.... J'admire votre éloquence. Je vous remercie. (*Se levant, d'un ton froid et avec hauteur.*) Vous avez raison : la reine a commis une faute grave, en me cachant des lettres de ce genre.... en me faisant un mystère de la coupable apparition de l'infant dans le jardin. Par une fausse générosité, elle a commis une grande faute. Je saurai la punir. (*Il tire la sonnette.*) Qui est encore dans l'antichambre? Je n'ai plus besoin de vous, duc d'Albe. Retirez-vous!

ALBE.

Aurais-je, par mon zèle, déplu une seconde fois à Votre Majesté?

LE ROI, *à un Page qui entre.*

Faites venir Domingo. (*Le Page s'en va.*) Je vous pardonne d'avoir pu, pendant près de deux minutes, me laisser craindre une offense comme on en peut commettre envers vous. (*Albe s'éloigne.*)

SCÈNE IV.

LE ROI, DOMINGO. *Le Roi va et vient pendant quelques instants pour se recueillir.*

DOMINGO *entre, quelques minutes après que le Duc est sorti, et s'approche du Roi, qu'il regarde un moment dans un silence solennel.*

Que je suis agréablement surpris de trouver Votre Majesté si tranquille, si résolûment calme!

LE ROI.

Vous êtes surpris?

DOMINGO.

Je bénis la Providence que ma crainte, après tout, ait été sans fondement. J'ai d'autant plus à présent le droit d'espérer.

LE ROI.

Votre crainte? Qu'y avait-il à craindre?

DOMINGO.

Votre Majesté, je ne puis cacher que je suis déjà informé d'un mystère....

LE ROI, *d'un air sombre.*

Ai-je donc déjà exprimé le désir de le partager avec vous? Qui me prévient ainsi, sans ordre? Voilà qui est bien hardi, sur mon honneur!

DOMINGO.

Mon roi! Le lieu, l'occasion où je l'ai appris, le sceau sous lequel on me l'a révélé, m'absolvent au moins de cette faute. C'est au confessionnal qu'il m'a été confié.... confié comme une faute qui charge la conscience délicate de la révélatrice, et dont elle demande pardon au ciel. La princesse déplore trop tard une action qui peut avoir, elle a des motifs de le craindre, les plus terribles suites pour la reine.

LE ROI.

Réellement? Le bon cœur.... Vous avez parfaitement deviné pourquoi je vous faisais appeler. Il faut que vous me dégagiez de ce sombre labyrinthe, où un zèle aveugle m'a jeté. De vous j'attends la vérité. Parlez-moi ouvertement. Que dois-je croire? que résoudre? De votre ministère je réclame la vérité.

DOMINGO.

Sire, quand la mansuétude de ce ministère ne m'imposerait pas la douce loi de l'indulgence, je n'en conjurerais pas moins Votre Majesté, je la conjurerais au nom de son repos, de ne pas aller au delà de ce qu'elle a découvert.... de renoncer à tout jamais à pénétrer un mystère qui ne peut en aucune façon se dévoiler d'une manière heureuse. Ce qui est connu jusqu'ici peut se pardonner. Un mot du roi.... et la reine n'a jamais failli. La volonté du roi confère la vertu comme la fortune.... et rien que le calme toujours égal de mon roi peut faire tomber les rumeurs que la calomnie se permet.

LE ROI.

Des rumeurs? sur moi? et parmi mon peuple?

DOMINGO.

Mensonges! damnables mensonges! Je le jure. Cependant il y a sans doute des cas où la croyance du peuple, quelque dénuée qu'elle soit de preuves, acquiert autant d'importance que la vérité.

LE ROI.

Par le ciel! et ici ce serait tout juste un de ces cas....

DOMINGO.

La bonne renommée est le bien précieux, le bien unique où la reine et la bourgeoise doivent prétendre à l'envi....

LE ROI.

Un bien, j'aime à le croire, pour lequel il n'y a ici rien à craindre. (*Il arrête sur Domingo un regard de doute. Après un moment de silence.*) Chapelain, j'ai encore, je le vois, quelque chose de fâcheux à entendre de vous. Point de retard. Depuis longtemps je le lis sur ces traits, prophètes de malheur. Parlez! quoi que vous ayez à dire! Ne me laissez pas plus longtemps à la torture. Que croit le peuple?

DOMINGO.

Encore une fois, Sire, le peuple peut se tromper.... et il se trompe certainement. Ce qu'il soutient ne doit pas ébranler le roi.... Seulement.... qu'il ait osé déjà se risquer à soutenir de telles choses....

LE ROI.

Quoi? Faut-il que je mendie de vous si longtemps une goutte de poison?

ACTE III, SCÈNE IV.

DOMINGO.

Le peuple reporte encore sa pensée à ce mois où Votre Majesté fut si près de la mort.... Trente semaines plus tard, il lit la nouvelle de l'heureuse délivrance.... (*Le Roi se lève et tire la sonnette. Le duc d'Albe entre. Domingo frappé de surprise :*) Je m'étonne, Sire....

LE ROI, *allant au-devant du duc d'Albe.*

Tolédo, vous êtes un homme ! Protégez-moi contre ce prêtre !

DOMINGO. *Lui et le duc d'Albe échangent des regards embarrassés.*

Après une pause :

Si nous avions pu savoir d'avance que cette révélation attirerait le châtiment sur son auteur....

LE ROI.

Un enfant bâtard, dites-vous? J'étais, dites-vous, à peine échappé à la mort, quand elle se sentit mère.... Comment?... C'est alors, si je ne me trompe, que vous bénissiez saint Dominique, dans toutes les églises, pour ce grand miracle qu'il avait opéré en moi?... Ce qui était un miracle alors, ne l'est plus à présent? Vous mentiez donc alors ou vous mentez aujourd'hui. A quoi voulez-vous que je croie? Oh! je vous pénètre. Si dès lors le complot avait été mûr.... oui, dans ce cas, le saint perdait sa gloire.

ALBE.

Complot !

LE ROI.

Vous pourriez aujourd'hui, avec un accord sans pareil, vous rencontrer dans la même opinion, et cependant n'être pas d'intelligence? Vous voulez me persuader cela? A moi? Croyez-vous peut-être que je n'ai pas remarqué avec quel acharnement, quelle avidité, vous vous précipitiez sur votre proie? avec quelle volupté vous vous repaissiez de ma douleur et des transports de ma colère? Vous voulez que je ne m'aperçoive pas avec quelle ardeur le duc que voici brûle d'étouffer dans son germe la faveur réservée à mon fils? combien le saint homme que voilà serait heureux d'armer sa petite vengeance du bras de géant de mon courroux? Je suis l'arc, pensez-vous sans doute, qu'on n'a qu'à tendre à son gré? J'ai encore, moi aussi, ma volonté....

et, si je dois concevoir des doutes, laissez-moi du moins commencer par vous.

ALBE.

Notre fidélité ne s'attendait pas à une telle interprétation.

LE ROI.

Fidélité! La fidélité avertit des crimes qui menacent, la vengeance parle des crimes accomplis. Voyons, parlez! Qu'ai-je gagné à vos bons offices?... Si ce que vous avancez est vrai, que me reste-t-il à attendre, que la cruelle blessure du divorce? le douloureux triomphe de la vengeance?... Mais non, vous n'avez que des craintes, vous ne m'apportez que d'incertaines conjectures.... vous me laissez au bord d'un infernal abîme, et vous fuyez.

DOMINGO.

D'autres preuves sont-elles possibles, quand les yeux mêmes ne peuvent être convaincus?

LE ROI, *après une longue pause, d'un ton sérieux et solennel, en se tournant vers Domingo.*

Je veux assembler les grands de mon royaume et siéger moi-même comme juge. Avancez-vous en présence de tous.... si vous en avez le courage.... et accusez-la comme une femme galante.... Elle mourra.... sans miséricorde.... elle et l'infant mourront.... Mais.... remarquez bien ceci.... si elle peut se justifier.... vous mourrez vous-même. Voulez-vous rendre hommage à la vérité par un tel sacrifice? Décidez-vous. Vous ne voulez pas? vous gardez le silence? Vous ne voulez pas?... C'est là un zèle de menteur.

ALBE, *qui est demeuré en silence à l'écart, dit froidement et avec calme :*

Je le veux.

LE ROI *se retourne étonné et regarde fixement le Duc pendant quelques instants.*

Cela est hardi! Cependant l'idée me vient que vous avez, dans de périlleux combats, risqué votre vie pour des motifs bien moins graves.... que vous l'avez risquée, avec la légèreté d'un joueur de dés, pour la chimère de la gloire.... Et qu'est-ce que la vie pour vous?... Je ne sacrifierai pas le sang royal à un téméraire en délire qui n'a d'autre perspective que de terminer par une mort illustre une chétive existence.... Je rejette votre sacrifice. Allez...., allez, et attendez dans la salle d'audience mes ordres ultérieurs. (*Ils se retirent tous deux.*)

SCÈNE V.

LE ROI, *seul.*

Maintenant, donne-moi un homme, Providence bienfaisante.... Tu m'as beaucoup donné. Maintenant fais-moi don d'un homme! Toi.... tu es seule; car tes yeux sondent ce qui est caché. Je te demande un ami, car je n'ai pas, comme toi, la toute-science. Les auxiliaires que tu m'as adjoints, tu sais ce qu'ils sont pour moi. Ils m'ont servi pour le prix que je les paye. Leurs vices apprivoisés, gouvernés par le frein, servent à mes vues, comme tes tempêtes purifient le monde. J'ai besoin de vérité.... Découvrir sa source paisible sous le sombre amas des erreurs n'est pas le sort des rois. Donne-moi l'homme rare, au cœur pur et ouvert, à l'esprit lucide, à l'œil impartial, qui puisse m'aider à la trouver.... Je veux tirer au sort : parmi ces milliers d'hommes qui voltigent autour du soleil de la Majesté, fais que je trouve cet homme unique. (*Il ouvre une cassette et en tire des tablettes à écrire. Après les avoir feuilletées quelque temps.*) De simples noms.... il n'y a ici que des noms, et pas même la mention du service auquel ils doivent leur inscription sur ces tablettes.... et qu'y a-t-il de plus oublieux que la reconnaissance? Cependant ici, sur ces autres tablettes, je lis chaque faute soigneusement inscrite. Comment? Cela n'est pas bien. La mémoire de la vengeance a-t-elle donc encore besoin d'un tel secours? (*Il continue à lire.*) Comte Egmont? Que fait son nom ici?... La victoire de Saint-Quentin est depuis longtemps effacée par son fait. Je le jette au nombre des morts. (*Il efface ce nom et l'écrit sur les autres tablettes. Après avoir continué à lire.*) Marquis de Posa?... Posa?... Posa? Je me souviens à peine de cet homme. Et avec une double marque.... ce qui prouve que j'avais sur lui de grandes vues. Est-il possible que cet homme se soit jusqu'ici soustrait à ma présence? qu'il ait évité les yeux de son royal débiteur? Par le ciel! c'est le seul homme, dans toute l'étendue de mes États, qui n'ait pas besoin de moi! S'il était cupide ou ambitieux, il aurait depuis longtemps paru devant mon trône. Courrai-je la chance avec cet homme singulier? Chez qui peut se passer de moi, je trouverai la vérité. (*Il sort.*)

La salle d'audience.

SCÈNE VI.

DON CARLOS, *s'entretenant avec* LE PRINCE DE PARME; LES DUCS D'ALBE, FÉRIA *et* MÉDINA SIDONIA; LE COMTE DE LERME, *et en outre d'autres Grands, avec des papiers à la main. Tous attendent le Roi.*

MÉDINA SIDONIA, *visiblement évité de tous les assistants, se tourne vers le duc d'Albe, qui se promène de long en large, seul et renfermé en lui-même.*

Vous avez parlé au maître, duc.... Comment l'avez-vous trouvé disposé?

ALBE.

Fort mal pour vous et pour vos nouvelles.

MÉDINA SIDONIA.

Sous le feu de l'artillerie anglaise, je me sentais plus à mon aise que sur le pavé de cette salle. (*Carlos, qui l'a regardé en silence avec intérêt, s'approche de lui et lui serre la main.*) Mon ardente reconnaissance, prince, pour cette larme généreuse. Vous voyez comme chacun me fuit. Maintenant ma perte est résolue.

CARLOS.

Ayez bon espoir, mon ami, dans la bonté de mon père et dans votre innocence.

MÉDINA SIDONIA.

Je lui ai perdu une flotte, comme il n'en avait jamais paru sur la mer.... Qu'est-ce qu'une tête comme celle-ci auprès de soixante-dix galions submergés?... Mais, prince, cinq fils, de la plus belle espérance, comme vous.... Cela me brise le cœur....

SCÈNE VII.

LE ROI *entre, complètement vêtu* ; LES PRÉCÉDENTS. *Tous ôtent leurs chapeaux et, se reculant des deux côtés, forment un demi-cercle autour du Roi. Silence.*

LE ROI, *parcourant tout le cercle d'un œil rapide.*

Couvrez-vous! (*Don Carlos et le prince de Parme s'approchent d'abord et baisent la main du Roi. Il se tourne avec une certaine affabilité vers le dernier, sans vouloir remarquer son fils.*) Votre mère, mon neveu, désire savoir si l'on est content de vous à Madrid.

PARME.

Qu'elle ne le demande pas avant l'issue de ma première bataille.

LE ROI.

Soyez tranquille. Votre tour viendra aussi, quand ces troncs se briseront. (*Au duc de Féria.*) Que m'apportez-vous?

FÉRIA, *fléchissant un genou devant le Roi.*

Le grand commandeur de l'ordre de Calatrava est mort ce matin. Voici sa croix que je rapporte.

LE ROI *prend l'ordre et promène ses regards sur tout le cercle.*

Qui, après lui, est le plus digne de la porter? (*Il fait signe au duc d'Albe, qui fléchit un genou devant lui, et il lui passe au cou le collier.*) Duc, vous êtes mon premier capitaine.... Ne soyez jamais davantage, et jamais ma faveur ne vous manquera. (*Il aperçoit le duc de Médina Sidonia.*) Eh! voyez! mon amiral!

MÉDINA SIDONIA *s'approche en tremblant, et s'agenouille devant le Roi, la tête baissée.*

Voici, grand roi, tout ce que je rapporte de l'Armada et de la jeunesse espagnole.

LE ROI, *après un long silence.*

Dieu est au-dessus de moi.... Je vous ai envoyé contre des hommes, et non contre la tempête et les écueils.... Soyez le bienvenu à Madrid. (*Il lui tend sa main à baiser.*) Et je vous remercie de m'avoir conservé en votre personne un digne serviteur. C'est pour tel, mes grands, que je le reconnais et que je veux qu'on le reconnaisse. (*Il lui fait signe de se lever et de se couvrir, puis il se tourne vers les autres.*) Qu'y a-t-il encore? (*A don Carlos et au prince de Parme.*) Je vous remercie, princes. (*Ils se retirent. Ceux des Grands qui restent s'approchent et présentent, à genoux, leurs papiers au Roi. Il les parcourt rapidement et les remet au duc d'Albe.*) Vous les mettrez sous mes yeux dans mon cabinet. Ai-je fini? (*Personne ne répond.*) D'où vient donc que, parmi mes grands, le marquis de Posa ne se montre jamais? Je sais fort bien que ce marquis de Posa m'a servi avec gloire. Peut-être ne vit-il plus? Pourquoi ne paraît-il pas?

LERME.

Le chevalier n'est de retour que depuis peu des voyages qu'il avait entrepris dans toute l'Europe. Il est à Madrid en ce moment et n'attend qu'un jour d'audience publique pour se jeter aux pieds de son souverain.

ALBE.

Le marquis de Posa?... Oui! c'est ce hardi chevalier de Malte, Sire, dont la renommée nous a raconté un trait d'enthousiasme. Lorsque, à l'appel du grand maître de l'ordre, les chevaliers se rendirent dans leur île, que Soliman tenait assiégée, le marquis, alors âgé de dix-huit ans, disparut tout à coup de la haute école d'Alcala. Il se présente, de son propre mouvement, à La Valette. « On m'a acheté, dit-il, la croix de chevalier. Je veux maintenant la mériter. » Il fut un de ces quarante chevaliers qui, en plein midi, défendirent le fort Saint-Elme, dans trois assauts répétés, contre Piali, Ulucciali, Mustapha et Hassem. Lorsqu'enfin le fort est escaladé, et que tous les chevaliers sont tombés autour de lui, il se jette à la mer et retourne, seul survivant, auprès de La Valette. Deux mois après, l'ennemi abandonne l'île, et le chevalier revient achever ses études commencées.

FÉRIA.

C'est aussi ce marquis de Posa qui plus tard découvrit la fameuse conspiration de Catalogne et, par sa seule activité, conserva à la couronne la plus importante province.

LE ROI.

Je suis stupéfait.... Quel est cet homme qui a fait cela, et qui, sur trois personnes que j'interroge, n'a pas un seul envieux?... Assurément cet homme a le caractère le plus extraordinaire ou il n'en a pas.... Pour la rareté du fait, il faut que je lui parle.

(*Au duc d'Albe.*) Après la messe, amenez-le moi dans mon cabinet. (*Le Duc sort. Le Roi appelle Féria.*) Et vous, prenez ma place dans le conseil privé. (*Il sort.*)

FÉRIA.

Notre maître est aujourd'hui très-gracieux.

MÉDINA SIDONIA.

Dites que c'est un Dieu!... Il l'a été pour moi.

FÉRIA.

Que vous méritez bien votre bonheur! J'y prends la plus vive part, amiral.

UN DES GRANDS.

Moi aussi.

UN SECOND.

Moi aussi, en vérité!

UN TROISIÈME.

Le cœur me battait. Un général de tant de mérite!

LE PREMIER.

Le roi n'a pas été gracieux envers vous.... il n'a été que juste.

LERME, *à Médina Sidonia, en se retirant.*

Comme vous voilà riche tout à coup par deux mots!

(*Tous sortent.*)

Le cabinet du Roi.

SCÈNE VIII.

LE MARQUIS DE POSA *et* LE DUC D'ALBE.

LE MARQUIS, *en entrant.*

C'est moi qu'il demande? Moi?... Cela ne peut être. Vous vous trompez de nom.... Et que veut-il donc de moi?

LE DUC D'ALBE.

Il veut vous connaître.

LE MARQUIS.

Ainsi, pure curiosité.... Oh! alors, c'est dommage de perdre ce moment.... la vie s'écoule avec une si merveilleuse rapidité!

ALBE.

Je vous abandonne à votre bonne étoile. Le roi est dans vos mains. Mettez ce moment à profit, le mieux que vous pourrez, et, s'il est perdu, vous l'imputerez à vous-même, à vous seul.

SCÈNE IX.

LE MARQUIS, seul.

Bien parlé, duc. Il faut mettre à profit le moment qui ne s'offre qu'une fois. En vérité, ce courtisan me donne une bonne leçon.... bonne, sinon dans son sens, au moins dans le mien. (*Après s'être promené un instant.*) Mais d'où vient que je suis ici? Serait-ce simplement une fantaisie du hasard capricieux qui me montrerait mon image dans ces miroirs? qui sur un millier d'hommes m'aurait choisi, moi, tout juste, le choix le plus invraisemblable, et m'aurait fait revivre dans la mémoire du roi? Un simple hasard? Peut-être aussi est-ce davantage.... Et le hasard, qu'est-ce autre chose que la pierre brute qui s'anime sous la main du sculpteur? C'est la Providence qui donne le hasard.... il faut que l'homme le façonne et l'accommode au but.... Qu'importe ce que le roi peut me vouloir?... Je sais ce que j'ai, moi, à faire avec le roi.... et quand ce ne serait qu'une étincelle de vérité, lancée hardiment dans l'âme du despote.... combien elle peut être féconde sous la main de la Providence! Ainsi ce qui m'a paru d'abord un caprice si étrange serait sagesse et tendrait à un but excellent. Que cela soit ou non, n'importe! Je veux agir dans cette croyance. (*Il fait quelques tours dans la chambre et s'arrête à la fin, dans une paisible contemplation, devant un tableau. Le Roi paraît dans la chambre voisine, où il donne quelques ordres; puis il entre, s'arrête près de la porte et regarde pendant quelque temps le Marquis, sans être aperçu de lui.*)

SCÈNE X.

LE ROI et **LE MARQUIS DE POSA**. *Le Marquis, dès qu'il aperçoit le Roi, va au-devant de lui, et met un genou en terre; puis il se relève et reste immobile devant lui, sans aucune marque de trouble.*

LE ROI *le regarde d'un air étonné.*

Ainsi, vous m'avez déjà parlé?

LE MARQUIS.

Non.

LE ROI.

Vous avez bien mérité de ma couronne. Pourquoi vous dérobez-vous à ma reconnaissance? Beaucoup d'hommes se pressent dans mon souvenir. Il n'y a que le Très-Haut qui sache tout. Il vous appartenait de chercher les regards de votre roi. Pourquoi ne l'avez-vous pas fait?

LE MARQUIS.

Il y a deux jours, Sire, que je suis de retour dans le royaume.

LE ROI.

Mon intention n'est pas de demeurer le débiteur de ceux qui me servent.... Demandez-moi une grâce.

LE MARQUIS.

Je jouis des lois.

LE ROI.

C'est un droit qu'a aussi le meurtrier.

LE MARQUIS.

Combien plus le bon citoyen!... Sire, je m'en contente.

LE ROI, *à part*.

Un grand sentiment de soi-même et, par le ciel! un hardi courage. Mais je devais m'y attendre.... Je veux que l'Espagnol soit fier. Je souffre même volontiers que la coupe écume et déborde.... Vous avez quitté mon service, me dit-on?

LE MARQUIS.

Je me suis retiré pour laisser la place à un plus digne.

LE ROI.

J'en suis fâché. Quand des têtes comme la vôtre chôment, quelle perte pour mes États!... Peut-être craignez-vous de ne pas atteindre à la sphère qui est digne de votre intelligence?

LE MARQUIS.

Oh! non. Je suis sûr que l'appréciateur expérimenté, si bien exercé à juger les matériaux de sa grande œuvre, les âmes humaines, aura lu du premier coup d'œil à quoi je pouvais ou non lui servir. Je sens avec la plus humble reconnaissance la grâce dont me comble Votre Majesté en concevant de moi cette haute opinion. Cependant.... (*Il s'arrête.*)

LE ROI.

Vous hésitez?

LE MARQUIS.

Je ne suis pas préparé.... je dois l'avouer, Sire.... à revêtir tout à coup du langage qui convient à un de vos sujets ce que j'ai pensé comme citoyen du monde,.... car, dans ce temps, Sire, où je renonçai à jamais à toute relation avec la couronne, je me crus aussi exempté de la nécessité de lui donner les motifs de ma détermination.

LE ROI.

Ces motifs sont-ils si faibles? Craignez-vous de courir quelque risque à les donner?

LE MARQUIS.

Si le loisir m'est accordé de les épuiser.... ce que je risque, c'est tout au plus ma vie. Mais si vous me refusez cette faveur, c'est la vérité que j'expose au danger. Le choix m'est laissé entre votre disgrâce et votre dédain.... Si je dois me décider, j'aime mieux, quand je vous quitterai, vous paraître criminel qu'insensé.

LE ROI, *d'un air de curieuse attente.*

Eh bien?

LE MARQUIS.

Je ne puis être serviteur d'un prince. (*Le Roi le regarde avec étonnement.*) Je ne veux pas tromper l'acheteur.... Sire. Si vous daignez m'employer, vous ne voulez de moi que l'action, telle qu'on vous la pèse et la livre. Vous ne voulez que mon bras et mon courage sur le champ de bataille, que ma tête dans le conseil. Ce qui doit être le but de mes actions, ce ne sont pas mes actions mêmes, c'est l'accueil qu'elles recevront du prince. Pour moi cependant, pour moi la vertu a sa valeur en elle-même. Le bien que le monarque ferait par mes mains, j'en serais moi-même l'auteur; ce qui ne devrait être que mon devoir, serait mon bonheur et l'œuvre de mon choix. Est-ce là ce que vous voulez? Pouvez-vous, dans votre création, souffrir des créateurs étrangers? Et moi, dois-je m'abaisser à n'être que le ciseau où je puis être l'artiste?... J'aime l'humanité, et, dans une monarchie, il ne m'est permis d'aimer que moi-même.

LE ROI.

Cette chaleur est digne d'éloges. Vous voudriez faire le bien. Peu importe au patriote, au sage, de quelle manière vous le ferez. Choisissez dans mes royaumes un poste qui vous donne le droit de satisfaire ce noble désir.

ACTE III, SCÈNE X.

LE MARQUIS.

Je n'en trouve aucun.

LE ROI.

Comment?

LE MARQUIS.

Ce que Votre Majesté répandrait par mes mains.... est-ce le bonheur des hommes? Est-ce le même bonheur que mon amour, dans sa pureté, souhaite aux hommes?... La majesté royale tremblerait devant ce bonheur-là.... Non! la politique des couronnes en a créé un nouveau.... un bonheur qu'elle est encore assez riche pour distribuer; et, dans les cœurs des hommes, elle a créé de nouveaux penchants, que ce bonheur suffit à satisfaire. Dans ses hôtels des monnaies, elle fait forger et battre une vérité, la vérité qu'elle peut supporter. Tous les poinçons qui ne ressemblent pas à celui-là sont rejetés. Mais ce qui peut convenir à la couronne.... me suffit-il aussi à moi? Mon amour fraternel peut-il légitimement se prêter au rapetissement de mon frère? Puis-je le savoir heureux.... avant qu'il lui soit permis de penser? Ne me choisissez pas, Sire, pour répandre ce bonheur que vous nous frappez à votre coin. Je dois me refuser à distribuer cette monnaie.... Je ne puis être serviteur d'un prince.

LE ROI, *avec une certaine vivacité.*

Vous êtes un protestant.

LE MARQUIS, *après un moment de réflexion.*

Votre croyance, Sire, est aussi la mienne. (*Après une pause.*) Je suis mal compris. Voilà ce que je craignais. Vous voyez ma main lever le voile des mystères de la majesté souveraine. Qui vous assure que je tiendrai encore pour sacré ce qui a cessé de m'effrayer? Je suis dangereux parce que j'ai réfléchi sur moi-même.... Non, mon roi, je ne le suis point. Mes vœux sont ensevelis ici. (*Il place la main sur sa poitrine.*) Cette rage ridicule d'innovation qui ne fait qu'augmenter le poids des chaînes qu'elle ne peut briser entièrement, n'échauffera jamais mon sang. Ce siècle n'est pas mûr pour mon idéal. Je vis avant le temps, citoyen des siècles à venir. Une simple peinture peut-elle troubler votre repos? D'un souffle vous l'effacez.

LE ROI.

Suis-je le premier qui vous connaisse sous cet aspect?

LE MARQUIS.

Sous cet aspect..... oui.

LE ROI *se lève, fait quelques pas et s'arrête vis-à-vis du Marquis.*
A part :

Ce ton du moins est nouveau. La flatterie s'épuise. Imiter rabaisse un homme de tête.... Une fois aussi l'épreuve du contraire.... Pourquoi pas? Ce qui surprend fait fortune.... (*Haut.*) Si vous l'entendez ainsi, soit, je m'arrangerai de cette façon nouvelle de servir la couronne.... L'esprit puissant....

LE MARQUIS.

J'entends, Sire, combien est petite et humiliante l'idée que vous avez de la dignité de l'homme. Même dans le langage de l'homme libre, vous ne voyez que l'artifice d'un flatteur, et il me semble que je sais ce qui vous autorise à cela. Les hommes vous y ont contraint; ils ont abdiqué volontairement leur noblesse; ils sont descendus volontairement à ce degré infime. Ils fuient avec effroi devant le fantôme de leur grandeur intérieure, ils se complaisent dans leur misère, ils parent leurs chaînes avec une lâche sagesse, et les porter avec convenance s'appelle vertu. Tel vous avez trouvé le monde, tel il avait été remis aux mains de votre glorieux père. Comment pourriez-vous honorer les hommes.... si tristement mutilés?

LE ROI.

Je trouve du vrai dans ces paroles.

LE MARQUIS.

Mais, par malheur, en changeant l'homme, œuvre des mains du créateur, en une œuvre de vos mains, et en vous donnant pour Dieu à cette créature de nouvelle façon.... vous vous êtes mépris en un point : vous êtes resté vous-même un homme.... un homme sorti des mains du créateur. Vous avez continué de souffrir, de désirer comme un mortel; vous avez besoin de sympathie, et, en présence d'un Dieu, on ne peut que sacrifier.... trembler.... prier. Déplorable métamorphose! Malheureuse interversion de la nature!... Vous avez ravalé l'homme à n'être plus que votre clavier; qui peut partager avec vous la jouissance de l'harmonie?

LE ROI, *à part.*

Par le ciel! ses paroles me vont à l'âme.

ACTE III, SCÈNE X.

LE MARQUIS.

Mais ce sacrifice est insignifiant pour vous. C'est par là que vous êtes unique.... seul de votre espèce.... C'est à ce prix que vous êtes un Dieu.... Et il serait terrible qu'il n'en fût pas ainsi.... terrible qu'à ce prix, en détruisant le bonheur de tant de millions d'hommes, vous n'eussiez rien gagné! que la liberté anéantie par vous fût la seule chose qui pût accomplir vos vœux! Je vous prie de me congédier, Sire. Mon sujet m'entraîne. Mon cœur est plein..... c'est une trop forte tentation, de se trouver près du seul homme à qui je puisse vouloir l'ouvrir. *(Le comte de Lerme entre et dit quelques mots, à voix basse, au Roi. Celui-ci lui fait signe de s'éloigner, et reste assis dans la même attitude.)*

LE ROI, *au Marquis, après que Lerme est sorti.*

Dites tout....

LE MARQUIS, *après un moment de silence.*

Je sens, Sire, tout le prix....

LE ROI.

Achevez! Vous aviez encore autre chose à me dire.

LE MARQUIS.

Sire, je suis revenu récemment de Flandre et de Brabant.... Tant de riches et florissantes provinces! un grand et vigoureux peuple.... et aussi un bon peuple.... et, me disais-je à moi-même, être le père de ce peuple, ce doit être divin!... Mais voilà que mon pied heurte des ossements d'hommes, des ossements brûlés.... *(A ces mots, il se tait; ses yeux s'arrêtent sur le Roi, qui d'abord essaye de soutenir ce regard, puis bientôt, saisi et troublé, baisse les yeux vers la terre.)* Vous avez raison. Il faut que ce soit. Que vous puissiez ce qui vous apparaît comme nécessaire, c'est là ce qui m'a pénétré d'une admiration dont je frissonne. Oh! quel dommage que la victime qui se roule dans son sang soit peu propre à entonner un hymne de louanges au génie du sacrificateur! que ce soient seulement des hommes.... et non des êtres d'une nature supérieure.... qui écrivent l'histoire du monde!... Des siècles plus doux vont remplacer le temps de Philippe; ils apporteront une sagesse plus bienveillante; alors le bonheur des citoyens ira de pair et d'accord avec la grandeur des princes; l'État sera ménager et avare de ses enfants, et la nécessité sera humaine.

LE ROI.

Et quand paraîtraient, je vous le demande, ces siècles humains, si la malédiction du siècle présent m'eût fait trembler? Regardez tout autour de vous dans mon Espagne. Le bonheur des citoyens y fleurit dans une paix sans nuage, et ce repos, je veux le donner aux Flamands.

LE MARQUIS, *vivement.*

Le repos d'un cimetière! Et vous espérez achever ce que vous avez commencé? Vous espérez arrêter, quand son temps est venu, cette transformation de la chrétienté, ce printemps universel qui rajeunit la face du monde? Vous voulez, seul dans toute l'Europe.... faire obstacle à cette roue des destinées du genre humain qui roule, lancée dans sa voie, sans que rien l'arrête? D'un bras humain, vous voulez l'enrayer? Vous n'y parviendrez point. Déjà des milliers d'hommes ont fui, pauvres et contents, de vos États. Le citoyen que vous avez perdu pour sa croyance était entre tous le plus noble. Élisabeth ouvre aux fugitifs des bras maternels, et l'Angleterre prospère, à nous faire trembler, pour les arts de notre patrie. Privée de l'active industrie des nouveaux chrétiens, Grenade est déserte, et l'Europe triomphe de voir son ennemi perdre son sang par les blessures qu'il s'est faites lui-même. (*Le Roi est ému, le Marquis le remarque et s'approche de quelques pas.*) Vous voulez planter pour l'éternité, et vous semez la mort? Une œuvre si contrainte ne survivra point au génie de son créateur. Vous avez bâti pour n'être payé que d'ingratitude.... En vain vous avez soutenu contre la nature ce rude combat, en vain sacrifié une grande vie royale à des plans de destruction. L'homme est plus qu'il n'a paru à votre estime. Il brisera les liens de ce long sommeil, et réclamera ses droits sacrés. Il associera votre nom à ceux d'un Néron, d'un Busiris, et.... cela m'afflige, car vous étiez bon.

LE ROI.

Qui vous a donné une telle certitude?

LE MARQUIS, *avec feu.*

Oui, par le Tout-Puissant! Oui.... oui.... je le répète. Rendez-nous ce que vous nous avez pris. Avec cette générosité propre à la force, laissez couler à flots le bonheur des hommes de la corne d'abondance qui est dans vos mains.... Laissez mûrir des esprits dans votre vaste édifice politique. Rendez-nous ce que vous nous avez pris. Devenez le roi d'un million de rois! (*Il s'approche hardiment du Roi et poursuit en dirigeant sur lui des regards fermes et ardents:*) Oh! plût à Dieu que toute l'éloquence de ces milliers d'hommes qui sont intéressés à notre entretien, en cette heure solennelle, reposât sur mes lèvres, pour changer en flamme le rayon de lumière que je remarque dans ces yeux!... Renoncez à cette déification contre nature qui nous anéantit! Devenez pour nous l'image de l'être éternel et vrai! Jamais.... jamais mortel n'eut une telle puissance à employer aussi divinement. Tous les rois de l'Europe rendent hommage au nom espagnol. Marchez à la tête des rois de l'Europe! Un trait de plume de cette main, et la terre sera créée de nouveau. Accordez la liberté de penser. (*Il se jette à ses pieds.*)

LE ROI, *surpris, détourne les yeux, puis les fixe de nouveau sur le Marquis.*

Étrange enthousiaste! Mais.... levez-vous.... Je....

LE MARQUIS.

Voyez autour de vous l'œuvre de Dieu, cette belle nature! Elle est fondée sur la liberté.... et comme elle est riche par la liberté! Lui, le grand créateur, jette le ver dans une goutte de rosée, et donne carrière au libre instinct jusque dans l'empire de la corruption et de la mort.... Que votre création, à vous, est étroite et pauvre! Le bruit d'une feuille épouvante le maître de la chrétienté.... Il vous faut trembler devant chaque vertu. Lui.... plutôt que de troubler le ravissant spectacle de la liberté.... il laisse l'affreuse armée des maux se déchaîner dans son univers.... Lui, l'artiste suprême, on ne l'aperçoit pas, il se voile modestement sous des lois éternelles. L'esprit fort ne voit qu'elles et ne le voit pas. « Pourquoi un Dieu? dit-il. Le monde se suffit. » Et jamais dévotion de bon chrétien ne lui a rendu un plus bel hommage que ce blasphème de l'esprit fort.

LE ROI.

Et voulez-vous entreprendre d'imiter dans le monde des mortels.... dans mes États, ce sublime modèle?

LE MARQUIS.

Vous, vous le pouvez. Et quel autre que vous? Consacrez au bonheur des peuples ce pouvoir dominateur qui.... pendant si longtemps, hélas!... n'a surabondé que pour la grandeur du trône..... Rendez à l'humanité sa noblesse perdue. Que le citoyen redevienne, ce qu'il fut d'abord, le but et la fin de la royauté.... Qu'il ne soit lié par aucun autre devoir que les droits de ses frères, sacrés comme les siens. Lorsqu'une fois l'homme sera rendu à lui-même, que le sentiment de sa dignité s'éveillera.... que les sublimes et fières vertus de la liberté fleuriront.... alors, Sire, quand vous aurez fait de votre empire l'empire le plus heureux de l'univers.... alors, ce sera votre devoir de soumettre l'univers.

LE ROI, *après un long silence.*

Je vous ai laissé parler jusqu'à la fin.... Le monde, je le comprends, ne se peint pas dans cette tête comme dans les têtes des autres hommes.... aussi je ne veux pas vous soumettre à la mesure d'autrui. Je suis le premier à qui vous dévoiliez votre âme. Je le crois, parce que je le sais. En faveur de cette retenue, qui vous a fait taire jusqu'à ce jour de telles opinions, embrassées pourtant avec une telle chaleur.... en faveur de cette modeste prudence, jeune homme, je veux oublier que je les ai apprises et comment je les ai apprises. Levez-vous! je veux réfuter, comme vieillard, et non comme roi, le jeune homme que son ardeur vient d'emporter. Je le veux, parce que je le veux.... Oui, j'ai appris que le poison même, dans d'heureuses natures, pouvait se changer en une meilleure et noble substance.... Mais fuyez mon inquisition!... Je verrais avec douleur....

LE MARQUIS.

Vraiment? Il se pourrait?

LE ROI, *contemplant Posa et absorbé dans cette contemplation.*

Je n'ai jamais vu un tel homme.... Non, non, marquis! Vous allez trop loin à mon égard. Je ne veux pas être un Néron. Je ne veux pas l'être.... ne veux pas l'être envers vous. Il ne sera pas dit que tout bonheur se flétrisse sous ma domination. Vous-même, je veux que sous mes yeux vous puissiez continuer d'être un homme.

LE MARQUIS, *vivement.*

Et mes concitoyens, Sire?... Oh! ce n'était pas de moi qu'il s'agissait, ce n'était pas ma cause que je voulais plaider. Et vos sujets, Sire?...

LE ROI.

Et si vous savez si bien comment la postérité me jugera, qu'elle apprenne, en votre personne, comment je traitais les hommes, quand j'en trouvais un.

LE MARQUIS.

Oh! que le plus juste des rois ne devienne pas tout à coup le plus injuste!... Dans votre Flandre, il y a mille citoyens meilleurs que moi. Seulement, c'est vous.... oserai-je l'avouer sincèrement, grand roi?... c'est vous qui peut-être, aujourd'hui, pour la première fois, venez de voir la liberté sous ces traits adoucis.

LE ROI, *adoucissant sa gravité.*

Rien de plus sur ce sujet, jeune homme.... Je sais que vous penseriez autrement si une fois vous connaissiez les hommes comme je les connais.... Cependant je ne voudrais pas vous avoir vu aujourd'hui pour la dernière fois. Comment m'y prendrai-je pour vous attacher à moi?

LE MARQUIS.

Laissez-moi comme je suis. Que serais-je pour vous, Sire, si vous me séduisiez aussi?

LE ROI.

Je ne supporte pas cet orgueil. D'aujourd'hui, vous êtes à mon service.... Pas d'objection! Je le veux. (*Après une pause.*) Mais quoi? Que voulais-je donc? N'était-ce pas la vérité que je voulais? et ici je trouve plus encore.... Vos yeux m'ont cherché et m'ont vu sur mon trône, marquis. Leur ai-je échappé dans ma maison? (*Le Marquis paraît réfléchir.*) Je vous comprends. Mais, quand je serais le plus malheureux des pères, ne puis-je être heureux comme époux?

LE MARQUIS.

Si un fils plein d'espérances, si la possession de l'épouse la plus digne d'amour peuvent donner à un mortel le droit de se dire heureux, vous avez plus que personne ce double bonheur.

LE ROI, *d'un air sombre.*

Non, je ne l'ai pas, et jamais plus profondément qu'à cette heure, je n'ai senti que je ne l'avais pas.... (*Il arrête sur le Marquis un douloureux regard.*)

LE MARQUIS.

Le prince a des sentiments nobles et purs. Je ne l'ai jamais vu autrement.

LE ROI.

Mais bien moi.... Ce qu'il m'a enlevé, aucune couronne ne le peut compenser.... Une reine si vertueuse !

LE MARQUIS.

Qui peut oser, Sire:...?

LE ROI.

Le monde! La médisance! Moi-même!... Voici des témoignages irrécusables, qui la condamnent; il en existe encore d'autres, qui me font craindre le malheur le plus terrible.... Mais, marquis.... j'ai peine, grande peine à ne croire qu'une des deux parties. Qui l'accuse?... Si elle.... elle-même, doit avoir été capable de tomber aussi bas, oh! combien n'ai-je pas plus de droit de croire qu'une Éboli calomnie? Le prêtre ne la hait-il pas, elle et mon fils? Et ne sais-je pas qu'Albe couve la vengeance? Ma femme, à elle seule, vaut plus qu'eux tous.

LE MARQUIS.

Et dans l'âme de la femme, Sire, il vit un sentiment que sa noblesse élève au-dessus de toute apparence et de toute calomnie.... il se nomme la vertu, l'honneur de la femme.

LE ROI.

Oui, c'est ce que je dis aussi. Pour tomber aussi bas qu'on accuse la reine d'être tombée, il en coûte beaucoup. Les liens sacrés de l'honneur ne se rompent pas aussi facilement qu'on voudrait me le persuader. Vous connaissez les hommes, marquis. Un homme tel que vous me manque depuis longtemps, vous êtes bon et bienveillant, et pourtant vous connaissez les hommes.... Voilà pourquoi je vous ai choisi....

LE MARQUIS, *surpris et effrayé.*

Moi, sire ?

LE ROI.

Vous avez paru devant votre maître, et vous n'avez rien demandé pour vous.... rien. Cela est nouveau pour moi. Vous serez juste. La passion n'égarera pas vos yeux.... Pénétrez auprès de mon fils, sondez le cœur de la reine. Je vous enverrai un plein pouvoir pour l'entretenir en secret. Et maintenant, laissez-moi. (*Il tire une sonnette.*)

ACTE III, SCÈNE X.

LE MARQUIS.

Si je puis, en m'éloignant, me dire qu'une de mes espérances est accomplie.... ce jour alors est le plus beau de ma vie.

LE ROI *lui tend sa main à baiser.*

Et dans la mienne, ce n'est pas un jour perdu. (*Le Marquis se lève et se retire. Le comte de Lerme entre.*) Le chevalier sera admis désormais, sans être annoncé.

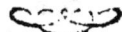

ACTE QUATRIÈME.

Un salon chez la Reine.

SCÈNE I.

**LA REINE, LA DUCHESSE OLIVAREZ, LA PRINCESSE D'É-
BOLI, LA COMTESSE FUENTÉS,** *et d'autres dames.*

LA REINE, *à la grande Maîtresse, en se levant.*

Ainsi la clef ne s'est pas trouvée ?... Il faudra alors qu'on me force la cassette, et cela sans retard.... (*Apercevant la princesse d'Eboli, qui s'approche d'elle et lui baise la main.*) Soyez la bienvenue, chère princesse. Je me réjouis de vous voir rétablie. Encore très-pâle, il est vrai....

FUENTÉS, *avec quelque malice.*

Il faut s'en prendre à cette méchante fièvre qui attaque les nerfs avec une violence étonnante. N'est-ce pas, princesse ?

LA REINE.

J'avais un vif désir de vous aller voir, ma chère.... Mais vous savez que cela ne m'est pas permis.

OLIVAREZ.

La princesse Éboli n'a pas du moins manqué de société....

LA REINE.

Je le crois volontiers. Qu'avez-vous ? Vous tremblez.

ÉBOLI.

Rien.... rien absolument, ma reine. Je vous demande la permission de me retirer.

LA REINE.

Vous nous cachez la vérité, et vous êtes plus malade que vous ne voulez nous le faire croire. C'est même une fatigue pour vous de rester debout. Aidez-la, comtesse, à s'asseoir sur ce tabouret.

EBOLI.

L'air me fera du bien. (*Elle se retire.*)

LA REINE.

Suivez-la, comtesse.... Quel étrange accès! (*Un Page entre et parle à la Duchesse, qui se tourne ensuite vers la Reine.*)

OLIVAREZ.

Le marquis de Posa, Votre Majesté.... Il vient de la part de Sa Majesté le roi.

LA REINE.

Je l'attends. (*Le Page se retire et ouvre la porte au Marquis.*)

SCÈNE II.

LE MARQUIS DE POSA, LES PRÉCÉDENTES.

Le Marquis met un genou en terre devant la Reine, qui lui fait signe de se lever.

LA REINE.

Quels sont les ordres de mon roi? Puis-je publiquement les....

LE MARQUIS.

Mon ordre porte : à Sa Majesté en particulier. (*Les dames s'éloignent sur un signe de la Reine.*)

SCÈNE III.

LA REINE, LE MARQUIS DE POSA.

LA REINE, *fort surprise.*

Comment? Puis-je me fier à mes yeux, marquis? Vous, député vers moi par le roi?

LE MARQUIS.

Cela paraît-il si étrange à Votre Majesté? A moi, en aucune façon.

LA REINE.

Eh bien, ce monde alors est sorti de son orbite. Vous et lui.... Je dois avouer....

LE MARQUIS.

Que cela sonne d'une façon bizarre? Cela peut bien être....
Le temps présent est fécond en bien d'autres merveilles.

LA REINE.

Plus étonnantes? j'en doute.

LE MARQUIS.

Supposons que je me sois laissé convertir enfin.... que je sois fatigué de jouer à la cour de Philippe l'homme singulier? L'homme singulier? Mais aussi, qu'est-ce que cela veut dire? Celui qui veut se rendre utile aux hommes, ne doit-il pas commencer par se rendre semblable a eux? A quoi bon afficher avec ostentation le sectaire? Supposons.... qui est assez libre de vanité pour ne pas recruter des adeptes à sa croyance?... Supposons que je travaille à placer la mienne sur un trône?

LA REINE.

Non!... Non, marquis, je ne voudrais pas, même par un jeu d'esprit, vous accuser de cette fantaisie chimérique. Vous n'êtes pas un rêveur, capable d'entreprendre ce qui ne peut être mené à fin.

LE MARQUIS.

Cela même serait encore une question, ce me semble.

LA REINE.

Ce que je pourrais tout au plus vous imputer, marquis.... mais qui de votre part me surprendrait pourtant, ce serait.... ce serait....

LE MARQUIS.

Une conduite équivoque? Peut-être.

LA REINE.

Pas bien droite, tout au moins. Le roi sans doute ne voulait pas me mander par vous ce que vous m'allez dire.

LE MARQUIS.

Non.

LA REINE.

Et une bonne cause peut-elle ennoblir de mauvais moyens? Pouvez-vous.... pardonnez-moi ce doute.... prêter à ce rôle votre noble fierté? J'ai peine à le croire.

LE MARQUIS.

J'y aurais peine aussi, s'il ne s'agissait ici d'autre chose que de tromper le roi. Mais ce n'est pas là ma pensée. J'ai l'intention de le servir aujourd'hui plus loyalement que ne le porte mon mandat.

LA REINE.

Je vous reconnais là, et quittons ce sujet. Que fait-il?

LE MARQUIS.

Le roi?... Vous voulez, ce me semble, que je sois vengé sans retard de la sévérité de votre jugement. Ce que je ne me hâte guère de raconter, Votre Majesté, autant que j'ai pu voir, est encore moins, bien moins pressée de l'entendre.... Cependant il faut que je m'acquitte de mon message. Le roi fait prier Votre Majesté de ne pas accorder d'audience aujourd'hui à l'ambassadeur de France. C'était là ma mission. La voilà remplie.

LA REINE.

Et c'est là, marquis, tout ce que vous avez à me dire de sa part?

LE MARQUIS.

A peu près tout ce qui m'autorise à être ici.

LA REINE.

Je me résignerai volontiers, marquis, à ignorer ce qui peut-être doit demeurer un secret pour moi....

LE MARQUIS.

Il faut en effet, ma reine, que c'en soit un.... A la vérité, si vous n'étiez ce que vous êtes, je me hâterais de vous informer de certaines choses, de vous mettre en garde contre certaines personnes.... mais, avec vous, cela n'est pas nécessaire. Le danger peut poindre et disparaître autour de vous, sans que vous ayez jamais à l'apprendre. Tout cela n'est certes pas digne de chasser des paupières d'un ange le précieux sommeil. Aussi n'est-ce pas là ce qui m'a amené. Le prince Carlos....

LA REINE.

Comment l'avez-vous laissé?

LE MARQUIS.

Pareil à ce sage unique de son siècle, pour qui ce fut un crime d'adorer la vérité, et aussi courageusement résolu à mourir pour son amour que ce sage pour le sien. Je vous apporte peu de paroles.... mais le voici, le voici lui-même. (*Il donne une lettre à la Reine.*)

LA REINE, *après l'avoir lue:*

Il faut qu'il me parle, dit-il?

LE MARQUIS.

Je le dis aussi.

LA REINE.

En sera-t-il plus heureux, s'il voit de ses yeux que je ne suis pas heureuse non plus?

LE MARQUIS.

Non.... mais il en sera plus actif et plus résolu.

LA REINE.

Comment?

LE MARQUIS.

Le duc d'Albe est nommé gouverneur de la Flandre.

LA REINE.

Il est nommé.... on me l'a dit.

LE MARQUIS.

Jamais le roi ne pourra se rétracter. Ne connaissons-nous pas le roi? Mais ce qui n'est pas moins vrai, c'est que le prince ne peut pas rester ici.... Ici, maintenant, c'est absolument impossible.... et la Flandre ne doit pas être sacrifiée.

LA REINE.

Savez-vous un moyen de l'empêcher?

LE MARQUIS.

Oui.... peut-être. Le moyen est presque aussi redoutable que le danger qu'il doit détourner. Il est téméraire, comme le désespoir.... Mais je n'en connais pas d'autre.

LA REINE.

Dites-le-moi.

LE MARQUIS.

A vous, à vous seule, ma reine, j'ose le découvrir. De vous seule Carlos peut l'entendre, l'entendre sans horreur. Le nom qu'on lui donnera a sans doute un son un peu dur....

LA REINE.

Rébellion....

LE MARQUIS.

Il faut qu'il désobéisse au roi, qu'il se rende secrètement à Bruxelles, où les Flamands l'attendent, les bras ouverts. Tous les Pays-Bas se lèveront à son signal. La bonne cause devient bien forte par un fils de roi. Qu'il fasse trembler par ses armes le trône d'Espagne. Ce que son père lui refuse à Madrid, il le lui accordera à Bruxelles.

LA REINE.

Vous lui avez parlé aujourd'hui et vous soutenez cela ?

LE MARQUIS.

Parce que je lui ai parlé aujourd'hui.

LA REINE, *après une pause.*

Le plan que vous offrez à mes regards m'effraye et.... m'attire à la fois. Je crois que vous n'avez pas tort.... L'idée est hardie, et c'est précisément pour cela, je pense, qu'elle me plaît. Je veux la mûrir. Le prince la connaît-il ?

LE MARQUIS.

Il devait, d'après mon plan, l'entendre d'abord de votre bouche.

LA REINE.

C'est incontestable. L'idée est grande.... Pourvu que la jeunesse du prince....

LE MARQUIS.

Ce n'est point un obstacle. Il trouvera là un Egmont, un Orange, ces braves soldats de l'empereur Charles, aussi sages dans le cabinet que redoutables au champ de bataille.

LA REINE, *avec vivacité.*

Non ! l'idée est grande et belle.... Il faut que le prince agisse. Je sens cela vivement. Le rôle qu'on le voit jouer ici, à Madrid, m'humilie et m'accable pour lui.... Je lui promets la France, la Savoie aussi. Je suis tout à fait de votre avis, marquis, il faut qu'il agisse.... Mais ce projet demande de l'argent.

LE MARQUIS.

L'argent est déjà prêt aussi....

LA REINE.

Et pour cela d'ailleurs je sais un moyen.

LE MARQUIS.

Je puis donc lui donner de l'espoir pour une entrevue ?

LA REINE.

Je veux y réfléchir.

LE MARQUIS.

Carlos, madame, est impatient d'avoir une réponse.... Je lui ai promis de ne pas revenir les mains vides. (*Présentant ses tablettes à la Reine.*) Deux lignes suffiront pour le moment.

LA REINE, *après avoir écrit.*

Vous reverrai-je ?

LE MARQUIS.

Aussi souvent que vous l'ordonnerez.

LA REINE.

Aussi souvent.... aussi souvent que je l'ordonnerai?... Marquis ! Comment dois-je m'expliquer cette liberté ?

LE MARQUIS.

Le plus innocemment que vous pourrez. Nous en jouissons.... c'est assez.... c'est assez pour ma reine.

LA REINE, *l'interrompant.*

Que je serais heureuse, si enfin cet asile restait encore à la liberté en Europe ! Si elle le devait à lui !... Comptez sur ma secrète sympathie....

LE MARQUIS, *avec feu.*

Oh ! je savais qu'ici je ne pouvais manquer d'être compris.

(*La duchesse Olivarez paraît à la porte.*)

LA REINE, *froidement au Marquis.*

Ce qui me vient du roi, mon seigneur, je le respecterai comme une loi. Allez l'assurer de ma soumission. (*Elle lui fait un signe. Le Marquis se retire.*)

Une galerie.

SCÈNE IV.

DON CARLOS *et* LE COMTE DE LERME.

CARLOS.

Ici nous ne serons pas troublés. Qu'avez-vous à m'apprendre ?

LERME.

Votre Altesse avait à cette cour un ami.

CARLOS *paraît étonné.*

Que je ne connaîtrais pas ?... Comment ! Où voulez-vous en venir ?

LERME.

Alors je dois vous demander pardon d'en avoir plus appris

que je n'en devais savoir. Mais, que Votre Altesse se rassure, ce secret, je le tiens du moins d'une main fidèle; car, bref, je le sais par moi-même.

CARLOS.

De qui donc me parlez-vous?

LERME.

Du marquis de Posa....

CARLOS.

Eh bien?

LERME.

Si par hasard il en savait sur Votre Altesse plus qu'on n'en doit savoir, comme je le crains presque....

CARLOS.

Comme vous craignez?

LERME.

.... Il a été chez le roi.

CARLOS.

Ah!

LERME.

Deux grandes heures, et en conversation fort intime.

CARLOS.

Vraiment?

LERME.

Le sujet de l'entretien n'était pas sans importance.

CARLOS.

Je veux le croire.

LERME.

J'ai plusieurs fois, prince, entendu votre nom.

CARLOS.

Et ce n'est pas mauvais signe, j'espère.

LERME.

Ce matin, dans la chambre à coucher du roi, il a aussi été question de la reine d'une façon très-énigmatique.

CARLOS *recule consterné.*

Comte de Lerme!

LERME.

Quand le marquis est sorti, j'ai reçu l'ordre de l'introduire désormais sans l'annoncer.

CARLOS.

C'est réellement beaucoup.

LERME.

Absolument sans exemple, prince, d'aussi loin que je me souvienne de mon service auprès du roi.

CARLOS.

C'est beaucoup, vraiment!... Et comment, comment disiez-vous qu'il avait été question de la reine?

LERME *recule*.

Non, prince, non! Cela est contre mon devoir.

CARLOS.

Voilà qui est étrange! Vous me dites une chose et vous me cachez l'autre.

LERME.

Vous dire l'une était mon devoir envers vous; vous cacher l'autre est mon devoir envers le roi.

CARLOS.

.... Vous avez raison.

LERME.

Je dois dire que j'ai toujours connu le marquis pour un homme d'honneur.

CARLOS.

Et c'était le bien connaître.

LERME.

Toute vertu est sans tache.... jusqu'au moment de l'épreuve.

CARLOS.

Il s'en peut rencontrer qui le sont encore après.

LERME.

La faveur d'un grand roi est digne, ce me semble, qu'on en tienne compte. Plus d'une vertu robuste a mordu à cet hameçon d'or et y a laissé la vie.

CARLOS.

Oh! oui.

LERME.

Souvent il est sage de dévoiler ce qui ne peut rester caché.

CARLOS.

Oui, sage! mais, comme vous dites, vous avez toujours connu le marquis pour un homme d'honneur.

LERME.

L'est-il encore, mon doute ne le rend pas pire, et vous, mon prince, vous y gagnez doublement. (*Il veut sortir.*)

CARLOS *le suit et lui presse la main avec émotion.*

C'est un triple gain pour moi, noble et digne homme.... Je me vois plus riche d'un ami, sans perdre pour cela celui que je possédais déjà. (*Lerme s'éloigne.*)

SCÈNE V.

LE MARQUIS DE POSA *vient par la galerie*; CARLOS.

LE MARQUIS.

Charles! Charles!

CARLOS.

Qui m'appelle? Ah! c'est toi. Très-bien. Je te précède au couvent. Viens bientôt m'y rejoindre. (*Il veut sortir.*)

LE MARQUIS.

Rien que deux minutes.... Reste.

CARLOS.

Si l'on nous surprenait....

LE MARQUIS.

C'est ce qu'on ne fera pas, j'espère. Un moment me suffit. La reine....

CARLOS.

Tu as été chez mon père?

LE MARQUIS.

Il m'a fait appeler. Oui.

CARLOS, *avec une vive curiosité.*

Eh bien?

LE MARQUIS.

C'est arrangé. Elle te recevra.

CARLOS.

Et le roi? Que veut donc le roi?

LE MARQUIS.

Lui? Peu de chose.... Curiosité de savoir qui je suis.... Empressement de quelques bons amis à me servir sans mon aveu. Que sais-je? Il m'a offert du service.

CARLOS.

Que tu as refusé, je pense.

LE MARQUIS.

Bien entendu.

CARLOS.

Et comment vous êtes-vous quittés?

LE MARQUIS.

Assez bien.

CARLOS.

Il paraîtrait donc qu'il n'a pas été question de moi?

LE MARQUIS.

De toi? Si fait.... Oui. D'une manière générale. (*Il tire des tablettes et les donne au Prince.*) Voici, en attendant, deux mots de la reine, et demain j'apprendrai où et comment....

CARLOS *lit d'un air fort distrait, met les tablettes sur lui et veut sortir.*

Ainsi, tu me trouveras chez le prieur.

LE MARQUIS.

Attends donc. Pourquoi te hâter? Il ne vient personne.

CARLOS, *avec un sourire affecté.*

Aurions-nous donc vraiment changé de rôle? Tu es aujourd'hui d'une sécurité étonnante.

LE MARQUIS.

Aujourd'hui? Pourquoi aujourd'hui?

CARLOS.

Et que m'écrit la reine?

LE MARQUIS.

Ne viens-tu pas, à l'instant, de le lire?

CARLOS.

Moi? Ah! oui.

LE MARQUIS.

Qu'as-tu donc? Qu'est-ce qui t'arrive?

CARLOS *relit ce qui est écrit sur les tablettes, puis avec ravissement et ardeur :*

Ange du ciel! Oui, je veux l'être.... je veux.... je veux être digne de toi.... L'amour agrandit les grandes âmes. Quoi que ce soit, il n'importe, si c'est toi qui l'ordonnes, j'obéis.... Elle m'écrit que je dois me préparer à une résolution importante. Que veut-elle dire par là? Ne le sais-tu pas?

ACTE IV, SCÈNE V.

LE MARQUIS.

Quand même je le saurais, Charles, es-tu maintenant dans une disposition à l'entendre ?

CARLOS.

T'ai-je offensé ? J'étais distrait. Pardonne-moi, Rodrigue.

LE MARQUIS.

Distrait ? Par quoi ?

CARLOS.

Par.... je ne lo sais pas moi-même. Ainsi, ces tablettes sont à moi ?

LE MARQUIS.

Pas tout à fait ! Et même je suis plutôt venu pour te demander les tiennes.

CARLOS.

Les miennes ? Pourquoi ?

LE MARQUIS.

Et tout ce que tu aurais d'ailleurs sur toi de bagatelles qui ne dussent pas tomber dans les mains d'un tiers, de lettres, de minutes déchirées.... bref, ton portefeuille....

CARLOS.

Mais pourquoi ?

LE MARQUIS.

A tout événement. Qui peut te garantir d'une surprise ? Personne ne les cherchera sur moi. Donne !

CARLOS, *fort agité.*

C'est pourtant étrange ! Pourquoi tout à coup cette....

LE MARQUIS.

Sois bien tranquille. Je ne veux rien te faire augurer par là. Certainement non. C'est une précaution avant le danger. Ce n'était pas mon intention, vraiment non, de t'effrayer.

CARLOS *lui donne le portefeuille.*

Garde-le bien.

LE MARQUIS.

Assurément.

CARLOS *le regarde d'un air significatif.*

Rodrigue ! je te donne beaucoup.

LE MARQUIS.

Toujours pas autant que j'ai déjà de toi.... Là-bas donc, le reste, et maintenant adieu.... adieu ! (*Il veut sortir.*)

CARLOS *lutte, irrésolu, avec lui-même; enfin il le rappelle.*

Donne-moi donc encore une fois ces lettres. Il y en a une dans le nombre qu'elle m'écrivit jadis à Alcala, quand j'y étais si malade, malade à la mort. Je l'ai toujours portée sur mon cœur. Me séparer de cette lettre m'est cruel. Laisse-la-moi.... celle-là seulement.... Prends tout le reste. (*Il la tire du portefeuille, puis le lui rend.*)

LE MARQUIS.

Charles, je le fais à regret. C'est justement à cette lettre que je tenais.

CARLOS.

Adieu! (*Il se retire lentement et en silence; à la porte, il s'arrête un moment, revient, et lui apporte la lettre.*) La voilà. (*Sa main tremble. Des larmes jaillissent de ses yeux, il se jette au cou du Marquis et appuie la tête sur son sein.*) Le pouvoir de mon père ne va pas jusque-là. N'est-ce pas, mon Rodrigue? il ne va pas jusque-là. (*Il s'éloigne rapidement.*)

SCÈNE VI.

LE MARQUIS *le suit des yeux avec étonnement.*

Serait-il possible? Cela se peut-il? Ainsi je ne l'aurais pas connu? Pas entièrement? Ce repli de son cœur m'aurait vraiment échappé? De la méfiance envers son ami! Non, c'est une calomnie!... Que m'a-t-il fait pour que je l'accuse de la plus faible des faiblesses? Ce que je lui reproche d'être, je le deviens moi-même.... Qu'il s'en étonne.... cela doit être, je le crois sans peine. Quand aurait-il pu s'attendre à cet étrange mystère de la part de son ami?... Cela doit aussi l'affliger. Je ne puis, Charles, t'épargner cette peine, et il faut encore que je continue de tourmenter ton bon cœur. Le roi s'est fié au vase où il a placé le sacré dépôt de son secret, et la confiance exige la reconnaissance. Que serait, en pareil cas, le babil indiscret, quand je sais que mon silence ne peut te faire de mal? t'en épargne peut-être? Pourquoi lui montrer, pendant qu'il dort, la nuée orageuse suspendue sur sa tête?... Il suffit que sans bruit je l'écarte de toi et qu'à ton réveil le ciel soit serein. (*Il sort.*)

Le cabinet du Roi.

SCÈNE VII.

LE ROI, *dans un fauteuil; près de lui*, L'INFANTE CLAIRE-EUGÉNIE.

LE ROI, *après un profond silence.*

Non! C'est pourtant ma fille.... Comment la nature pourrait-elle mentir avec ces apparences de vérité? Ces yeux bleus, ce sont bien les miens! Ne me retrouvé-je pas dans chacun de ces traits? Enfant de mon amour! oui, tu l'es. Je te presse sur mon cœur.... Tu es mon sang. (*Il hésite et s'arrête.*) Mon sang! Que puis-je craindre de pire! Mes traits ne sont-ils pas aussi ses traits, à lui? (*Il a pris le médaillon à la main, et regarde alternativement le portrait et un miroir placé en face de lui. — A la fin, il jette le portrait à terre, se lève rapidement et écarte l'Infante.*) Loin de moi, loin de moi! Dans cet abîme, je me perds.

SCÈNE VIII.

LE COMTE DE LERME, LE ROI.

LERME.

Sa Majesté la reine vient d'entrer dans le salon voisin.

LE ROI.

A présent?

LERME.

Et demande la faveur d'être entendue....

LE ROI.

Quoi? En ce moment? En ce moment? A cette heure inaccoutumée?... Non, je ne puis lui parler à présent.... pas à présent....

LERME.

Voici déjà Sa Majesté elle-même. (*Il sort.*)

SCÈNE IX.

LE ROI; LA REINE *entre*; L'INFANTE. (*Cette dernière vole au-devant de sa mère et se presse contre elle. La Reine tombe à genoux devant le Roi, qui demeure muet et troublé.*)

LA REINE.

Mon seigneur et mon époux.... il faut.... j'y suis contrainte, que je vienne chercher justice au pied de votre trône.

LE ROI.

Justice ?

LA REINE.

Je me vois traitée indignement dans cette cour. Ma cassette a été forcée....

LE ROI.

Quoi ?

LA REINE.

Et des objets d'un grand prix pour moi en ont disparu....

LE ROI.

D'un grand prix pour vous ?...

LA REINE.

Par l'interprétation que le jugement téméraire de personnes mal informées....

LE ROI.

Jugement téméraire.... Interprétation.... Mais.... levez-vous.

LA REINE.

Pas avant, mon époux, que vous vous soyez engagé par une promesse à me produire, pour ma satisfaction, le coupable, en vertu de votre royale puissance, ou sinon à me séparer d'une suite dans laquelle se cache celui qui m'a volé....

LE ROI.

Levez-vous donc.... Dans cette posture.... Levez-vous !

LA REINE *se lève*.

Que le coupable soit d'un haut rang, je le sais.... car, dans la cassette, il y avait des perles et des diamants pour bien plus d'un million, et il s'est contenté de prendre des lettres....

LE ROI.

Que pourtant je....

ACTE IV, SCÈNE IX.

LA REINE.

Très-volontiers, mon époux. C'étaient des lettres et un médaillon de l'infant.

LE ROI.

De....

LA REINE.

De l'infant, votre fils.

LE ROI.

A vous?

LA REINE.

A moi.

LE ROI.

De l'infant? Et vous me dites cela, à moi?

LA REINE.

Pourquoi pas à vous, mon époux?

LE ROI.

De ce front?

LA REINE.

Qu'est-ce qui vous surprend? Je pense que vous vous rappelez les lettres que don Carlos, avec l'agrément des deux cours, m'a écrites à Saint-Germain. Si le portrait dont il les accompagna était compris dans cet agrément, si son espoir trop prompt se permit de son chef cette démarche hardie.... c'est ce que je ne veux pas prendre sur moi de décider. S'il y eut précipitation, c'était la plus pardonnable qui se puisse concevoir... j'en suis garante pour lui. Car alors l'idée ne pouvait lui venir qu'il l'envoyât à sa mère.... (*Elle remarque l'agitation du Roi.*) Qu'est-ce que cela? Qu'avez-vous?

L'INFANTE, *qui, pendant ce temps, a joué avec le médaillon, qu'elle a trouvé par terre, l'apporte à la Reine.*

Ah! voyez donc, ma mère! la belle image....

LA REINE.

Eh quoi? mon.... (*Elle reconnaît le médaillon, et demeure dans une muette stupéfaction. Ils se regardent l'un l'autre sans détourner les yeux. Après un long silence:*) Vraiment, Sire! Ce moyen d'éprouver le cœur de son épouse me paraît très-royal et très-noble.... Cependant je voudrais encore me permettre une question.

LE ROI.

C'est à mon tour de questionner.

LA REINE.

L'innocence du moins ne doit pas souffrir de mes soupçons.... Si donc ce vol a été l'effet de vos ordres....

LE ROI.

Oui.

LA REINE.

Alors, je n'ai personne à accuser, je n'ai plus personne à plaindre.... personne, que vous, à qui n'est pas échue une épouse avec laquelle, à employer de tels moyens, l'on soit payé de sa peine.

LE ROI.

Je connais ce langage.... Mais, madame, je ne m'y laisserai pas tromper une seconde fois, comme il m'a trompé à Aranjuez. Cette reine, pure comme les anges, qui alors s'est défendue avec tant de dignité.... maintenant, je la connais mieux.

LA REINE.

Qu'est-ce que cela ?

LE ROI.

Bref donc, madame, et sans dissimulation!... Est-il vrai, est-il encore vrai qu'alors vous n'avez parlé à personne ? A personne ? Cela est-il réellement vrai ?

LA REINE.

J'avais parlé à l'infant. Oui.

LE ROI.

Oui?... Ainsi, c'est dévoilé. C'est manifeste. Tant d'impudence! Si peu de ménagement de mon honneur!

LA REINE.

Honneur, Sire? Si l'on peut parler d'honneur à blesser, il y avait en jeu un honneur plus grand, je le crains, que celui que je reçus en don à mon joyeux avénement à la couronne de Castille.

LE ROI.

Pourquoi m'avez-vous nié?...

LA REINE.

Parce que je ne suis pas accoutumée, Sire, à subir un interrogatoire d'accusée, en présence des courtisans. Je ne nierai pas la vérité, quand on me la demandera avec les égards auxquels j'ai droit et avec bonté.... Est-ce bien là le ton que Votre Majesté prit avec moi à Aranjuez? La grandesse assemblée serait-elle par hasard le tribunal devant lequel les reines ont à rendre compte de leur vie intime? J'ai accordé au prince l'entrevue qu'il me demandait avec instance. Je l'ai fait, mon époux, parce que je l'ai voulu.... parce que je ne veux pas admettre l'usage pour juge, dans les choses que je sais irréprochables.... et je vous l'ai caché, parce que je n'avais nulle envie de discuter avec Votre Majesté, en présence de ma cour, au sujet de cette liberté.

LE ROI.

Vous parlez hardiment, madame, très....

LA REINE.

Et aussi, ajouterai-je, parce que l'infant ne trouve guère, dans le cœur de son père, la justice qu'il mérite.

LE ROI.

Qu'il mérite?

LA REINE.

Car pourquoi, Sire, le cacherais-je?... Je l'estime beaucoup et je l'aime comme mon allié le plus proche, qui autrefois fut jugé digne de porter un nom qui me touchait de plus près.... Je n'ai pas encore su bien comprendre qu'il dût m'être plus étranger que tout autre, justement pour m'avoir été d'abord plus cher que tout autre. Si votre politique forme des liens selon qu'elle le trouve bon, il ne s'ensuit pas qu'il lui doive être aussi facile de les rompre. Je ne veux pas haïr par ordre.... et, puisqu'enfin on m'a contrainte à parler.... non, je ne veux pas que le libre arbitre de mon cœur soit plus longtemps asservi.

LE ROI.

Élisabeth! vous m'avez vu dans des heures de faiblesse. C'est ce souvenir qui vous rend si hardie. Vous vous fiez à une toute-puissance dont vous avez souvent fait l'épreuve sur ma fermeté.... Mais craignez d'autant plus. Ce qui m'a porté à des faiblesses peut aussi me conduire à la fureur.

LA REINE.

Qu'ai-je donc fait?

LE ROI *lui prend la main.*

Si cela est, si pourtant cela est.... et cela n'est-il donc pas déjà?... si la pleine et comble mesure de vos torts monte d'une seule goutte, s'accroît du poids d'un seul souffle.... si je suis trompé.... (*Il laisse sa main.*) Je puis triompher encore de cette dernière faiblesse. Je le puis et le veux.... Alors, malheur à moi et à vous, Élisabeth!

LA REINE.

Qu'ai-je donc fait?

LE ROI.

Alors, eh bien soit! que le sang coule....

LA REINE.

En sommes-nous là?... O Dieu!

LE ROI.

Alors, je ne me connais plus.... je ne respecte plus aucune coutume, aucune voix de la nature, aucun accord des nations....

LA REINE.

Que je plains Votre Majesté!...

LE ROI, *hors de lui.*

Me plaindre! La pitié d'une femme galante....

L'INFANTE *s'attache, effrayée, à sa mère.*

Le roi est en colère, et ma belle maman pleure.

LE ROI *écarte durement l'enfant de la Reine.*

LA REINE, *avec douceur et dignité, mais d'une voix tremblante.*

Il faut pourtant que je garantisse cette enfant des mauvais traitements. Viens avec moi, ma fille! (*Elle la prend sur son bras.*) Si le roi ne veut plus te connaître, il faut que je fasse venir, de delà les Pyrénées, des garants qui prennent en main notre cause. (*Elle veut se retirer.*)

LE ROI, *confus.*

Reine!

LA REINE.

Je ne puis plus.... c'est trop.... (*Elle veut atteindre la porte et tombe à terre avec l'enfant, près du seuil.*)

LE ROI *court à elle, consterné.*

Dieu! Qu'est-ce que cela?...

L'INFANTE *crie, pleine d'effroi.*

Ah! ma mère saigne! (*Elle s'élance dehors.*)

LE ROI, *empressé, avec inquiétude, autour de la Reine.*

Quel terrible accident! Du sang! Ai-je mérité que vous me punissiez si cruellement? Levez-vous! Remettez-vous! Levez-vous!... On vient! on va nous surprendre.... Levez-vous! Faut-il que toute ma cour se repaisse de ce spectacle? Faut-il que je vous prie de vous lever? (*Elle se lève, soutenue par le Roi.*)

SCÈNE X.

LES PRÉCÉDENTS; ALBE, DOMINGO *entrent effrayés; des dames les suivent.*

LE ROI.

Que l'on conduise la reine chez elle. Elle ne se trouve pas bien. (*La Reine se retire, accompagnée des dames. Albe et Domingo s'approchent.*)

ALBE.

La reine en larmes, et du sang sur son visage....

LE ROI.

Cela étonne les démons qui m'ont égaré?

ALBE, DOMINGO.

Nous?

LE ROI.

Qui m'en ont dit assez pour me mettre en fureur, rien pour me convaincre.

ALBE.

Nous avons donné ce que nous avions....

LE ROI.

Que l'enfer vous en récompense! J'ai fait ce dont il faut que je me repente. Était-ce là le langage d'une conscience coupable?

LE MARQUIS DE POSA, *encore derrière le théâtre.*

Peut-on parler au roi?

SCÈNE XI.

LE MARQUIS DE POSA, LES PRÉCÉDENTS.

LE ROI, *tressaillant à cette voix et faisant quelques pas au-devant du Marquis.*

Ah! c'est lui. Soyez-le bienvenu, marquis.... Maintenant, duc, je n'ai plus besoin de vous. Laissez-nous! (*Albe et Domingo se regardent avec un muet étonnement et se retirent.*)

SCÈNE XII.

LE ROI et LE MARQUIS DE POSA.

LE MARQUIS.

Sire, pour le vieux guerrier qui, dans vingt batailles, affronta la mort pour vous, il est pourtant bien dur de se voir éloigné de la sorte.

LE ROI.

Il vous convient, à vous, de penser ainsi, à moi d'agir ainsi. Ce que vous avez été pour moi dans quelques heures, il ne l'a pas été dans toute une vie d'homme. Je ne veux pas faire un mystère de ma bienveillance. Le sceau de ma royale faveur doit briller au loin de tout son éclat sur votre front. Je veux voir envié l'homme que j'ai choisi pour ami.

LE MARQUIS.

Quoi? même si le voile de l'obscurité pouvait seul le rendre capable de mériter ce nom?

LE ROI.

Que m'apportez-vous?

LE MARQUIS.

En traversant le salon voisin, j'ai entendu circuler une rumeur terrible, qui me paraît incroyable.... Une vive altercation.... du sang.... la reine.....

LE ROI.

Vous venez de là?

ACTE IV, SCÈNE XII.

LE MARQUIS.

Je serais au désespoir, si la rumeur n'avait pas tort, si Votre Majesté, depuis que je l'ai quittée, avait peut-être agi déjà.... D'importantes découvertes, que je viens de faire, changent toute la face des choses.

LE ROI.

Eh bien?

LE MARQUIS.

J'ai trouvé l'occasion de prendre le portefeuille du prince avec des papiers, qui, je l'espère, jetteront quelque lumière.... (*Il donne le portefeuille de Carlos au Roi.*)

LE ROI *l'examine avec curiosité.*

Un écrit de l'empereur mon père.... Comment? dont je ne me rappelle pas avoir jamais ouï parler. (*Il le parcourt des yeux, le met de côté et se hâte de passer aux autres papiers.*) Le plan d'une forteresse.... Des pensées détachées extraites de Tacite.... Et qu'est-ce donc que ceci?... Il me semble que je dois connaître cette écriture. C'est d'une dame. (*Il lit attentivement, tantôt haut, tantôt bas.*) « Cette clef.... Les chambres qui sont sur le derrière « dans le pavillon de la reine. »... Ah! qu'est-ce que cela va devenir?... « Là, l'amour pourra librement.... Vœux exaucés.... « Douce récompense.... » Trahison satanique! Maintenant je sais tout, c'est elle. C'est sa main.

LE MARQUIS.

La main de la reine? Impossible!

LE ROI.

De la princesse d'Éboli....

LE MARQUIS.

Ainsi, ce serait donc vrai, ce que m'a avoué dernièrement le page Hénarès, qui a remis la lettre et la clef....

LE ROI, *saisissant la main du Marquis avec une vive émotion.*

Marquis, je me vois dans d'affreuses mains. Cette femme.... je veux vous l'avouer.... marquis, c'est cette femme qui a forcé la cassette de la reine. Le premier avis est venu d'elle.... Qui sait jusqu'à quel point le moine est dans tout ceci...? Je suis trompé par une infâme scélératesse.

LE MARQUIS.

Mais alors il serait encore heureux....

LE ROI.

Marquis ! marquis ! Je commence à craindre d'être allé trop loin avec ma femme....

LE MARQUIS.

S'il y a eu de secrètes intelligences entre le prince et la reine, elles avaient assurément un autre.... un tout autre objet que ce dont on les a accusés. J'ai appris, à n'en pas douter, que le désir du prince de partir pour la Flandre avait pris naissance dans la tête de la reine.

LE ROI.

Je l'ai toujours cru.

LE MARQUIS.

La reine a de l'ambition.... Oserai-je dire encore plus?... C'est pour elle une blessure sensible de se voir trompée dans ses orgueilleuses espérances et exclue de toute participation au trône. L'ardente jeunesse du prince s'est offerte à ses desseins, à ses lointaines perspectives.... Son cœur.... Je doute qu'elle puisse aimer.

LE ROI.

Les plans de sa politique ne m'effrayent point.

LE MARQUIS.

Est-elle aimée?... N'y a-t-il, de la part de l'infant, rien de pire à redouter? C'est une question qui me paraît digne d'examen. Je crois qu'ici une plus sérieuse vigilance est nécessaire.

LE ROI.

Vous me répondez de lui....

LE MARQUIS, *après un moment de réflexion.*

Si Votre Majesté me croit capable de remplir cette tâche, je dois la prier de la remettre entièrement et sans restriction entre mes mains

LE ROI.

Il en sera ainsi.

LE MARQUIS.

De ne me troubler du moins par aucun auxiliaire, quel que soit son nom, dans les mesures que je pourrais juger nécessaires....

LE ROI.

Par aucun. Je vous le promets. Vous avez été mon bon ange. Que de reconnaissance je vous dois pour cet avis! (*A Lerme, qui entre pendant que le Roi dit ces derniers mots :*) Comment avez-vous laissé la reine?

LERME.

Encore fort épuisée par son évanouissement. (*Il jette sur le Marquis un regard défiant et sort.*)

LE MARQUIS, *après une pause, au Roi.*

Une précaution encore me semble nécessaire. Le prince pourra, je le crains, recevoir des avis. Il a beaucoup de bons amis.... peut-être des intelligences à Gand avec les rebelles. La crainte peut le conduire à des résolutions désespérées.... Aussi conseillerais-je de prendre dès à présent des mesures pour obvier au mal, en ce cas, par quelque prompt moyen.

LE ROI.

Vous avez parfaitement raison. Mais comment?...

LE MARQUIS.

Un ordre secret d'arrestation, que Votre Majesté remettrait entre mes mains, pour m'en servir sur-le-champ au moment du danger.... et.... (*Comme le roi semble réfléchir.*) Ce serait d'abord un secret d'État, jusqu'à ce que....

LE ROI, *allant à sa table et écrivant l'ordre d'arrestation.*

Le royaume est en jeu.... Le danger pressant permet des moyens extraordinaires.... Voici, marquis.... A vous je n'ai pas besoin de recommander les ménagements....

LE MARQUIS *reçoit des mains du Roi l'ordre d'arrestation.*

C'est pour un cas extrême, mon roi.

LE ROI *place la main sur l'épaule de Posa.*

Allez, allez, cher marquis.... et rendez le repos à mon cœur et le sommeil à mes nuits.

SCÈNE XIII.

Une galerie.

CARLOS *arrive, dans la plus vive anxiété;* **LE COMTE DE LERME** *vient au-devant de lui.*

CARLOS.

C'est vous que je cherche.

LERME.

Je vous cherche aussi.

CARLOS.

Est-ce vrai? Pour l'amour de Dieu, est-ce vrai?

LERME.

Quoi donc?

CARLOS.

Qu'il a levé sur elle un poignard? Qu'on l'a emportée sanglante de sa chambre? Par tous les saints! répondez. Que dois-je croire? Qu'y a-t-il de vrai?

LERME.

Elle est tombée évanouie et s'est effleuré le visage dans sa chute. Il n'y a eu rien de plus.

CARLOS.

Il n'y a d'ailleurs aucun danger? Aucun d'ailleurs? Sur votre honneur, comte?

LERME.

Pas pour la reine.... mais d'autant plus pour vous.

CARLOS.

Pas pour ma mère! Dieu soit loué! Un bruit terrible était venu à mon oreille : le roi, disait-on, était furieux contre l'enfant et la mère; un secret avait été découvert.

LERME.

Ce dernier avis pourrait bien être vrai....

CARLOS.

Être vrai! Comment?

LERME.

Prince, je vous ai donné aujourd'hui un avertissement que vous avez méprisé. Profitez mieux du second.

ACTE IV, SCÈNE XIII.

CARLOS.

Comment ?

LERME.

Si je ne me trompe, prince, j'ai vu, il y a peu de jours, dans vos mains, un portefeuille de velours bleu de ciel, brodé d'or....

CARLOS, *avec un certain saisissement.*

J'en possède un semblable. Oui.... Eh bien ?...

LERME.

Sur la couverture, je crois, est un portrait entouré de perles....

CARLOS.

C'est parfaitement exact.

LERME.

Lorsque tout à l'heure je suis entré à l'improviste dans le cabinet du roi, j'ai cru voir ce même portefeuille dans sa main, et le marquis de Posa était debout auprès de lui....

CARLOS, *vivement, après un court moment de silence et de stupéfaction.*

Cela n'est pas vrai.

LERME, *blessé.*

Alors, je suis sans doute un imposteur.

CARLOS *le regarde longtemps.*

Vous l'êtes. Oui.

LERME.

Hélas ! je vous le pardonne.

CARLOS *va et vient, dans une terrible agitation, et s'arrête enfin devant lui.*

Quel mal t'a-t-il fait ? Que t'ont fait nos liens d'innocente amitié, que tu t'efforces de rompre avec un infernal empressement ?

LERME.

Prince, je respecte la douleur qui vous rend injuste.

CARLOS.

O Dieu ! Dieu !... Dieu ! préserve-moi du soupçon !

LERME.

Je me souviens aussi des propres paroles du roi. « Que de reconnaissance, disait-il au moment où j'entrais, ne vous dois-je pas pour cette nouvelle ! »

CARLOS.

Oh! silence! silence!

LERME.

Le duc d'Albe serait, dit-on, disgracié.... Le grand sceau enlevé au prince Ruy Gomez et confié au marquis....

CARLOS, absorbé dans une profonde et soucieuse méditation.

Et il m'en a fait mystère! Pourquoi m'en a-t-il fait mystère?

LERME.

Toute la cour le regarde déjà avec stupéfaction comme tout-puissant ministre et favori absolu....

CARLOS.

Il m'a aimé, beaucoup aimé. Je lui étais cher, autant que son âme. Oh! Je le sais.... mille preuves m'en ont convaincu. Mais des millions d'hommes, la patrie, ne doivent-ils pas lui être plus chers qu'un seul homme? Son sein était trop vaste pour un seul ami, et le bonheur de Carlos trop peu de chose pour son amour. Il m'a sacrifié à sa vertu. Puis-je l'en blâmer?... Oui, c'est certain! maintenant, c'est certain. Maintenant, je l'ai perdu. (*Il va à l'écart et se cache le visage.*)

LERME, *après un moment de silence.*

Mon excellent prince, que puis-je faire pour vous?

CARLOS, *sans le regarder.*

Aller trouver le roi et me trahir aussi. Moi, je n'ai rien à donner.

LERME.

Voulez-vous attendre ce qui peut s'ensuivre?

CARLOS *s'appuie sur la balustrade et regarde fixement devant lui.*

Je l'ai perdu. Oh! maintenant, je suis entièrement abandonné.

LERME *s'approche de lui avec une émotion sympathique.*

Vous ne voulez pas penser à votre sûreté?

CARLOS.

A ma sûreté?... Excellent homme!

LERME.

Et du reste vous n'avez à trembler pour aucune autre personne?

CARLOS *tressaille.*

Dieu! que me rappelez-vous?... Ma mère! La lettre que je lui ai rendue! que d'abord je ne voulais pas lui laisser et que je lui ai laissée pourtant. (*Il va et vient d'un air agité et en se tordant les mains.*) Par quoi a-t-elle mérité cela de lui? Elle au moins, il aurait dû l'épargner. Lerme, ne l'aurait-il pas dû? (*Vivement et résolûment.*) Il faut que j'aille auprès d'elle.... il faut que je l'avertisse, que je la prépare.... Lerme, cher Lerme.... Qui donc enverrai-je? N'ai-je donc plus personne? Dieu soit loué! Encore un ami.... et ici il n'y a plus rien à compromettre. (*Il sort rapidement.*)

LERME *le suit et lui crie:*
Prince! Où allez-vous? (*Il sort.*)

SCÈNE XIV.

LA REINE, ALBE, DOMINGO.

ALBE.
S'il nous est permis, grande reine....

LA REINE.
Qu'y a-t-il pour votre service?

DOMINGO.
Une loyale sollicitude pour l'auguste personne de Votre Majesté ne nous permet pas de rester oisifs, et de garder le silence sur un événement qui menace votre sûreté.

ALBE.
Nous nous hâtons de paralyser par un avis opportun un complot qui se trame contre vous....

DOMINGO.
Et de mettre notre zèle.... nos services, aux pieds de Votre Majesté.

LA REINE *les regarde avec étonnement.*
Très-révérend père, et vous, mon noble duc, vous me surprenez en vérité. Je ne m'attendais réellement pas à un tel dévouement de la part de Domingo et du duc d'Albe. Je sais comment je dois l'apprécier.... Vous me parlez d'un complot qui me menacerait. Puis-je savoir qui....

ALBE.
Nous vous engageons à vous tenir sur vos gardes contre un

marquis de Posa qui fait de secrètes affaires pour Sa Majesté le roi....

LA REINE.

J'apprends avec plaisir que le roi ait si bien choisi. On m'a depuis longtemps vanté le marquis comme un homme de bien, comme un grand homme. Jamais la plus haute faveur ne fut plus justement accordée....

DOMINGO.

Plus justement accordée? Nous sommes mieux instruits.

ALBE.

On sait, depuis longtemps ce n'est plus un mystère, à quoi cet homme s'est laissé employer.

LA REINE.

Comment? Que serait-ce donc? Vous excitez toute mon attente.

DOMINGO.

...Y a-t-il longtemps que Votre Majesté a regardé pour la dernière fois dans sa cassette?

LA REINE.

Comment?

DOMINGO.

Et n'y manquait-il rien de précieux?

LA REINE.

Comment? Pourquoi? Ce qui y manquait, toute ma cour le sait.... Mais le marquis de Posa? Comment le marquis de Posa se trouve-t-il mêlé à cela?

ALBE.

Très-directement, Votre Majesté.... car il manque aussi au prince des papiers importants, qui ont été vus ce matin dans les mains du roi.... quand le chevalier a eu une secrète audience.

LA REINE, *après un moment de réflexion.*

Voilà qui est étrange, par le ciel! et tout à fait extraordinaire!... Je trouve ici un ennemi auquel je n'avais jamais songé, et en revanche deux amis que je ne me souviens pas d'avoir jamais possédés.... Car, en vérité! *(attachant sur tous deux un regard pénétrant)* je dois vous l'avouer, le mauvais service qui m'a été rendu auprès du roi mon maître, déjà, à tout hasard, je me laissais aller à le pardonner.... à vous.

ALBE.

A nous?

LA REINE.

A vous.

DOMINGO.

Duc d'Albe! A nous!

LA REINE, *les yeux toujours fixés sur eux.*

Aussi, que je suis aise de m'apercevoir sitôt de ma précipitation!... Au reste, j'avais résolu de prier, dès aujourd'hui, Sa Majesté de me produire mon accusateur. Tant mieux donc! Je pourrai maintenant invoquer le témoignage du duc d'Albe.

ALBE.

De moi? Vous le voulez sérieusement?

LA REINE.

Pourquoi pas?

DOMINGO.

Pour paralyser tous les services que nous pourrions en secret vous....

LA REINE.

En secret? (*Avec fierté et gravité.*) Je voudrais pourtant bien savoir, duc d'Albe, ce que la femme de votre roi peut avoir à traiter avec vous, ou avec vous, prêtre, que son époux ne doive point apprendre.... Suis-je innocente ou coupable?

DOMINGO.

Quelle question!

ALBE.

Mais si le roi n'était pas juste? Si maintenant du moins il ne l'était pas?

LA REINE.

Alors, je dois attendre qu'il le soit.... Heureux celui qui n'a qu'à gagner à ce qu'il le devienne! (*Elle leur fait un salut et se retire. Ils s'éloignent d'un autre côté.*)

La chambre de la princesse d'Éboli.

SCÈNE XV.

LA PRINCESSE D'ÉBOLI; *aussitôt après* **CARLOS.**

ÉBOLI.

Elle est donc vraie cette nouvelle extraordinaire qui déjà remplit toute la cour?

CARLOS *entre.*

Ne vous effrayez pas, princesse! Je veux être doux comme un enfant.

ÉBOLI.

Prince.... cette surprise....

CARLOS.

Êtes-vous encore offensée? Encore?

ÉBOLI.

Prince!

CARLOS, *plus pressant.*

Êtes-vous encore offensée? Je vous en prie, dites-le-moi.

ÉBOLI.

Qu'est-ce que cela signifie? Vous paraissez oublier, prince.... Que cherchez-vous près de moi?

CARLOS, *lui prenant la main avec vivacité.*

Jeune fille, peux-tu haïr éternellement? L'amour blessé ne pardonne-t-il jamais?

ÉBOLI *veut se dégager.*

Que me rappelez-vous, prince?

CARLOS.

Ta bonté et mon ingratitude.... Ah! je le sais bien! je t'ai cruellement offensée, jeune fille, j'ai déchiré ton tendre cœur, j'ai fait couler des larmes de ces yeux d'ange.... hélas! et même en ce moment, je ne suis pas ici pour en exprimer mon repentir.

ÉBOLI.

Prince, laissez-moi.... je....

CARLOS.

Je suis venu, parce que tu es une douce fille, parce que je

fonde mon espoir sur ta bonne et belle âme. Vois, ma fille, vois, je n'ai plus d'autre ami en ce monde que toi seule. Un jour, tu fus bonne pour moi.... tu ne haïras pas éternellement et tu ne seras point implacable.

ÉBOLI *détourne le visage.*

Oh! silence. Rien de plus, pour l'amour de Dieu, prince!...

CARLOS.

Laisse-moi te rappeler ces jours d'or.... laisse-moi te rappeler ton amour, ton amour, jeune fille, envers qui j'ai été si indignement coupable. Laisse-moi maintenant faire valoir ce que je fus pour toi, ce que les rêves de ton cœur m'avaient donné.... Encore une fois.... une seule fois, place-moi devant ton âme, tel que j'étais alors, et sacrifie à cette ombre ce que tu ne pourras plus jamais me sacrifier à moi.

ÉBOLI.

Oh! Charles, quel jeu cruel vous jouez avec moi!

CARLOS.

Sois plus grande que ton sexe. Oublie les offenses! Fais ce que jamais femme n'a fait avant toi.... ce que jamais femme ne fera après toi. Je réclame de toi quelque chose d'inouï.... laisse-moi.... je t'en conjure à genoux.... laisse-moi, laisse-moi dire deux mots à ma mère. (*Il se jette à genoux devant elle.*)

SCÈNE XVI.

LES PRÉCÉDENTS; LE MARQUIS DE POSA *se précipite dans la chambre; derrière lui deux officiers de la garde du Roi.*

LE MARQUIS, *respirant à peine, hors de lui, s'avance entre la Princesse et Carlos.*

Qu'a-t-il avoué? Ne le croyez pas.

CARLOS, *encore à genoux, élevant la voix.*

Par tout ce qu'il y a de sacré....

LE MARQUIS *l'interrompt brusquement.*

Il est en délire. N'écoutez point son délire!

CARLOS, *plus haut, d'un ton plus pressant.*

Il y va de la vie et de la mort. Conduisez-moi près d'elle.

LE MARQUIS *éloigne de lui la Princesse avec violence.*

Je vous tue, si vous l'écoutez. (*A un des officiers.*) Comte de Cordoue! Au nom du roi. — (*Il montre l'ordre d'arrestation.*) Le prince est votre prisonnier. (*Carlos demeure immobile, comme frappé de la foudre. La Princesse pousse un cri d'effroi et veut fuir. Les officiers sont stupéfaits. Long et profond silence. Le Marquis tremble violemment et l'on voit qu'il a peine à se posséder. Au Prince.*) Votre épée, je vous prie.... Princesse Éboli, demeurez! Et vous (*à l'un des officiers*), vous me répondez, sur votre tête, que Son Altesse ne parlera à personne.... à personne.... pas même à vous. (*Il dit encore quelques mots tout bas à l'officier, puis il se tourne vers l'autre.*) Je vais de ce pas me jeter aux pieds du roi, pour lui rendre compte.... (*A Carlos.*) et à vous aussi.... Attendez-moi, prince.... dans une heure. (*Carlos se laisse emmener, sans paraître avoir conscience de lui-même. Seulement, il laisse tomber, en passant, un regard éteint et mourant sur le Marquis, qui se couvre le visage. La Princesse essaye encore une fois de s'enfuir. Le Marquis la ramène par le bras.*)

SCÈNE XVII.

LA PRINCESSE D'ÉBOLI, LE MARQUIS DE POSA.

ÉBOLI.

Au nom de tous les cieux! laissez-moi quitter cet endroit.

LE MARQUIS *la conduit sur le devant de la scène et lui dit avec une effrayante gravité.*

Que t'a-t-il dit, malheureuse?

ÉBOLI.

Rien.... Laissez-moi.... Rien....

LE MARQUIS, *d'un ton plus sévère, la retenant de force.*

Jusqu'où est allée la confidence? Ici, il n'y a plus moyen d'échapper. Tu ne le raconteras à aucun autre en ce monde.

ÉBOLI *le regarde en face avec effroi.*

Grand Dieu! Qu'entendez-vous par là? Vous ne voulez pas me tuer, je pense?

LE MARQUIS *tire un poignard.*

C'est bien là, en vérité, ma pensée. Fais vite.

ÉBOLI.

Moi? moi? Miséricorde éternelle! Qu'ai-je donc fait?

LE MARQUIS, *regardant le ciel, pendant qu'il place le poignard sur la poitrine de la Princesse.*

Il est encore temps. Le poison ne s'est pas encore échappé de ces lèvres. Je brise le vase et tout demeure comme avant.... Le destin de l'Espagne et la vie d'une femme!... (*Il demeure immobile et incertain dans cette attitude.*)

ÉBOLI *s'est laissée tomber à ses pieds, et le regarde en face avec fermeté.*

Eh bien! qu'hésitez-vous? Je ne demande pas qu'on m'épargne.... Non! J'ai mérité de mourir, et je veux mourir.

LE MARQUIS *laisse lentement tomber sa main. — Après un court moment de réflexion.*

Ce serait aussi lâche que cela est barbare.... Non, non! Dieu soit loué! Il y a encore un autre moyen. (*Il laisse tomber le poignard et s'élance dehors. La Princesse s'éloigne précipitamment par une autre porte.*)

Une chambre de la Reine.

SCÈNE XVIII.

LA REINE, *à la comtesse Fuentès.*

Quel tumulte dans le palais! Chaque bruit, comtesse, me fait peur aujourd'hui. Oh! voyez donc et dites-moi ce que cela signifie. (*La comtesse Fuentès sort et la princesse d'Éboli se précipite dans la chambre.*)

SCÈNE XIX.

LA REINE, LA PRINCESSE D'ÉBOLI.

ÉBOLI, *hors d'haleine, pâle et défaite, tombe aux pieds de la Reine.*
Reine! au secours! Il est arrêté.

LA REINE.

Qui?

ÉBOLI.

Le marquis de Posa l'a arrêté par l'ordre du roi.

LA REINE.

Mais qui? qui?

ÉBOLI.

Le prince.

LA REINE.

Es-tu en délire?

ÉBOLI.

Ils l'emmènent à l'instant.

LA REINE.

Et qui l'a arrêté?

ÉBOLI.

Le marquis de Posa.

LA REINE.

Eh bien! Dieu soit loué, si c'est le marquis qui l'a arrêté.

ÉBOLI.

Vous dites cela, reine, avec tant de calme? si froidement? Ô Dieu! Vous ne vous doutez pas.... Vous ne savez pas....

LA REINE.

Pourquoi il a été arrêté?... Pour quelque fausse démarche, je suppose, bien naturelle au caractère ardent du jeune prince.

ÉBOLI.

Non, non! Je suis mieux instruite.... Non.... ô reine! Action infâme, diabolique!... Il n'y a plus de salut pour lui! Il mourra!

LA REINE.

Il mourra?

ÉBOLI.

Et c'est moi qui le tue.

LA REINE.

Il mourra? Insensée, y penses-tu?

ÉBOLI.

Et pourquoi.... pourquoi meurt-il?... Oh! pouvais-je savoir que les choses en viendraient là?

LA REINE *la prend avec bonté par la main.*

Princesse, vous êtes encore hors de vous. Recueillez d'abord vos esprits, pour me raconter le fait avec plus de calme, et non avec ces images si affreuses qui me font frissonner d'horreur. Que savez-vous? Qu'est-il arrivé?

ÉBOLI.

Oh! n'ayez pas pour moi cette céleste affabilité, non, pas cette bonté, reine! Comme des flammes d'enfer, elle brûle et torture ma conscience. Je ne suis pas digne d'élever jusqu'à votre sainte auréole mon regard profané. Écrasez du pied la misérable qui se tord devant vous dans la poussière, brisée par le repentir, la honte, le mépris d'elle-même.

LA REINE.

Malheureuse! Qu'avez-vous à m'avouer?

ÉBOLI.

Ange de lumière! Grande sainte! vous ne savez pas encore, vous ne soupçonnez pas à quel démon vous avez souri, d'un sourire si aimable.... Apprenez aujourd'hui à le connaître. C'est moi.... moi qui suis le voleur.... qui ai dérobé....

LA REINE.

Vous?

ÉBOLI.

Et qui ai livré au roi ces lettres....

LA REINE.

Vous?

ÉBOLI.

Qui ai poussé l'audace jusqu'à vous accuser....

LA REINE.

Vous, vous avez pu?

ÉBOLI.

La vengeance.... l'amour.... la démence.... Je vous haïssais et j'aimais l'infant....

LA REINE.

Et parce que vous l'aimiez...?

ÉBOLI.

Parce que je le lui avais avoué et que je n'avais pas été payée de retour.

LA REINE, *après un moment de silence.*

Oh! maintenant, tout se dévoile à moi!... Levez-vous. Vous l'aimiez.... J'ai déjà pardonné. C'est oublié déjà.... Levez-vous. (*Elle lui tend le bras.*)

ÉBOLI.

Non! non! Il me reste à faire un terrible aveu. Pas avant, grande reine....

LA REINE, *attentive.*

Que me faudra-t-il encore entendre? Parlez....

ÉBOLI.

Le roi.... Séduction.... Oh! vous détournez les yeux.... Je lis la réprobation sur votre visage.... Le crime dont je vous accusais.... je l'ai moi-même commis. (*Elle presse contre terre son visage brûlant. La Reine sort. Grande pause. — La duchesse d'Olivarez sort, quelques minutes après, du cabinet où la Reine est entrée, et trouve la Princesse prosternée dans la même attitude. Elle s'approche d'elle en silence; au bruit de ses pas, la Princesse se redresse et, n'apercevant plus la Reine, se lève d'un bond, comme en délire.*)

SCÈNE XX.

LA PRINCESSE D'ÉBOLI, LA DUCHESSE D'OLIVAREZ.

ÉBOLI.

Dieu, elle m'a abandonnée. Maintenant tout est fini.

OLIVAREZ *s'approche d'elle.*

Princesse Éboli....

ÉBOLI.

Je sais pourquoi vous venez, duchesse. La reine vous envoie, pour m'annoncer ma sentence.... Vite!

OLIVAREZ.

J'ai l'ordre de Sa Majesté de vous demander votre croix et vos clefs....

ÉBOLI *détache de son sein la croix d'or d'un ordre et la remet entre les mains de la Duchesse.*

Mais au moins il me sera donné encore une fois de baiser la main de la meilleure des reines?

OLIVAREZ.

Au couvent de Sainte-Marie, on vous dira ce qui est décidé de vous.

ÉBOLI, *fondant en larmes.*

Je ne verrai plus la reine?

OLIVAREZ *l'embrasse, en détournant le visage.*

Vivez heureuse! (*Elle s'éloigne rapidement. La Princesse la suit jusqu'à la porte du cabinet, qui se referme aussitôt sur la Duchesse. Elle demeure à genoux quelques minutes, muette et immobile, devant cette porte; puis elle se lève et sort à la hâte, en se cachant le visage.)*

SCÈNE XXI.

LA REINE, LE MARQUIS DE POSA.

LA REINE.

Ah! enfin, marquis! Heureusement vous voilà!

LE MARQUIS, *pâle, le visage bouleversé, la voix tremblante. — Il montre, pendant toute cette scène, une solennelle et profonde émotion.*

Votre Majesté est-elle seule? Personne ne peut-il nous écouter des chambres voisines?

LA REINE.

Pas une âme.... Pourquoi? Que m'apportez-vous? (*Le regardant plus attentivement, elle recule effrayée.*) Et quel est ce changement total? Qu'est-ce que cela? Vous me faites trembler, marquis.... Tous vos traits décomposés comme ceux d'un mourant....

LE MARQUIS.

Vous savez sans doute déjà....

LA REINE.

Que Charles a été arrêté, et cela par vous, ajoute-t-on.... Ainsi, cela est vrai? Je ne voulais en croire que vous.

LE MARQUIS.

Cela est vrai.

LA REINE.

Par vous?

LE MARQUIS.

Par moi.

LA REINE *le regarde quelques instants d'un air de doute.*

Je respecte votre conduite, alors même que je ne la comprends pas.... Mais, cette fois, pardonnez à la femme inquiète.... Je crains que vous ne jouiez un jeu hasardé.

LE MARQUIS.

Et j'ai perdu.

LA REINE.

Dieu du ciel !

LE MARQUIS.

Soyez parfaitement tranquille, ma reine. J'ai déjà pourvu à sa sûreté. C'est pour moi que la partie est perdue !

LA REINE.

Que vais-je entendre ? Dieu !

LE MARQUIS.

Qui en effet, qui me disait de tout mettre sur un coup de dés incertain ? Tout ? De jouer avec le ciel si témérairement, avec tant d'assurance ? Quel est l'homme qui voudrait se faire fort de diriger le lourd gouvernail du destin, sans avoir la toute-science ? Oh ! c'est justice !... Mais pourquoi parler maintenant de moi ? Le moment est précieux, précieux comme la vie d'un homme ! Et qui sait si de la main avare du juge ne tombent pas déjà pour moi les dernières gouttes de l'existence ?

LA REINE.

De la main du juge ?... Quel ton solennel ! Je ne comprends pas ce que signifie ce langage, mais il m'épouvante....

LE MARQUIS.

Il est sauvé ! A quel prix ? il n'importe. Mais ce n'est que pour aujourd'hui. Peu de moments lui appartiennent encore. Qu'il les ménage. Il faut que cette nuit même il quitte Madrid.

LA REINE.

Cette nuit même ?

LE MARQUIS.

Les préparatifs sont faits. Dans cette même Chartreuse qui, depuis longtemps déjà, était l'asile de notre amitié, les chevaux de poste l'attendent. Voici, en lettres de change, ce que la fortune m'a donné de bien en ce monde. Ce qui peut manquer, vous l'ajouterez. J'aurais encore, il est vrai, bien des choses sur le cœur pour mon Charles, bien des choses qu'il doit savoir ; mais le loisir pourrait aisément me manquer de les traiter en personne avec lui.... Vous l'entretiendrez encore ce soir, voilà pourquoi je m'adresse à vous....

LA REINE.

Au nom de mon repos, marquis, expliquez-vous plus clairement.... Ne me parlez pas par énigmes si terribles.... Qu'est-il arrivé?

LE MARQUIS.

J'ai encore une importante révélation à faire; je la dépose dans vos mains. J'ai eu un bonheur accordé à bien peu d'hommes: j'ai aimé un fils de roi.... Mon cœur, consacré à un seul, embrassait le monde entier.... Dans l'âme de mon Carlos, je créais un paradis pour des millions d'hommes. Oh! mes rêves étaient beaux.... Mais il a plu à la Providence de m'enlever avant le temps à ma belle plantation. Bientôt il n'aura plus son Rodrigue, l'ami fait place à l'amante. Ici.... ici, sur ce saint autel, dans le cœur de sa reine, je dépose mon dernier, mon plus précieux legs; qu'ici il le trouve, quand je ne serai plus.... (*Il se détourne, les larmes étouffent sa voix.*)

LA REINE.

C'est là le langage d'un mourant. J'espère encore que ce n'est que la chaleur de la fièvre.... Ou bien y aurait-il du sens dans ce discours?

LE MARQUIS, *qui a cherché à se maîtriser, continue d'un ton plus ferme :*

Dites au prince qu'il se souvienne du serment que, dans ces jours d'enthousiasme, nous avons juré sur l'hostie partagée. J'ai tenu le mien, je lui suis demeuré fidèle jusqu'à la mort.... Maintenant, c'est à lui de tenir le sien....

LA REINE.

Jusqu'à la mort?

LE MARQUIS.

Qu'il accomplisse ce rêve.... oh! dites-le-lui, ce rêve hardi d'un nouvel État, création divine de l'amitié. Qu'il mette la première main à ce roc informe. Qu'il achève ou qu'il succombe.... pour lui, peu importe! Qu'il y mette la main. Quand des siècles se seront écoulés, la Providence reproduira un fils de roi, comme lui, placé sur un trône comme le sien, et enflammera son nouveau favori du même enthousiasme. Dites-lui de garder du respect, quand il sera homme, pour les rêves de sa jeunesse, de ne pas ouvrir le cœur de cette tendre fleur des dieux à la raison tant vantée de l'âge mur, à ce ver qui tue.... de ne pas se laisser égarer, si la sagesse de la poussière blasphème l'enthousiasme, cet enfant du ciel. Je le lui ai dit d'avance....

LA REINE.

Comment, marquis? Et où tend....

LE MARQUIS.

Et dites-lui que je dépose sur son âme et sa conscience le bonheur des hommes, que je le lui demande en mourant et l'exige de lui! et que j'en avais bien le droit. Il eût dépendu de moi de faire briller une nouvelle aurore sur ces royaumes. Le roi me donnait son cœur. Il me nommait son fils.... Je tiens son sceau et ses ducs d'Albe ne sont plus. (*Il s'arrête et regarde la Reine, pendant quelques instants, en silence.*) Vous pleurez.... Oh! ces larmes, je les comprends, belle âme! C'est la joie qui les fait couler.... Mais.... c'est fini, c'en est fait. Charles ou moi. Le choix a été rapide et terrible. L'un des deux était perdu, et j'ai voulu que ce fût moi.... Moi plutôt.... Ne demandez pas à en savoir davantage.

LA REINE.

Maintenant, maintenant enfin, je commence à comprendre.... Malheureux, qu'avez-vous fait?

LE MARQUIS.

J'ai donné deux courtes heures du soir pour sauver un beau jour d'été. J'abandonne le roi. Et que pouvais-je être pour lui?... Dans ce sol glacé, aucune de mes roses ne peut plus fleurir.... Le destin de l'Europe mûrira dans le sein de mon noble ami. C'est à lui que je renvoie l'Espagne.... Qu'elle saigne jusque-là sous la main de Philippe.... Mais, malheur! malheur à moi et à lui, si je devais me repentir, si peut-être j'ai mal choisi.... Non, non! Je connais mon Carlos.... Cela n'arrivera point.... et mon garant, reine, c'est vous! (*Après un moment de silence.*) Je l'ai vu germer, cet amour; j'ai vu la plus malheureuse des passions prendre racine dans son cœur.... Alors, il était en mon pouvoir de la combattre. Je ne l'ai point fait. J'ai nourri cet amour, qui à mes yeux n'était point funeste. Le monde peut juger autrement. Je ne me repens point. Mon cœur ne m'accuse pas. J'ai vu la vie, où les hommes n'auraient vu que la mort.... Dans cette flamme sans espoir, j'ai reconnu de bonne heure le rayon d'or de l'espérance. Je voulais le conduire à l'excellent, au parfait; je voulais l'élever à la sublime beauté; ce monde mortel me refusait une image; la langue, des paroles.... Alors, je lui montrai pour but ce modèle.... et mon rôle de guide se borna à lui expliquer son amour.

LA REINE.

Marquis, votre ami remplissait tellement votre âme, qu'occupé de lui, vous ne songiez pas à moi. Pensiez-vous sérieusement qu'il n'y eût en moi rien de la femme, quand vous faisiez de moi son ange, que vous lui donniez pour armes la vertu? Vous ne réfléchissiez sans doute pas combien notre cœur a de risques à courir, quand nous ennoblissons la passion par de tels noms.

LE MARQUIS.

Oui, le cœur de toutes les femmes, à l'exception d'une seule. Je réponds de cette femme unique.... Ou bien se pourrait-il que vous rougissiez du plus noble des désirs, celui d'être la créatrice d'une héroïque vertu? Est-ce chose qui regarde le roi Philippe, que sa Transfiguration, placée dans l'Escurial, enflamme le peintre, qui la contemple, du sentiment de l'éternité? La douce harmonie qui sommeille dans les cordes de la lyre appartient-elle à celui qui l'a achetée et qui, l'oreille fermée et sourde, veille sur elle? Il a acheté le droit de la briser en pièces, mais non l'art d'éveiller le son mélodieux et de s'enivrer des divins accords. La vérité existe pour le sage, la beauté pour un cœur sensible. Ils sont faits l'un pour l'autre. Jamais un lâche préjugé ne détruira en moi cette croyance. Promettez-moi de l'aimer éternellement, de ne jamais vous laisser entraîner à une chimérique abnégation, par la crainte des hommes, par un faux héroïsme, de l'aimer d'un amour immuable, éternel. Me le promettez-vous?... Reine.... le promettez-vous, votre main dans la mienne?

LA REINE.

Mon cœur, je vous le promets, sera toujours le seul juge de mon amour.

LE MARQUIS *retire sa main*.

Maintenant, je meurs tranquille.... Ma tâche est accomplie. (*Il s'incline devant la Reine et veut sortir.*)

LA REINE *le suit des yeux en silence*.

Vous partez, marquis.... sans me dire quand.... dans combien de temps.... nous nous reverrons?

LE MARQUIS *revient, en détournant le visage.*

Certainement! nous nous reverrons.

LA REINE.

Je vous ai compris, Posa.... je vous ai très-bien compris....
Pourquoi m'avez-vous fait cela?

LE MARQUIS.

Lui ou moi.

LA REINE.

Non, non! Vous vous êtes précipité dans cette action, que vous nommez sublime. Ne le niez pas. Je vous connais : depuis longtemps, vous en aviez soif.... Que mille cœurs se brisent, que vous importe, pourvu que votre orgueil se repaisse! Oh! maintenant.... maintenant je sais vous comprendre! Vous n'avez aspiré qu'à l'admiration.

LE MARQUIS, *surpris, à part.*

Non! je n'étais pas préparé à cela....

LA REINE, *après un moment de silence.*

Marquis! n'y a-t-il plus aucun moyen de salut?

LE MARQUIS.

Aucun.

LA REINE.

Aucun? Réfléchissez bien. N'y a-t-il plus d'espoir? Pas même par moi?

LE MARQUIS.

Pas même par vous.

LA REINE.

Vous ne me connaissez qu'à demi.... J'ai du courage.

LE MARQUIS.

Je le sais.

LA REINE.

Et aucun moyen de salut?

LE MARQUIS.

Aucun.

LA REINE *le quitte et se cache le visage.*

Allez! Je n'estime plus aucun homme en ce monde.

LE MARQUIS, *dans la plus violente agitation, se jette à ses pieds.*

Reine!... Oh! Dieu! la vie est pourtant belle! (*Il se lève vivement et se hâte de sortir. La Reine entre dans son cabinet.*)

L'antichambre du Roi.

SCÈNE XXII.

LE DUC D'ALBE *et* **DOMINGO** *vont et viennent en silence, chacun de leur côté;* **LE COMTE DE LERME** *sort du cabinet du Roi; puis vient* **DON RAIMOND DE TAXIS,** *grand maître des postes.*

LERME.

Le marquis ne s'est-il pas encore fait voir?

ALBE.

Pas encore. (*Lerme veut rentrer.*)

TAXIS, *survenant.*

Comte de Lerme, annoncez-moi.

LERME.

Le roi n'y est pour personne.

TAXIS.

Dites-lui qu'il faut que je lui parle.... Cela importe infiniment à Sa Majesté. Hâtez-vous. Cela ne souffre aucun délai. (*Lerme entre dans le cabinet.*)

ALBE *s'approche du grand maître des postes.*

Cher Taxis, habituez-vous à la patience. Vous ne parlerez pas au roi....

TAXIS.

Non? Et pourquoi?

ALBE.

Ou bien il eût fallu vous pourvoir d'une permission du chevalier de Posa, qui retient prisonniers le fils et le père.

TAXIS.

De Posa? Comment? Oui, tout juste. C'est le même de qui je tiens cette lettre.

ALBE.

Une lettre? Quelle lettre?

TAXIS.

Que je devais faire passer à Bruxelles....

ALBE, *attentif.*

A Bruxelles?

TAXIS.

Et que j'apporte en ce moment au roi.

ALBE.

Bruxelles! Avez-vous entendu, chapelain? A Bruxelles?

DOMINGO *s'approche d'eux.*

Cela est très-suspect.

TAXIS.

Et avec quelle anxiété, quel embarras elle m'a été recommandée!

DOMINGO.

Avec anxiété? Ah! vraiment?

ALBE.

A qui donc est-elle adressée?

TAXIS.

Au prince de Nassau et d'Orange.

ALBE.

A Guillaume?... Chapelain, c'est trahison!

DOMINGO.

Sinon, que voulez-vous que ce soit?... Oui, certes, il faut sur-le-champ livrer cette lettre au roi. Quel mérite à vous, digne seigneur, de vous montrer si strict dans le service de votre roi!

TAXIS.

Révérend père, je n'ai fait que mon devoir.

ALBE.

Vous avez bien fait.

LERME *sort du cabinet. Au grand maître des postes:*

Le roi veut vous parler. (*Taxis entre.*) Le marquis n'est toujours pas là?

DOMINGO.

On le cherche partout.

ALBE.

C'est singulier et étrange. Le prince est prisonnier d'État et le roi lui-même ne sait pas encore pourquoi.

DOMINGO.

Quoi? Il n'est même pas venu lui rendre compte?

ALBE.

Comment le roi a-t-il donc pris la chose?

LERME.

Le roi n'a pas encore dit un mot. (*Du bruit dans le cabinet.*)

ALBE.

Qu'est-ce que cela? Silence!

TAXIS *sort du cabinet.*

Comte de Lerme! (*Ils rentrent tous deux.*)

ALBE, *à Domingo.*

Que se passe-t-il ici?

DOMINGO.

De ce ton d'effroi? Si cette lettre interceptée?... Je ne pressens rien de bon, duc.

ALBE.

Il fait appeler Lerme! Et pourtant il doit savoir que vous et moi nous sommes dans ce salon voisin....

DOMINGO.

Notre temps est passé.

ALBE.

Ne suis-je donc plus le même devant qui naguère toutes les portes s'ouvraient d'elles-mêmes? Comme tout est changé autour de moi !... comme tout m'est étranger !...

DOMINGO *s'est approché doucement de la porte du cabinet et prête l'oreille.*

Écoutez!

ALBE, *après une pause.*

Tout est dans un silence de mort. On les entend respirer.

DOMINGO.

La double tapisserie amortit le son.

ALBE.

Retirons-nous! On vient.

DOMINGO *quitte la porte.*

Tout me paraît si solennel, si plein d'angoisse, comme si ce moment devait décider d'une grande destinée.

SCÈNE XXIII.

LE PRINCE DE PARME, LES DUCS DE FÉRIA et DE MÉDINA SIDONIA, *avec quelques autres grands, entrent dans la salle;* LES PRÉCÉDENTS.

PARME.

Peut-on parler au roi?

ALBE.

Non.

PARME.

Non? Qui est avec lui?

FÉRIA.

Le marquis de Posa sans doute?

ALBE.

On l'attend en ce moment.

PARME.

Nous arrivons à l'instant même de Saragosse. La frayeur règne dans tout Madrid.... Est-il donc vrai?

DOMINGO.

Hélas! oui.

FÉRIA.

C'est vrai? Il a été arrêté par le chevalier de Malte?

ALBE.

Cela est ainsi.

PARME.

Pourquoi? Qu'est-il arrivé?

ALBE.

Pourquoi? Pas une âme ne le sait, que Sa Majesté et le marquis de Posa.

PARME.

Sans prendre l'avis des cortès de son royaume?

FERIA.

Malheur à qui a pris part à cette violation des lois de l'État!

ALBE.

Malheur à lui! Je le dis bien haut avec vous.

MÉDINA SIDONIA.

Moi aussi.

ACTE IV, SCÈNE XXIII.

LES AUTRES GRANDS.

Nous tous.

ALBE.

Qui me suit dans le cabinet?... Je me jette aux pieds du roi.

LERME *se précipite hors du cabinet.*

Duc d'Albe!

DOMINGO.

Enfin! Dieu soit loué! (*Albe entre à la hâte.*)

LERME, *hors d'haleine, dans une grande agitation.*

Quand le chevalier de Malte viendra, le roi n'est plus seul maintenant, il le fera appeler....

DOMINGO, *à Lerme, pendant que tous les autres l'environnent avec une impatiente curiosité.*

Comte, qu'est-il arrivé? Vous êtes pâle comme un mort.

LERME *veut s'éloigner rapidement.*

C'est diabolique.

PARME *et* FÉRIA.

Quoi donc? quoi donc?

MÉDINA SIDONIA.

Que fait le roi?

DOMINGO, *en même temps.*

Diabolique? Quoi donc?

LERME.

Le roi a pleuré.

DOMINGO.

Pleuré?

TOUS *à la fois, frappés d'étonnement.*

Le roi a pleuré? (*On entend une sonnette dans le cabinet. Le comte de Lerme se hâte d'y entrer.*)

DOMINGO *le suit et essaye de le retenir.*

Comte, encore un mot.... Pardonnez.... Il est parti! Et nous voilà tous immobiles d'épouvante.

SCÈNE XXIV.

LA PRINCESSE D'ÉBOLI, FÉRIA, MÉDINA SIDONIA, PARME, DOMINGO, *et les autres grands.*

ÉBOLI, *empressée, hors d'elle-même.*

Où est le roi? où? Il faut que je lui parle. (*A Féria.*) Vous, duc, conduisez-moi près de lui.

FÉRIA.

Le roi est occupé d'une affaire importante. Personne ne peut avoir accès.

ÉBOLI.

Signe-t-il déjà la terrible sentence? Il est trompé par un mensonge. Je lui prouverai qu'il est trompé.

DOMINGO *lui fait de loin un signe expressif.*

Princesse Éboli!

ÉBOLI *s'avance sur lui.*

Vous aussi en ce lieu, prêtre? Très-bien! j'ai justement besoin de vous. Il faut que vous confirmiez mon dire. (*Elle saisit sa main et veut l'entraîner dans le cabinet.*)

DOMINGO.

Moi?... Avez-vous votre raison, princesse?

FÉRIA.

Restez ici. Le roi ne vous entendra pas en ce moment.

ÉBOLI.

Il faut qu'il m'entende. Il faut qu'il entende la vérité.... La vérité! fût-il dix fois Dieu!

DOMINGO.

Arrière, arrière! Vous risquez tout. Restez ici.

ÉBOLI.

Homme! tremble devant la colère de ton idole. Moi, je n'ai rien à risquer. (*Comme elle veut entrer dans le cabinet, le duc d'Albe en sort précipitamment.*)

ALBE. *Ses yeux étincellent; sa démarche est triomphante; il court à Domingo et l'embrasse.*

Faites chanter un *Te Deum* dans toutes les églises. La victoire est à nous.

ACTE IV, SCÈNE XXIV.

DOMINGO.

A nous?

ALBE, *à Domingo et aux autres grands.*

Maintenant, entrez chez le monarque. Vous entendrez parler de moi.

ACTE CINQUIÈME.

Une chambre dans le palais du Roi, séparée, par une porte de fer grillée, d'une grande avant-cour, où des gardes en faction vont et viennent.

SCÈNE I.

CARLOS, *assis à une table, la tête couchée en avant sur les bras, comme s'il dormait. Dans le fond de la chambre, quelques officiers, qui sont enfermés avec lui.* LE MARQUIS DE POSA *entre, sans être remarqué de lui, et parle à voix basse aux officiers, qui aussitôt s'éloignent. Lui-même va tout près de Carlos, et se plaçant devant lui, le regarde quelques moments en silence et avec tristesse. Enfin il fait un mouvement qui réveille le Prince de son état de stupeur.* —Carlos *se lève, aperçoit le Marquis et tressaille d'effroi. Puis, pendant quelque temps, il le regarde fixement, en ouvrant de grands yeux, et se passe la main sur le front, comme s'il voulait se rappeler quelque chose.*

LE MARQUIS.

C'est moi, Charles.

CARLOS *lui donne la main.*

Tu viens même encore me voir ? C'est pourtant beau de ta part!

LE MARQUIS.

Je me suis figuré que tu pourrais ici avoir besoin de ton ami.

CARLOS.

Vraiment? L'as-tu pensé en effet? Vois! cela me fait plaisir.... un plaisir inexprimable. Ah! je savais bien que tu étais resté bon pour moi.

LE MARQUIS.

Aussi ai-je mérité d'être ainsi jugé par toi.

CARLOS.

N'est-ce pas? Oh! nous nous comprenons encore parfaitement. J'aime qu'il en soit ainsi. Cette indulgence, cette douceur convient à de grandes âmes, comme toi et moi. Admettons qu'une de mes prétentions fût injuste et présomptueuse, dois-tu pour cela t'opposer aussi à celles qui sont justes? La vertu peut être dure, mais barbare, inhumaine, jamais.... Il t'en a bien coûté! Oh! oui, je crois savoir à n'en point douter combien ton tendre cœur a saigné, quand tu parais ta victime pour l'autel.

LE MARQUIS.

Carlos, que veux-tu dire par là?

CARLOS.

Toi-même, tu vas accomplir maintenant ce que j'ai dû, mais n'ai pu faire..... Tu vas donner aux Espagnols ces jours d'or qu'en vain ils ont espérés de moi. Car c'en est fait de moi.... c'en est fait pour toujours.... Tu as compris cela.... Oh! ce terrible amour a enlevé irrévocablement les fleurs précoces de mon génie. Je suis mort pour tes grandes espérances. La Providence ou le hasard rapprochent le roi de toi.... Il t'en coûte mon secret, et le roi est à toi.... tu peux devenir son bon ange. Pour moi il n'est plus de salut.... Pour l'Espagne, peut-être.... Ah! dans tout ceci, il n'y a rien de condamnable, rien, rien, que ce fol aveuglement qui jusqu'à ce jour m'a empêché d'apercevoir que tu es.... aussi grand que tendre.

LE MARQUIS.

Non! ceci, ceci, je ne l'avais point prévu.... Je n'avais pas prévu que la magnanimité d'un ami pourrait être plus ingénieuse que tous les calculs de ma prudence. Mon édifice croule.... j'avais oublié ton cœur.

CARLOS.

Il est vrai que si tu avais pu lui épargner ce sort, à elle.... vois, je t'en aurais su un gré infini. Ne pouvais-je donc l'endurer seul? Fallait-il qu'elle fût la seconde victime?... Mais n'en parlons plus. Je ne veux te faire aucun reproche. Que t'importe la reine? Aimes-tu la reine? Ton austère vertu doit-elle s'enquérir des petits soucis de mon amour? Pardonne-moi.... j'ai été injuste.

LE MARQUIS.

Tu l'es; mais.... non à cause de ce reproche. Si j'en méritais un seul, je les mériterais tous.... et alors je ne serais pas ainsi devant toi. (*Il tire son portefeuille.*) Voici quelques-unes des lettres que tu m'avais données à garder et que je te rends. Mets-les sur toi.

CARLOS *regarde avec étonnement tantôt les lettres, tantôt le Marquis.*

Comment?

LE MARQUIS.

Je te les rends, parce que désormais elles seront plus en sûreté dans tes mains que dans les miennes.

CARLOS.

Qu'est-ce que cela? Le roi ne les a donc pas lues? ne les a pas vues du tout?

LE MARQUIS.

Ces lettres-là?

CARLOS.

Tu ne les lui a pas montrées toutes?

LE MARQUIS.

Qui t'a dit que j'en eusse montré une?

CARLOS, *extrêmement étonné.*

Est-il possible? Le comte de Lerme....

LE MARQUIS.

C'est lui qui t'a dit?... Oui, maintenant, maintenant tout s'explique! Mais aussi, qui pouvait prévoir cela?... Ainsi, Lerme?... Non, cet homme n'a jamais su mentir. C'est très-vrai, les autres lettres sont chez le roi.

CARLOS *le regarde longtemps, avec une muette surprise.*

Mais pourquoi suis-je ici?

LE MARQUIS.

Par précaution, pour le cas où une seconde fois tu serais tenté, peut-être, de choisir une Éboli pour ta confidente.

CARLOS, *comme réveillé d'un rêve.*

Ah! enfin donc! Maintenant je vois.... maintenant tout est éclairci....

LE MARQUIS *va vers la porte.*

Qui vient?

SCÈNE II.

LE DUC D'ALBE, LES PRÉCÉDENTS.

ALBE s'approche respectueusement du Prince. Pendant toute cette scène, il tourne le dos au Marquis.

Prince, vous êtes libre. Le roi m'envoie vous l'annoncer. (*Carlos regarde le Marquis avec étonnement. Tous demeurent silencieux.*) Et je m'estime heureux, prince, d'être le premier qui ait l'avantage....

CARLOS les observe tous deux avec une extrême surprise. Après une pause, au Duc.

Je suis mis en prison, puis remis en liberté, et cela sans savoir pourquoi l'un et l'autre m'arrivent.

ALBE.

Par une méprise, prince, autant que je sais, où quelque.... imposteur aurait entraîné le monarque.

CARLOS.

Mais c'est cependant par l'ordre du roi que je me trouve ici?

ALBE.

Oui, par une méprise de Sa Majesté.

CARLOS.

J'en suis réellement affligé.... Cependant, si le roi se méprend, il sied au roi de réparer sa faute en personne. (*Il cherche les yeux du Marquis et affecte envers le Duc un fier dédain.*) On me nomme ici le fils de don Philippe. Les yeux de la calomnie et de la curiosité sont fixés sur moi. Ce que Sa Majesté a fait par devoir, je ne veux point paraître en avoir obligation à sa faveur. Je suis prêt d'ailleurs à comparaître devant le tribunal des cortès.... Je ne reprends point mon épée d'une telle main.

ALBE.

Le roi ne fera aucune difficulté de satisfaire à cette juste demande de Votre Altesse. Si vous voulez m'accorder la faveur de vous accompagner chez lui....

CARLOS.

Je resterai ici jusqu'à ce que le roi ou sa ville de Madrid

m'emmène de cette prison. Portez-lui cette réponse. (*Albe s'éloigne. On le voit s'arrêter encore quelque temps dans l'avant-cour et distribuer des ordres.*)

SCÈNE III.

CARLOS et LE MARQUIS DE POSA.

CARLOS, *après que le Duc est sorti, s'adresse au Marquis avec curiosité et surprise.*

Mais qu'est-ce que cela? Explique-le-moi. N'es-tu donc pas ministre?

LE MARQUIS.

Je l'ai été, comme tu vois. (*Allant à lui, avec une grande émotion.*) Oh! Charles, cela a produit son effet. Oui, cela a réussi. Béni soit le Tout-Puissant qui a permis que cela réussît!

CARLOS.

Réussi? Quoi? Je ne comprends pas tes paroles.

LE MARQUIS *saisit sa main.*

Tu es sauvé, Charles.... tu es libre.... et moi.... (*Il s'arrête.*)

CARLOS.

Et toi?

LE MARQUIS.

Et moi.... moi, aujourd'hui, pour la première fois, je te presse sur mon sein avec un droit plein et entier : ne l'ai-je pas payé de tout, de tout ce qui m'est cher?... Oh! Charles, que ce moment est doux, qu'il est grand! Je suis content de moi.

CARLOS.

Quel changement soudain dans tes traits! Je ne t'ai jamais vu ainsi. Ta poitrine se soulève plus fièrement et tes regards resplendissent.

LE MARQUIS.

Il faut nous dire adieu, Charles. Ne t'effraye point. Oh! sois homme! Quoi que tu entendes, promets-moi, Charles, de ne pas me rendre cette séparation plus pénible par une douleur immodérée, indigne de grandes âmes.... Tu me perds, Charles... pour beaucoup d'années.... Les insensés disent à jamais. (*Carlos retire sa main, le regarde fixement et ne répond rien.*) Sois homme! J'ai beaucoup compté sur toi, je n'ai pas redouté d'endurer avec toi cette heure d'angoisse, qu'on nomme, d'un nom terrible, l'heure dernière.... Oui, dois-je te l'avouer, Charles? je m'en faisais d'avance une joie.... Viens, asseyons-nous.... Je me sens épuisé et faible. (*Il approche son siége de Carlos, qui, toujours plongé dans une stupeur de mort, se laisse machinalement attirer sur un autre siége.*) Où es-tu? Tu ne me donnes pas de réponse?... Je serai court. Le lendemain du jour où nous nous vîmes, pour la dernière fois, chez les Chartreux, le roi me fit demander. Le résultat, tu le sais; tout Madrid le sait. Ce que tu ne sais pas, c'est que ton secret lui avait été trahi, que des lettres, trouvées dans la cassette de la reine, avaient témoigné contre toi, que j'appris cela de sa propre bouche, et que.... je fus son confident. (*Il s'arrête, pour attendre la réponse de Carlos; celui-ci persiste dans son silence.*) Oui, Charles, des lèvres je trahis ma foi; je dirigeai moi-même le complot qui préparait ta ruine. Les faits parlaient déjà trop haut. Pour te justifier, il était trop tard. M'assurer de sa vengeance, était le seul parti qui me restât.... et ainsi je devins ton ennemi, pour te servir plus puissamment.... Tu ne m'entends pas?

CARLOS.

J'entends. Poursuis, poursuis!

LE MARQUIS.

Jusque-là, je suis irréprochable. Mais bientôt les rayons inaccoutumés de cette nouvelle faveur royale me trahissent. Le bruit en pénètre jusqu'à toi, comme je l'avais prévu. Mais moi, séduit par une fausse tendresse, aveuglé par l'orgueilleuse chimère de terminer sans toi cette aventure, je dérobe à l'amitié mon périlleux secret. Ce fut là ma grande imprudence. J'ai fait une faute grave. Je le sais. Ma confiance était folie. Pardonne.... elle était fondée sur l'éternelle durée de ton amitié. (*Il se tait. Carlos passe de la stupeur à la plus vive agitation.*) Ce que je craignais arrive. On t'effraye de dangers imaginaires. La reine en sang.... l'effroi du palais qui retentit de cette nouvelle.... le malheureux empressement de Lerme.... enfin mon inconcevable silence, tout assaillit ton cœur à l'improviste.... Tu chancelles.... tu me regardes comme perdu pour toi.... Cependant, trop noble toi-même pour douter de la loyauté de ton ami, tu décores de grandeur sa défection, et tu ne te décides à le tenir pour infidèle que parce que tu peux, tout infidèle qu'il est, l'honorer encore. Abandonné de ton unique ami, tu te jettes dans les bras de la princesse Éboli.... Malheureux! dans les bras d'un démon; car c'était elle qui t'avait trahi. (*Carlos se lève.*) Je te vois y courir. Un fatal pressentiment traverse mon cœur. Je te suis. Trop tard. Je te trouve à ses pieds. Déjà l'aveu franchissait tes lèvres. Plus de salut pour toi....

CARLOS.

Non, non! Elle était émue. Tu te trompes. Certainement elle était émue.

LE MARQUIS.

Alors, la nuit enveloppe mes sens. Rien.... rien.... aucune issue.... aucun secours.... aucun, dans tout le domaine de la nature. Le désespoir fait de moi une furie, une bête féroce.... Je mets le poignard sur la poitrine d'une femme.... Mais tout à coup.... un rayon de soleil tombe dans mon âme. « Si je trompais le roi? Si je réussissais à passer moi-même pour le coupable? Vraisemblablement ou non!... Toujours assez pour lui: il suffit que ce soit mal pour que le roi Philippe le trouve probable. Soit donc! Risquons la chose. Peut-être un coup de tonnerre si inattendu, le frappant soudain, jettera le tyran dans la stupeur.... et que veux-je de plus? Il réfléchira, et Carlos aura gagné le temps de se réfugier en Brabant. »

CARLOS.

Et cela.... cela, tu l'aurais fait?

LE MARQUIS.

J'écris à Guillaume d'Orange que j'ai aimé la reine, que j'ai réussi, par le faux soupçon qui pesait sur toi, à échapper à la défiance du monarque, que j'ai trouvé le moyen, par le roi même, d'approcher librement de la reine. J'ajoute que je crains d'être découvert, qu'instruit de ma passion, tu as couru auprès de la princesse Éboli, peut-être pour avertir par elle la reine.... qu'alors je t'ai arrêté, et que maintenant, puisque tout est perdu, j'ai l'intention de me jeter dans Bruxelles.... Cette lettre....

CARLOS *l'interrompt avec épouvante.*

Tu ne l'as pas confiée à la poste? Tu sais que toutes les lettres pour le Brabant et la Flandre....

ACTE V, SCÈNE III.

LE MARQUIS.

Sont livrées au roi.... Et à la tournure que prennent les choses, je vois que Taxis a déjà fait son devoir.

CARLOS.

Dieu! alors, je suis perdu.

LE MARQUIS.

Toi? Pourquoi toi?

CARLOS.

Malheureux, et tu es perdu avec moi. Jamais mon père ne pourra te pardonner cette monstrueuse imposture. Non, celle-là, jamais il ne la pardonnera.

LE MARQUIS.

Imposture? Tu es distrait. Réfléchis. Qui lui dira que c'était une imposture?

CARLOS *le regarde fixement au visage.*

Qui? Tu le demandes? Moi-même. (*Il veut sortir.*

LE MARQUIS.

Tu es en délire. Demeure ici.

CARLOS.

Arrière, arrière! Pour l'amour de Dieu! Ne me retiens pas! Pendant que je tarde ici, il soudoie déjà les assassins.

LE MARQUIS.

Le temps n'en est que plus précieux. Nous avons encore beaucoup à nous dire.

CARLOS.

Quoi? Avant qu'il ait tout.... (*Il veut de nouveau sortir. Le Marquis le prend par le bras et le regarde d'un air significatif.*)

LE MARQUIS.

Écoute, Carlos.... Ai-je été si empressé, si consciencieux, lorsque, dans ta première enfance, ton sang coula pour moi?

CARLOS *s'arrête devant lui, ému et plein d'admiration.*

Oh! bienfaisante Providence!

LE MARQUIS.

Conserve-toi pour la Flandre! La royauté est ta vocation. Mourir pour toi était la mienne.

CARLOS *va à lui, et le prend par la main avec la plus profonde émotion.*

Non, non! Il ne résistera pas.... il ne pourra résister. Résister à tant de magnanimité!... Je veux te conduire à lui. Ton bras sous le mien, allons vers lui. « Mon père, lui dirai-je, voilà ce qu'un ami a fait pour son ami. » Cela le touchera. Crois-moi, il n'est pas sans humanité, mon père. Oui, assurément, cela le touchera. De chaudes larmes échapperont de ses yeux, et il pardonnera à toi et à moi.... (*Un coup d'arme à feu est tiré à travers la grille. Carlos tressaille.*) Ah! pour qui était cela?

LE MARQUIS.

Pour moi, je crois. (*Il tombe.*)

CARLOS *tombe à terre auprès de lui, en poussant un cri de douleur.*

Oh! céleste miséricorde!

LE MARQUIS, *d'une voix qui s'éteint*

Il est prompt.... le roi.... J'esperais.... plus longtemps.... Pense à ta sûreté.... Entends-tu?... A ta sûreté.... Ta mère sait tout.... Je ne puis plus.... (*Carlos reste étendu comme mort près du cadavre. Au bout de quelque temps le Roi entre, accompagné de beaucoup de grands, et recule, frappé de cet aspect. Silence profond et général. Les grands se placent en demi-cercle autour du Roi et de son fils et les regardent tour à tour l'un et l'autre. Carlos demeure toujours étendu, sans donner aucun signe de vie. Le Roi le contemple, silencieux et pensif.*)

SCÈNE IV.

LE ROI, CARLOS, LES DUCS D'ALBE, FÉRIA et MÉDINA SIDONIA, LE PRINCE DE PARME, LE COMTE DE LERME, DOMINGO, *et beaucoup de grands.*

LE ROI, *d'un ton bienveillant.*

Ta prière a été entendue, mon infant. Voici que je viens moi-même, avec tous les grands de mon empire, t'annoncer ta liberté. (*Carlos lève les yeux, et regarde autour de lui, comme un homme qui s'éveille d'un rêve. Ses yeux s'arrêtent tantôt sur le Roi, tantôt sur le mort. Il ne répond pas.*) Reprends ton épée. On a agi avec trop de précipitation. (*Il s'approche de lui, lui tend la main et l'aide à se lever.*) Mon fils n'est point à sa place. Lève-toi! Viens dans les bras de ton père!

ACTE V, SCÈNE IV.

CARLOS *se laisse entourer, sans en avoir conscience, des bras du Roi.... Mais soudain il revient à lui, s'arrête, et le regarde plus attentivement.*

Ton odeur est le meurtre. Je ne puis t'embrasser. (*Il le repousse : tous les grands sont agités.*) Non! ne paraissez pas si interdits! Qu'ai-je donc fait de monstrueux? Touché à l'oint du Seigneur? Ne craignez rien. Je ne porterai pas la main sur lui. Ne voyez-vous pas cette empreinte sur son front? Dieu l'a marqué.

LE ROI *fait un brusque mouvement pour sortir.*

Suivez-moi, mes grands!

CARLOS.

Où? Vous ne bougerez pas de ce lieu, Sire.... (*Il le tient violemment des deux mains, et l'une rencontre l'épée que le Roi a apportée; elle échappe du fourreau.*)

LE ROI.

L'épée tirée contre ton père?

TOUS LES GRANDS, *présents, tirent la leur.*

Régicide!

CARLOS, *tenant le Roi avec force d'une main, et l'épée nue de l'autre.*

Remettez vos épées. Que voulez-vous? Croyez-vous que je sois en délire? Non, je ne suis pas en délire. Si je l'étais, vous aviez tort de me rappeler que sa vie est attachée à la pointe de cette épée. Je vous en prie, restez à distance. Une disposition d'âme comme la mienne demande des ménagements.... Ainsi, restez à distance. Ce que j'ai à traiter avec ce roi ne regarde point votre serment de fidélité. Voyez seulement comme ses doigts saignent! Regardez-le bien! Voyez-vous? Oh! voyez encore ici.... Voilà ce qu'il a fait, le grand artiste!

LE ROI, *aux grands, qui veulent se presser autour de lui avec inquiétude.*

Arrière! De quoi tremblez-vous?... Ne sommes-nous pas père et fils? Je veux attendre et voir à quel attentat la nature....

CARLOS.

La nature? Je ne la connais pas. Le mot d'ordre aujourd'hui, c'est le meurtre. Les liens de l'humanité sont rompus. Toi-même, roi, tu les as brisés dans ton empire. Dois-je respecter ce dont tu te joues?... Oh! voyez, voyez ici! Il n'y a pas encore eu de meurtre, jusqu'à ce jour.... N'y a-t-il pas de Dieu? Quoi!

Permet-il que les rois exercent ainsi leurs ravages dans sa création? Je le demande, n'y a-t-il pas de Dieu? Depuis que les mères enfantent, il n'y a qu'un homme...., un seul qui soit mort d'une mort si peu méritée.... Mais aussi, sais-tu ce que tu as fait ?... Non, il ne le sait pas, il ne sait pas qu'il a dérobé du milieu de ce monde une vie qui était plus importante, plus noble, plus précieuse que lui et tout son siècle.

LE ROI, *d'un ton de douceur.*

Si j'ai été trop prompt, te convient-il à toi, pour qui je l'ai été, de me rendre ainsi responsable?

CARLOS.

Comment? Est-il possible? Vous ne devinez pas ce que le mort était pour moi.... Oh! dites-le-lui.... Aidez sa toute-science à s'expliquer cette difficile énigme. Le mort était mon ami.... Et voulez-vous savoir pourquoi il est mort? Il est mort pour moi.

LE ROI.

Ah! mon pressentiment!

CARLOS.

Victime sanglante, pardonne si je profane ce secret devant de tels auditeurs! Mais il faut que ce grand connaisseur des hommes s'abîme dans sa honte, en voyant la sagesse de ses cheveux blancs trompée et jouée par l'habileté d'un jeune homme. Oui, Sire, nous étions frères! Frères par un plus noble lien que ceux que forge la nature. Le cours de sa belle vie n'était qu'amour. Sa grande et belle mort n'a été qu'amour pour moi. Il était à moi, pendant que vous faisiez parade de son estime, pendant que son éloquence se jouait et badinait avec votre génie, votre orgueil de géant. Vous vous flattiez de le dominer.... et n'étiez qu'un instrument docile de ses sublimes desseins. Si je suis prisonnier, c'est l'œuvre réfléchie de sa prudente amitié. C'est pour me sauver qu'il a écrit à Orange.... O Dieu! ce fut le premier mensonge de sa vie. Pour me sauver, il s'est jeté au-devant de la mort qu'il a subie. Vous lui donniez votre faveur.... il est mort pour moi. Vous le pressiez d'accepter votre cœur, votre amitié; votre sceptre était un jouet dans ses mains : il l'a rejeté et il est mort pour moi! (*Le Roi demeure immobile, les yeux attachés fixement à terre. Tous les grands le regardent interdits et craintifs.*) Et cela était-il possible? Vous avez pu ajouter foi à ce grossier mensonge? Comme il fallait qu'il vous estimât peu quand il entreprit d'en venir à ses fins avec vous par cette grossière illusion! Vous osiez prétendre à son amitié, et vous avez succombé à cette légère épreuve! Oh! non.... non, il n'y avait là rien pour vous. Ce n'était pas un homme fait pour vous. Il le savait fort bien, lorsqu'il vous repoussa avec toutes vos couronnes. Cette lyre délicate s'est brisée dans votre main de fer. Vous ne pouviez que le tuer.

ALBE *n'a pas quitté le Roi des yeux jusqu'ici, et a observé, avec une inquiétude visible, les mouvements qui travaillent sa physionomie. A ce moment, il s'approche de lui, d'un air craintif.*

Sire.... pas ce silence de mort! Regardez autour de vous! Parlez avec nous!

CARLOS.

Vous ne lui étiez pas indifférent. Depuis longtemps son intérêt vous était acquis. Peut-être vous eût-il encore rendu heureux. Son cœur était assez riche pour vous satisfaire, même avec son superflu. Des parcelles de son génie eussent fait de vous un Dieu. Vous vous êtes volé vous-même.... Qu'avez-vous à offrir, pour remplacer une âme comme celle-là? (*Profond silence. Plusieurs des grands détournent les yeux, ou se cachent le visage dans leurs manteaux.*) Oh! vous qui êtes ici rassemblés et qui demeurez muets d'horreur et d'admiration.... ne condamnez pas le jeune homme qui tient un tel langage à un père et à un roi!... Voyez ici! Il est mort pour moi! Avez-vous des larmes? Est-ce du sang, et non un airain brûlant, qui coule dans vos veines? Voyez ici et ne me condamnez pas! (*Il se tourne vers le Roi, avec plus de calme et d'empire sur lui-même.*) Peut-être attendez-vous comment finira cette histoire contre nature?... Voici mon épée. Vous redevenez mon roi. Pensez-vous que je tremble, à l'idée de votre vengeance? Tuez-moi aussi, comme vous avez tué le plus noble des hommes. J'ai mérité la mort, je le sais. Qu'est maintenant la vie pour moi? Je renonce ici à tout ce qui m'attend dans ce monde. Cherchez-vous un fils parmi des étrangers. Ici gisent mes royaumes. (*Il tombe près du corps de Posa, et ne prend plus de part à ce qui suit. Cependant, on entend de loin un bruit confus de voix et d'une foule qui se presse.*

Autour du Roi règne un profond silence. Ses yeux parcourent tout le cercle, mais ils ne rencontrent aucun regard.)

LE ROI.

Eh bien? Personne ne veut-il répondre?... Tous les regards fixés à terre.... tous les visages cachés!... Mon arrêt est prononcé. Je le lis écrit sur ces physionomies muettes. Mes sujets m'ont jugé. (*Le même silence qu'auparavant. — Le tumulte se rapproche et devient plus bruyant. Un murmure circule dans le cercle des grands, ils se font entre eux des signes d'inquiétude. Enfin le comte de Lerme pousse sans bruit le duc d'Albe.*)

LERME.

En vérité, c'est un assaut.

ALBE, *à voix basse.*

J'en ai peur.

LERME.

On monte de force. On vient.

SCÈNE V.

UN OFFICIER DE LA GARDE, LES PRÉCÉDENTS.

L'OFFICIER, *d'un ton pressant.*

Rébellion! Où est le roi? (*Il s'ouvre un passage dans la foule des grands et pénètre jusqu'au Roi.*) Tout Madrid est en armes! Les soldats en fureur, le peuple entourent le palais par milliers. On répand le bruit que le prince Carlos est prisonnier, que sa vie est en danger. Le peuple veut le voir vivant ou mettre en flammes tout Madrid.

TOUS LES GRANDS, *agités.*

Sauvez, sauvez le roi!

ALBE, *au Roi, qui demeure calme et immobile.*

Fuyez, Sire.... Il y a du danger.... Nous ne savons pas encore qui arme le peuple....

LE ROI *se réveille de sa stupeur, se redresse et s'avance avec majesté au milieu d'eux.*

Mon trône est-il encore debout? Suis-je encore roi de ce pays?... Non. Je ne le suis plus. Ces lâches pleurent, amollis par un enfant. On n'attend que le signal pour se détacher de moi. Je suis trahi par des rebelles.

ALBE.

Sire, quelle terrible imagination!

LE ROI.

Là! là, prosternez-vous! Devant ce roi jeune et florissant, prosternez-vous!... Je ne suis plus rien.... Un vieillard impuissant!

ALBE.

En sommes-nous là?... Espagnols! (*Tous se pressent autour du Roi et s'agenouillent, l'épée nue. Carlos demeure seul et abandonné de tous, auprès du cadavre.*)

LE ROI *arrache son manteau, et le jette loin de lui.*

Revêtez-le des ornements royaux.... Par-dessus mon cadavre foulé aux pieds, portez-le.... (*Il demeure évanoui dans les bras d'Albe et de Lerme.*)

LERME.

Au secours! Dieu!

FÉRIA.

Dieu! Quel événement!

LERME.

Il a perdu connaissance....

ALBE *laisse le Roi entre les mains de Lerme et de Féria.*

Portez-le sur son lit. Moi, cependant, je vais rendre la paix à Madrid. (*Il s'éloigne. On emporte le Roi, et tous les grands l'accompagnent.*)

SCÈNE VI.

CARLOS *demeure seul en arrière près du cadavre. Quelques instants après, paraît* LOUIS MERCADO. *Il regarde timidement autour de lui et reste quelque temps en silence derrière le Prince, qui ne l'aperçoit pas.*

MERCADO.

Je viens de la part de Sa Majesté la reine. (*Carlos détourne les yeux et ne lui donne pas de réponse.*) Mon nom est Mercado.... Je suis médecin de Sa Majesté.... et voici ma créance. (*Il montre au Prince un anneau avec un sceau. — Carlos continue de garder le silence.*) La reine désire vivement vous entretenir aujourd'hui même.... Des affaires importantes....

CARLOS.

Il n'y a plus rien d'important pour moi en ce monde.

MERCADO.

Une commission, a-t-elle dit, que le marquis de Posa lui a laissée....

CARLOS *se lève rapidement.*

Quoi? Sur-le-champ. (*Il veut aller avec lui.*)

MERCADO.

Non, pas maintenant, gracieux prince. Il faut que vous attendiez la nuit. Toutes les issues sont gardées, et tous les postes doublés. Il est impossible de parvenir, sans être vu, à cette aile du palais. Vous risqueriez tout....

CARLOS.

Mais....

MERCADO.

Il y a tout au plus, prince, encore un moyen. La reine l'a imaginé. Elle vous le propose.... mais il est hardi, étrange et aventureux.

CARLOS.

C'est?

MERCADO.

Depuis longtemps il court un bruit, comme vous savez, que, vers minuit, dans les galeries voûtées du palais, l'ombre de l'empereur décédé erre sous la forme d'un moine. Le peuple croit à ce conte, les gardes n'occupent ce poste qu'en frissonnant. Si vous êtes résolu à vous servir de ce déguisement, vous pourrez, librement et sain et sauf, parvenir, à travers les sentinelles, jusqu'à l'appartement de la reine, que cette clef vous ouvrira. Cette apparence révérée vous protégera contre toute attaque. Mais il faut, prince, que votre résolution soit prise sur-le-champ. Vous trouverez dans votre chambre le masque et le vêtement nécessaires. Il faut que sans retard je porte la réponse à la reine.

CARLOS.

Et l'heure?

MERCADO.

L'heure est minuit.

CARLOS.

Dites-lui qu'elle peut m'attendre. (*Mercado se retire.*)

SCÈNE VII.

CARLOS, LE COMTE DE LERME.

LERME.

Sauvez-vous, prince. Le roi est furieux contre vous. Une atteinte à votre liberté.... sinon à votre vie. Ne m'en demandez pas davantage. Je me suis dérobé pour vous avertir. Fuyez sans délai.

CARLOS.

Je suis dans les mains du Tout-Puissant.

LERME.

Comme la reine vient de me le faire entendre, vous devez quitter Madrid aujourd'hui même et vous réfugier à Bruxelles. Ne différez pas, de grâce. La révolte favorise votre départ. C'est dans cette vue que la reine l'a excitée.... On n'aura pas la hardiesse, en ce moment, d'user de violence envers vous. Des chevaux de poste vous attendent dans la Chartreuse, et voici des armes, pour le cas où vous seriez forcé.... (*Il lui donne un poignard et des pistolets.*)

CARLOS.

Merci, merci, comte de Lerme.

LERME.

Votre histoire d'aujourd'hui m'a ému jusqu'au fond du cœur. Il n'y a plus d'ami qui aime ainsi. Tous les patriotes pleurent sur vous. Je ne puis maintenant vous en dire plus.

CARLOS.

Comte de Lerme, celui qui n'est plus vous nommait un noble cœur.

LERME.

Encore une fois, prince, partez, et que votre voyage soit heureux. Il viendra des temps meilleurs; mais alors je ne serai plus. Recevez ici, dès ce moment, mon hommage. (*Il met un genou en terre devant lui.*)

CARLOS *veut l'en empêcher. Avec beaucoup d'émotion :*

Pas ainsi.... non, pas ainsi, comte.... Vous m'attendrissez.... Je ne voudrais pas amollir mon courage....

LERME *lui baise la main avec une vive sensibilité.*

Roi de mes enfants! Oh! mes enfants pourront mourir pour vous. Moi, je ne le puis. Souvenez-vous de moi dans mes enfants.... Revenez en paix en Espagne. Sur le trône du roi Philippe, soyez homme. Vous avez aussi appris à connaître la souffrance. Ne formez aucune entreprise sanglante contre votre père! Non, rien de sanglant, mon prince. Philippe II força votre aïeul à descendre du trône.... Ce Philippe tremble aujourd'hui devant son propre fils. Songez-y, prince.... et qu'ainsi le ciel vous conduise! (*Il s'éloigne rapidement. Carlos s'apprête à sortir à la hâte d'un autre côté, mais il revient tout à coup sur ses pas et se prosterne devant le corps de Posa, qu'il presse de nouveau dans ses bras. Puis il quitte promptement la chambre.*)

L'antichambre du Roi.

SCÈNE VIII.

LE DUC D'ALBE *et* LE DUC DE FÉRIA *entrent, conversant ensemble. Une foule nombreuse de grands d'Espagne. C'est le soir et l'on allume les flambeaux*[1].

ALBE.

La ville est tranquille. Comment avez-vous laissé le roi?

FÉRIA.

Dans la disposition la plus terrible. Il s'est enfermé. Quoi qu'il arrive, il ne veut recevoir personne. La trahison du marquis a changé subitement toute sa nature. Nous ne le reconnaissons plus.

ALBE.

Il faut que je le voie. Je ne puis cette fois user de ménagements avec lui. Une découverte importante qui vient d'être faite à l'instant même....

FÉRIA.

Une nouvelle découverte?

---

1. Cette indication, qui se trouve dans les anciennes éditions, a été ensuite omise; mais elle est nécessaire pour bien comprendre la scène suivante.

ACTE V, SCÈNE VIII.

ALBE.

Un Chartreux qui s'était glissé secrètement dans la chambre du prince, et qui se faisait raconter, avec une curiosité suspecte, la mort du marquis de Posa, frappe les yeux de mes gardes. On l'arrête. On l'interroge. La crainte de la mort lui arrache l'aveu qu'il a sur lui des papiers d'une grande importance, que le mort l'avait chargé de remettre aux mains du prince, si lui-même il ne reparaissait pas à ses yeux avant le coucher du soleil.

FÉRIA.

Eh bien?

ALBE.

Ces lettres disent que Carlos doit quitter Madrid entre minuit et le matin.

FÉRIA.

Quoi?

ALBE.

Qu'un vaisseau à Cadix se tient prêt à mettre à la voile, pour le transporter à Flessingue.... que les provinces des Pays-Bas n'attendent que lui pour secouer les chaînes de l'Espagne.

FÉRIA.

Ah! qu'est-ce que j'entends?

ALBE.

D'autres lettres annoncent qu'une flotte de Soliman est déjà partie de Rhodes.... pour attaquer, en vertu du traité conclu, le roi d'Espagne, dans la Méditerranée.

FÉRIA.

Est-il possible?

ALBE.

Ces mêmes lettres m'expliquent les voyages que ce chevalier de Malte avait faits, dans ces derniers temps, à travers toute l'Europe. Il ne s'agissait de rien moins que d'armer toutes les puissances du Nord pour la liberté des Flamands.

FÉRIA.

Voilà quel il était!

ALBE.

Enfin ces lettres sont accompagnées d'un plan détaillé de toute la guerre qui doit séparer à jamais les Pays-Bas de la monarchie espagnole. Rien, rien n'est omis; la force et la résistance sont calculées; toutes les ressources, toutes les forces du pays indiquées de point en point, ainsi que toutes les maximes à suivre, toutes les alliances à contracter. Le plan est diabolique, mais, en vérité.... d'un génie divin.

FÉRIA.

Quel traître impénétrable!

ALBE.

On fait encore allusion dans cette lettre à un entretien secret que le prince, au soir de sa fuite, doit se ménager avec la reine.

FÉRIA.

Comment? Mais ce serait aujourd'hui.

ALBE.

A minuit. Aussi ai-je déjà donné des ordres en conséquence. Vous voyez que cela presse. Il n'y a pas un moment à perdre.... Ouvrez la porte du roi.

FÉRIA.

Non! L'entrée est interdite.

ALBE.

J'ouvrirai donc moi-même.... Le danger croissant justifie cette audace.... *(Comme il se dirige vers la porte, elle s'ouvre, et le Roi sort.)*

FÉRIA.

Ah! lui-même!

SCÈNE IX.

LE ROI et LES PRÉCÉDENTS. *Tous s'effrayent à son aspect, s'écartent et le laissent respectueusement passer au milieu d'eux. Il s'avance, rêvant tout éveillé, comme un somnambule.... Ses vêtements et toute sa contenance montrent encore le désordre où l'avait jeté son évanouissement. Il passe, à pas lents, devant les grands qui sont présents, et regarde fixement chacun d'eux, sans en reconnaître aucun. Enfin, il s'arrête, pensif, et tient les yeux baissés vers la terre, jusqu'à ce que, peu à peu, l'agitation de son âme se fasse jour.*

LE ROI.

Rends-moi ce mort! Je veux le ravoir : il me le faut.

DOMINGO, *bas au duc d'Albe.*

Parlez-lui.

ACTE V, SCÈNE IX.

LE ROI.

Il me dédaignait et il est mort. Il faut qu'on me le rende. Il faut qu'il ait de moi une autre idée.

ALBE *s'approche avec crainte.*

Sire....

LE ROI.

Qui parle ici? (*Il parcourt longtemps des yeux tout le cercle.*) A-t-on oublié qui je suis? Pourquoi pas à genoux devant moi, créature? Je suis encore roi. Je veux voir la soumission. Tous feront-ils peu de cas de moi, parce qu'un seul m'a méprisé?

FÉRIA.

Le prince Carlos....

LE ROI.

Il avait un ami, qui, pour lui, est allé à la mort,.... pour lui! Avec moi, il eût partagé un royaume.... Comme il me regardait de haut! On ne regarde pas avec tant de fierté du haut d'un trône. Ne voyait-on pas manifestement à quel point il avait conscience du prix de sa conquête? Ce qu'il a perdu, sa douleur le témoigne. On ne pleure ainsi rien de passager.... Pour qu'il vécût encore, je donnerais les Indes. Oh! toute-puissance humaine, inhabile à consoler, qui ne peut pas même allonger le bras jusqu'au tombeau, ni réparer, quand il s'agit de la vie d'un homme, la moindre précipitation! Les morts ne ressuscitent plus! Qui ose me dire que je suis heureux? Dans le tombeau habite un homme qui m'a refusé son estime. Que me font les vivants? Un génie, un homme libre a paru dans tout ce siècle.... un seul.... Il me méprise et meurt.

ALBE.

Notre vie serait donc inutile!... Descendons au tombeau, Espagnols! Jusque dans la mort, cet homme nous enlève le cœur du roi!

LE ROI *s'assied, la tête appuyée sur son bras.*

Ainsi donc il ne serait plus pour moi! Je l'ai aimé.... beaucoup aimé. Il m'était cher, comme un fils. Dans ce jeune homme, une nouvelle et plus belle aurore se levait pour moi. Qui sait ce que je lui réservais? Il était mon premier amour. Que toute l'Europe me maudisse! L'Europe peut me maudire. De lui j'ai mérité de la reconnaissance.

DOMINGO.

Par quel charme....

LE ROI.

Et à qui a-t-il fait ce sacrifice? A un enfant, à mon fils? Non, je ne le croirai jamais. Un Posa ne meurt pas pour un enfant. La pauvre flamme de l'amitié ne remplit pas le cœur d'un Posa. Ce cœur battait pour toute l'humanité. L'objet de son amour, c'était le monde avec toutes les races futures. Pour satisfaire cette passion, il trouve un trône.... et passe devant? Cette haute trahison envers sa chère humanité, un Posa pourrait se la pardonner? Non. Je le connais mieux. Il ne sacrifie pas Philippe à Carlos, mais le vieillard au jeune homme, son disciple. L'astre couchant du père ne paye plus le labeur de cette tâche nouvelle. On la réserve pour le prochain lever de l'astre du fils.... Oh! c'est clair. On attend mon départ.

ALBE.

Lisez dans ces lettres la confirmation de votre pensée.

LE ROI *se lève.*

Il pourrait s'être trompé dans son calcul. Je suis, j'existe encore. Je te rends grâce, nature! Je sens dans mes nerfs la force de la jeunesse. Je veux faire de lui un objet de risée. Je veux que sa vertu n'ait été que la chimère d'un rêveur, qu'il soit mort comme un fou. Que sa chute écrase son ami et son siècle! Voyons comment on se passera de moi. Le monde est encore à moi pour une soirée. Je veux l'employer de telle sorte, cette soirée, qu'après moi, dans dix âges d'homme, aucun planteur ne fasse de récolte sur ce sol brûlé. Il m'a sacrifié à l'humanité, son idole. Que l'humanité paye pour lui!... Et maintenant.... c'est par sa poupée que je commence. (*Au duc d'Albe.*) Que me disiez-vous de l'infant? Répétez-le moi. Que m'apprennent ces lettres?

ALBE.

Ces lettres, Sire, contiennent le dernier legs du marquis de Posa au prince Charles.

LE ROI *parcourt les papiers, pendant que tous les assistants l'observent avec une attention pénétrante. Après avoir lu quelque temps, il les met de côté et parcourt la chambre en silence.*

Qu'on m'appelle le cardinal inquisiteur. Je le prie de me

ACTE V, SCÈNE IX.

donner une heure. (*Un des grands sort. Le Roi reprend les papiers, continue à lire et les dépose de nouveau.*) Cette nuit donc?

TAXIS.

Au coup de deux heures, les chevaux de poste doivent se trouver devant le couvent des Chartreux.

ALBE.

Et des gens que j'ai envoyés ont vu porter au couvent divers effets de voyage, reconnaissables aux armes de la couronne.

FÉRIA.

On dit aussi que l'on se serait procuré chez des agents maures, au compte de la reine, de grandes sommes d'argent, qui doivent être touchées à Bruxelles.

LE ROI.

Où a-t-on laissé l'infant?

ALBE.

Près du corps du chevalier.

LE ROI.

Y a-t-il encore de la lumière dans la chambre de la reine?

ALBE.

De ce côté, tout est tranquille. Elle a aussi congédié ses femmes de chambre plus tôt qu'elle n'a coutume de le faire. Quand la duchesse d'Arcos, qui est sortie la dernière de sa chambre, l'a quittée, elle dormait déjà d'un profond sommeil. (*Un Officier de la garde entre, tire le duc de Féria à part et lui parle à voix basse. Celui-ci se tourne, tout étonné, vers le duc d'Albe; d'autres s'approchent d'eux, et il s'élève un sourd murmure.*)

FÉRIA, TAXIS, DOMINGO, *à la fois.*

C'est étrange!

LE ROI.

Qu'y a-t-il?

FÉRIA.

Une nouvelle, Sire, qui est à peine croyable....

DOMINGO.

Deux Suisses qui reviennent à l'instant de leur poste, rapportent.... C'est ridicule à répéter.

LE ROI.

Eh bien?

ALBE.

Que, dans l'aile gauche du palais, l'ombre de l'empereur est apparue et a passé devant eux d'un pas assuré et solennel. Toutes les sentinelles qui sont répandues dans ce pavillon confirment ce rapport et ajoutent que l'apparition est allée se perdre dans les chambres de la reine.

LE ROI.

Et sous quelle forme est-il apparu?

L'OFFICIER.

Sous le même habit d'hiéronymite qu'il porta en dernier lieu à Saint-Just.

LE ROI.

Comme moine? Et les gardes l'ont donc connu de son vivant? Car, sans cela, comment sauraient-ils que c'est l'empereur?

L'OFFICIER.

Le sceptre qu'il portait à la main leur prouvait que ce ne pouvait être que l'empereur.

DOMINGO.

Et, selon le bruit qui court, on l'aurait déjà vu plusieurs fois sous cette forme.

LE ROI.

Personne ne lui a adressé la parole?

L'OFFICIER.

Personne n'a eu ce courage. Les gardes ont dit leur prière et l'ont laissé passer respectueusement.

LE ROI.

Et l'apparition s'est perdue dans les chambres de la reine?

L'OFFICIER.

Dans l'antichambre de la reine. (*Silence général.*)

LE ROI *se retourne vivement.*

Que dites-vous?

ALBE.

Sire, nous sommes muets.

LE ROI, *après un moment de réflexion, à l'Officier.*

Faites mettre mes gardes sous les armes et fermer toutes les issues de cette aile du palais. J'ai envie de dire un mot à cet esprit. (*L'Officier sort. Aussitôt après un Page entre.*)

LE PAGE.

Sire! le cardinal inquisiteur.

LE ROI, *aux assistants.*

Laissez-nous. (*Le Cardinal grand inquisiteur, vieillard de quatre-vingt-dix ans et aveugle, appuyé sur un bâton et conduit par deux dominicains. Les grands, lorsqu'il passe au milieu d'eux, se prosternent devant lui et touchent le bord de son vêtement. Il leur donne sa bénédiction. Tous s'éloignent.*)

SCÈNE X.

LE ROI *et* LE GRAND INQUISITEUR. *Long silence.*

LE GRAND INQUISITEUR.

Suis-je devant le roi?

LE ROI.

Oui.

LE GRAND INQUISITEUR.

C'est à quoi je ne m'attendais plus.

LE ROI.

Je renouvelle une scène du temps passé. Philippe, l'infant, demande conseil à son instituteur.

LE GRAND INQUISITEUR.

Conseil? Jamais Charles, mon élève, votre illustre père, n'en eut besoin.

LE ROI.

Il n'en était que plus heureux. J'ai commis un meurtre, cardinal, et aucun repos....

LE GRAND INQUISITEUR.

Pourquoi avez-vous commis un meurtre?

LE ROI.

Une imposture, qui est sans exemple....

LE GRAND INQUISITEUR.

Je la connais.

LE ROI.

Que connaissez-vous? Par qui? Depuis quand?

LE GRAND INQUISITEUR.

Je sais depuis des années ce que vous savez depuis le coucher du soleil.

LE ROI, *avec surprise.*

Vous aviez déjà connaissance de cet homme?

LE GRAND INQUISITEUR.

Sa vie, depuis le commencement jusqu'à la fin, est écrite sur les registres sacrés de la *Santa Casa*.

LE ROI.

Et il circulait librement?

LE GRAND INQUISITEUR.

La corde au bout de laquelle il voltigeait était longue, mais ne pouvait rompre.

LE ROI.

Il a franchi les limites de mon empire.

LE GRAND INQUISITEUR.

En quelque lieu qu'il fût, j'y étais aussi.

LE ROI *va et vient avec humeur*.

On savait dans la main de qui j'étais.... Pourquoi tardait-on à m'avertir?

LE GRAND INQUISITEUR.

Je retourne la question.... Pourquoi ne vous êtes-vous pas informé, quand vous vous jetiez dans les bras de cet homme? Vous le connaissiez. Un regard vous a démasqué l'hérétique.... Qu'est-ce qui a pu vous décider à soustraire cette victime au saint-office? Se joue-t-on ainsi de nous? Si la Majesté Royale s'abaisse au rôle de recéleuse.... si, derrière notre dos, elle s'entend avec nos pires ennemis, qu'advient-il de nous? Si un seul peut trouver grâce, de quel droit cent mille ont-ils été sacrifiés?

LE ROI.

Il est aussi sacrifié.

LE GRAND INQUISITEUR.

Non, il est assassiné.... sans gloire, criminellement.... Le sang qui devait couler glorieusement en notre honneur a été versé par la main d'un meurtrier. Cet homme était à nous.... Qu'est-ce qui vous autorisait à porter la main sur les biens sacrés de notre ordre? Il était là pour mourir par nous. C'était un don de Dieu, conforme aux besoins de ce temps : Dieu voulait, dans la solennelle flétrissure d'un tel génie, donner en spectacle l'orgueilleuse raison. Tel était mon plan longtemps mûri. Et maintenant, la voilà renversée, l'œuvre de tant d'années. Il nous est dérobé, et vous n'en avez, vous, que des mains sanglantes.

ACTE V, SCÈNE X.

LE ROI.

La passion m'a entraîné. Pardonne-moi!

LE GRAND INQUISITEUR.

La passion?... Est-ce Philippe, l'infant, qui me répond? Suis-je seul devenu un vieillard? La passion! (*Secouant la tête avec humeur.*) Déclare les consciences libres dans ton empire, quand tu portes toi-même tes propres chaînes.

LE ROI.

En pareille matière, je suis encore un novice. Aie de la patience avec moi.

LE GRAND INQUISITEUR.

Non! Je ne suis pas content de vous.... Démentir ainsi tout le cours passé de votre règne! Où était donc alors ce Philippe dont l'âme ferme, pareille à l'étoile qui est le pivot des cieux, tourne sur elle-même, d'un cours immuable et éternel? Tout le passé s'était-il abîmé derrière vous? Le monde, dans ce moment où vous lui tendiez la main, n'était-il plus le même? Le poison n'était-il plus poison? Le mur de séparation entre le bien et le mal, le vrai et le faux, était-il tombé? Qu'est-ce que la résolution, la constance, la foi virile, si, dans une seule minute de tiédeur, une règle de soixante ans se fond comme un caprice de femme?

LE ROI.

Je lisais dans ses yeux.... Pardonne-moi cette rechute dans l'humaine faiblesse. Le monde a un accès de moins à ton cœur. Tes yeux sont éteints.

LE GRAND INQUISITEUR.

Qu'aviez-vous affaire de cet homme? Que pouvait-il avoir à vous montrer de nouveau, à quoi vous ne fussiez préparé? Connaissez-vous si peu l'enthousiasme des rêveurs et l'innovation? Le langage orgueilleux des réformateurs du monde était-il pour votre oreille un son si inaccoutumé? Si des mots suffisent pour renverser l'édifice de votre conviction.... de quel front, je le demande et dois le demander, avez-vous pu signer l'arrêt de mort de cent mille âmes faibles qui n'avaient rien fait de pis pour monter sur le bûcher?

LE ROI.

Je voulais un homme. Ces Domingo....

LE GRAND INQUISITEUR.

Pourquoi des hommes? Les hommes ne sont pour vous que des nombres, rien de plus. Faut-il que je fasse épeler à mon élève à cheveux gris les éléments de l'art des monarques? Que le Dieu de la terre apprenne à se passer de ce qui peut lui être refusé. Soupirer après la sympathie d'autrui, n'est-ce pas reconnaître que ce monde possède votre semblable? Et quels droits, je voudrais l'apprendre, avez-vous à faire valoir, pour dominer sur vos semblables?

LE ROI *se jette dans un fauteuil.*

Je suis un homme faible et petit, je le sens.... Tu exiges de la créature ce qui n'est possible qu'au créateur.

LE GRAND INQUISITEUR.

Non, Sire, on ne me trompe pas. Je lis au dedans de vous.... Vous vouliez nous échapper. Les lourdes chaînes de notre ordre vous pèsent; vous vouliez être libre et seul. (*Il s'arrête. Le Roi se tait.*) Nous sommes vengés.... Rendez grâces à l'Église qui se contente de vous punir en mère. Le choix qu'on vous a laissé faire à l'aveugle a été votre châtiment. Vous êtes instruit. Maintenant, revenez à nous.... Si je n'étais pas en ce moment devant vous.... par le Dieu vivant!... vous eussiez ainsi paru devant moi demain.

LE ROI.

Pas un tel langage! Modère-toi, prêtre! Je n'endure pas cela. Je ne peux m'entendre parler sur ce ton.

LE GRAND INQUISITEUR.

Pourquoi évoquez-vous l'ombre de Samuel?... J'ai donné deux rois au trône d'Espagne et j'espérais laisser une œuvre solidement fondée. Je vois que le fruit de ma vie est perdu. Don Philippe lui-même ébranle mon édifice. Et maintenant, Sire.... pourquoi suis-je mandé? Qu'ai-je à faire ici?... Je n'ai point envie de réitérer cette visite.

LE ROI.

Une tâche encore, la dernière.... puis tu pourras t'en aller en paix. Que le passé soit passé et la paix conclue entre nous.... Nous sommes réconciliés?

LE GRAND INQUISITEUR.

Si Philippe s'incline avec humilité.

ACTE V, SCÈNE X.

LE ROI, *après une pause.*

Mon fils médite une révolte.

LE GRAND INQUISITEUR.

Que décidez-vous ?

LE ROI.

Rien.... ou tout....

LE GRAND INQUISITEUR.

Et ici que veut dire « tout ? »

LE ROI.

Je le laisserai fuir, si je ne puis le faire mourir.

LE GRAND INQUISITEUR.

Eh bien, Sire ?

LE ROI.

Peux-tu me fonder un nouveau dogme qui justifie le meurtre sanglant d'un fils ?

LE GRAND INQUISITEUR.

Pour apaiser l'éternelle justice, le fils de Dieu est mort sur la croix.

LE ROI.

Tu veux établir cette opinion dans toute l'Europe ?

LE GRAND INQUISITEUR.

Partout où l'on révère la croix.

LE ROI.

Je commets un attentat contre la nature.... Comptes-tu aussi réduire au silence cette voix puissante ?

LE GRAND INQUISITEUR.

Devant la foi, la voix de la nature est sans pouvoir.

LE ROI.

Je dépose en tes mains ma fonction de juge.... Puis-je rester absolument à l'écart ?

LE GRAND INQUISITEUR.

Livrez-le-moi.

LE ROI.

C'est mon fils unique.... Pour qui ai-je amassé ?

LE GRAND INQUISITEUR.

Plutôt pour les vers de la tombe que pour la liberté.

LE ROI *se lève.*

Nous sommes d'accord. Venez.

LE GRAND INQUISITEUR.

Où?

LE ROI.

Recevoir de mes mains la victime. (*Il l'emmène.*)

SCÈNE XI.

Chambre de la Reine.

CARLOS, LA REINE, *à la fin* **LE ROI** *et sa suite.*

CARLOS, *en habit de moine, un masque sur le visage, qu'il ôte à ce moment même, une épée nue sous le bras. Il fait nuit sombre. Il s'approche d'une porte, qui s'ouvre. La Reine sort en déshabillé de nuit, avec un flambeau allumé. Carlos met un genou en terre devant elle.*

Élisabeth!

LA REINE, *le contemple avec une muette douleur.*

C'est ainsi que nous nous revoyons?

CARLOS.

C'est ainsi que nous nous revoyons! (*Un moment de silence.*)

LA REINE *cherche à se contenir.*

Lèverez-vous! Ne nous amollissons pas l'un l'autre, Charles. Le grand homme qui n'est plus ne veut pas être honoré par des larmes impuissantes. Que les larmes coulent pour de moindres souffrances!... Il s'est sacrifié pour vous. De sa précieuse vie il a acheté la vôtre.... Et ce sang aurait coulé pour une vaine chimère?... Carlos! j'ai moi-même répondu de vous. Sur ma caution, il a quitté ce monde avec plus de joie. Ferez-vous de moi une menteuse?

CARLOS, *avec enthousiasme.*

Je veux lui élever un mausolée, tel que jamais roi n'en a eu de pareil.... Il faut qu'un paradis fleurisse sur sa cendre!

LA REINE.

Voilà comme je vous désirais! C'était là la grande pensée de sa mort! C'est moi qu'il a choisie pour être l'exécutrice de sa dernière volonté. Je vous somme en son nom. Je veillerai à l'accomplissement de ce serment.... Et en mourant il a encore déposé un autre legs dans ma main.... Je lui ai donné ma parole.... et.... pourquoi le tairais-je? Il m'a légué son Charles.... Je brave l'apparence.... je ne veux plus trembler devant les hommes, non, je veux être hardie, comme un ami. Mon cœur parlera. Il appelait notre amour vertu? Je l'en crois et ne veux plus que mon cœur....

CARLOS.

N'achevez pas, reine.... J'ai rêvé un long et pénible rêve. J'aimais.... Maintenant, je suis éveillé. Que le passé soit oublié! Voici vos lettres que je vous rends. Détruisez les miennes. Ne craignez plus de moi aucun emportement du cœur. C'en est fait. Un feu plus pur a transformé mon être. Ma passion habite dans les sépulcres des morts. Aucun désir mortel ne partage plus mon cœur. (*Après un moment de silence, lui prenant la main.*) Je suis venu pour prendre congé. Ma mère, enfin je reconnais qu'il est un bien plus grand, plus désirable, que celui de te posséder.... Une courte nuit a imprimé l'essor au cours languissant de mes années, et m'a donné avant le temps la maturité virile. Je n'ai plus, pour cette vie, d'autre tâche que de me souvenir de lui. Toutes mes récoltes sont faites.... (*Il s'approche de la Reine, qui se cache le visage.*) Ne me dites-vous rien, rien, ma mère?

LA REINE.

N'ayez pas égard à mes larmes, Charles.... Je ne puis faire autrement.... Mais, croyez-moi, je vous admire.

CARLOS.

Vous étiez la seule confidente de notre alliance.... A ce titre, vous resterez pour moi ce que j'ai de plus cher dans le monde entier. Quant à mon amitié, je ne puis pas plus vous la donner désormais, que je n'aurais pu donner hier mon amour à une autre femme.... Mais, assurément, la royale veuve me sera sacrée, si la Providence me place sur ce trône. (*Le Roi, accompagné du Grand Inquisiteur et des grands de sa suite, paraît dans le fond, sans être aperçu.*) Maintenant, je quitte l'Espagne, et je ne reverrai plus mon père.... plus jamais dans cette vie. Je ne l'estime plus. La nature est morte dans mon sein.... Redevenez pour lui une épouse. Il a perdu un fils. Rentrez dans le cercle de vos devoirs.... Je cours sauver des mains de la tyrannie mon peuple opprimé. Madrid ne me reverra que roi, ou jamais. Et maintenant pour le dernier adieu.... (*Il l'embrasse.*)

LA REINE.

Oh! Charles! que faites-vous de moi?... Je n'ose pas m'élever jusqu'à cette virile grandeur; mais vous comprendre et vous admirer, je le puis.

CARLOS.

Ne suis-je pas fort, Élisabeth? Je vous tiens dans mes bras et ne faiblis point. Hier encore, les terreurs de la mort prochaine n'auraient pu m'arracher de cette place. (*Il la quitte.*) Mais cela est passé. Maintenant, je brave toutes les destinées de la vie mortelle. Je vous ai tenue dans mes bras, et je n'ai point faibli... Silence! N'avez-vous pas entendu quelque chose? (*Une horloge sonne.*)

LA REINE.

Je n'entends rien que la terrible cloche qui sonne notre séparation.

CARLOS.

Bonne nuit donc, ma mère! C'est de Gand que vous recevrez ma première lettre, qui fera connaître le secret de nos relations. Je vais maintenant agir ouvertement avec don Philippe. Je veux que désormais il n'y ait plus rien de secret entre nous. Vous n'avez plus besoin de redouter les yeux du monde.... Que ceci soit ma dernière tromperie. (*Il veut reprendre le masque. Le Roi s'est avancé entre eux.*)

LE ROI.

C'est ta dernière! (*La Reine tombe évanouie.*)

CARLOS *court à elle et la reçoit dans ses bras.*

Est-elle morte? O ciel et terre!

LE ROI, *froid et calme, au Grand Inquisiteur.*

Cardinal, j'ai rempli ma tâche. Accomplissez la vôtre. (*Il sort.*)

FIN DE DON CARLOS.

APPENDICE.

VARIANTES ET PIÈCES DIVERSES

RELATIVES A DON CARLOS.

Il existe cinq versions, notablement diverses, de la première moitié de *Don Carlos*, et trois de la seconde :

1° Celle que Schiller a publiée dans les quatre premiers cahiers de la *Thalie du Rhin* (1785 à 1787), et qui va jusqu'à la moitié du troisième acte. Elle est très-différente, pour le plan comme pour l'exécution, de la forme définitive de la pièce, telle que nous la voyons dans les Œuvres complètes. Quelques scènes n'y sont qu'indiquées, par des résumés et des fragments.

2° La première édition complète (1787). Quelques-unes des scènes contenues dans la *Thalie* y sont supprimées ou remplacées par d'autres. D'autre part, certaines lacunes sont comblées et les esquisses développées, au moins celles que le poëte voulait garder dans la nouvelle économie de son drame. Malgré ces additions, la première moitié, déjà publiée, se trouve considérablement réduite et abrégée. Elle avait, dans la *Thalie*, sans tenir compte des scènes non rédigées et simplement indiquées, 4441 vers; dans l'édition de 1787, elle n'en a plus que 3379. Le commencement du troisième acte a changé de place. Il s'ouvre, dans la première version du drame, par la scène entre Carlos et le prieur des Chartreux, qui est maintenant la quatorzième du second acte; dans la nouvelle, comme dans toutes celles qui l'ont suivie, par le monologue du roi.

3° et 4° Les éditions de 1802 et 1804, qui ne diffèrent l'une de l'autre que par un fort petit nombre de changements, mais qui diffèrent, toutes deux, des précédentes par de nombreuses réductions et suppressions, surtout dans la seconde moitié, et par une transposition de scènes au quatrième acte. C'est l'édition de 1804 qui est reproduite dans les Œuvres complètes et que nous avons traduite.

5° La rédaction en prose que Schiller fit en 1785 pour le théâtre de Leipzig. Elle a été publiée, en 1809, par Albrecht, directeur du théâtre de Hambourg. M. Boas en a donné une nouvelle édition, en 1840, dans ses *Suppléments aux œuvres de Schiller*, d'après une copie du manuscrit que l'on garde aux archives du théâtre de Dresde. Pour la fin de la pièce, cette rédaction en prose est le premier jet de Schiller; car, lorsqu'il l'entreprit, il n'avait pas encore achevé son drame en vers. Aussi, à partir de la scène huitième du cinquième acte, la différence est-elle très-grande entre cette version et celles qui la suivirent.

Dans le reste du drame, l'édition en prose se tient assez près de l'édition complète de 1787; cependant il y a bien des parties abrégées, et quelques suppressions.

Nous choisirons, entre les variantes que nous offrent ces diverses formes de *don Carlos*, quelques-unes de celles qui nous paraissent les plus importantes, et les plus propres à montrer les modifications apportées successivement au premier plan du drame, et le changement qui s'était fait, durant ce long enfantement, dans le goût et la manière de l'auteur.

ACTE PREMIER.

Voici quelle est, dans la *Thalie*, la forme de la première scène. C'est, de toutes les scènes conservées, celle qui a subi les plus grands changements, dès la seconde édition.

Les jardins royaux d'Aranjuez.

PREMIER TABLEAU.

Une agréable perspective d'allées d'orangers, de bocages, de statues, d'urnes et de jets d'eau. La lumière est distribuée de telle façon que le devant de la scène demeure sombre, tandis que le fond est clair et riant.

SCÈNE I.

CARLOS, *sortant de sombres bocages, s'avance lentement et plongé dans ses pensées. Sa figure bouleversée trahit la lutte de son âme; de temps en temps il s'arrête timidement, comme s'il prêtait l'oreille à quelque chose. Le hasard le conduit devant la statue de Byblis et de Caunus*[1]; *il s'arrête pensif devant elle. Pendant ce temps, derrière la scène, on entend une musique champêtre de flûtes et de hautbois, qui se perd peu à peu dans le lointain. Le Prince quitte la statue dans une grande agitation; on voit la tristesse et la fureur alterner dans ses mouvements; il court violemment çà et là, et à la fin tombe épuisé sur un canapé. Cependant le Père* DOMINGO *se montre dans le fond et s'arrête quelque temps à l'observer. Enfin il s'approche; Carlos s'éveille au bruit et se lève vivement d'un air d'humeur.*

CARLOS.

L'archiespion me poursuit partout comme les jugements de Dieu.... Que voulez-vous? Qui cherchez-vous ici?... C'est par là, autant que je puis savoir, que le roi s'est retiré avec la cour.

DOMINGO.

Le roi, prince, et tous les grands sont réunis dans le bois de citronniers. La joie est générale; pour y mettre le comble, il ne manque plus que Carlos.

1. La fable de Caunus et de sa sœur Byblis est racontée fort diversement; mais le fond commun de tous les récits est l'amour incestueux du frère et de la sœur et les malheurs qui en furent la suite.

APPENDICE.

CARLOS.

Pour l'empoisonner soudain ? Le roi Philippe est-il déjà las de sa bonne humeur, qu'il invite à sa table les serpents attachés à son fils ?

DOMINGO.

Cela passe mon intelligence, prince. La plus belle journée de printemps.... les riants jardins.... et tout autour la campagne émaillée de fleurs. Le ciel lui-même lutte avec le paysage, l'art avec la nature, pour vous égayer. Semblable à un paradis, le superbe séjour d'Aranjuez nous rit de toutes parts, et pourtant dans vos yeux pas une trace de joie !

CARLOS.

Dans ton riant Aranjuez, Carlos ne voit rien.... que son âme sombre

DOMINGO.

Mais ce chagrin énigmatique, que nous lisons depuis longtemps déjà dans vos yeux, qui est la terreur de votre empire et le secret de toute la cour, a déjà arraché mainte larme aux yeux du roi, votre père.

CARLOS.

En coule-t-il pour cela une de moins des miens ? Ce cœur se guérit-il peut-être quand le sien saigne ? N'a-t-il que des larmes pour son fils unique ?... Le mendiant en donne aussi sans doute à son enfant. Qu'il tire donc, ne fût-ce qu'une goutte de pavot des mines inépuisables de son Pérou, pour endormir la douleur dans ce sein ! Qu'il offre donc le magnifique tribut que la mer, son terrible vassal, lui envoie docilement des deux Indes, et qu'il voie si, à ce prix, il pourra gagner le bourreau de son Charles.... Regardez autour de vous.... Ce paradis, votre grand roi l'a appelé dans un affreux désert.... Qu'il appelle donc.... son Carlos l'en prie.... un sourire sur mon visage.

DOMINGO.

Il le fera. Seulement *rompez cet horrible silence*, seulement *ouvrez votre cœur au cœur paternel* [1]. Le *désir* que Charles confiera à Philippe, le roi le lui *accordera*.

CARLOS.

Fera-t-il cela ?... Malheur à moi ! Et quand il le voudrait.... le peut-il ? Et quand je le demanderais dans les dernières convulsions de l'agonie ?... quand ce vœu exaucé pourrait ramener du séjour de la tombe mon esprit déjà envolé ?.... Jamais !

DOMINGO.

Je tremble, prince.... Que me dit cette énigme ?

CARLOS.

Ne suis-je pas le fils d'un grand roi ? Je partage mon père avec des hémisphères, et pourtant il faut que dans un seul vœu ce grand fils de roi se consume à en mourir. Oh ! quel vœu !... et cependant.... je puis le dire, je demande peu.... je ne demande que ce que je puis étreindre de ces deux bras....

---

1. Voy. p. 3. — Ce qui, dans le dialogue, est imprimé en italique a été conservé par Schiller dans la dernière rédaction du drame.

DOMINGO.

Comment ? Serait-il possible, prince ? *Y aurait-il encore quelque désir ?* etc. *Je suis satisfait* [1].

CARLOS, *après quelques moments de profonde réflexion.*

Cette heure, je ne l'oublierai jamais.... Avec cette heure, ma vie a commencé.... Elle a fui.... ma vie a été finie.

DOMINGO.

Finie, prince ?.... Un faible avant-goût d'un royal avenir....

CARLOS.

Elle est finie. Quand l'enfant déjà rêvait de diadèmes, que peut désirer le jeune homme ?

DOMINGO, *qui le regarde en l'épiant.*

De les porter.

CARLOS.

Homme téméraire.... vous parlez au fils du roi Philippe. Plus un mot de cela.... Je frissonne à la pensée de cette aurore qui ne pourra luire à mes yeux que derrière le cercueil de mon père.

DOMINGO.

Et pourtant, noble prince.... si Carlos désire sans espoir, quelle autre chose.... quelle autre qu'une couronne peut-il désirer ? Le monde est grand.... le bras des rois s'étend loin....

CARLOS.

Là il se brise.

DOMINGO.

Et le bras de l'Église aussi ? Oh ! parlez.... *Philippe ne peut payer trop cher le repos de son fils* [2].

CARLOS.

Non ! pas même si mon désir insensé visait droit à son cœur ? Pas même si cette soif impie ne pouvait être étanchée que par le crime le plus affreux, qui ferait reculer d'effroi et frissonner d'horreur la nature outragée ?

DOMINGO.

Cela est épouvantable, prince.

CARLOS.

Maintenant, vous savez tout.... Allez, et n'y pensez jamais.... Là finit la grandeur de Philippe. Son ordre peut-il faire que les astres rétrogradent, que le nord et le sud s'embrassent ?... Une loi éternelle, terrible, gravée avec le sang dans notre cœur.... la règle inflexible, immuable de la nature, se dresse contre moi, barrière menaçante que nulle puissance ici-bas ne peut renverser.

DOMINGO.

Je demeure stupéfait.... Quelle horreur monstrueuse gît ici cachée, si l'espoir même de tant de trônes n'a plus aucun charme ?

1. Voy. p. 3 et 4. Dans ce morceau, qui en allemand forme treize vers, il n'y a entre le texte de la *Thalie* et celui des éditions complètes qu'une seule différence digne de remarque. Au lieu des mots « que des princes se pressaient à son baise-main, » Schiller avait écrit d'abord : « que des princes à cheveux gris allaient en chancelant à son baise-main. »

2. Voy. p. 3.

CARLOS.

En vain votre esprit la voudrait pénétrer. Il faudrait que, comme moi, couronné roi dans le sein de votre mère, vous eussiez été élevé dans la région du trône et allaité par la Fortune même, pour pouvoir comprendre ce qui torture un prince.

DOMINGO.

C'est étrange.... et, chose plus étrange encore!... c'est que votre mère, la reine, tient le même langage....

CARLOS *éclate violemment.*

Que dis-tu? « Mère !... » Maudit soit ce mot sur tes lèvres! maudit soit ce nom et banni de la création !

DOMINGO.

Prince !

CARLOS, *allant et venant, dans une grande agitation.*

Elle, ma mère?... Va, malheureux, tu m'as lancé sans pitié sur un mur.... Elle, ma mère !.... « Mère, » as-tu dit ? *O ciel! fais que je pardonne à celui qui en a fait ma mère*[1] *!*

DOMINGO.

Ce sont les plus sacrés de tous les liens, contre lesquels ici vous blasphémez.

CARLOS.

Des chaînes.... voulez-vous dire. Il n'est pas plus terrible, prenez-y garde, le bruit de celles qui résonnent dans l'abîme infernal... Les galères vous lâchent.... la tombe vous laisse libre.... les chaînes de la damnation à la fin se brisent.... Ces liens-là, jamais ! La tendresse de toutes les mères qui ont été et qui viendront encore ne pourra réparer de toute éternité le mal que m'a fait cette seule mère.

DOMINGO.

Qu'entends-je? Mes oreilles me trompent-elles? Un songe m'a-t-il déçu? *Toute l'Espagne aime sa reine jusqu'à l'adoration.... prince.... et vous seul vous la poursuivriez d'une telle haine*[2] *?*

CARLOS *est revenu à lui et paraît interdit.*

DOMINGO.

C'est impossible, prince.... vous ne pouvez si brusquement démentir la voix de l'Espagne; l'ardent jeune homme, si enthousiaste, si ouvert à tout ce qui est beau, ne peut dégénérer si monstrueusement! Quoi? prince.... *la plus belle femme du monde*[1]*,* reine au premier aspect et sans trône, qui à peine a vécu vingt-deux printemps, et femme d'un vieillard.... formée par la nature pour la tendresse, pour le plaisir.... attachée à la galère tyrannique d'un hymen sans joies.... Française de naissance.... et reine.... et déclarée *naguère votre fiancée? Impossible, prince! incroyable! jamais*[1] *!* Où jeunes et vieux brûlent sans espoir, Carlos ne peut, avec toute espérance, demeurer glacé. *Ce que tous aiment, Carlos ne peut être seul à le haïr; Carlos ne saurait être dans une si singulière contradiction avec lui-même*[3]*.* Non, prince.... je le jure

---

1. Voy. p. 4. — 2. Comparez p. 4. — 3. Voy. p. 4 et 5.

par l'âme de votre mère.... L'étrange énigme de votre chagrin, la reine..., je gage.... la peut résoudre. Prenez garde, prince, qu'elle apprenne jamais à quel point elle déplaît à son fils. La nouvelle lui serait douloureuse [1].

CARLOS, *qui pendant tout ce discours a tenu les yeux fixés malignement sur lui.*

Pensez-vous [?]

DOMINGO.

Et extrêmement inattendue.... En vérité, prince, depuis longtemps déjà on se murmure à l'oreille, sur votre compte, la plus plaisante histoire. Si vous voulez bien vous souvenir encore du dernier tournoi de Saragosse, où une lance effleura notre roi. *La reine était assise avec ses dames sur le plus haut balcon du palais, et regardait*, etc. *en reprenant haleine* [1].

CARLOS, *avec une indifférence factice, après s'être promené vivement sur la scène pendant quelque temps.*

Vous me dites, ami, des choses étranges.

DOMINGO.

Mais rien, je pense, qui vous surprenne. (*S'approchant du Prince avec une sorte d'intimité.*) Que je serais heureux, prince, si je pouvais en retour lire dans votre âme !

CARLOS.

Soit, très-révérend père.... A votre ministère on ne cache rien.... N'affichez-vous pas votre vertu sur votre habit?.... Ce n'est pas en vain que vous tenez la clef de toutes les consciences, ni en vain, je pense, que le roi Philippe vous a confié la comptabilité de tous les péchés des princes du sang.

DOMINGO.

Il est aussi, prince, des souhaits favoris au sujet desquels on ne prend pas pour juge la conscience.

CARLOS.

Oui, sans doute, il est de tels souhaits, mais ce sont des mystères qui ne peuvent absolument pas souffrir le bavardage.

DOMINGO.

Le bavardage, prince, est la plus punissable transgression de mon ministère.

CARLOS.

Eh ! je sais, très-révérend père, je sais parfaitement avec quelle fidélité vous taisez au monde ce que Dieu peut vous dire en confidence.

DOMINGO.

Comme aussi ce que me confessent les agneaux qui me sont confiés.

CARLOS, *après avoir réfléchi quelques instants.*

Un seul mot encore.... avant que mon cœur tout entier se livre à vous en toute foi et confiance.... Il faut, mon père, pardonner la méfiance au sang de Philippe, et aucun ami ne me quitte sans avoir subi une épreuve.

1. Voy. p. 6.

DOMINGO.

Je n'en redoute aucune.

CARLOS.

Un rien.... vous allez rire peut-être.... mais qui me donnera l'entière assurance de votre discrétion. Écoutez-moi.

DOMINGO.

Je suis impatient de vous entendre.

CARLOS.

Dans les profondeurs de la Sierra Morena, on montre un puits, qui aujourd'hui est à sec, où un ancien roi de Castille a caché ses trésors, lorsque la crainte des Maures se répandit en Espagne.... Au fond, bien bas, est placée une grande dalle noire, sous laquelle, à ce qu'on raconte, un sourd bruit d'or se fait entendre trois nuits avant la fête de la Résurrection, et cet or on peut alors l'enlever. Celui qui descend dans ce puits avec un cœur pur enlève la lourde dalle comme un grain de sable ; mais à peine, continue l'oracle, un coquin l'a-t-il touchée de noirs bubons couvrent la main du pervers, et le trésor irrité s'enfonce plus bas, de la hauteur d'une tour.

DOMINGO.

Sérieusement, mon prince, raconte-t-on ainsi la chose en effet?

CARLOS.

Aussi vrai que vous êtes honnête.... On va jusqu'à nommer des téméraires qui étaient déjà suspendus dans le seau pour aller défier le fantôme.... Mais tout à coup la crainte les saisit, et ils s'estimèrent heureux de sortir vivants du puits. Que vous en semble, mon pieux père?... Vous et moi.... nous pourrions bien risquer l'aventure, nous fiant à notre bonne conscience?

DOMINGO.

Nous?... Jamais! Le ciel nous en préserve tous deux, prince !... Que le faible mortel ne tente pas le démon.... Ce mammon peut rester où il est.... Pardon, prince.... Aussi bien n'aimerais-je pas à me mêler des affaires du monde souterrain.

CARLOS, *reculant avec indignation.*

Ah ! c'est ainsi, scélérat?... Et tu veux approcher de mon cœur la baguette divinatoire, pour qu'elle t'avertisse où gît le charme?... Tu recules devant des épouvantails que l'imagination fiévreuse a cousus ensemble.... et tu es assez impudent pour descendre, de ruse en ruse, dans l'abîme de mon cœur, et pour y épier des pensées plus respectables que les mystères du monde souterrain?... Misérable! Malheur à toi-même!... Où.... si ta coquinerie te réussissait.... où te cacherais-tu? Ton âme, si elle devait rencontrer la mienne, se tapirait dans le cerveau d'une huître!

DOMINGO.

Prince! vous me méconnaissez.

CARLOS.

Je te connais. N'es-tu pas le moine dominicain qui, sous le froc terrible de l'ordre, a fait le courtage d'âmes humaines? Me trompé-je? N'est-ce pas toi qui as vendu argent comptant les secrets de la confession? N'est-ce pas toi qui, sous le masque de Dieu, as éteint dans la couche du prochain de brutales ardeurs, qui as apaisé ta soif brûlante avec l'or d'autrui, qui as dévoré le pauvre et sucé la substance du riche? N'est-ce pas toi qui, sans humanité, vrai chien de boucher du saint office, as poussé les veaux gras sous le couteau? N'es-tu pas le bourreau qui, après-demain, à la honte du christianisme, doit célébrer au nom de ta foi la fête des flammes, et, en l'honneur de Dieu, donner à l'enfer un festin maudit? Me trompé-je? N'es-tu pas ce démon que l'unanime clameur du peuple, du peuple qui communément prend plaisir au spectacle des supplices et se repaît de la vue des bûchers, que l'unanime hurlement de l'humanité a chassé de l'ordre profané?...

DOMINGO.

Est-il possible, prince? Réfléchissez qui je....

CARLOS.

O Dieu! je sens que mon sang échauffé m'a trahi, m'a livré à mon plus terrible ennemi; que je pourrai, au dernier jour, obtenir pitié du ciel pour un blasphème contre Dieu.... mais non pitié de toi pour cette vérité.... Je sais d'avance que le roi Philippe, que tu mènes en laisse au ciel et à l'enfer, prêtera son bras à ta vengeance.... que j'aurais à craindre la peine la plus terrible, si déjà la plus terrible n'était cachée dans mon sein.

DOMINGO.

Que je vous plains, mon pauvre prince! Vous-même, vous torturez votre cœur par de vides et vaines imaginations.

CARLOS.

Oh! je sais bien, trop bien, etc. qu'il n'a jamais payé une bonne action[1]. Je sais qu'il donnerait peut-être pour mon secret la plus noble province du royaume, je sais qu'il redoute plus ce faible adolescent que l'Europe coalisée, et je conviens qu'il a raison. *(Il veut sortir.)*

DOMINGO.

Où allez-vous, mon prince? Dois-je retourner auprès du roi avec ce rapport énigmatique?

CARLOS.

Allez et rapportez à celui qui vous a envoyé, que ce n'est pas tout à fait en vain.... Carlos le lui fait dire.... qu'il a jeté la ligne, mais qu'il pourrait aisément se faire qu'il tirât au rivage plus qu'il n'eût voulu trouver. On parle de basilics dont la simple vue empoisonne.... Qu'il laisse mon secret en paix. Le jour qui le devoilera sera le dernier de son repos.

DOMINGO.

Le dernier?

CARLOS.

O roi digne de pitié! non moins à plaindre que ton fils[2]!... Déjà je vois dans l'avenir.... Déjà je les vois, les deux serpents affreux, la crainte et le soupçon, consumer ton âme.... Ta malheureuse curiosité veut précipiter la plus terrible des découvertes, et tu pleureras quand tu l'auras faite[2]. Ton or peut s'épuiser.... tes armées périr dans de sanglantes batailles....

1. Voy. p. 6. — 2. Voy. p. 7.

tes flottes s'engloutir dans les tempêtes.... tes peuples briser tes rênes....
tes trônes crouler sous toi.... Tu n'as rien perdu, si ton cœur te reste.
Mais là, là, hélas! te menace une blessure par laquelle les rois aussi
perdent tout leur sang, qui brûle éternellement sans s'éteindre, pour laquelle il ne croit pas de baume dans tous les États.... Cette blessure ne
te fait pas de mal encore; si jamais tu n'en sais l'existence, jamais elle
ne t'en fera. (*Vivement à Domingo, et d'un ton très-significatif.*) Laissez
en paix mon secret. Je vous ai averti. (*Le Dominicain s'éloigne. Carlos
l'accompagne des yeux jusqu'à ce qu'il ait disparu; puis il se livre à d'inquiètes réflexions et se reproche d'avoir donné trop de prise à ce prêtre
astucieux. Au moment de se retirer, il voit descendre par l'allée son ancien ami d'académie, don Rodrigue, marquis de Posa, qui vient d'arriver
de Bruxelles à Aranjuez.*)

Je ne note pas les autres différences, quelque considérables qu'elles soient,
que présente, pour le reste du premier acte, la comparaison de l'édition primitive avec les suivantes. Les scènes VII et VIII, dans la *Thalie*, ne sont point
écrites en vers; le contenu en est seulement indiqué en prose. À l'esquisse de
la septième sont joints deux vers prononcés par Carlos :

Je sens je ne sais quoi de divin dans chacune de mes veines.... tant a
été puissant l'aspect de ma reine!

ACTE DEUXIÈME.

D'après le premier plan, le second acte devait commencer par une scène que
Schiller résume ainsi dans la *Thalie* :

L'auto-da-fé, auquel la famille royale et toute la cour ont assisté, est
terminé, et Philippe revient au palais, accompagné de ses grands et des
inquisiteurs. Un évanouissement de la reine l'a forcée de quitter avant la
fin l'*acte de foi*. Le cardinal grand inquisiteur Spinola présente au monarque une épée bénie, que le pape lui envoie, au nom de toute la chrétienté catholique, comme au défenseur de l'Église romaine et à l'exécuteur du jugement de Dieu. Philippe baise l'épée et se la fait ceindre par
le duc d'Albe. Le cardinal profite de l'occasion pour rapporter au roi
quelques exclamations équivoques qui étaient échappées au prince Carlos pendant l'horrible fête, et qui contenaient des menaces contre le tribunal de l'inquisition. Le roi recommande aux saints pères d'ouvrir un
œil vigilant sur les opinions religieuses de son fils.
Cependant le prince se fait annoncer chez le roi par le comte de Lerme,
et le prie de lui accorder une audience extraordinaire. Les courtisans et
les inquisiteurs sont effrayés, et attendent avec inquiétude la réponse du
roi. Celui-ci congédie le comte de Lerme avec l'ordre d'introduire l'infant, et il fait signe à sa suite de s'éloigner, mais ordonne au duc d'Albe
de rester.

Il ne paraît pas que cette scène ait jamais été mise en dialogue et rédigée en vers. Dès la seconde édition, le deuxième acte s'ouvre par l'audience de Carlos.

La scène VII (dans la première édition VIII, p. 49 de notre traduction) commence par cinq strophes d'une ballade intitulée *Alkansor et Zaïde*, et extraite d'un recueil d'anciennes poésies anglaises et écossaises, composé par Ursinus. La princesse d'Éboli la chante en s'accompagnant du luth. Après avoir congédié le page, elle la reprend au commencement de la scène VIII (p. 52).

A la suite du monologue de la princesse d'Éboli (scène IX de notre traduction, p. 63), il y a, dans la première et dans la seconde édition, une scène de plus que dans les éditions suivantes.

LA PRINCESSE, UN PAGE.

LA PRINCESSE *a tiré une sonnette.*
Que me disais-tu? Il y a assemblée¹ ce soir?

LE PAGE.
Oui. Déjà la cour se rassemble.

LA PRINCESSE.
Si tu pouvais tirer à part le chapelain....

LE PAGE.
Le chapelain Domingo?

LA PRINCESSE.
Tu le prierais de ma part de m'attendre dans la chambre contiguë de gauche, entends-tu? jusqu'à ce que je me sois dégagée de la foule.... Une affaire importante.... Il faut que je lui parle, dis-lui cela.

LE PAGE.
A l'instant.

LA PRINCESSE.
Dans la chambre contiguë. Tu entends?

LE PAGE.
Bien. (*Il sort.*)

Puis vient, dans la *Thalie*, le monologue suivant, dont une partie seulement a été conservée dans la seconde édition, et qui manque entièrement dans toutes les éditions postérieures.

LA PRINCESSE, *seule. Elle se promène quelques instants, plongée dans ses réflexions.*

Moi non plus, je ne suis pas encore entièrement abandonnée.... Il me reste toujours un amant assuré, et quel amant!... Oh! vraiment, je suis ingrate. Que ne donnerait pas la plus riche des mendiantes pour s'emparer d'un seul rayon de ma damnation? Qu'est-ce donc qui me manquerait?... Il ne peut pas aimer. Est-il donc si certain que l'amour seul puisse rendre l'amour heureux? Si l'envie, si la flatterie m'affirment unanimement que je suis heureuse, ne finirai-je pas par croire que je le suis, et par l'être en effet? Et maintenant est-ce donc de l'amour qu'il me faut, quand mon bonheur saigne?... L'amour? En ce moment, mon orgueil ne crie-t-il pas plus haut, d'une voix plus terrible, que les vœux secrets de mon cœur?

1. Ce mot est en français dans le texte.

Ce qu'un homme m'a enlevé, un roi peut seul me le rendre. Seule, l'ivresse de la grandeur peut endormir les serpents attachés à mon sein. (*Après un moment de réflexion et d'incertitude.*) Qu'est-ce qui me retient et me fait hésiter?... Le prix.... le prix mérite réflexion.... Un éternel adieu à cette intime volupté (*plaçant la main sur son cœur*), voilà le prix. Le prix, c'est mon innocence.... ma vertu. (*Elle demeure plongée dans de profondes pensées.*) Ma vertu? Il n'en veut pas, celui pour qui je l'ai gardée, pour qui seul elle a fleuri... il n'en veut pas, elle ne saurait le rendre heureux.... Ou bien ne doit-elle profiter qu'au ciel, et pas à moi en même temps, et pas à l'homme à qui je me suis donnée? Garde-t-elle pour l'autre monde la fleur charmante de l'innocence? Si elle n'amasse point pour l'amour, pour qui donc la vertu amasse-t-elle? Fait-elle plus que rehausser par une noble usure les joies de l'amour? Je n'aimerai plus. Je la dégage à tout jamais de son office. Qu'elle vole rejoindre l'espérance. Je n'aimerai plus. (*Après quelques moments de silence.*) J'ai trouvé une femme.... une noble femme.... une seule, et j'ai cru à ce beau rêve.... Cette femme n'était que rusée!... Aurais-je, moi, la prétention d'être ce qu'elle ne sut que paraître?... Je succombe par mon choix, mais je veux que le monde sache qu'elle a succombé comme moi! (*Elle sort.*)

Dans toutes les scènes conservées, les suppressions sont nombreuses, particulièrement dans la scène entre Albe et Domingo (voy. p. 64-67).

ACTE TROISIÈME [1].

La partie du drame publiée dans la *Thalie* s'arrête au milieu de la septième scène (primitivement la dixième), à ces mots du Roi :

« C'est pour tel, mes grands, que je le reconnais et que je veux qu'on le reconnaisse. » (p. 95.)

Dans le reste de la pièce, il n'y a plus de comparaison à faire, pour la rédaction en ïambes, qu'entre la première édition complète (1787) et les suivantes (1802, 1804, etc.).

La scène entre le Roi et le marquis de Posa (p. 98-109) a subi d'assez nombreuses coupures. A la suite de ces mots dits par le Marquis (p. 100) :

« Je ne puis être serviteur d'un prince, »

on lit dans la première édition :

LE ROI.

Parce qu'il vous faudrait craindre alors d'être son esclave?

LE MARQUIS.

Non , Sire, c'est ce que je ne craindrai jamais.... Mais il me déplairait de voir le souverain à qui je me consacrerais s'abaisser à être le mien. (*Le Roi le regarde avec étonnement.*) Je ne veux pas tromper l'acheteur, Sire , etc.

---

1. Voy. ce que nous avons dit plus haut (p.191) du changement apporté à la division des actes II et III.

Après que le Marquis a répété sa déclaration (p. 101) :

« Je ne puis être serviteur d'un prince, »
         LE ROI, *reculant avec surprise.*

.... D'où me vient un tel homme? (*Il le regarde longtemps d'un air de doute, et reprend après un moment d'hésitation :*) Et avec ce jeu d'esprit, avec ces sophismes étudiés, vous prétendez échapper aux devoirs qui vous engagent envers l'État ?
         LE MARQUIS.

L'État envers qui ils m'engageaient n'est plus. Autrefois il y avait un maître, parce que les lois en avaient besoin ; maintenant il y a des lois, parce que le maître a besoin d'elles. Ce que je donnais alors à mes pairs, je ne suis pas tenu à présent de le donner aux rois.... A la patrie, dites-vous?... Où est-elle? Je ne vois point de patrie. L'Espagne ne regarde plus nul Espagnol. Elle est la gigantesque enveloppe d'un seul esprit. Dans ce corps de géant, vous voulez, présent partout, penser, agir, jouir, et lutter avec énergie dans la carrière de la gloire. Dans sa prospérité, c'est vous qui prospérez. Le bonheur que vous lui procurez est nourriture d'athlète : vous ne voulez que tremper la force musculaire des membres. Les hommes sont pour vous des instruments.... rien de plus.... Pas plus que l'œil ou l'oreille, ils n'existent pour eux-mêmes ; ils ne comptent que pour la couronne ; en elle se sont absorbés la propriété de leur être, leur moi, et le noble privilège de leur vouloir. L'esprit est descendu à la condition de plante. Maintenant, le génie et la vertu fleurissent pour le trône, comme les épis se dorent pour la faux du moissonneur. (*Il remarque dans le Roi quelque agitation et s'arrête. Le Roi continue de se taire.*) Je ne trouve plus ma race.... que faire de mon amour? Je vois une espèce nouvelle et de nouveaux liens de nature, inventés par le mortel couronné.... Car il a fallu que ce mortel luttât avec la liberté.... Acheter la passion par la passion, la pensée par la pensée, c'était là le grand art.... Mais qui, si ce n'est celui-là seul qui est présent partout, peut plonger dans l'abîme de tout cœur humain?... surprendre le fruit nouveau-né de l'âme dans le muet berceau de la pensée? Lui aussi, il était homme.... Il dut, comme nous autres, à l'aide du semblable et de l'unité, accommoder artificiellement à la faiblesse de ses facultés le riche tout de la nature luxuriante, et détruire dans l'espèce l'individualité. La politique lui apprit à inventer une commune mesure, à laquelle tous les esprits ont ordre de s'adapter avec soumission.... Inventer? Oh! non.... Depuis longtemps elle était inventée....
         LE ROI, *avec une certaine vivacité.*

Vous êtes un protestant, etc.

Un peu plus bas (p. 102), après ces mots :

« En présence d'un Dieu, on ne peut que sacrifier.... trembler.... prier, »

le Marquis continue :

On n'ose pas sentir avec lui.... Quelque haut et pressant qu'il sorte de son soin, le cri de la nature souffrante.... c'est en vain.... l'horloge continue à sonner comme l'artiste le lui a appris. Il ne lui en a pas appris davantage, l'habile artiste. (*Le Roi se lève, fait quelques pas et se rassoit. Le Marquis s'est arrêté.*) Mais pourquoi « souffrante? » Même dans la joie vous êtes indigent. La joie, il faut qu'elle brille, réfléchie par l'œil du témoin. Ce qui brille dans les yeux de vos valets, est-ce encore votre joie?... Votre joie touchait de trop près vos valets, pour qu'ils ne l'aient pas tout aussitôt rapportée à eux-mêmes. Ce ne sont pas là les miroirs fidèles qui rendent purement, comme ils ont reçu. Ils ressemblent à ces plantes altérées qui montrent sur leurs feuilles, en couleurs nouvelles, ce que leurs racines ont bu sans mélange. Quand le créateur se sent heureux.... quelle attente pour la créature! Où prendrait-elle le loisir de lui tenir encore société? Est-ce sa faute, à elle, que son destin dépende de chaque émotion de son créateur? Déplorable métamorphose, etc.

A la page 106, cette phrase de Posa :

« Qu'il ne soit lié par aucun autre devoir que les droits de ses frères, sacrés comme les siens, »

est suivie du morceau que voici :

Que le paysan se vante de sa charrue, et n'envie point au roi, qui n'est pas paysan, la couronne. Que l'artiste, dans son atelier, se fasse, en rêve, le créateur d'un monde plus beau. Que nulle borne désormais n'arrête le vol de la pensée, nulle autre que la condition même des natures finies. Que l'étranger couronné ne s'introduise pas dans le cercle paisible de la sollicitude paternelle; que jamais il ne se permette de s'insinuer honteusement dans les saints mystères de l'amour. Que l'humanité doute s'il existe. Récompensé par son propre suffrage, que l'artiste se cache à la machine agréablement trompée[1]. Lorsqu'une fois l'homme, etc.

A la page 107, à la suite de cette réponse :

« Non, je ne l'ai pas, et jamais plus profondément qu'à cette heure je n'ai senti que je ne l'avais pas, »

le Roi ajoute :

Que votre père eût eu lieu de se réjouir, marquis, s'il avait pu vous faire don d'un royaume! (*Le Marquis détourne le visage et s'essuie les yeux. Silence.*) Pour tant de couronnes pas de reconnaissance!

LE MARQUIS.

Le prince a de grands sentiments. Je ne l'ai jamais vu autrement.

LE ROI.

Mais bien moi.... Ainsi vous vous connaissez?

---

[1]. Ce morceau, qui avait été conservé en note, au bas de la page, dans les Œuvres complètes, a été omis, je ne sais pourquoi, dans la réimpression de 1853.

LE MARQUIS.

Oui... depuis nos études à la haute école.

LE ROI.

Il ne m'a jamais estimé.... A la face du monde, il a fait son jouet de mon nom. Son cœur est mauvais.

LE MARQUIS.

Puis-je en deux mots...?

LE ROI.

Non, si vous ne voulez à jamais perdre mon estime.... Ce qu'il m'a enlevé, aucune couronne ne le peut compenser, etc.

ACTE QUATRIÈME.

Dans la scène III (p. 115), après ces mots :

« Ce que son père lui refuse à Madrid, il le lui accordera à Bruxelles, »

il y a dans l'édition de 1787 treize vers, supprimés dans les suivantes, et dont voici la traduction :

LA REINE.

Le fera-t-il? Vous l'espérez avec tant de confiance!

LE MARQUIS.

Il y sera forcé, j'espère. Ce que pourront les forces unies des Pays-Bas contre la puissance de Philippe, serait chose à calculer.... Mais non, la lutte ne sera pas si sanglante. L'Europe ménagera la paix entre le père et le fils. Charles parlera de soumission.... et nécessairement l'humilité, à la tête d'une armée, fera merveille. Le roi aura le choix de pardonner généreusement ou de frapper un coup incertain. Comment pourra-t-il hésiter?... Le même homme qui a repoussé une juste prière fermera les yeux sur un crime.

LA REINE.

Vous lui avez parlé aujourd'hui et soutenez cela? etc.

L'entretien de don Carlos et du comte de Lerme (p. 134) est suivi, dans la première édition, des deux scènes que voici :

Un cabinet de la princesse d'Éboli.

LA PRINCESSE D'ÉBOLI; DOMINGO, *qui entre à l'instant.*

DOMINGO.

Princesse, avez-vous entendu parler...?

ÉBOLI.

De quoi? Vous êtes effrayant, chapelain.

DOMINGO.

Du nouveau ministre que nous avons?

ÉBOLI.

Comment ? Elle est donc vraie, cette nouvelle extraordinaire qui déjà remplit toute la cour[1] ?

DOMINGO.

Vous y avez aussi votre part. Je vous félicite, souveraine d'une nuit d'été !

LE DUC D'ALBE entre; LES PRÉCÉDENTS.

ALBE, à la princesse.

Percez-moi le cœur ! C'est moi-même qui l'ai conduit au roi.

DOMINGO.

Mais aussi qui pouvait prévoir ?

ALBE.

Tant pis ! L'homme qui a été si habile à tromper, qui par son chant nous a endormis, vous et moi, d'un tel sommeil, celui-là peut plus encore.

DOMINGO.

« On n'a plus besoin de nous.... » Duc, vous avez entendu ?

ÉBOLI.

Comment cela s'est-il passé ? Si vite ! Je ne comprends pas.

ALBE, plongé dans de profondes réflexions.

Que donnerais-je maintenant pour un ennemi tel qu'a été l'infant !

DOMINGO.

Très-bien dit ! Par le ciel ! si je vous comprends, vous avez lu dans ma pensée, Tolède.

ALBE.

Au fond, vous dis-je, il est bon.

DOMINGO.

Je le dis aussi.

ALBE.

Et digne d'un meilleur sort.

DOMINGO.

Je l'ai toujours pensé.

ALBE, après une rapide méditation

Chapelain, vous venez avec moi ?

DOMINGO.

Où ? Que voulez-vous ?

ALBE.

Détruire ma propre parole, quitte à la faire revivre en son temps. (Il sort.)

DOMINGO.

Et vous, princesse, vous gardez le silence ?

ÉBOLI.

Faites, vous, ce qui vous paraît bon et nécessaire. Moi, je ne serai jamais son amie. (Domingo suit le Duc. Don Carlos vient par l'autre porte.)

---

[1] Cette question d'Éboli forme, dans les éditions suivantes, le commencement de la quinzième scène (p. 140).

La scène entre la Reine, Albe et Domingo, qui est la quatorzième des Œuvres complètes (p. 137), forme la vingt-troisième de la première édition, et y est précédée, d'abord, des scènes XVI à XXI, qui correspondent aux scènes XV à XX de notre traduction (p. 140-147), puis de la scène XXII, que voici, qui a été supprimée à partir de la seconde édition :

LA REINE *et* LA DUCHESSE D'OLIVAREZ *viennent du cabinet de la Reine.*

LA REINE.

Est-elle partie ?

OLIVAREZ.

En proie au désespoir. Son sort est affreux.

LA REINE *s'approche d'une fenêtre, l'air inquiet.*

Mais où peut rester la comtesse Fuentès ? Elle devait m'apporter des nouvelles.... (*Un Page entre et dit quelques mots à la grande Maîtresse, qui se tourne ensuite vers la Reine.*)

OLIVAREZ.

Le duc d'Albe et Domingo, Votre Majesté....

LA REINE *paraît surprise.*

Domingo et le duc d'Albe.... Albe et Domingo ?

OLIVAREZ.

Ils demandent humblement deux minutes de gracieuse audience.

LA REINE, *après un moment de réflexion.*

Ce qu'ils peuvent me vouloir ? Eh ! mais je vais l'entendre.... Introduisez-les. (*Le Page sort. La grande Maîtresse se retire dans le cabinet.*)

Pour les représentations de *don Carlos* à Weimar, Schiller substitua, en 1796, aux dernières paroles du marquis de Posa, dans la scène XVII du quatrième acte (p. 143), le monologue suivant, qui a été communiqué à M. Boas par M. Krüger, acteur de la cour à Berlin, lequel l'avait lui-même récité plus d'une fois à Weimar :

LE MARQUIS DE POSA, seul. *Il se promène d'abord, tout pensif, pendant quelques instants.*

.... Ainsi je le sauverai et j'attirerai sur moi-même le tonnerre de la vengeance.... Je veux déconcerter l'esprit du roi. Je m'accuserai moi-même comme le coupable, et je lui procurerai le temps de s'échapper. Mais comment accomplirai-je mon dessein ?... Comment ? Est-il donc si difficile d'éveiller le soupçon des tyrans ? Le bien seul a de la peine à parvenir jusqu'au trône ; mais le mal, par mille chemins, arrive à leurs oreilles ouvertes. Ni serrure, ni verrou, ne protège contre leur irruption ; ils brisent eux-mêmes le sceau sacré des lettres. Grâces soient rendues à la fraude des tyrans, pour qui rien n'est sacré, rien fermé. Ils me prêteront leur propre instrument pour délivrer mon ami de leurs mains. (*Il sort.*)

APPENDICE.

ACTE CINQUIÈME.

Dans cet acte, les éditions en vers diffèrent peu les unes des autres. Dans la première, la scène VIII, après ces mots de Féria (p. 178) :

« Comment! mais ce serait aujourd'hui, »

continue ainsi :

DOMINGO *s'approche d'eux.*

Mais où est le prince? Ne prendra-t-on aucune mesure pour s'assurer de lui?

FÉRIA *regarde le duc d'Albe.*

Avez-vous peut-être...?

ALBE.

Moi? Non.

DOMINGO.

Et le roi est-il hors de danger, tant que ce furieux circule encore librement, maître de ses armes?

ALBE *se dirige vers le cabinet du Roi.*

Je pénètre dans le cabinet.

FÉRIA.

C'est inutile! Les portes sont fermées.

ALBE.

Je les briserai.... Le danger croissant justifie cette violation de la Majesté. Il faut que le roi soit sauvé. (*Comme il va vers la porte, elle s'ouvre et le Roi sort.*)

Nous avons dit plus haut que le drame avait un autre dénoûment dans la rédaction en prose que dans les éditions en vers qui l'ont suivie. Voici les dernières scènes, telles que Schiller les avait d'abord écrites en prose :

L'antichambre du Roi.

SCÈNE VIII.

ALBE, FÉRIA.

ALBE [1].

Tentez-le, si vous en avez envie. Moi, je n'entre pas. Il s'est enfermé et ne veut admettre personne devant lui. La trahison du marquis a changé subitement toute sa nature.

---

[1]. Je suis le texte de M. Boas; mais il faut évidemment mettre les paroles qui suivent dans la bouche de Féria, comme font les éditions en vers (voy. p. 176).

SCÈNE IX.

LES PRÉCÉDENTS ; DOMINGO, TAXIS, DES GRANDS ; *tous entrent précipitamment.*

DOMINGO.

Le roi vit-il encore ? Laissez-nous voir le roi !

ALBE.

Quelle épouvantable question !

DOMINGO.

Dans toute la ville le bruit se répand que le roi a été tué.

TOUS *s'écrient à la fois.*

Le roi tué ?

DOMINGO.

Le peuple se précipite dans les églises, afin de prier pour sa vie. Le prince, disait-on, avait formé le complot de le tuer cette nuit.

ALBE.

Cela ne peut être l'effet du hasard. Je forcerai la porte de sa chambre, dût-il m'en coûter la vie ! Il faut que le roi soit sauvé. (*Il se dirige vers le cabinet.*)

SCÈNE X.

LES PRÉCÉDENTS, LE ROI.

LE ROI *sort lentement, solennellement, et passe, comme rêvant tout éveillé, au milieu des grands silencieux. A la fin, il s'arrête pensif, les yeux fixés sur la terre.*

Rends-moi ce mort ! Je veux le ravoir ! Il est sorti de ce monde étant mon débiteur. Il faut que je le force à l'estime !

ALBE.

Sire !

LE ROI.

Qui parle ici ?... Est-ce vous ?... Pourquoi pas à genoux ?... A-t-on oublié qui je suis, parce qu'un seul m'a méprisé ?

ALBE.

Oubliez maintenant ce pervers, Sire....

LE ROI.

Pervers ?... Comment se nomme le furieux qui ose risquer un tel blasphème ?... Par mon immortalité ! il vous serait plus facile de mourir sans péché que de vous élever à cette perversité.

DOMINGO.

Accordez-nous audience, très-gracieux roi. Un nouveau danger menace l'Espagne.... De terribles découvertes ont été faites ... Le prince....

LE ROI.

Il avait un ami qui a pu, pour lui, aller à la mort, et je n'en trouve pas pour partager avec moi des couronnes.

ALBE.

Voici quelques lettres saisies, Votre Majesté!

LE ROI.

Au milieu de mes États, rejeté par un jeune homme!... rejeté après un froid calcul.... Voilà mes hommes à moi!

ALBE.

Éprouvez notre fidélité, mon très-gracieux maître!

LE ROI.

Comme il me regardait de haut!... Ne voyait-on pas manifestement à quel point il avait conscience du prix de sa conquête? On ne regarde pas avec tant de fierté du haut d'un trône. (*Aux grands.*) N'avez-vous donc rien pour relever mon orgueil abattu? Comment?... rien absolument? Racontez-moi ce conte rebattu, ce conte des dieux de la terre!... Chatouillez mon oreille du carillon de vos louanges! Faites jouer les ressorts de votre admiration!... Voyez comme vos misérables mensonges pâlissent devant la vérité!... Me voilà dans mon épouvantable pauvreté.... Il n'y a eu qu'un homme libre dans ce siècle, et cet homme unique m'a répudié.

ALBE.

Quelles terribles idées ce sont là, mon très-gracieux roi!

LE ROI.

S'il était mort ainsi pour moi!... Il m'était cher comme un fils. Dans son amitié, une nouvelle et riante aurore se levait pour moi.... Qui sait ce que j'aurais fait pour lui? Que tout le siècle maudisse mon nom!... De lui, j'ai mérité de la reconnaissance.

ALBE.

Pensez maintenant à votre sûreté, Sire!... Voulez-vous qu'on puisse dire qu'un seul homme a pu ainsi ébranler la constance du plus sage des rois?... Cet homme doit-il, jusque dans la mort, nous enlever le cœur de notre roi?

LE ROI, *avec un retour de fureur.*

Je veux fouler aux pieds toute la race des hommes! Un seul a eu mon estime, et cet homme unique m'a trompé. Je veux tirer vengeance de toute la race! Ne m'a-t-il pas traité de fou? Maintenant.... je veux mériter ce nom. Je veux marcher parmi le sang et les cadavres. Le premier des hommes m'a trompé. Que toute la race paye pour lui!

ALBE.

Nous ne pouvons nous taire plus longtemps, Sire. Le temps est précieux. On a trouvé des lettres sur le chevalier de Malte, qui nous font craindre que l'infant ne veuille fuir de Madrid cette nuit même. Les chevaux de poste sont commandés.... Toutes les mesures sont prises.... Il faut aviser à de prompts moyens....

DOMINGO.

Votre royale personne est elle-même en danger. Parricide! régicide! c'est ce qu'on entend dans toutes les rues, dans toutes les églises. Qui sait tout ce que peut entreprendre le désespoir d'un insensé?

LE ROI.

Parricide?... Régicide?... En sommes-nous là? La nature brise-t-elle tous ses liens?... Ah! c'est bien. Cela me plaît à entendre. De telles infamilles ne se voient que sur les trônes; dans les chaumières, jamais! Cette affreuse coutume ne règne que parmi les grands de la terre.... Parricide! régicide!... Il ne manque plus qu'une chose, et celle-là m'est réservée! Pourquoi ne l'exprimez-vous pas?... Infanticide! voilà ce qui manque et m'est réservé!

SCÈNE XI.

LES PRÉCÉDENTS, PARME.

PARME, *empressé*.

Je demande quelques instants d'audience, mon très-gracieux roi.

LE ROI, *aux autres*.

Reculez-vous. (*A Parme.*) Qu'y a-t-il?

PARME.

On vient d'arrêter un page de la reine, qui s'est fait voir, à une heure suspecte, dans son pavillon. Il a avoué qu'il avait été envoyé secrètement par elle au prince, pour l'inviter à une entrevue nocturne.

LE ROI, *violemment*.

Mort et enfer!

PARME.

Où et comment elle doit avoir lieu, c'est ce qu'on n'a pu encore tirer de lui. Il nie opiniâtrément qu'il en soit instruit.

LE ROI.

Qu'on mette toute sa cour à la torture! Il faut que cela se découvre. Y a-t-il encore de la lumière dans son pavillon?

PARME.

Tout est paisible. Elle a renvoyé plus tôt que de coutume ses femmes de chambre, et prétexté qu'elle voulait se coucher. Tout dort profondément dans cette aile du château, et l'on craint que des narcotiques n'aient été employés.

LE ROI.

Ne me dites rien de plus. C'est assez. N'est-ce pas complétement manifeste? Trompé par mon ami!... par mon fils!... par ma reine! Tous mes liens avec les hommes sont rompus.

ALBE *et* DOMINGO, *effrayés*.

Qu'est-ce qui arrive au roi?... Le roi est pâle et jette autour de lui des regards terribles. Que s'est-il passé?

LE ROI.

Je te rends grâce, ô ciel! de me donner du calme.... du calme dans cette heure décisive!... Je suis comme je dois être.... froid et tranquille!... Je pourrais aller procéder au jugement du monde. (*Il tombe à genoux.*) Achève ton œuvre, ô ciel! Dépouille-moi entièrement de mon humanité! Ne permets pas que de lâches pleurs refroidissent ma brûlante vengeance! Fais entièrement de moi un tigre furieux, fais que le sang étanche ma soif épouvantable! (*Il se lève.*)

SCÈNE XII.

LES PRÉCÉDENTS, SIDONIA, CÓRDUA.

SIDONIA.

J'apporte une nouvelle à peine croyable. Un soldat qui vient de monter la garde, annonce, hors d'haleine et plein d'effroi, que l'esprit de feu l'empereur s'est fait voir dans les galeries voûtées du palais et a passé devant eux d'un pas solennel. Toutes les sentinelles de cette partie du palais confirment ce rapport et ajoutent que le fantôme s'est perdu dans le pavillon de la reine. Dans la description tout s'accorde : il ne peut pas y avoir eu de tromperie.

LE ROI.

Sous quelle forme s'est donc montrée cette apparition?

CORDUA.

Vêtue d'un habit de moine.... portant un sceptre à la main.... marchant tête nue. Le visage était pâle, mais tout à fait semblable à celui de feu l'empereur.

LE ROI.

Et cette apparition s'est perdue dans les chambres de la reine?

CORDUA.

Dans l'antichambre de la reine.

LE ROI, *après un moment de réflexion.*

Faites mettre mes gardes sous les armes et qu'ils occupent tout le palais! Venez, mes grands. J'ai grande envie de dire un mot à cet esprit. (*Tous sortent.*)

Une salle chez la Reine.

SCÈNE XIII.

CARLOS, *vêtu en moine, un masque blanc devant le visage, une épée nue sous le bras, un sceptre dans la main gauche, s'avance lentement et en silence, d'un pas incertain, à travers la nuit. Jetant son masque.*

Enfin je suis en sûreté.... C'est ici la chambre désignée.... Tout est plongé dans un profond sommeil de mort.... Les gardes ont dit leur prière et m'ont laissé passer respectueusement au milieu d'eux. Pardonne-moi, sainte ombre, d'avoir abusé, pour un mensonge, de ta forme vénérable.... Les vivants m'ont repoussé.... mon refuge est chez les morts. Mon cœur est pur. Je ne marche pas dans une voie coupable. Nul acte ignoble ne souillera ta dignité. Écoute! Un bruit.... On vient! C'est la reine!

SCÈNE XIV.

LA REINE, CARLOS.

Nous omettons cette scène, parce que la forme qu'elle a en prose est presque identique avec la rédaction en vers, que nous avons traduite. Voyez plus haut

(p. 188 à 190) la dernière scène du drame, depuis le commencement, jusqu'à ces mots : « Je n'entends rien que la terrible cloche qui sonne votre séparation. »

SCÈNE XV.

LE ROI, ALBE, FÉRIA, TAXIS, PARME, SIDONIA, LERME, DOMINGO, *des grands, entrent sans être vus et s'arrêtent dans le fond.*

CARLOS.

Bonne nuit, ma mère ! C'est de Bruxelles que vous recevrez des lettres de moi qui feront connaître le secret de notre amour. Je vais agir ouvertement avec mon père.... Que désormais il n'y ait plus rien de secret entre nous. Tout ce qui est arrivé, je veux qu'il le sache. Vous n'avez pas de raison de redouter la révélation. (*Il met le masque.*) Vivez heureuse, ma mère ! Que ceci soit ma dernière tromperie !

LE ROI.

C'est ta dernière !

CARLOS *tire, mais sans atteindre.*
TOUS *entrent dans une grande agitation.*

Au secours ! Meurtre !

LA REINE.

O ciel et terre ! (*Elle tombe évanouie.*)
ALBE *et* DOMINGO *s'approchent du Roi.*

Au secours ! Le roi est-il blessé ?

LERME, *courant à la Reine.*

Le roi vit !... Secours à la reine !

FÉRIA, PARME, TAXIS, *au Prince.*

Vos armes, prince !

CARLOS *se dégage d'eux et se précipite auprès de la Reine.*

Secours à la reine ! Est-elle morte ?... Juste Dieu !... Morte ! (*La duchesse d'Olivarez et la comtesse Fuentes viennent pour assister la Reine. Des valets de la cour se précipitent dans la salle avec des torches.*)

LERME.

Elle vit ! Ce n'est qu'un évanouissement.... L'effroi....

LE ROI.

L'effroi d'une femme galante !

CARLOS, *d'une voix terrible, au Roi.*

Femme galante, Sire ?... L'apparence est contre nous, mais tremblez de blasphémer sa vertu !

LE ROI, *avec un rire effrayant.*

Vertu ?... Espagnols, vous êtes témoins, vous avez vu comment j'ai surpris votre reine !

CARLOS.

L'apparence est contre nous.... Je ne puis rien dire pour notre justification. Votre âme ne peut comprendre que sous la plus haute apparence du mal, la plus sublime vertu peut subsister.... Nous sommes convaincus devant les hommes ; mais là-haut il est un être qui éclaire ce qui est caché.

LE ROI.

Ne le nomme pas ici, blasphémateur impudent! J'en sais assez.... Qu'ai-je besoin d'autres preuves? Qu'on le conduise dans les prisons du saint-office. Là je me lèverai moi-même comme son accusateur.

ALBE *et* FÉRIA *s'approchent de Carlos.*

CARLOS.

Un peu de patience! Je suis perdu sans ressource.... Je le sais.... Mes juges ont soif de sang! Mes ennemis mortels prononceront sur moi.... Et quand la Vérité descendrait du ciel pour attester par serment mon innocence, elle ne pourrait cependant me tirer de leurs mains redoutables.... Mais écoutez-moi, Espagnols!... recueillez mes dernières paroles!... conservez-les saintement et faites-les retentir jusque dans la postérité. Votre reine est innocente, Espagnols!... Dans la mort est la vérité.... Je vais paraître devant le juge du monde! (*Il se perce d'un poignard et tombe dans les bras d'Albe et de Féria.*)

LE ROI, *avec un cri d'horreur.*

Mon fils!... ô mon fils! (*Il veut aller à lui et s'affaisse. — Le rideau tombe.*)

FRAGMENT D'UNE SCÈNE SUPPRIMÉE.

Dans une lettre du 24 juillet 1789, à Charlotte de Lengefeld, Schiller cite, comme extrait d'une scène supprimée de *don Carlos* (probablement d'une scène entre le Prince et Posa), le passage suivant, qu'il a répété plus tard, avec quelques changements, dans une autre lettre, écrite à G. de Humboldt le 16 février 1796 :

Il est dommage que la pensée doive d'abord se diviser en lettres mortes, l'âme s'incarner dans le son, pour apparaître à l'âme. Tiens-moi devant les yeux un fidèle miroir qui reçoive mon âme entière et la rende entière. Alors, alors tu auras le moyen un moyen suffisant, de t'expliquer l'énigme de ma vie.

PREMIER PLAN DE DON CARLOS.

M. Hoffmeister, dans ses *Suppléments aux œuvres complètes*, a le premier publié ce plan, que Schiller avait composé en 1783, et qu'il a beaucoup modifié ensuite, surtout dans les derniers actes. Au bas du manuscrit sont ces mots, écrits par Reinwald, beau-frère du poëte : « Ce premier plan, quelque peu changé plus tard, du *don Carlos* de Schiller, plan qu'il avait fait en 1783, pendant son séjour à Bauerbach, est de la propre main de l'auteur. »

DON CARLOS, PRINCE D'ESPAGNE.

Tragédie.

Ier PAS. Formation du nœud.

   A. Le prince aime la reine. Cela est montré :

      1° Par l'attention dont elle est l'objet de sa part, par l'état où il est en sa présence ;
      2° Par sa mélancolie et sa distraction extraordinaires ;
      3° Par le refus que la princesse d'Éboli essuie de sa part ;
      4° Par sa scène avec le marquis de Posa ;
      5° Par ses entretiens solitaires avec lui-même.

   B. Cet amour trouve des obstacles et paraît pouvoir devenir dangereux pour lui. C'est ce que font voir :

      1° La violence de la passion de Carlos et la témérité de ce prince ;
      2° Les passions profondes de son père, ses soupçons, son penchant à la jalousie, sa soif de vengeance ;
      3° L'intérêt qu'ont les grands, qui le craignent et le haïssent, à trouver prise sur lui d'une façon légitime ;
      4° La soif de vengeance de la princesse d'Éboli, humiliée par lui ;
      5° L'espionnage de la cour oisive ;
      6° . . . .[1].

IIe PAS. Le nœud se complique.

   A. L'amour de Carlos s'accroît. — Causes :

      1° Les obstacles même ;
      2° L'amour réciproque de la reine ; cet amour est révélé, motivé :

         a. Par la tendresse de son cœur, à laquelle il manque un objet :

---

1. Ce numéro 6 n'est pas rempli.

APPENDICE.

215

α. Age de Philippe, défaut d'harmonie entre ses sentiments et ceux de sa femme;

β. Contrainte où on la tient;

b. Par ce fait, qu'elle a été d'abord destinée au prince et qu'elle a eu du penchant pour lui. Elle entretient volontiers ces agréables souvenirs;

c. Par ce qu'elle manifeste en présence du prince : souffrance intérieure, crainte, intérêt, trouble;

d. Par une froideur qui va au delà de ce qu'on pourrait attendre, à l'endroit de don Juan, qui lui montre quelque amour;

e. Par quelques étincelles de jalousie au sujet de la confiance que Carlos témoigne à la princesse d'Éboli;

f. Par quelques manifestations secrètes;

g. Par un entretien avec le marquis;

h. Par une scène avec Carlos.

B. Les obstacles et les dangers croissent. C'est ce qu'on apprend :

1° Par l'ambition et le désir de vengeance de don Juan dédaigné;
2° Par quelques découvertes que fait la princesse d'Éboli;
3° Par l'intelligence de celle-ci avec don Juan;
4° Par la crainte et l'aigreur toujours croissante des grands, qui sont menacés et offensés par le prince; complot de ceux-ci;
5° Par le mécontentement du roi à l'égard de son fils, et le soin qu'il prend d'aposter des espions.

III° PAS. Dénoûment apparent, qui complique encore plus tous les nœuds.

A. Les dangers commencent à éclater :

1° Le roi reçoit un avis et conçoit la plus violente jalousie;
2° Don Carlos aigrit le roi encore plus;
3° La reine paraît justifier le soupçon;
4° Tout se réunit pour rendre le prince et la reine punissables;
5° Le roi résout la perte de son fils.

B. Le prince paraît échapper à tous les dangers :

1° Son héroïsme se réveille et commence à triompher de son amour;
2° Le marquis attire le soupçon sur lui-même et embrouille de nouveau le nœud;
3° Le prince et la reine triomphent de leur amour;
4° La princesse d'Éboli et don Juan se divisent;
5° Le roi conçoit un soupçon contre le duc d'Albe.

IV° PAS. Don Carlos succombe à un nouveau danger :

A. Le roi découvre une rébellion de son fils;

B. Cette découverte éveille de nouveau sa jalousie;

C. Ces deux causes réunies perdent le prince.

V° PAS. Dénoûment et catastrophe :

   A. Des mouvements d'amour paternel, de pitié, etc., paraissent favoriser le prince ;

   B. La passion de la reine empire les choses et achève la perte du prince ;

   C. Le témoignage du mourant et le crime de ses accusateurs justifient trop tard le prince ;

   D. Douleur du roi trompé et vengeance exercée sur l'auteur du mal.

DÉDICACE AU DUC CHARLES-AUGUSTE DE SAXE-WEIMAR,

Imprimée dans le premier cahier de la Thalie du Rhin, publié en 1785, et contenant le premier acte de Don Carlos.

ALTESSE SÉRÉNISSIME,
TRÈS-GRACIEUX SEIGNEUR,

Elle demeure ineffaçable dans ma mémoire, cette soirée où Votre Altesse Ducale a daigné gracieusement accorder quelques précieux instants à l'imparfait essai de ma muse dramatique, à ce premier acte de don Carlos[1], s'intéresser aux sentiments dont j'ai risqué la peinture, devenir juge d'un tableau où je me suis permis d'esquisser des personnages de votre rang. Il était encore alors, très-gracieux seigneur, beaucoup trop au-dessous de la perfection qu'il eût dû avoir pour être présenté à un auguste appréciateur. Une marque de votre très-gracieuse approbation, quelques signes de votre pensée, de vos impressions, que je me flatte d'avoir compris, m'ont excité à l'amener plus près de la perfection. S'il arrivait, Altesse Sérénissime, que cet assentiment que vous m'avez alors accordé ne me fût pas retiré maintenant, j'aurais, je le sens, le courage de travailler pour l'immortalité.

Combien aussi m'est cher ce moment présent où je puis dire tout haut et publiquement que Charles-Auguste, le plus noble des princes de l'Allemagne, et l'ami chaleureux des Muses, veut maintenant être aussi le mien, qu'il m'a permis de lui appartenir, que celui que j'estimais depuis

---

[1]. A la fin de 1784, Schiller avait été admis à lire le premier acte de *don Carlos* devant Charles-Auguste, pendant une visite de ce prince à la cour de Darmstadt.

longtemps déjà comme l'homme le plus noble, je puis en outre à présent l'aimer comme mon prince¹!

Je serai jusqu'à ma dernière heure, avec un respect
sans bornes, de Votre Altesse Sérénissime
le très-soumis et très-obéissant serviteur,
FRÉDÉRIC SCHILLER.

Mannheim, le 14 mars 1785.

PRÉFACE DE DON CARLOS,

Placée en tête du premier acte, dans le premier cahier de la *Thalie*.

La raison pour laquelle le public reçoit d'abord par fragments la tragédie de *don Carlos* est simplement le désir qu'a l'auteur d'entendre la vérité sur sa pièce, avant de l'achever. Quand on tient le regard constamment fixé sur une même surface, il est inévitable qu'il vienne un moment où les yeux de l'observateur même le plus clairvoyant deviennent troubles, et où les objets nagent confondus entre eux. Si le poëte ne veut pas courir le risque de s'embarrasser dans son propre dédale, et de perdre, en s'occupant minutieusement du coloris des détails, la perspective de l'ensemble, il faut qu'il sorte de temps en temps de ses illusions, que son imagination, échauffée de son sujet, se refroidisse, et que l'impression d'autrui guide la sienne. Pour les œuvres favorites de notre esprit il nous arrive à peu près la même chose que pour nos maîtresses : à la fin, nous nous aveuglons sur leurs défauts et la jouissance émousse nos sens. Là, comme ici, de courtes séparations, de petits désaccords, sont souvent salutaires pour ranimer l'ardeur du sentiment qui s'éteint. La flamme de l'inspiration n'est point une flamme éternelle. Souvent il est nécessaire qu'elle emprunte du dehors et se renouvelle par un frottement sympathique. Combien sont précieux pour cela à un poëte des amis pleins de goût et sensibles, qui veillent sur ses créations, et gardent et soignent avec une affectueuse sollicitude l'enfant nouveau-né de son génie!

C'est là le service que je voudrais demander au public en lui soumettant ces fragments. Lecteurs et lectrices qui sentez dans votre cœur assez de bienveillance à l'endroit de l'éditeur pour avoir souci de la perfection classique de son œuvre; mais vous surtout, écrivains de ma patrie, dont la gloire a déjà placé les noms parmi les astres, et qui maintenant ne

---

1. Charles-Auguste lui accorda le titre de « conseiller. » *Rath*. Voy. la Biographie.

trouvez plus de plus belle occupation que de tendre encore la main à votre écolier et ami, et de l'attirer, en l'élevant à vous, dans votre compagnie, je vous adjure tous de juger digne de votre attention cet essai, et de me communiquer avec la plus rigoureuse franchise l'expression de votre sentiment. Je ne m'effraye point de votre blâme. Le jugement du monde sur ces fragments, qu'il soit ce qu'il voudra, ne me causera jamais de confusion, car ce n'est pas pour moi une sentence en dernier ressort. Je ne le tiendrai pour rien autre chose que l'avis instructif d'un censeur mon ami, que je pourrai mettre à profit pour corriger mon travail.... mais c'est la postérité qui est mon juge. Si j'encours le déplaisir de mes concitoyens, il est toujours encore en mon pouvoir de regagner leurs bonnes grâces, car on n'impute plus à l'homme les fautes du jeune homme ; mais la postérité condamne sans qu'il y ait là ni accusé, ni avocat, ni témoins. L'ouvrage vit et son créateur n'est plus. Le délai accordé à la défense est passé; ce qui est une fois perdu, ce qui manque, ne peut plus être suppléé. De ce second tribunal on n'appelle pas à un troisième. Quel bon accueil ne ferai-je donc pas à la critique qui m'ouvrira les yeux sur les défauts de ma poésie et pourra peut-être m'aider à la transmettre d'autant plus exempte de taches à l'avenir plus sévère!... Si le connaisseur trouve que cette première ébauche même ne vaut rien, s'il lui paraît qu'elle manque de cette santé, de cette force vive qui lui assurerait la durée, que dans ce cas l'esquisse tout entière soit jetée au feu.

L'histoire du malheureux don Carlos et de la reine sa belle-mère est une des plus intéressantes que je connaisse; mais je doute fort qu'elle soit aussi touchante que saisissante. L'émotion ne peut être ici, à mon sens, que le fait du poëte qui, entre les nombreuses façons de traiter ce sujet, saura précisément choisir celle qui adoucit, détend et amène à une tendre délicatesse la choquante dureté de la matière. Une passion comme l'amour du prince, dont la plus légère manifestation est un crime, qui lutte contre une loi irrévocable de la religion, et vient heurter sans cesse les limites mêmes de la nature, peut me faire frissonner d'horreur, mais difficilement pleurer. Une princesse, d'autre part, dont le cœur et tout le bonheur de femme sont sacrifiés à une triste maxime d'État, qui est inhumainement maltraitée, par la passion, à la fois du fils et du père, peut bien me forcer à murmurer contre la Providence et le destin, à me révolter contre les conventions de ce monde; mais fera-t-elle aussi couler mes larmes? Si cette tragédie doit attendrir, il faut que ce soit, ce me semble, par la situation et le caractère du roi Philippe. C'est sur la tournure qu'on donnera à ce rôle que repose peut-être tout le poids de la pièce. Mon plan est manqué également, si je suis dans la représentation de Philippe l'écrivain français[1], et si je prends pour base dans la peinture de Carlos l'histoire de Ferreras[2]. On s'attend à voir je ne sais quel monstre dès qu'il est question de Philippe II : ma pièce croule si l'on y trouve ce monstre, et pourtant j'espère demeurer fidèle à l'histoire, c'est-à-dire à la

---

1. Schiller veut ici parler du *Portrait de Philippe II*, par Mercier, dont il a inséré la traduction dans le troisième cahier de la *Thalie*.
2. *Historia de España*, Madrid, 1700-1727, 16 vol. in-4.

suite des événements. Ce sera peut-être un contraste d'une apparence gothique, de voir deux siècles très-différents se heurter dans les portraits de Philippe et de son fils ; mais je tenais à justifier l'homme, et le pouvais-je faire autrement et mieux que par l'esprit dominant de son temps ?

Toute la marche de l'intrigue sera, je me le figure, révélée dès ce premier acte. Au moins était-ce mon intention, et je tiens que c'est la première condition à laquelle doit satisfaire la tragédie. Les deux caractères principaux se développent tout d'abord avec une force et dans une direction qui font deviner au lecteur où et quand et avec quelle violence ils se choqueront dans la suite.

Un drame accompli doit, comme nous dit Wieland, être écrit en vers, ou sans cela ce n'est point un drame parfait et qui puisse concourir, pour l'honneur de la nation, avec l'étranger. Ce n'est point pour me donner l'air de tenter cette concurrence, mais parce que j'ai reconnu pour convaincante la vérité de cette assertion, que j'ai fait mon *Carlos* en iambes, mais en iambes non rimés ; car je suis si loin de souscrire à la seconde exigence de Wieland qui fait de la rime une condition essentielle d'un bon drame, que je la considère plutôt comme un luxe peu naturel de la tragédie française, un expédient désespéré de la langue de nos voisins, une misérable remplaçante de la véritable harmonie, dans l'épopée, s'entend, et dans la tragédie. Aussitôt que les Français pourront nous offrir un chef-d'œuvre, dans l'un de ces deux genres, en vers sans rimes, nous leur en donnerons un semblable en vers rimés.

Le lecteur se rendra service à lui-même et au poëte si, avant de lire ces fragments, il veut bien feuilleter rapidement l'histoire de don Carlos, prince d'Espagne, de l'abbé de Saint-Réal, dont la traduction a paru récemment à Eisenach. J'interromps de temps en temps le dialogue par des récits, parce qu'il peut se faire que toute la pièce paraisse successivement en fragments de ce genre, et qu'ainsi je pourrais aisément, sans cette précaution, être victime d'un libraire ou d'un directeur de spectacle, qui imprimerait en entier mon *don Carlos*, ou le traînerait avant le temps sur les planches de son théâtre.

AVIS RELATIF A DON CARLOS,

Inséré dans le troisième cahier de la *Thalie*.

Il est à peine besoin de faire remarquer que *don Carlos* ne peut devenir une pièce de théâtre[1]. L'auteur a pris la liberté de franchir les limites

---

1. On reprochait généralement aux premières parties de *don Carlos*, publiées dans la *Thalie*, d'être beaucoup trop longues pour le théâtre. Cet avis a pour

de la scène, et ne sera par conséquent pas jugé d'après cette mesure. La forme dramatique a une application bien plus étendue que la poésie théâtrale, et l'on enlèverait à la poésie un grand domaine, si l'on voulait restreindre à la scène et à ses lois le dialogue en action. Les règles du genre doivent leur origine aux premiers modèles du genre. Celui qui se servit d'abord de la forme dramatique y joignit la rigueur théâtrale; mais pourquoi ce premier emploi serait-il une loi pour la poésie? Ce qui importe au poète, c'est d'atteindre le plus grand effet qu'il puisse imaginer. Si cet effet est possible dans les limites du genre, la perfection relative et la perfection absolue sont une seule et même chose; mais s'il fallait sacrifier l'une des deux à l'autre, le sacrifice moindre et qu'il faudrait faire serait sans doute celui des règles du genre. *Don Carlos* est un tableau de famille d'une maison royale.

HOMMAGE DE DON CARLOS,

Pièce de vers écrite de la main de Schiller sur un exemplaire de *don Carlos* qu'il avait offert, en 1787, à la fille du conseiller intime Schmidt de Weimar, qui plus tard épousa M. Swaine.

Nul vivant, nulle vivante n'a posé pour cette image, élevée à l'amitié et à la douce sympathie. C'est à des mondes non présents aux yeux que je l'ai empruntée (je ne te connaissais pas encore) un cœur plein et une ardente imagination. Si ce que j'ai éprouvé ici pour des ombres, retentit dans ton cœur par un puissant écho, arrache à tes yeux de belles larmes, et, dans les calmes heures de la rêverie, t'attendrit par une douce émotion : alors, tu sais ce qu'eût éprouvé le poète, s'il avait trouvé une image vivante, semblable à la tienne, Caroline.

objet de répondre à cette critique, dont Wieland en particulier s'était fait l'organe dans une lettre du 8 mars 1785 : « Le plus grand défaut de M. Schiller, disait-il, un défaut que plus d'un écrivain allemand a lieu de lui envier, c'est simplement qu'il est encore trop riche, qu'il en dit trop, qu'il est trop plein d'idées et d'images, et ne s'est pas encore suffisamment rendu maître de son imagination et de son esprit. Son excessive abondance se montre aussi dans la longueur des scènes : je suis effrayé quand je calcule quelle sera l'étendue de toute la pièce et combien durera la représentation, le premier acte remplissant déjà quatre feuilles et demie. Sentir quand c'est assez et savoir cesser, cela même est déjà un grand art. La plus grande pièce de Sophocle a à peine autant de vers que le premier acte de M. Schiller. »

LETTRES DE SCHILLER

SUR DON CARLOS [1].

PREMIÈRE LETTRE.

Vous me dites, mon cher ami, que vous êtes peu satisfait des jugements qu'on a portés jusqu'ici de don Carlos, et vous soutenez que dans le plus grand nombre on a méconnu le vrai point de vue de l'auteur. Il vous semble qu'on peut bien défendre encore certains endroits hasardés, que la critique a déclarés insoutenables, et vous trouvez que maint doute dont ils ont été l'objet est, dans la contexture de l'ouvrage, sinon entièrement prévenu, du moins prévu et pris en considération. Ce que vous seriez surtout tenté d'admirer dans la plupart des objections, c'est moins la sagacité des juges que la complaisance avec laquelle ils les présentent comme de grandes découvertes, sans se laisser arrêter par la pensée, si naturelle pourtant, que ces violations des règles, qui sautent tout d'abord aux yeux des moins clairvoyants, ont bien pu être visibles également pour l'auteur, qui, d'ordinaire, n'est pas le moins éclairé de ses lecteurs, et qu'on aurait ainsi à examiner, non pas tant les licences en elles-mêmes que les raisons qui l'ont déterminé à se les permettre. Ces raisons peuvent sans doute être insuffisantes, elles peuvent tenir à un point de vue trop exclusif; mais le devoir du critique eût été justement de montrer ce qu'elles ont d'exclusif ou d'insuffisant, s'il voulait avoir quelque autorité aux yeux de celui à qui il s'impose comme juge ou s'offre comme conseil.

Mais, mon cher ami, qu'est-ce que l'auteur, après tout, a à voir à cela? Que son juge ait ou non les qualités de son rôle, qu'il montre beaucoup ou peu de pénétration, c'est l'affaire de ce juge; tant pis pour l'auteur et pour son œuvre s'il s'en remet de l'effet de celle-ci au don de divination de ses critiques et à leur équité; s'il fait dépendre l'impression qu'elle doit produire de qualités qui ne se trouvent réunies que dans un très-petit

---

[1]. Les quatre premières parurent d'abord dans le troisième cahier trimestriel du *Mercure allemand* de 1788, les suivantes dans le quatrième de la même année.

nombre d'esprits. Il n'est guère de condition plus défectueuse pour une œuvre d'art que celle où il dépend du caprice de qui l'examine de l'interpréter à son gré, et où l'on a besoin de l'assistance d'autrui pour la placer dans son vrai jour. Si vous avez voulu me faire comprendre que mon ouvrage se trouve dans ce cas, vous en avez fait une critique très-grave, et vous me décidez à l'examiner encore une fois plus attentivement de ce point de vue. Ainsi, il s'agirait surtout, ce me semble, de rechercher si la pièce renferme tout ce qui peut aider à la comprendre, et si cela y est indiqué en termes assez clairs pour que le lecteur puisse aisément le reconnaître. Permettez-moi donc, mon cher ami, de vous entretenir un moment de ce sujet. La pièce m'est devenue plus étrangère; je me trouve maintenant comme dans un juste milieu entre l'auteur et le spectateur, et il me sera peut-être ainsi possible d'unir la connaissance intime que le premier a de son ouvrage à l'absence de préventions qui distingue le second.

Il peut m'être arrivé principalement (et je crois devoir faire avant tout cette remarque) d'avoir excité dans les premiers actes une autre attente que celle que j'ai remplie dans les derniers. La nouvelle de Saint-Réal, peut-être aussi le langage que j'ai tenu moi-même à ce sujet dans le premier numéro de la Thalie [1], peuvent avoir indiqué au lecteur un point de vue auquel il est impossible maintenant de se placer. En effet, pendant le temps que je composais ma pièce, temps qui, par suite de mainte interruption, a été assez long, il s'est opéré en moi bien des changements. Les diverses vicissitudes qui se sont produites, pendant cet intervalle, dans ma manière de penser et de sentir, ont dû nécessairement exercer leur influence sur cet ouvrage. Ce qu'il avait de plus attachant pour moi dans le principe fit sur mon esprit, dans la suite, une impression plus faible, et à la fin me touchait à peine. De nouvelles idées, qui depuis s'étaient élevées en moi, avaient remplacé les premières; Carlos même avait baissé dans ma faveur, pour ce seul motif peut-être que mon âge avait pris trop d'avance sur le sien, et, pour la raison contraire, le marquis de Posa avait, à sa place, obtenu ma préférence. Il arriva ainsi qu'au quatrième et au cinquième acte, j'avais des sentiments tout autres qu'au début. Mais les trois premiers actes étaient dans les mains du public; il n'y avait plus moyen de changer entièrement le plan général. Il me fallait donc ou supprimer la pièce (ce qui, après tout, n'eût agréé, je crois, qu'au plus petit nombre de mes lecteurs), ou bien rattacher la seconde partie à la première aussi bien que je pouvais. Si je ne l'ai pas fait partout de la manière la plus heureuse, je m'en console quelque peu par la pensée qu'une main plus habile que la mienne n'eût pas beaucoup mieux réussi. Ma faute capitale était d'avoir trop prolongé le temps de la gestation. Une œuvre dramatique ne peut et ne doit être qu'un fruit mûri en un seul été. Le plan aussi, tel que je l'avais conçu, avait trop d'extension pour les limites et les règles d'une œuvre drama-

---

[1] « La Thalie du Rhin » (die Rheinische Thalia), recueil périodique où parurent, comme nous l'avons dit, les deux premiers actes de don Carlos, et la moitié du troisième.

tique. Ce plan, par exemple, demandait que le marquis de Posa gagnât la confiance la plus illimitée de Philippe II; mais, pour produire cet effet extraordinaire, l'économie de la pièce ne me permettait qu'une seule scène.

Ces explications me justifieront peut-être auprès d'un ami, mais non au tribunal de l'art. Puissent-elles cependant mettre au moins un terme à toutes ces déclamations par lesquelles les critiques m'ont assailli de ce côté!

DEUXIÈME LETTRE.

Le caractère du marquis de Posa a été presque généralement regardé comme trop idéal. Pour voir jusqu'à quel point cette assertion est fondée, ce qu'il y a de mieux à faire, c'est de ramener à ses véritables éléments la manière d'agir propre à ce personnage. J'ai, comme vous pouvez le voir, affaire ici à deux opinions opposées. Les uns veulent l'exclure absolument de la classe des êtres naturels, et il faut leur montrer jusqu'à quel point il tient à l'humanité, jusqu'à quel point ses sentiments comme ses actions découlent de motifs très-humains et ont leur fondement dans l'enchaînement des circonstances extérieures. Les autres lui donnent le nom d'homme divin, et je n'ai qu'à les rendre attentifs à quelques faiblesses qui sont de tout point fort humaines. Les opinions qu'exprime le marquis de Posa, la philosophie qui le dirige, les sentiments favoris qui l'inspirent, à quelque point qu'ils s'élèvent au-dessus de la vie ordinaire, ne peuvent pas, considérés comme de simples idées, donner le droit de le bannir de la classe des êtres naturels; car qu'est-ce qui ne peut naître dans une tête humaine? quelle création du cerveau ne peut, dans un cœur ardent, devenir une passion? Ses actions ne peuvent pas non plus l'en exclure : dans l'histoire même, quelque rares qu'elles y puissent être, elles trouvent leurs pareilles. Car le sacrifice du marquis pour son ami n'a rien ou presque rien de supérieur à la mort héroïque d'un Curtius, d'un Régulus et d'autres. Ce qu'il y a de faux et d'impossible doit donc se trouver ou dans la contradiction entre ces idées et l'époque, ou dans ce fait, qu'elles n'auraient ni assez de vivacité ni assez de force pour entraîner à de telles actions. Ainsi je ne puis, dans les objections que l'on a faites contre la vérité de ce caractère, voir autre chose que ceci : d'abord, au siècle de Philippe II, aucun homme ne pouvait penser comme pense mon marquis de Posa; puis des pensées de ce genre ne se transforment pas, aussi facilement qu'il arrive dans ma pièce, en volonté et en action, et une exaltation idéale n'a pas coutume de se réaliser si conséquemment, ni d'être accompagnée d'une telle énergie dans l'action.

L'objection que l'on tire contre ce caractère, de l'époque dans laquelle je le fais paraître, me semble parler plutôt pour lui que contre lui. De même que tous les grands esprits, il naît entre les ténèbres et la lumière, comme une apparition isolée et saillante. Le moment où il se forme est celui de la fermentation générale des esprits, de la lutte des préjugés avec la raison, de l'anarchie des opinions, de l'aurore de la vérité ; ç'a été de tout temps l'heure de la naissance des hommes extraordinaires. Les idées de liberté et de dignité humaine, qu'un hasard favorable, peut-être une heureuse éducation, ont jetées dans une âme ouverte aux sentiments nobles et purs, l'étonnent par leur nouveauté et agissent sur elle avec toute la puissance de ce qui est inaccoutumé et surprenant ; le mystère même avec lequel elles lui ont été vraisemblablement communiquées a dû augmenter la force de leur impression. Elles n'ont pas encore été usées par la longue habitude, elles n'ont point cette banalité qui aujourd'hui affaiblit tant cette impression ; leur forte empreinte n'a été émoussée ni par le bavardage des écoles, ni par les traits d'esprit des gens du monde. Son âme se sent, au milieu de ces idées, comme dans une nouvelle et magnifique contrée, qui agit sur elle avec toute son éblouissante lumière et la plonge dans les rêves les plus enchanteurs. Le contraste des misères de l'esclavage et de la superstition l'attire avec une force toujours croissante vers ce monde qui la charme. N'est-ce pas en prison que l'on rêve les plus beaux songes de liberté ? Je vous le demande à vous-même, mon ami : l'idéal le plus hardi d'une république du genre humain, de la tolérance universelle, de la liberté de conscience, où pouvait-il mieux prendre naissance et plus naturellement, que dans le voisinage de Philippe II et de son inquisition ?

Tous ces principes, tous les sentiments les plus chers du marquis ont pour base la vertu républicaine. Son dévouement même pour son ami le prouve ; car l'aptitude au dévouement est comme le résumé de toute la vertu républicaine.

L'époque où il paraît est justement celle où il fut question plus que jamais des droits de l'homme et de la liberté de conscience. La réforme venait de donner cours à ces idées et les troubles de la Flandre les maintenaient en pratique. Son indépendance, sa condition même de chevalier de Malte, lui donnaient d'heureux loisirs, pour mûrir ses spéculations enthousiastes.

Ce n'est donc pas dans le siècle et dans le pays où paraît le marquis, ni dans les circonstances qui l'entourent qu'on trouverait des motifs de le déclarer incapable de cette philosophie, incapable de s'y dévouer avec un attachement exalté.

Si l'histoire nous montre par de nombreux exemples qu'on peut immoler à ses opinions tous les intérêts de ce monde, si l'on accorde à l'illusion la moins fondée la force de s'emparer assez puissamment des esprits des hommes pour les rendre capables de tout sacrifice, il serait étrange de contester cette force à la vérité. A une époque surtout aussi riche que celle-là en exemples d'hommes qui exposent et leur fortune et leur vie pour des doctrines si peu propres à enthousiasmer, on ne devrait pas, ce me semble, être choqué d'un caractère qui, pour une idée sublime entre toutes, brave les mêmes dangers ; car il faudrait alors admettre que la vérité est moins apte que l'erreur à toucher le cœur de l'homme. Le marquis est d'ailleurs présenté comme un héros. Dès sa première jeunesse, il a fait preuve, l'épée à la main, d'un courage qu'il montrera plus tard pour des intérêts plus sérieux. Des vérités qui enflamment le cœur, une philosophie qui l'élève, devaient, il me semble, devenir tout autre chose dans l'âme d'un héros que dans le cerveau d'un pédant ou dans le cœur blasé d'un homme du monde.

Il y a dans la conduite du marquis deux choses dont on a été, me dites-vous, principalement choqué : son attitude vis-à-vis du roi dans la dixième scène du troisième acte, et son sacrifice pour son ami. Mais il se pourrait que la franchise avec laquelle il expose au roi ses idées fût moins l'effet de son courage que de sa parfaite connaissance du caractère de ce prince; et alors, le danger disparaissant, le principal reproche dirigé contre cette scène disparaîtrait aussi. J'y reviendrai une autre fois, quand je vous entretiendrai de Philippe II; je n'ai à m'occuper en ce moment que du sacrifice de Posa pour le prince, et, dans ma prochaine lettre, je vous communiquerai quelques idées à ce sujet.

TROISIÈME LETTRE.

Vous vouliez dernièrement avoir trouvé la preuve, dans don Carlos, qu'une amitié passionnée pouvait être pour la tragédie un sujet aussi touchant qu'un amour passionné, et vous avez été surpris quand je vous ai répondu que je m'étais réservé pour plus tard la peinture d'une telle amitié. Ainsi, vous tenez aussi pour certain, comme la plupart de mes lecteurs, que c'est une amitié enthousiaste que je me suis proposée pour but dans les relations de Carlos et du marquis de Posa? et, conséquemment, c'est de ce point de vue que vous avez considéré jusqu'ici ces deux caractères, et peut-être tout le drame? Mais que serait-ce, mon cher ami, si réellement, au sujet de cette amitié, j'avais le droit de vous accuser d'exagération? si de tout l'ensemble il résultait clairement qu'elle n'avait pas été et ne pouvait pas être mon but? si le caractère du marquis, autant qu'il ressort de la totalité de sa conduite, était absolument incompatible avec une telle amitié, et si justement ses plus belles actions, dont on fait honneur à ce sentiment, fournissaient la meilleure preuve du contraire?

La manière dont s'annoncent d'abord les rapports des deux amis eût pu tromper, mais à première vue seulement, et la moindre attention aurait suffi pour dissiper l'erreur, en montrant le contraste de leur conduite. Si le poëte remonte à leur amitié de jeunesse, il n'abandonne rien pour cela de la grandeur de son plan; au contraire, il ne pouvait en attacher la trame à des fils mieux choisis. Les rapports des deux personnages à leur entrée en scène, sont une réminiscence de leurs années d'académie. L'harmonie des sentiments, un égal amour du grand et du beau, un même enthousiasme pour la vérité, la liberté et la vertu, les avaient alors attachés l'un à l'autre. Un caractère comme celui de Posa, qui se développe ensuite comme nous le voyons dans la pièce, devait avoir commencé de bonne heure à exercer sa vive sensibilité sur un objet fécond. Une bienveillance, qui devait dans la suite se répandre sur toute l'humanité, avait nécessairement préludé par quelque liaison plus étroite. A cet esprit créateur, à cet esprit de feu, il fallait tout d'abord un sujet sur lequel il pût agir. Pouvait-il s'en offrir à lui un plus beau qu'un fils de roi, d'une sensibilité vive et tendre, capable de recevoir ses épanchements, et qui courait de lui-même au-devant de lui? Mais, dès ces premiers temps, le sérieux de ce caractère se montre par quelques traits; alors déjà Posa est plus froid, moins empressé dans son amitié; son cœur, déjà trop vaste pour se restreindre à un seul être, ne peut être conquis que par un grand sacrifice.

« Alors je me mis à te tourmenter de mille caresses et de mon tendre
« amour de frère. Toi, cœur orgueilleux, tu y répondais froidement.... »

« Tu pouvais dédaigner mon cœur, mais non l'éloigner de toi. Trois
« fois tu repoussas le prince, trois fois il revint, en suppliant, te deman-
« der ton amitié, etc.... »

« Mon sang royal coula honteusement sous d'impitoyables coups; tant
« il devait m'en coûter pour être aimé de Rodrigue [1]. »

Ici déjà quelques indices nous montrent combien peu l'attachement du marquis pour le prince repose sur un parfait accord personnel. De bonne heure, il voit en lui un fils de roi; de bonne heure, cette idée vient se placer entre son cœur et son ami suppliant. Carlos lui ouvre ses bras, le jeune cosmopolite s'agenouille devant lui. Le sentiment de la liberté et de la dignité humaine avait mûri dans son cœur avant son amitié pour Carlos; cette branche ne fut greffée que plus tard sur cette tige plus vigoureuse. Au moment même où son orgueil est vaincu par le grand sacrifice de son ami, il ne perd pas de vue que cet ami est né prince. « Je te payerai, dit-il, quand tu seras roi [2]. » Était-il possible que, dans un cœur si jeune, avec un sentiment si vif et toujours présent de l'inégalité du rang, l'amitié pût naître, l'amitié dont la condition essentielle est l'égalité? Ainsi, alors même, ce fut moins l'amour que la reconnaissance, moins l'amitié que la pitié, qui gagnèrent le marquis au prince. Les impressions, les pressentiments, les rêves et les projets qui se pressaient obscurs et confus dans cette âme d'enfant, il fallait qu'il les communiquât, qu'il les contemplât dans une autre âme, et Carlos était le seul qui pût pressentir et rêver avec lui, le seul qui les pût refléter. Un esprit comme celui de Posa devait aspirer à jouir de bonne heure de sa supériorité, et l'affectueux Carlos s'attachait à lui avec tant de soumission et de docilité! Posa se voyait lui-même dans ce beau miroir, et se complaisait dans son image. C'est ainsi que se forma cette amitié d'académie.

Mais les voici séparés l'un de l'autre, et tout change. Carlos vient à la cour de son père, et Posa se jette dans le monde. Le premier, rendu de bonne heure exigeant par sa liaison avec le jeune homme le plus noble et le plus ardent, ne trouve rien, dans la cour d'un despote, qui puisse satisfaire son cœur. Autour de lui tout est vide et stérile. Isolé au milieu du tourbillon de tant de courtisans, oppressé par le présent, il se console aux doux souvenirs du passé. De la sorte, ses premières

---

1. Voy. *Don Carlos*, acte 1, scène 2, p. 9 et 10. Les derniers mots : « Tant il devait m'en coûter, etc., » ont été depuis supprimés par Schiller.
2. Voy. *ibid.*, pag. 10.

impressions gardent chez lui toute leur vie et leur chaleur, et son cœur, formé à la bienveillance et à qui manque un digne objet, se consume en des rêves qui ne peuvent le satisfaire. Il tombe ainsi peu à peu dans un état d'oisive exaltation et de contemplation inactive. Dans cette lutte constante avec sa situation, ses forces s'usent; ses relations peu amicales avec un père qui lui ressemble si peu répandent sur son caractère une sombre mélancolie, le ver rongeur de toute fleur de l'âme, la mort de l'enthousiasme. Comprimé, sans énergie, se repliant, inoccupé, sur lui-même, épuisé par de pénibles et stériles combats, ballotté entre de terribles extrémités, devenu incapable de tout élan personnel, tel le trouve le premier amour. Dans cet état, il n'a plus aucune force à lui opposer; toutes ces idées de sa jeunesse qui auraient pu seules y faire équilibre, sont devenues étrangères à son âme; cet amour le domine avec une tyrannie despotique, et il tombe ainsi dans un état passif, qui est à la fois douleur et volupté. Toutes ses forces sont maintenant concentrées sur un seul objet. Un désir toujours inassouvi tient son âme enchaînée au dedans d'elle-même. Comment pourrait-elle se répandre sur l'univers? Incapable de satisfaire ce désir, plus incapable encore d'en triompher par une force intérieure, il dépérit, moitié vivant et moitié mourant, en proie à une visible consomption; nulle distraction pour la douleur qui brûle sa poitrine; pas une âme sympathique qui s'ouvre à lui et dans laquelle il puisse l'épancher :

« Je n'ai personne.... personne, sur cette grande et vaste terre, per-
« sonne. Aussi loin que s'étend le sceptre de mon père, aussi loin que
« les navires portent notre pavillon, il n'est aucune place, aucune,
« aucune, où je puisse me soulager de mes larmes [1]. »

La détresse et la pauvreté du cœur le ramènent maintenant juste au point d'où la plénitude du cœur l'avait fait partir. Il sent plus vivement le besoin de sympathie, parce qu'il est seul et malheureux. C'est ainsi que son ami le trouve à son retour.

Celui-ci a eu, pendant ce temps, un tout autre sort. L'âme ouverte à toutes les impressions, il s'est jeté, avec toutes les forces de la jeunesse, tout l'élan du génie, toute la chaleur du cœur, dans le vaste univers : là, il voit l'homme à l'œuvre, dans les grandes et dans les petites choses; il trouve l'occasion de juger, en présence des forces actives de l'humanité, l'idéal qu'il apporte au dedans de lui-même. Tout ce qu'il entend, tout ce qu'il voit, est dévoré par lui avec un vif enthousiasme; tout est senti, pensé et transformé par rapport à cet idéal. L'homme se montre à lui dans diverses variétés; il apprend à le connaître sous plusieurs climats, sous différentes constitutions et à des degrés inégaux de culture et de bonheur. Ainsi se forme en lui, peu à peu, une idée complexe et élevée de l'humanité, en grand et dans son ensemble, auprès de laquelle toute relation moindre et rétrécissante s'évanouit. Il sort maintenant de lui-même, et son âme s'épand au loin dans l'immense étendue du monde. Des hommes remarquables qui se jettent sur son che-

---

1. Voy. *Don Carlos*, acte I, scène 2, p. 8.

min viennent distraire son attention et partagent son estime et son amour. A la place d'un individu, c'est maintenant l'espèce tout entière qui occupe son âme ; une affection passagère et juvénile se développe en une philanthropie universelle et infinie. L'enthousiaste oisif est devenu un homme actif et agissant. Les anciennes aspirations et les anciens rêves, obscurs jusque-là et en germe dans son âme, se sont changés en conceptions claires et lumineuses ; les projets oiseux sont mis en action, et l'impulsion générale et indéterminée s'est transformée en une activité réglée et qui tend à son but. Il étudie le caractère des peuples, il pèse leurs forces et leurs ressources, il juge leurs constitutions ; par son commerce avec des esprits de même nature, ses idées s'étendent et s'arrêtent ; des hommes politiques éprouvés, comme un Guillaume d'Orange, un Coligny et d'autres, leur ôtent ce qu'elles avaient de romanesque et les font descendre peu à peu au niveau de l'utilité pratique.

Enrichi de mille conceptions neuves et fécondes, plein de forces actives, d'instincts créateurs, de projets hardis et immenses, la tête agissante et le cœur brûlant, pénétré des grandes et généreuses idées de la commune puissance humaine et de l'humaine dignité, tout de feu pour la félicité de ce grand tout qui s'est personnifié pour lui dans tant d'individus [1], il revient maintenant de sa grande moisson, enflammé du désir de trouver un théâtre sur lequel il puisse réaliser ses vues idéales et faire emploi des trésors qu'il a amassés. La situation de la Flandre frappe alors ses regards. Il y trouve tout préparé pour une révolution. Connaissant l'esprit de ce peuple, ses forces et ses ressources, qu'il compare à la puissance de son oppresseur, il voit la grande entreprise comme déjà accomplie. Son idéal de liberté républicaine ne peut trouver un moment plus favorable, ni un sol plus propre à recevoir la semence.

« Tant de riches et florissantes provinces ! un grand et vigoureux
« peuple.... et aussi un bon peuple...., me disais-je à moi-même, être
« le père de ce peuple, ce doit être divin [2]. »

Plus il trouve ce peuple misérable, plus ce désir domine son cœur, plus il a hâte de l'accomplir. C'est alors, et seulement alors, qu'il se rappelle vivement l'ami qu'il a laissé à Alcala, tout de feu, lui aussi, pour le bonheur des hommes. Il se le représente déjà comme le sauveur de la nation opprimée, comme l'instrument de ses sublimes projets. Plein d'un

---

1. Dans l'entretien qu'il a ensuite avec le roi, ces idées favorites se manifestent : « En trait de plume de votre main » dit-il, « et la terre sera créée de « nouveau. Accordez la liberté de penser. Laissez, avec cette générosité propre « à la Divinité, laissez couler à flots le bonheur des hommes de la corne d'abon-« dance qui est dans vos mains. Laissez mûrir des esprits dans votre vaste édi-« fice politique.... Rendez à l'humanité sa noblesse perdue. Que le citoyen rede-« vienne, ce qu'il fut d'abord, le but et la fin de la royauté ; qu'il ne soit lié par « aucun autre devoir que les droits de ses frères, sacrés comme les siens. Que « le paysan soit fier de sa charrue et laisse du bon cœur au roi, qui n'est pas « paysan, la couronne. Que l'artiste, dans son atelier, se fasse en rêve le créa-« teur d'un monde plus beau. Que l'essor du penseur ne soit plus arrêté par « d'autres barrières que la condition même des natures finies. » (*Note de Schiller.*)— Voy. *Don Carlos*, acte III, scène 10, p. 102 et 103. — Les dernières phrases, à partir de ces mots : « Que le paysan, etc., » ont été plus tard supprimées par l'auteur (voy. l'appendice, p. 208).

2. Voy. *Don Carlos*, acte III, scène 10, p. 103.

amour inexprimable pour cet ami, parce qu'il l'associe par la pensée à l'intérêt le plus cher de son cœur, il court à Madrid se jeter dans ses bras, bien sûr de trouver changées en riche moisson les semences d'humanité et d'héroïque vertu qu'il a autrefois répandues dans son âme, et d'embrasser en lui le libérateur des Pays-Bas et le futur créateur de son gouvernement idéal.

Plus passionné que jamais, Carlos se précipite à sa rencontre avec une ardeur fébrile.

« Je te presse sur mon cœur; je sens le tien battre sur ma poitrine
« avec une force toute-puissante. Oh! maintenant, tout est bien, tout
« est réparé.... Je repose sur le sein de mon Rodrigue¹. »

Cet accueil est tout de feu; mais comment Posa y répond-il? Lui qui a laissé son ami dans toute la fleur de la jeunesse, et qui le retrouve maintenant semblable à un mort errant dans la vie, s'arrête-t-il à ce triste changement? S'informe-t-il longuement, et avec inquiétude, de ses causes? Descend-il jusqu'aux petits intérêts de la vie de son ami? Surpris et grave, il répond à cet accueil qui ne lui agrée pas:

« Ce n'était pas ainsi que je m'attendais à revoir le fils de don Phi-
« lippe.... Ce n'est pas là le jeune homme au cœur de lion vers qui m'en-
« voie un peuple héroïque opprimé.... Car maintenant ce n'est pas Ro-
« drigue qui est devant vous, ce n'est pas le compagnon des jeux de
« Carlos enfant.... C'est le député de l'humanité tout entière qui vous
« embrasse. Ce sont les provinces de Flandre qui pleurent sur votre
« sein, etc. ² »

Involontairement son idée dominante lui échappe dès les premiers moments d'une réunion qui suit une si longue absence, et où l'on a d'ordinaire tant de riens importants à se dire. Il faut que Carlos ait recours à tout ce qu'il y a de touchant dans sa situation, qu'il réveille le souvenir des scènes les plus reculées de leur enfance, pour écarter cette idée favorite de son ami, pour exciter sa sympathie et le rendre attentif à la triste position où il est lui-même. Posa se voit déçu d'une manière terrible dans les espérances avec lesquelles il accourait auprès de son ami. « Il s'attendait à trouver un caractère héroïque, avide de cette sorte d'activité à laquelle il voulait maintenant ouvrir un théâtre. Il comptait sur ce trésor de sublime philanthropie, sur le vœu que Carlos, dans des jours d'enthousiasme, avait fait entre ses mains, sur l'hostie partagée, et ce qu'il trouve à la place, c'est un amour passionné pour la femme de son père....

« Ce n'est plus ce Charles qui prit congé de toi à Alcala, ce Charles
« qui comptait que ses yeux dévoileraient au créateur le plan du Paradis,
« et qu'il pourrait un jour, comme prince absolu, le reproduire en Es-
« pagne. Oh! c'était une idée d'enfant, mais divinement belle. Ces rêves
« sont passés! ³ »

---

1. Voy. *Don Carlos*, acte I, scène 2, p. 7.
2. Voy. *ibid.*, p. 8.
3. Le milieu de cette citation, depuis « qui comptait que ses yeux, » jusqu'à « en Espagne, » a été depuis modifié, dans le drame, par Schiller. Voy. acte I, scène 2, p. 8.

.... C'est une passion sans espoir, qui consume toutes ses forces, qui met sa vie même en danger. Comment un ami du prince, mais qui n'eût été qu'ami et rien de plus, aurait-il agi dans cette situation? Et comment a agi Posa, le citoyen du monde? Posa, ami et confident du prince, aurait tremblé pour la sûreté de son Carlos, et tremblé beaucoup trop pour oser prêter la main à un dangereux rendez-vous avec la reine. Le devoir de l'ami eût été de songer aux moyens d'étouffer cette passion, et nullement à la satisfaire. Posa, défenseur des intérêts de la Flandre, agit tout autrement. Rien n'est plus important pour lui que de faire cesser au plus vite cette situation sans espoir, dans laquelle s'usent les forces actives de son ami, fallût-il tenter pour cela quelque périlleuse aventure. Tant que son ami se consume en désirs non satisfaits, il ne peut être sensible à des souffrances étrangères; tant que ses forces sont abattues par la mélancolie, il ne peut s'élever à aucune résolution héroïque. La Flandre n'a rien à espérer de Carlos malheureux; peut-être Carlos heureux lui viendra-t-il en aide. Il se hâte donc de satisfaire son désir le plus ardent; lui-même le conduit aux pieds de la reine, et il ne s'en tient point là. Il ne trouve plus dans l'âme du prince les mobiles qui, dans d'autres temps, l'avaient élevé aux résolutions héroïques; que peut-il faire autre chose que de rallumer à un feu étranger cet héroïsme éteint, et de mettre à profit l'unique passion qui existe dans le cœur de Carlos? C'est à cette passion qu'il doit nécessairement rattacher les nouvelles idées qu'il veut maintenant faire dominer dans son âme. Un regard dans le cœur de la reine lui apprend qu'il peut tout attendre de son concours. Ce n'est que le premier enthousiasme qu'il veut emprunter à cette passion. Quand elle l'aura aidé à donner à son ami cette impulsion salutaire, il n'aura plus besoin d'elle, et il peut être sûr d'avance qu'elle sera détruite par l'effet même qu'elle produira. Ainsi cet obstacle qui est venu s'opposer à son grand dessein, ce malheureux amour, sera lui-même transformé en un instrument utile pour ses vues plus importantes, et il faut que le destin de la Flandre parle au cœur de son ami par la bouche de l'amour:

« « Dans cette flamme sans espoir, j'ai reconnu de bonne heure le rayon
« d'or de l'espérance. Je voulais conduire Carlos à l'excellent, au parfait.
« Ce noble fruit, ce fruit royal, que le lent travail des générations doit seul
« cultiver, il fallait que le rapide printemps de l'amour en hâtât par mi-
« racle le développement. Je voulais que sa vertu mûrît aux regards de
« ce puissant soleil [1]. »

Aussi est-ce des mains de la reine que Carlos reçoit les lettres que Posa a apportées pour lui de Flandre. Son génie évanoui, c'est la reine qui le rappelle.

Cette subordination de l'amitié à un intérêt supérieur se montre plus visiblement encore dans l'entrevue du cloître. Une tentative du prince auprès du roi a échoué; cet échec et une découverte, favorable à sa passion, qu'il croit avoir faite, le replongent dans cette passion avec plus de

---

[1] Voy. Don Carlos, acte IV, scène 21, p. 159. Schiller, en remaniant son drame, en a retranché la plus grande partie de ce morceau, et n'a conservé que le commencement, jusqu'à ces mots : « au parfait. »

force, et Posa croit remarquer que les sens y ont part. Rien ne saurait être plus inconciliable avec son noble plan. Toutes les espérances qu'il avait fondées pour les Pays-Bas sur l'amour de Carlos pour la reine sont renversées, si cet amour déchoit de sa haute sphère. Le violent dépit qu'il ressent à ce sujet met au jour sa pensée :

« Oh! je sens quelle habitude je dois perdre. Oui, naguère, naguère,
« c'était tout autrement. Tu étais alors si riche, si ardent, si riche! Tout
« un monde trouvait place dans ton vaste sein. Tout cela maintenant a
« péri, dévoré par une seule passion, par un petit intérêt personnel. Ton
« cœur est mort. Pas une larme pour l'affreux destin des Provinces-
« Unies, plus une seule larme! O Charles, que tu es devenu pauvre, pauvre
« à mendier, depuis que tu n'aimes plus personne, que toi¹! »

Redoutant une semblable rechute, il croit devoir risquer un coup violent. Tant que Charles restera dans le voisinage de la reine, il est perdu pour la cause de la Flandre. Sa présence dans les Pays-Bas peut y donner aux affaires une tout autre tournure : il n'hésite donc pas un moment à le pousser au départ de la façon la plus violente :

« Il faut qu'il désobéisse au roi, qu'il se rende secrètement à Bruxelles,
« où les Flamands l'attendent les bras ouverts. Tous les Pays-Bas se lève-
« ront à son signal. La bonne cause devient bien forte par un fils de roi². »

L'ami de Carlos aurait-il pu se décider à mettre en jeu si témérairement la bonne renommée, la vie même de son ami ? Mais Posa, pour qui la délivrance d'un peuple opprimé était un mobile bien plus puissant que les petits intérêts d'un ami, Posa, le citoyen du monde, devait agir ainsi et non autrement. Toutes les démarches auxquelles il se porte dans le cours de la pièce trahissent une hardiesse prête à tout oser et qu'un but héroïque peut seul inspirer : l'amitié est souvent pusillanime et toujours inquiète. Où voit-on jusqu'à présent dans le caractère du marquis la moindre trace de cette inquiète sollicitude pour une créature isolée, de cette inclination exclusive, qui seules cependant forment le caractère propre de l'amitié passionnée ? Où ne voit-on pas chez lui l'intérêt du prince subordonné à l'intérêt supérieur de l'humanité ? Le marquis poursuit avec fermeté et constance sa grande carrière de cosmopolite, et tout ce qui se passe autour de lui n'a d'importance à ses yeux que par la liaison qu'il y peut voir avec son sublime objet.

QUATRIÈME LETTRE.

Cet aveu pourra lui faire perdre une grande partie de ses admirateurs ; mais il s'en consolera avec le petit nombre de partisans nouveaux qu'il lui gagnera, et d'ailleurs un caractère comme le sien ne pouvait jamais se flatter d'obtenir l'approbation générale. Une haute et active bienveillance pour tous les hommes n'exclut nullement un tendre intérêt

---

1. Voy. *Don Carlos*, acte II, scène 15, p. 79.
2. Voy. *ibid.*, acte IV, scène 3, p. 114.

pour les joies et les peines d'un seul individu. S'il aime le genre humain plus que Charles, cela ne fait aucun tort à son amitié. Il l'aurait toujours, quand même le sort ne l'eût pas appelé à un trône, distingué du reste des hommes par une tendre et particulière sollicitude ; il l'aurait toujours porté dans le cœur de son cœur, comme Hamlet son Horatio. On prétend que la bienveillance est d'autant plus faible et plus tiède que son objet se multiplie ; mais on ne peut dire que ce soit là le cas du marquis. L'objet de son amour se montre à lui dans tout l'éclat de l'enthousiasme ; c'est une image qui apparaît, magnifique et transfigurée, aux yeux de son âme, comme la figure d'une bien-aimée. Comme c'est Carlos qui doit réaliser cet idéal du bonheur des hommes, il transporte son idéal même sur la personne de Carlos, et il finit par comprendre l'idéal et l'ami dans un sentiment unique et indivisible. C'est dans Carlos seul qu'il contemple maintenant cette humanité ardemment chérie; son ami est le foyer où se réunissent toutes les idées qu'il se fait de ce vaste et multiple ensemble. Cet ensemble n'agit donc sur lui, après tout, que par un seul objet, qu'il embrasse avec tout l'enthousiasme et toutes les forces de son âme :

« Mon cœur, consacré à un seul, embrassait le monde entier. Dans « l'âme de mon Carlos, je créais un paradis pour des millions d'hommes [1]. »

Nous voyons donc ici un ardent amour pour un seul, sans que l'amour de l'humanité y soit sacrifié ; une amitié attentive et dévouée, sans ce qu'il y a d'injuste et d'exclusif dans cette passion ; une philanthropie universelle, qui embrasse tout, concentrée dans un seul rayon de flamme.

Et ce qui ennoblit l'intérêt pourrait-il y nuire? Cette peinture de l'amitié perdrait-elle en pathétique et en grâce ce qu'elle gagne en étendue? L'ami de Carlos aurait-il moins de droit à nos larmes et à notre admiration, parce qu'à l'expression la plus limitée de l'affection, il en joint l'expansion la plus vaste, et qu'il adoucit le caractère divin de l'amour universel par son application la plus humaine ?

Avec la neuvième scène du troisième acte, une carrière toute nouvelle s'ouvre à ce caractère.

CINQUIÈME LETTRE.

Sa passion pour la reine a enfin conduit le prince jusqu'au bord du précipice. Des preuves de sa culpabilité sont dans les mains de son père, et son ardeur irréfléchie, en donnant prise aux soupçons de ses ennemis, qui l'épient, l'a exposé aux plus grands dangers. Il est évidemment menacé de devenir la victime de son amour insensé, de la jalousie de son père, de la haine des prêtres, de la vengeance d'un ennemi offensé et d'une femme galante qu'il a dédaignée. Sa situation au dehors demande l'assistance la plus prompte, mais l'état intérieur de son âme, qui menace de rendre vains tout l'espoir et tous les desseins du marquis, la réclame

---

1. Voy. *Don Carlos*, acte IV, scène 21, p. 149.

plus encore. Il faut que le prince soit délivré de ce danger, il faut qu'il soit arraché à cette situation d'esprit, si les projets de délivrance de la Flandre doivent s'accomplir; et c'est le marquis sur qui nous comptons pour cette double tâche, et qui même nous donne de l'espoir à cet égard.

Mais ce qui a mis le prince en danger a fait naître aussi chez le roi une disposition d'âme qui lui fait sentir pour la première fois le besoin de l'épanchement. Les souffrances de la jalousie l'ont ramené, de la contrainte contre nature de son état, à la condition primitive de l'humanité, lui ont fait sentir ce qu'il y a de vide et de factice dans sa grandeur despotique, et ont éveillé en lui des désirs que ni le pouvoir ni la majesté ne peuvent satisfaire.

« Roi!... seulement roi, toujours roi!... Pas de meilleure réponse
« qu'un écho vide et creux ! Je frappe ce rocher et je veux de l'eau, de
« l'eau pour ma soif, dans ma fièvre ardente..... et il me donne.... un or
« brûlant [1]. »

Il n'y avait qu'un concours d'événements comme celui que nous voyons qui pût engendrer chez un monarque comme Philippe II une telle disposition, et il fallait qu'une telle disposition se produisît en lui pour préparer la suite de l'action et pour rapprocher de lui le marquis. Le père et le fils ont été conduits par des voies toutes différentes au point où le poëte avait besoin de les placer; par des voies toutes différentes, ils ont été l'un et l'autre attirés vers le marquis de Posa, en qui seul désormais va se concentrer l'intérêt, jusqu'alors divisé. C'est la passion de Carlos pour la reine, ce sont les conséquences inévitables qui en découlent pour le roi, qui seules ouvrent au marquis sa carrière : aussi était-il nécessaire que la pièce commençât par là. A côté de cet amour, le marquis devait être tenu dans l'ombre, et jusqu'à ce qu'il pût dominer toute l'action, il fallait qu'il se contentât d'un intérêt secondaire, parce que c'est uniquement de cette source qu'il pouvait tirer tous les matériaux de son activité future. L'attention du spectateur ne pouvait donc pas en être distraite avant le temps, et pour cela il était nécessaire que cet amour occupât d'abord les esprits comme action principale, et qu'au contraire l'intérêt qui devait ensuite devenir l'intérêt dominant, ne fût annoncé de loin que par quelques indications. Mais aussitôt que l'édifice est élevé, l'échafaudage tombe. L'histoire de l'amour de Carlos, qui n'était que l'action préliminaire, recule, et fait place à celle qu'elle n'a fait que préparer.

Les mobiles cachés du marquis, qui ne sont autres que la délivrance de la Flandre et le destin futur de la nation, mobiles qu'on n'a pu qu'entrevoir sous le voile de son amitié, se montrent maintenant au grand jour, et commencent à s'emparer de toute l'attention. Carlos, comme il ressort suffisamment de ce qui précède, n'avait été considéré par lui que comme l'instrument unique et nécessaire de ce projet, poursuivi avec tant d'ardeur et de constance, et, comme tel, il avait compris Carlos dans le même enthousiasme que le projet. De ces motifs plus généraux devait

---

1. Voy. *Don Carlos*, acte III, scène 2, p. 83.

découler tout autant de sollicitude inquiète pour les joies et les peines de son ami et de tendre intérêt pour cet instrument de son amour, qu'en aurait pu inspirer la plus vive sympathie personnelle. L'amitié de Charles lui assure la plus pleine jouissance de son idéal. Elle est le point où viennent se réunir tous ses vœux et tous ses efforts. Il ne connaît encore aucun autre chemin, aucun chemin plus court, pour réaliser son sublime idéal de liberté et d'humaine félicité, que celui qui s'ouvre à lui dans la personne de Carlos. Il ne lui est même pas venu à l'esprit de tendre à son but par une autre voie; et ce qui surtout est loin de sa pensée, c'est d'y marcher directement par le moyen du roi. Aussi, lorsqu'il est appelé auprès de celui-ci, il montre la plus complète indifférence :

« C'est moi qu'il demande?... Moi?... Je ne lui suis rien, vraiment « rien!... Moi ici, dans cet appartement! Que cela est absurde et inop- « portun! Que lui importe que j'existe?... Vous voyez, cela ne tend « à rien [1]. »

Mais il ne s'abandonne pas longtemps à cet étonnement oisif et puéril. Un esprit habitué, comme l'est le sien, à voir dans chaque circonstance l'utilité qu'elle peut avoir, à accommoder d'une main habile le hasard même à ses plans, et à ne considérer les événements que dans leur rapport avec ses idées dominantes, n'est pas longtemps à découvrir le grand parti qu'on peut tirer du moment présent. La moindre portion de la durée est à ses yeux comme un fonds sacré qui lui est confié et qu'il doit faire valoir. La pensée qui lui vient à l'esprit n'est pas encore un plan net et suivi, mais seulement un obscur pressentiment, et encore tout au plus ; seulement une idée fugitive, qui s'est élevée en lui, qu'il y aurait peut-être là une occasion de faire quelque chose. Il doit se présenter devant celui qui a dans sa main le sort de tant de millions d'hommes. «Il faut, se dit-il, profiter du moment qui ne vient qu'une fois. Quand ce ne serait qu'une étincelle de vérité jetée dans l'âme de cet homme qui jamais encore n'a entendu la vérité! Qui sait avec quel fruit la Providence pourrait la développer en lui?» Il ne songe, à ce sujet, à rien de plus qu'à employer de son mieux une circonstance offerte par le hasard. C'est dans cette disposition qu'il attend le roi.

SIXIÈME LETTRE.

Je me réserve, si vous voulez bien m'entendre, de m'expliquer plus en détail avec vous, dans une autre occasion, sur le ton que Posa prend tout d'abord avec le roi, comme, en général, sur toute sa conduite dans cette scène, et sur la manière dont sa façon d'agir est accueillie par le roi. Je me contenterai en ce moment de m'arrêter à ce qui se trouve le plus immédiatement en rapport avec le caractère du marquis.

Tout ce que le marquis, d'après l'idée qu'il avait du roi, pouvait rai-

---

[1] Voy. *Don Carlos*, acte III, scène 8, p. 97. Schiller n'a conservé, dans sa pièce romancée, que les premiers mots (jusqu'à : « Moi ? ») de cette citation.

sonnablement espérer de produire en lui, c'était une surprise mêlée d'humiliation, la surprise de voir que la haute idée qu'il avait de lui-même, et l'opinion fort médiocre qu'il s'était faite des hommes, pouvaient bien, après tout, souffrir quelques exceptions; puis c'était l'embarras naturel et inévitable d'un petit esprit devant un grand esprit. Cette impression pouvait être salutaire, quand elle n'eût servi qu'à ébranler, pour un moment, les préjugés de cet homme, et à lui faire sentir qu'il y avait encore au delà du cercle tracé par lui des influences qu'il n'avait pas même soupçonnées. Ce seul et unique son pouvait avoir un long retentissement dans sa vie, et cette impression devait être d'autant plus durable en lui qu'elle était sans exemple dans son passé.

Mais, en réalité, Posa avait jugé le roi trop superficiellement et à première vue; supposé même qu'il l'eût bien connu, il était du moins trop peu instruit de sa disposition actuelle pour en tenir compte dans son jugement. Cette disposition était excessivement favorable pour lui, et préparait à ses paroles, jetées dans l'entretien, un accueil qu'il ne pouvait attendre avec aucune vraisemblance. Cette découverte inattendue lui donne une impulsion plus vive, et à la pièce même une direction toute nouvelle. Enhardi par un résultat qui dépassait toutes ses espérances et enflammé par quelques vestiges d'humanité qu'il est surpris de trouver chez le roi, il s'égare un moment jusqu'à la pensée extravagante de rattacher directement à la personne du roi son constant idéal du bonheur de la Flandre, etc., de le réaliser directement par le moyen du roi. Cette hypothèse l'anime d'une ardeur passionnée, qui découvre le fond de son âme, qui met au jour toutes les conceptions de son imagination, tous les résultats de ses réflexions silencieuses, et qui montre avec évidence combien cet idéal le domine. Alors, dans cette disposition passionnée, tous les ressorts qui l'ont fait agir jusque-là deviennent visibles; alors, il lui arrive la même chose qu'à tous les enthousiastes que leur idée dominante emporte. Il ne connaît plus de mesure. Dans le feu de son exaltation, il transfigure à ses propres yeux le roi qui l'écoute avec stupéfaction, et il s'oublie jusqu'à fonder sur lui des espérances dont il rougira au premier moment de calme. Il ne pense plus à présent à Carlos. Quel long détour d'attendre celui-ci! Le roi offre à ses désirs une satisfaction beaucoup plus proche et plus prompte. Pourquoi différer le bonheur de l'humanité jusqu'à son héritier?

L'ami de cœur de Carlos s'oublierait-il à ce point? Une autre passion que la passion dominante aurait-elle entraîné Posa aussi loin? L'intérêt de l'amitié est-il si mobile qu'on le puisse transporter avec si peu de difficulté sur un autre objet? Mais tout s'éclaircit, dès qu'on subordonne l'amitié à cette passion dominante. Alors il est naturel que celle-ci, à la première occasion, réclame ses droits, et n'hésite pas longtemps à changer ses moyens et ses instruments.

Le feu et la franchise avec lesquels le marquis expose au roi ses sentiments favoris, qui jusqu'alors étaient un secret entre Carlos et lui, et l'illusion à laquelle il s'arrête, que le roi pourrait les comprendre et même les réaliser, étaient une infidélité manifeste dont il se rendait coupable vis-à-vis de son ami Charles. Posa, le citoyen du monde, pouvait seul agir ainsi, et à lui seul on peut le pardonner; chez l'ami de cœur de Carlos, cela eût été aussi condamnable qu'incompréhensible.

Cet aveuglement, sans doute, ne devait durer que quelques instants. On le pardonne facilement à la première surprise de la passion; mais si, de sang-froid, il continuait encore à y croire, il descendrait justement à nos yeux au rôle d'un rêveur. Mais que cet aveuglement ait eu réellement accès dans son âme, cela ressort de quelques passages où il en plaisante ou bien s'en disculpe sérieusement.

« Supposons, dit-il à la reine, que je travaille à placer ma croyance
« sur le trône?

LA REINE.

« Non, marquis, je ne voudrais pas, même par un jeu d'esprit, vous
« accuser de cette fantaisie chimérique. Vous n'êtes pas un rêveur, ca-
« pable d'entreprendre ce qui ne peut être mené à fin.

LE MARQUIS.

« Cela même serait encore une question, ce me semble [1]. »

Carlos lui-même a pénétré assez avant dans l'âme de son ami, pour qu'une telle résolution lui paraisse fondée sur la manière de voir de cet ami, et ce qu'il dit de lui à cette occasion pourrait suffire à mettre hors de doute la pensée de l'auteur.

« Toi-même, » lui dit-il, s'imaginant encore que le marquis l'a sacrifié,
« toi-même, tu vas accomplir maintenant ce que j'ai dû, mais n'ai pu
« faire.... Tu vas donner aux Espagnols ces jours d'or qu'en vain ils ont
« espérés de moi; car c'en est fait de moi, c'en est fait pour toujours. Tu
« as compris cela. Oh! ce terrible amour a enlevé irrévocablement les fleurs
« précoces de mon génie. Je suis mort pour les grandes espérances. La
« Providence ou le hasard rapprochent le roi de toi.... Il t'en coûte mon
« secret, et le roi est à toi! Tu peux devenir son bon ange. Pour moi il
« n'est plus de salut. Pour l'Espagne peut-être..... etc. [2]. »

Et dans un autre endroit, il dit au comte de Lerme, pour excuser l'infidélité présumée de son ami :

« Il m'a aimé, beaucoup aimé. Je lui étais cher autant que son âme.
« Oh! je le sais! mille preuves m'en ont convaincu. Mais des millions
« d'hommes, la patrie, ne doivent-ils pas lui être plus chers qu'un seul
« homme? Son sein était trop vaste pour un seul ami, et le bonheur de
« Carlos trop peu de chose pour son amour. Il m'a sacrifié à sa vertu [3]. »

SEPTIÈME LETTRE.

Posa comprenait fort bien tout ce qu'il avait retiré à son ami Carlos en prenant le roi pour confident de ses sentiments favoris et en faisant une tentative sur son cœur. Justement parce qu'il sentait que ces idées favo-

---

1. Voy. *Don Carlos*, acte IV, scène 3, p. 112.
2. Voy. *ibid.*, acte V, scène 1, p. 161.
3. Voy. *ibid.*, acte IV, scène 13, p. 136.

rites étaient le lien véritable de leur amitié, il savait aussi qu'il l'avait rompue au moment même où il les profanait par sa confidence au roi. Carlos ne savait pas, mais Posa savait très-bien que cette philosophie et ces projets étaient pour l'avenir le saint palladium de leur amitié et le titre imposant auquel Carlos possédait son cœur. Justement parce qu'il le savait et parce qu'il supposait dans son cœur que cela ne pouvait pas non plus être ignoré de Charles, comment aurait-il pu se décider à lui avouer qu'il avait livré ce palladium? Lui avouer ce qui s'était passé entre lui et le roi, c'était, dans sa pensée, la même chose que de lui déclarer qu'il y avait eu un moment où Charles n'était plus rien pour Posa. Mais si les droits futurs de Carlos au trône, si sa qualité de fils de roi n'avaient eu aucune part à cette amitié, si elle eût été quelque chose d'absolument personnel et qui ne reposât que sur soi-même, cette confiance vis-à-vis du roi pouvait, il est vrai, la blesser, mais non la trahir et la rompre; cette circonstance accidentelle ne pouvait l'attaquer dans son essence même. C'était par délicatesse et par pitié que Posa, le citoyen du monde, taisait au monarque futur les espérances qu'il avait fondées sur le monarque actuel; mais Posa, l'ami de Carlos, ne pouvait par quoi que ce soit se rendre plus coupable que par cette réserve même.

A la vérité, les raisons que Posa se donne, aussi bien à lui-même qu'ensuite à son ami, pour expliquer cette réserve, la source unique de toutes les complications qui vont suivre, sont d'une tout autre nature. Ainsi, acte IV scène 6 (p. 122):

« Le roi s'est fié au vase où il a placé le saint dépôt de son secret, et
« la confiance exige la reconnaissance. Que serait, en pareil cas, le babil
« indiscret, quand je sais que mon silence ne peut te faire de mal? qu'il
« t'en épargne peut-être?... Pourquoi lui montrer, pendant qu'il dort, la
« nuée orageuse suspendue sur sa tête? »

Et dans la troisième scène du cinquième acte (p. 165):

« Mais moi, séduit par une fausse tendresse, aveuglé par l'orgueil-
« leuse chimère de terminer sans toi cette aventure, je dérobe à l'amitié
« mon périlleux secret. »

Mais, pour quiconque a la moindre expérience du cœur humain, il est évident que le marquis, avec ces raisons qui viennent d'être alléguées, et qui sont en elles-mêmes beaucoup trop faibles pour motiver une démarche aussi importante, ne cherche qu'à se tromper lui-même, parce qu'il n'ose pas s'avouer la cause véritable. Il y a une explication beaucoup plus vraie de la disposition où était alors son âme, dans un autre passage, duquel il résulte clairement qu'il doit y avoir eu des moments où il se consulta lui-même pour savoir s'il ne sacrifierait pas tout simplement son ami.

« Il dépendait de moi, dit-il à la reine, de faire briller une nouvelle
« aurore sur ces royaumes. Le roi me donnait son cœur. Il me nommait
« son fils. Je tiens son sceau, et ses ducs d'Albe ne sont plus, etc.[1]. »

« Mais j'abandonne le roi. Dans ce sol glacé aucune de mes roses ne
« peut plus fleurir. Ce n'étaient que les vains prestiges d'une imagination

[1] Voy. *Don Carlos*, acte IV, scène 21, p. 150.

« d'enfant auxquels l'homme mûr renonce en rougissant de honte. Devais-je
« détruire le printemps qui approche, plein d'espérances, pour faire
« briller artificiellement dans le Nord un tiède rayon de soleil ? Pour
« adoucir les derniers coups de verge d'un tyran fatigué, risquer la grande
« liberté du siècle ? Misérable gloire ! Je n'en veux pas. Le destin de l'Eu-
« rope mûrira dans le sein de mon noble ami. C'est à lui que je renvoie
« l'Espagne. Mais malheur ! malheur à moi et à lui, si je devais m'en
« repentir ! si j'avais mal choisi ? si je m'étais mépris sur les grandes
« intentions de la Providence, si elle me voulait sur ce trône, moi, non
« pas lui ? ¹ »

Ainsi donc il a pourtant choisi, et, pour qu'il y eût lieu de choisir, il faut qu'il se soit représenté la détermination contraire comme possible. De tous les passages cités, il ressort manifestement que l'intérêt de l'amitié est subordonné à un plus haut intérêt, et que c'est de celui-ci qu'elle reçoit sa direction. Personne, dans toute la pièce, n'a mieux jugé ces rapports entre les deux amis que Philippe lui-même, de qui surtout, en effet, l'on devait attendre un tel jugement. C'est dans la bouche de ce grand connaisseur des hommes que j'ai placé mon apologie et mon propre sentiment sur le héros de la pièce. C'est par ses paroles que je veux clore cette discussion :

« Et à qui a-t-il fait ce sacrifice ? A un enfant, à mon fils ? Non, je ne
« le croirai jamais. Un Posa ne meurt pas pour un enfant. La pauvre
« flamme de l'amitié ne remplit pas le cœur d'un Posa. Ce cœur battait
« pour toute l'humanité. L'objet de son amour, c'était le monde avec toutes
« les races futures ². »

HUITIÈME LETTRE.

Mais, direz-vous, pourquoi toute cette discussion ? Qu'importe que ce soit un mouvement involontaire du cœur, l'harmonie des caractères, un penchant impérieux, personnel et réciproque, ou des influences étrangères et un libre choix, qui aient formé entre eux les liens de l'amitié ? Les effets restent les mêmes, et rien n'est changé par là au cours même de la pièce. Pourquoi donc prendre tant de peine pour tirer le lecteur d'une erreur qui lui est peut-être plus agréable que la vérité ? Que deviendrait le charme de la plupart des phénomènes moraux, si l'on éclairait toujours la plus intime profondeur de l'âme humaine, et s'il fallait en quelque sorte assister à leur production ? Il nous suffit que tout ce qui est cher au marquis soit réuni dans le prince, soit représenté par lui, ou du moins ne puisse être obtenu que par lui ; il nous suffit que cet intérêt accidentel, conditionnel, que Posa ne fait que prêter à son ami, il finisse par le confondre inséparablement avec la personne de celui-ci, et

---

1. Voy. *Don Carlos*, p. 150. Schiller a depuis retranché de la pièce plus de la moitié de ce morceau.
2. Voy. *ibid.*, acte V, scène 9, p. 180.

que tout ce qu'il éprouve pour lui se révèle par une inclination personnelle. Nous jouissons ainsi de la pure beauté de cette peinture de l'amitié, comme d'un phénomène moral simple, sans nous inquiéter de savoir en combien de parties le philosophe pourrait le diviser.

Mais que diriez-vous si la vue nette de cette distinction importait à toute la pièce? Et en effet, si le but suprême des efforts de Posa est placé au delà du prince, si celui-ci n'a tant de valeur pour lui que comme moyen d'arriver à un but plus élevé, s'il satisfait par son amitié pour lui un autre penchant que cette amitié seule, alors la pièce elle-même ne peut pas se renfermer dans des limites plus étroites, alors il faut pour le moins que la tendance finale de la pièce coïncide avec le but du marquis. Le grand destin de tout un empire, le bonheur du genre humain pendant une longue suite de générations, cette fin où tendent, comme nous l'avons vu, tous les efforts du marquis, ne peuvent guère être un simple épisode d'une action principale qui n'aurait pour dernier terme que le dénoûment d'une histoire d'amour. Si donc nous nous méprenons sur l'amitié de Posa, je crains que nous ne nous soyons mépris également sur le sujet principal de toute la tragédie. Laissez-moi vous le montrer de ce nouveau point de vue ; peut-être que plus d'une disconvenance qui vous a choqué jusqu'ici disparaîtra sous ce nouvel aspect.

Où serait donc l'unité, comme on l'appelle, de la pièce, si elle ne doit pas être dans l'amour, et si l'on n'a jamais pu songer à la mettre dans l'amitié? Les trois premiers actes traitent de l'amour et les deux derniers de l'amitié; mais ni l'un ni l'autre de ces sentiments n'occupe tout le drame. L'amitié se sacrifie et l'amour est sacrifié; mais ce n'est ni celui-ci ni celle-là à qui le sacrifice est offert par l'autre. Il faut donc qu'il y ait un troisième intérêt, différent de l'amitié et de l'amour, pour lequel tous deux aient agi et auquel tous deux aient été sacrifiés; et si la pièce a de l'unité, où pourrait-elle résider ailleurs que dans ce troisième intérêt ?

Rappelez-vous mon cher ami, un certain entretien que nous avons eu ensemble, sur un des sujets favoris du temps présent, sur le développement progressif de l'humanité, devenant à la fois plus pure et plus douce, sur la plus grande liberté possible de l'individu jointe à la plus haute prospérité de l'État, bref, sur la condition la plus parfaite où l'humanité semble être appelée par sa nature et ses facultés. La conversation s'anima et éleva notre imagination à un des rêves les plus ravissants qui puissent charmer et enivrer le cœur. Nous conclûmes alors par ce souhait romanesque, que, dans la prochaine période julienne, il plût au hasard, qui a déjà fait de plus grands miracles, de faire renaître toute la suite de nos pensées, nos rêves, nos convictions, secondés par la même ardeur et la même énergie, dans l'âme du premier-né d'un des souverains futurs de *** ou de ***, sur cet hémisphère ou sur l'autre. Ce qui, dans un entretien sérieux, n'était qu'un jeu, pouvait, à ce qu'il m'a paru, dans un jeu tel que la tragédie, s'élever à la dignité d'une conception sérieuse et vraie. Qu'y a-t-il d'impossible à l'imagination? et qu'est-ce qui n'est pas permis au poëte? Notre conversation était depuis longtemps oubliée, quand je fis connaissance avec le prince d'Espagne; et je remarquai bientôt, en étudiant ce jeune homme si heureusement doué, qu'il serait peut-être bien celui avec qui nous pourrions mettre notre projet à exécution. Aussitôt conçu, aussitôt fait ! Tout s'offrit à moi comme disposé d'avance par un bon génie : l'esprit de liberté en lutte avec le despotisme, les chaînes de l'imbécillité rompues, des préjugés séculaires secoués, une nation qui réclame les droits de l'homme, des vertus républicaines mises en pratique, des idées plus saines circulant librement, les têtes en fermentation, les âmes exaltées par un intérêt passionné, et enfin, pour compléter l'heureuse constellation, une belle âme de jeune homme près du trône, développée, sous l'oppression et la souffrance, dans sa fleur solitaire et immaculée. Il fallait, nous en étions convenus, que le malheur eût éprouvé le fils de roi par qui nous voulions réaliser notre idéal.

« Sur le trône du roi Philippe, soyez homme! Vous avez aussi appris
« à connaître la souffrance [1]. »

Il ne pouvait être pris au sein des voluptés et du bonheur; il fallait que l'art n'eût point encore travaillé à le former, et que le monde d'alors n'eût pas encore imprimé sur lui son empreinte. Mais comment un prince royal du XVIe siècle, le fils de Philippe II, l'élève de la gent monacale, dont la raison à peine éveillée était entourée de gardiens si sévères et si pénétrants, pouvait-il parvenir à cette philosophie libérale? Voyez là cela encore il a été pourvu. Le sort lui a donné un ami.... un ami dans ces années décisives où la fleur de l'esprit s'épanouit, où l'âme s'ouvre aux impressions idéales, où la sensibilité morale s'épure; un jeune homme d'une grande intelligence, d'un cœur généreux, à la culture duquel (qui m'empêche de l'admettre?) un astre favorable a présidé, d'heureux hasards tout extraordinaires ont conspiré, et que quelque sage caché de son siècle a formé pour cette belle tâche. Elle est donc une création de l'amitié, cette philosophie sereine et humaine, que le prince veut mettre en pratique sur le trône. Elle se revêt de tous les charmes de la jeunesse, de toute la grâce de la poésie; elle est déposée dans son cœur, ardente et lumineuse; elle est la première fleur de son être, son premier amour. Le marquis a extrêmement à cœur d'y entretenir cette ardeur juvénile, de la faire durer en lui comme un objet de passion, parce que la passion seule peut l'aider à triompher des difficultés qui s'opposeront à son application.

« Dites-lui, recommande-t-il à la reine, de garder du respect,
« il sera homme, pour les rêves de sa jeunesse; de ne pas ouvrir le
« cœur de cette tendre fleur des dieux à la raison tant vantée de l'âge
« mûr, à ce ver qui tue; de ne pas se laisser égarer, si la sagesse de
« la poussière blasphème l'inspiration, cet enfant du ciel. Je le lui ai dit
« d'avance.... [2] »

Il se forme donc entre les deux amis un projet enthousiaste de créer l'état le plus heureux où la société humaine puisse atteindre, et c'est sur ce projet enthousiaste, apparaissant en conflit avec la passion, que roule tout le drame. Il s'agissait donc de représenter un prince qui dût réaliser

---

1. Voy. *Don Carlos*, acte V, scène 7, p. 176.
2. Voy. *ibid.*, acte IV, scène 21, p. 149.

pour son siècle le plus haut idéal possible de félicité sociale, et non pas d'élever d'abord ce prince pour ce but; car cette éducation devait être de beaucoup antérieure à l'action, et ne pouvait guère d'ailleurs être l'objet d'une œuvre dramatique; encore moins s'agissait-il de lui faire mettre réellement la main à cette entreprise; car combien cela n'eût-il point dépassé les limites étroites d'une tragédie ? Il était question de montrer seulement ce prince, de faire dominer en lui les dispositions d'âme qui doivent servir de fondement à une telle œuvre, et d'en élever la possibilité *subjective* à un haut degré de vraisemblance, sans s'inquiéter de savoir si la fortune et le hasard la réaliseront en effet.

NEUVIÈME LETTRE.

Je veux m'expliquer plus à fond sur ce qui précède.

Il fallait que le jeune homme de qui nous devons attendre ce résultat extraordinaire eût d'abord triomphé des passions qui pouvaient devenir de dangereux obstacles pour une semblable entreprise; il devait, pareil à ce Romain, avoir tenu sa main dans la flamme, pour nous convaincre qu'il était homme à surmonter la douleur; il fallait qu'il passât par le feu d'une épreuve redoutable et qu'il fût confirmé par cette épreuve. Ce n'est, en effet, qu'après l'avoir vu lutter heureusement contre un ennemi intérieur que nous pouvons lui promettre la victoire sur les obstacles extérieurs qui se dresseront devant lui dans sa voie de hardi réformateur; ce n'est qu'après l'avoir vu, à l'âge de l'entraînement des sens, dans toute l'ardeur de la jeunesse, défier les séductions, que nous pouvons être tout à fait sûrs qu'elles seront sans danger pour l'homme fait. Et quelle passion pouvait me donner d'une manière plus frappante un tel résultat que la plus puissante de toutes, l'amour ?

Toutes les passions qui pouvaient être à redouter pour le grand but auquel je le réservais sont, à cette seule exception près, bannies de son cœur, ou n'y ont jamais habité. Dans une cour corrompue, sans mœurs, il a conservé la pureté de l'innocence première. Ce n'est pas son amour, ce ne sont pas non plus ses efforts et ses principes, c'est uniquement son instinct moral qui l'a préservé de la souillure.

« Le trait de la volupté s'est brisé sur ce cœur, bien avant qu'Élisa-
« beth fût reine ici [1]. »

A l'égard de la princesse d'Éboli, qui, par passion et par calcul, s'oublie si souvent avec lui, il montre une innocence qui approche beaucoup de la simplicité d'esprit. Combien, qui lisent cette scène, auraient compris beaucoup plus vite la princesse ! Mon intention était de mettre dans sa nature une pureté sur laquelle aucune séduction ne pût rien. Le baiser qu'il donne à la princesse était, comme il le dit lui-même, le premier

---

1. Ce passage se trouvait dans la dernière scène du premier acte. Schiller l'a depuis supprimé.

de sa vie, et pourtant c'était assurément un baiser très-vertueux. Mais on devait aussi le voir élevé au-dessus d'une séduction plus raffinée : de là tout l'épisode de la princesse d'Éboli, dont les artifices galants échouent contre un meilleur amour qui possède le cœur de Carlos. Ce n'est donc qu'avec cet amour qu'il a à lutter, il sera tout entier à la vertu dès qu'il aura réussi à triompher aussi de cet amour ; et c'est là le sujet de la pièce. Vous comprenez encore, maintenant, pourquoi le prince est ainsi dessiné et non autrement ; pourquoi j'ai toléré que la noble beauté de ce caractère fût troublée par tant de vivacité et d'ardeur inquiète, comme une eau claire par des bouillonnements. Il devait avoir un cœur tendre et bienveillant, l'enthousiasme du grand et du beau, de la délicatesse, du courage, de la fermeté, une générosité désintéressée ; il devait montrer de beaux et brillants éclairs de génie ; mais il ne devait pas être un sage. Le grand homme futur devait sommeiller en lui, mais un sang brûlant ne devait pas encore lui permettre de l'être actuellement. Tout ce qui fait l'excellent roi, tout ce qui peut justifier l'attente de son ami et les espérances d'un monde qui compte sur lui, tout ce qui doit se réunir pour réaliser l'idéal qu'il se propose d'un gouvernement futur, devait se trouver rassemblé dans ce caractère, mais non y être encore développé, ni séparé de la passion, ni devenu un or pur et sans mélange. Il ne s'agissait même, à proprement parler, que de le rapprocher de cette perfection, qui, pour le moment, lui manque encore ; un caractère plus parfait chez le prince aurait supprimé toute la pièce. Vous comprenez également désormais pourquoi il était nécessaire de donner une si grande place aux caractères de Philippe et des personnages animés du même esprit : faute impardonnable, si ces caractères n'eussent dû être que des machines pour nouer et dénouer une intrigue d'amour ; et vous voyez pourquoi, en général, un si vaste champ a été laissé au despotisme religieux, politique et domestique. Comme mon intention était proprement de montrer le créateur à venir du bonheur des hommes naissant en quelque sorte de la pièce même, il était fort à propos de représenter à côté de lui le créateur de leur misère, et, par une peinture complète et horrible du despotisme, d'en relever d'autant plus le ravissant contraire. Nous voyons le despote sur son triste trône ; nous le voyons indigent au milieu de ses trésors ; nous apprenons de sa bouche que, parmi tous ses millions d'hommes, il est seul, que les furies du soupçon viennent troubler son sommeil, que ses créatures lui offrent de l'or fondu au lieu d'une boisson qui étanche sa soif[1] ; nous le suivons dans sa chambre solitaire, et nous voyons là le maître de la moitié du monde demander au ciel un être humain ; puis, quand le destin a accompli ce souhait, détruire, comme un furieux, ce présent même, dont il n'était plus digne. Nous le voyons servir, à son insu, les plus viles passions de ses esclaves, nous sommes témoins de la manière dont ils tournent les fils avec lesquels ils conduisent, comme un enfant, celui qui se figure être l'unique auteur de ses actions. Lui devant qui l'on tremble dans les régions les plus lointaines, nous le voyons rendre un compte avilissant de sa conduite devant un prêtre dominateur,

---

1. Voy. *don Carlos*, acte III, scène II, p. 84.

et expier une transgression légère par une honteuse correction. Nous le voyons se débattre contre la nature et l'humanité, qu'il ne peut vaincre entièrement : trop fier pour reconnaître leur pouvoir, trop impuissant pour s'y soustraire ; privé de toutes leurs jouissances, mais poursuivi de toutes leurs faiblesses et de toutes leurs terreurs ; placé en dehors de son espèce, pour exciter, comme un être intermédiaire entre le créateur et la créature, la pitié du spectateur. Nous méprisons cette grandeur, mais nous plaignons son aveuglement, parce que, dans cette difformité même, nous reconnaissons encore des traits de l'humanité qui font de lui un de nos semblables ; parce qu'il n'est misérable que par les restes qui lui sont demeurés de l'humanité ; mais plus cette affreuse peinture nous paraît repoussante, plus nous sommes puissamment attirés par l'image d'une douce humanité qui brille radieuse à nos yeux dans la figure de Carlos, de son ami et de la reine.

Et maintenant, mon cher ami, envisagez encore une fois la pièce de ce nouveau point de vue. Ce que vous regardiez comme une surcharge vous le paraîtra peut-être moins à présent ; toutes les parties diverses du drame viendront se fondre dans cette unité, sur laquelle nous venons de nous entendre. Je pourrais prolonger et suivre encore ce fil conducteur ; mais qu'il me suffise de vous avoir fait apercevoir, par quelques indications, ce dont on trouve dans la pièce même le meilleur éclaircissement. Il se peut que pour découvrir l'idée capitale de l'ouvrage il faille plus de paisible réflexion que n'en comporte la précipitation avec laquelle on parcourt d'ordinaire ces sortes d'écrits ; mais n'est-il pas vrai que le but en vue duquel l'auteur a travaillé doit se montrer atteint à la fin de son œuvre ? que ce qui termine la tragédie doit être ce à quoi elle tendait ? Eh bien ! voyons comment Carlos prend congé de nous et de sa reine :

« J'ai rêvé un long et pénible rêve. J'aimais.... Maintenant je suis
« éveillé. Que le passé soit oublié ! Enfin, je reconnais qu'il est un bien
« plus grand, plus désirable que de te posséder.... Voici vos lettres que
« je vous rends. Détruisez les miennes ! Ne craignez plus de moi aucun
« emportement du cœur. C'en est fait. Un feu plus pur a transformé
« mon être.... Je veux lui élever un mausolée tel que jamais roi n'en a
« eu en partage.... Il faut que le paradis fleurisse sur sa cendre. »

LA REINE.

« Voilà comme je vous désirais ! C'était là la grande pensée de sa
« mort [1]. »

DIXIÈME LETTRE.

Je ne suis ni illuminé, ni franc-maçon ; mais si ces deux confréries ont un but moral commun, et si ce but est celui qui a le plus d'importance pour la société humaine, il doit avoir un rapport, tout au moins, très-marqué avec celui que se proposait le marquis de Posa. Ce que ceux-là

---

1. Voy. don Carlos, acte V, scène dernière, p. 188, 189. Les vers sont disposés, dans cette citation, autrement que dans la pièce.

cherchent à accomplir par une secrète association de plusieurs membres actifs, répandus dans le monde, le dernier veut l'exécuter, d'une façon plus complète et plus courte, par un seul individu : à savoir, par un prince qui est appelé à monter un jour sur le plus grand trône du monde, et que cette haute position rend propre à une telle œuvre. Dans ce seul individu il fait dominer un ordre d'idées et une manière de sentir d'où découlera, comme une conséquence nécessaire, cette influence bienfaisante qu'il a en vue. Beaucoup pourraient juger ce sujet trop abstrait et trop sérieux pour un ouvrage dramatique, et s'ils ne s'attendaient à rien autre chose qu'à la peinture d'une passion, j'aurai effectivement trompé leur attente ; mais il m'a paru que c'était une entreprise digne d'être tentée que de « transporter dans le domaine des beaux-arts des vérités qui doivent être les plus sacrées de toutes pour quiconque veut du bien à l'espèce humaine, et qui jusqu'à présent n'ont été que du domaine de la science; de les animer de lumière et de chaleur, et de les montrer introduites, comme des mobiles actifs et vivants, dans l'âme de l'homme et y soutenant une lutte énergique avec la passion. » Quand le génie de la tragédie se serait vengé sur moi de cette violation de ses limites, je n'en espère pas moins que quelques idées, qui ne sont pas tout à fait sans valeur et qui ont été déposées dans ce drame, ne seront pas perdues pour le lecteur honnête qui les saura découvrir, et qu'il ne sera peut-être pas désagréablement surpris de voir des remarques qu'il se rappelle avoir trouvées dans Montesquieu, appliquées et confirmées dans une tragédie.

ONZIÈME LETTRE.

Avant de me séparer pour toujours de notre ami Posa, encore quelques mots sur son inexplicable conduite envers le prince, et sur sa mort.

Beaucoup de personnes le blâment de ce que lui, qui a conçu de si hautes idées de la liberté et qui les a sans cesse à la bouche, s'arroge pourtant à lui-même un pouvoir arbitraire et despotique sur son ami, de ce qu'il le mène en aveugle comme un mineur, et le conduit par cela même au bord du précipice. Comment, dit-on, excuser le marquis de Posa, quand, au lieu de découvrir tout simplement au prince ses rapports actuels avec le roi, au lieu de conférer raisonnablement avec lui des mesures à prendre, et de prévenir une bonne fois, en l'initiant à son plan, toutes les démarches précipitées, où, sans cela, l'ignorance, la défiance, la crainte et une ardeur irréfléchie pouvaient entraîner le prince et l'ont ensuite effectivement entraîné ; quand, au lieu de suivre une voie si naturelle, si innocente, il préfère courir le plus grand danger, attendre des résultats si faciles à éviter, et qu'enfin, lorsqu'ils se sont réellement produits, il cherche à y remédier par un moyen qui peut avoir une issue aussi funeste qu'il est brutal et peu naturel, à savoir, par l'arrestation du prince ? Il connaissait le cœur docile de son ami. Un moment auparavant, le poëte nous l'avait montré nous donnant une preuve de l'empire avec lequel il le dominait. Deux mots lui auraient épargné cette ressource odieuse. Pourquoi recourt-il à l'intrigue, quand, par la droite voie, il serait arrivé incomparablement plus vite et plus sûrement à son but?

Parce que ce procédé violent et peu loyal du chevalier a amené toutes les situations qui suivent et surtout son sacrifice, on a supposé, un peu vite, que le poëte s'était laissé entraîner, par cet avantage insignifiant, à faire violence à la vérité de ce caractère et à détourner l'action de son cours naturel. Comme c'était, après tout, la voie la plus commode et la plus courte pour se retrouver dans cette étrange conduite du marquis, on ne chercha pas, dans tout l'ensemble de ce caractère, une autre explication plus simple; car ce serait beaucoup trop demander à un critique, que de vouloir qu'il s'abstînt d'un jugement pour cela seul que l'auteur s'en trouve mal. Pourtant je croyais avoir acquis quelque droit à cette justice pour avoir plus d'une fois, dans la pièce, sacrifié à la vérité une situation plus brillante.

Incontestablement, le caractère du marquis de Posa aurait gagné en pureté et en beauté, s'il avait agi avec une droiture absolue, et s'il était toujours resté élevé au-dessus des ressources peu nobles de l'intrigue. J'avoue aussi que ce caractère me tenait fort au cœur; mais ce qui était à mes yeux la vérité me touchait encore davantage. Or, la vérité à mes yeux, c'est « que l'amour d'un objet réel et l'amour d'un objet idéal doivent être aussi différents dans leurs effets qu'ils sont distincts dans leur essence; que l'homme le plus désintéressé, le plus pur et le plus noble, est très-souvent exposé, par un attachement enthousiaste à l'idéal, de vertu et de bonheur à créer, qu'il conçoit, à disposer des individus avec autant d'arbitraire que le despote le plus égoïste, parce que l'objet des efforts de tous deux n'est pas hors d'eux, mais au dedans d'eux, et parce que le premier, qui règle ses actions sur un type intérieur de son esprit, est presque autant en lutte avec la liberté des autres que le second, qui a pour but final son propre moi. » Souvent la vraie grandeur de l'âme ne conduit pas moins à la violation de la liberté d'autrui que l'égoïsme et l'ambition, parce qu'elle agit en vue de l'action même et non des individus. Justement parce qu'elle agit avec une vue constante du tout, l'intérêt bien plus faible de l'individu disparaît très-facilement dans cette vaste perspective. La vertu fait de grandes choses pour l'amour de la loi, l'enthousiasme pour son idéal, l'amour pour son objet. Dans la première de ces trois catégories, nous nous choisirons des législateurs, des juges et des rois; dans la seconde, des héros; mais seulement dans la troisième, notre ami. Nous vénérons les premiers, nous admirons les seconds, nous aimons les troisièmes. Carlos a eu sujet de se repentir de n'avoir pas tenu compte de cette distinction et d'avoir fait d'un grand homme son ami de cœur.

« Que t'importe la reine? Aimes-tu la reine? Ton austère vertu doit-
« elle s'enquérir des petits soucis de mon amour[1]? »

« Ah! dans tout ceci il n'y a rien de condamnable, rien, rien que ce

---

1. Voy. *don Carlos*, acte V, scène I. p. 161.

« foi aveuglement qui jusqu'à ce jour m'a empêché d'apercevoir que tu
« es... aussi grand que tendre [1]. »

Le rêve enthousiaste du marquis est d'agir sans bruit, sans aide, dans une grandeur silencieuse. Comme la Providence veille sur un homme endormi, il veut dénouer en silence le destin de son ami ; il veut le sauver comme un Dieu ; et c'est par là même qu'il le conduit à l'abîme. Il élève trop ses regards vers son idéal de vertu et ne les abaisse pas assez vers son ami : c'est ce qui les perd tous deux. Le malheur de Carlos est venu de ce que son ami ne s'est pas contenté, pour le sauver, des moyens ordinaires.

Et ici, ce me semble, je rencontre sur mon chemin une vérité d'expérience empruntée au monde moral, un fait qui n'est pas indigne d'attention, et qui ne peut être entièrement étranger à quiconque a tant soit peu pris le temps de regarder autour de soi ou d'observer le cours de ses propres sentiments. Cette vérité, la voici : c'est que les motifs moraux, tirés d'un idéal de perfection à atteindre, ne se trouvent pas naturellement dans le cœur de l'homme, et que, justement pour y avoir été d'abord introduits par l'art, ils n'ont pas toujours un effet salutaire, mais sont exposés, par une transition fort humaine, à un funeste abus. C'est par des lois pratiques, et non par les conceptions artificielles de la raison spéculative, que l'homme doit être dirigé dans sa conduite morale. Cela seul déjà, qu'un tel idéal moral, ou une telle combinaison artificielle, n'est rien de plus qu'une idée, qui, comme toutes les autres idées, participe du point de vue borné de l'individu auquel elle appartient, et ne peut se prêter à cette généralité d'application à laquelle l'homme a coutume de l'étendre dans la pratique ; cela seul, dis-je, en ferait nécessairement dans ses mains un instrument extrêmement dangereux ; mais il devient beaucoup plus dangereux encore par l'union qu'il ne contracte que trop vite avec certaines passions qui se trouvent plus ou moins dans le cœur de tous les hommes ; je veux dire l'ambition de dominer, la présomption et l'orgueil, qui s'en emparent immédiatement et s'y mêlent d'une façon indissoluble. Nommez-moi, mon cher ami, pour ne prendre qu'un exemple entre des milliers, nommez-moi un fondateur d'ordre, ou même un ordre, une association, qui, avec les vues les plus pures et les plus nobles intentions, se soient toujours conservés exempts, dans la pratique, de tout arbitraire, de toute atteinte à la liberté d'autrui, et de l'esprit de mystère et de domination. Nommez-moi un homme, un ordre, qui, en poursuivant un but moral, aussi dégagé que vous le voudrez de tout mélange impur, en tant du moins qu'ils se représentent ce but comme quelque chose d'indépendant et d'absolu, et qu'ils veulent l'atteindre dans toute la pureté avec laquelle il s'est offert à leur raison, qui dans cette poursuite, dis-je, ne se soient laissé entraîner, à leur insu, à empiéter sur la liberté d'autrui, à oublier ce respect dû aux droits des autres, à des droits qu'ils regardaient eux-mêmes autrefois comme les plus sacrés de tous, assez souvent même à exercer le despotisme le plus arbitraire, et cela sans avoir changé leur but, sans avoir altéré en rien la pureté des

---

1. Voy. don Carlos, acte V, scène I, p. 161.

intentions. Je m'explique ce phénomène par le besoin qu'éprouve notre raison bornée, d'abréger sa route, de simplifier son œuvre et de confondre dans le général et l'ensemble les individualités qui la pourraient distraire et troubler; je me l'explique par le penchant universel de notre âme à la domination, ou par le désir d'écarter tout ce qui empêche l'exercice de nos forces. J'ai choisi, à cause de cela, un caractère très-bienveillant, absolument élevé au-dessus de tout désir égoïste; j'ai mis en lui le plus grand respect des droits d'autrui, je lui ai même donné pour but l'établissement du règne universel de la liberté, et je crois ne me trouver nullement en contradiction avec l'expérience générale en le laissant, même dans cette voie, s'égarer jusqu'à des actes despotiques. Il était dans mon plan qu'il se prît, lui aussi, à ce piége, tendu à tous ceux qui suivent la même route que lui. Que m'en eût-il coûté de le lui faire éviter, de le conserver intact, et de donner au lecteur, séduit par ce personnage, la jouissance pure et sans mélange de toutes les autres beautés d'un tel caractère, si ce n'eût été à mes yeux un bien plus grand avantage, de rester fidèle à la nature humaine, et de confirmer par cet exemple une vérité d'expérience dont on ne peut trop se pénétrer. C'est que, dans les choses morales, on ne peut s'écarter sans danger du sentiment pratique naturel, pour s'élever à des abstractions générales; que l'homme se confie bien plus sûrement aux inspirations de son cœur ou au sentiment inné et personnel du juste et de l'injuste, qu'à la dangereuse direction d'un idéal universel qu'il s'est créé artificiellement; car ce qui n'est pas *naturel* ne peut jamais conduire au *bien*.

DOUZIÈME LETTRE.

Il ne reste plus que quelques mots à dire sur son sacrifice.

On l'a blâmé de se précipiter volontairement dans une mort violente, qu'il aurait pu éviter. Tout n'était pas encore perdu, dit-on. Pourquoi n'aurait-il pas pu fuir tout aussi bien que son ami? Était-il surveillé de plus près que lui? Son amitié même pour Carlos ne lui faisait-elle pas un devoir de se conserver pour lui? Et ne pouvait-il pas lui être plus utile par sa vie que par sa mort, selon toute vraisemblance, en supposant même que tout réussît conformément à son plan? Ne pouvait-il pas…? Eh! sans doute. Que n'aurait pas pu à sa place le tranquille spectateur? et qu'il eût ménagé sa vie avec bien plus de sagesse et de prudence! Il est dommage seulement que le marquis n'eût ni l'heureux sang-froid, ni le loisir, qui étaient nécessaires pour un calcul aussi raisonnable. Mais, dira-t-on, le moyen forcé et subtil auquel il a recours pour mourir ne pouvait certes pas s'offrir à lui tout à coup et au premier moment: pourquoi n'aurait-il pas pu tout aussi bien employer le temps et la réflexion qu'il lui a coûté, à imaginer un projet de délivrance raisonnable, ou plutôt à adopter tout de suite celui qui était sous sa main, et qui sur-le-champ saute aux yeux du lecteur le moins clairvoyant? S'il ne voulait pas mourir pour mourir, ou (comme s'exprime un de mes critiques) s'il ne voulait pas mourir pour l'amour du martyre, on a peine à comprendre comment ces moyens, si recherchés, de se perdre se sont offerts à lui, plutôt que les moyens de salut beaucoup plus naturels. Ce reproche a quelque chose de très-spécieux, et il est d'autant plus nécessaire de l'examiner.

Voici la solution :

En premier lieu, cette objection se fonde sur cette hypothèse fausse et réfutée suffisamment par ce qui précède, que le marquis ne meurt que pour son ami, ce qu'on ne peut plus guère admettre après qu'il a été prouvé qu'il n'a pas vécu pour lui, et que cette amitié a un tout autre caractère qu'on ne pensait. Ainsi nous savons qu'il ne peut guère mourir pour sauver le prince ; pour cela, d'ailleurs, il se serait sans doute présenté à lui d'autres moyens moins violents que la mort. « Il meurt afin de donner et de faire pour son idéal, déposé par lui dans l'âme du prince, tout ce qu'un homme peut donner et faire pour ce qu'il a de plus précieux ; il meurt afin de lui montrer, de la manière la plus frappante qui soit en son pouvoir, combien il croit à la vérité et à la beauté de son projet, et combien l'accomplissement en est important pour lui. » Il meurt, comme plusieurs grands hommes sont morts, pour une vérité qu'il voulait voir adopter et suivre par beaucoup d'autres hommes, afin d'attester, par son exemple, à quel point elle méritait qu'on souffrît tout pour elle. Quand le législateur de Sparte eut achevé son œuvre, et que l'oracle de Delphes eut déclaré que la république fleurirait et durerait aussi longtemps qu'elle respecterait les lois de Lycurgue, il convoqua le peuple de Sparte et lui fit prêter serment de laisser intacte la nouvelle constitution, au moins jusqu'à son retour d'un voyage qu'il allait entreprendre. Cette promesse lui ayant été faite par un serment solennel, Lycurgue quitta le territoire de Sparte, et cessa dès ce moment de prendre de la nourriture, et la république attendit en vain son retour. Avant sa mort, il ordonna encore expressément de jeter sa cendre même dans la mer, afin que nul atome de son être ne pût retourner à Sparte et donner, même en apparence, à ses concitoyens le moindre droit de se délier de leur serment. Lycurgue a-t-il pu croire sérieusement qu'il enchaînerait le peuple lacédémonien par cette subtilité, et qu'il assurerait par un tel jeu la durée de sa constitution ? Est-il même possible d'imaginer qu'un homme aussi sage ait pu sacrifier à une idée aussi romanesque une vie qui était d'un si grand prix pour sa patrie ? Mais ce qui me semble très-croyable et digne de lui, c'est qu'il ait fait ce sacrifice pour graver, par la grandeur et l'extraordinaire de cette mort, un souvenir ineffaçable de lui dans le cœur de ses Spartiates, et répandre sur son œuvre une plus grande vénération, en faisant de l'auteur un objet d'admiration et d'attendrissement.

En second lieu, il ne s'agit pas, on le sent facilement, de savoir à quel point cet expédient est nécessaire, naturel et utile en effet, mais ce qu'il a dû paraître à celui qui devait l'adopter, et combien il a été ou facile ou difficile pour lui d'en concevoir l'idée. C'est donc beaucoup moins la situation des choses que la disposition intérieure de celui sur qui les choses agissent, qu'il faut ici prendre en considération. Les idées qui conduisent le marquis à cette résolution héroïque lui sont-elles familières, se présentent-elles à lui facilement et vivement? Alors la résolution n'est ni recherchée ni forcée. Ces idées sont-elles dans son âme les idées maîtresses et dominantes, et les autres, qui pourraient l'amener à un parti plus doux, se trouvent-elles au contraire dans l'ombre? Alors la résolution qu'il prend est nécessaire. Les sentiments qui pourraient combattre cette résolution, chez tout autre, ont-ils peu de pouvoir sur lui? Dans ce cas, l'accomplissement ne peut pas non plus lui tant coûter, et c'est là ce qu'il nous faut maintenant examiner.

D'abord, dans quelles circonstances se porte-t-il à cette résolution? C'est dans la situation la plus pressante où jamais homme se soit trouvé, où l'effroi, le doute, le mécontentement de lui-même, la douleur et le désespoir assiégent à la fois son âme. L'effroi : il voit son ami sur le point de découvrir à la plus dangereuse ennemie qu'il lui connaisse un secret dont sa vie dépend. Le doute : il ne sait pas si ce secret est révélé ou non. Si la princesse le connaît, il faut qu'il agisse envers elle comme envers une confidente ; si elle l'ignore, une seule syllabe peut faire de lui le délateur, le meurtrier de son ami. Le mécontentement de lui-même : c'est lui seul qui, par sa malheureuse réserve, a poussé le prince à cette précipitation. La douleur et le désespoir : il voit son ami perdu, il voit perdues, avec son ami, toutes les espérances qu'il avait fondées sur lui.

« Abandonné de ton unique ami, tu te jettes dans les bras de la prin-
« cesse Éboli.... Malheureux ! dans les bras d'un démon, car c'était elle
« qui t'avait trahi.... Je te vois y courir. Un fatal pressentiment traverse
« mon cœur. Je te suis. Trop tard. Je te trouve à ses pieds. Déjà l'aveu
« franchissait tes lèvres. Plus de salut pour toi.... Alors la nuit enve-
« loppe mes sens. Rien ! rien ! aucune issue ! aucun secours ! aucun, dans
« tout le domaine de la nature ! »[1]

C'est au moment même où son âme est assaillie de tant d'émotions si différentes, qu'il doit improviser un moyen de sauver son ami. Quel sera-t-il? Il a perdu le libre et droit usage de son jugement, et, avec lui, ce fil des choses que la calme raison est seule en état de suivre. Il n'est plus maître de la direction de ses pensées.... il est donc sous l'empire de ces idées qui ont en lui le plus d'éclat et lui sont le plus familières.

Or, de quel genre sont ces idées? Qui ne découvre par tout l'ensemble de sa vie, à voir comme il vit dans la pièce, devant nos yeux, que son imagination est entière est remplie et pénétrée par les fantômes d'une grandeur romanesque, que les héros de Plutarque vivent dans son âme, et que, de deux issues, ce sera toujours le parti héroïque qui se présentera à lui le premier et de préférence? Sa précédente scène avec le roi ne nous a-t-elle pas montré combien un tel homme était capable de tout oser pour ce qui lui semblait vrai, beau et excellent? Qu'y a-t-il encore de plus naturel que de voir l'indignation qu'il éprouve en ce moment contre lui-même le porter à chercher d'abord parmi les moyens de salut qui

1. Voy. *don Carlos*, acte V, scène III, p. 108.

doivent lui coûter quelque sacrifice? de la voir lui persuader que c'est, jusqu'à un certain point, un devoir de justice pour lui d'assurer le salut de son ami, à ses dépens, puisque c'est son irréflexion qui a précipité cet ami dans un tel danger? Considérez, en outre, qu'il ne peut trop se hâter de s'arracher à cet état passif et de retrouver la libre jouissance de son être et l'empire sur ses sentiments. Un génie comme le sien, vous me l'accorderez, cherche du secours en lui-même et non hors de lui; et si l'homme simplement habile n'eût eu rien de plus pressé que d'examiner, sous toutes ses faces, la situation où il se trouvait, jusqu'à ce qu'il eût su enfin en tirer avantage, il est au contraire tout à fait dans le caractère d'un enthousiaste héroïque d'abréger sa route et de chercher, par quelque action extraordinaire, par un agrandissement soudain de son être, à se relever dans sa propre estime. La résolution du marquis serait donc déjà, jusqu'à un certain point, explicable comme un palliatif héroïque, par lequel il cherche à s'arracher à un sentiment momentané de stupeur inerte et d'abattement, l'état le plus affreux pour un tel esprit. Ajoutez à cela que, dès son enfance, dès le jour où Carlos s'offrit pour lui à un châtiment douloureux, le désir de reconnaître cette action magnanime poursuivait son âme et la tourmentait comme une dette non payée, et que ce désir ne doit pas ajouter peu de poids en ce moment à celui des raisons précédentes. Que ce souvenir se soit réellement offert à lui, c'est ce que prouve un passage où il lui échappe involontairement. Carlos le presse de fuir avant que les conséquences de son action hardie aient éclaté. « Ai-je été si empressé, si consciencieux, Carlos, lui répond-il, lorsque dans ton enfance, ton sang coula pour moi[1]? » La reine, entraînée par sa douleur, l'accuse même d'avoir nourri longtemps dans son cœur cette résolution :

« Vous vous êtes précipité dans cette action, que vous nommez sublime.
« Ne le niez pas. Je vous connais. Depuis longtemps vous en aviez soif[2]. »

Enfin je n'ai nullement l'intention d'absoudre le marquis du reproche d'exaltation. L'exaltation et l'enthousiasme se touchent de si près, la limite qui les sépare est si étroite, que, dans la chaleur de la passion, il n'est que trop facile de la franchir. Et le marquis n'a que quelques moments pour son choix! La disposition d'esprit dans laquelle il se résout à l'action est la même où il fait, pour l'accomplir, un pas irréparable. Il n'a pas le bonheur de pouvoir considérer encore une fois sa résolution, dans une autre situation d'esprit, avant de l'exécuter. Qui sait si alors il n'en eût pas pris une autre? Une disposition toute différente est, par exemple, celle où il se trouve en quittant la reine. « Oh! s'écrie-t-il, la vie est pourtant belle[3]! » Mais il est trop tard quand il fait cette découverte. Il s'enveloppe dans la grandeur de son action pour n'en éprouver aucun repentir.

1. Voy. don Carlos, acte V, scène III, p. 16°.
2. Voy. ibid., acte IV, scène XXI, p. 152.
3. Voy. ibid., acte IV, scène XXI, p. 152.

LE MISANTHROPE

FRAGMENT

PERSONNAGES.

GUILLAUME, marchand.
MARIANNE.
FABRICE.
UN FACTEUR.

LE MISANTHROPE.

Contrée champêtre dans un parc.

SCÈNE I.

ANGÉLIQUE DE HUTTEN; WILHELMINE DE HUTTEN, *dame chanoinesse, sa tante. Elles sortent d'un bosquet. Peu après, le jardinier* BIBER.

ANGÉLIQUE.

C'est ici, n'est-il pas vrai? que nous voulions l'attendre, chère tante. Vous vous reposerez, pendant ce temps, dans le cabinet, et vous lirez. Moi, j'irai demander mes fleurs au jardinier. Cependant neuf heures sonneront et il viendra.... Vous le voulez bien, n'est-ce pas?

WILHELMINE.

Comme cela te fera plaisir, ma chère. (*Elle va vers le berceau.*)

BIBER *apporte des fleurs.*

Ce que j'ai de mieux aujourd'hui, gracieuse demoiselle. Mes jacinthes sont finies.

ANGÉLIQUE.

Grand merci pour ce que vous m'apportez.

BIBER.

Mais demain vous aurez une rose, la première de tout le printemps, si vous voulez me promettre....

ANGÉLIQUE.

Que désirez-vous, brave Biber?

BIBER.

Voyez-vous, mademoiselle, mes primevères sont aussi passées, et mes beaux pieds de giroflées tirent à leur fin, et monsieur, cette fois encore, n'a pas regardé une feuille de mon jardin. L'année dernière, j'ai desséché le grand marais, là-bas au nord, et j'y ai planté un millier d'arbres. Ce petit monde pousse et grandit à souhait.... c'est une vraie jouissance de cœur de se promener là dedans.... J'y suis, dès que le soleil paraît, et je me réjouis d'avance de la fête que ce sera d'y pouvoir une fois conduire monsieur. Le soir vient.... revient.... et monsieur ne les a même pas remarqués. Voyez-vous, mademoiselle, cela m'afflige, je ne puis le nier.

ANGÉLIQUE.

Cela viendra, cela viendra certainement.... Ayez patience cependant, brave Biber.

BIBER.

Le parc lui coûte, une année dans l'autre, deux mille bons thalers, et je suis payé, comme je ne mérite pas de l'être.... car enfin à quoi suis-je bon, si je ne procure pas à monsieur, pour tout son argent, une seule heure de plaisir? Non, gracieuse demoiselle, je ne puis manger plus longtemps le pain de monsieur votre père, ou il faut qu'il me laisse lui prouver que je ne vole pas mon salaire.

ANGÉLIQUE.

Paix, paix, cher homme! Nous savons tous que vous le gagnez et bien au delà.

BIBER.

Avec votre permission, mademoiselle, vous ne pouvez pas parler de cela. Que j'emploie mes douze heures à soigner son jardin, que je ne lui dérobe rien et maintienne l'ordre parmi mes gens, voilà ce que mon gracieux maître me paye avec de l'argent. Mais que je le fasse avec joie, parce que je le fais pour lui; que j'en rêve la nuit, que cela me chasse de mon lit dès l'aurore.... voilà, mademoiselle, ce qu'il doit me payer par son contentement. Une seule visite de lui dans son parc a plus de prix pour moi que tous ses écus.... et voyez-vous, mademoiselle.... c'était précisément pour cela que je voulais maintenant....

ANGÉLIQUE.

Restez-en là, je vous prie. Vous savez vous-même combien de fois et toujours en vain.... Hélas! ne connaissez-vous pas mon père?

BIBER, *vivement, en lui prenant la main.*

Il n'est pas encore venu dans sa pépinière. Priez-le de me permettre de le conduire dans sa pépinière. Il n'est pas possible d'être ainsi payé par des créatures sans raison de ce qu'on fait pour elles, et de ne rien attendre des hommes. Qui a le droit de dire qu'il désespère du bonheur, tant qu'il voit encore des travaux qui fructifient, des espérances qui s'accomplissent?...

ANGÉLIQUE.

Je vous comprends, honnête Biber.... Mais peut-être avez-vous été plus heureux avec vos plantes que mon père avec les hommes.

BIBER, *rapidement et avec émotion.*

Et il a une telle fille? (*Il veut en dire plus, mais il s'arrête et garde un moment le silence.*) Il est possible que mon gracieux maître ait fait avec les hommes beaucoup de tristes expériences.... qu'il ait vu souvent son attente trompée, souvent ses plans échouer.... mais (*saisissant avec vivacité la main d'Angélique*) une espérance s'est épanouie pour lui.... Il n'a pas éprouvé tout ce qui peut déchirer le cœur d'un homme.... (*Il s'éloigne.*)

SCÈNE II.

ANGÉLIQUE, WILHELMINE.

WILHELMINE *se lève et le suit des yeux.*

Singulier homme! Quand on touche cette corde, cela le frappe toujours au cœur. Il y a quelque chose d'incompréhensible dans son destin.

ANGÉLIQUE, *regardant autour d'elle, avec inquiétude.*

Il se fait bien tard. Jamais il ne s'est fait attendre aussi longtemps.... Rosenberg.

WILHELMINE.

Il viendra. Comme te voilà encore inquiète et impatiente!

ANGÉLIQUE.

Et cette fois non sans raison, chère tante.... Si cela devait manquer! J'ai vu avec anxiété approcher ce jour.

WILHELMINE.

N'attends pas trop de ce seul jour.

ANGÉLIQUE.

S'il lui déplaisait?... Si leurs caractères étaient antipathiques?... Comment puis-je espérer qu'il sera le premier pour qui il fasse une exception?... Si leurs caractères étaient antipathiques?... L'amertume blessante de mon père, et la fierté de Rosenberg, si facile à irriter! L'humeur sombre de l'un et la joie sereine et folâtre de Rosenberg!... La nature ne pouvait se jouer d'une plus malheureuse façon.... Et qui me répond qu'il ne lui défendra pas une seconde visite, justement parce que, dès la première, il aura couru risque de l'estimer?

WILHELMINE.

C'est bien possible, ma chère.... Cependant, hier encore, ton cœur ne te disait rien de tout cela.

ANGÉLIQUE.

Hier! Tant que je n'ai rien vu, rien senti, rien su, que lui! Alors c'était encore la jeune fille légère et l'amante qui parlait. Maintenant l'image de mon père me saisit et toutes mes espérances s'évanouissent. Oh! pourquoi cet aimable songe n'a-t-il pas se prolonger? Pourquoi a-t-il fallu risquer sur une seule et terrible chance toute la joie de ma vie?

WILHELMINE.

Ta crainte te fait tout oublier, Angélique. Depuis le jour où Rosenberg t'avoua son amour, où pour toi il rompit tous les liens qui l'attachaient à la cour, aux plaisirs de la capitale, où il s'exila volontairement dans la triste solitude de ses terres, pour être plus près de toi.... dès ce jour, la pensée de ton père a empoisonné ton repos. N'est-ce pas toi-même qui as été choquée du mystère de votre intelligence? qui l'as poursuivi de tes prières, de tes avis continuels, jusqu'à ce qu'il t'ait promis, assez à contre-cœur, de rechercher la faveur de ton père? «Mon père, disais-tu, ne tient plus aux hommes que par un seul lien;

il est à jamais perdu pour le monde, s'il découvre que sa fille aussi l'a trompé. »

ANGÉLIQUE, *avec une vive sensibilité.*

Jamais, jamais! Dieu l'en préserve!... Rappelez-le-moi souvent encore, ma tante. Je me sens plus forte, plus résolue. Tout le monde l'a trompé.... mais sa fille sera sincère. Je ne veux ouvrir mon cœur à aucune espérance qu'il fallût cacher à mon père. Ne dois-je pas cela à sa bonté? Ne m'a-t-il pas tout donné? Mort lui-même aux joies de la vie, que n'a-t-il pas fait pour m'en combler? Pour mon plaisir, il a changé ce lieu en un paradis, où tous les arts rivalisent pour ravir le cœur de son Angélique et ennoblir son esprit. Je suis reine dans cet empire. C'est à mes mains qu'il a confié la divine tâche de la bienfaisance, dont il s'est démis lui-même, le cœur saignant. C'est à moi qu'il a donné le doux pouvoir de rechercher l'indigence honteuse, de sécher les larmes cachées et d'ouvrir un asile, dans nos paisibles montagnes, à la misère fugitive.... Et pour tout cela, Wilhelmine, il ne m'impose que la facile condition de me passer d'un monde qui l'a repoussé.

WILHELMINE.

Et ne l'as-tu jamais violée, cette facile condition?

ANGÉLIQUE.

Je lui ai désobéi. Mes désirs ont franchi ces murs.... Je m'en repens, mais je ne puis revenir sur mes pas.

WILHELMINE.

Avant que Rosenberg vînt chasser dans ces bois, tu étais encore très-heureuse.

ANGÉLIQUE.

Heureuse comme on l'est dans le ciel.... mais je ne puis revenir sur mes pas.

WILHELMINE.

Tout a-t-il ainsi changé tout d'un coup? Et cette belle nature, autrefois ta compagne si intime, n'est-elle plus, elle aussi, la même?

ANGÉLIQUE.

La nature est toujours la même, mais non mon cœur. J'ai goûté à la vie, et ne puis plus me contenter désormais de la statue inanimée. Oh! comme tout est changé maintenant autour de moi! Il a séduit tous les objets qui frappent mes yeux. Le soleil qui monte à l'horizon n'est plus là que pour m'indiquer l'heure de sa venue, la fontaine qui verse ses eaux ne fait que murmurer son nom à mes oreilles, mes fleurs n'exhalent de leur calice que sa douce haleine.... Ne me regardez pas d'un air si sombre, chère tante.... Est-ce donc ma faute si le premier homme que j'ai rencontré en dehors des limites de ce domaine a été justement Rosenberg?

WILHELMINE, *la regardant avec émotion.*

Chère, malheureuse enfant.....Ainsi, toi aussi.... Je suis innocente, je n'ai pu l'empêcher.... Ne m'accuse pas, Angélique, si un jour tu ne peux échapper à ton destin.

ANGÉLIQUE.

Vous me répétez toujours cela, chère tante. Je ne vous comprends pas.

WILHELMINE.

.... On ouvre le parc.

ANGÉLIQUE.

J'entends le souffle de sa Diane.... Il vient. C'est Rosenberg. (*Elle va au-devant de lui.*)

. . . .

FIN DE LA SCÈNE III.

ANGÉLIQUE.

Ah! Rosenberg, qu'avez-vous fait? Vous avez eu grand tort.

ROSENBERG.

Je n'ai pas peur de cela, ma chère amie. Ne vouliez-vous pas que nous fissions connaissance? Vous désiriez que je parvinsse à l'intéresser.

ANGÉLIQUE.

Comment? et vous voulez y parvenir en l'irritant contre vous?

ROSENBERG.

Par nul autre moyen, pour le moment. Vous m'avez raconté vous-même combien de tentatives pour guérir la maladie de son âme avaient déjà échoué. Tous ces solennels défenseurs de l'humanité, avocats sans mission, lui ont seulement fait sentir sa supériorité et, une fois aux prises avec l'éloquence spécieuse de son chagrin, ils n'ont guère tenu bon. Il peut lui être indifférent que nous croyions ou non , nous autres humains , à la justice de sa haine, mais jamais il ne souffrira que nous en ayons une médiocre idée. Son orgueil ne s'accommode pas de cette humiliation. Sans doute, à ses yeux, ce ne serait pas la peine de nous réfuter; mais, dans son indignation, il pourrait bien se résoudre à nous faire honte. Cela provoquera un entretien..... c'est tout ce que nous désirions d'abord.

ANGÉLIQUE.

Vous prenez la chose trop légèrement, cher Rosenberg.... Vous vous risquez à jouer avec mon père. Combien je redoute....

ROSENBERG.

Ne redoutez rien, mon Angélique. Je combats pour la vérité et pour l'amour. Sa cause est aussi mauvaise que la mienne est bonne.

WILHELMINE, *qui, pendant tout ce temps, a paru prendre peu de part à la conversation.*

En êtes-vous réellement aussi sûr, monsieur de Rosenberg ?

ROSENBERG , *qui se tourne vivement vers elle, lui répond, après un court moment de silence, d'un ton sérieux :*

Je pense que je le suis , mademoiselle.

WILHELMINE *se lève.*

En ce cas, je plains mon pauvre frère. Il lui en a coûté tant de peine pour devenir l'homme malheureux qu'il est maintenant, et, à ce que je vois, c'est chose si facile de prononcer son arrêt.

ANGÉLIQUE.

Ne jugeons pas trop précipitamment, Rosenberg. Nous savons si peu de chose des événements de la vie de mon père.

ROSENBERG.

Ils exciteront toute ma pitié pour lui, chère Angélique.... mais jamais mon estime, si réellement ils ont fait de lui un misanthrope.... Il lui en a coûté de la peine, dites-vous (*à la chanoinesse*) pour devenir un homme malheureux.... mais voudriez-vous entreprendre de justifier celui qui accomplit sur lui-même le malheur qu'un destin cruel lui a encore épargné? Voudriez-vous plaider la cause de l'insensé qui jette loin de lui le manteau que les brigands lui ont seul laissé?... Ou bien pourriez-vous m'indiquer dans ce monde, entre le ciel et la terre, un homme plus misérable que l'ennemi des hommes?

WILHELMINE.

Si, dans l'aveuglement de sa douleur, il porte la main sur des poisons là où il cherchait du soulagement, qu'avez-vous à y voir, vous autres heureux? Je ne voudrais pas rudoyer le pauvre aveugle à qui je n'ai pas d'yeux à donner.

ROSENBERG, *le teint animé, et d'un ton un peu vif.*

Non, par le ciel! non!... Mais mon âme s'irrite contre l'ingrat qui ferme les yeux de gaieté de cœur et maudit celui qui donne la lumière.... Que peut-il avoir souffert qui ne soit infiniment compensé par la possession d'une telle fille? Peut-il maudire un sexe qu'il voit chaque jour, à chaque heure, dans un tel miroir? Haine des hommes! Misanthrope! Il ne l'est pas. Je suis prêt à le jurer, il ne l'est pas. Croyez-moi, mademoiselle de Hutten, il n'y a de misanthrope dans la nature que celui qui s'adore lui-même ou se méprise lui-même.

ANGÉLIQUE.

Allez-vous-en, Rosenberg! Je vous en conjure, partez. Dans cette disposition, vous ne pouvez vous montrer à mon père.

ROSENBERG.

Vous faites très-bien de m'avertir, Angélique.... Nous avons entamé là un entretien où je suis toujours tenté de prendre parti trop vivement.... Pardonnez-moi, mademoiselle.... Aussi bien ne voudrais-je pas courir le risque de juger prématurément, car enfin ce n'est qu'aujourd'hui que je dois faire connaissance avec le père de mon Angélique.... Ainsi parlons d'autre chose. Ce visage devient si sérieux, et il faut que les regards de la fille soient sereins à mes yeux, si je veux avoir le courage de combattre pour mon amour en présence du père.... Toute la petite ville était parée, dites-moi, comme en un jour de fête, quand j'y ai passé. Pourquoi ces apprêts?

ANGÉLIQUE.

Pour rendre hommage à mon père, au jour anniversaire de sa naissance.

SCÈNE IV.

JULIETTE, *au service d'Angélique;* **LES PRÉCÉDENTS.**

JULIETTE.

Monsieur a envoyé dire, mademoiselle, qu'il voulait vous parler avant midi.... Vous voilà aussi, monsieur de Rosenberg! Il veut également vous parler.

ANGÉLIQUE.

Nous deux! nous deux ensemble.... Rosenberg.... Nous deux! Qu'est-ce que cela veut dire?

JULIETTE.

Ensemble? Non, pas que je sache.

ROSENBERG, sur le point de sortir, à Angélique.

Je vous laisse me devancer, mademoiselle.... Au sortir de vos mains, il m'accueillera avec plus de douceur.

ANGÉLIQUE, avec inquiétude.

Vous m'abandonnez, Rosenberg?... Où allez-vous?... J'ai encore quelque chose d'important à vous demander.

ROSENBERG la prend à part. Wilhelmine et Juliette se perdent
dans le fond de la scène.

JULIETTE.

Venez avec moi, mademoiselle, voir le cortége de la fête.

ANGÉLIQUE.

Voilà une matinée inquiétante et terrible pour nous, Rosenberg.... Ce peut être une séparation, une éternelle séparation.... Mais êtes-vous préparé.... résolûment prêt à tout ce qui peut arriver?... A quoi êtes-vous décidé, si vous déplaisez à mon père?

ROSENBERG.

Je suis décidé à ne pas lui déplaire.

ANGÉLIQUE.

Pas cette humeur légère maintenant, si jamais je vous fus chère, Rosenberg.... Il ne dépend pas de vous que les dés tombent d'une façon ou de l'autre.... Nous devons nous attendre à ce qu'il y a de pis, comme à ce qu'il y a de plus heureux. Je ne pourrai plus vous voir, si vous vous quittez d'une manière peu amicale.... Qu'avez-vous résolu de faire, s'il vous refuse son estime?

ROSENBERG.

De la conquérir, ma chère, ma bien-aimée.

ANGÉLIQUE.

Oh! que vous connaissez peu l'homme au-devant de qui vous allez avec tant de confiance! Vous vous attendez à voir un homme que les larmes peuvent toucher, parce qu'il peut pleurer.... vous espérez que les tendres accents de votre cœur retentiront dans le sien?... Hélas! elles sont brisées, les cordes de cette lyre, et ne rendront plus jamais aucun son. Toutes vos armes peuvent manquer, tous vos assauts sur son cœur échouer.... Rosenberg! encore une fois, que décidez-vous, s'ils échouent tous?

ROSENBERG, *lui prenant la main avec calme.*

Ils n'échoueront pas tous, non certainement pas tous. Prenez courage, chère craintive! Ma résolution est arrêtée. J'ai pris votre père pour but, je suis déterminé à ne pas renoncer à sa conquête; il est donc à moi. (*Ils sortent.*)

SCÈNE V.

Un salon.

DE HUTTEN, *sortant d'un cabinet*; **ABEL**, *son intendent, le suit, avec un livre de comptes.*

ABEL *lit.*

Avance faite par monseigneur à la commune, après la grande inondation de l'an 1784. Deux mille neuf cents florins....

DE HUTTEN *s'est assis et parcourt quelques papiers, qui sont placés sur la table.*

Pour la terre, le dommage est réparé. Il ne faut pas que l'homme souffre plus longtemps que ses champs. Effacez cet article. Je ne veux plus qu'on me le rappelle.

ABEL *raye le compte, en secouant la tête.*

Il faut bien que je m'y résigne.... Resterait donc seulement à calculer les intérêts de cinq ans et demi.

DE HUTTEN.

Les intérêts!... homme!

ABEL.

Vous avez beau dire, monseigneur. Il faut qu'il y ait de l'ordre dans les comptes d'un intendant. (*Il veut continuer à lire.*)

DE HUTTEN.

Le reste une autre fois. Appelez maintenant le piqueur; je veux donner à manger à mes dogues.

ABEL.

Le fermier de Holzhof aurait envie de la jument polonaise avec qui dernièrement il est arrivé un accident à monseigneur. On devrait lui donner la bête, dit le palefrenier, avant qu'il arrive un second malheur.

DE HUTTEN.

Faut-il que le noble animal aille vieillir à la charrue, parce qu'une seule fois en dix ans j'ai eu à me plaindre de lui? Je n'en ai agi de la sorte envers aucun de ceux qui m'ont payé d'ingratitude. Je ne le monterai plus.

ABEL *prend le livre de comptes et veut sortir.*

DE HUTTEN.

Il manquait dernièrement dans la caisse, me disiez-vous, des quittances importantes, et le receveur n'avait pas reparu.

ABEL.

Oui, c'était jeudi dernier.

DE HUTTEN *se lève.*

Je suis bien aise, oui, bien aise.... qu'il soit encore à la fin devenu un fripon, ce receveur. Il m'a servi onze ans sans reproche.... Déposez votre livre, Abel. Donnez-moi d'autres détails.

ABEL.

Le pauvre homme est à plaindre, monseigneur. Il a fait une malheureuse chute avec son cheval, et, ce matin, on l'a rapporté le bras cassé. Les quittances se sont retrouvées parmi d'autres papiers.

DE HUTTEN, *avec vivacité.*

Et ce n'était donc pas un fourbe?... Homme! pourquoi m'as-tu rapporté des mensonges?

ABEL.

Monseigneur, il faut toujours croire le pire de son prochain.

DE HUTTEN, *après un moment de sombre silence.*

Mais je veux que ce soit un fourbe et qu'on lui paye les quittances.

ABEL.

C'était aussi ma pensée, monseigneur. Le signalement était donné, et la poursuite m'a coûté beaucoup d'argent. Il est fort désagréable que tout cela soit maintenant perdu.

DE HUTTEN *le regarde longtemps avec étonnement.*

Homme précieux! Tu es un vrai trésor pour moi.... Nous ne nous séparerons jamais.

ABEL.

Qu'à Dieu ne plaise!... Et, quelles que soient les grandes promesses que me font certaines gens ...

DE HUTTEN.

Certaines gens! Quoi?

ABEL.

Oui, monseigneur. Aussi bien ne sais-je pas pourquoi j'en ferais mystère plus longtemps. Le vieux comte....

DE HUTTEN.

Se remue-t-il de nouveau? Eh bien?

ABEL.

Il m'a fait offrir deux cents pistoles et le double de mes appointements pour le reste de mes jours, si je voulais lui livrer sa petite-fille, mademoiselle Angélique.

DE HUTTEN *se lève subitement et se promène dans la chambre.*
A l'intendant, après s'être rassis.

Et vous avez refusé cette offre?

ABEL.

Oui, par ma pauvre âme! c'est ce que j'ai fait.

DE HUTTEN.

Deux cents pistoles et le double de vos appointements pour le reste de vos jours!... A quoi pensez-vous? Y avez-vous bien réfléchi?

ABEL.

Mûrement réfléchi, monseigneur, et refusé tout net. La friponnerie ne porte pas bonheur; je veux vivre et mourir près de monseigneur.

SCÈNE V.

DE HUTTEN, *avec froideur et indifférence.*

Nous ne nous convenons pas. (*On entend de loin une joyeuse musique champêtre, mêlée de beaucoup de voix d'hommes. Elle se rapproche de plus en plus du château.*) J'entends là des sons qui me déplaisent. Suivez-moi dans une autre chambre.

ABEL *est allé sur le balcon et revient un moment après.*

C'est toute la petite ville, monseigneur, qui vient solennellement, en habits du dimanche, musique en tête. Elle s'arrête devant le château. Ils demandent à grands cris que monseigneur veuille bien paraître sur le balcon et se montrer à ses fidèles vassaux.

DE HUTTEN.

Que veulent-ils de moi? Qu'ont-ils à demander?

ABEL.

Monseigneur oublie....

DE HUTTEN.

Quoi?

ABEL.

Vous n'en serez pas quitte, cette fois, aussi aisément que l'année dernière....

DE HUTTEN *se lève brusquement.*

Partons! partons! Je ne veux rien entendre de plus.

ABEL.

C'est ce que je leur ai déjà dit, monseigneur.... mais ils viennent de l'église, et Dieu, dans le ciel, les a bien entendus, disent-ils.

DE HUTTEN.

Il entend aussi les aboiements du chien et le faux serment dans le gosier de l'hypocrite, et il doit savoir pourquoi il a voulu l'un et l'autre.... (*Comme le peuple pénètre dans la salle.*) O ciel! qui m'a fait cela? (*Il veut fuir dans un cabinet. Plusieurs l'arrêtent et saisissent les bords de son habit.*)

SCÈNE VI.

LES PRÉCÉDENTS; LES VASSAUX *et* **LES EMPLOYÉS DE HUTTEN; DES BOURGEOIS** *et* **DES PAYSANS,** *qui portent des présents;* **DE JEUNES FILLES** *et* **DES FEMMES,** *qui conduisent des enfants par la main ou en portent sur les bras; tous habillés simplement, mais d'une manière bienséante.*

LE PRÉPOSÉ.

Entrez tous, pères, mères et enfants. Que personne n'ait peur! Il ne voudra pas que des barbes grises le prient en vain. Il ne repoussera pas nos enfants.

QUELQUES JEUNES FILLES, *qui s'approchent de lui.*

Gracieux seigneur, vos vassaux reconnaissants vous apportent ces faibles dons, parce que vous nous avez tout donné.

DEUX AUTRES JEUNES FILLES.

Nous tressons pour vous cette guirlande de la joie, parce que vous avez rompu le joug du servage.

UNE TROISIÈME ET UNE QUATRIÈME JEUNE FILLE.

Et nous répandons ces fleurs devant vous, parce que vous avez changé en un paradis notre sauvage contrée.

LA PREMIÈRE ET LA SECONDE JEUNE FILLE.

Pourquoi détournez-vous les yeux, notre bon et gracieux seigneur? Regardez-nous! Parlez-nous! Que vous avons-nous fait pour que vous repoussiez ainsi notre reconnaissance? (*Longue pause.*)

DE HUTTEN, *sans les regarder, et les yeux fixés à terre.*

Distribuez de l'argent parmi eux, intendant.... de l'argent tant qu'ils voudront.... N'épargnez pas ma caisse.... Vous voyez bien que ces gens attendent leur salaire.

UN VIEILLARD, *qui sort de la foule.*

Nous n'avons pas mérité cela, gracieux seigneur. Nous ne sommes pas des mercenaires.

QUELQUES AUTRES.

Ce que nous demandons, c'est une parole bienveillante, un regard de bonté.

SCÈNE VI.

UN QUATRIÈME.

Nous avons reçu des bienfaits de votre main; nous voulons vous en remercier, car nous sommes des hommes.

PLUSIEURS.

Nous sommes des hommes, et nous n'avons pas mérité cela.

DE HUTTEN.

Renoncez à ce nom, et soyez les bienvenus sous un autre, plus modeste.... Vous êtes offensés que je vous offre de l'argent? Vous êtes venus, dites-vous, pour me remercier?.... Pour quelle autre chose pouvez-vous me remercier que pour de l'argent? Je ne sache pas que j'aie donné mieux que cela à aucun de vous. Il est vrai, avant que j'eusse pris possession de ce comté, vous luttiez contre l'indigence, et un homme cruel vous accablait de tous les fardeaux du servage. Les fruits de votre travail n'étaient pas à vous. Vous voyiez d'un œil indifférent verdir les moissons et les épis se dorer, et le père s'interdisait tout mouvement de joie quand il lui naissait un fils. J'ai rompu ces chaînes; j'ai fait don au père de son fils et au laboureur de sa récolte. La bénédiction est descendue sur vos champs, parce que la liberté et l'espérance ont dirigé la charrue. Maintenant, il n'y a personne de si pauvre parmi vous qui ne tue son bœuf dans l'année; vous couchez dans des maisons spacieuses, vous êtes au-dessus du besoin et vous avez du superflu pour la joie. (*Se redressant et se tournant vers eux.*) Je vois la santé dans vos yeux et l'aisance dans vos vêtements. Il ne vous reste plus rien à désirer; je vous ai rendus heureux.

UN VIEILLARD, *de la foule.*

Non, gracieux seigneur. L'argent et le bien ont été vos moindres bienfaits. Vos prédécesseurs nous estimaient semblables aux bestiaux de nos champs; vous avez fait de nous des hommes.

UN SECOND.

Vous nous avez bâti une église et vous avez fait élever notre jeunesse.

UN TROISIÈME.

Et vous nous avez donné de bonnes lois et des juges consciencieux.

UN QUATRIÈME.

C'est à vous que nous devons de vivre en hommes, de jouir de notre vie.

DE HUTTEN, *perdu dans ses réflexions.*

Oui, oui.... le sol était bon, et si l'arbuste rampant ne s'est pas élevé à la hauteur d'un arbre, ce n'est pas que le soleil refusât ses rayons bienfaisants.... Ce n'est pas ma faute si vous êtes restés couchés où je vous ai jetés. Votre propre aveu vous condamne. Cette satisfaction me prouve que j'ai perdu ma peine avec vous. Si, à vos yeux, il eût manqué quelque chose à votre bonheur, cela vous aurait, pour la première fois, conquis mon estime. (*Se détournant.*) Soyez ce que vous pouvez être.... Je n'en poursuivrai pas moins ma route.

UN HOMME, *du milieu de la foule.*

Vous nous avez donné tout ce qui pouvait nous rendre heureux. Donnez-nous encore votre amour.

DE HUTTEN, *avec une sombre gravité.*

Malheur à toi, qui me rappelles combien de fois ma folie a prodigué ce trésor! Il n'y a aucun visage dans cette réunion qui puisse m'entraîner à une rechute.... Mon amour?... Chauffe-toi aux rayons du soleil, bénis le hasard qui les a fait passer sur ta vigne, mais interdis-toi le vœu téméraire de te plonger dans leur source brûlante. Ce serait une triste chose pour toi et pour lui que, pour t'éclairer, il dût te connaître; que, dans sa course rapide, il lui fallût s'arrêter au haut des cieux pour recevoir tes remerciments. Docile à sa règle éternelle, il verse le torrent de ses rayons.... sans se soucier ni de la mouche qui se ranime à leur feu, ni de toi qui souilles par tes vices sa céleste lumière.... Pourquoi ces présents à moi?... Ce n'est pas de mon amour que vous avez reçu votre bonheur. Je n'ai rien à recevoir du vôtre.

LE VIEILLARD.

Oh! cela nous attriste, mon cher seigneur, que nous devions jouir de tout, et n'être privés que de la joie de la reconnaissance.

DE HUTTEN.

Épargnez-la-moi! J'abhorre la reconnaissance offerte par des mains si profanes. Commencez par purifier vos lèvres de la calomnie, vos doigts de l'usure, vos yeux du regard louche de la malveillance. Purifiez votre cœur de la malice; jetez vos masques hypocrites; laissez tomber de vos mains coupables la balance du jugement. Comment? croyez-vous que cette comédie de concorde me cache la discorde envieuse qui ronge jusqu'aux liens les plus sacrés de votre vie? Est-ce que je ne connais pas chaque individu de cette foule, qui veut me paraître vénérable par le nombre et l'ensemble? Mon œil vous suit, invisible.... La justice de ma haine vit de vos vices. (*Au vieillard.*) Tu t'arroges le droit de réclamer mon respect, parce que l'âge a blanchi tes tempes, parce que le fardeau d'une longue vie a courbé ta nuque?... Eh! je n'en sais que plus sûrement que tu es aussi perdu pour mon espérance. Tu descends, les mains vides, du zénith de la vie; le but que tu as manqué dans toute la force de l'âge, tu n'y atteindras pas en te traînant sur tes béquilles.... Votre espoir était-il que la vue de ces innocents vermisseaux (*montrant les enfants*) parlât à mon cœur?... Oh! ils ressembleront tous à leurs pères; tous ces innocents, vous les mutilerez d'après votre propre image; vous les détournerez du but de leur existence.... Oh! pourquoi êtes-vous venus ici?... Je ne puis.... Pourquoi êtes-vous venus me contraindre à cet aveu?... Je ne puis vous parler avec douceur. (*Il sort.*

SCÈNE VII.

Une partie du parc, écartée et fermée de toutes parts, et d'un caractère attrayant, un peu mélancolique.

DE HUTTEN *entre, se parlant à lui-même.*

Ah! que n'êtes-vous aussi dignes de ce nom qu'il est sacré pour moi!... Homme! magnifique et sublime phénomène! la plus belle de toutes les pensées du Créateur! que tu es sorti riche et accompli de ses mains! Quels beaux accords dormaient dans ton sein avant que ta passion eût brisé la lyre d'or!

Tout, autour de toi, au-dessus de toi, cherche et trouve la belle et juste mesure de la perfection.... Toi seul, tu es là, ne mûrissant pas et difforme, dans ce plan irréprochable. Loin de tout regard qui l'épie, de toute intelligence qui l'admire, la perle, dans le coquillage muet, le cristal, dans les profondeurs des montagnes, aspirent à leur forme la plus belle; partout où ton œil peut voir.... l'industrie unanime de tous les êtres travaille à manifester le mystère de leurs forces. Tous les enfants de la nature offrent avec reconnaissance, à leur mère satisfaite, des fruits mûris, et partout où elle a semé, elle trouve une récolte.... Toi seul, son fils le plus cher, le mieux doté, tu manques à l'appel.... Il n'y a que ce qu'elle t'a donné, à toi, qu'elle ne retrouve pas, qu'elle ne reconnaît pas : tu en as défiguré la beauté.

Sois parfait! D'innombrables harmonies sommeillent en toi, pour s'éveiller à ton ordre.... Évoque-les par ton excellence! Le beau rayon de lumière manqua-t-il jamais à ton regard, quand la joie embrasa ton cœur; ou la grâce à tes joues, quand un doux sentiment coula dans ton sein? Peux-tu souffrir que le trivial, le passager, éclipse en toi le généreux et l'immortel?

C'est pour te rendre heureux qu'est tressée cette couronne à laquelle tous les êtres prétendent, où toute beauté aspire.... Ta fougueuse convoitise contrarie cette tendance bienveillante; tu troubles violemment les fins salutaires de la nature.... Dans sa bonté, elle a répandu autour de toi l'abondance de la vie, et tu lui arraches la mort. Ta haine a aiguisé et changé en glaive le fer pacifique; ton avidité charge de crimes et de malédictions l'or innocent; sur tes lèvres intempérantes, la liqueur vivifiante de la grappe devient un poison. La perfection sert involontairement tes vices, mais tes vices ne la corrompent pas. L'instrument dont tu abuses se conserve pur à ton service impur. Tu peux le détourner de sa destination, mais non le dépouiller de sa docilité à y tendre. Sois humain ou sois barbare.... ton cœur obéissant accompagne également ta haine ou ta douceur de ses palpitations merveilleuses.

Enseigne-moi ta paisible égalité d'âme, ô nature toujours satisfaite!... Je me suis attaché fidèlement, comme toi, à la beauté; que j'apprenne de toi à me consoler de mon impuissance à donner le bonheur. Mais pour que je garde ma tendre bienveillance, que je ne perde pas ma bienfaisante ardeur.... laisse-moi partager ton heureux aveuglement. Cache-moi, dans ta paix silencieuse, ce monde qui est l'objet de mon activité. La lune remplirait-elle son disque brillant, si elle voyait le meurtrier dont elle doit éclairer le sentier?... Je cherche en toi un asile pour ce cœur aimant.... Place-toi entre mon humanité et l'homme.... Ici, où je ne rencontre pas sa rude main, où la funeste vérité ne dissipe pas mon songe ravissant; ici, séparé du genre humain, laisse-moi acquitter, entre les mains de mon auguste mère, la dette sacrée de mon existence envers l'éternelle beauté. (*Regardant autour de lui.*) Tranquille monde des plantes, dans ta paix riche en merveilles, je sens l'action de la Divinité; ton excellence désintéressée élève mon esprit curieux vers la suprême Intelligence; sa divine image se réfléchit à mes yeux dans ton pur miroir. L'homme, en fouillant le lit du fleuve, n'en trouble l'eau transparente.... Où l'homme vit et s'agite, le Créateur disparaît pour moi. (*Il veut se lever. Angélique est devant lui.*)

SCÈNE VIII.

DE HUTTEN, ANGÉLIQUE.

ANGÉLIQUE *recule timidement.*

C'est par votre ordre, mon père.... mais si je trouble votre solitude....

DE HUTTEN, *qui, pendant quelque temps, l'examine en silence, lui dit d'un ton de doux reproche :*

Tu n'as pas bien agi envers moi, Angélique.

ANGÉLIQUE, *interdite.*

Mon père....

DE HUTTEN.

Tu savais cette surprise.... Avoue-le.... Tu l'avais toi-même provoquée.

ANGÉLIQUE.

Je ne puis dire non, mon père.

DE HUTTEN.

Ils m'ont quitté attristés. Aucun ne m'a compris. Vois, tu n'as pas bien agi.

ANGÉLIQUE.

Mon intention mérite grâce.

DE HUTTEN.

Tu as pleuré sur ces gens. Ne le nie pas. Ton cœur bat pour eux. Je vois ce qui s'y passe. Tu blâmes mon chagrin.

ANGÉLIQUE.

Je le respecte, mais avec larmes.

DE HUTTEN.

Ces larmes sont suspectes.... Angélique.... Tu balances entre le monde et ton père.... Il faut que tu prennes parti, là où il n'y a point de conciliation à espérer.... Il faut que tu renonces ou appartiennes entièrement à l'un ou à l'autre.... Sois sincère. Tu blâmes mon chagrin ?

ANGÉLIQUE.

Je crois qu'il est juste.

DE HUTTEN.

Le crois-tu ? Le crois-tu réellement ?... Écoute, Angélique.... Je vais mettre en ce moment ta sincérité à une épreuve décisive.... Si tu balances, je n'ai plus de fille.... Assieds-toi près de moi.

ANGÉLIQUE.

Cette solennelle gravité....

DE HUTTEN.

Je t'ai fait appeler. Je voulais t'adresser une prière; mais j'ai réfléchi ; je puis encore la différer d'un an.

ANGÉLIQUE.

Une prière à votre fille ? et vous hésitez à la dire ?

DE HUTTEN.

Ce jour m'a mis dans une disposition plus sérieuse. J'ai aujourd'hui cinquante ans. De cruels destins ont hâté le cours de ma vie. Il pourrait se faire qu'un matin, inopinément, on ne me vît plus, et sans que j'eusse auparavant.... *(Il se lève.)* Ah! s'il faut que tu pleures, tu n'as pas le temps de m'écouter.

ANGÉLIQUE.

Oh! arrêtez, mon père.... Pas un tel langage.... Il blesse mon cœur.

DE HUTTEN.

Je ne voudrais pas être ainsi surpris, avant que nous nous fussions entendus.... Oui, je le sens, je tiens encore au monde.... Le mendiant a autant de peine à se séparer de sa misère que le roi de sa grandeur.... Tu es tout ce que je laisse après moi.... *(Un moment de silence.)* Mes derniers regards reposent sur toi avec une douloureuse inquiétude.... Je pars et te laisse entre deux abîmes. Tu pleureras, ma fille, ou il faudra qu'on pleure sur toi.... Jusqu'à présent j'ai réussi à te cacher cette triste alternative. Tu jettes sur la vie des regards sereins, et le monde est là, riant et beau, devant toi.

ANGÉLIQUE.

Oh! puissent vos yeux devenir sereins aussi, mon père!... Oui, ce monde est beau.

DE HUTTEN.

C'est un reflet de ta belle âme, Angélique.... Moi-même, je ne suis pas sans quelques moments de bonheur.... Cet aimable aspect, le monde continuera de te l'offrir, tant que tu te garderas de lever le voile qui te cache la réalité, tant que tu te passeras des hommes et sauras te contenter de ton propre cœur.

ANGÉLIQUE.

Ou si je trouve un cœur, mon père, qui réponde au mien avec une heureuse harmonie.

DE HUTTEN, *vivement et d'un ton sérieux.*

Tu ne le trouveras jamais..., Mais garde-toi de la malheureuse illusion de croire que tu l'as trouvé. (*Après un moment de silence, pendant lequel il demeure assis, perdu dans ses réflexions.*) Notre âme, Angélique, se crée parfois de grandes et ravissantes images, des images de mondes plus beaux, coulés dans de plus nobles moules. Parfois la nature, en se jouant, forme des traits qui imitent de loin cette beauté, et elle réussit à tromper notre cœur surpris, par une apparence d'idéal accompli.... Tel fut le sort de ton père, Angélique. Souvent j'ai vu cette création radieuse de mon cerveau briller à mes yeux sur un visage humain; ivre de joie, j'étendais les bras pour la saisir; mais, à mon étreinte, la vaporeuse image s'évanouissait.

ANGÉLIQUE.

Cependant, mon père....

DE HUTTEN *l'interrompt.*

Le monde ne peut rien t'offrir qu'il n'ait reçu de toi. Jouis de ton image dans le miroir de l'onde, mais ne t'y précipite pas pour l'embrasser : dans ses vagues, la mort te saisit. Ils appellent amour cette flatteuse démence. Garde-toi de croire à ce prestige éblouissant, que les poëtes nous peignent de couleurs si aimables. La créature que tu adores, c'est toi-même; ce qui te répond, c'est ton propre écho, renvoyé par un caveau sépulcral, et tu restes là, abandonnée, dans un affreux isolement.

ANGÉLIQUE.

J'espère qu'il y a encore des hommes, mon père, qui.... desquels....

DE HUTTEN, *attentif.*

Tu l'espères ?... Tu espères ?... (*Il se lève, et fait quelques pas, allant et venant.*) Oui, ma fille.... cela me rappelle pourquoi je t'ai fait appeler en ce moment. (*S'arrêtant devant elle et la regardant d'un œil scrutateur.*) Tu as été plus prompte que moi, ma fille.... Je m'étonne.... je suis effrayé de mon insouciante sécurité. J'étais si près du danger de perdre le fruit des soins de toute ma vie.

ANGÉLIQUE.

Mon père! Je ne comprends pas votre pensée.

DE HUTTEN.

Notre entretien n'est pas prématuré.... Tu as dix-neuf ans, tu peux me demander compte. Je t'ai arrachée du milieu du monde, auquel tu appartiens; je t'ai assuré un asile dans cette paisible vallée. Tu croissais ici, restant un mystère pour toi-même. Tu ne sais pas quelle destinée t'attend. Il est temps que tu apprennes à te connaître. Il faut que tu sois éclairée sur toi-même.

ANGÉLIQUE.

Vous m'inquiétez, mon père....

DE HUTTEN.

Ta destinée n'est pas de te flétrir dans cette paisible vallée.... Tu m'enseveliras ici, puis tu appartiens au monde, pour lequel je t'ai parée.

ANGÉLIQUE.

Mon père, vous voulez me pousser dans ce monde où vous avez été si malheureux?

DE HUTTEN.

Tu y entreras plus heureuse. (*Après un moment de silence.*) Et quand il en serait autrement, ma fille,.... ta jeunesse lui doit ce que ma vieillesse précoce ne peut plus pour lui. Tu n'as plus besoin de ma direction. Ma tâche est accomplie. Dans l'atelier fermé aux regards, la statue a pris sa forme peu à peu sous le

ciseau de l'artiste; achevée maintenant, il faut qu'elle brille sur un plus haut piédestal.
ANGÉLIQUE.
Jamais, mon père, oh! ne me laissez jamais sortir de vos mains qui m'ont formée.
DE HUTTEN.
Il ne m'est resté qu'un seul désir. Il a grandi avec elle dans mon cœur; à chaque nouvel attrait qui éclatait sur ce visage, à chaque fleur nouvelle qui ornait cet esprit, à chaque accent plus généreux sorti de cette poitrine, ce désir parlait plus haut dans mon cœur.... Ce désir, ma fille.... donne-moi ta main....
ANGÉLIQUE.
Exprimez-le. Mon âme vole au-devant de ce vœu.
DE HUTTEN.
....Angélique, tu es la fille d'un homme riche. Le monde me tient pour tel, mais personne ne connaît toute ma fortune. Ma mort te révélera un trésor que ta bienfaisance ne pourra épuiser.... Ta richesse surprendra la plus insatiable avidité.
ANGÉLIQUE.
Pouvez-vous, mon père, me faire tomber aussi bas?
DE HUTTEN.
Tu es belle, Angélique. Laisse ton père te faire un aveu dont tu ne devras savoir gré à aucun autre homme. Ta mère était la plus belle de son sexe.... Tu es son image dans toute sa fraîcheur, et encore ennoblie. Les hommes te verront, et la passion les amènera à tes pieds. Celui qui obtiendrait cette main....
ANGÉLIQUE.
Est-ce là la voix de mon père?... Oh! je vous entends, vous m'avez bannie de votre cœur.

DE HUTTEN, *s'arrêtant à la contempler avec complaisance.*
Cette belle forme est animée par une âme plus belle encore.... Je me figure l'amour dans ce sein paisible.... Quelle moisson fleurit ici pour l'amour!... Oh! la plus belle récompense est ici préparée au plus noble prétendant.

ANGÉLIQUE, *profondément émue, se laisse glisser à ses pieds, en s'appuyant sur lui, et cache son visage dans ses mains.*
DE HUTTEN.
Il n'est pas possible qu'un homme reçoive un plus grand

bonheur de la main d'une femme.... Sais-tu que c'est à moi que tu dois tout cela? J'ai amassé des trésors pour ta bienfaisance, protégé ta beauté, veillé sur ton cœur, développé les belles qualités de ton esprit. Pour tout cela, accorde-moi une seule grâce.... Dans cette seule prière je renferme tout ce que tu me dois.... Me la refuseras-tu?

ANGÉLIQUE.

Oh! mon père, pourquoi ce long détour pour arriver au cœur de votre Angélique?

DE HUTTEN.

Tu possèdes tout ce qui peut rendre un homme heureux. (*Il s'arrête à ces mots et la regarde d'un œil pénétrant.*) Ne rends jamais un homme heureux.

ANGÉLIQUE *pâlit et baisse les yeux.*

DE HUTTEN.

Tu gardes le silence?... Cette angoisse.... ce tremblement.... Angélique!

ANGÉLIQUE.

Ah! mon père....

DE HUTTEN, *avec plus de douceur.*

Ta main, ma fille.... Promets-moi.... engage-toi.... Qu'est-ce que cela? Pourquoi cette main tremble-t-elle? Promets-moi de ne jamais donner cette main à un homme.

ANGÉLIQUE, *dans un trouble visible.*

Jamais, mon père.... qu'avec votre agrément.

DE HUTTEN.

Même quand je ne serai plus.... jure-moi de ne jamais donner cette main à un homme.

ANGÉLIQUE, *luttant contre elle-même, et d'une voix tremblante.*

Jamais.... non jamais, si vous.... si vous-même, vous ne me dégagez de cette promesse.

DE HUTTEN.

Ainsi jamais. (*Il laisse sa main. Après un long silence.*) Vois ces mains flétries, ces rides que le chagrin a creusées sur mes joues. Tu as devant toi un vieillard qui penche vers le bord de la tombe, et pourtant je suis encore dans les années de la force et de la virilité.... Ce sont les hommes qui ont fait cela.... Leur race entière est mon bourreau.... Angélique.... n'accompagne pas à l'autel un fils de mon bourreau. Ne donne pas à mon chagrin saignant le dénoûment d'une comédie. Cette fleur, cultivée par ma douleur, arrosée de mes larmes, ne doit pas être cueillie par la main de la joie. La première larme que tu verserais pour l'amour te confondrait de nouveau avec cette race méprisable.... Cette main que tu tendrais à un homme, au pied de l'autel, inscrirait mon nom au pilori des insensés.

ANGÉLIQUE.

N'en dites pas davantage, mon père. Pas davantage, en ce moment. Permettez que je.... (*Elle veut sortir. Il la retient.*)

DE HUTTEN.

Je ne suis pas pour toi un père cruel, ma fille. Si je t'aimais moins, je te conduirais moi-même dans les bras d'un homme. Je n'ai pas non plus de haine contre les hommes. On me fait tort quand on m'appelle misanthrope. Je vénère la nature humaine.... seulement, je ne puis plus aimer les hommes. Ne me prends pas pour un insensé vulgaire qui fait expier aux plus nobles cœurs le mal que lui ont fait des cœurs ignobles. Ce que j'ai souffert des hommes vils est oublié. Mon cœur saigne des blessures qu'il a reçues des meilleurs et des plus nobles.

ANGÉLIQUE.

Ouvrez-le aux meilleurs et aux plus nobles.... Ils verseront sur ces blessures un baume qui les guérira. Rompez ce mystérieux silence.

DE HUTTEN, *après un moment de silence.*

Si je pouvais te raconter l'histoire de ce que j'ai souffert, Angélique!... Je ne le puis ni ne le veux. Je ne veux pas te ravir ta joyeuse sécurité, ta douce confiance en toi-même.... Je ne veux pas introduire la haine dans ce sein paisible. Je voudrais te préserver des hommes, mais non t'aigrir contre eux. Mon récit fidèle éteindrait la bienveillance dans ton cœur, et je voudrais y conserver cette sainte flamme. Avant qu'une création nouvelle et plus belle se soit formée d'elle-même dans ton âme, je ne voudrais pas en arracher le monde réel. (*Pause. Angélique se penche sur lui, les yeux mouillés de larmes.*) Je ne voudrais pas te priver de ce riant aspect de la vie, de cette heureuse croyance aux hommes, qui se jouent encore autour de toi comme de brillantes apparitions : elle était salutaire, elle était nécessaire pour développer dans ton cœur le plus divin des penchants. J'admire la sage sollicitude de la nature. Elle place autour de notre âme jeune encore un monde riant, et le germe naissant de l'amour trouve à quoi se prendre. Le tendre rejeton, soutenu à ce frêle appui, croît et monte, et il enlace de mille jets abondants ce monde qui est auprès de lui. Mais s'il doit élever au ciel, dans toute sa fière beauté, sa royale tige.... oh! alors il faut que tous ces jets qui dévient meurent, et que le tronc vigoureux, gardant sa force en lui-même, pousse et lève en droite ligne son sommet. Doucement alors et sans bruit l'âme, d'abord languissante, commence à détourner du monde réel la séve égarée, et la dirige vers l'idéal divin qui se développe radieux au dedans d'elle. Alors notre âme fortunée n'a plus besoin de cet appui de son enfance, et la flamme épurée de l'enthousiasme s'entretient dans tout son éclat à un foyer intérieur, immortel.

ANGÉLIQUE.

Ah! mon père, que je suis loin de cette image que vous me présentez!... Votre fille ne peut vous accompagner dans ce vol sublime. Laissez-moi suivre cet aimable fantôme, jusqu'à ce que, de lui-même, il prenne congé de moi. Comment dois-je.... comment puis-je haïr hors de moi ce que vous m'avez appris à aimer en moi-même, ce que vous aimez vous-même dans votre Angélique?

DE HUTTEN, *avec une certaine susceptibilité.*

La solitude m'a gâté ma fille. Angélique.... Il faut que je te conduise parmi les hommes, pour que tu désapprennes à les estimer. Je veux que tu le poursuives, ton aimable fantôme.... Je veux que tu contemples de près cette image divine, fruit de ton illusion.... Par bonheur, je ne risque rien à cette épreuve.... J'ai placé dans ton cœur un modèle dont ils ne soutiendront pas la comparaison. (*Il la contemple avec un paisible ravissement.*) Oh! la vie me garde encore une belle joie, et ma longue et ardente espérance touche à son accomplissement.... Comme ils admireront, comme ils s'enflammeront de sentiments tout nouveaux sur la terre, quand je placerai au milieu d'eux cet ange parfait.... Je les tiens.... oui, assurément, je les tiens.... Je veux, dans ce filet doré, enlacer les meilleurs, les plus nobles d'entre eux.... Angélique! (*Il s'approche d'elle avec une solennelle gravité et laisse*

tomber sa main sur sa tête.) Sois un être supérieur parmi cette race déchue!... Répands la bénédiction autour de toi, comme une divinité bienfaisante!... Accomplis des actions que la lumière n'ait jamais éclairées!... Pratique en te jouant des vertus qui épuisent l'héroïsme du héros, la sagesse du plus sage. Armée de l'irrésistible beauté, reproduis à leurs yeux la vie que j'ai menée, méconnu, parmi eux, et que ma vertu qu'ils ont condamnée triomphe par tes charmes. Que, par ton âme de femme, son éclat éblouissant brille d'une plus douce lumière, et que leurs faibles yeux s'ouvrent enfin à ses rayons victorieux. Conduis-les jusque-là, jusqu'au point de voir s'ouvrir le ciel que promet un tel cœur, d'aspirer par de brûlants désirs à cette ineffable félicité.... et alors, te dérobant à eux, remonte dans ta gloire.... Qu'ils voient au-dessus d'eux, dans un lointain à donner le vertige, la céleste apparition! éternellement inaccessible à leur ardeur, comme Orion l'est à nos bras mortels, dans les champs sacrés du firmament.... Ils sont devenus pour moi de vaines ombres, quand j'avais soif d'êtres réels; à ton tour, échappe-leur comme une ombre.... C'est ainsi que je veux te placer au milieu des hommes.... Tu sais qui tu es.... Je t'ai élevée pour ma vengeance[1] . . . .
. . . .

---

[1]. Dans le onzième numéro de la *Thalie*, où ce fragment parut d'abord, il est suivi de la note que voici :

« Les scènes insérées ici sont des fragments d'une tragédie qui a été commencée il y a déjà plusieurs années, mais qui, pour diverses raisons, demeure inachevée. Peut-être un jour pourrait-on offrir au public l'histoire de ce misanthrope et toute cette peinture de caractère, sous une autre forme, plus favorable à un tel sujet que la forme dramatique. »

Parmi les papiers laissés par Schiller, il ne s'est rien trouvé qui fût relatif à cette composition. Dans la *Thalie*, le titre était : *le Misanthrope réconcilié*, ce qui peut déjà jeter quelque lumière sur le plan. L'éditeur se rappelle aussi, en se reportant à des entretiens qu'il eut dans le temps avec l'auteur, que Rosenberg, après une opiniâtre résistance, devait enfin triompher, et que l'apparition de quelques misanthropes d'une autre nature était destinée à favoriser ce résultat.

(*Note de l'édition allemande.*)

FIN DU MISANTHROPE

WALLENSTEIN

POËME DRAMATIQUE

PREMIÈRE PARTIE

LE CAMP

DE WALLENSTEIN

PROLOGUE

PRONONCÉ A LA RÉOUVERTURE DU THÉATRE DE WEIMAR,
EN OCTOBRE 1798.

Les jeux d'un théâtre tour à tour plaisant et sérieux, auxquels vous avez prêté si souvent une oreille, des regards bienveillants, et livré votre âme attendrie, nous réunissent de nouveau dans cette salle.... Et voyez! elle s'est rajeunie; les ornements de l'art l'ont transformée en un temple brillant. Un sentiment d'auguste harmonie s'éveille, à la vue de cette imposante colonnade, et dispose la pensée à de solennelles émotions.

Et pourtant c'est bien toujours notre vieille scène, le berceau de maint talent généreux, l'arène de maint génie croissant. Et nous sommes toujours là, devant vous, nous, vos vieilles connaissances, qui nous sommes formés, sous vos yeux, avec une vive ardeur, un zèle soutenu. Un noble maître[1] a paru à cette place, vous transportant, par son génie créateur, aux sommets divins de son art. Oh! puisse le nouvel éclat de ce lieu attirer parmi nous les plus dignes! Puisse l'espérance que nous avons longtemps nourrie se changer en brillante réalité[2]! Un grand modèle éveille l'émulation et donne à la critique de plus hautes lois. Que cet auditoire, que ce théâtre nouveau deviennent donc les témoins du talent accompli! Aussi bien, où pourrait-il éprouver ses forces, renouveler, rajeunir sa gloire acquise, mieux qu'ici, devant ce cercle choisi, qui, sensible au moindre prestige de l'art, sait, avec une exquise délicatesse, saisir le génie dans ses traits les plus fugitifs?

Car il passe devant nos sens, rapide et sans laisser de trace, l'art merveilleux du comédien, tandis que l'œuvre du ciseau, le

---

1. Iffland, célèbre à la fois comme acteur et comme auteur dramatique.
2. On espérait qu'Iffland reviendrait au théâtre de Weimar et s'y fixerait.

chant du poëte, vivent encore après des milliers d'années. Ici, la magie meurt avec l'artiste, et, comme le son expire dans l'oreille, la prompte création du moment s'évanouit et nul monument durable n'en conserve la gloire. Cet art est difficile, sa récompense est passagère, la postérité ne tresse point de couronnes pour le comédien : qu'il soit donc avare du présent, qu'il remplisse, tout entière, l'heure qui est à lui, qu'il s'empare puissamment de ses contemporains et s'érige un vivant souvenir dans l'âme des plus dignes et des meilleurs ! Il jouit ainsi, par avance, de son immortalité de gloire, car celui qui satisfait les meilleurs de son temps a vécu pour tous les temps.

La nouvelle ère qui s'ouvre aujourd'hui, sur cette scène, pour l'art de Thalie, enhardit aussi le poëte à quitter les sentiers battus, à vous transporter, du cercle étroit de la vie bourgeoise, sur un théâtre plus élevé, qui ne soit pas indigne de cette sublime époque où s'agitent nos efforts, notre espoir. Car un grand sujet peut seul remuer les profondeurs de l'humanité ; dans un cercle étroit, l'esprit se rétrécit ; l'homme grandit, quand son but s'élève.

Et maintenant, au terme sérieux de ce siècle, où la réalité même devient poésie, où nous voyons de puissantes natures lutter, sous nos yeux, pour un prix important; où l'on combat pour les grands intérêts de l'humanité, la domination et la liberté : maintenant, l'art aussi, sur le théâtre, où il évoque des ombres, peut tenter un vol plus haut ; il le doit même, sous peine d'être éclipsé par le théâtre de la vie.

Nous voyons crouler de nos jours cette forme antique et solide que donna jadis aux royaumes de l'Europe (un siècle et demi s'est depuis écoulé) une paix désirée, le fruit si chèrement acheté de trente années de guerre lamentable. Laissez encore une fois l'imagination du poëte faire passer devant vous cette sombre époque, et contemplez avec plus de joie le présent, et au loin l'avenir si riche d'espérances.

C'est au milieu de cette guerre que vous place aujourd'hui le poëte. Seize années de ravage, de pillage, de misère, se sont écoulées; le monde fermente encore dans une sombre confusion, et nul espoir de paix ne rayonne dans le lointain. L'empire est l'arène des armes, les villes sont désertes, Magdebourg est en ruines, le commerce et l'industrie sont abattus; le bourgeois n'est plus rien, le guerrier est tout. L'impudence impunie brave les mœurs, et des hordes barbares, que la longue guerre a rendues sauvages, campent sur le sol dévasté.

Sur ce fond obscur de l'époque, se peint et se détache l'entreprise d'un téméraire courage et un caractère audacieux. Vous le connaissez.... ce créateur d'armées intrépides, l'idole du camp et le fléau des provinces, l'appui et l'effroi de son empereur, l'enfant aventureux de la fortune, qui, élevé par la faveur des temps, monta rapidement aux plus hauts degrés des honneurs, et, insatiable, aspirant toujours plus haut, tomba victime de son ambition indomptée. Obscurcie par la haine et la faveur des partis, l'image de son caractère nous apparaît incertaine, dans l'histoire; mais l'art doit maintenant le rapprocher, sous des traits humains, de vos yeux, et aussi de vos cœurs. Car, limitant et enchaînant toute chose, l'art ramène à la nature tous les extrêmes; il voit l'homme entraîné dans le torrent de la vie et impute aux astres funestes la plus grande part de sa faute.

Ce n'est pas lui qui se montrera aujourd'hui sur cette scène. Mais, dans ces bandes hardies que dirigent ses ordres puissants, que son esprit anime, sa silhouette vous apparaîtra, en attendant que la muse timide se hasarde à le placer devant vous sous sa forme vivante; car c'est sa puissance qui séduit son cœur, son camp peut seul expliquer son attentat.

Pardonnez donc au poëte s'il ne vous entraîne pas tout d'une fois, d'un pas rapide, au dénoûment de l'action, s'il ose dérouler à vos yeux, dans une suite de tableaux, ce grand sujet. Que le spectacle d'aujourd'hui gagne vos oreilles et vos cœurs à des accents inaccoutumés; qu'il vous ramène en arrière à cette époque, sur ce théâtre de guerre, tout nouveau pour vous, et que notre héros remplira bientôt de ses actions.

Et si, modestement, la muse, la libre déesse de la danse et du chant, réclame encore une fois aujourd'hui son vieux privilége allemand, le jeu de la rime [1], ne l'en blâmez pas. Non, plutôt, remerciez-la de transporter, en se jouant, la sombre image de la réalité dans le serein domaine de l'art, de détruire elle-même de bonne foi l'illusion qu'elle produit et de ne pas substituer ses trompeuses apparences à la vérité : la vie est sérieuse, l'art est riant et serein.

1. *Le Camp de Wallenstein* est écrit on vers rimés.

PERSONNAGES.

UN MARÉCHAL DES LOGES, } d'un régiment de carabiniers de Terzky
UN TROMPETTE,
UN CANONNIER.
DES TIRAILLEURS.
DEUX CHASSEURS A CHEVAL de Holk.
DES DRAGONS de Buttler.
ARQUEBUSIERS du régiment de Tiefenbach.
CUIRASSIER d'un régiment lombard.
CUIRASSIER d'un régiment wallon.
DES CROATES.
DES UHLANS.
UN CONSCRIT.
UN BOURGEOIS.
UN PAYSAN.
LE FILS DU PAYSAN.
UN CAPUCIN.
UN MAITRE D'ÉCOLE de soldats.
UNE VIVANDIÈRE.
UNE SERVANTE.
DES ENFANTS de troupe.
DES MUSICIENS.

La scène est devant la ville de Pilsen, en Bohême.

LE CAMP
DE WALLENSTEIN.

SCÈNE I.

Des tentes de vivandières; par devant, une échoppe de mercerie, friperie, etc. Des soldats de toute couleur et de tout uniforme se pressent en foule. Toutes les tables sont occupées. Des Croates et des Uhlans font la cuisine à un feu de charbon. Une vivandière verse du vin. Des enfants de troupe jouent aux dés sur un tambour. On chante dans la tente.

UN PAYSAN *et* SON FILS.

LE FILS DU PAYSAN.

Père, ça ne finira pas bien. Restons à distance de cette foule de soldats. Ce sont de bourrus camarades. Pourvu qu'ils épargnent notre peau!

LE PAYSAN.

Eh quoi? Ils ne nous mangeront pas, bien qu'il y ait un peu d'effronterie dans leur fait. Vois-tu? il est venu de nouvelles troupes, elles arrivent à l'instant du Mein et de la Saale, elles apportent du butin, les choses les plus rares. C'est à nous, si nous savons nous y prendre. Un capitaine, qu'un autre avait percé d'un coup d'épée, m'a légué une heureuse paire de dés[1]. Je veux une fois les essayer aujourd'hui, et voir s'ils ont en-

---

1. Les deux vers que traduit cette phrase sont de Gœthe. Il les avait écrits de sa main sur le manuscrit. Schiller n'avait point indiqué l'origine des dés.

cors leur ancienne vertu. Il faut seulement que tu prennes un air bien piteux : ce sont de joyeux et légers compagnons; ils aiment qu'on les cajole et les loue; aussitôt gagné, aussitôt dissipé. S'ils nous prennent notre bien par boisseaux, il nous faut le ravoir par cuillerées; si leurs sabres tapent dur, c'est à nous de ruser et de jouer au plus fin. (*On entend des chants et des cris de joie dans la tente.*) Quelle jubilation!... miséricorde divine! Et tout cela aux frais du paysan, qu'on écorche. Voilà déjà huit mois que cet essaim couche dans nos lits et nos étables; à plusieurs lieues à la ronde, il n'y a plus, dans tout le canton, ni plume ni poil; aussi, de faim et de misère, sommes-nous presque réduits à nous ronger les os. Ce n'était pas pire ni plus intolérable quand le Saxon menait encore grand bruit dans le pays, et ceux d'à présent se nomment les Impériaux !

LE FILS.

Père, en voilà deux qui viennent de la cuisine : à les voir, il n'y a pas là grand'chose à prendre.

LE PAYSAN.

Ce sont des gens du pays, des Bohêmes, du régiment de carabiniers de Terschka; il y a longtemps qu'ils sont établis dans ces cantonnements. Tout juste les pires entre tous, ils se pavanent, se donnent des airs, et font comme s'ils étaient de trop grands personnages pour vider un verre avec le paysan. Mais je vois là-bas, à main gauche, trois tirailleurs, assis autour d'un feu; ils m'ont bien l'air de Tyroliens. Viens, Émery! Allons à eux : ce sont de joyeux compères, qui aiment à jaser, font les beaux et ont de la monnaie en poche. (*Ils vont vers les tentes.*)

SCÈNE II.

LES PRÉCÉDENTS, LE MARÉCHAL DES LOGIS, LE TROMPETTE, UN UHLAN.

LE TROMPETTE.

Que veut ce paysan? Détale, coquin!

LE PAYSAN.

Mes bons seigneurs, un morceau à manger et un coup à boire! Nous n'avons encore rien pris de chaud d'aujourd'hui.

SCÈNE I.

LE TROMPETTE.

Eh! il faut toujours que ça boive et dévore.

LE UHLAN, *avec un verre.*

Pas encore déjeuné? Tiens, bois, chien! (*Il conduit le Paysan vers la tente; les autres viennent sur le devant.*)

LE MARÉCHAL DES LOGIS, *au Trompette.*

Crois-tu que ce soit sans raison qu'on nous ait aujourd'hui donné double paye? uniquement pour que nous vivions dans l'abondance et la joie?

LE TROMPETTE.

Eh! mais la duchesse arrive aujourd'hui, avec la jeune princesse....

LE MARÉCHAL DES LOGIS.

Ce n'est là qu'un prétexte. Les troupes qui, des autres provinces, viennent d'arriver ici devant Pilsen, on veut que, sans retard, nous nous les attachions avec du bon vin et de bons morceaux; il faut que, sans retard, elles se trouvent satisfaites et s'unissent plus étroitement avec nous.

LE TROMPETTE.

Oui, il se trame encore quelque chose.

LE MARÉCHAL DES LOGIS.

Messieurs les généraux et les commandants....

LE TROMPETTE.

C'est fort suspect, à ce qu'il me semble.

LE MARÉCHAL DES LOGIS.

Qui se sont rassemblés ici en si grand nombre....

LE TROMPETTE.

On ne les a pas fait venir pour s'ennuyer.

LE MARÉCHAL DES LOGIS.

Et ces chuchotements, et ces gens qu'on dépêche....

LE TROMPETTE.

Oui, oui!

LE MARÉCHAL DES LOGIS.

Et cette vieille perruque de Vienne qu'on voit rôder depuis hier[1], avec sa chaîne d'or de haute faveur : cela signifie quelque chose, je parie.

---

1. Pour satisfaire Goethe, qui d'abord, en recevant le manuscrit, avait exprimé des doutes au sujet du mot *perruque*, parce qu'il ignorait alors si, dès

LE TROMPETTE.

C'est encore quelqu'un de ces limiers, prenez-y garde, qui se met en quête du duc.

LE MARÉCHAL DES LOGIS.

Vois-tu bien? Ils ne se fient pas à nous, ils craignent les vues secrètes de Friedland. Il est, à leur gré, monté trop haut; ils voudraient bien le faire descendre.

LE TROMPETTE.

Mais nous le maintiendrons, nous, à sa hauteur. Si seulement tous pensaient comme vous et moi!

LE MARÉCHAL DES LOGIS.

Notre régiment et les quatre autres que commande Terschka, le beau-frère du duc, sont le corps le plus résolu de tout le camp, le plus dévoué, le plus attaché à sa personne; car enfin c'est lui-même qui nous a enrôlés, qui a nommé tous nos officiers : ils sont tous à lui, corps et âme.

SCÈNE III.

UN CROATE, *tenant un collier;* UN TIRAILLEUR *le suit;*
LES PRÉCÉDENTS.

LE TIRAILLEUR.

Croate, où as-tu volé ce collier? Je te l'achète, il ne te sert à rien. Je te donne en retour cette paire de pistolets.

LE CROATE.

Non, non! Tu veux m'attraper, tirailleur.

LE TIRAILLEUR.

Eh bien! je te donne encore ce bonnet bleu. Je viens de

Le temps de la guerre de trente ans, on portait des perruques à Vienne, Schiller avait proposé de modifier ainsi ce passage :

LE MARÉCHAL DES LOGIS.

Et ces chuchotements et cet espionnage, et tout ce mystère, et ces nombreux courriers....

LE TROMPETTE.

Oui, oui, cela signifie assurément quelque chose.

LE MARÉCHAL DES LOGIS.

Et ce collet roide d'Espagnol, qu'on voit rôder depuis hier, etc.

Mais, toute réflexion faite, Gœthe, à qui l'auteur avait donné plein pouvoir, n'adopta pas la variante et laissa le texte tel qu'il était.

le gagner à la roue de fortune. Vois-tu? Il est superbe à porter.
LE CROATE *fait briller le collier au soleil.*
Mais c'est qu'il est de perles et de beau grenat. Regarde comme ça étincelle au soleil.
LE TIRAILLEUR *prend le collier.*
Je te donne encore mon flacon de campagne, par-dessus le marché. (*Il regarde le collier.*) Ce qui m'en plaît, c'est seulement son éclat.
LE TROMPETTE.
Voyez donc comme il dupe le Croate! Partageons, tirailleur, et je me tais.
LE CROATE *a mis le bonnet.*
Ton bonnet est charmant.
LE TIRAILLEUR *fait signe au Trompette.*
Nous troquons, ces messieurs sont témoins.

SCÈNE IV.

LES PRÉCÉDENTS, UN CANONNIER.

LE CANONNIER *s'approche du Maréchal des logis.*
Eh bien, frère carabinier? Nous chaufferons-nous encore longtemps les mains, quand déjà les ennemis tiennent bravement la campagne?
LE MARÉCHAL DES LOGIS.
Êtes-vous si pressé, monsieur le canonnier? Les chemins ne sont pas encore praticables.
LE CANONNIER.
Ce n'est pas pour moi, je me trouve très-commodément ici; mais il est arrivé un courrier qui annonce que Ratisbonne est pris.
LE TROMPETTE.
Alors, nous serons bientôt à cheval.
LE MARÉCHAL DES LOGIS.
Oui sans doute, pour défendre le territoire du Bavarois, qui est si malveillant pour le prince? M'est avis que nous ne nous échaufferons guère.
LE CANONNIER.
Vous croyez?... Que ne savez-vous pas?

SCÈNE V.

LES PRÉCÉDENTS; DEUX CHASSEURS; *puis* UNE VIVANDIÈRE; DES ENFANTS DE TROUPE; LE MAITRE D'ÉCOLE; UNE SERVANTE.

PREMIER CHASSEUR.

Vois, vois donc! Nous rencontrons joyeuse compagnie.

LE TROMPETTE.

Qu'est-ce que ça peut être que ces habits verts? Ils arrivent tout coquets et brillants.

LE MARÉCHAL DES LOGIS.

Ce sont des chasseurs de Holk; leurs tresses d'argent, ils ne les ont pas cherchées à la foire de Leipzig.

LA VIVANDIÈRE *vient et apporte du vin*.

Soyez les bienvenus, messieurs!

PREMIER CHASSEUR.

Eh! quoi? tonnerre! Mais c'est Gustine de Blasewitz.

LA VIVANDIÈRE.

Oui vraiment! Et ce beau monsieur est sans doute le long Pierre d'Itzehœ? qui, avec notre régiment, a dissipé les vieux ducats de son père, à Gluckstadt, dans une joyeuse nuit....

PREMIER CHASSEUR.

Il a quitté la plume pour la carabine.

LA VIVANDIÈRE.

Eh! nous sommes donc de vieilles connaissances?

PREMIER CHASSEUR.

Et c'est en Bohême que nous nous rencontrons.

LA VIVANDIÈRE.

Aujourd'hui ici, et demain là, compère.... selon que le rude balai de la guerre vous pousse et vous lance d'un endroit à un autre. J'ai bien circulé depuis.

PREMIER CHASSEUR.

Je veux vous croire. Cela se voit.

LA VIVANDIÈRE.

J'ai monté jusqu'à Témeswar, avec les chariots des bagages, quand nous donnions la chasse à Mansfeld. J'ai campé avec

Friedland devant Stralsund; mon commerce s'y est ruiné. Je suis allée avec les renforts devant Mantoue, puis je suis rentrée avec Féria, et j'ai fait un crochet vers Gand, avec un régiment espagnol. Maintenant je veux essayer, dans le pays de Bohême, d'encaisser mes vieilles créances.... et voir si le prince m'aidera à ravoir mon argent. Voilà ma tente de cantinière.

PREMIER CHASSEUR.

Eh! tu vas trouver ici tout à la fois! Mais qu'as-tu donc fait de cet Écossais avec qui, dans le temps, tu courais le monde?

LA VIVANDIÈRE.

Le coquin! Il m'a joliment trompée. Il est loin, il est parti avec toutes mes économies, le fruit de mes privations. Il ne m'a laissé que ce fainéant!

UN ENFANT DE TROUPE *vient en sautant.*

Maman! est-ce que tu parles de mon papa?

PREMIER CHASSEUR.

Eh! eh! c'est à l'empereur à nourrir ça. Il faut que l'armée se régénère toujours.

LE MAÎTRE D'ÉCOLE *vient.*

Allons, à l'école! En route, polisson!

PREMIER CHASSEUR.

C'est que ça a peur aussi d'être enfermé dans une chambre étroite.

LA SERVANTE.

Tante, ils veulent partir.

LA VIVANDIÈRE.

J'y vais, j'y vais.

PREMIER CHASSEUR.

Eh! qu'est-ce donc que ce minois fripon?

LA VIVANDIÈRE.

C'est l'enfant de ma sœur.... de celle qui est en pays d'empire.

PREMIER CHASSEUR.

Ah! Ainsi une chère nièce? (*La Vivandière sort.*)

SECOND CHASSEUR, *retenant la jeune fille.*

Restez donc avec nous, belle enfant.

LA SERVANTE.

Il y a là-bas des hôtes à servir. (*Elle se dégage et sort.*)

PREMIER CHASSEUR.

La fillette n'est pas un vilain morceau..... Et la tante.... mille tonnerres! Comme les messieurs du régiment se sont arraché ce joli petit masque! Que de gens ne connaît-on pas? Et comme le temps s'envole!... Que ne suis-je pas destiné à voir encore en ce monde! (*Au Maréchal des logis et au Trompette.*) A votre santé, messieurs!... Laissez-nous prendre aussi une petite place auprès de vous.

SCÈNE VI.

LES CHASSEURS, LE MARÉCHAL DES LOGIS, LE TROMPETTE.

LE MARÉCHAL DES LOGIS.

Nos sincères remerciments! De tout cœur! Nous allons nous serrer. Soyez les bienvenus en Bohême!

PREMIER CHASSEUR.

Vous êtes assis chaudement ici. Nous, en terre ennemie, nous étions, pendant ce temps, mal à l'aise.

LE TROMPETTE.

On ne le dirait pas, à vous voir; vous êtes superbes.

LE MARÉCHAL DES LOGIS.

Oui, oui, dans le cercle de la Saale et en Misnie, on ne chante pas trop, messieurs, vos louanges.

SECOND CHASSEUR.

Laissez donc! Qu'est-ce que cela signifie? Les Croates en faisaient bien d'autres; il ne nous restait qu'à glaner.

LE TROMPETTE.

Vous avez là une jolie dentelle au collet, et comme ces chausses vous vont! De beau linge, un chapeau à plumes! Comme tout cela fait de l'effet! Faut-il que la fortune sourie toujours à ces gaillards! et jamais rien de tel n'arrive à l'un de nous.

LE MARÉCHAL DES LOGIS.

Nous sommes, en revanche, le régiment de Friedland. On nous doit honneur et respect.

PREMIER CHASSEUR.

Ce n'est pas là un compliment pour nous autres. Nous portons son nom tout comme vous.

LE MARÉCHAL DES LOGIS.

Oui, vous appartenez aussi à toute la masse.

PREMIER CHASSEUR.

Vous êtes sans doute d'une race à part? Toute la différence est dans les habits, et je me trouve parfaitement dans le mien.

LE MARÉCHAL DES LOGIS.

Monsieur le chasseur, je suis forcé de vous plaindre. Vous vivez dehors chez les paysans. Les fines manières et le bon ton, ça ne s'apprend qu'en vivant autour du général.

PREMIER CHASSEUR.

Elle vous a mal profité, la leçon. Sa manière de tousser, de cracher, vous l'avez heureusement copiée ; mais son génie, je pense, son esprit, ce n'est pas à la parade qu'il se montre.

SECOND CHASSEUR.

Tonnerre de Dieu! Demandez de nos nouvelles où vous voudrez, partout on nous appelle les fougueux chasseurs de Friedland, et nous ne faisons pas honte à ce nom.... Par les terres des amis, des ennemis, nous avançons hardiment, à travers les grains, les moissons dorées.... Ils connaissent le cor des chasseurs de Holk.... Près et loin au même instant, prompts comme le déluge, nous voilà!... Comme la flamme, dans la nuit obscure, s'empare des maisons, quand personne ne veille.... alors rien ne sert, ni défense, ni fuite; l'ordre, la discipline n'ont plus d'empire.... La fillette (la guerre est sans pitié) se débat dans nos bras vigoureux. Questionnez, je ne le dis pas par bravade, à Baireuth, dans le Voigtland, en Westphalie, partout où nous avons passé.... Les enfants et les enfants des enfants, dans cent ans d'ici et encore cent ans, y parleront de Holk et de ses bandes.

LE MARÉCHAL DES LOGIS.

Oui, nous y voilà! Est-ce donc le fracas, le tapage, qui fait le soldat? Ce qui le fait, vraiment, c'est la précision des mouvements, le sens et l'aptitude, l'idée, la prompte intelligence, le fin coup d'œil.

PREMIER CHASSEUR.

Dites la liberté. Avec vos simagrées! qu'il me faille en jaser avec vous.... Me suis-je donc sauvé de l'école et des leçons, pour retrouver au camp la corvée et la galère, la salle d'étude et ses étroites murailles ?... Je veux vivre dans l'abondance et désœuvré, voir tous les jours quelque chose de nouveau, me confier gaiement au moment présent, ne regarder ni en avant, ni en arrière.... Si j'ai vendu ma peau à l'empereur, c'est uniquement pour être quitte de tout souci. Menez-moi bravement au milieu du feu, par delà le Rhin rapide et profond.... que sur trois hommes, il n'en revienne que deux : je ne regimberai ni ne ferai de façons.... mais du reste, il ne faut pas, je vous en prie, qu'on me tourmente de quoi que ce soit.

LE MARÉCHAL DES LOGIS.

Hé! hé! ne demandez-vous rien de plus? Ça peut se trouver sous la casaque.

PREMIER CHASSEUR.

Quelle torture, quel ennui n'était-ce pas chez Gustave, le Suédois, le bourreau de ses gens? Il faisait de son camp une église, et faisait des heures de prière, au matin, dès le réveil, et à la retraite. Et si parfois nous nous mettions un peu en train, il nous prêchait lui-même du haut de son cheval.

LE MARÉCHAL DES LOGIS.

Oui, c'était un maître craignant Dieu.

PREMIER CHASSEUR.

Les filles, il ne les laissait pas même passer; il fallait sur-le-champ les conduire à l'autel. Alors je décampai, je n'y pouvais plus tenir.

LE MARÉCHAL DES LOGIS.

Là aussi, il en va tout autrement aujourd'hui.

PREMIER CHASSEUR.

Je passai au galop chez les gens de la ligue : ils s'apprêtaient tout juste à marcher sur Magdebourg. Ah! c'était déjà bien autre chose! Tout allait plus gaiement et plus librement. Le vin, le jeu, les fillettes à foison! Là vraiment la joie n'était pas mesquine, car Tilly s'entendait au commandement. Il était dur pour lui-même, mais au soldat il passait bien des choses, et, pourvu que ça ne sortît pas de sa cassette, sa devise était : Vivre et laisser vivre. Mais la fortune ne lui resta pas fidèle.... Depuis cette fatalité de Leipzig, rien ne marchait plus; tout chez nous se trouvait arrêté. Partout où nous paraissions et frappions à la porte, on ne saluait ni n'ouvrait. Il fallait se pousser d'un endroit à un autre : le respect d'autrefois était bien loin.... Alors je m'engageai chez les Saxons : là, pensais-je, ma fortune ne pouvait manquer de croître.

LE MARÉCHAL DES LOGIS.

Eh! vous êtes arrivé là bien à point pour le butin de Bohême.

PREMIER CHASSEUR.

Ça alla mal pour moi. Nous étions tenus à une sévère discipline, on ne nous laissait pas agir en vrais ennemis, il fallait garder les châteaux de l'empereur, faire mille façons, mille compliments; nous menions la guerre, comme si c'était pure plaisanterie; nos cœurs n'étaient qu'à moitié à la chose, nous ne voulions nous brouiller sans retour avec personne : bref, il y avait là peu d'honneur à gagner, et, de dépit, je n'aurais pas tardé à retourner à mon bureau, si, dans ce temps-là même, Friedland n'eût fait recruter sur toutes les routes.

LE MARÉCHAL DES LOGIS.

Et combien de temps comptez-vous durer ici?

PREMIER CHASSEUR.

Allez, plaisantez! Tant que ce sera lui qui commandera, par mon âme! je ne penserai pas à déserter. Où le soldat peut-il acheter une vie meilleure?... Ici, tout va selon la coutume de la guerre, tout est taillé en grand, et l'esprit qui anime tout le corps, emporte, comme un souffle puissant, jusqu'au dernier cavalier. Ici je marche d'un pas assuré, et puis passer hardiment par-dessus le bourgeois, comme mon général sur la tête des princes. C'est comme dans les temps anciens, où le sabre encore avait toute puissance. Il n'y a ici qu'une faute et qu'un crime : contredire indiscrètement un ordre. Tout ce qui n'est pas défendu est permis. Personne ne vous demande quelle est votre croyance. Il n'existe en somme que deux sortes de choses : ce qui est de l'armée et ce qui n'en est pas, et je n'ai de devoirs qu'envers le drapeau.

LE MARÉCHAL DES LOGIS.

Maintenant vous me plaisez, chasseur. Vous parlez en cavalier de Friedland.

PREMIER CHASSEUR.

Celui-là n'exerce pas le commandement comme une fonction,

comme un pouvoir qui vient de l'empereur. Ce n'est pas le service de l'empereur qui lui importe. Quel gain a-t-il procuré à l'empereur? Qu'a-t-il fait, avec sa grande puissance, pour la protection et la défense du pays? Il a voulu fonder un empire de soldats, embraser et incendier le monde, prétendre à tout faire et tout oser....

LE TROMPETTE.

Silence! Qui peut risquer un tel langage?

PREMIER CHASSEUR.

Ce que je pense, j'ai le droit de le dire. La parole est libre, dit le général.

LE MARÉCHAL DES LOGIS.

C'est son mot, je l'ai entendu plus d'une fois, j'y étais : « La parole est libre, l'action est muette, l'obéissance aveugle; » ce sont là textuellement ses paroles.

PREMIER CHASSEUR.

Si ce sont tout juste ses paroles, je l'ignore; mais la chose est comme il le dit.

SECOND CHASSEUR.

Jamais, pour lui, la fortune des armes ne tourne, comme cela se voit chez les autres généraux. Tilly a survécu à sa gloire; mais, sous la bannière de Friedland, je suis assuré de vaincre. Il ensorcelle la fortune, il faut qu'elle lui soit fidèle. Qui combat sous ses enseignes, se trouve sous une protection toute particulière, car tout le monde ne sait-il pas que Friedland a un diable de l'enfer à sa solde?

LE MARÉCHAL DES LOGIS.

Oui, pour invulnérable, il l'est sans aucun doute; car, à la sanglante affaire de Lützen, il allait et venait, de sang-froid, sur son cheval, sous le feu, sous les foudres. Son chapeau fut troué par les balles, elles traversèrent ses bottes, son pourpoint, on en voyait distinctement les traces, mais pas une n'a pu lui entamer la peau, parce que l'onguent infernal le préservait.

PREMIER CHASSEUR.

Quel miracle nous contez-vous là? Il porte une cuirasse de peau d'élan que les balles ne peuvent percer.

LE MARÉCHAL DES LOGIS.

Non, c'est un onguent d'herbes de sorcières, cuites et bouillies avec des paroles magiques.

LE TROMPETTE.

Ça ne se passe pas naturellement.

LE MARÉCHAL DES LOGIS.

Ils disent qu'il lit aussi dans les étoiles les choses futures, les prochaines comme les lointaines. Mais je sais mieux ce qu'il en est. Un petit homme gris a coutume d'entrer chez lui, aux heures de la nuit, à travers les portes closes. Les sentinelles lui ont souvent crié : « Qui vive ? » et il est toujours arrivé quelque grand événement quand le petit habit gris venait et paraissait.

SECOND CHASSEUR.

Oui, il s'est donné au diable, et voilà pourquoi nous menons si joyeuse vie.

SCÈNE VII.

LES PRÉCÉDENTS, UN CONSCRIT, UN BOURGEOIS, DES DRAGONS.

LE CONSCRIT *sort de la tente, un casque sur la tête et une bouteille de vin à la main.*

Mes compliments à mon père et aux frères de mon père. Je suis soldat, et ne reviendrai jamais.

PREMIER CHASSEUR.

Voyez, ils nous amènent un nouveau venu.

LE BOURGEOIS.

Oh! prends-y garde, François, tu t'en repentiras!

LE CONSCRIT *chante.*

> Tambours et fifres,
> Bruit belliqueux!
> Voyager, rôder
> Par le monde,
> Mener son coursier,
> Et vivement, tour à droite!
> L'épée au côté,
> Partir au galop,
> Alerte et rapide,

Libre comme le pinson,
Dans les buissons, les arbres,
Dans les plaines de l'air!
Hourra! moi, je suis la bannière de Friedland!

SECOND CHASSEUR.

Voyez donc! c'est un brave compagnon! (*Ils le saluent.*)

BOURGEOIS.

Oh! laissez-le; c'est le fils d'une honnête famille.

PREMIER CHASSEUR.

Et nous donc? On ne nous a pas non plus trouvés dans la rue.

LE BOURGEOIS.

Je vous dis qu'il a du bien, des moyens. Tâtez la fine étoffe de son sarreau.

LE TROMPETTE.

L'uniforme impérial, voilà le plus grand honneur.

LE BOURGEOIS.

Il hérite d'une petite fabrique de bonnets.

SECOND CHASSEUR.

Le bonheur de l'homme, c'est sa volonté.

LE BOURGEOIS.

Sa grand'mère lui laisse un petit commerce et une boutique.

PREMIER CHASSEUR.

Fi donc! qui veut vendre des allumettes?

LE BOURGEOIS.

Plus, un détail de vin de sa marraine, une cave avec vingt pièces de vin.

LE TROMPETTE.

Il les boira avec ses compagnons.

SECOND CHASSEUR.

Écoute-moi! je veux que tu sois mon camarade de tente.

LE BOURGEOIS.

Il laisse là une fiancée dans les larmes et la douleur.

PREMIER CHASSEUR.

Fort bien! C'est montrer un cœur de fer.

LE BOURGEOIS.

La grand'mère mourra de chagrin.

SCÈNE VII.

SECOND CHASSEUR.

Tant mieux! il héritera sans retard.

LE MARÉCHAL DES LOGIS *s'approche d'un air grave, et pose la main sur le casque du Conscrit.*

Vois-tu, l'ami, tu as bien réfléchi; tu as revêtu un nouvel homme. Avec ce casque et l'épée, tu t'associes à une classe honorable. Il faut maintenant qu'un esprit distingué entre en toi....

PREMIER CHASSEUR.

Et il faut surtout ne pas épargner l'argent.

LE MARÉCHAL DES LOGIS.

Te voilà prêt à naviguer sur le vaisseau de la Fortune. Le globe est tout ouvert devant toi. Qui ne risque rien ne doit rien espérer. Le bourgeois, indolent et stupide, ne fait que tourner comme le cheval du teinturier, toujours en rond. Le soldat peut arriver à tout; car, aujourd'hui, la guerre est le seul mot d'ordre en ce monde. Regarde-moi! Avec cet habit, vois-tu, je porte le bâton de l'empereur, et tout gouvernement sur la terre, sache-le bien, a dû naître du bâton. Le sceptre dans la main du roi n'est qu'un bâton; c'est connu. Et quand une fois on s'est poussé au grade de caporal, on a le pied sur l'échelle de la plus haute puissance; et tu peux bien aussi arriver encore là.

PREMIER CHASSEUR.

Pourvu que tu saches lire et écrire.

LE MARÉCHAL DES LOGIS.

Je vais sur-le-champ t'en donner un exemple, dont j'ai été témoin en personne il y a peu de temps. Voilà le chef du corps des dragons, il s'appelle Buttler. Nous servions ensemble comme simples soldats, il n'y a pas trente ans, à Cologne sur le Rhin; maintenant on l'appelle général major. Cela vient de ce qu'il s'est bravement distingué, qu'il a rempli le monde de son renom guerrier, pendant que mes services restaient ignorés. Oui, et Friedland lui-même, vois-tu, notre général et maître absolu, qui peut aujourd'hui tout oser et tout faire, ce n'était d'abord qu'un simple gentilhomme; et, parce qu'il s'est confié à la déesse de la guerre, il s'est édifié cette grandeur. Après l'empereur, il est le premier; et qui sait où il peut encore atteindre et parvenir? (*Finement.*) Car nous ne sommes pas encore au soir du dernier jour.

PREMIER CHASSEUR.

Oui, il a commencé petit, et il est aujourd'hui si grand! car à Altdorf[1], quand il portait le collet d'étudiant, il menait la vie, avec votre permission, d'une façon un peu libertine et gaillarde : il assomma, peu s'en faut, son surveillant. Là-dessus, messieurs de Nurenberg voulurent sans façon le fourrer au cachot. C'était tout juste un nid de construction toute nouvelle; son premier habitant devait le baptiser. Mais comment s'y prend-il? Il fait sagement trotter devant lui son caniche, et encore aujourd'hui la prison tire son nom du chien. Un vrai gaillard se reconnaît là. Parmi tous les hauts faits du général, ce tour-là m'a toujours plu tout particulièrement. (*Pendant ce temps, la jeune fille a servi; le second Chasseur badine avec elle.*)

UN DRAGON *intervient.*

Camarade, finissez!

SECOND CHASSEUR.

Qui diable a le droit de se mêler de ça?

LE DRAGON.

Je me contente de vous le dire, cette fille est à moi.

PREMIER CHASSEUR.

Il veut une maîtresse pour lui tout seul! Dragon, as-tu ton bon sens? dis-moi.

SECOND CHASSEUR.

Il veut faire ménage à part dans le camp. Le joli minois d'une fillette doit être un bien commun, comme la lumière du soleil. (*Il l'embrasse.*)

LE DRAGON *la lui arrache.*

Je le répète, je n'endure pas cela.

PREMIER CHASSEUR.

Gai! gai! voilà les gens de Prague.

SECOND CHASSEUR.

Cherches-tu une querelle? Je suis ton homme.

LE MARÉCHAL DES LOGIS.

Paix, messieurs! Un baiser est libre.

---

1. Petite ville de Bavière, où il y avait anciennement une université célèbre; à huit lieues Est de Nurenberg.

SCÈNE VIII.

DES OUVRIERS MINEURS *s'avancent sur la scène et jouent une valse, d'abord lentement, puis de plus en plus vite.* LE PREMIER CHASSEUR *danse avec* LA SERVANTE, LA VIVANDIÈRE *avec* LE CONSCRIT. *La jeune fille s'échappe; le Chasseur la poursuit, et il se trouve qu'il empoigne* LE CAPUCIN, *qui entre au même instant.*

LE CAPUCIN.

Hourra! bravo! Tra la la la! Ça va certes bien ici; j'en suis! Est-ce là une armée de chrétiens? Sommes-nous des Turcs? Sommes-nous des antibaptistes? Se moque-t-on ainsi du dimanche, comme si le Dieu tout-puissant avait la goutte aux mains et ne pouvait plus frapper à son gré? Est-ce le temps de faire ripaille, de banqueter, de chômer? *Quid hic statis otiosi?* Que restez-vous là les bras croisés? La furie de la guerre est déchaînée aux bords du Danube, le boulevard de la Bavière est tombé, Ratisbonne est aux griffes de l'ennemi, et l'armée demeure tranquille en Bohême, se soigne le ventre, prend peu de souci, et s'inquiète plutôt de la bouteille que de la bataille, aime mieux aiguiser ses dents que son sabre, se houspiller avec les filles, et dévorer les tranches de bœuf que Front-de-Bœuf[1]. La chrétienté est en deuil, sous le sac et la cendre; le soldat n'a de sac que pour le bien garnir. C'est un temps de larmes et de désolation; au ciel apparaissent des signes et des merveilles, et du sein des nuages, rouges de sang, le bon Dieu suspend là-haut le manteau de la guerre, et montre la comète, comme une verge menaçante, à la fenêtre du ciel. Tout l'univers est un séjour de plaintes, l'arche de l'Église nage dans le sang, et l'empire romain, miséricorde divine! devrait se nommer non le riche, mais le pauvre romain[2]. Le courant du Rhin est devenu un courant de chagrin; les couvents sont des nids vidés, les évêchés sont

1. Traduction des deux mots allemands qu'on trouve dans le nom propre *Oxenstirn.*
2. Il y a là un jeu de mots intraduisible. *Reich*, comme substantif, signifie *empire*; et comme adjectif, *riche*. Dans la suite, il y a beaucoup d'autres jeux semblables qui ne peuvent guère se reproduire en français.

changés en solitudes; les moûtiers, les bénéfices, en repaires de routiers, de maléfices, et toutes les terres bénies de l'Allemagne ont été métamorphosées en lieux maudits.... D'où vient cela? Je vais vous l'apprendre : cela vient de vos vices et de vos péchés, des abominations de la vie païenne à laquelle se livrent officiers et soldats; car le péché est l'aimant qui attire le fer au cœur de ce pays. De l'iniquité sortent les maux et les armes, comme de l'oignon piquant les larmes. Après l'U vient le V¹; c'est l'ordre de l'A B C.

Ubi erit victoriæ spes, si offenditur Deus? Comment peut-on vaincre, quand on manque la messe et le sermon, et qu'on n'est que des piliers de cabaret? La femme de l'Évangile retrouva le denier perdu; Saül, l'âne de son père; Joseph, ses bons petits frères; mais celui qui, chez les soldats, cherche la crainte de Dieu, les bonnes mœurs et la pudeur, ne trouvera pas grand'chose, quand il allumerait cent lanternes. A la parole du prédicateur du désert, comme nous lisons dans l'Évangéliste, accouraient aussi des soldats; ils faisaient pénitence, se laissaient baptiser, et lui demandaient : *Quid faciemus nos?* Comment nous y prendrons-nous pour entrer dans le sein d'Abraham? *Et ait illis.* Et il dit : *Neminem concutiatis;* si vous n'écorchez et ne maltraitez personne. *Neque calumniam faciatis;* si vous ne calomniez personne, ne mentez contre personne. *Contenti estote,* si vous vous contentez, *stipendiis vestris,* de votre solde, et maudissez toute mauvaise habitude. Il y a un commandement qui dit : « Tu ne prendras pas en vain le nom du Seigneur ton Dieu; » et où entend-on plus de blasphèmes qu'ici, dans les quartiers de Friedland? Si, à chaque tonnerre, à chaque éclair qui jaillit du bout de votre langue, il fallait sonner les cloches dans le pays d'alentour, on ne pourrait bientôt plus trouver de sacristains; et si, à chaque vœu coupable qui sort de votre bouche impure, il vous tombait un cheveu du toupet, vous seriez rasés net d'ici à demain matin, fût-il aussi épais que la crinière d'Absalon. Josué était pourtant aussi un soldat, le roi David a tué Goliath, et dans quel livre lit-on que leurs bouches, comme les vôtres, ne sussent

---

1. Encore un trait grotesque. Le mot allemand *weh,* en latin *væ* « malheur, » se prononce comme le nom de la lettre V.

vomir que malédictions? Il ne faut pourtant pas, ce me semble, ouvrir la bouche plus grande pour un « Dieu me protége! » que pour un « Sacrebleu! » Mais ce dont le vase est plein, il en regorge et déborde.

Un autre commandement dit : « Tu ne déroberas pas. » Oui, celui-là, vous le suivez à la lettre, car vous emportez tout ouvertement. Rien n'est à l'abri de vos serres, de vos griffes de vautours, de vos ruses, de vos méchantes pratiques, ni l'argent dans le bahut, ni le veau dans la vache; vous prenez l'œuf et en outre la poule. Que disait le prédicateur? *Contenti estote*, contentez-vous de votre pain de munition. Mais comment pourrait-on louer les serviteurs, quand le scandale vient d'en haut? Tels membres, tel chef; car celui-là, qui sait à qui il croit?

PREMIER CHASSEUR.

Monsieur le moine, vous pouvez nous injurier, nous autres soldats, mais il ne faut pas venir insulter notre général.

LE CAPUCIN.

Ne custodias gregem meam[1]. C'est une sorte d'Achab et de Jéroboam, qui détourne les peuples de la vraie foi et les convertit aux faux dieux.

LE TROMPETTE *et* LE CONSCRIT.

Ne nous répétez pas cela!

LE CAPUCIN.

Une sorte de fier-à-bras et de mangeur d'acier. Il veut prendre tous les châteaux forts. Sa bouche impie s'est vantée qu'il aurait la ville de Stralsund, fût-elle attachée au ciel avec des chaînes.

LE TROMPETTE.

Personne ne bâillonnera-t-il sa bouche de vipère?

LE CAPUCIN.

Un conjureur de diable, un roi Saül, un Jéhu, un Holopherne. Il renie, comme Pierre, son Maître et Seigneur : voilà pourquoi il ne peut entendre chanter le coq.

LES DEUX CHASSEURS.

Moine! maintenant c'est fait de toi....

LE CAPUCIN.

Un de ces fins renards comme Hérode....

1. Le féminin *meam* au lieu du masculin *meum*. La faute est faite à dessein pour la rime.

LE TROMPETTE *et* LES DEUX CHASSEURS, *s'avançant sur lui.*
Tais-toi! tu es mort.

LES CROATES *interviennent.*

Reste, petit père, et n'aie pas peur; dis tes dictons et contenons ça.

LE CAPUCIN *crie plus haut.*

Un orgueilleux Nabuchodonosor, un père des péchés, un hérétique pestilentiel. Il se fait nommer Wallenstein, ou la *Pierre du rempart*[1]. Oui certes, il est pour nous tous une pierre d'achoppement et de scandale, et tant que l'empereur laissera commander ce Friedland, il n'y aura pas de paix dans le pays. (*En disant ces derniers mots, qu'il prononce à haute voix, il a fait peu à peu retraite, pendant que les Croates écartent de lui les autres soldats.*)

SCÈNE IX.

LES PRÉCÉDENTS, *sans le Capucin.*

PREMIER CHASSEUR, *au Maréchal des logis.*

Dites-moi, qu'entend-il par ce coq que le général ne peut entendre chanter? C'était dit simplement, je suppose, pour l'insulter et le braver?

LE MARÉCHAL DES LOGIS.

Sur ce point, je veux vous satisfaire. Ce n'est pas tout à fait sans raison. Le général est étrangement organisé; il a surtout les oreilles très-chatouilleuses. Il ne peut pas entendre miauler le chat, et quand le coq chante, ça lui fait horreur.

PREMIER CHASSEUR.

Il a ça de commun avec le lion.

LE MARÉCHAL DES LOGIS.

Il faut qu'il y ait un profond silence autour de lui; c'est la consigne des sentinelles. Il médite de si grandes choses!

DES VOIX *dans la tente. Tumulte.*

Empoignez-le, le coquin! Tapez dessus! tapez dessus!

---

1. C'est le sens du nom propre *Wallenstein*, décomposé en deux noms communs. — Pour tout ce sermon du capucin, Schiller a pris pour modèle le fameux prédicateur Abraham a Santa Clara, qui vivait dans la seconde moitié

LA VOIX DU PAYSAN.

Au secours! miséricorde!

D'AUTRES VOIX.

Paix! silence!

PREMIER CHASSEUR.

Que le diable m'emporte! on se tape là dedans.

SECOND CHASSEUR.

Il faut que j'y sois. (*Ils courent dans la tente.*)

LA VIVANDIÈRE *sort*.

Des coquins et des voleurs!

LE TROMPETTE.

Dame hôtesse, qu'est-ce qui vous met si fort en colère?

LA VIVANDIÈRE.

Le gueux! le fripon! le vagabond! Il faut que ça se passe dans ma tente! Ça me déshonore auprès de tous MM. les officiers.

LE MARÉCHAL DES LOGIS.

Petite cousine, qu'y a-t-il donc?

LA VIVANDIÈRE.

Ce qu'il y a? Ils viennent d'attraper un paysan qui avait sur lui de faux dés.

LE TROMPETTE.

Ils l'amènent ici avec son garçon.

SCÈNE X.

DES SOLDATS *traînent* LE PAYSAN *sur la scène*.

PREMIER CHASSEUR.

Il faut qu'il gigotte.

TIRAILLEURS *et* DRAGONS.

Au prévôt! au prévôt!

LE MARÉCHAL DES LOGIS.

L'ordonnance a paru tout dernièrement.

LA VIVANDIÈRE.

Dans une heure, je le verrai pendu.

LE MARÉCHAL DES LOGIS.

Mauvais métier a mauvais salaire.

PREMIER ARQUEBUSIER, *à l'autre.*

Ça vient du désespoir; car, voyez, on commence par les ruiner : cela s'appelle les pousser nous-mêmes au vol.

LE TROMPETTE.

Quoi? quoi? N'allez-vous pas le défendre encore? Le chien! Êtes-vous possédé du diable?

PREMIER ARQUEBUSIER.

Le paysan est aussi un homme... on peut dire.

PREMIER CHASSEUR, *au Trompette.*

Laisse-les aller! Ce sont des gens de Tiefenbach, des compagnons tailleurs et gantiers; ils ont été en garnison à Brieg, et savent joliment quel est l'usage à la guerre.

SCÈNE XI.

LES PRÉCÉDENTS, DES CUIRASSIERS.

PREMIER CUIRASSIER.

Paix! Que veut-on à ce paysan?

PREMIER TIRAILLEUR.

C'est un fripon; il a trompé au jeu.

PREMIER CUIRASSIER.

Est-ce toi qu'il aurait trompé?

PREMIER TIRAILLEUR.

Oui, et il m'a complétement dépouillé.

PREMIER CUIRASSIER.

Comment? Tu es un soldat de Friedland, et tu peux te ravaler, te déshonorer ainsi? essayer ton bonheur avec un paysan? Qu'il coure tant qu'il peut courir. (*Le Paysan s'échappe; les autres se rapprochent et se groupent.*)

PREMIER ARQUEBUSIER.

En voilà un qui va vite en besogne et qui est résolu. C'est bon avec ces sortes de gens. Qui est-il? Ce n'est pas un Bohême.

LA VIVANDIÈRE.

C'est un Wallon! Respect à lui! Un des cuirassiers de Pappenheim.

PREMIER DRAGON. *Il s'approche du groupe.*

C'est le jeune Piccolomini qui les commande à présent. Ils

l'ont eux-mêmes choisi pour colonel, à la bataille de Lützen, quand Pappenheim eut été tué.

PREMIER ARQUEBUSIER.

Ils se sont permis cela?

PREMIER DRAGON.

Ce régiment a certains priviléges. Il a toujours marché en tête à chaque affaire. Il a aussi sa justice à lui, et Friedland l'aime tout particulièrement.

PREMIER CUIRASSIER, *à l'autre.*

Mais aussi, est-ce bien sûr? De qui vient la nouvelle?

SECOND CUIRASSIER.

Je la tiens de la bouche même du colonel.

PREMIER CUIRASSIER.

Que diable! nous ne sommes pas leurs chiens.

PREMIER CHASSEUR.

Qu'ont-ils donc là? Ils sont tout aigris.

SECOND CHASSEUR.

Est-ce, messieurs, quelque chose qui nous concerne aussi?

PREMIER CUIRASSIER.

Ça n'est gai pour personne. (*Les soldats se rapprochent.*) Ils veulent nous envoyer, comme troupes prêtées, dans les Pays-Bas. Cuirassiers, chasseurs, tirailleurs à cheval, en tout huit mille hommes, doivent sauter en selle.

LA VIVANDIÈRE.

Quoi? quoi? il faut nous remettre en route? Ce n'est que d'hier que je suis revenue de Flandre.

SECOND CUIRASSIER, *aux dragons.*

Vous, les gens de Buttler, vous devez aussi partir avec nous.

PREMIER CUIRASSIER.

Et surtout nous autres Wallons.

LA VIVANDIÈRE.

Mais ce sont là les meilleurs escadrons!

PREMIER CUIRASSIER.

Nous devons y accompagner l'homme de Milan.

PREMIER CHASSEUR.

L'infant! Voilà qui est curieux!

SECOND CHASSEUR.

Le prêtre! Alors le diable est déchaîné.

PREMIER CUIRASSIER.

Nous devons quitter Friedland, qui traite si noblement le soldat, et nous mettre en campagne avec l'Espagnol, avec ce ladre, que nous haïssons de tout cœur? Non, ça ne va pas. Nous déserterons.

LE TROMPETTE.

Eh! que diable avons-nous à faire là? C'est à l'empereur que nous avons vendu notre sang, et non au chapeau rouge d'Espagne.

SECOND CHASSEUR.

C'est uniquement sur la parole et la foi de Friedland que nous nous sommes engagés dans la cavalerie. N'eût été pour l'amour de Friedland, jamais Ferdinand ne nous aurait eus.

PREMIER DRAGON.

N'est-ce pas Friedland qui nous a organisés? C'est sa fortune qui doit nous conduire.

LE MARÉCHAL DES LOGIS.

Laissez-moi vous expliquer.... Écoutez-moi. Tous ces propos ne mènent à rien. Je vois plus loin que vous tous. Il y a là derrière quelque mauvais piége.

PREMIER CHASSEUR.

Écoutez le livre d'ordonnance! Paix donc!

LE MARÉCHAL DES LOGIS.

Cousine Gustine, commencez par me verser encore un petit verre de melnick[1] pour l'estomac, et ensuite je vous dirai mes idées.

LA VIVANDIÈRE, *lui versant à boire.*

Voilà, monsieur le maréchal des logis! Vous me faites peur. Pourtant, il ne se cache là-dessous rien de funeste, j'espère.

LE MARÉCHAL DES LOGIS.

Voyez, messieurs, c'est sans doute une fort bonne chose que chaque homme considère d'abord ce qui est le plus près; mais, comme le général a coutume de dire, il faut toujours embrasser l'ensemble. Nous nous appelons tous les troupes de Friedland. Le bourgeois nous donne le logement, et nous soigne, et nous prépare la soupe bien chaude. Le paysan est forcé d'atteler son

---

1. Vin de Bohême, récolté à Melnick, au confluent de la Moldau et de l'Elbe.

cheval et son bœuf devant nos chariots à bagages; toute plainte est inutile. Qu'un caporal avec sept hommes se fasse seulement sentir de loin dans un village, il y devient l'autorité suprême; il peut, à son gré, y commander, y régner. Par le diable! ils ne nous aiment guère, tous tant que nous sommes, et verraient plus volontiers le visage de Satan que nos collets jaunes. Pourquoi ne nous jettent-ils pas hors du pays? Mille tonnerres! ils nous sont pourtant supérieurs en nombre; ils manient le gourdin comme nous l'épée. Pourquoi pouvons-nous nous moquer d'eux? Parce que nous formons une masse redoutable.

PREMIER CHASSEUR.

Oui, oui, c'est dans l'ensemble que réside la force. Friedland l'a bien compris lorsque, il y a huit, neuf ans, il rassembla cette grande armée pour l'empereur. Ils ne voulaient d'abord entendre parler que de douze mille hommes. « Ce nombre-là, dit-il, je ne pourrai le nourrir; mais je veux en enrôler soixante mille; je sais qu'alors ils ne mourront pas de faim. » Et voilà comme nous sommes devenus soldats de Wallenstein.

LE MARÉCHAL DES LOGIS.

Par exemple, qu'un de vous me coupe, à la main droite, le plus petit des cinq doigts que j'ai là; m'aurez-vous simplement enlevé mon doigt? Non, par le diable! j'ai perdu la main; ce n'est qu'un moignon qui ne vaut plus rien. Oui, et ces huit mille chevaux qu'on demande à présent pour la Flandre ne sont que le petit doigt de l'armée. Si on les laisse partir, vous vous consolerez en disant que nous ne sommes amoindris que d'un cinquième. A vos souhaits! Alors tout l'ensemble croule : adieu la crainte, le respect, la pudeur; voilà la crête du paysan qui se redresse; à la chancellerie de Vienne, ils se remettent à nous écrire nos billets de logement et de cuisine, et c'est de nouveau l'ancienne gueuserie. Oui, et combien de temps se passera-t-il avant qu'ils nous prennent aussi notre général? Ils ne lui sont déjà pas trop favorables à la cour. Eh bien! alors tout tombe. Qui ensuite nous aidera à avoir notre argent? aura soin qu'on tienne les engagements pris avec nous? Qui aura l'ascendant, le génie, l'esprit assez prompt, la main assez ferme, pour lier et faire cadrer ensemble les pièces et morceaux de ces masses de troupes? Par exemple.... dragon.... parle : à quel pays appartiens-tu?

PREMIER DRAGON.

Je viens de bien loin, d'Irlande.

LE MARÉCHAL DES LOGIS, *aux deux Cuirassiers.*

Vous, je le sais, vous êtes un Wallon; vous, un Welche. On l'entend à l'accent.

PREMIER CUIRASSIER.

Qui je suis? Je n'ai jamais pu l'apprendre. On m'a volé dans ma première enfance.

LE MARÉCHAL DES LOGIS.

Et toi, tu n'es pas non plus du voisinage?

PREMIER ARQUEBUSIER.

Je suis de Buchau, sur le lac Féder.

LE MARÉCHAL DES LOGIS.

Et vous, voisin?

DEUXIÈME ARQUEBUSIER.

De la Suisse.

LE MARÉCHAL DES LOGIS, *au deuxième Chasseur.*

De quel pays viens-tu, chasseur?

DEUXIÈME CHASSEUR.

La demeure de mes parents est derrière Wismar.

LE MARÉCHAL DES LOGIS, *montrant le Trompette.*

Et celui-là et moi, nous sommes d'Égra. Or qui s'aperçoit, en nous voyant, que le vent nous a poussés, amassés comme la neige, qui du Nord, qui du Sud? N'avons-nous pas l'air d'être tous taillés dans le même bois? Ne sommes-nous pas serrés contre l'ennemi comme si nous étions tous collés et fondus ensemble? Tout ne s'engrène-t-il pas vivement comme les rouages d'un moulin, au premier mot, au moindre signe? Qui nous a si bien forgés ensemble que vous ne pourriez plus nous distinguer? Nul autre que Wallenstein.

PREMIER CHASSEUR.

Jamais de ma vie il ne m'est venu à l'esprit que nous cadrions si bien ensemble; je me suis toujours contenté de me laisser aller.

PREMIER CUIRASSIER.

Je suis forcé de donner mon assentiment au maréchal des

logis. Ils seraient bien aises de miner l'état militaire ; ils veulent tenir le soldat abaissé, pour être les seuls maîtres. C'est une conjuration, un complot.

LA VIVANDIÈRE.

Une conjuration! bon Dieu! Mais alors ces messieurs ne pourront plus payer.

LE MARÉCHAL DES LOGIS.

Sans doute! Ce sera une banqueroute universelle. Beaucoup de commandants et de généraux ont équipé les régiments sur leur propre cassette : ils voulaient se signaler, se mettaient en frais au delà de leurs moyens, pensaient que ça leur produirait une belle moisson, et ils en sont tous pour leur argent, si la tête, si le duc, tombe.

LA VIVANDIÈRE.

Ah! mon Sauveur! quelle malédiction pour moi! La moitié de l'armée est sur mon livre de compte; le comte Isolani, la mauvaise paye, me redoit encore, à lui seul, deux cents thalers.

PREMIER CUIRASSIER.

Qu'y a-t-il à faire, camarades? Je ne vois qu'une chose qui puisse nous sauver. Si nous sommes unis, ils ne peuvent nous nuire; nous ne faisons tous qu'un seul homme. Laissez-les envoyer, décréter, et nous, prenons racine en Bohême. Nous ne céderons pas, nous ne marcherons pas : maintenant, le soldat combat pour son honneur.

SECOND CHASSEUR.

Nous ne nous laisserons pas ainsi promener par le pays. Qu'ils viennent et qu'ils essayent!

PREMIER ARQUEBUSIER.

Mes chers messieurs, réfléchissez sérieusement : c'est la volonté et l'ordre de l'empereur!

LE TROMPETTE.

Nous nous soucions bien de l'empereur!

PREMIER ARQUEBUSIER.

Ne me répétez pas ça.

LE TROMPETTE.

C'est pourtant comme je l'ai dit.

PREMIER CHASSEUR.

Oui, oui, j'ai toujours entendu conter que Friedland seul avait à commander ici.

LE MARÉCHAL DES LOGIS.

C'est bien ainsi; c'est là sa convention et sa condition. Il a un pouvoir absolu, il faut que vous le sachiez, de faire la guerre et de conclure la paix; il peut confisquer argent et biens; il peut faire pendre et pardonner; il peut faire des officiers et des colonels; bref, il a toutes les prérogatives. Il tient tout cela de la main même de l'empereur.

PREMIER ARQUEBUSIER.

Le duc est puissant et fort habile homme; mais il demeure pourtant bel et bien, comme nous tous, un sujet de l'empereur.

LE MARÉCHAL DES LOGIS.

Non pas comme nous tous. Vous ne savez pas bien la chose. Il est un prince d'empire immédiat et libre, tout aussi bien que le Bavarois. N'ai-je pas vu de mes yeux, quand je montais la garde à Brandeis, comme l'empereur lui-même lui a permis de se couvrir en qualité de prince?

PREMIER ARQUEBUSIER.

C'était pour le pays de Mecklenbourg, que l'empereur lui a donné en gage.

PREMIER CHASSEUR, *au Maréchal des logis.*

Comment! en présence de l'empereur? C'est pourtant extraordinaire et bien étrange.

LE MARÉCHAL DES LOGIS *porte la main à la poche.*

Si vous ne voulez pas m'en croire sur parole, vous allez toucher et manier la chose. (*Leur montrant une pièce de monnaie.*) De qui est l'image et l'empreinte?

LA VIVANDIÈRE.

Montrez! Eh mais! c'est un Wallenstein.

LE MARÉCHAL DES LOGIS.

Eh bien! vous y voilà; que voulez-vous de plus? N'est-il pas prince aussi bien qu'un autre? Ne bat-il pas monnaie comme Ferdinand? N'a-t-il pas son peuple et son pays à lui? Il se fait nommer Altesse; il faut donc qu'il puisse tenir des soldats.

PREMIER ARQUEBUSIER.

C'est ce que personne ne lui conteste. Mais nous, nous sommes au service de l'empereur, et celui qui nous paye, c'est l'empereur.

LE TROMPETTE.

C'est ce que je vous nie, voyez-vous, en face. Celui qui ne nous paye pas, c'est l'empereur. Depuis quarante semaines, ne nous promet-on pas notre solde toujours en vain?

PREMIER ARQUEBUSIER.

Eh quoi! n'est-elle pas en bonnes mains?

PREMIER CUIRASSIER.

Paix, messieurs! voulez-vous pas finir par des coups? Y a-t-il donc à se disputer, à quereller pour savoir si l'empereur est notre maître? C'est justement parce que nous voudrions être, en tout honneur, ses braves cavaliers, que nous ne voulons pas être son troupeau, ni nous laisser promener et transplanter par la prêtraille et les courtisans. Dites vous-mêmes : n'est-ce pas l'avantage du maître que ses gens de guerre sachent un peu ce qu'ils valent? Qui donc, sinon ses soldats, fait de lui un tout-puissant monarque? Qui lui donne et lui assure, au loin et au large, voix prépondérante dans la chrétienté? Que ceux-là courbent la tête sous son joug qui ont part à ses faveurs, qui tiennent table avec lui dans les chambres dorées. Nous, de son éclat et de sa splendeur, nous n'avons rien que la peine et les souffrances, et le cas que nous faisons de nous-mêmes au fond de nos cœurs.

SECOND CHASSEUR.

Tous les grands despotes et empereurs l'entendaient ainsi, et étaient bien plus sages. Ils vexaient et honnissaient tout le reste, mais ils choyaient le soldat.

PREMIER CUIRASSIER.

Il faut que le soldat se sente. Qui ne pratique pas le métier noblement et fièrement, doit rester plutôt en dehors. Si l'on veut que je joue bravement ma vie, il faut qu'il y ait quelque chose qui ait encore plus de prix pour moi; autrement, je me laisserais égorger comme le Croate.... et je me mépriserais moi-même.

LES DEUX CHASSEURS.

Oui, l'honneur passe avant la vie!

PREMIER CUIRASSIER.

L'épée n'est pas une bêche ni une charrue; qui voudrait s'en servir pour labourer serait fou. Pour nous, il ne verdit pas d'épi, il ne croît pas de moisson. Il faut que, sans chez-soi, le soldat soit fugitif dans le monde; il ne peut pas se chauffer à son foyer; il faut qu'il passe devant la splendeur des villes, devant les riantes et vertes prairies du hameau; qu'il voie de loin, en voyageur, la vendange, la guirlande des moissons. Dites-moi, quel bien, quel patrimoine aurait le soldat, s'il ne s'honorait pas lui-même ? Il faut qu'il y ait quelque chose qu'il nomme sa propriété; sans quoi, le gaillard ne sera qu'un meurtrier et un incendiaire.

PREMIER ARQUEBUSIER.

Dieu sait! c'est une vie misérable.

PREMIER CUIRASSIER.

Et pourtant je ne la donnerais pas pour une autre. Voyez, j'ai au loin parcouru ce monde, j'ai essayé de tout. J'ai servi la monarchie espagnole, et la république de Venise, et le royaume de Naples; mais nulle part la fortune ne m'a favorisé. J'ai vu le marchand, et le chevalier, et l'artisan, et le jésuite, et aucun habit, entre tous, ne m'a plu comme ma cuirasse de fer.

PREMIER ARQUEBUSIER.

Non, je ne puis pas précisément en dire autant.

PREMIER CUIRASSIER.

Si l'on veut gagner quelque chose en ce monde, il faut se remuer et se donner de la peine. Voulez-vous parvenir aux grands honneurs et aux dignités, courbez-vous sous les fardeaux dorés. Voulez-vous jouir des bénédictions de la paternité, élever autour de vous des enfants et des petits-enfants, exercez en repos une honnête industrie. Moi.... je n'ai nul goût pour cela. Je veux vivre et mourir libre, ne dépouiller personne et n'hériter de personne, et, du haut de ma bête, voir avec dédain, au-dessous de moi, toutes les bagatelles d'ici-bas.

PREMIER CHASSEUR.

Bravo! c'est tout juste mon affaire.

PREMIER ARQUEBUSIER.

Ce doit être plus amusant, il est vrai, de trotter ainsi sur les têtes des autres.

SCÈNE XI.

PREMIER CUIRASSIER.

Camarade, les temps sont durs; le glaive n'est plus aujourd'hui auprès de la balance et du droit; mais personne ne peut pour cela me faire un crime de m'être mis du côté de l'épée. Je puis bien, à la guerre, me conduire humainement, mais sans laisser prendre ma peau pour un tambour.

PREMIER ARQUEBUSIER.

A qui la faute, qu'à nous autres soldats, si le paysan est honteusement ruiné? La triste guerre, la misère, les peines, il peut y avoir seize ans que cela dure.

PREMIER CUIRASSIER.

Frère, le bon Dieu qui est là-haut, tous ne peuvent le louer à la fois. L'un demande le soleil, qui gêne l'autre; celui-ci veut sec ce que l'autre veut humide. Où toi, tu ne vois que misère et fléau, là m'apparaît le jour brillant de la vie. Si c'est aux dépens du bourgeois et du paysan, eh bien! en vérité, j'ai pitié d'eux, mais je n'y puis rien changer.... Voyez, c'est tout juste comme dans une charge au sabre : les chevaux soufflent et prennent leur élan; soit couché qui voudra au milieu du chemin, fût-ce mon frère, mon propre fils, quand ses lamentations me déchireraient l'âme, il faut que je lui passe sur le corps, je ne puis pas le porter doucement à l'écart.

PREMIER CHASSEUR.

Eh! qui alors s'inquiète d'autrui?

PREMIER CUIRASSIER.

Et puisqu'une fois les choses ont tourné de telle sorte que la fortune sourit au soldat, saisissons-la à deux mains; ils ne nous laisseront pas mener cette vie-là bien longtemps. La paix viendra, un beau matin, mettre fin à la chose. Le soldat débride, le paysan attelle; avant qu'on ait le temps d'y penser, tout aura repris le train d'autrefois. Maintenant, nous sommes encore ensemble dans le pays, nous avons encore la poignée à la main. Si nous nous laissons disperser, ils nous pendront plus haut le panier au pain.

PREMIER CHASSEUR.

Non, il ne faut pas que cela arrive jamais. Venez, soyons tous unis comme un seul homme.

SECOND CHASSEUR.

Oui, concertons-nous, écoutez!

PREMIER ARQUEBUSIER, *tirant une petite bourse de cuir, à la Vivandière.*

Commère, combien ai-je consommé?

LA VIVANDIÈRE.

Ah! ce n'est pas la peine d'en parler. (*Ils font leur compte.*)

LE TROMPETTE.

Vous avez raison d'aller plus loin, vous ne faites que nous gâter notre société. (*Les Arquebusiers sortent.*)

PREMIER CUIRASSIER.

C'est dommage! ce sont du reste de braves camarades.

PREMIER CHASSEUR.

Mais ça raisonne comme des savonniers.

DEUXIÈME CHASSEUR.

Maintenant nous sommes entre nous, voyons comment nous déjouerons le nouveau projet.

LE TROMPETTE.

Eh bien! tout bonnement nous n'irons pas.

PREMIER CUIRASSIER.

Rien, messieurs, contre la discipline! Que chacun aille maintenant à son corps, expose sensément la chose aux camarades, de façon qu'ils la comprennent et qu'ils conçoivent bien que nous ne devons pas nous en aller si loin. Je réponds de mes Wallons; chacun d'eux pense comme moi.

LE MARÉCHAL DES LOGIS.

Les régiments de Terzka, à pied et à cheval, voteront tous pour cette résolution.

DEUXIÈME CUIRASSIER, *se mettant à côté du premier.*

Le Lombard ne se sépare pas du Wallon.

PREMIER CHASSEUR.

La liberté est l'élément du chasseur.

DEUXIÈME CHASSEUR.

La liberté n'est qu'avec la force. Je vis et meurs auprès de Wallenstein.

PREMIER TIRAILLEUR.

Le Lorrain va avec le grand courant, avec le parti de la gaieté et de l'humeur légère.

LE DRAGON.

L'Irlandais suit l'étoile de la fortune.

SECOND TIRAILLEUR.

Le Tyrolien n'obéit qu'à son souverain.

PREMIER CUIRASSIER.

Alors, que chaque régiment écrive bien proprement une pétition, pour dire que nous voulons rester ensemble, que ni violence, ni ruse, ne pourront nous séparer de Friedland, qui est le père des soldats. On la présentera avec un profond respect à Piccolomini.... je veux dire le fils. Il s'entend à ces sortes de choses, il peut tout auprès de Friedland, et il est aussi en très-grande faveur près de Sa Majesté l'empereur et roi.

SECOND CHASSEUR.

Venez! C'est convenu! Touchez tous là! Piccolomini sera notre orateur.

LE TROMPETTE, LE DRAGON, PREMIER CHASSEUR, DEUXIÈME CUIRASSIER, TIRAILLEURS, *à la fois*.

Piccolomini sera notre orateur. (*Ils veulent sortir*.)

LE MARÉCHAL DES LOGIS.

Avant tout, encore un petit verre, camarades! (*Il boit.*) A la santé de Piccolomini!

LA VIVANDIÈRE *apporte une bouteille*.

Celle-là n'aura pas sa coche sur la taille. Je la donne et de bon cœur. Bon succès, messieurs!

UN CUIRASSIER.

Que l'état militaire fleurisse!

LES DEUX CHASSEURS.

Et que bourgeois et paysans fournissent!

LE DRAGON *et* LES TIRAILLEURS.

Que l'armée prospère!

LE TROMPETTE *et* LE MARÉCHAL DES LOGIS.

Et que Friedland la commande!

LE DEUXIÈME CUIRASSIER *chante*.

Alerte, camarades! à cheval! à cheval!
Volons au combat, à la liberté.
Dans le combat, l'homme a encore son prix,

Là le cœur a encore du poids,
Là nul autre ne vous remplace,
Chacun est là pour son compte.

(*Pendant ce couplet, les soldats qui étaient au fond de la scène se sont rapprochés, et ils forment le chœur.*)

LE CHOEUR.

Là nul autre ne vous remplace,
Chacun est là pour son compte.

LE DRAGON.

La liberté a disparu de ce monde,
On ne voit que maîtres et esclaves ;
La fausseté et la fourberie règnent
Dans cette lâche race humaine.
Celui qui peut regarder la mort en face,
Le soldat seul, est l'homme libre.

LE CHOEUR.

Celui qui peut regarder la mort en face,
Le soldat seul, est l'homme libre.

PREMIER CHASSEUR.

Les anxiétés de la vie, il les rejette,
Il n'a plus ni craintes, ni soucis.
Il galope hardiment au-devant de sa destinée ;
S'il l'évite aujourd'hui, elle l'atteindra demain,
Et si demain elle doit l'atteindre, laissez-nous donc aujourd'hui
Savourer encore les dernières gouttes d'un temps précieux.

LE CHOEUR.

Et si demain elle doit l'atteindre, laissez-nous donc aujourd'hui
Savourer encore les dernières gouttes d'un temps précieux.

(*Les verres ont été remplis de nouveau, ils trinquent et boivent.*)

LE MARÉCHAL DES LOGIS.

Son joyeux sort lui tombe du ciel,
Il n'a pas à le conquérir avec effort.
Le serf de la glèbe cherche dans le sein de la terre,
C'est là qu'il espère trouver le trésor.
Il creuse et bêche, tant qu'il vit,
Il creuse, jusqu'à ce qu'enfin il se creuse sa tombe.

LE CHOEUR.

Il creuse et bêche, tant qu'il vit,
Il creuse, jusqu'à ce qu'enfin il se creuse sa tombe.

PREMIER CHASSEUR.

Le cavalier et son cheval rapide,
Ce sont des hôtes redoutés.
Les flambeaux brillent dans le château de la noce,

SCÈNE XI.

Sans être invité, il vient à la fête.
Il ne courtise pas longtemps, il ne montre pas d'or,
Il emporte d'assaut le prix de l'amour.

LE CHOEUR.

Il ne courtise pas longtemps, il ne montre pas d'or,
Il emporte d'assaut le prix de l'amour.

DEUXIÈME CUIRASSIER.

Pourquoi pleure la fillette et sèche-t-elle de chagrin?
Laisse-le partir, courir!
Il n'a pas sur terre de demeure fixe,
Il ne peut garder un fidèle amour.
Le rapide destin l'entraîne,
Il ne laisse son repos en nul lieu.

LE CHOEUR.

Le rapide destin l'entraîne,
Il ne laisse son repos en nul lieu.

LE PREMIER CHASSEUR *prend ses deux voisins par la main: les autres l'imitent. Tous ceux qui ont parlé forment un grand demi-cercle.*

Alerte donc, camarades, bridons nos chevaux!
Dilatons nos poitrines dans la mêlée.
La jeunesse fermente, la vie bouillonne,
Alerte, avant que l'esprit s'évapore!
Si vous ne mettez la vie en jeu,
Jamais vous ne gagnerez la vie.

LE CHOEUR.

Si vous ne mettez la vie en jeu,
Jamais vous ne gagnerez la vie.

(*Le rideau tombe, avant que le chœur ait achevé de chanter.*)

FIN DU CAMP DE WALLENSTEIN.

APPENDICE

AU

CAMP DE WALLENSTEIN.

Aux premières représentations données à Weimar, la pièce commençait par une chanson de soldats, qui était l'œuvre de Gœthe, et à laquelle Schiller avait ajouté des couplets, les deux derniers probablement. Ce morceau a été publié d'abord par M. Boas, dans ses *Suppléments aux OEuvres de Schiller*. En voici la traduction :

Vivent les soldats !
Le paysan fournit le rôti,
Le jardinier fournit le vin doux :
C'est là l'ordinaire du soldat.
    Tra da ra la la la la !

Au bourgeois de cuire pour nous ;
La noblesse, il la faut plumer,
Ses valets sont nos valets :
C'est là le droit du soldat.
    Tra da ra la la la la !

Dans les bois nous allons giboyer
Et courre tous les vieux cerfs ;
Puis nous apportons, francs et libres,
Aux maris la ramure.
    Tra da ra la la la la !

Anne aujourd'hui reçoit nos serments,
Et demain c'est Suzanne,
Nos amours sont toujours nouveaux :
C'est là la foi du soldat.
    Tra da ra la la la la !

Nous festinons comme des satrapes,
Et demain il faut jeûner ;
Riche le matin, nu le soir :
C'est là le lot du soldat.
    Tra da ra la la la la !

Qui a doit nous donner,
Qui n'a rien, on lui crie vivat!
Le mari a sa femme,
Et nous le passe-temps.
　　Tra da ra la la la la!

Oyez ce qui se dit à nos fêtes :
« Morceau volé a meilleur goût,
Bien mal acquis engraisse : »
C'est là la prière du soldat.
　　Tra da ra la la la la !

Dans la scène IVe, Schiller avait voulu introduire un Invalide, qui aurait pris la place du Canonnier. Voici en quels termes il fait part de son idée à Gœthe, dans une lettre du 5 octobre 1798 :

« Vous approuverez que je substitue au canonnier une figure dramatique déterminée. J'ai introduit à sa place une jambe de bois, qui fait un bon pendant au conscrit. Cet invalide apporte une feuille de gazette, et ainsi l'on apprend directement, par le journal, la prise de Ratisbonne et les nouveaux événements dont la mention est ici le plus opportune. Cela donne occasion de faire quelques jolis compliments au duc Bernard, etc. Il y aura moyen, j'espère, de trouver un sujet pour remplir le rôle de la jambe de bois. »

Le chœur final des soldats avait primitivement une strophe de plus :

Le monde est aujourd'hui sur la pointe de l'épée :
Gai donc qui porte aujourd'hui l'épée !
Seulement restez, bien bravement unis,
Et forcez la fortune et régnez.
Nulle couronne n'est posée si ferme, si haut,
Que le vaillant sauteur pourtant n'y atteigne.

　　　　LE CHŒUR.

Nulle couronne n'est posée si ferme, si haut,
Que le vaillant sauteur pourtant n'y atteigne.

LES PICCOLOMINI

EN CINQ ACTES

PERSONNAGES.

WALLENSTEIN, duc de Friedland, généralissime impérial, dans la guerre de trente ans.
OCTAVIO PICCOLOMINI, lieutenant général.
MAX PICCOLOMINI, son fils, colonel d'un régiment de cuirassiers.
LE COMTE TERZKY, beau-frère de Wallenstein, chef de plusieurs régiments.
ILLO, feld-maréchal, dans l'intimité de Wallenstein.
ISOLANI, général des Croates.
BUTTLER, chef d'un régiment de dragons.
TIEFENBACH,
DON MARADAS,
GOETZ,
COLALTO,
} généraux sous Wallenstein.
LE CAPITAINE DE CAVALERIE NEUMANN, aide de camp de Terzky.
LE CONSEILLER DE GUERRE QUESTENBERG, envoyé par l'empereur.
BAPTISTA SÉNI, astrologue.
LA DUCHESSE DE FRIEDLAND, femme de Wallenstein.
THÉCLA, princesse de Friedland, sa fille.
LA COMTESSE TERZKY, sœur de la duchesse.
UN CORNETTE.
LE SOMMELIER du comte Terzky.
PAGES et SERVITEURS de Friedland.
SERVITEURS et MUSICIENS de Terzky.
Plusieurs COLONELS et GÉNÉRAUX

LES PICCOLOMINI.

ACTE PREMIER.

Une vieille salle gothique dans l'hôtel de ville de Pilsen, décorée de drapeaux et d'autres insignes de guerre.

SCÈNE I.

ILLO *avec* BUTTLER *et* ISOLANI.

ILLO.

Vous arrivez tard.... mais enfin vous arrivez. La longueur du chemin, comte Isolani, excuse votre retard.

ISOLANI.

Aussi n'arrivons-nous pas les mains vides. On nous a informés à Donauwerth qu'un transport suédois était en route avec des vivres, environ six cents chariots.... Mes Croates l'ont enlevé, nous l'amenons.

ILLO.

Il nous arrive fort à propos, pour nourrir cette imposante réunion.

BUTTLER.

Tout ici est déjà fort animé, à ce que je vois.

ISOLANI.

Oui, oui, les églises mêmes sont remplies de soldats. (*Regardant autour de lui.*) Il n'y a pas jusqu'à l'hôtel de ville où déjà, ce me semble, vous ne vous soyez assez bien établis.... Que voulez-vous ? le soldat se tire d'affaire et s'arrange comme il peut.

ILLO.

Les colonels de trente régiments sont déjà réunis. Vous trouverez ici Terzky, Tiefenbach, Colalto, Gœtz, Maradas, Hinnersam, les Piccolomini, père et fils.... Vous saluerez plus d'un vieil ami. Il n'y a que Gallas et Altringer qui nous manquent encore.

BUTTLER.

N'attendez pas Gallas.

ILLO *se montre étonné*.

Comment ? Savez-vous....

ISOLANI *l'interrompt*.

Max Piccolomini est ici ? Oh ! menez-moi vers lui ! Je le vois encore.... il y a dix ans de cela.... quand nous combattions contre Mansfeld à Dessau.... lancer son cheval du haut du pont et le pousser à travers l'impétueux courant de l'Elbe, pour aller secourir son père, qui était en danger. Alors un premier duvet couvrait à peine son menton. Maintenant ce doit être, me dit-on, un guerrier accompli.

ILLO.

Vous le verrez encore aujourd'hui. Il amène de Carinthie la duchesse de Friedland et la princesse. Ils doivent arriver dans la matinée.

BUTTLER.

Ainsi le prince appelle aussi près de lui sa femme et sa fille ? Il fait venir bien du monde ici.

ISOLANI.

Tant mieux. Je m'attendais déjà à n'entendre parler que de marches, de batteries et d'attaques, et, voyez donc ! le duc prend soin aussi que d'aimables objets réjouissent nos yeux.

ILLO, *qui est demeuré pensif, à Buttler, qu'il tire un peu à l'écart.*

Comment savez-vous que le comte Gallas ne vient pas ?

ACTE I, SCÈNE I.

BUTTLER, *d'un ton significatif.*

C'est qu'il a cherché à me retenir aussi.

ILLO.

Et vous êtes resté ferme ? (*Il lui serre la main.*) Brave Buttler !

BUTTLER.

Après cette récente obligation que j'ai encore au duc....

ILLO.

Oui, général-major ! Je vous félicite....

ISOLANI.

Pour le régiment, n'est-ce pas, que le prince lui a donné ? Et encore c'est celui-là même, me dit-on, où Buttler a débuté comme simple cavalier et monté de grade en grade. Eh bien, c'est vrai ! c'est pour tout le corps un aiguillon, un exemple, de voir une fois un vieux soldat, homme de mérite, faire son chemin.

BUTTLER.

Je suis en peine de savoir si je puis déjà recevoir vos félicitations.... Il manque encore la sanction de l'empereur.

ISOLANI.

Prenez, prenez hardiment ! La main qui vous a placé là est assez forte pour vous y maintenir, en dépit de l'empereur et des ministres.

ILLO.

Si nous voulions tous être scrupuleux à ce point ! L'empereur ne nous donne rien.... C'est du duc que nous vient tout ce que nous espérons, tout ce que nous avons.

ISOLANI, *à Illo.*

Frère, vous l'ai-je déjà raconté ? Le prince veut satisfaire mes créanciers ; il veut lui-même être désormais mon caissier et faire de moi un homme rangé. Et voilà la troisième fois, songez donc, que sa royale générosité me préserve de la ruine et sauve mon honneur.

ILLO.

Que ne peut-il toujours ce qu'il ferait de si bon cœur ! Il donnerait à ses soldats des terres et des vassaux. Mais comme ils lui raccourcissent le bras à Vienne et lui coupent les ailes, tant qu'ils peuvent !... Voyez ces nouvelles et belles prétentions qu'apporte ce Questenberg !

BUTTLER.

Je me suis laissé dire aussi quelques mots de ces prétentions impériales.... Mais j'espère que le duc ne cédera sur aucun point.

ILLO.

Sur son droit, assurément non! Pourvu seulement qu'il ne quitte pas la place!

BUTTLER, *frappé de ce langage.*

Savez-vous quelque chose? Vous m'effrayez.

ISOLANI, *en même temps.*

Nous serions tous ruinés.

ILLO.

Brisons là! Je vois tout juste notre homme qui vient là-bas, avec le lieutenant général Piccolomini.

BUTTLER, *secouant la tête d'un air inquiet.*

Je crains que nous ne partions pas d'ici comme nous sommes venus.

SCÈNE II.

LES PRÉCÉDENTS, OCTAVIO PICCOLOMINI, QUESTENBERG.

OCTAVIO, *encore dans l'éloignement.*

Comment? Encore de nouveaux hôtes? Avouez-le, mon ami, il fallait cette lamentable guerre pour réunir dans l'enceinte d'un seul camp les fronts couronnés de gloire de tant de héros.

QUESTENBERG.

Il ne faut pas venir dans un camp de Friedland, si l'on veut penser du mal de la guerre. J'en aurais presque oublié les fléaux quand j'ai vu ce sublime génie de l'ordre par lequel, tout en ravageant le monde, elle subsiste elle-même, quand j'ai vu les grandes choses qu'elle a créées.

OCTAVIO.

Et voyez là! une paire de braves qui ferme dignement ce cercle de héros. Le comte Isolani et le colonel Buttler.... Eh! nous avons là sous les yeux à la fois tout le métier de la guerre. (*Présentant Buttler et Isolani.*) Voilà la force, ami, et voici la célérité.

QUESTENBERG, *à Octavio.*

Et entre les deux la sagesse expérimentée.

ACTE I, SCÈNE II.

OCTAVIO, *leur présentant Questenberg.*

Le chambellan et conseiller de guerre Questenberg. Nous honorons dans ce digne hôte le porteur des ordres impériaux, le grand protecteur et patron des soldats. (*Silence général.*)

ILLO *s'approche de Questenberg.*

Ce n'est pas la première fois, monsieur le ministre, que vous nous honorez de votre visite dans le camp.

QUESTENBERG.

Une fois déjà je me suis trouvé devant ces drapeaux.

ILLO.

Et savez-vous en quel lieu? C'était à Znaïm, en Moravie, où vous vous êtes présenté de la part de l'empereur, pour supplier le duc de prendre le commandement.

QUESTENBERG.

Supplier, monsieur le général? Ni ma mission n'allait aussi loin, que je sache, ni mon zèle.

ILLO.

Eh bien! pour le contraindre, si vous voulez. Je me le rappelle fort bien.... Le comte Tilly venait d'être mis en complète déroute sur le Lech.... La Bavière était ouverte à l'ennemi.... Rien ne l'empêchait de pénétrer jusqu'au cœur de l'Autriche. Vous parûtes alors, vous et Werdenberg, devant notre maître, l'assiégeant de supplications, et le menaçant de la disgrâce de l'empereur, s'il ne prenait pitié de cette situation lamentable.

ISOLANI *s'approche.*

Oui, oui! on conçoit aisément, monsieur le ministre, qu'avec votre mission d'aujourd'hui il ne vous soit pas précisément agréable de vous rappeler l'ancienne.

QUESTENBERG.

Et pour quelle raison? Il n'y a entre elles rien de contradictoire. Alors, il s'agissait d'arracher la Bohême des mains de l'ennemi; aujourd'hui, je dois la délivrer de ses amis et de ses protecteurs.

ILLO.

Une belle fonction! Après que nous avons, au prix de notre sang, enlevé la Bohême au Saxon, on veut, pour notre récompense, nous jeter hors du pays.

QUESTENBERG.

Si ce pauvre pays ne doit pas échanger simplement un fléau contre un autre, il faut qu'il soit affranchi à la fois du joug des amis et des ennemis.

ILLO.

Eh quoi! l'année a été bonne, le paysan peut recommencer à fournir.

QUESTENBERG.

Oui, si vous parlez des troupeaux et des lieux de pacage, monsieur le feld-maréchal....

ISOLANI.

La guerre nourrit la guerre. Si l'empereur perd des paysans, il n'en gagne que plus de soldats.

QUESTENBERG.

Et s'appauvrit d'autant de sujets.

ISOLANI.

Bah! nous sommes tous ses sujets.

QUESTENBERG.

Avec cette différence, monsieur le comte, que les uns, par une utile activité, remplissent le trésor, et que les autres ne s'entendent qu'à le vider bravement. L'épée a appauvri l'empereur; c'est la charrue qui doit lui rendre sa force.

BUTTLER.

L'empereur ne serait pas pauvre, s'il n'y avait pas tant de ces sangsues qui sucent la moelle du pays.

ISOLANI.

Les choses ne doivent déjà pas aller si mal. Il s'en faut, ne le vois-je pas? (*se plaçant devant lui et examinant ses vêtements*) que tout l'or soit monnayé.

QUESTENBERG.

Grâce à Dieu! on a encore pu sauver quelque chose.... des doigts des Croates.

ILLO.

Là! que Slawata et Martiniz, sur qui l'empereur, au grand scandale de tous les bons Bohêmes, entasse les dons de sa faveur.... qui s'engraissent des dépouilles des citoyens proscrits.... qui grandissent par la ruine commune, qui seuls récoltent dans le malheur public, et insultent, par une pompe royale, aux douleurs du pays.... que ceux-là et leurs pareils payent la guerre, la guerre funeste, qu'après tout ils ont seuls allumée!

BUTTLER.

Et tous ces parasites publics qui ont constamment les pieds sous la table de l'empereur, qui happent avidement tous les bénéfices, ils veulent faire au soldat, qui campe devant l'ennemi, sa part de pain et raturer ses comptes.

ISOLANI.

Je n'oublierai de ma vie comme à Vienne, quand j'y allai, il y a sept ans, pour presser la remonte de nos régiments, ils me traînaient d'une antichambre à une autre, et me laissaient là des heures entières parmi les courtisans, comme si j'étais venu pour demander l'aumône. A la fin.... ils m'envoyèrent un capucin ; je crus que c'était pour mes péchés. Mais non, c'était l'homme avec qui je devais traiter des chevaux de notre cavalerie. Et il me fallut aussi repartir, sans avoir rien terminé. Le duc ensuite me procura en trois jours ce qu'à Vienne je n'avais pu obtenir en trente.

QUESTENBERG.

Oui, oui, cet article s'est retrouvé dans les comptes. Je sais que nous avons encore à payer sur cette fourniture.

ILLO.

La guerre est un rude et violent métier. On ne se tire pas d'affaire par des moyens de douceur, on ne peut pas tout ménager. Si l'on voulait attendre qu'à Vienne ils eussent, de vingt-quatre maux, choisi le moindre, on attendrait longtemps.... Trancher vivement les difficultés, voilà le mieux, et tant pis pour les accrocs!.... Les hommes, dans la règle, s'entendent à recoudre et à rapiécer, et ils se font mieux à une fatale nécessité qu'à un choix amer.

QUESTENBERG.

Oui, cela est vrai. Le prince nous épargne le choix.

ILLO.

Le prince a pour les troupes une sollicitude paternelle; nous voyons quels sont pour nous les sentiments de l'empereur.

QUESTENBERG.

Son cœur est le même pour toutes les conditions, et il ne peut sacrifier l'une à l'autre.

ISOLANI.

Voilà pourquoi il nous pousse dans le désert parmi les bêtes féroces, afin de protéger ses chères brebis.

QUESTENBERG, *avec sarcasme.*

Monsieur le comte, c'est vous qui faites cette comparaison.... et non pas moi.

ILLO.

Cependant, si nous étions tels que la cour le suppose, il était dangereux de nous donner la liberté.

QUESTENBERG, *avec gravité.*

C'est une liberté prise, et non donnée : aussi est-il besoin d'y mettre un frein.

ILLO.

Qu'on s'attende à trouver un cheval farouche.

QUESTENBERG.

Un meilleur cavalier l'adoucira.

ILLO.

Il ne porte que celui qui l'a dompté.

QUESTENBERG.

S'il est dompté, il obéira à un enfant.

ILLO.

L'enfant, je le sais, on le lui a déjà trouvé.

QUESTENBERG.

Ne vous inquiétez pas de son nom, mais seulement de votre devoir.

BUTTLER, *qui jusqu'alors s'est tenu à l'écart avec Piccolomini, mais en prenant visiblement intérêt à la conversation, s'approche.*

Monsieur le président, l'empereur a en Allemagne une magnifique armée. Il y a bien trente mille hommes cantonnés dans ce royaume, et il y en a bien seize mille en Silésie. Dix régiments sont sur le Wéser, sur le Rhin et sur le Mein; six en Souabe, douze en Bavière tiennent tête aux Suédois; sans parler encore des garnisons qui, sur la frontière, défendent les places fortes. Tout ce peuple de soldats obéit à des généraux de Friedland. Ceux qui le commandent sont tous allés à la même école, un même lait les a nourris, un même cœur les anime. Ils sont tous comme des étrangers sur ce sol; le service seul, voilà leur foyer et leur patrie. Ce qui les excite, ce n'est pas l'amour du pays, car des milliers sont nés, comme moi, dans des contrées étrangères; ce n'est pas l'amour de l'empereur, car il y en a bien une moitié qui a passé de notre côté en désertant le service étranger, et il leur est indifférent de combattre sous la double aigle, sous le lion ou sous les lis. Mais un seul homme les conduit tous avec un frein d'une égale puissance, les réunissant en un seul corps par un même amour et une même crainte. Et comme l'étincelle de la foudre court rapidement et sans danger le long de la tige conductrice, ainsi ses ordres tout-puissants passent du poste extrême et lointain qui entend la Baltique se briser sur les dunes ou voit les fertiles vallées de l'Adige, jusqu'à la sentinelle dont la guérite s'élève près du palais de l'empereur.

QUESTENBERG.

Et quel est, en résumé, le sens de ce long discours?

BUTTLER.

C'est que le respect, l'inclination, la confiance qui nous soumettent à Friedland, ne se transplantent pas sur le premier venu que la cour voudra nous envoyer de Vienne. Nous gardons encore un fidèle souvenir de la manière dont le commandement vint aux mains de Friedland. Est-ce peut-être Sa Majesté Impériale qui lui remit une armée toute faite? N'eut-elle à chercher qu'un chef pour ses troupes?... Il n'y avait pas même d'armée. Il fallut d'abord que Friedland la créât; il ne la reçut pas, il la donna à l'empereur. Ce n'est pas de l'empereur que nous tenons Wallenstein pour général. Il n'en est pas ainsi, non! C'est de Wallenstein que nous tenons l'empereur pour maître! C'est lui, lui seul, qui nous attache à ses drapeaux.

OCTAVIO *s'avance entre eux.*

C'est seulement pour vous rappeler, monsieur le conseiller, que vous êtes dans le camp, parmi des gens de guerre. C'est la hardiesse et la liberté qui font le soldat. Pourrait-il agir avec audace si on ne lui laissait aussi le droit de parler avec audace?... L'un passe avec l'autre.... La hardiesse de ce brave officier (*montrant Buttler*) qui tout à l'heure n'a fait que se méprendre sur son but, a conservé à l'empereur Prague, sa capitale, au milieu d'une terrible révolte de la garnison, dans un moment où la hardiesse était le seul moyen de salut. (*On entend au loin une musique guerrière.*)

ILLO.

Ce sont elles! La garde les salue.... Ce signal nous apprend que la princesse est arrivée.

OCTAVIO, à *Questenberg*.

Alors Max, mon fils, est aussi de retour. Il est allé les chercher en Carinthie et les a accompagnées ici.

ISOLANI, à *Illo*.

Allons-nous ensemble les saluer?

ILLO.

Oui, allons. Colonel Buttler, venez! (*A Octavio*.) Souvenez-vous qu'avant midi nous devons encore nous rencontrer chez le prince avec monsieur le conseiller.

SCÈNE III.

OCTAVIO et QUESTENBERG, *qui restent sur la scène*.

QUESTENBERG, *avec des marques d'étonnement*.

Que m'a-t-il fallu entendre, lieutenant général! Quelle audace effrénée! Quelles idées!... Si cet esprit est général....

OCTAVIO.

Vous venez d'entendre les trois quarts de l'armée.

QUESTENBERG.

Malheur à nous! Où donc trouver sur-le-champ une seconde armée pour garder celle-ci?... Cet Illo, je le crains, pense encore bien plus mal qu'il ne parle, et ce Buttler aussi ne peut cacher ses mauvais sentiments.

OCTAVIO.

Susceptibilité.... orgueil irrité.... rien de plus.... Je ne désespère pas encore de ce Buttler; je sais le moyen d'exorciser ce mauvais esprit.

QUESTENBERG, *allant et venant avec agitation*.

Non! cela est pire, oh! bien pire, mon ami, que nous ne l'avions rêvé à Vienne. Nous considérions les choses avec des yeux de courtisans, éblouis par l'éclat du trône; nous n'avions pas encore vu le général, le chef tout-puissant, dans son camp. Ici, c'est tout autre chose! Ici, il n'y a plus d'empereur. C'est le prince qui est empereur. La promenade que je viens de faire à vos côtés, à travers le camp, renverse mes espérances.

OCTAVIO.

Vous voyez maintenant combien est dangereuse la mission que vous m'avez apportée de la cour, et quel rôle délicat j'ai à jouer ici. Le plus léger soupçon du général me coûterait la liberté et la vie, et ne ferait que hâter l'exécution de son projet audacieux.

QUESTENBERG.

À quoi songions-nous, quand nous avons confié le glaive à ce furieux, et remis une telle puissance en de telles mains ? Pour ce cœur mal gardé, cette tentation-là était trop forte; n'eût-elle pas été dangereuse, même pour un homme bien meilleur ? Il se refusera, je vous le dis, à obéir à l'ordre de l'empereur.... Il le peut et il le fera.... Nous bravant impunément, il révélera notre honteuse impuissance.

OCTAVIO.

Et croyez-vous qu'il ait fait venir ici, dans son camp, sans raisons, sa femme et sa fille, tout juste en ce moment où nous préparons à la guerre ? Retirer ainsi des domaines de l'empereur les derniers gages de sa fidélité, cela nous annonce l'explosion prochaine de la révolte.

QUESTENBERG.

Malheur à nous! Et comment résister à l'orage menaçant qui s'amasse tout autour de nous ? L'ennemi de l'empire aux frontières, déjà maître du cours du Danube, et faisant toujours de nouveaux progrès.... Dans l'intérieur du pays, le tocsin de la rébellion.... le paysan en armes.... toutes les classes prêtes à éclater.... et l'armée, dont nous attendons notre secours, séduite, farouche, déshabituée de toute discipline.... violemment détachée de l'État, de son empereur, en proie au vertige comme le chef qui la conduit.... instrument redoutable, livré, avec une aveugle docilité, au plus téméraire des hommes.

OCTAVIO.

Mais aussi ne désespérons pas trop tôt, mon ami! La parole est toujours plus hardie que l'action, et plus d'un qui maintenant, dans son zèle aveugle, paraît décidé à toutes les extrémités, sentirait inopinément un cœur battre dans sa poitrine, si l'on prononçait le vrai nom de l'attentat. En outre.... nous ne sommes pas absolument sans défense. Le comte Altringer et Gallas, vous le savez, maintiennent dans le devoir leur petite armée.... et la renforcent encore journellement.... Il ne peut nous surprendre; vous savez que de toutes parts je l'ai environné de mes espions; je suis informé, à l'instant, de la moindre démarche.... bien plus, sa propre bouche me révèle ses secrets.

QUESTENBERG.

Il est vraiment inconcevable qu'il ne remarque pas l'ennemi qu'il a à ses côtés.

OCTAVIO.

N'allez pas croire que je me sois insinué dans ses bonnes grâces par des artifices mensongers, une complaisance trompeuse, et que je nourrisse sa confiance par des paroles hypocrites. Sans doute la prudence et mes devoirs envers l'empire, envers l'empereur, me commandent de lui cacher mes véritables sentiments; mais jamais je n'en ai simulé de faux pour l'abuser.

QUESTENBERG.

Ce sont visiblement les voies du ciel.

OCTAVIO.

Je ne sais ce que c'est.... qui l'attire et l'enchaîne si puissamment à moi et à mon fils. Nous avons toujours été amis, frères d'armes; l'habitude, les communes aventures nous ont liés de bonne heure.... mais je puis dire le jour où tout à coup son cœur s'ouvrit à moi, où sa confiance s'accrut. C'était le matin de la bataille de Lützen. Poussé par un mauvais rêve, j'étais allé le chercher et lui offrir un autre cheval pour le combat. Je le trouvai endormi loin des tentes, sous un arbre. Quand je l'eus réveillé et que je lui fis part de mon inquiétude, il me regarda longtemps avec étonnement; puis il se jeta à mon cou et me montra un attendrissement dont ce petit service n'était nullement digne. Depuis ce jour, sa confiance me poursuit, à proportion que la mienne le fuit.

QUESTENBERG.

Vous mettrez, n'est-ce pas, votre fils dans le secret?

OCTAVIO.

Non!

QUESTENBERG.

Comment? vous ne voulez pas même l'avertir en quelles mauvaises mains il se trouve?

OCTAVIO.

Il faut que je l'abandonne à son innocence. La dissimulation est étrangère à son âme ouverte. L'ignorance seule peut lui conserver cette liberté d'esprit qui laissera au duc sa sécurité.

QUESTENBERG, *soucieux.*

Mon digne ami! j'ai la meilleure opinion du colonel Piccolomini.... Cependant.... si.... réfléchissez....

OCTAVIO.

Il faut que je coure ce risque.... Silence! il vient ici.

SCÈNE IV.

MAX PICCOLOMINI, OCTAVIO PICCOLOMINI, QUESTENBERG.

MAX.

Eh! le voilà lui-même. Je suis heureux de vous revoir, mon père. (*Il l'embrasse; en se retournant, il remarque Questenberg, et recule avec froideur.*) Occupé, à ce que je vois? Je ne veux pas vous déranger.

OCTAVIO.

Comment, Max? Regarde donc notre hôte de plus près. Un vieil ami mérite de l'attention, et l'envoyé de ton empereur a droit au respect.

MAX, *froidement.*

De Questenberg! Soyez le bienvenu, si quelque bon motif vous amène au quartier général.

QUESTENBERG *a pris sa main.*

Ne retirez pas votre main, comte Piccolomini. Je ne la prends pas seulement en mon nom, et ce n'est point un compliment banal que j'ajoute là. (*Prenant les mains du père et du fils.*) Octavio.... Max Piccolomini! noms propices et d'heureux augure! Jamais la fortune ne sera infidèle à l'Autriche, tant que ces deux astres, salutaires et protecteurs, luiront sur ses armées.

MAX.

Vous sortez de votre rôle, monsieur le ministre; ce n'est pas pour louer que vous êtes ici ; je sais que vous êtes envoyé pour blâmer et réprimander.... Je ne veux avoir aucun privilége sur les autres.

OCTAVIO.

Il vient de la cour, où l'on n'est pas tout à fait aussi content du duc qu'ici.

MAX.

Qu'y a-t-il donc encore à reprendre en lui ? Qu'il décide à lui seul ce que seul il comprend ? Eh bien ! il a raison, et sans doute il persistera. Que voulez-vous ! il n'est pas fait pour s'accommoder et se tourner avec souplesse au gré d'autrui : c'est contre sa nature, il ne le peut pas. Il a reçu en partage une âme de souverain, et il occupe une place de souverain. C'est un bonheur pour nous qu'il en soit ainsi. Il y en a bien peu qui sachent se gouverner, user sensément de leur bon sens.... C'est donc pour tous un bonheur qu'il se rencontre une fois un homme qui devienne un centre, un point d'appui pour des milliers d'hommes.... qui soit placé là comme une colonne inébranlable à laquelle on se tienne et s'attache avec joie et confiance. Tel est Wallenstein, et quelque autre peut valoir mieux aux yeux de la cour.... mais lui seul convient à l'armée.

QUESTENBERG.

A l'armée ! Ah ! oui.

MAX.

Et c'est un plaisir de voir comme il éveille, fortifie, ranime tout autour de lui ; comme, dans son voisinage, toute force se manifeste, toute faculté a sur-le-champ plus nette conscience d'elle-même ! Il tire de chacun la vertu propre à chacun, et la développe ; il laisse tout homme demeurer entièrement ce qu'il est ; il se contente de veiller à ce qu'il le soit toujours à propos. De la sorte, il sait faire, des moyens de tous, ses propres moyens.

QUESTENBERG.

Qui lui refuse la connaissance des hommes, l'art de les employer ? Seulement son rôle de maître lui fait complétement oublier son devoir de sujet. Il semble qu'il soit né avec cette dignité.

MAX.

Ne l'est-il donc pas ? Le ciel l'a doué de toutes les forces qu'elle réclame, et, en outre, de la force d'accomplir, à la lettre, le vœu de sa nature, de conquérir à son talent de souverain une place de souverain.

QUESTENBERG.

Ainsi donc, à la fin, c'est de sa magnanimité qu'il dépend de fixer partout désormais les limites de notre pouvoir.

MAX.

L'homme extraordinaire veut une confiance extraordinaire. Donnez-lui l'espace, il se posera lui-même son but.

QUESTENBERG.

Son but, les faits nous le montrent.

MAX.

Oui, voilà comme vous êtes. Tout ce qui a quelque profondeur vous épouvante aussitôt. Vous ne vous sentez bien nulle part que là où tout est bien plat.

OCTAVIO, à *Questenberg*.

Rendez-vous de bonne grâce, mon ami. Avec lui, vous ne finirez pas.

MAX.

Ils invoquent le génie dans le besoin, et frissonnent dès qu'il se montre. Il faut que l'extraordinaire, le sublime même, se fasse de la même manière que le vulgaire et le quotidien. En campagne, le moment presse et commande.... Il faut dominer de sa personne, voir de ses propres yeux. Le général a besoin de toutes les grandeurs de la nature; qu'on lui permette donc aussi de ne suivre que les grandes lois de la nature. Ce qu'il doit consulter, c'est l'oracle, l'oracle vivant qui est au dedans de lui.... et non des livres morts, de vieilles ordonnances, des papiers poudreux.

OCTAVIO.

Mon fils, permets-nous de ne pas dédaigner les vieilles et étroites ordonnances. Ce sont de précieux, d'inestimables freins par lesquels l'homme opprimé a contenu la volonté impétueuse de ses oppresseurs, car toujours l'arbitraire fut redoutable.... La route de l'ordre, quand elle passerait par des sinuosités, n'est point un détour. La ligne droite est la voie terrible de la foudre, du boulet de canon.... Ils atteignent rapidement le but, par le chemin le plus court, et c'est par la destruction qu'ils se font passage pour détruire. Mon fils, la route que l'homme se fraye, route prospère et bénie, suit le cours des fleuves, les libres détours des vallées; elle tourne le champ de blé, le coteau de vignes, respectant les limites mesurées des héritages.... et de la sorte elle mène au but, plus tard, mais sûrement.

QUESTENBERG.

Oh! écoutez votre père.... écoutez-le, lui qui est un héros et en même temps un homme!

OCTAVIO.

L'enfant des camps parle par ta bouche, mon fils. C'est une guerre de quinze ans qui a élevé ta jeunesse.... Tu n'as jamais vu la paix. Il y a encore un mérite supérieur, mon fils, au mérite guerrier; dans la guerre même, la guerre n'est point le but. Ce ne sont pas les grandes et promptes actions de la force, les étonnantes merveilles du moment, qui enfantent le bonheur ni rien de ce qui dure paisiblement et puissamment. Le soldat construit à la hâte et soudain sa légère ville de toile, il y règne un bruit, un mouvement éphémère; le marché s'anime, les routes, les fleuves se couvrent de denrées, le commerce et l'industrie s'agitent; mais, un matin, on voit tout à coup tomber les tentes, la horde pousse plus loin, et la terre, le champ de blé, foulé et ravagé, restent là, morts comme un cimetière, et c'en est fait de la moisson de l'année.

MAX.

Oh! que l'empereur fasse la paix, mon père! Je donnerai avec joie le laurier sanglant pour la première violette que nous apportera le printemps, comme un gage odorant de la terre rajeunie.

OCTAVIO.

Que se passe-t-il en toi? Quelle est cette émotion soudaine?

MAX.

Je n'ai jamais vu la paix?... Je l'ai vue, sage père, je viens de son séjour, aujourd'hui même.... Ma route m'a conduit par des pays où la guerre n'a point pénétré.... Oh! la vie, mon père, a des charmes que nous n'avons jamais connus.... Nous avons seulement côtoyé la rive déserte de cette belle vie, comme une troupe errante de pirates qui, entassée sur son vaisseau étroit et fétide, se déchaîne, avec des mœurs incultes, sur l'inculte

Océan, et ne connaît de la vaste terre que les baies où elle risque de furtifs débarquements. De tous les trésors que la terre cache au fond de ses vallées, oh ! rien.... rien encore ne nous est apparu dans nos courses sauvages.

OCTAVIO *devient attentif.*

Et c'est ce voyage qui te les a révélés ?

MAX.

C'était le premier loisir de ma vie. Dis-moi, quel est le but et le prix de ces pénibles travaux qui m'ont dérobé ma jeunesse, qui ont laissé mon cœur vide, et sans jouissance mon esprit, que nulle culture n'a encore paré ? Car le bruyant tumulte de ce camp, le hennissement des chevaux, l'éclat de la trompette, les heures monotones du service, l'exercice militaire, la parole de commandement.... tout cela ne donne rien au cœur, au cœur altéré. Il manque une âme à ce vain métier.... Il est un autre bonheur et d'autres joies.

OCTAVIO.

Tu as beaucoup appris dans ce court voyage, mon fils.

MAX.

Oh! quel beau jour, quand enfin le soldat rentre dans la vie, dans l'humanité, quand les drapeaux se déploient pour le joyeux retour, et qu'on entend battre une douce marche de paix qui ramène au foyer ; quand tous les chapeaux, tous les casques se parent d'un vert feuillage, dernier larcin fait aux campagnes! Les portes des villes s'ouvrent d'elles-mêmes, il n'est plus besoin que la mine les fasse sauter ; les remparts se couvrent, tout autour, d'hommes pacifiques, qui lancent dans les airs leurs acclamations.... De toutes les tours retentit la voix sonore des cloches, qui annoncent le joyeux soir d'un jour sanglant. Des villages et des villes s'élance en foule un peuple ivre d'allégresse, qui cordialement empressé, importun, retarde la marche de l'armée.... Alors, heureux d'avoir encore vu ce jour, le vieillard secoue les mains de son fils qui revient, et lui, il rentre comme un hôte étranger, dans son domaine depuis si longtemps abandonné. L'arbre, à son retour, le couvre de ses branches touffues, l'arbre qui, au départ, pliait comme un jonc, et elle s'approche de lui, avec la pudeur d'une jeune fille, celle qu'il avait laissée jadis au sein de sa nourrice. Oh! heureux celui qui voit alors une porte s'ouvrir pour le recevoir, de tendres bras pour l'enlacer doucement!

QUESTENBERG, *ému.*

Oh! faut-il que vous parliez d'un temps si lointain, si lointain encore, et non de demain, non d'aujourd'hui!

MAX, *se tournant vivement vers lui.*

Et à qui donc la faute, si ce n'est à vous, à Vienne? Je vous l'avouerai franchement, Questenberg. Quand tout à l'heure je vous vis là devant moi, l'indignation me serra le cœur.... C'est vous qui empêchez la paix, vous! Il faut que ce soit le guerrier qui l'obtienne de force. Vous rendez la vie amère au duc, vous gênez toutes ses démarches, vous le noircissez.... Pourquoi? Parce qu'il tient plus au bonheur de l'Europe entière qu'à quelques arpents de plus ou de moins que possédera l'Autriche.... Vous le traitez de rebelle, et, Dieu sait! de pis encore, parce qu'il épargne les Saxons, qu'il cherche à faire naître la confiance chez l'ennemi, ce qui est, après tout, le seul moyen d'arriver à la paix; car, si la guerre ne cesse durant la guerre même, d'où peut venir la paix?... Allez, allez! autant j'aime le bien, autant je vous hais.... et je le jure ici, je répandrai pour lui, pour ce Wallenstein, mon sang, le dernier sang de mon cœur, goutte à goutte, avant de vous laisser vous applaudir de sa chute. (*Il sort.*)

SCÈNE V.

QUESTENBERG, OCTAVIO PICCOLOMINI.

QUESTENBERG.

Oh! malheur à nous! Les choses en sont-elles là? (*Avec une pressante impatience.*) Ami, et nous le laissons partir dans cette erreur, nous ne le rappelons pas à l'instant, pour lui ouvrir les yeux sans retard?

OCTAVIO, *sortant d'une profonde rêverie.*

Il vient de me les ouvrir et je vois plus que je ne voudrais.

QUESTENBERG.

Qu'est-ce, mon ami?

OCTAVIO.

Maudit soit ce voyage!

ACTE I, SCÈNE V.

QUESTENBERG.

Comment? Qu'est-ce donc?

OCTAVIO.

Venez. Il faut que je suive sans délai ces malheureuses traces, que je voie de mes yeux.... Venez.... (*Il veut l'emmener.*)

QUESTENBERG.

Quoi donc? Où?

OCTAVIO, *vivement*.

Vers elle!

QUESTENBERG.

Vers....

OCTAVIO, *se reprenant*.

Vers le duc. Allons. Oh! je crains tout. Je vois qu'on l'a enveloppé dans le filet. Il ne revient pas à moi tel qu'il est parti....

QUESTENBERG.

Expliquez-moi seulement....

OCTAVIO.

Et ne pouvais-je pas le prévoir? empêcher ce voyage? Pourquoi m'être tu avec lui?... Vous aviez raison, j'aurais dû l'avertir.... Maintenant il est trop tard.

QUESTENBERG.

Quoi trop tard? Songez, mon ami, que vous ne me parlez que par énigmes.

OCTAVIO, *plus maître de lui*.

Nous allons chez le duc. Venez. Aussi bien l'heure qu'il a marquée pour l'audience approche. Venez.... Maudit, trois fois maudit ce voyage! (*Il l'emmène, le rideau tombe.*)

ACTE DEUXIÈME.

Une salle chez le duc de Friedland.

SCÈNE I.

DES DOMESTIQUES *placent des sièges et étendent des tapis. Peu après vient SÉNI, l'astrologue, vêtu de noir, comme un docteur italien, et d'une façon quelque peu bizarre. Il s'avance au milieu de la salle, tenant à la main une baguette blanche, avec laquelle il indique les divers points du ciel.*

UN DOMESTIQUE, *parcourant la salle avec une cassolette.*

Vivement! Faites qu'on en finisse! La garde appelle aux armes. Ils vont paraître à l'instant.

SECOND DOMESTIQUE.

Mais pourquoi donc a-t-on décommandé la chambre en saillie, la chambre rouge, qui pourtant est si brillante?

PREMIER DOMESTIQUE.

Demande-le au mathématicien. Il dit que c'est une chambre de malheur.

SECOND DOMESTIQUE.

Folies! Cela s'appelle tourmenter les gens. Une salle est une salle. Quelle si grande importance peut avoir l'endroit?

SÉNI, *avec gravité.*

Mon fils, il n'est rien ici-bas qui n'ait son importance; mais, pour toutes les choses de la terre, le point capital et dominant, c'est le lieu et l'heure.

TROISIÈME DOMESTIQUE.

N'entre pas en discussion avec lui, Nathanael. Notre maître lui-même n'est-il pas obligé de faire sa volonté?

ACTE II, SCÈNE I.

SÉNI *compte les siéges.*

Onze! Mauvais nombre. Mettez douze siéges. Le zodiaque a douze signes, cinq et sept. Les nombres sacrés sont compris dans douze.

SECOND DOMESTIQUE.

Qu'avez-vous contre onze? Je voudrais le savoir.

SÉNI.

Onze est le péché. Onze transgresse les dix commandements.

SECOND DOMESTIQUE.

Ah! et pourquoi nommez-vous cinq un nombre sacré?

SÉNI.

Cinq est l'âme de l'homme. De même que l'homme est mêlé de bien et de mal, de même cinq est le premier nombre formé du pair et de l'impair.

PREMIER DOMESTIQUE.

Le fou!

TROISIÈME DOMESTIQUE.

Eh! laisse-le donc! J'aime à l'écouter, car enfin ses paroles font faire mainte réflexion.

SECOND DOMESTIQUE.

Partons! Ils viennent! Là, sortons par la porte de côté. (*Ils sortent à la hâte. Séni les suit lentement.*)

SCÈNE II.

WALLENSTEIN, LA DUCHESSE

WALLENSTEIN.

Eh bien! duchesse, vous avez touché Vienne, vous vous êtes présentée à la reine de Hongrie?

LA DUCHESSE.

Et à l'impératrice aussi. Nous avons été admises au baise-main chez les deux majestés.

WALLENSTEIN.

Que disait-on de me voir appeler au camp, dans cette saison d'hiver, ma femme et ma fille?

LA DUCHESSE.

J'ai suivi vos instructions, et allégué que vous aviez pris un parti au sujet de notre enfant, et que vous vouliez montrer encore la fiancée à son futur époux, avant l'ouverture de la campagne.

WALLENSTEIN.

Soupçonnait-on le choix que j'avais fait ?

LA DUCHESSE.

On désirait fort que ce choix ne fût pas tombé sur un étranger ni sur un luthérien.

WALLENSTEIN.

Et vous, Élisabeth, que désirez-vous ?

LA DUCHESSE.

Votre volonté, vous le savez, a toujours été la mienne.

WALLENSTEIN, *après une pause*.

Eh bien.... Et du reste, comment vous a-t-on accueillies à la cour ? (*La Duchesse baisse les yeux et se tait.*) Ne me cachez rien... Qu'en a-t-il été ?

LA DUCHESSE.

Oh! mon époux.... Tout n'est plus comme autrefois.... Il est arrivé un changement.

WALLENSTEIN.

Comment ? A-t-on manqué aux égards d'autrefois ?

LA DUCHESSE.

Aux égards, non. L'accueil a été digne et plein de convenance.... Mais à la place de l'affabilité aimable et confiante, je n'ai trouvé que solennelles formalités. Hélas! et les ménagements délicats que l'on témoignait tenaient plus de la pitié que de la faveur. Non, ce n'est pas ainsi.... pas précisément ainsi qu'on aurait dû recevoir la princesse épouse du duc Albert, la noble fille du comte Harrach.

WALLENSTEIN.

On a blâmé sans doute ma conduite récente ?

LA DUCHESSE.

Oh! que ne l'a-t-on fait ?... Je suis depuis longtemps habituée à vous justifier, à apaiser par mes discours les esprits irrités.... Non, personne ne vous a blâmé.... On s'est renfermé dans un silence solennel, si accablant! Ah! ce n'est pas ici un malentendu ordinaire, une passagère susceptibilité.... Il s'est passé quelque chose de fatal, d'irréparable.... Autrefois la reine de

Hongrie avait coutume de me nommer toujours sa chère cousine, de m'embrasser quand je la quittais.
LA DUCHESSE, *séchant ses larmes, après une pause.*
Elle m'a embrassée, mais seulement quand j'avais déjà pris congé d'elle. Comme j'allais vers la porte, elle accourut à moi, rapidement, on eût dit qu'elle se ravisait, et elle me pressa sur son sein, avec une émotion plus douloureuse que tendre.
WALLENSTEIN *lui prend la main.*
Possédez-vous !... Comment avez-vous trouvé Eggenberg, Lichtenstein et les autres amis ?
LA DUCHESSE, *secouant la tête.*
Je n'en ai vu aucun.
WALLENSTEIN.
Et le comte ambassadeur d'Espagne, qui autrefois avait coutume de parler si chaudement pour moi ?
LA DUCHESSE.
Il n'avait plus de langue pour vous.
WALLENSTEIN.
Ainsi les soleils ne brillent plus pour nous, il faut que désormais notre propre feu nous éclaire.
LA DUCHESSE.
Et serait-il vrai ? Cher duc, ce qu'on murmure tout bas à la cour, ce qu'on raconte tout haut dans le pays, serait-il vrai ?... ce que le père Lamormain par quelques mots....
WALLENSTEIN, *rapidement.*
Lamormain ! que dit-il ?
LA DUCHESSE.
Qu'on vous accuse d'une audacieuse transgression du plein pouvoir remis en vos mains, d'un criminel dédain des ordres suprêmes, des ordres de l'empereur ; que les Espagnols, l'orgueilleux duc de Bavière se lèvent, comme accusateurs, contre vous ; qu'un orage s'amasse sur votre tête, bien plus menaçant encore que celui qui autrefois vous renversa à Ratisbonne ; que l'on parle, dit-il.... ah ! je ne puis le redire....
WALLENSTEIN, *très-attentif.*
Eh bien !

LA DUCHESSE.

D'une seconde.... (*Elle s'arrête.*)

WALLENSTEIN.

D'une seconde?...

LA DUCHESSE.

Et plus injurieuse.... déposition.

WALLENSTEIN.

On en parle? (*Se promenant, fort agité, dans la chambre.*) Oh! ils m'y forceront, ils m'y poussent violemment, contre ma volonté.

LA DUCHESSE, *s'appuyant sur lui, dit d'un ton suppliant :*

Oh! s'il en est encore temps, mon époux!... Si ce malheur peut être détourné par la soumission, la condescendance.... cédez.... gagnez cela sur la fierté de votre cœur; c'est à votre maître et à votre empereur que vous céderez. Oh! ne souffrez pas plus longtemps qu'une haineuse méchanceté noircisse vos bonnes intentions par une interprétation envenimée, odieuse. Levez-vous avec la force triomphante de la vérité, pour confondre les menteurs, les calomniateurs. Nous avons peu de vrais amis, vous le savez. Notre rapide fortune nous a mis en butte à la haine des hommes.... Que sommes-nous, si la faveur impériale se détourne de nous?

SCÈNE III.

LA COMTESSE TERZKY, *amenant par la main la* PRINCESSE THÉCLA; LES PRÉCÉDENTS.

LA COMTESSE.

Comment, ma sœur? Il est déjà question d'affaires, et, à ce que je vois, d'affaires peu égayantes, avant même qu'il ait pu jouir de la vue de sa fille? Le premier moment appartient à la joie. Friedland, père, voici votre fille! (*Thécla s'approche de lui timidement, et veut s'incliner pour lui baiser la main; il la prend dans ses bras et demeure quelque temps absorbé, la contemplant.*)

WALLENSTEIN.

Oui! mon espérance s'est heureusement épanouie; je la reçois comme le gage d'une plus grande fortune.

LA DUCHESSE.

C'était encore une tendre enfant, quand vous êtes parti pour lever à l'empereur cette grande armée. Puis, quand vous êtes revenu de l'expédition de Poméranie, votre fille était déjà au couvent, où elle est restée jusqu'à présent.

WALLENSTEIN.

Pendant qu'ici, en campagne, nous travaillions à sa grandeur, à lui conquérir ce qu'il y a de plus haut sur la terre, Nature, la tendre mère, a, de son plein gré, dans les paisibles murs du cloître, départi à la chère enfant les dons divins, et elle la conduit, gracieusement parée, au-devant de son brillant destin et de mon espérance.

LA DUCHESSE, *à la Princesse*.

Tu n'aurais sans doute pas reconnu ton père, mon enfant? Tu comptais à peine huit ans quand pour la dernière fois tu vis les traits de son visage.

THÉCLA.

Si fait, ma mère, au premier coup d'œil.... Mon père n'a point vieilli.... Telle son image a vécu en moi, tel aujourd'hui il apparaît florissant à mes yeux.

WALLENSTEIN, *à la Duchesse*.

L'aimable enfant! Que de délicatesse dans sa remarque, et que de raison! Voyez, j'en voulais au destin de m'avoir refusé un fils qui pût hériter de mon nom et de ma fortune, et prolonger dans une fière lignée de princes mon existence rapidement éteinte. J'étais injuste envers le destin. Ici, sur cette tête virginale, dans sa fleur, je veux déposer la couronne de ma vie guerrière, et je ne tiendrai pas cette vie pour perdue, si je puis un jour, la transformant en royale parure, la tresser autour de ce beau front ' (*Il la tient dans ses bras, au moment où Piccolomini entre.*)

SCÈNE IV.

MAX PICCOLOMINI, *et peu après* LE COMTE TERZKY; LES PRÉCÉDENTS.

LA COMTESSE.

Voici le paladin qui nous a protégées.

WALLENSTEIN.

Sois le bienvenu, Max. Tu as toujours été pour moi le messager de quelque joie, et, comme l'heureuse étoile du matin, tu fais monter à mon horizon le soleil de la vie.

MAX.

Mon général....

WALLENSTEIN.

Jusqu'ici, c'est l'empereur qui t'a récompensé par ma main. Aujourd'hui, c'est le père, l'heureux père, qui est devenu ton débiteur, et cette dette, c'est Friedland lui-même qui la doit payer.

MAX.

Mon prince, vous vous êtes bien hâté de l'acquitter. Je viens à vous avec honte et même avec douleur; car à peine suis-je arrivé ici, à peine ai-je remis dans vos bras la mère et la fille, que l'on m'amène de vos écuries un magnifique équipage de chasse, richement enharnaché, pour me payer de ma peine. Oui, oui! me payer. C'était simplement une peine, une charge! et non une faveur, à laquelle je m'étais trop pressé de croire, et dont je m'apprêtais déjà à vous remercier avec effusion.... Non, votre intention n'était pas que ma mission même fût mon plus grand bonheur. (*Terzky entre et remet au Duc des lettres que celui-ci se hâte d'ouvrir.*)

LA COMTESSE, *à Max.*

Veut-il payer votre peine? Non, simplement reconnaître la joie qu'il vous doit. Il vous sied, à vous, d'avoir ces sentiments délicats; il sied à mon beau-frère de se montrer toujours grand, toujours prince.

THÉCLA.

Il me faudrait alors aussi douter de son amour; car ses mains généreuses m'ont parée avant même que le cœur du père m'eût parlé.

MAX.

Oui! il faut toujours qu'il donne et rende heureux! (*Il prend la main de la Duchesse, et ajoute avec une ardeur croissante:*) Que ne lui dois-je pas!... Oh! tout n'est-il pas pour moi dans ce nom chéri de Friedland? Toute ma vie, je veux rester l'esclave de ce nom.... c'est en lui que fleurira pour moi toute joie, toute belle espérance.... Le sort, par un charme invincible, m'y tient renfermé, comme dans un cercle magique.

LA COMTESSE, *qui, pendant ce temps, a observé attentivement le Duc, remarque qu'à la lecture des lettres il est devenu pensif.*

Mon frère veut être seul. Retirons-nous.

WALLENSTEIN *se retourne avec précipitation, et, se maîtrisant, il dit avec sérénité à la Duchesse :*

Je vous le répète, princesse! soyez la bienvenue dans le camp. Vous êtes dame et maîtresse dans cette cour.... Toi, Max, tu vas continuer tes anciennes fonctions, pendant que nous nous occuperons ici des affaires de Sa Majesté. (*Max Piccolomini offre le bras à la Duchesse. La Comtesse emmène la Princesse.*)

TERZKY *crie à Max pendant qu'il s'éloigne :*

Ne manquez pas d'assister à l'assemblée.

SCÈNE V.

WALLENSTEIN, TERZKY.

WALLENSTEIN, *dans une profonde rêverie, se parlant à lui-même.*

Elle a très-bien vu.... Il en est ainsi, et cela s'accorde parfaitement avec mes autres renseignements.... Ils ont pris, à Vienne, leur dernière résolution, ils m'ont déjà donné un successeur. C'est le roi de Hongrie, Ferdinand, l'enfant chéri de l'empereur, qui est maintenant leur sauveur, le nouvel astre qui se lève. Avec nous, on croit en avoir déjà fini; déjà, comme un défunt, j'ai mon héritier. Ainsi, ne perdons pas de temps.(*Se retournant, il aperçoit Terzky et lui remet une lettre.*) Le comte Altringer se fait excuser, Gallas aussi.... Cela ne me plaît point.

TERZKY.

Et si tu tardes encore plus longtemps, ils se détacheront l'un après l'autre.

WALLENSTEIN.

Altringer tient les passages du Tyrol. Il faut que je lui envoie quelqu'un, pour qu'il ne me laisse pas entrer par là les Espagnols de Milan.... A propos, Sésina, l'ancien négociateur, a donc reparu dernièrement? Que nous apporte-t-il du comte Thurn?

TERZKY.

Le comte te mande qu'il est allé trouver le chancelier de Suède à Halberstadt, où est maintenant le congrès; mais le chancelier dit qu'il est las et ne veut plus désormais avoir affaire à toi.

WALLENSTEIN.

Comment cela ?

TERZKY.

Que tu ne parles jamais sérieusement, que tu veux simplement te jouer des Suédois, t'unir avec les Saxons contre eux, et à la fin t'en débarrasser avec une misérable somme d'argent.

WALLENSTEIN.

Ah! croit-il vraiment que je doive lui livrer en proie quelque belle contrée de l'Allemagne, pour qu'en fin de compte nous ne soyons plus les maîtres chez nous, sur notre sol? Il faut qu'ils partent, qu'ils partent. Nous n'avons que faire de semblables voisins.

TERZKY.

Ne leur envie pas ce petit morceau de terre, car enfin il n'est pas pris sur ton bien. Pourvu que tu gagnes la partie, que t'importe qui paye?

WALLENSTEIN.

Il faut qu'ils s'éloignent.... Tu ne comprends pas cela. Je ne veux pas qu'on dise de moi que j'ai morcelé l'Allemagne, que je l'ai livrée à l'étranger, pour en dérober ma portion. Je veux que l'empire m'honore comme son protecteur. Montrant les sentiments d'un prince d'empire, je veux siéger dignement auprès des princes de l'empire. Je ne veux pas qu'une puissance étrangère prenne racine dans l'empire, et, moins que toute autre, ces Goths, ces affamés, qui, avides de pillage, jettent un œil d'envie sur la prospérité de notre belle Allemagne. Je veux qu'ils m'assistent dans mes plans, mais qu'ils n'y pêchent aucun profit.

TERZKY.

Mais tu veux agir plus loyalement, je pense, avec les Saxons? Ils perdent patience, parce que tu suis des voies si tortueuses.... Pourquoi tous ces masques? Parle! Tes amis doutent et ne savent que penser de toi.... Oxenstirn, Arnheim, tous ignorent comment ils doivent interpréter tes délais. A la fin, c'est moi qui suis le menteur : je sers partout d'intermédiaire, et je n'ai pas même un écrit de ta main.

WALLENSTEIN.

Je ne donne jamais un écrit de moi, tu le sais.

TERZKY.

Mais à quoi reconnaître que tes vues sont sérieuses, si l'acte ne suit pas les paroles? Dis toi-même : tout ce que tu as traité jusqu'ici avec l'ennemi aurait parfaitement pu se faire, quand tu n'aurais eu d'autre intention que de te jouer de lui.

WALLENSTEIN, *après une pause, le regardant fixement.*

Et qui te dit qu'en effet je ne me joue pas de lui? que je ne me joue pas de vous tous? Me connais-tu donc si bien ? Je ne sache pas que je t'aie ouvert le fond de mon âme.... L'empereur, il est vrai, a mal agi envers moi.... Si je voulais, je pourrais lui faire en retour beaucoup de mal. C'est une joie pour moi de connaître ma puissance. Que je veuille, ou non, en user en effet, là-dessus, ce me semble, tu n'en sais pas plus long qu'un autre.

TERZKY.

C'est ainsi que toujours tu as fait de nous tes jouets !

SCÈNE VI.

ILLO, LES PRÉCÉDENTS.

WALLENSTEIN.

Comment vont les affaires hors d'ici ? Sont-ils préparés?

ILLO.

Tu les trouveras dans les dispositions où tu les souhaites. Ils connaissent les exigences de l'empereur et font grand bruit.

WALLENSTEIN.

Comment se prononce Isolani ?

ILLO.

Il est à toi, corps et âme, depuis que tu lui as relevé sa banque au pharaon.

WALLENSTEIN.

Comment se montre Colalto? T'es-tu assuré de Déodat et de Tiefenbach?

ILLO.

Ce que fera Piccolomini, ils le feront aussi.

WALLENSTEIN.

Tu crois donc que je puis courir la chance avec eux.

ILLO.

....Si tu es sûr des Piccolomini.

WALLENSTEIN.

Comme de moi-même. Ceux-là ne m'abandonneront jamais.

ILLO.

Cependant je ne voudrais pas te voir accorder tant de confiance à Octavio, à ce renard.

WALLENSTEIN.

Apprends-moi à connaître mon monde! Seize fois, j'ai marché au combat avec le père.... En outre.... j'ai tiré son horoscope. Nous sommes nés sous les mêmes constellations.... Et bref.... (*mystérieusement*) c'est une chose tout à part. Si donc tu me réponds des autres....

ILLO.

Il n'y a qu'une voix parmi eux : tu ne dois pas déposer le commandement. Ils veulent, à ce que j'entends, t'envoyer une députation.

WALLENSTEIN.

Si je dois m'engager envers eux, il faut qu'ils s'engagent aussi envers moi.

ILLO.

Bien entendu.

WALLENSTEIN.

Il faut qu'ils me donnent leur parole, par écrit, par serment, de se dévouer à mon service, sans réserve.

ILLO.

Pourquoi pas?

TERZKY.

Sans réserve? Ils excepteront toujours le service de l'empereur, leurs devoirs envers l'Autriche.

WALLENSTEIN, *secouant la tête*.

Il faut que je les aie sans réserve. Pas de restriction!

ILLO.

J'ai une idée.... Le comte Terzky ne nous donne-t-il pas un banquet ce soir ?

TERZKY.

Oui, et tous les généraux sont invités.

ILLO, *à Wallenstein.*

Dis-moi : veux-tu me laisser pleine et entière liberté? Je te procurerai la parole des généraux, comme tu la désires.

WALLENSTEIN.

Procure-la-moi par écrit. Quant aux moyens de l'avoir, c'est ton affaire.

ILLO.

Et si donc je t'apporte, noir sur blanc, la promesse que tous les chefs ici présents se livreront aveuglément à toi.... te décideras-tu enfin à prendre la chose au sérieux, et à tenter la fortune en agissant résolûment ?

WALLENSTEIN.

Procure-moi l'engagement écrit.

ILLO.

Songe à ce que tu feras. Tu ne peux accomplir la volonté de l'empereur...., tu ne peux laisser affaiblir l'armée.... ni souffrir que les régiments aillent se joindre aux Espagnols, si tu ne veux renoncer à tout jamais à ton pouvoir. Songe encore que, d'autre part, tu ne peux braver les ordres de l'empereur, son commandement positif, ni chercher de nouveaux subterfuges, ni temporiser plus longtemps, si tu ne veux rompre formellement avec la cour. Décide-toi! Veux-tu la prévenir en agissant avec résolution? Veux-tu, en hésitant davantage, attendre les dernières extrémités ?

WALLENSTEIN.

C'est ce qu'il convient de faire avant de se résoudre soi-même aux dernières extrémités.

ILLO.

Oh ! saisis le bon moment, avant qu'il échappe. Elle se présente si rarement dans la vie, l'heure favorable, vraiment grave et importante. Quand une grande décision doit avoir lieu, il faut que bien des circonstances heureuses se réunissent et s'accordent.... et d'ordinaire ils ne se montrent à nous qu'un à un et dispersés, ces fils précieux de la fortune, ces opportunités, qui ne peuvent former et nouer le fruit qu'en se pressant ensemble sur un seul point de la vie. Vois comme en cet instant tout se combine autour de toi, d'une façon décisive et fatale.... Les chefs de l'armée, les meilleurs, les plus illustres, rassemblés autour de toi, leur royal commandant, n'attendent qu'un signe de ta main.... Oh! ne les laisse pas se séparer comme ils sont venus! Dans tout le cours de la guerre, tu ne les réuniras pas une seconde fois dans un tel accord. C'est la haute marée qui soulève et éloigne du rivage le pesant navire.... et chaque homme sent croître son courage dans le grand courant de la multitude. Maintenant tu les as, maintenant encore! Bientôt la guerre les dispersera de nouveau, lancera l'un ici, l'autre là.... L'esprit général se résoudra en soucis et intérêts privés. Tel qui aujourd'hui, entraîné par le courant, s'oublie lui-même, reviendra de son ivresse quand il se verra seul, et, ne sentant plus que son impuissance, il se hâtera de rentrer dans la vieille grand'route, bien large et bien battue, du devoir commun, et ne cherchera qu'à se mettre à l'abri sain et sauf.

WALLENSTEIN.

Le temps n'est pas encore venu.

ILLO.

C'est ce que tu dis toujours. Mais quand sera-t-il temps?

WALLENSTEIN.

Quand je le dirai.

ILLO.

Oh! tu attendras l'heure des étoiles, jusqu'à ce que l'heure d'ici-bas t'échappe. Crois-moi, c'est dans ton propre sein que sont les astres de ta destinée. La confiance en toi-même, la résolution, voilà ta Vénus. L'étoile malfaisante, la seule qui te nuise, c'est le doute.

WALLENSTEIN.

Tu parles comme tu comprends. Que de fois pourtant je te l'ai expliqué!... A ta naissance, Jupiter, le dieu brillant, était à son déclin; tu ne peux pas pénétrer ces mystères. Tu ne peux que fouiller dans la terre, au sein des ténèbres, aveugle comme le dieu souterrain qui a éclairé ton entrée dans la vie de sa lueur pâle, couleur de plomb. Ce qui est terrestre et vulgaire, tu le peux voir, et combiner habilement les rapports les plus proches, que tu as sous la main : pour cela, je me fie à toi et je te crois. Mais cette force mystérieuse, efficace, qui ourdit et crée dans les profondeurs de la nature.... cette échelle des esprits, aux mille degrés, qui se dresse, de ce monde de poussière, jusqu'au monde des astres, et que les puissances célestes montent et descendent, toujours actives.... ces cercles enfermés dans des cercles, qui entourent, de plus en plus étroits, le soleil, leur centre.... voilà ce que ne peuvent voir que les yeux dessillés des enfants de Jupiter, nés lumineux et sereins. (*Après avoir marché à travers la salle, il s'arrête, puis continue :*) Les astres célestes ne font pas seulement le jour et la nuit, le printemps et l'été.... ils n'indiquent pas uniquement au semeur le temps de la semence et de la moisson. L'activité humaine est aussi une semence d'événements, répandue sur les champs obscurs de l'avenir, livrée avec espoir aux puissances du destin. Là, là surtout, il faut découvrir le temps de semer, choisir l'heure propice des étoiles, sonder d'un œil scrutateur les mansions célestes, pour s'assurer que l'ennemi de tout accroissement, de toute réussite, ne se cache pas, avec sa maligne influence, dans ses recoins accoutumés.... Laissez-moi donc du temps, et vous cependant faites ce qui dépend de vous. Je ne puis dire encore ce que je veux faire; mais je ne céderai pas; non certes, pas moi. Je ne veux pas non plus qu'ils me déposent.... Comptez là-dessus.

UN VALET DE CHAMBRE *entre.*

Messieurs les généraux.

WALLENSTEIN.

Fais-les entrer.

TERZKY.

Veux-tu que tous les chefs soient présents?

WALLENSTEIN.

C'est inutile. Les deux Piccolomini, Maradas, Buttler, Forgatsch, Déodat, Caraffa, Isolani peuvent venir. (*Terzky sort avec le valet de chambre.*)

WALLENSTEIN, *à Illo.*

As-tu fait surveiller Questenberg? N'a-t-il entretenu personne en particulier?

ILLO.

Je l'ai surveillé avec grand soin. Il n'a été avec personne qu'avec Octavio.

SCÈNE VII.

LES PRÉCÉDENTS, QUESTENBERG, LES DEUX PICCOLOMINI, BUTTLER, ISOLANI, MARADAS, *et trois autres Généraux, entrent. Sur un signe du Général, Questenberg prend place vis-à-vis de lui, les autres suivent selon leur rang. Il règne un moment de silence.*

WALLENSTEIN.

J'ai appris l'objet de votre mission, Questenberg, et je l'ai bien médité. Aussi ma résolution est-elle prise et rien ne la changera. Pourtant il convient que les commandants entendent de votre bouche la volonté de l'empereur.... Qu'il vous plaise donc de vous acquitter de votre message devant ces nobles chefs.

QUESTENBERG.

Je suis prêt. Toutefois, je vous prie de considérer que c'est la puissance souveraine et la majesté impériale qui parlent par ma bouche, et non ma propre hardiesse.

WALLENSTEIN.

Épargnez-nous le préambule.

QUESTENBERG.

Quand Sa Majesté l'empereur donna à ses braves armées un chef couronné de gloire, expérimenté dans la guerre, en la personne du duc de Friedland, ce fut dans l'heureux espoir de changer promptement et favorablement le sort des combats. Aussi le début répondit à ses vœux : la Bohême fut délivrée des Saxons, la marche victorieuse des Suédois arrêtée.... Ces pays recommencèrent à respirer librement, quand le duc de Friedland attira de toutes les rives de l'Allemagne les armées ennemies dispersées, qu'il réunit, comme par enchantement, sur un seul et même point, le Rhingrave, Bernard, Banner, Oxenstirn, et ce roi jusque-là invincible, pour décider enfin, en vue de Nurenberg, la grande et sanglante lutte.

WALLENSTEIN.

Au fait, s'il vous plaît.

QUESTENBERG.

Un nouvel esprit signala aussitôt la présence du nouveau général. Ce n'était plus une aveugle fureur en lutte avec une fureur aveugle. On vit alors, en bataille régulière, la fermeté résister à l'audace, la sagesse et l'art lasser la bravoure. En vain on l'attire au combat, il s'enterre de plus en plus dans son camp, comme s'il s'agissait de s'y fonder une éternelle demeure. Enfin, désespéré, le roi veut donner l'assaut, il entraîne à la boucherie ses soldats, que les horreurs de la faim et de la peste lui tuent lentement dans son camp, plein de cadavres. Il s'élance, lui que rien n'arrêta jamais, pour s'ouvrir un passage à travers le retranchement, derrière lequel la mort veillait, à la bouche de mille tubes meurtriers. Là se fit une attaque et une défense telles que nul œil d'heureux mortel n'en avait encore vu. Enfin le roi ramène du champ de bataille ses troupes déchirées, et cet affreux sacrifice d'hommes ne lui a pas gagné un pouce de terrain.

WALLENSTEIN.

Dispensez-vous de nous raconter, d'après la gazette, ces scènes terribles dont nous avons été nous-mêmes les acteurs.

QUESTENBERG.

Mon devoir et ma mission sont d'accuser; c'est mon cœur qui s'arrête volontiers à la louange. Au camp de Nurenberg, le roi de Suède laissa sa gloire.... sa vie dans les plaines de Lützen. Mais qui ne fut stupéfait de voir le duc de Friedland, après cette grande journée, s'enfuir, comme un vaincu, en Bohême, et disparaître du théâtre de la guerre, pendant que le jeune héros de Weimar pénétrait sans obstacle en Franconie, s'ouvrait impétueusement un chemin jusqu'au Danube, et paraissait tout à coup devant Ratisbonne, au grand effroi de tous les chrétiens bons catholiques? Alors le digne prince des Bavarois réclame un prompt secours dans son extrême détresse.... L'empereur envoie sept courriers porter cette prière au duc de Friedland; il le supplie, quand il pouvait commander en maître. C'est en vain. Le duc, en ce moment, n'écoute que sa vieille haine, son ressentiment; il sacrifie le bien commun, pour satisfaire sa soif de vengeance contre un ancien ennemi, et Ratisbonne succombe!

WALLENSTEIN.

De quel temps s'agit-il donc, Max? Je n'en ai plus aucun souvenir.

MAX.

Il veut parler du temps où nous étions en Silésie.

WALLENSTEIN.

Ah! oui, oui! Mais qu'avions-nous donc à faire là?

MAX.

En chasser les Suédois et les Saxons.

WALLENSTEIN.

Bien! Cette description me fait oublier toute la guerre. (*A Questenberg.*) Continuez toujours.

QUESTENBERG.

Peut-être regagna-t-on sur l'Oder ce qu'on avait perdu honteusement sur le Danube. On espérait voir éclater des prodiges sur ce nouveau théâtre de guerre, où Friedland en personne tenait la campagne, où le rival de Gustave trouvait devant lui un.... Thurn et un Arnheim. Là en effet l'on se vit d'assez près, mais pour se traiter en amis, en hôtes. Toute l'Allemagne gémissait sous le poids de la guerre, mais la paix régnait dans le camp de Wallenstein.

WALLENSTEIN.

Plus d'une bataille sanglante est livrée pour rien, parce que le jeune général a besoin d'une victoire. Un privilége du général éprouvé est de n'avoir pas besoin de combattre pour montrer au monde qu'il sait vaincre. Que m'eût servi d'user de ma fortune contre un Arnheim? Ma modération eût été fort utile à l'Allemagne, si j'avais réussi à rompre la funeste alliance des Saxons et des Suédois.

QUESTENBERG.

Mais ce but ne fut pas atteint, et ainsi recommença le jeu sanglant de la guerre. Alors enfin le prince justifia son ancienne gloire. Dans les champs de Steinau, l'armée suédoise met bas les armes, vaincue sans coup férir.... Alors la justice du ciel, entre autres prisonniers, livra aux mains de la vengeance l'ancien artisan de révolte, la torche maudite de cette guerre, Matthias Thurn.... Mais il était tombé dans des mains généreuses; au lieu du châtiment, il trouva la récompense, et le prince renvoya, comblé de riches dons, l'ennemi mortel de son empereur.

WALLENSTEIN *rit*.

Je sais, je sais.... Ils avaient déjà loué d'avance, à Vienne, les fenêtres et les balcons, pour le voir sur la charrette des suppliciés.... J'aurais pu perdre honteusement la bataille, mais ce que les Viennois ne me pardonnent pas, c'est de les avoir frustrés d'un spectacle.

QUESTENBERG.

La Silésie était délivrée, et désormais tout appelait le duc dans la Bavière cruellement opprimée. En effet, il se met en marche.... il traverse la Bohême à son aise, par le chemin le plus long; mais, avant même d'avoir vu l'ennemi, il revient brusquement sur ses pas, prend ses quartiers d'hiver et écrase, avec l'armée de l'empereur, les domaines de l'empereur.

WALLENSTEIN.

L'armée faisait pitié : les choses les plus nécessaires, toute commodité, lui manquaient.... L'hiver approchait. Quelle idée Sa Majesté se fait-elle de ses troupes? Ne sommes-nous pas des hommes? Ne sommes-nous pas, comme tous les mortels, soumis à l'influence du froid, de l'humidité, à tous les besoins? Destinée maudite du soldat! Où il arrive, on fuit devant lui.... quand il part, on le charge d'imprécations. Il est obligé de tout prendre, on ne lui donne rien, et contraint de dépouiller chacun, il est à chacun un objet d'horreur. Voici mes généraux! Caraffa! comte Déodati! Buttler! dites-lui depuis combien de temps les troupes attendent leur solde.

BUTTLER.

Il y a déjà un an que la paye manque.

WALLENSTEIN.

Et il faut que le soldat ait sa solde, c'est de là qu'il tire son nom.

QUESTENBERG.

C'est un langage qui ne ressemble guère à celui que le prince de Friedland faisait entendre il y a huit ou neuf ans.

WALLENSTEIN.

Oui, c'est ma faute, je le sais bien; c'est moi-même qui ai gâté l'empereur. Oui! il y a neuf ans, pour la guerre de Danemark, je lui levai une armée de quarante à cinquante mille têtes, qui ne lui coûta pas un denier de sa bourse.... La furie de la guerre traversa les cercles de la Saxe, portant jusqu'aux écueils de la Baltique la terreur de son nom. C'était là le bon temps! Dans tous les États de l'empereur, aucun nom n'était honoré, fêté, comme le mien. Albert Wallenstein! ainsi se nommait le troisième diamant de sa couronne. Mais à la diète des princes, à Ratisbonne, cela éclata. On vit clairement alors et manifestement quelle bourse avait fourni à mes dépenses. Et quel fut mon salaire, pour avoir, en fidèle esclave du monarque, amassé sur ma tête les malédictions des peuples... pour avoir fait payer aux princes une guerre qui n'avait agrandi que lui? Eh quoi? Je fus sacrifié à leurs plaintes.... je fus déposé.

QUESTENBERG.

Votre grâce sait combien, dans cette malheureuse diète, l'empereur manqua de liberté.

WALLENSTEIN.

Mort et démon! J'avais de quoi lui procurer la liberté. Non, seigneur, depuis qu'il m'a si mal réussi de servir le trône aux dépens de l'empire, j'ai appris à me former de l'empire une tout autre idée. Sans doute, c'est de l'empereur que je tiens ce bâton de commandement; mais maintenant je le porte comme général de l'empire, pour le bien de tous, pour le salut de l'ensemble, et non plus pour l'agrandissement d'un seul.... Au fait donc! que réclame-t-on de moi?

QUESTENBERG.

Sa Majesté veut d'abord que l'armée évacue la Bohême sans retard.

WALLENSTEIN.

Dans cette saison? Et où veut-on que nous portions nos pas?

QUESTENBERG.

Là où est l'ennemi. Car Sa Majesté veut qu'avant Pâques Ratisbonne soit purgé d'ennemis, que le prêche luthérien ne retentisse pas plus longtemps dans la cathédrale.... que l'abomination de l'hérésie ne souille pas la pure solennité de la fête.

WALLENSTEIN.

Cela peut-il se faire, mes généraux?

ILLO.

Ce n'est pas possible.

BUTTLER.

Cela ne peut se faire.

QUESTENBERG.

Aussi l'empereur a-t-il déjà envoyé au colonel Suys l'ordre de marcher sur la Bavière.

WALLENSTEIN.

Qu'a fait Suys ?

QUESTENBERG.

Son devoir. Il a marché.

WALLENSTEIN.

Il a marché! Et moi, son chef, je lui avais donné l'ordre, l'ordre exprès de ne pas bouger de place. En est-il ainsi de mon commandement? Est-ce là l'obéissance qu'on me doit et sans laquelle la guerre est impossible? Vous-mêmes, mes généraux, soyez-en juges! Que mérite l'officier qui, oubliant son serment, manque à ses ordres ?

ILLO.

La mort!

WALLENSTEIN, *comme les autres se taisent et demeurent pensifs, élève la voix.*

Comte Piccolomini, qu'a-t-il mérité?

MAX, *après une longue pause.*

D'après la lettre de la loi.... la mort!

BUTTLER.

La mort, d'après le droit de la guerre. (*Questenberg se lève, Wallenstein après lui, puis tous les autres.*)

WALLENSTEIN.

C'est la loi qui l'y condamne, non pas moi! Et si je lui fais grâce, ce sera par la déférence que je dois à mon empereur.

QUESTENBERG.

S'il en est ainsi, je n'ai plus rien à dire ici.

WALLENSTEIN.

Je n'ai pris le commandement qu'à certaines conditions, et la première, tout d'abord, c'était que nul homme au monde, pas même l'empereur, n'eût rien à dire dans l'armée. Si, sur mon honneur et ma tête, je dois répondre du succès, il faut que je sois le maître. Qu'est-ce qui rendait ce Gustave irrésistible, invincible sur la terre ? Le voici : c'est qu'il était roi dans son armée. Or, un roi, un roi qui l'est en effet, n'a jamais été vaincu que par son pareil.... Mais au fait ! Nous avons encore mieux à entendre.

QUESTENBERG.

Le cardinal infant partira de Milan au printemps, et conduira une armée espagnole, par l'Allemagne, vers les Pays-Bas. Pour qu'il suive sa route en sûreté, l'empereur veut que huit régiments de cette armée l'accompagnent à cheval.

WALLENSTEIN.

Je comprends, je comprends.... Huit régiments.... Bien ! bien imaginé, père Lamormain ! Si l'idée n'était pas si infernalement habile, on serait tenté de la dire cordialement stupide. Huit mille chevaux ! Oui, oui ! c'est juste, je les vois venir.

QUESTENBERG.

Il n'y a rien à chercher là-dessous. La prudence le conseille, le besoin l'ordonne.

WALLENSTEIN.

Comment, monsieur l'ambassadeur ? Je ne dois sans doute pas m'apercevoir qu'on est las de voir dans mes mains la puissance, la poignée du glaive ? que l'on saisit avidement ce prétexte, qu'on emploie le nom de l'Espagnol pour diminuer mon armée, pour introduire dans l'empire de nouvelles forces, qui ne me soient pas soumises. Pour qu'on me jette sans façon de côté, je suis à vos yeux trop puissant. Mon contrat porte que toutes les armées impériales doivent m'obéir, dans tous les pays où l'on parle allemand ; mais quant aux troupes espagnoles et aux infants qui parcourent l'empire en voyageurs, il n'en est pas question dans le contrat.... Voilà donc qu'on le tourne et l'élude tout doucement ; on commence par m'affaiblir, puis on me rendra peu à peu inutile, jusqu'à ce qu'on puisse procéder plus sommairement avec moi.... Pourquoi ces voies tortueuses, monsieur le ministre ? De la franchise ! Le pacte conclu avec moi pèse à l'empereur. Il serait bien aise que je me retirasse. C'est un plaisir que je veux lui faire ; c'était chose résolue, seigneur, même avant votre arrivée. (*Il s'élève parmi les Généraux une agitation, qui va toujours croissant.*) J'en suis fâché pour mes colonels ; je ne vois pas encore comment ils rentreront dans leurs avances, comment ils obtiendront leur salaire si bien gagné. Un nouveau commandement élève des hommes nouveaux, et les services antérieurs s'oublient bien vite. Beaucoup d'étrangers servent dans l'armée, et, pourvu qu'un homme fût du reste brave et capable, je n'avais pas précisément l'habitude de m'inquiéter beaucoup de son arbre généalogique ni de son catéchisme. Cela changera aussi désormais. Eh bien, soit!... cela ne me regarde plus. (*Il s'assied.*)

MAX.

Que Dieu nous préserve d'en venir là!... Ce sera dans toute l'armée une fermentation, un soulèvement terrible.... On abuse l'empereur, cela ne peut être.

ISOLANI.

Cela ne peut être, car tout s'écroulerait.

WALLENSTEIN.

C'est ce qui arrivera, fidèle Isolani. Oui, tout s'écroulera, tout ce que nous avions édifié avec tant de soin. Mais cela n'empêchera pas qu'il ne se trouve un général, qu'une armée ne se rassemble à la voix de l'empereur, quand on battra le tambour.

MAX, *empressé, passionné, allant de l'un à l'autre pour les apaiser.*

Écoute-moi, mon général! Écoutez-moi, colonels! Laisse-toi fléchir, prince! Ne résous rien, jusqu'à ce que nous ayons tenu conseil entre nous, que nous t'ayons fait nos représentations.... Venez, mes amis! J'espère que tout peut encore se réparer.

TERZKY.

Venez, venez! nous trouverons les autres dans l'antichambre. (*Ils sortent.*)

BUTTLER, *à Questenberg.*

Si vous voulez écouter un conseil, évitez, dans les premières heures, de vous montrer en public. La clef d'or ne vous protégerait guère, j'en ai peur, contre les mauvais traitements. (*Bruyante agitation au dehors.*)

WALLENSTEIN.

Le conseil est bon.... Octavio, tu me répondras de la sûreté de notre hôte. Portez-vous bien, Questenberg. (*Comme celui-ci veut parler.*) Non, non, pas un mot de cet odieux sujet! Vous avez fait votre devoir. Je sais distinguer l'homme de son emploi. (*Pendant que Questenberg veut se retirer avec Octavio, Gœtz, Tie-*

fenbach, Colalto pénètrent dans la salle, suivis de plusieurs autres officiers supérieurs.)

GOETZ

Où est-il, celui qui veut que notre général nous....

TIEFENBACH, *en même temps.*

Que nous faut-il apprendre? Tu veux nous....

COLALTO, *en même temps.*

Nous voulons vivre avec toi, mourir avec toi.

WALLENSTEIN, *avec dignité, montrant Illo.*

Le feld-maréchal que voici connaît mes volontés. (*Il sort.*)

ACTE TROISIÈME.

Une chambre.

SCÈNE I.

ILLO et TERZKY.

TERZKY.

Voyons, dites-moi, comment comptez-vous faire ce soir au banquet avec les colonels ?

ILLO.

Écoutez-moi. Nous rédigeons une formule par laquelle nous nous engageons unanimement envers le duc à lui appartenir corps et âme, à verser pour lui jusqu'à la dernière goutte de notre sang, sans préjudice toutefois des devoirs que nous imposent nos serments envers l'empereur. Remarquez bien ! Nous les excepterons expressément dans une clause particulière, et nous mettrons la conscience à l'abri. Faites attention ! l'écrit ainsi conçu leur sera présenté avant le festin, personne n'en sera choqué.... Puis, écoutez encore ! après le repas, à ce moment où les vapeurs du vin ouvrent les cœurs et ferment les yeux, on fera circuler pour la signature une feuille substituée, où la clause manquera.

TERZKY.

Comment ? Pensez-vous qu'ils se croiront liés par un serment que nous leur aurons surpris par une supercherie ?

ILLO.

Nous les tiendrons toujours.... Qu'ils crient ensuite à l'astuce, tant qu'ils voudront. A la cour, on croira pourtant à leur signature plus qu'à leurs affirmations les plus sacrées. Ils seront traîtres, il faudra qu'ils le soient, et sans doute alors ils feront de nécessité vertu.

TERZKY.

Soit! pour ma part, tout me convient, pourvu qu'on fasse quelque chose et que nous bougions enfin de place.

ILLO.

Et puis, l'important n'est pas de réussir plus ou moins auprès des généraux ; il suffit que nous persuadions au maître qu'ils sont à lui.... car si une fois il agit sérieusement, avec la conviction qu'il les tient déjà, il les aura en effet et les entraînera avec lui.

TERZKY.

Il y a des moments où je ne sais vraiment que penser de lui. Il prête l'oreille à l'ennemi, me fait écrire à Thurn, à Arnheim, s'explique librement, hardiment, avec Sésina, nous parle pendant des heures de ses plans ; puis, quand je crois le tenir.... tout à coup il m'échappe, et l'on dirait que la seule chose qui lui importe, c'est de rester en place.

ILLO.

Lui, renoncer à ses anciens plans ! Je vous dis qu'éveillé, endormi, il n'est occupé d'aucune autre pensée, que chaque jour, dans cette vue, il consulte les planètes....

TERZKY.

Oui, savez-vous que, la nuit prochaine, il doit s'enfermer avec le docteur dans la tour astrologique et observer avec lui? Car ce sera, dit-on, une nuit importante, et il doit se passer au ciel quelque chose de grave, qui est attendu depuis longtemps.

ILLO.

Pourvu qu'il se fasse quelque chose ici-bas ! Les généraux sont pleins de zèle, et se laisseront amener à tout ce qu'on voudra, rien que pour conserver leur chef. Voyez! nous avons là sous la main l'occasion de conclure une étroite alliance contre la cour. Le prétexte, il est vrai, est innocent ; il ne s'agit que de maintenir Wallenstein dans son commandement. Mais, vous le savez, dans la chaleur de la poursuite, on perd bientôt de vue le point de départ. Je me charge de tout concerter, de façon que le duc les trouve disposés.... les croie disposés à tous les coups de tête. Je veux que l'occasion le séduise. Si une fois le grand pas est fait, ce pas qu'à Vienne ils ne lui pardonneront pas, la contrainte des événements le poussera en avant de plus en plus. Le difficile pour lui est uniquement de choisir. Quand la nécessité presse, il a toute sa vigueur, toute la clarté de ses vues.

TERZKY.

C'est aussi la seule chose que l'ennemi attende pour nous amener son armée.

ILLO.

Venez! Il faut que ces jours-ci nous poussions l'affaire plus loin qu'on ne l'a fait durant des années entières.... Et si tout va bien ici-bas, les astres propices, prenez-y garde, brilleront aussi là-haut. Il faut forger le fer pendant qu'il est chaud.

TERZKY.

Allez, Illo. Il faut que j'attende ici la comtesse Terzky. Sachez que nous ne sommes pas non plus oisifs.... Si une corde casse, nous en avons déjà une autre toute prête.

ILLO.

Oui, votre ménagère souriait si finement. Que tramez-vous?

TERZKY.

C'est un mystère! Silence! Elle vient. (*Illo sort.*)

SCÈNE II.

LE COMTE *et* LA COMTESSE TERZKY, *qui sort d'un cabinet; ensuite* UN DOMESTIQUE; *puis* ILLO.

TERZKY.

Vient-elle? Je ne puis le retenir plus longtemps.

LA COMTESSE.

Elle sera ici dans l'instant. Tu n'as qu'à l'envoyer.

TERZKY.

J'ignore, il est vrai, si le maître nous en saura gré. Sur ce point, tu le sais, il ne s'est jamais prononcé. Tu m'as persuadé, et c'est à toi de savoir jusqu'où tu peux aller.

LA COMTESSE.

Je prends tout sur moi. (*A part.*) Il n'est pas besoin en ceci de plein pouvoir.... Sans paroles, mon beau-frère, nous nous comprenons.... Est-ce que je ne devine pas pourquoi tu as fait venir ta fille, et pourquoi c'est justement lui qui a été choisi pour l'aller chercher? Car cet engagement prétendu avec un fiancé que personne ne connaît peut en aveugler d'autres. Moi, je te pénètre.... Toutefois, il ne te sied pas de laisser voir ta main dans un jeu pareil. Non sans doute! Tout est abandonné à mon habileté. Bien!... Je ne veux pas que tu te sois trompé sur ta sœur.

UN DOMESTIQUE *vient.*

Les généraux! (*Il sort.*)

TERZKY, *à la Comtesse.*

Ayez soin seulement de lui échauffer la tête, de lui donner à penser.... pour qu'en venant à table il n'hésite pas trop longtemps au sujet de la signature.

LA COMTESSE.

Occupe-toi de tes convives. Va et envoie-le.

TERZKY.

C'est que tout dépend de sa signature.

LA COMTESSE.

A tes convives! Va!

ILLO *revient.*

Où restez-vous, Terzky? La maison est pleine, et tous vous attendent.

TERZKY.

A l'instant, à l'instant! (*A la Comtesse.*) Et qu'il ne tarde pas trop, autrement le père pourrait concevoir quelques soupçons....

LA COMTESSE.

Vaine sollicitude! (*Terzky et Illo sortent*).

SCÈNE III.

LA COMTESSE TERZKY, MAX PICCOLOMINI.

MAX *regarde timidement dans la chambre.*

Tante Terzky! Oserai-je? (*Il s'avance jusqu'au milieu de la chambre, et regarde avec inquiétude autour de lui.*) Elle n'est pas ici! Où est-elle?

ACTE III, SCÈNE III.

LA COMTESSE.

Regardez bien dans ce coin ; peut-être cachée derrière le paravent....

MAX.

Voici ses gants! (*Il étend vivement la main pour s'en saisir; la Comtesse les prend.*) Tante impitoyable! Vous me cachez sa présence.... Vous prenez plaisir à me tourmenter.

LA COMTESSE.

Voilà ma récompense pour ma peine!

MAX.

Oh! si vous compreniez quel est l'état de mon cœur!... Depuis que nous sommes ici.... me contraindre à ce point, peser mes paroles, mes regards! Je ne suis pas habitué à cela.

LA COMTESSE.

Vous vous habituerez encore à bien des choses, mon bel ami! Il faut absolument que je persiste à éprouver ainsi votre docilité; ce n'est qu'à cette condition que je pourrai me mêler, et partout, de vos intérêts.

MAX.

Mais où est-elle? Pourquoi ne vient-elle pas?

LA COMTESSE.

Il faut que vous vous en remettiez entièrement à moi. Et qui peut avoir de meilleures intentions à votre égard? Nul homme ne doit savoir, pas même votre père.... lui moins que personne.

MAX.

Ne craignez rien. Il n'y a personne ici aux yeux de qui je voulusse montrer ce qui émeut mon âme ravie.... Oh! tante Terzky! tout est-il donc changé ici, ou le suis-je moi seul? Je me vois comme parmi des étrangers. Plus de trace de mes vœux, de mes joies d'autrefois. Qu'est-ce que tout cela est devenu? Jadis pourtant je n'étais pas mécontent dans ce monde. Comme tout aujourd'hui est insipide et commun! Mes camarades me sont insupportables; mon père lui-même, je ne sais que lui dire; le service, les armes, me sont un vain jouet. C'est là sans doute ce qu'éprouverait un esprit bienheureux qui, du séjour de l'éternelle joie, reviendrait à ses jeux d'enfant et à ses affaires, à ses penchants, à ses liaisons, à toute la pauvre humanité.

LA COMTESSE.

Je dois cependant vous prier de jeter encore quelques regards sur ce monde tout trivial, où il se passe, en ce moment même, plus d'un événement important.

MAX.

Oui, il se passe ici quelque chose autour de moi, je le vois à un mouvement, à une agitation inaccoutumée. Quand ce sera fini, cela viendra sans doute aussi jusqu'à moi. Où croyez-vous, tante, que j'aie été? Mais pas de raillerie! Le tumulte du camp m'oppressait, le flux des connaissances importunes, les fades plaisanteries, les entretiens vides; je me sentais trop à l'étroit, il fallait que je m'en allasse chercher le silence pour ce cœur trop rempli, et un asile pur pour ma félicité. Ne souriez pas, comtesse! J'ai été à l'église. Il y a ici un cloître qu'on nomme « de la Porte du Ciel. » J'y suis allé, je m'y suis trouvé seul. Au-dessus de l'autel était suspendue l'image de la mère de Dieu, une mauvaise peinture, mais c'était l'ami que je cherchais en ce moment. Combien de fois n'ai-je pas vu la Vierge auguste dans tout son éclat, la ferveur des fidèles qui l'honoraient!... Ce spectacle ne m'avait point touché, et maintenant, tout à coup, j'ai compris la dévotion, aussi bien que l'amour.

LA COMTESSE.

Jouissez de votre bonheur. Oubliez le monde qui vous entoure. Pendant ce temps, l'amitié attentive veillera et agira pour vous. Seulement soyez docile quand on vous montrera le chemin du bonheur.

MAX.

Mais où reste-t-elle donc?... Oh! temps heureux du voyage où chaque nouvelle aurore nous réunissait, où seule la nuit, bien tard, nous séparait! Là aucun sablier ne coulait, nulle cloche ne sonnait. Il me semblait, dans ma suprême béatitude, que le temps s'arrêtait dans son cours éternel. Oh! l'on est déjà déchu du ciel, quand il faut penser à la succession des heures. L'heure ne sonne pas pour les heureux.

LA COMTESSE.

Combien y a-t-il de temps que vous avez ouvert votre cœur?

MAX.

C'est ce matin que j'ai hasardé le premier mot.

ACTE III, SCÈNE III.

LA COMTESSE.

Quoi? ce matin seulement, dans ces vingt jours?

MAX.

C'était dans ce pavillon de chasse, entre ce lieu-ci et Népomuk, où vous nous avez rejoints, à la dernière station de tout le voyage. Nous nous tenions dans l'embrasure d'une fenêtre en saillie, dirigeant nos regards en silence sur la campagne déserte, et nous voyions accourir les dragons que le duc nous avait envoyés pour notre escorte. L'angoisse de la séparation pesait sur mon cœur, et enfin, tout tremblant, je hasardai ces mots : « Tout ceci m'avertit, mademoiselle, que je dois aujourd'hui me séparer de mon bonheur. Dans peu d'heures, vous retrouverez un père ; vous vous verrez entourée de joies nouvelles, et dès lors je serai pour vous un étranger, perdu dans la foule. — Parlez à ma tante Terzky! » reprit-elle précipitamment. Sa voix tremblait, je vis une rougeur brûlante colorer ses belles joues, et son regard, se détachant lentement de la terre, rencontra le mien.... Je ne puis me contenir plus longtemps.... (*La Princesse paraît à la porte, et s'arrête ; remarquée de la Comtesse, mais non de Piccolomini.*) J'ai l'audace de la serrer dans mes bras, mes lèvres touchent les siennes.... Un bruit se fit alors entendre dans la salle voisine et nous sépara.... C'était vous. Ce qui s'est passé ensuite, vous le savez.

LA COMTESSE, *après une pause, jetant à la dérobée un regard sur Thécla.*

Et vous êtes si discret, ou si peu curieux, que vous ne me demandez pas aussi mon secret?

MAX.

Votre secret?

LA COMTESSE.

Mais oui! Comment j'entrai dans la chambre immédiatement après vous, comment je trouvai ma nièce, ce que, dans le premier moment de la surprise du cœur?...

MAX, *vivement.*

Eh bien!

SCÈNE IV.

LES PRÉCÉDENTS; THÉCLA, *qui s'avance rapidement.*

THÉCLA.

Épargnez-vous ce soin, ma tante. Il l'entendra mieux encore de ma bouche.

MAX *recule.*

Mademoiselle! Que m'avez-vous fait dire, tante Terzky?

THÉCLA, *à la Comtesse.*

Y a-t-il longtemps qu'il est ici?

LA COMTESSE.

Oui, et son temps est bientôt passé. Mais où êtes-vous donc restée si longtemps?

THÉCLA.

Ma mère a encore tant pleuré! Je la vois souffrir.... et pourtant je ne puis m'empêcher d'être heureuse.

MAX, *absorbé dans sa contemplation.*

Maintenant j'ai de nouveau le courage de vous regarder. Aujourd'hui je ne le pouvais pas. L'éclat des pierreries qui vous entourait me cachait ma bien-aimée.

THÉCLA.

Ce n'étaient donc que vos yeux, et non votre cœur, qui me voyaient?

MAX.

Oh! ce matin, quand je vous ai vue dans le cercle des vôtres, que je vous ai trouvée dans les bras de votre père, me sentant moi-même étranger dans ce cercle.... comme, en ce moment, j'étais pressé du désir de me jeter à son cou, de le nommer mon père! Mais son œil sévère imposait silence à ma vive et bouillante émotion, et j'étais effrayé par ces diamants qui vous entouraient comme une couronne d'étoiles. Mais aussi pourquoi faut-il que, dès votre arrivée, il ait tracé autour de vous comme un cercle magique, qu'il ait paré l'ange tout d'abord pour le sacrifice et jeté sur votre âme sereine le triste fardeau de son rang? L'amour peut bien adresser son hommage à l'amour, mais un roi seul peut s'approcher d'un tel éclat.

THÉCLA.

Oh! ne me parlez pas de ce travestissement! Vous voyez comme je me suis hâtée de rejeter le fardeau. (*A la Comtesse.*) Son cœur n'a plus sa sérénité. Pourquoi ne l'a-t-il plus? Est-ce vous, ma tante, qui me l'avez rendu si mélancolique? Il était tout autre pendant la route. Si calme et sans nuage! si éloquent, si enjoué! Je voudrais vous voir toujours ainsi et jamais autrement.

MAX.

Vous vous êtes trouvée soudain dans les bras de votre père, dans un monde nouveau qui vous rend hommage et qui doit charmer vos yeux, quand ce ne serait que par sa nouveauté.

THÉCLA.

Oui, bien des choses ici me charment, je ne veux pas le nier. J'aime ce théâtre guerrier, brillant et mobile, qui renouvelle et multiplie à mes yeux une image chérie, et rattache pour moi à la vie, à la réalité, ce qui ne me paraissait qu'un beau rêve.

MAX.

Pour moi, il a changé en rêve un bonheur réel. Pendant ces derniers jours, j'ai vécu dans une île des régions éthérées; elle est descendue sur la terre, et ce pont qui me ramène à ma vie d'autrefois, me sépare de mon ciel.

THÉCLA.

Le jeu de la vie vous apparaît riant et serein, quand on porte dans son cœur un trésor assuré, et je reviens plus joyeuse, après avoir examiné ce spectacle, au bien plus charmant que je possède.... (*S'arrêtant tout à coup pour prendre le ton de la plaisanterie.*) Que n'ai-je pas vu, de nouveau et d'inouï, depuis le peu de temps que je suis ici! Et pourtant tout cela doit céder à la merveille que renferme mystérieusement ce château.

LA COMTESSE, *réfléchissant.*

Que serait-ce donc? Je connais pourtant aussi tous les recoins obscurs de cette maison.

THÉCLA, *souriant.*

Le chemin qui y mène est défendu par des Esprits, deux griffons montent la garde à la porte.

LA COMTESSE *rit.*

Ah! oui, la tour astrologique. Comment ce sanctuaire, qui

est toujours si sévèrement gardé, s'est-il ouvert à vous dès les premières heures ?

THÉCLA.

Un petit vieillard à cheveux blancs, au visage amical, qui m'a donné tout d'abord sa faveur, m'a ouvert les portes.

MAX.

C'est l'astrologue du duc, Séni.

THÉCLA.

Il m'a demandé beaucoup de choses : quand je suis née, quel jour, quel mois, si c'est de jour ou de nuit....

LA COMTESSE.

C'est qu'il voulait tirer votre horoscope.

THÉCLA.

Il a aussi examiné ma main et secoué la tête d'un air inquiet ; il semblait que les lignes ne lui plaisaient guère.

LA COMTESSE.

Et que dites-vous donc de cette salle ? Je ne l'ai jamais que parcourue d'un regard bien rapide.

THÉCLA.

J'ai éprouvé une étrange émotion, quand j'y suis entrée tout à coup, en sortant de la pleine lumière du jour ; car une sombre nuit m'environna soudain, faiblement éclairée par une lueur singulière. Autour de moi se tenaient en demi-cercle six ou sept grandes figures de rois, le sceptre à la main, et chacune portait une étoile sur la tête, et toute la lumière de la tour semblait ne venir que des étoiles. « Ce sont les planètes, me dit mon guide ; elles gouvernent la destinée, voilà pourquoi elles sont représentées comme des rois. Le dernier, ce vieillard sombre et chagrin, avec une étoile d'un jaune terne, est Saturne. L'autre, avec ce rouge éclat, qui est juste en face de lui, en armure de guerre, c'est Mars, et ils procurent l'un et l'autre peu de bonheur aux hommes. » Mais à côté se tenait une belle femme ; l'étoile brillait doucement sur sa tête. C'était Vénus, me dit-il, l'astre de la joie. A gauche paraissait Mercure avec des ailes. Tout au milieu, un homme au visage serein, au front royal, répandait un éclat argenté ; c'était Jupiter, l'astre de mon père, et la Lune et le Soleil se tenaient à ses côtés.

ACTE III, SCÈNE IV.

MAX.

Oh! jamais je ne blâmerai sa croyance aux astres, à la puissance des Esprits. Ce n'est pas seulement l'orgueil de l'homme qui remplit l'espace d'Esprits, de forces mystérieuses ; mais, pour un cœur aimant, la nature commune est aussi trop étroite, et un sens plus profond est caché dans les contes de mon enfance que dans la vérité qui instruit la vie. Le monde serein des merveilles peut seul donner une réponse au cœur ravi ; il m'ouvre ses espaces éternels et étend au-devant de moi mille rameaux abondants sur lesquels l'esprit enivré se berce avec béatitude. La fable est le monde de l'amour, sa patrie ; il se plaît à habiter parmi les fées, les talismans ; il aime à croire aux dieux, parce qu'il est divin. Les anciennes créations de la fable ne sont plus, cette race enchanteresse nous a fuis ; mais le cœur a besoin d'un langage ; ses instincts, toujours les mêmes, ramènent les anciens noms, et ces dieux, qui autrefois s'associaient amicalement à la vie humaine, parcourent maintenant le ciel étoilé. De là-haut, ils font signe à ceux qui aiment, et, encore aujourd'hui, c'est Jupiter qui nous apporte toute grandeur, Vénus toute beauté.

THÉCLA.

Si telle est la science des étoiles, je veux professer avec joie cette sereine croyance. C'est une douce et aimable pensée, de se dire qu'au-dessus de nous, à des hauteurs infinies, la couronne de l'amour, au moment de notre naissance, était déjà tressée d'astres étincelants.

LA COMTESSE.

Le ciel n'a pas seulement des roses, mais aussi des épines. Heureuse, mon enfant, si elles ne te gâtent pas ta couronne! Ce que Vénus, l'astre du bonheur, a noué, Mars, l'auteur de l'infortune, peut soudain le rompre.

MAX.

Son règne sinistre sera bientôt achevé. Béni soit le zèle actif et sincère du prince! Il tressera la branche d'olivier dans la couronne de laurier, et donnera la paix à l'univers ravi. Alors son grand cœur n'aura plus rien à désirer ; il a assez fait pour sa gloire, il peut désormais vivre pour lui et pour les siens. Il se retirera dans ses terres ; il a un beau séjour à Gitschin ; Reichenberg, le château de Friedland, sont aussi dans des sites charmants.... Le parc de chasse, dans ses forêts, s'étend jusqu'au pied des montagnes des Géants. Il pourra librement alors satisfaire son noble penchant de magnifique création. Là il pourra encourager en prince tous les arts et protéger tout ce qui est digne et grand.... Il pourra bâtir, planter, observer les étoiles.... Oui, si sa force et son audace ne peuvent demeurer en repos, qu'il lutte avec les éléments, qu'il détourne le fleuve, fasse sauter le rocher et ouvre au commerce une route facile. Ce seront alors, dans les longues nuits d'hiver, des récits de nos aventures guerrières....

LA COMTESSE.

Je veux pourtant vous conseiller, mon neveu, de ne pas déposer trop tôt le glaive; car une fiancée comme celle-ci est bien digne d'être conquise par l'épée.

MAX.

Oh! si je pouvais la gagner par les armes!

LA COMTESSE.

Qu'est-ce que cela? N'entendez-vous rien?... Il m'a semblé entendre du tumulte et une violente querelle dans la salle du festin. (*Elle sort.*)

SCÈNE V.

THÉCLA et MAX PICCOLOMINI.

THÉCLA, *dès que la Comtesse s'est éloignée, dit précipitamment et avec mystère à Piccolomini :*

Ne te fie pas à eux. Ils sont faux.

MAX.

Ils pourraient....

THÉCLA.

Ne te fie à personne qu'à moi. Je l'ai remarqué sur-le-champ, ils ont leurs vues.

MAX.

Leurs vues? mais lesquelles? Que leur reviendrait-il de nous donner des espérances....

THÉCLA.

Je ne sais. Mais, crois-moi, ils ne songent pas sérieusement à nous rendre heureux, à nous unir.

MAX.

Mais aussi pourquoi ces Terzky? N'avons-nous pas ta mère? Oui, sa bonté mérite que nous ayons en elle une confiance filiale.

THÉCLA.

Elle t'aime, elle t'estime par-dessus tout autre; mais jamais elle n'aurait le courage de taire à mon père un tel secret. Pour son repos, il faut le lui cacher.

MAX.

Mais aussi pourquoi partout ce mystère? Sais-tu ce que je veux faire? J'irai me jeter aux pieds de ton père; je veux qu'il décide de mon bonheur; il est vrai, étranger à la dissimulation, il déteste les chemins tortueux. Il est si bon, si noble....

THÉCLA.

C'est toi qui es noble et bon!

MAX.

Tu ne le connais que d'aujourd'hui; mais moi, depuis dix ans déjà, je vis sous ses yeux. Serait-ce donc la première fois qu'il ferait une chose rare, inespérée? Surprendre comme un dieu est chose conforme à sa nature; il faut toujours qu'il ravisse, qu'il frappe d'étonnement. Qui sait si, dans ce moment, il n'attend pas uniquement, pour nous unir, mon aveu, le tien?... Tu gardes le silence? Tu me regardes d'un air de doute? Qu'as-tu contre ton père?

THÉCLA.

Moi? Rien.... Seulement je le trouve trop occupé, pour qu'il ait le temps et le loisir de songer à notre bonheur. (*Le prenant par la main avec tendresse.*) Imite-moi. Ne croyons pas trop aux hommes. Soyons reconnaissants envers ces Terzky de tous leurs services, mais ne nous fions pas trop à eux, et du reste.... abandonnons-nous à notre cœur.

MAX.

Oh! mais aussi serons-nous jamais heureux?

THÉCLA.

Ne le sommes-nous donc pas? N'es-tu pas à moi? Ne suis-je pas à toi?... Ce noble courage qui vit dans ton âme, l'amour me l'inspire aussi. Je devrais être moins franche, te cacher davantage mon cœur; les bienséances le veulent ainsi. Mais où serait ici la vérité pour toi, si tu ne la trouvais sur mes lèvres? Nous nous sommes rencontrés, nous nous tiendrons enlacés étroitement, à jamais. Crois-moi! c'est beaucoup plus qu'ils n'ont voulu. Cachons donc ce bonheur, comme un larcin sacré, au plus profond de notre cœur. Il nous est tombé des hauteurs célestes, et c'est au ciel seul que nous voulons le devoir. Il peut faire pour nous un miracle.

SCÈNE VI.

LA COMTESSE TERZKY, LES PRÉCÉDENTS.

LA COMTESSE, *empressée*.

Mon mari envoie. Il est grand temps, dit-il. Il faut qu'il paraisse au festin. (*Comme ils ne font pas attention à ses paroles, elle va se placer entre eux.*) Séparez-vous!

THÉCLA.

Oh! pas encore! Il y a à peine un instant.

LA COMTESSE.

Le temps passe vite pour vous, mon auguste nièce.

MAX.

Tante, rien ne presse.

LA COMTESSE.

Allez, allez! on s'aperçoit de votre absence. Déjà deux fois votre père s'est informé de vous.

THÉCLA.

Eh bien! son père!...

LA COMTESSE.

C'est de votre compétence, ma nièce.

THÉCLA.

Que voulez-vous qu'il fasse dans toutes ces assemblées? Ce n'est pas là sa société. Ce peuvent être de dignes personnages, des hommes de mérite, mais il est trop jeune pour eux, il n'est pas fait pour cette compagnie.

LA COMTESSE.

Vous aimeriez à le garder pour vous seule?

THÉCLA, *vivement*.

Vous avez deviné. C'est ma pensée. Oui, laissez-le tout à fait ici, faites dire aux généraux....

ACTE III, SCÈNE VI.

LA COMTESSE.

Avez-vous perdu la tête, ma nièce ?... Comte, vous savez nos conditions.

MAX.

Il faut que j'obéisse, mademoiselle. Adieu. (*Comme Thécla se détourne rapidement de lui.*) Que dites-vous ?

THÉCLA, *sans le regarder.*

Rien. Allez.

MAX.

Le puis-je, si vous êtes irritée contre moi ?... (*Il s'approche d'elle. Leurs yeux se rencontrent. Elle demeure quelque temps immobile et muette, puis se jette dans ses bras. Il la presse avec force sur son cœur.*)

LA COMTESSE.

Partez ! Si quelqu'un venait ! J'entends du bruit, des voix étrangères approchent. (*Max s'arrache de ses bras et s'éloigne ; la Comtesse l'accompagne. Thécla le suit d'abord des yeux, parcourt la chambre avec agitation, puis s'arrête, plongée dans ses pensées. Une guitare est sur la table, elle la prend et, après avoir prélude quelques instants avec mélancolie, elle se met à chanter.*)

SCÈNE VII.

THÉCLA *chante, en s'accompagnant de la guitare.*

La forêt de chênes mugit, les nuages avancent,
La jeune fille erre sur le vert rivage,
Le flot se brise, se brise avec force,
Et elle jette son chant dans la sombre nuit,
L'œil obscurci par les larmes.

Le cœur est mort, le monde est vide,
Et n'offre plus rien désormais au désir.
O sainte, rappelle ton enfant !
J'ai joui du bonheur terrestre.
J'ai vécu, j'ai aimé.

SCÈNE VIII.

LA COMTESSE *revient*; THÉCLA.

LA COMTESSE.

Qu'était-ce que cela, mademoiselle ma nièce? Fi! vous vous jetez à sa tête. Vous devriez pourtant, ce me semble, attacher un peu plus de prix à votre personne.

THÉCLA, *se levant*.

Que voulez-vous dire, ma tante?

LA COMTESSE.

Vous ne devez pas oublier qui vous êtes et qui il est. Oui, vous n'y avez pas même encore songé, je crois.

THÉCLA.

A quoi donc?

LA COMTESSE.

Que vous êtes la fille du prince de Friedland.

THÉCLA.

Eh bien? et quoi après?

LA COMTESSE.

Quoi? Belle question!

THÉCLA.

Ce que nous sommes devenus, il l'est par sa naissance. Il est d'une ancienne race lombarde, fils d'une princesse.

LA COMTESSE.

Parlez-vous en rêve? En vérité! il faudra encore le prier poliment de rendre heureuse, par le don de sa main, la plus riche héritière de l'Europe.

THÉCLA.

Cela ne sera point nécessaire.

LA COMTESSE.

Oui, l'on fera bien de ne pas s'exposer....

THÉCLA.

Son père l'aime, le comte Octavio n'aura rien à objecter....

LA COMTESSE.

Son père! le sien! Et le vôtre, ma nièce?

THÉCLA.

Eh bien oui! je crois que c'est son père que vous craignez,

puisque c'est à lui, à son père, dis-je, que vous en faites mystère si soigneusement.

LA COMTESSE *la regarde d'un air scrutateur.*

Ma nièce, vous êtes fausse.

THÉCLA.

Êtes-vous susceptible, tante? Oh! soyez bonne.

LA COMTESSE.

Vous croyez déjà votre partie gagnée.... Ne triomphez pas trop tôt!

THÉCLA.

De grâce, soyez bonne!

LA COMTESSE.

Les choses n'en sont pas encore là.

THÉCLA.

Je le crois bien.

LA COMTESSE.

Pensez-vous qu'il ait consacré au travail de la guerre sa grande existence, qu'il ait renoncé à tout bonheur paisible ici-bas, qu'il ait banni le sommeil de sa couche, livré sa noble tête aux soucis, seulement pour faire de vous un couple heureux? pour te tirer enfin de ton couvent, et t'amener en triomphe l'homme qui plaît à tes yeux?... Il aurait pu en venir là à moins de frais. Cette semence n'a pas été semée pour que, de ta main enfantine, tu brises la fleur, et l'attaches à ton sein comme une facile parure.

THÉCLA.

Ce qu'il n'a pas planté pour moi pourrait cependant de soi-même me donner de beaux fruits. Et si mon destin, bienveillant et propice, veut de son existence, merveilleuse à faire peur, tirer pour moi le bonheur de ma vie....

LA COMTESSE.

Tu la considères en jeune fille qui aime. Regarde autour de toi. Songe où tu es.... Tu n'es pas venue dans la maison de la joie, tu ne trouves pas de murs ornés pour une noce, les têtes des convives couronnées de fleurs. Ici, il n'y a point d'autre éclat que celui des armes. Ou penses-tu peut-être qu'on ait réuni ces milliers de soldats pour exécuter la danse à la fête de ton hymen? Tu vois le front de ton père plein de pensées, les yeux de ta mère en larmes; la grande destinée de notre maison est dans la balance. Quitte aujourd'hui les sentiments enfantins de la jeune fille, laisse derrière toi les désirs mesquins. Montre que tu es la fille de l'homme extraordinaire. La femme ne doit pas s'appartenir à elle-même; elle est étroitement liée à une destinée étrangère; mais la meilleure est celle qui sait s'approprier par choix cet intérêt étranger, qui le porte sur son cœur et l'adopte et le choie avec une intime tendresse.

THÉCLA.

C'est ce qu'on m'enseignait au couvent. Je n'avais point de désirs, je ne voyais en moi que sa fille, la fille de l'homme tout-puissant, et le bruit de sa vie, qui pénétrait jusqu'à moi, ne me donnait pas d'autre sentiment que celui-ci : « Je suis destinée à me sacrifier passivement à lui. »

LA COMTESSE.

C'est là ton sort. Résigne-toi volontairement. Ta mère et moi, nous te donnons l'exemple.

THÉCLA.

Le sort m'a montré celui à qui je dois me sacrifier, je le suivrai avec joie.

LA COMTESSE.

Ton cœur, ma chère enfant, et non le sort.

THÉCLA.

L'attrait du cœur est la voix du sort. Je suis à lui. Cette vie nouvelle que je vis n'est qu'un présent de lui. Il a des droits sur sa créature. Qu'étais-je avant que son bel amour m'animât? Je ne veux pas non plus penser de moi plus mal que mon bien-aimé. On n'est pas sans valeur quand on possède un trésor inappréciable. Je sens qu'avec le bonheur la force m'est prêtée. La vie apparaît sérieuse à mon âme sérieuse. Je sais maintenant que je m'appartiens à moi-même; j'ai appris à connaître, au dedans de moi, la ferme, l'invincible volonté, et, pour atteindre au bien suprême, je puis tout risquer.

LA COMTESSE.

Tu résisterais à ton père, s'il avait autrement disposé de toi?... Tu veux lui arracher ce que tu désires? Sache-le, mon enfant, son nom est Friedland.

THÉCLA.

C'est aussi le mien. Je veux qu'il trouve en moi sa vraie fille.

LA COMTESSE.

Comment? Son souverain, son empereur ne peut le contraindre, et toi, sa fille, tu voudrais lutter avec lui?

THÉCLA.

Ce que personne n'ose, sa fille peut l'oser.

LA COMTESSE.

Eh bien, en vérité, il ne s'attend pas à cela. Il aurait triomphé de tous les obstacles, et dans la propre volonté de sa fille naîtrait pour lui un nouveau combat? Enfant, enfant! tu n'as encore vu que le sourire de ton père, tu n'as pas vu le regard de sa colère. La voix de ta résistance, voix tremblante, se risquera-t-elle devant lui? Tu peux bien, quand tu es seule, former de grandes résolutions, tresser de belles fleurs d'éloquence, armer ton âme de colombe du courage du lion. Mais essaye! Parais devant ses yeux, fermement fixés sur toi, et dis : « Non! » Son regard te consumera, comme le regard de feu du soleil la tendre corolle de la fleur.... Je ne veux pas t'effrayer, ma chère enfant; nous n'en viendrons pas à ces extrémités, je l'espère.... Aussi bien j'ignore sa volonté. Il peut se faire que ses plans s'accordent avec ton désir; mais son intention ne sera jamais que toi, la fille orgueilleuse de sa fortune, tu prennes les façons d'une fillette amoureuse, que tu te jettes à la tête de l'homme qui, si jamais ce haut salaire lui est destiné, doit le payer par le plus grand sacrifice que puisse offrir l'amour. (*Elle sort.*)

SCÈNE IX.

THÉCLA *seule*.

Merci de cet avertissement! Il change en certitude mon funeste pressentiment. Il est donc vrai? Nous n'avons ici nul ami, nul cœur fidèle.... nous n'avons que nous-mêmes. De rudes combats nous menacent. Toi, amour, donne-nous de la force, divin amour! Oh! elle dit vrai! Ce ne sont pas des signes de joie qui éclairent cette union de nos cœurs; ce n'est pas ici un théâtre où habite l'espérance. Le sourd tumulte de la guerre retentit seul en ce lieu, et l'amour même se présente comme revêtu d'une armure d'acier et ceint pour un combat à mort. Un sombre esprit hante notre maison, et le destin a hâte d'en finir avec nous. Il me pousse hors de mon paisible asile, il faut qu'une aimable magie éblouisse mon âme. Il m'attire par une forme céleste, je la vois voltiger près de moi, plus près encore. Il m'entraîne avec une force divine vers le précipice, je ne puis résister. (*On entend au loin la musique du festin.*) Oh! quand une maison doit périr dans les flammes, le ciel rassemble ses nuages, l'éclair jaillit des hauteurs sereines, des feux s'élancent des gouffres souterrains, et le dieu de la joie lui-même, dans une aveugle fureur, lance la torche résineuse sur l'édifice enflammé. (*Elle sort.*)

ACTE QUATRIÈME.

Le lieu de la scène est une grande salle splendidement illuminée; au milieu et vers le fond du théâtre, une table richement servie, à laquelle sont assis huit généraux, parmi lesquels sont Octavio Piccolomini, Terzky et Maradas. A droite et à gauche, plus en arrière, sont encore deux autres tables, à chacune desquelles sont placés six convives. En avant est le buffet; tout le devant de la scène demeure libre pour les pages et les domestiques qui servent. Tout est en mouvement. Des musiciens du régiment de Terzky passent sur le théâtre et tournent autour de la table. Avant qu'ils se soient entièrement éloignés, Max Piccolomini paraît. Terzky vient au-devant de lui, avec un écrit; Isolani, avec une coupe.

SCÈNE I.

TERZKY, ISOLANI, MAX PICCOLOMINI.

ISOLANI.

Frère, à ce que nous aimons!... Mais où restez-vous donc? Vite à votre place! Terzky nous a livré en proie les vins d'honneur de sa mère. Ça se passe ici comme au château d'Heidelberg. Vous avez déjà manqué le meilleur. Là-bas, à table, ils se partagent les couronnes de princes; on adjuge les biens d'Eggenberg, de Slawata, de Lichtenstein, de Sternberg, avec tous les grands fiefs de Bohême. Si vous vous dépêchez, vous aurez aussi votre lot. Marche! Asseyez-vous!

COLALTO *et* GOETZ *crient, à la seconde table.*

Comte Piccolomini!

TERZKY.

Vous l'aurez! A l'instant!... Lis cette formule de serment, et vois si elle te plaît, comme nous l'avons rédigée. Ils l'ont tous lue à la file, et chacun y apposera son nom.

MAX *lit.*

Ingratis servire nefas.

ISOLANI.

Cela ressemble à un dicton latin.... Camarade, qu'est-ce que cela veut dire en allemand?

TERZKY.

Un homme de bien ne sert point un ingrat.

MAX.

« Considérant que notre très-puissant général, le sérénissime
« prince de Friedland, par suite de nombreuses offenses, avait
« résolu de quitter le service de l'empereur, mais que, par notre
« unanime prière, il s'est laissé persuader de rester encore à l'ar-
« mée, et qu'il a promis de ne pas se séparer de nous, sans notre
« consentement, nous, en retour, nous nous engageons tous con-
« jointement, et chacun de nous en particulier, par un serment
« personnel, à lui demeurer attachés loyalement et fidèlement,
« à ne nous séparer de lui en aucune façon, et à tout sacrifier
« pour lui, jusqu'à la dernière goutte de notre sang, nous vou-
« lons dire *en tant que le permettra le serment que nous avons prêté*
« *à l'empereur*. (*Ces derniers mots sont répétés par Isolani.*) Comme
« aussi, si l'un ou l'autre de nous, contrairement à ce pacte,
« devait se détacher de la cause commune, nous le déclarons
« traître et déserteur de l'alliance, et nous nous estimons tous
« engagés à l'en punir, dans sa fortune et ses biens, son corps
« et sa vie. En foi de quoi, nous avons signé de notre nom[1]. »

TERZKY.

Es-tu disposé à signer ce papier?

ISOLANI.

Et pourquoi ne signerait-il pas? Tout officier, homme d'honneur, le peut.... le doit.... Une plume et de l'encre!

TERZKY.

Laisse, attends la fin du repas....

ISOLANI, *entraînant Max.*

Venez, venez! (*Ils vont tous deux à la table.*)

1. Cette formule de serment est en prose dans l'original.

SCÈNE II.

TERZKY, NEUMANN.

TERZKY *fait signe à Neumann, qui attendait près du buffet, et il va avec lui sur le devant de la scène.*

Apportes-tu la copie, Neumann? Donne! Elle est, j'espère, écrite de façon qu'on puisse aisément la prendre pour l'autre?

NEUMANN.

Je l'ai copiée ligne pour ligne et trait pour trait, rien n'a été omis que le passage du serment, ainsi que Votre Excellence me l'a ordonné.

TERZKY.

Bien! dépose-la ici, et l'autre vite au feu! Elle a fait son office. (*Neumann pose la copie sur la table et retourne près du buffet.*)

SCÈNE III.

ILLO *vient de la seconde chambre;* TERZKY.

ILLO.

Où en sommes-nous avec Piccolomini?

TERZKY.

Cela va bien, je crois. Il n'a pas fait d'objection.

ILLO.

C'est le seul en qui je n'aie pas pleine confiance, lui et son père.... Ayez l'œil sur tous deux.

TERZKY.

Quelles sont les apparences à votre table? J'espère que vous tenez vos convives échauffés?

ILLO.

Ils sont tout cœur. Je crois que nous les avons. C'est comme je vous l'ai prédit.... déjà il n'est plus question de maintenir simplement le duc à son poste. « Puisque nous voilà une fois tous ensemble, il faut, dit Montécuculli, aller faire nos conditions à l'empereur dans sa propre ville de Vienne. » Croyez-moi, n'étaient ces Piccolomini, nous aurions pu nous épargner cette tromperie.

TERZKY.

Que veut Buttler? Silence!

SCÈNE IV.

BUTTLER, LES PRÉCÉDENTS.

BUTTLER, *venant de la seconde table.*

Ne vous dérangez pas. Je vous ai bien compris, feld-maréchal. Bon succès à votre dessein!... Et en ce qui me touche, (*mystérieusement*) vous pouvez compter sur moi.

ILLO, *vivement*.

Le pouvons-nous?

BUTTLER.

Avec ou sans la clause; ça m'est égal. Me comprenez-vous? Le prince peut mettre ma fidélité à toute épreuve, dites-le-lui. Je suis officier de l'empereur aussi longtemps qu'il lui plaira de rester général de l'empereur; je suis serviteur de Friedland dès qu'il lui conviendra d'être son propre maître.

TERZKY.

Vous gagneriez au change. Ce n'est point à un ladre, à un Ferdinand que vous vous engagez.

BUTTLER, *avec gravité*.

Je ne vends point ma fidélité, comte Terzky, et je ne vous aurais pas conseillé de marchander de moi, il y a six mois, ce qu'aujourd'hui je vous offre volontairement. Oui, je me donne au duc avec mon régiment, et mon exemple ne restera pas, je pense, sans effet.

ILLO.

Qui ne sait que le colonel Buttler est un modèle qui brille en tête de toute l'armée?

BUTTLER.

Croyez-vous, feld-maréchal? Eh bien! je ne me repens pas de la fidélité que j'ai gardée pendant quarante ans, si ma bonne renommée, si bien ménagée, peut m'acheter, à soixante ans, une si pleine vengeance!... Ne soyez pas choqués de mon langage, messieurs. Peu vous importe de quelle façon je vous suis acquis; et vous-mêmes, j'espère, vous ne vous attendez pas que votre artifice fausse la droiture de mon jugement.... que la versatilité, l'effervescence du sang, ou quelque autre cause futile, détourne un vieillard du sentier de l'honneur si longtemps suivi. Venez! Pour savoir clairement ce que je déserte, je n'en suis pas moins résolu.

ILLO.

Dites franchement pour qui nous devons vous tenir....

BUTTLER.

Pour un ami! Voici ma main en gage de ma parole. Je suis à vous avec tout ce que j'ai. Le duc n'a pas seulement besoin d'hommes, mais aussi d'argent. J'ai gagné quelque chose à son service, je le lui prête, et s'il me survit, il y a longtemps que je lui ai tout légué; il est mon héritier. Je suis seul au monde, et je ne connais pas ce sentiment qui attache l'homme à une épouse bien-aimée, à des enfants chéris; mon nom meurt, mon existence s'achève avec moi.

ILLO.

On n'a pas besoin de votre argent.... Un cœur comme le vôtre pèse des tonnes d'or et des millions.

BUTTLER.

Je suis venu, mauvais palefrenier, d'Irlande à Prague, avec un maître que j'ai enterré. Jouet de la fortune capricieuse, je suis monté, par le sort de la guerre, de l'humble service de l'écurie, à cette dignité, à ce rang élevé. Wallenstein est aussi un enfant de la fortune : j'aime une carrière qui ressemble à la mienne.

ILLO.

Tous les cœurs forts sont parents entre eux.

BUTTLER.

C'est une grande époque que celle où nous vivons : elle est favorable au brave, à l'homme résolu. Comme la monnaie passe de main en main, villes et châteaux changent rapidement de possesseurs. Les descendants des plus antiques maisons émigrent de leurs foyers; de nouvelles armoiries, de nouveaux noms s'élèvent. Un peuple du Nord, qui n'est pas le bienvenu sur la terre d'Allemagne, tente hardiment d'y conquérir à demeure le droit de cité. Le prince de Weimar s'arme de force et de courage pour fonder sur le Mein une principauté puissante. A Mansfeld, à Halberstadt, il n'a manqué qu'une vie plus longue pour s'approprier vaillamment des domaines souverains. Lequel d'entre eux approche de notre Friedland? Il n'est rien de si haut, que l'homme fort ne puisse dresser son échelle pour y tendre.

TERZKY.

Voilà qui est parler en homme!

BUTTLER.

Assurez-vous des Espagnols et des Welches. Je me charge de l'Écossais Lesly. Rejoignons la société! Venez!

TERZKY.

Où est le sommelier? Donne tout ce que tu as, les meilleurs vins! C'est le jour décisif. Nos affaires vont bien. (*Ils s'en vont chacun à sa table.*)

SCÈNE V.

LE SOMMELIER *et* **NEUMANN** *viennent sur le devant de la scène;*
LES DOMESTIQUES *vont et viennent.*

LE SOMMELIER.

Le généreux vin! Si mon ancienne maîtresse, la chère maman, voyait cette vie désordonnée, elle se retournerait dans sa tombe.... Oui, oui, monsieur l'officier! Cette noble maison décline.... Ni mesure ni fin! Et l'auguste alliance avec ce duc ne nous porte guère bonheur.

NEUMANN.

A Dieu ne plaise! C'est maintenant que la prospérité va tout de bon commencer.

LE SOMMELIER.

Croyez-vous? Il y aurait bien à dire.

UN DOMESTIQUE *vient.*

Du bourgogne pour la quatrième table!

LE SOMMELIER.

C'est la soixante dixième bouteille, monsieur le lieutenant.

ACTE IV, SCÈNE V.

LE DOMESTIQUE.

C'est qu'il y a là, parmi les convives, un seigneur allemand, Tiefenbach. (*Il s'en va.*)

LE SOMMELIER, *continuant, à Neumann.*

Ils veulent prendre leur vol par trop haut. Ils veulent égaler en faste les électeurs et les rois, et, si le prince se hasarde à une certaine hauteur, le comte, mon gracieux maître, ne veut pas rester en arrière. (*Aux Domestiques.*) Pourquoi restez-vous là à écouter? Je vais vous donner des jambes. Voyez aux tables, aux bouteilles! Là! le comte Palffy a un verre vide devant lui.

UN SECOND DOMESTIQUE *vient.*

On demande la grande coupe, sommelier, la riche coupe d'or, avec les armes de Bohême. Vous savez laquelle, a dit le maître.

LE SOMMELIER.

Celle qui a été faite par maître Guillaume, pour le couronnement du roi Frédéric, cette pièce magnifique du butin de Prague.

SECOND DOMESTIQUE.

Oui, celle-là! Ils veulent y boire à la ronde.

LE SOMMELIER *secoue la tête en allant chercher la coupe et la rinçant.*

Ce sera encore un sujet de rapports à faire à Vienne.

NEUMANN.

Montrez! C'est une merveille de coupe. Elle est d'or massif, et l'on y a figuré en relief des choses pleines de sens. Sur le premier écusson.... laissez donc voir!... cette fière amazone à cheval, qui passe sur la crosse et la mitre. Elle porte sur une lance un chapeau et un étendard où l'on voit un calice. Pouvez-vous me dire ce que tout cela signifie?

LE SOMMELIER.

La femme que vous voyez là, c'est le symbole de la libre élection à la couronne de Bohême. Cela est indiqué par le chapeau rond et par le cheval fougueux qu'elle monte. Le chapeau est la parure de l'homme; car celui qui n'a pas le droit de garder son chapeau sur la tête devant les empereurs et les rois n'est pas un homme libre.

NEUMANN.

Mais que signifie le calice sur l'étendard?

LE SOMMELIER.

Le calice représente la liberté de l'Église de Bohême, telle qu'elle existait au temps de nos pères. Dans la guerre des hussites, nos pères ont conquis ce beau privilége sur le pape, qui ne veut accorder le calice à aucun laïque. Pour les utraquistes, rien n'est au-dessus du calice; c'est leur plus précieux joyau; il a coûté aux Bohêmes, dans maint combat, le plus pur de leur sang.

NEUMANN.

Que veut dire ce rouleau qui flotte au-dessus?

LE SOMMELIER.

Il indique la lettre de majesté de la Bohême, que nous avons arrachée à l'empereur Rodolphe, un précieux et inestimable parchemin, qui assure à la nouvelle croyance, comme à l'ancienne, le libre son des cloches et le chant public. Mais depuis que l'archiduc de Grætz nous gouverne, cela est fini; et après la bataille de Prague, où le palatin Frédéric a perdu sa couronne et son royaume, notre croyance a été privée de la chaire et de l'autel; nos frères tournent le dos à leurs foyers, et quant à la lettre de majesté, l'empereur l'a coupée lui-même avec ses ciseaux.

NEUMANN.

Vous savez tout cela! Vous êtes bien au courant de la chronique de votre pays, sommelier.

LE SOMMELIER.

C'est que mes aïeux étaient taborites, et servaient sous Procope et Ziska. Que la paix soit avec leurs cendres! Ils combattaient, il faut le dire, pour une bonne cause.... Emportez!

NEUMANN.

Laissez-moi d'abord regarder encore le second écusson. Voyez donc, c'est quand, au château de Prague, on précipita, la tête la première, les conseillers de l'empereur, Martinitz et Slawata. Fort bien! Voilà le comte de Thurn qui l'ordonne. (*Le Domestique s'en va avec la coupe.*)

LE SOMMELIER.

Ne me parlez pas de cette journée! C'était le 23 de mai, l'année où l'on écrivait 1618. Il me semble que c'est aujourd'hui, et c'est de ce jour de malheur que date la grande misère du pays. Depuis cette journée, il y a de cela seize ans, la paix n'a jamais régné sur la terre....

A LA SECONDE TABLE, *on crie.*

Au prince de Weimar!

A LA TROISIÈME ET A LA QUATRIÈME TABLE.

Vive le duc Bernard! (*La musique retentit tout à coup.*)

PREMIER DOMESTIQUE.

Entendez ce tumulte!

LE DEUXIÈME DOMESTIQUE *vient en courant.*

Avez-vous entendu? Ils crient : « Vive Weimar! »

TROISIÈME DOMESTIQUE.

L'ennemi de l'Autriche.

PREMIER DOMESTIQUE.

Le Luthérien!

DEUXIÈME DOMESTIQUE.

Tout à l'heure Déodati a porté la santé de l'empereur, alors tout est resté dans un profond silence.

LE SOMMELIER.

Dans le vin, on se donne bien des libertés. Un bon serviteur ne doit pas avoir d'oreilles pour ces sortes de choses.

TROISIÈME DOMESTIQUE, *à part, au quatrième.*

Observe bien, Jean, pour que nous ayons beaucoup à raconter au père Quiroga. Il doit nous donner en retour force indulgences.

QUATRIÈME DOMESTIQUE.

C'est pour cela que je me donne de l'occupation près du siége d'Illo, le plus que je peux. Celui-là vous tient de bien étranges discours. (*Ils vont aux tables.*)

LE SOMMELIER, *à Neumann.*

Qui peut être ce seigneur vêtu de noir, avec une croix, qui cause si confidemment avec le comte Palffy?

NEUMANN.

C'en est encore un à qui ils se fient trop. Il se nomme Maradas, c'est un Espagnol.

LE SOMMELIER.

On ne peut pas compter sur les Espagnols, vous dis-je. Tous les Welches ne valent rien.

NEUMANN.

Hé! hé! vous ne devriez pas parler ainsi, sommelier. Parmi

eux sont les premiers généraux, tout juste ceux dont le duc fait le plus de cas. (*Terzky vient prendre le papier; une certaine agitation se produit aux tables.*)

LE SOMMELIER, *aux Domestiques.*

Le lieutenant général se lève. Attention! Ils quittent la table. Allez et retirez les siéges! (*Les Domestiques vont à la hâte vers le fond de la scène. Une partie des convives vient sur le devant.*)

SCÈNE VI.

OCTAVIO PICCOLOMINI *s'avance, parlant avec MARADAS, et tous deux se placent tout à fait sur le devant, à l'un des côtés de l'avant-scène. Au côté opposé vient* MAX PICCOLOMINI, *seul, renfermé en lui-même et ne prenant du reste aucune part à l'action. Entre eux, mais à quelques pas en arrière, le milieu de la scène est occupé par* BUTTLER, ISOLANI, GOETZ, TIEFENBACH, COLALTO, *et* LE COMTE TERZKY, *qui vient peu après.*

ISOLANI, *pendant que la société vient sur le devant.*

Bonne nuit!... bonne nuit, Colalto.... Lieutenant général, bonne nuit! Je devrais plutôt dire : bonjour!

GOETZ, *à Tiefenbach.*

Camarade, bien vous fasse le repas!

TIEFENBACH.

C'était un festin royal!

GOETZ.

Oui, la comtesse s'y entend. Elle l'a appris de sa belle-mère, que Dieu ait son âme! C'était là une maîtresse de maison!

ISOLANI *veut se retirer.*

Des flambeaux! des flambeaux!

TERZKY *vient, avec l'écrit, vers Isolani.*

Camarade! deux minutes encore! Voici encore quelque chose à signer.

ISOLANI.

Signer, tant que vous voudrez. Faites-moi seulement grâce de la lecture.

TERZKY.

Je ne veux pas vous fatiguer. C'est le serment que vous connaissez déjà. Seulement quelques traits de plume. (*Comme Isolani présente l'écrit à Octavio :*) Comme ça vient! Comme ça se trouve! Il n'y a pas de rang ici. (*Octavio parcourt l'écrit, avec une apparente indifférence. Terzky l'observe de loin.*)

GOETZ, *à Terzky.*

Monsieur le comte, permettez-moi de prendre congé.

TERZKY.

Ne soyez donc pas si pressé.... Encore un coup avant le sommeil.... (*Aux domestiques.*) Hé!

GOETZ.

Je ne suis pas en état.

TERZKY.

Une petite partie.

GOETZ.

Excusez-moi.

TIEFENBACH *s'assied.*

Pardon, messieurs. Je suis fatigué de me tenir debout.

TERZKY.

Mettez-vous à votre aise, monsieur le général d'artillerie.

TIEFENBACH.

La tête est fraîche, l'estomac sain, mais les jambes refusent le service.

ISOLANI, *montrant sa corpulence.*

C'est qu'aussi vous leur avez fait la charge trop lourde. (*Octavio a signé, et tend l'écrit à Terzky, qui le donne à Isolani. Celui-ci va à la table, pour signer.*)

TIEFENBACH.

C'est la guerre de Poméranie qui m'a valu cela. Il nous fallait marcher dans la neige et la glace. Je ne m'en remettrai de ma vie.

GOETZ.

Oui, le Suédois ne s'inquiétait pas de la saison. (*Terzky présente le papier à don Maradas, qui va à la table, pour signer.*)

OCTAVIO *s'approche de Buttler.*

Vous n'aimez pas non plus infiniment les fêtes de Bacchus, monsieur le colonel! Je l'ai bien remarqué, et vous vous plairiez mieux, ce me semble, dans le tumulte d'une bataille que dans celui d'un festin.

BUTTLER.

Je dois l'avouer, ce n'est pas dans mes goûts.

OCTAVIO, *se rapprochant avec un air de confiance.*

Ni dans les miens, je puis vous l'assurer, et je me réjouis fort, très-digne colonel Buttler, que nous nous rencontrions dans cette façon de voir. Une demi-douzaine de bons amis, tout au plus, autour d'une petite table ronde, un petit verre de tokay, un cœur ouvert, avec cela, et un entretien sensé.... voilà ce que j'aime !

BUTTLER.

Oui, si cela peut s'arranger, je suis de la partie. (*Le papier vient à Buttler, qui va à la table, pour signer. L'avant-scène se vide, de façon que les deux Piccolomini restent seuls, chacun de son côté.*)

OCTAVIO, *après avoir, pendant quelque temps, regardé son fils de loin, se rapproche un peu de lui.*

Tu as bien tardé à venir, mon ami.

MAX *se retourne rapidement, d'un air embarrassé.*

Moi... Des affaires pressantes m'ont retenu.

OCTAVIO.

Mais, à ce que je vois, tu n'es pas encore ici ?

MAX.

Vous savez que la foule et le bruit me rendent toujours silencieux.

OCTAVIO *s'approche encore plus de lui.*

Je ne puis savoir ce qui t'a retenu si longtemps ? (*Avec finesse.*) Et Terzky le sait pourtant.

MAX.

Que sait Terzky ?

OCTAVIO, *d'un ton significatif.*

C'était le seul qui ne parût pas remarquer ton absence.

ISOLANI.

Bien, vieux père ! Tombe sur ses bagages et enfonce ses quartiers ! Il y a quelque chose là-dessous.

TERZKY *vient avec l'écrit.*

Est-ce qu'il ne manque plus personne ? Tous ont-ils signé ?

OCTAVIO.

Tous l'ont fait.

TERZKY, *criant.*

Voyons ! Qui signe encore.

BUTTLER, *à Terzky.*

Compte. Il doit y avoir tout juste trente noms.

TERZKY.

Il y a là une croix.

TIEFENBACH.

La croix, c'est moi.

ISOLANI, *à Terzky.*

Il ne sait pas écrire, mais sa croix est bonne et en honneur près des juifs et des chrétiens.

OCTAVIO, *empressé, à Max.*

Partons ensemble, colonel. Il se fait tard.

TERZKY.

Un seul Piccolomini a signé.

ISOLANI, *montrant Max.*

Prenez garde! Celui qui manque est ce convive de pierre, qui ne nous a été bon à rien, de toute la soirée. (*Max reçoit la feuille des mains de Terzky, et y jette les yeux sans penser à ce qu'il fait.*)

SCÈNE VII.

LES PRÉCÉDENTS; ILLO *vient de la chambre du fond; il a la coupe d'or à la main et est très-échauffé;* GOETZ *et* BUTTLER *le suivent, et veulent le retenir.*

ILLO.

Que voulez-vous? Laissez-moi.

GOETZ *et* BUTTLER.

Illo, ne buvez plus.

ILLO *va à Octavio et l'embrasse, puis il dit, en buvant :*

Octavio, je bois à ta santé! Que toute rancune soit noyée dans cette rasade fraternelle. Je le sais bien, tu ne m'as jamais aimé.... Dieu me punisse, et je ne t'aimais pas non plus. Oublions le passé! Je t'estime infiniment. (*L'embrassant à diverses reprises.*) Je suis ton meilleur ami, et, qu'on le sache! celui qui le traitera de vieux chat hypocrite, aura affaire à moi.

TERZKY, *à part.*

As-tu ton bon sens? Songe donc, Illo, où tu es!

ILLO, *cordialement.*

Que voulez-vous? Ce sont tous de bons amis. (*Parcourant tout le cercle, d'un air satisfait.*) Il n'y a pas un drôle ici, parmi nous, voilà ce qui me réjouit.

TERZKY, *à Buttler, d'un ton pressant.*

Emmenez-le donc avec vous; je vous en prie, Buttler. (*Buttler le conduit vers le buffet.*)

ISOLANI, *à Max, qui jusqu'ici a regardé le papier, sans en détourner les yeux, mais sans penser à ce qu'il fait.*

Sera-ce bientôt fait, seigneur camarade? Avez-vous fini de l'étudier?

MAX, *comme s'il se réveillait d'un rêve.*

Que dois-je faire?

TERZKY *et* ISOLANI, *en même temps.*

Mettre votre nom au bas. (*On voit Octavio fixer les yeux sur lui avec une attention inquiète.*)

MAX *rend le papier.*

Laissez cela jusqu'à demain. C'est une affaire. Je ne suis pas en disposition aujourd'hui. Envoyez-moi cela demain.

TERZKY.

Songez donc....

ISOLANI.

Vivement! signez! Quoi? vous êtes le plus jeune de toute la table, vous ne voudrez pas être à vous seul plus sage que nous tous. Voyez là! Votre père aussi a signé, et nous tous.

TERZKY, *à Octavio.*

Usez donc de votre ascendant. Décidez-le.

OCTAVIO.

Mon fils est majeur.

ILLO *a déposé la coupe sur le buffet.*

De quoi s'agit-il?

TERZKY.

Il se refuse à signer la feuille.

MAX.

Cela peut se remettre à demain, vous dis-je.

ILLO.

Cela ne peut se remettre. Nous avons tous signé, et tu signeras aussi, il faut que tu signes.

MAX.

Illo, bonne nuit!

ILLO.

Non, tu n'échapperas pas ainsi. Il faut que le prince apprenne à connaître ses amis. (*Tous les convives se rassemblent autour d'eux.*)

MAX.

Le prince sait quels sont mes sentiments pour lui, tout le monde les connaît, et il n'est pas besoin de grimaces.

ILLO.

Voilà son salaire, voilà ce qui lui revient, au prince, d'avoir toujours préféré les Welches.

TERZKY, *dans un grand embarras, aux généraux qui se pressent en tumulte.*

C'est le vin qui parle par sa bouche. Ne l'écoutez pas, je vous en prie.

ISOLANI, *riant.*

Le vin n'invente rien, mais est simplement un bavard indiscret.

ILLO.

Qui n'est pas avec moi est contre moi. Les consciences délicates! Si on ne leur laisse une porte de derrière, une clause....

TERZKY, *l'interrompt brusquement.*

Il est en délire. Ne faites pas attention à lui.

ILLO, *criant plus haut.*

Une clause pour se sauver! Quoi? une clause? Que le diable emporte cette clause!

MAX *devient attentif et regarde de nouveau l'écrit.*

Qu'y a-t-il donc ici de si dangereux? Vous m'inspirez la curiosité d'y regarder de plus près.

TERZKY, *à part, à Illo.*

Que fais-tu, Illo? Tu nous perds.

TIEFENBACH, *à Colalto.*

Je l'ai bien remarqué : avant le repas, on nous avait lu autre chose.

GOETZ.

Il m'a semblé aussi.

ISOLANI.

Qu'est-ce que cela me fait? Quand les autres noms y sont, le mien peut y être aussi.

TIEFENBACH.

Avant le repas, il y avait une certaine restriction, et une clause qui parlait du service de l'empereur.

BUTTLER, *à un des commandants.*

Rougissez, messieurs! Songez donc de quoi il s'agit. La question aujourd'hui est de savoir si nous garderons notre général ou si nous le laisserons partir. On ne peut pas y regarder de si près et si scrupuleusement.

ISOLANI, *à un des généraux.*

Le prince s'est-il aussi garanti par de telles clauses, quand il t'a donné ton régiment?

TERZKY, *à Goetz.*

Et à vous, les fournitures qui vous rapportent jusqu'à mille pistoles en un an?

ILLO.

Drôles eux-mêmes ceux qui nous traitent de coquins! Si quelqu'un n'est pas content, qu'il le dise! Je suis là!

TIEFENBACH.

Eh! eh! C'est simplement pour causer.

MAX, *après avoir lu, rend le papier.*

Jusqu'à demain donc!

ILLO, *bégayant de rage et ne se possédant plus, lui présente d'une main l'écrit, et, de l'autre, le menace de son épée.*

Signe.... Judas!

ISOLANI.

Fi, Illo!

OCTAVIO, TERZKY, BUTTLER, *en même temps.*

A bas l'épée!

MAX *lui saisit rapidement le bras et le désarme, puis dit au comte Terzky :*

Mets-le au lit. (*Il sort. Illo, jurant et maudissant, est contenu par quelques-uns des généraux. Pendant que tous quittent la place, le rideau tombe.*)

ACTE CINQUIÈME.

*Le lieu de la scène est une chambre, dans l'habitation de Piccolomini.
Il fait nuit.*

SCÈNE I.

OCTAVIO PICCOLOMINI; UN VALET DE CHAMBRE *l'éclaire;
peu après*, **MAX PICCOLOMINI.**

OCTAVIO.

Aussitôt que mon fils rentrera, envoyez-le-moi.... Quelle heure est-il?

LE VALET DE CHAMBRE.

Le jour va paraître.

OCTAVIO.

Posez là votre flambeau.... Nous ne nous coucherons plus; vous pouvez aller dormir. (*Le Valet de chambre se retire. Octavio se promène pensif dans la chambre. Max Piccolomini entre, sans être vu de lui d'abord, et il regarde son père en silence pendant quelques instants.*)

MAX.

Es-tu fâché contre moi, Octavio? Dieu le sait, je ne suis pas l'auteur de cette odieuse querelle. J'ai bien vu que tu avais signé. Ce que tu as approuvé, je pouvais l'approuver aussi.... mais c'était.... tu sais.... en pareille matière, je ne puis suivre que mes propres lumières, et non celles d'autrui.

OCTAVIO *va à lui et l'embrasse.*

Suis-les de même à l'avenir, mon excellent fils! Elles t'on mieux conduit que n'eût fait l'exemple de ton père.

MAX.

Explique-toi plus clairement.

OCTAVIO.

Je vais le faire. Après ce qui s'est passé cette nuit, il ne doit plus y avoir de secret entre nous. (*Après que tous deux se sont assis.*) Max, dis-moi, que penses-tu du serment qu'on nous a présenté à signer?

MAX.

Je n'y vois rien que de fort simple, bien que je n'aime pas ces manières formelles de procéder....

OCTAVIO.

Tu n'as eu, vraiment, aucun autre motif de refuser la signature qu'on voulait t'arracher?

MAX.

C'était une affaire sérieuse.... J'étais distrait.... La chose elle-même ne me paraissait pas si pressante.

OCTAVIO.

Sois franc, Max. Tu n'as eu aucun soupçon?

MAX.

Soupçon? De quoi? Pas le moindre....

OCTAVIO.

Remercie ton bon ange, Piccolomini! Il t'a sauvé, à ton insu, de l'abîme.

MAX.

Je ne sais ce que tu veux dire.

OCTAVIO.

Je vais te l'expliquer : On voulait te faire prêter ton nom à une coquinerie, te faire renoncer, d'un seul trait de plume, à tes devoirs, à ton serment.

MAX *se lève.*

Octavio !

OCTAVIO.

Reste assis! Tu as encore bien des choses à entendre de moi, mon ami : tu as vécu, pendant des années, dans un inconcevable aveuglement. Le plus noir complot se trame sous tes yeux, une puissance de l'enfer couvre d'un nuage la pure clarté de tes sens.... Je ne puis me taire plus longtemps, il faut que j'enlève de tes yeux le bandeau.

MAX.

Avant de parler, réfléchis bien. S'il doit être question de conjectures.... et je suis bien tenté de craindre que ce ne soit rien de plus.... épargne-les-moi. Je ne suis pas disposé en ce moment à les entendre avec calme.

OCTAVIO.

Si tu as de sérieuses raisons de fuir cette lumière, j'en ai de plus pressantes encore de te la montrer. Je pouvais t'abandonner tranquillement à l'innocence de ton cœur, à ton propre jugement : mais je vois qu'en ce moment un piége funeste est tendu à ton cœur même!... Le secret (*il fixe sur lui un regard pénétrant*) que tu me caches, m'arrache le mien.

MAX *essaye de répondre, mais il ne peut parler et, dans son trouble, il baisse les yeux.*

OCTAVIO, *après une pause.*

Eh bien, sache-le donc! On te trompe.... on se joue, de la manière la plus infâme, de toi, de nous tous. Le duc feint de vouloir quitter l'armée, et à cette heure même on travaille à dérober l'armée à l'empereur.... et à la conduire à l'ennemi.

MAX.

Je connais ce conte de la prêtraille, mais je ne m'attendais pas à l'entendre de ta bouche.

OCTAVIO.

La bouche qui te le dit en ce moment te garantit que ce n'est point un conte de prêtres.

MAX.

Quelle démence prête-t-on au duc? Il pourrait songer à détourner de leur serment, du devoir, de l'honneur, trente mille hommes de troupes éprouvées, d'honnêtes soldats, parmi lesquels il y a plus de mille gentilshommes, et à les liguer pour une infamie?

OCTAVIO.

Il ne nous demande rien de tel, rien d'infâme, nullement!... Ce qu'il veut de nous porte un nom bien plus innocent. Il veut simplement donner la paix à l'empire, et, comme l'empereur déteste cette paix, il veut.... il veut l'y contraindre. Il veut satisfaire tous les partis, et, pour se payer de sa peine, garder pour lui la Bohême, qu'il possède déjà.

MAX.

A-t-il mérité de nous, Octavio, que nous ayons de lui d'aussi indignes pensées?

OCTAVIO.

Il ne s'agit pas ici de nos pensées. C'est la chose même qui parle, et les preuves les plus claires. Mon fils, tu n'ignores pas combien nous sommes mal avec la cour.... mais tu n'as nulle idée des intrigues, des artifices mensongers qu'on a mis en œuvre pour semer l'esprit de révolte dans le camp. Tous les liens sont rompus qui attachent l'officier à son empereur et unissent intimement le soldat à la vie civile. Sans devoir et sans loi, il est là campé en adversaire de l'État, qu'il doit protéger ; il menace de tourner l'épée contre l'État. Les choses en sont venues à ce point que l'empereur, en ce moment, tremble devant ses propres armées.... qu'il redoute, dans sa capitale, dans son château, les poignards des traîtres.... oui, qu'il se met en devoir de dérober ses petits-fils, ses tendres rejetons.... aux Suédois, peut-être, aux Luthériens?... non, à ses propres troupes.

MAX.

Cesse! Tu m'inquiètes, ta parole me bouleverse. Je sais qu'on peut être agité par des terreurs vaines, mais les illusions trompeuses amènent de vrais malheurs.

OCTAVIO.

Ce n'est point une illusion. La guerre civile va éclater, la guerre la plus monstrueuse entre toutes, si bien vite nous ne la prévenons par des mesures de salut. Beaucoup de colonels sont achetés depuis longtemps; la foi des subalternes chancelle ; déjà des régiments, des garnisons entières sont ébranlées. On a livré à Schafgotsch, à ce chef suspect, toutes les troupes de la Silésie; à Terzky, cinq régiments de cavalerie et d'infanterie; à Illo, Kinsky, Buttler, Isolani, les troupes les mieux équipées.

MAX.

A nous deux aussi.

OCTAVIO.

Parce qu'on croit nous avoir, que l'on compte nous séduire par de brillantes promesses. Ainsi, il m'assigne les principautés de Glatz et de Sagan, et je vois fort bien à quel hameçon on se flatte de te prendre.

ACTE V, SCÈNE I.

MAX.

Non, non! Non, te dis-je.

OCTAVIO.

Oh! ouvre donc les yeux! Pourquoi penses-tu qu'on nous ait mandés à Pilsen? Pour tenir conseil avec nous? Quand donc Friedland a-t-il eu besoin de nos conseils? Nous sommes convoqués pour nous vendre à lui, et si nous refusons.... pour être gardés en otage. Voilà pourquoi Gallas n'est pas venu.... et tu ne verrais pas non plus ton père ici, si un plus grand devoir ne le tenait enchaîné.

MAX.

Il ne dissimule pas qu'il nous a convoqués dans son intérêt.... il avoue qu'il a besoin de notre bras pour se maintenir. Il a tant fait pour nous, que c'est un devoir à présent de faire aussi quelque chose pour lui.

OCTAVIO.

Et sais-tu ce que nous devons faire pour lui? Excité par l'ivresse, Illo te l'a révélé. Rappelle-toi donc ce que tu as vu et entendu. Cet écrit falsifié, cette clause si décisive laissée de côté, ne prouvent-ils pas que ce n'était rien de bon que cette ligue où l'on voulait nous engager?

MAX.

Ce qui est arrivé cette nuit pour la feuille n'est à mes yeux rien de plus qu'un mauvais tour de cet Illo. Cette race d'entremetteurs a coutume de tout porter aussitôt à l'extrémité. Ils voient que le duc est en mésintelligence avec la cour, ils croient le servir en aggravant la rupture à la rendre incurable. Le duc, crois-moi, ne sait rien de tout cela.

OCTAVIO.

Il m'est douloureux de renverser ta confiance en cet homme, quand elle te paraît si bien fondée; mais ici je ne puis garder de ménagement.... Il faut que tu prennes des mesures, de promptes mesures, il faut que tu agisses.... Je t'avouerai donc simplement.... que tout ce que je viens de te confier, ce qui te paraît si incroyable, que.... que je le tiens de sa propre bouche.... de la bouche du prince.

MAX, *dans une violente agitation.*

Non, jamais!

OCTAVIO.

Il m'a confié lui-même, ce dont au reste je m'étais assuré depuis longtemps par une autre voie, qu'il voulait passer aux Suédois, qu'à la tête des armées réunies, il voulait forcer l'empereur....

MAX.

Il est violent, la cour lui a fait une douloureuse blessure ; dans un moment d'humeur, soit! il peut aisément s'être une fois oublié.

OCTAVIO.

Il était de sang-froid quand il m'a fait cet aveu, et comme il prenait mon étonnement pour de la crainte, il m'a montré, en confidence, des lettres des Suédois et des Saxons, qui lui font espérer un secours déterminé.

MAX.

Cela ne peut être! non, cela ne peut être! Vois-tu que cela ne se peut? Tu lui aurais nécessairement montré ton horreur, il se serait laissé dissuader, ou bien.... tu ne serais plus vivant ici à mes côtés.

OCTAVIO.

Sans doute je lui ai exprimé mes scrupules, je l'ai détourné de son dessein sérieusement, d'une manière pressante.... mais mon horreur, ma pensée la plus intime, je l'ai tenue profondément cachée.

MAX.

Tu aurais été faux à ce point? Cela ne ressemble pas à mon père! Je ne croyais pas à tes paroles, quand tu me disais du mal de lui; je puis encore moins y croire en ce moment, quand tu te calomnies toi-même.

OCTAVIO.

Je n'ai pas pénétré de moi-même dans son secret.

MAX.

Sa confiance méritait de la franchise.

OCTAVIO.

Il n'était plus digne de ma sincérité.

MAX.

La tromperie était encore moins digne de toi.

OCTAVIO.

Mon excellent fils, il n'est pas possible de se garder toujours, dans la vie, pur comme un enfant, ainsi que nous l'enseigne la voix qui parle au dedans de nous. Forcée de se défendre sans relâche contre la ruse perfide, l'âme même la plus droite ne peut demeurer vraie.... C'est précisément la malédiction attachée à la mauvaise action, de se propager et d'engendrer toujours le mal. Je ne subtilise pas, je fais mon devoir. L'empereur me prescrit ma conduite. Sans doute il serait mieux de suivre partout son cœur, mais alors il faudrait s'interdire plus d'un but excellent. Ici, mon fils, il s'agit de bien servir l'empereur, que le cœur objecte ce qu'il voudra !

MAX.

Je ne dois pas, il paraît, aujourd'hui te saisir, te comprendre. Le prince, dis-tu, t'a loyalement découvert son cœur, en vue d'un mauvais dessein, et tu prétends l'avoir trompé dans un bon dessein. Cesse, je te prie.... Tu ne m'enlèveras pas mon ami.... Ne me fais pas perdre un père.

OCTAVIO *réprime un mouvement de susceptibilité.*

Tu ne sais pas encore tout, mon fils. J'ai encore quelque chose à te dévoiler. (*Après une pause.*) Le duc de Friedland a fait ses préparatifs. Il se fie à ses étoiles. Il compte nous surprendre non préparés.... il croit saisir déjà la couronne d'une main sûre. Il se trompe.... nous avons agi, nous aussi. Il ne saisira que son destin mystérieux et funeste.

MAX.

Point de hâte, mon père ! Au nom de tout ce qui est bien, je t'en conjure, pas de précipitation !

OCTAVIO.

Il s'est glissé par sa voie perverse, sans qu'on entendît le bruit de ses pas ; silencieuse et rusée comme lui, la vengeance s'est glissée à sa suite. Déjà elle est là, derrière lui, invisible et sombre : encore un pas, un seul pas, et, frissonnant d'horreur, il la touchera de ses mains.... Tu as vu chez moi Questenberg ; tu ne connais encore que sa mission publique ; il a aussi apporté un message secret qui n'était que pour moi.

MAX.

Puis-je le connaître ?

OCTAVIO.

Max !... d'un seul mot, je vais mettre en tes mains le salut de l'empire et la vie de ton père. Wallenstein est cher à ton cœur; un lien puissant d'amour et de respect t'attache à lui depuis les premiers jours de ta jeunesse.... Tu nourris le désir.... oh! laisse-moi toujours prévenir ta confiance hésitante.... tu nourris l'espoir de lui appartenir de bien plus près encore.

MAX.

Mon père....

OCTAVIO.

Je me fie à ton cœur, mais suis-je aussi sûr de ton empire sur toi-même? Pourras-tu, d'un visage calme, paraître devant cet homme, quand je t'aurai une fois révélé tout son destin?

MAX.

Après m'avoir révélé sa faute!

OCTAVIO *prend un papier dans sa cassette et le lui présente.*

MAX.

Quoi? comment? Une lettre ouverte de l'empereur!

OCTAVIO.

Lis-la.

MAX, *après y avoir jeté un regard.*

Le prince condamné et proscrit!

OCTAVIO.

Cela est ainsi.

MAX.

Oh! cela va bien loin! O déplorable erreur!

OCTAVIO.

Lis encore! Possède-toi!

MAX, *après avoir continué la lecture, jette sur son père un regard d'étonnement.*

Comment? quoi? Toi-même? tu es....

OCTAVIO.

Pour le moment seulement.... et jusqu'à ce que le roi de Hongrie puisse paraître à l'armée, le commandement m'est donné....

MAX.

Et penses-tu que tu puisses le lui arracher? Ne le crois certes pas.... Mon père! mon père! mon père! une malheureuse fonction t'est confiée. Cette feuille.... la feuille que voici, tu prétends la faire valoir? désarmer le général tout-puissant, au milieu de son armée, entouré de ses milliers de soldats? Tu es perdu.... toi-même, et nous tous avec toi.

OCTAVIO.

Ce que j'ai ici à risquer, je le sais. Je suis dans la main du Tout-Puissant; il couvrira de son bouclier la pieuse maison impériale et ruinera l'œuvre des ténèbres. L'empereur a encore de fidèles serviteurs; dans le camp même, il y a bon nombre de braves gens qui se rangeront avec ardeur du côté de la bonne cause. Les fidèles sont avertis, les autres surveillés. Je n'attends que le premier pas, et aussitôt....

MAX.

Sur un simple soupçon, tu veux aussitôt te presser d'agir?

OCTAVIO.

Loin de l'empereur tout procédé tyrannique! Ce n'est point l'intention, c'est le fait seulement qu'il veut punir. Le prince a encore sa destinée dans ses mains.... Qu'il laisse le crime inaccompli.... alors on lui ôtera sans bruit le commandement, il cédera la place au fils de son empereur. Un exil honorable dans ses châteaux sera un bienfait pour lui plutôt qu'un châtiment. Mais le premier pas manifeste....

MAX.

Qu'appelles-tu de ce nom? Il n'en fera jamais de criminel; mais tu pourrais (tu l'as déjà fait) mal interpréter jusqu'au plus innocent.

OCTAVIO.

Quelque condamnables que fussent les vues du prince, les démarches qu'il a faites ouvertement comportaient encore une interprétation indulgente. Je n'ai pas l'intention d'user de cette feuille avant qu'il ait fait un acte qui prouve incontestablement la haute trahison et le condamne.

MAX.

Et qui doit en être juge?

OCTAVIO.

....Toi-même.

MAX.

Oh! alors, tu n'auras jamais besoin de cette feuille. J'ai ta parole, tu n'agiras pas avant de m'avoir convaincu..... moi-même.

OCTAVIO.

Est-ce possible? Maintenant encore.... après tout ce que tu sais, peux-tu croire à son innocence?

MAX, *vivement.*

Ton jugement peut se tromper, non mon cœur. (*Continuant avec plus de modération.*) Un tel génie ne doit pas être jugé comme un autre homme. De même qu'il attache son destin aux étoiles, il leur ressemble par sa carrière merveilleuse, secrète, éternellement incompréhensible. Crois-moi, on lui fait tort. Tout s'expliquera. Nous le verrons sortir pur et brillant de ces noirs soupçons.

OCTAVIO.

Attendons.

SCÈNE II.

LES PRÉCÉDENTS, UN VALET DE CHAMBRE; *aussitôt après,* UN COURRIER.

OCTAVIO.

Qu'y a-t-il?

LE VALET DE CHAMBRE.

Un courrier attend devant la porte.

OCTAVIO.

De si grand matin! Qui est-il? d'où vient-il?

LE VALET DE CHAMBRE.

C'est ce qu'il n'a pas voulu me dire.

OCTAVIO.

Fais-le entrer, et que cela ne s'ébruite pas. (*Le Valet de chambre sort. Un Cornette entre.*) Est-ce vous, cornette? Vous venez de la part du comte Gallas? Donnez la lettre.

LE CORNETTE.

Je n'ai qu'un message verbal. Le lieutenant général a craint....

OCTAVIO.

Qu'est-ce?

LE CORNETTE.

Il vous fait dire.... Puis-je parler ici librement?

OCTAVIO.

Mon fils sait tout.

LE CORNETTE.

Nous le tenons.

OCTAVIO.

De qui parlez-vous?

LE CORNETTE.

Le négociateur, Sésina.

OCTAVIO, *vivement.*

Vous l'avez?

LE CORNETTE.

Le capitaine Mohrbrand l'a attrapé dans la forêt de Bohême, avant-hier au matin, comme il était en route pour Ratisbonne, avec des dépêches qu'il portait aux Suédois.

OCTAVIO.

Et les dépêches....

LE CORNETTE.

Le lieutenant général les a aussitôt envoyées à Vienne, avec le prisonnier.

OCTAVIO.

Ah! enfin, enfin! C'est une grande nouvelle! Cet homme-là est pour nous un vase précieux qui renferme des objets importants.... A-t-on trouvé beaucoup?

LE CORNETTE.

Environ six paquets, scellés des armes du comte Terzky.

OCTAVIO.

Aucun de la main du prince?

LE CORNETTE.

Pas que je sache.

OCTAVIO.

Et Sésina?

LE CORNETTE.

Il se montra fort effrayé, quand on lui dit qu'on le dirigeait sur Vienne. Mais le comte Altringer lui a donné bon espoir, pourvu qu'il voulût librement tout avouer.

OCTAVIO.

Altringer est-il auprès de votre maître? J'avais entendu dire qu'il était malade à Linz.

LE CORNETTE.

Depuis trois jours déjà, il est à Frauenberg, auprès du lie.-

tenant général. Ils ont déjà réuni soixante compagnies, des troupes choisies, et vous font dire qu'ils n'attendent que vos ordres.

OCTAVIO.

Il peut arriver bien des choses en peu de jours. Quand devez-vous partir?

LE CORNETTE.

J'attends vos ordres.

OCTAVIO.

Restez jusqu'à ce soir.

LE CORNETTE.

Bien! (*Il veut sortir.*)

OCTAVIO.

Mais personne ne vous a-t-il vu?

LE CORNETTE.

Pas une âme. Les capucins m'ont fait entrer par la petite porte du couvent, comme d'habitude.

OCTAVIO.

Allez, reposez-vous et tenez-vous caché. Je pense vous expédier encore avant le soir. Les affaires touchent au dénoûment, et avant que ce jour, gros de fatalité, qui point au ciel, se couche, il faut qu'une résolution décisive soit risquée. (*Le Cornette sort.*)

SCÈNE III.

LES DEUX PICCOLOMINI.

OCTAVIO.

Eh bien, mon fils? Maintenant, nous serons bientôt éclairés.... Car tout, je le sais, se traitait par Sésina.

MAX, *qui, pendant toute la scène précédente, a été en proie à une violente lutte intérieure, dit d'un ton résolu :*

Je veux, par une voie plus courte, me procurer la lumière. Adieu!

OCTAVIO.

Où vas-tu? Reste ici!

MAX.

Chez le prince.

ACTE V, SCÈNE III.

OCTAVIO, *effrayé*.

Quoi?

MAX, *revenant*.

Si tu as cru que je jouerais un rôle dans ton jeu, tu t'es mépris sur mon compte. Il faut que ma voie soit droite. Je ne puis être vrai en parole, faux par le cœur.... je ne puis voir qu'un homme se fie à moi comme à son ami, et apaiser ma conscience en me disant qu'il le fait à ses risques, et que ma bouche ne l'a pas trompé. Ce pour quoi l'on me prend, il faut que je le sois.... Je vais trouver le duc. Aujourd'hui même je le sommerai de sauver sa réputation aux yeux du monde, de rompre, par une loyale démarche, vos trames artificieuses.

OCTAVIO.

Tu voudrais?...

MAX.

Oui, je le veux, n'en doute pas.

OCTAVIO.

Oui, je me suis mépris sur ton compte. Je m'attendais à trouver un fils sage qui bénirait les mains bienveillantes qui le retirent de l'abîme.... et je trouve un homme aveuglé, dont deux beaux yeux troublent la raison, que la passion offusque, que la pleine lumière du jour ne peut elle-même guérir. Interroge-le! Va! Sois assez étourdi pour lui livrer en proie le secret de ton père, de ton empereur. Force-moi, avant le temps, à un bruyant éclat. Et maintenant, après qu'un miracle du ciel a jusqu'ici protégé mon secret et endormi les yeux clairvoyants du soupçon, fais-moi voir mon propre fils, par une démarche irréfléchie, insensée, anéantir tout le pénible travail de la politique.

MAX.

Oh! cette politique, que je la maudis! Vous le pousserez encore, par votre politique, à quelque acte.... Oui, le voulant coupable, vous pourriez à la fin le rendre coupable. Oh! cela ne peut pas bien finir.... et de quelque façon que la chose se décide, je vois, je pressens l'approche d'un fatal dénoûment.... Car, si ce royal génie succombe, il entraînera tout un monde dans sa chute. Pareil au vaisseau qui, au milieu de l'Océan, prend feu tout à coup, éclate et saute, lançant dans les airs, entre la mer et le ciel, tout l'équipage qu'il portait, il nous emportera dans sa ruine, nous tous qui sommes attachés à sa fortune. Agis comme tu voudras! mais permets-moi de me conduire à ma guise. Il faut que tout soit pur entre lui et moi, et, avant le déclin du jour, il faut que je sache si je perds un ami ou un père. (*Pendant qu'il se retire, le rideau tombe.*)

FIN DES PICCOLOMINI.

WALLENSTEIN

POËME DRAMATIQUE

DEUXIÈME PARTIE

LA MORT

DE WALLENSTEIN

TRAGÉDIE EN CINQ ACTES

PERSONNAGES.

WALLENSTEIN.
OCTAVIO PICCOLOMINI.
MAX PICCOLOMINI.
TERZKY.
ILLO.
ISOLANI.
BUTTLER.
NEUMANN, capitaine de cavalerie.
UN AIDE DE CAMP.
LE COLONEL WRANGEL, envoyé des Suédois.
GORDON, commandant d'Égra.
LE MAJOR GÉRALDIN.
DÉVEROUX, } capitaines dans l'armée de Wallenstein.
MACDONALD,
UN CAPITAINE SUÉDOIS.
UNE DÉPUTATION DE CUIRASSIERS.
LE BOURGMESTRE D'ÉGRA.
SÉNI.
LA DUCHESSE DE FRIEDLAND.
LA COMTESSE TERZKY.
THÉCLA.
MADEMOISELLE NEUBRUNN, dame d'honneur de la princesse.
DE ROSENBERG, écuyer de la princesse.
DRAGONS.
DOMESTIQUES, PAGES, PEUPLE.

Pendant les trois premiers actes, la scène est à Pilsen; pendant les deux derniers, à Égra.

LA MORT DE WALLENSTEIN

ACTE PREMIER.

Une chambre disposée pour des opérations d'astrologie, et garnie de sphères, de cartes, de quarts de cercle et d'autres instruments d'astronomie. Un rideau tiré laisse voir une rotonde dans laquelle on aperçoit les figures des sept planètes, chacune dans une niche, et éclairées d'une lumière étrange. Séni observe les astres. Wallenstein se tient devant une grande table noire, sur laquelle est dessiné l'aspect des planètes.

SCÈNE I.

WALLENSTEIN, SÉNI.

WALLENSTEIN.

C'est bien, Séni. Redescends. Le jour paraît, et c'est l'heure où Mars règne. Le moment n'est plus convenable pour nos opérations. Viens, nous en savons assez.

SÉNI.

Laissez-moi seulement observer encore Vénus, Altesse. La voici précisément qui se lève. Elle brille à l'est comme un soleil.

WALLENSTEIN.

Oui, elle est maintenant dans son périgée, et elle agit sur la terre avec toute sa puissance. (*Regardant la figure tracée sur la table.*) Bienheureux aspect! La voilà donc formée enfin, la grande et fatale triade, et les deux astres bienfaisants, Jupiter et Vénus, prennent entre eux le funeste, le perfide Mars, et forcent à me servir ce vieil artisan de dommage; car longtemps il m'a été hostile, et, avec un rayonnement vertical ou oblique, il lançait, tantôt dans l'aspect quadrat, tantôt en opposition, ses rouges éclairs sur mes étoiles, et troublait leurs influences salutaires. Maintenant, ils ont vaincu le vieil ennemi et me l'amènent captif dans le ciel.

SÉNI.

Et les deux grands luminaires ne sont contrariés par aucun astre malfaisant. Saturne est inoffensif et impuissant *in cadente domo*.

WALLENSTEIN.

Il est passé, le règne de Saturne, qui préside à la secrète naissance des choses dans le sein de la terre et dans les profondeurs de l'âme, et qui régit tout ce qui craint la lumière. Le temps n'est plus de couver et de méditer; car c'est le brillant Jupiter qui domine, et il amène puissamment dans l'empire de la lumière l'œuvre préparée dans les ténèbres.... Maintenant, il faut agir, et promptement, avant que cet heureux aspect disparaisse encore de dessus ma tête; car la voûte du ciel se meut et change sans cesse. (*On frappe à la porte.*) On frappe. Vois qui c'est.

TERZKY, *du dehors*.

Fais ouvrir!

WALLENSTEIN.

C'est Terzky. Qu'y a-t-il de si pressant? Nous sommes occupés.

TERZKY, *du dehors*.

Laisse tout de côté maintenant, je t'en prie; cela ne souffre aucun retard.

WALLENSTEIN.

Ouvre, Séni. (*Pendant que Séni ouvre à Terzky, Wallenstein tire le rideau sur les figures.*)

SCÈNE II.

WALLENSTEIN, LE COMTE TERZKY.

TERZKY *entre.*

Le sais-tu déjà? Il a été pris, et déjà Gallas l'a livré à l'empereur.

WALLENSTEIN, *à Terzky.*

Qui a été pris? Qui a été livré?

TERZKY.

Celui qui sait tout notre secret, qui sait toutes nos négociations avec les Suédois et les Saxons, par les mains duquel tout a passé....

WALLENSTEIN, *reculant vivement.*

Pas Sésina du moins? Dis que non, je t'en prie!

TERZKY.

Tout juste en route pour Ratisbonne, et allant trouver les Suédois, il a été pris par des émissaires de Gallas, qui, depuis longtemps, épiait ses traces. Il a sur lui toutes mes dépêches pour Kinsky, Matthias Thurn, Oxenstirn, Arnheim; tout est dans leurs mains, ils ont maintenant connaissance de tout ce qui s'est fait.

SCÈNE III.

LES PRÉCÉDENTS, ILLO.

ILLO, *à Terzky.*

Le sait-il?

TERZKY.

Il le sait.

ILLO, *à Wallenstein.*

Penses-tu maintenant encore faire ta paix avec l'empereur, regagner sa confiance? Quand bien même tu renoncerais à présent à tous tes plans, on sait ce que tu as voulu. Il faut que tu avances, car tu ne peux plus reculer.

TERZKY.

Ils ont entre les mains, contre nous, des documents qui témoignent d'une manière irrécusable....

WALLENSTEIN.

Rien de ma main. Je te démentirai.

ILLO.

Vraiment? Ce que ton beau-frère a négocié en ton nom, tu crois qu'on ne le mettra pas sur ton compte? Tu veux que, pour les Suédois, sa parole vaille la tienne, et qu'il n'en soit pas de même pour tes ennemis de Vienne?

TERZKY.

Tu n'as rien donné d'écrit.... mais rappelle-toi combien ta bouche a été loin avec Sésina. Et se taira-t-il? S'il peut se sauver en livrant ton secret, le gardera-t-il?

ILLO.

Tu ne peux toi-même l'espérer. Et maintenant qu'ils savent combien tu t'es déjà avancé, parle, qu'attends-tu? Tu ne peux garder plus longtemps ton commandement; tu es perdu sans ressource si tu t'en démets.

WALLENSTEIN.

L'armée est ma sûreté; l'armée ne m'abandonnera pas. Quoi qu'ils sachent, c'est moi qui ai la force, il faut qu'ils dissimulent.... et si je leur donne caution pour ma fidélité, il faudra qu'ils se tiennent complétement satisfaits.

ILLO.

L'armée est à toi; oui, pour le moment, elle est à toi. Mais redoute la lente et sourde puissance du temps! Pour aujourd'hui encore et demain, la faveur des soldats te protége contre la violence ouverte; mais laisse-leur du temps, insensiblement ils mineront ce bon vouloir sur lequel tu t'appuies aujourd'hui; ils te les enlèveront artificieusement l'un après l'autre.... jusqu'à ce que le sol s'ébranle au loin et fasse crouler l'édifice perfidement sapé.

WALLENSTEIN.

C'est un événement fatal!

ILLO.

Oh! je le nommerai plutôt heureux, s'il a sur toi l'effet qu'il doit avoir, s'il te pousse à agir promptement.... Le colonel suédois....

WALLENSTEIN.

Il est arrivé? Sais-tu ce qu'il apporte?

ACTE I, SCÈNE III.

ILLO.

Il ne veut s'ouvrir qu'à toi.

WALLENSTEIN.

Fatal, fatal événement. Oui, sans doute, sans doute, Sésina en sait trop, et il ne se taira pas.

TERZKY.

C'est un Bohême rebelle et déserteur, il a encouru la peine capitale ; s'il peut se sauver à tes dépens, balancera-t-il ? Et, s'ils le mettent à la question, cet efféminé aura-t-il assez de force....

WALLENSTEIN, *perdu dans ses réflexions.*

Il ne m'est plus possible de regagner la confiance, et, de quelque façon que j'agisse, je serai et resterai pour eux un traître. Ce retour au devoir, quelque loyal qu'il puisse être, me sera inutile désormais....

ILLO.

Il te perdra. On l'attribuerait, non à la fidélité, mais à l'impuissance.

WALLENSTEIN, *allant et venant, dans une violente agitation.*

Quoi! Il me faudrait maintenant en venir sérieusement à l'exécution, parce que j'ai joué trop librement avec cette pensée? Maudit qui joue avec le diable !

ILLO.

Si ce n'était qu'un jeu pour toi, il te faudra l'expier, crois-moi, de la façon la plus grave, la plus sérieuse.

WALLENSTEIN.

Et, si j'étais forcé d'accomplir l'entreprise, il faudrait que ce fût maintenant, maintenant que j'ai encore le pouvoir....

ILLO.

Oui, s'il est possible, avant qu'à Vienne ils se remettent du coup, et te préviennent....

WALLENSTEIN, *regardant les signatures.*

J'ai par écrit la parole des généraux.... Max Piccolomini n'est pas là. Pourquoi n'y est-il pas ?

TERZKY.

C'est que.... Il pensait....

ILLO.

Pure suffisance ! Il dit qu'il n'est pas besoin de cela entre toi et lui.

WALLENSTEIN.

Il n'en est pas besoin, il a tout à fait raison.... Les régiments ne veulent pas aller en Flandre ; ils m'ont envoyé un écrit, et ils s'opposent hautement à cet ordre. Le premier pas vers la révolte est fait.

ILLO.

Crois-moi, il te sera plus facile de les conduire à l'ennemi que de les faire passer sous les ordres de l'Espagnol.

WALLENSTEIN.

Je veux pourtant entendre ce que le Suédois a à me dire.

ILLO, *empressé*.

Voulez-vous l'appeler, Terzky? Il est déjà là dehors.

WALLENSTEIN.

Attends encore un peu. Ce coup m'a surpris.... Cela est venu trop vite.... Je ne suis pas habitué à me laisser conduire par l'aveugle pouvoir du hasard, par sa sombre influence.

ILLO.

Commence toujours par l'entendre, réfléchis ensuite. (*Ils sortent.*)

SCÈNE IV.

WALLENSTEIN, *se parlant à lui-même*.

Serait-ce possible? Je ne pourrais plus agir comme je le voudrais? Je ne pourrais plus reculer à mon gré? Il me faudrait accomplir ce projet, parce que j'en ai eu l'idée, parce que je n'ai pas repoussé la tentation, que j'ai nourri mon cœur de ce rêve, que je me suis ménagé les moyens d'une exécution éventuelle, et que tout simplement j'ai tenu les chemins ouverts devant moi?... Par le grand Dieu du ciel! ce n'était pas une résolution sérieuse, ce n'a jamais été chose décidée. Seulement je me suis complu dans cette pensée; la liberté et le pouvoir d'agir me séduisaient. Était-ce un crime de me laisser charmer à ces illusions de royale espérance? Ne gardais-je pas dans mon cœur le libre vouloir, et ne voyais-je pas près de moi le bon chemin qui toujours m'assurait à mon gré le retour? Où donc me vois-je conduit tout à coup? Plus de route derrière moi, et voilà qu'une barrière, faite de mes propres œuvres, se dresse,

ACTE I, SCÈNE IV.   431

infranchissable, et me ferme la retraite. (*Il demeure plongé dans de profondes réflexions.*) Je parais coupable, et, de quelque manière que je m'y prenne, je ne puis me décharger de la faute; car l'ambiguïté de ma conduite m'accuse, et le soupçon, interprète malveillant, empoisonnera jusqu'aux actions innocentes, nées de la source la plus pure. Si j'eusse été ce pour quoi je passe, un traître, je me serais ménagé la bonne apparence; je me serais entouré d'un voile épais; je n'aurais jamais laissé parler mon dépit. Sûr de mon innocence et de mes intentions droites, j'ai donné carrière à la fantaisie, à la passion.... Mes paroles étaient hardies, parce que mes actions ne l'étaient pas. Ce qui s'est fait sans aucun plan, ils vont, avec des vues profondes, me le combiner en un vaste projet; de tout ce que m'a fait dire la colère, l'ardeur du premier mouvement, dans l'abondance de mon cœur, ils vont composer une trame artificielle et former une accusation terrible, devant laquelle je serai réduit au silence. Ainsi, je me suis fatalement enveloppé dans mes propres filets, et la violence seule m'en peut dégager, en les rompant. (*Il demeure de nouveau silencieux.*) Quelle différence, quand la libre impulsion du cœur me portait à l'acte audacieux, que la nécessité, dure et impérieuse, que ma conservation me commande aujourd'hui! L'aspect de la nécessité est austère. Ce n'est pas sans frissonner que la main de l'homme plonge dans l'urne mystérieuse du destin. Tant qu'elle est restée dans ma pensée, mon action était encore à moi; une fois échappée de la sûre retraite du cœur, de son sol natal, une fois exilée dans la vie extérieure, elle appartient à ces puissances perfides que jamais l'art de nul homme ne sut apprivoiser. (*Il se promène dans la chambre à pas précipités, puis s'arrête de nouveau pensif.*) Et qu'est-ce que ton entreprise? Te l'es-tu au moins avouée loyalement à toi-même? Tu veux ébranler, sur son trône assuré et paisible, une puissance qui repose sur une possession sanctifiée par le temps, sur les solides fondements d'une longue habitude, une puissance qui a jeté dans la foi pieuse et naïve des peuples mille racines tenaces? Ce ne sera pas un combat de la force contre la force; celui-là ne m'effraye pas. Je risque la lutte contre tout adversaire que je peux voir et mesurer des yeux, qui, plein de courage lui-même, enflamme aussi mon courage. C'est un ennemi invisible que je redoute, un ennemi qui me résiste dans le cœur des hommes et n'a d'autre force à m'opposer qu'une lâche crainte.... Ce n'est pas ce qui se révèle à nous, plein de vie et de vigueur qui est dangereux et effrayant; ce qu'il faut craindre, c'est cette force toute commune, cette éternelle habitude d'hier, ce qui fut toujours et toujours revient[1], et n'a de crédit demain que pour en avoir eu aujourd'hui. Car l'homme est fait de routine, et il nomme la coutume sa nourrice. Malheur à qui touche à son antique et vénérable mobilier, au précieux héritage de ses aïeux! Le temps exerce une influence sanctifiante : ce que la vieillesse a blanchi est divin pour l'homme. Aie la possession, et tu auras le droit, et la foule te la maintiendra religieusement. (*Au Page qui entre.*) Le colonel suédois? Est-ce lui? Eh bien! qu'il vienne. (*Le Page sort. Wallenstein fixe sur la porte un regard pensif.*) Elle est pure.... elle l'est encore! Le crime n'a pas encore franchi ce seuil.... Si étroite est la limite qui sépare les deux sentiers de la vie!

SCÈNE V.

WALLENSTEIN et WRANGEL.

WALLENSTEIN, *après avoir fixé sur Wrangel un regard scrutateur.*
Vous vous nommez Wrangel?

WRANGEL.
Gustave Wrangel, colonel du régiment bleu de Sudermanie.

WALLENSTEIN.
C'est un Wrangel qui, devant Stralsund, m'a fait beaucoup de mal, et qui fut cause, par sa courageuse défense, que ce port me résista.

WRANGEL.
Ce fut l'œuvre de l'élément contre lequel vous luttiez, et non

---

1. La plupart des éditions portent ici :

Was immer war und immer wiederkehrt.

C'est la leçon que j'ai suivie dans ma traduction. Dans l'édition de 1858 (Taschenausg., 12 vol.), les deux mots *war und* sont remplacés par *warnend* :

Was immer warnend immer wiederkehrt,

« Ce qui toujours avertissant revient toujours. »

mon mérite, monsieur le duc! La Baltique défendait sa liberté avec la puissance de la tempête : la mer et la terre ne devaient pas obéir à un seul homme.

WALLENSTEIN.

Vous m'avez arraché de la tête le chapeau d'amiral.

WRANGEL.

Je viens y placer une couronne.

WALLENSTEIN *lui fait signe de prendre place, et s'assied.*

Votre lettre de créance. Venez-vous avec un plein pouvoir?

WRANGEL, *avec hésitation.*

Il y a encore quelques doutes à lever....

WALLENSTEIN, *après avoir lu.*

La lettre est parfaite; rien n'y manque. C'est une tête habile et intelligente que vous servez, seigneur Wrangel. Le chancelier écrit qu'il ne fait qu'accomplir la propre pensée du feu roi, en m'aidant à parvenir à la couronne de Bohême.

WRANGEL.

Il dit ce qui est vrai. L'auguste défunt a toujours eu une haute opinion de la grande intelligence et des talents militaires de Votre Grâce, et il se plaisait à dire que toujours qui excelle à commander doit être maître et roi.

WALLENSTEIN.

Il avait le droit de le dire. (*Lui prenant la main avec confiance.*) Franchement, colonel Wrangel.... moi aussi, de cœur, j'ai toujours été bon Suédois.... Eh! vous l'avez éprouvé en Silésie et devant Nurenberg. Je vous ai souvent eus en mon pouvoir, et toujours je vous ai laissés échapper par une porte de derrière. C'est là ce qu'ils ne me pardonnent pas à Vienne, c'est là ce qui maintenant me pousse à cette démarche.... Et, comme nos intérêts s'accordent de la sorte, ayons aussi l'un envers l'autre une pleine confiance.

WRANGEL.

La confiance viendra, pourvu que chacun ait d'abord ses sûretés.

WALLENSTEIN.

Je remarque que le chancelier ne se fie pas encore bien à moi. Oui, j'en conviens.... le jeu ne paraît pas être absolument à mon avantage. Son Excellence croit que, si je puis me jouer ainsi de l'empereur, qui est mon maître, je pourrais bien agir de même envers un ennemi, et que l'un serait même plus pardonnable que l'autre. N'est-ce pas aussi votre opinion, seigneur Wrangel?

WRANGEL.

Je n'ai ici qu'une mission et pas d'opinion.

WALLENSTEIN.

L'empereur m'a poussé à l'extrémité. Je ne puis plus honorablement le servir. C'est pour ma sûreté, par nécessité de me défendre, que je fais la pénible démarche que ma conscience blâme.

WRANGEL.

Je vous crois. Personne ne va si loin sans y être contraint. (*Après une pause.*) Ce qui peut porter Votre Altesse à agir de la sorte envers son maître et son empereur, c'est ce qu'il ne nous appartient pas de juger ni d'interpréter. Le Suédois combat pour sa bonne cause avec sa bonne épée et sa bonne conscience. Le concours des événements, les circonstances sont en notre faveur; à la guerre, on profite de tout avantage; nous prenons sans balancer ce qui s'offre à nous, et, si tout est exactement ainsi....

WALLENSTEIN.

De quoi donc doute-t-on? De ma volonté? De mes forces? J'ai promis au chancelier, s'il me confie seize mille hommes, de les joindre avec dix-huit mille de l'armée de l'empereur....

WRANGEL.

Votre Grâce est connue pour un grand homme de guerre, pour un second Attila, un Pyrrhus. On parle encore avec étonnement de la manière dont vous avez autrefois, contre toute attente, réuni une armée, tirée, pour ainsi dire, du néant. Cependant....

WALLENSTEIN.

Cependant?

WRANGEL.

Son Honneur pense qu'il pourrait être plus facile de mettre, avec rien, seize mille guerriers en campagne, que d'en décider seulement la soixantième partie.... (*Il s'arrête.*)

WALLENSTEIN.

Eh bien! quoi? Parlez hardiment.

WRANGEL.

A trahir sa foi.

ACTE I, SCÈNE V.

WALLENSTEIN.

C'est là sa pensée? Il juge comme un Suédois et un protestant. Vous autres luthériens, vous combattez pour votre Bible; vous vous intéressez à la cause; c'est de cœur que vous suivez votre drapeau.... Celui d'entre vous qui passe à l'ennemi brise à la fois les liens qui l'attachent à deux maîtres. Il n'est pas question de tout cela chez nous....

WRANGEL.

Seigneur Dieu du ciel! N'a-t-on donc chez vous ni patrie, ni foyer, ni église?

WALLENSTEIN.

Je veux vous dire ce qu'il en est.... Oui, l'Autrichien a une patrie et l'aime, et il a aussi des raisons de l'aimer. Mais cette armée, qui se nomme impériale, qui est campée ici en Bohême, elle n'a pas de patrie; c'est le rebut des pays étrangers, ce sont les enfants perdus du peuple, à qui rien n'appartient que le soleil commun à tous. Et cette terre de Bohême, pour laquelle nous combattons, elle n'a pas de cœur pour son maître, qui lui a été donné par la chance des armes, et non par un libre choix. C'est en murmurant qu'elle porte le joug imposé à sa foi; la force l'a soumise par la terreur, mais non pacifiée. Elle garde, altérée de vengeance, le brûlant souvenir des horreurs commises sur ce sol. Le fils peut-il oublier qu'on a lâché les chiens sur son père pour le pousser à la messe? Un peuple ainsi persécuté est terrible, soit qu'il se venge, soit qu'il endure un pareil traitement.

WRANGEL.

Mais la noblesse et les officiers? Une telle défection, une telle félonie, seigneur prince, sont sans exemple dans l'histoire du monde.

WALLENSTEIN.

Ils sont à moi, sans réserve. Ne m'en croyez pas, moi, mais plutôt vos propres yeux. (*Il lui donne la formule du serment. Wrangel la parcourt des yeux, et, après l'avoir lue, il la pose sur la table et garde le silence.*) Que vous en semble? Comprenez-vous, maintenant?

WRANGEL.

Comprenne qui pourra! Seigneur prince, je laisse tomber le masque.... Oui, j'ai plein pouvoir pour tout conclure. Le rhingrave est à quatre journées de marche d'ici, avec quinze mille hommes; il n'attend qu'un ordre pour se joindre à votre armée. Cet ordre, je l'expédierai, dès que nous serons d'accord.

WALLENSTEIN.

Que demande le chancelier?

WRANGEL, *pesant ses paroles.*

Il s'agit de douze régiments de troupes suédoises. Ma tête doit en répondre. Et comme tout ceci pourrait, après tout, n'être qu'un jeu trompeur....

WALLENSTEIN, *éclatant.*

Seigneur Suédois!

WRANGEL, *continuant avec calme.*

Il faut, en conséquence, que j'insiste pour que le duc de Friedland rompe formellement, irrévocablement, avec l'empereur; autrement, on ne lui confiera aucune troupe suédoise.

WALLENSTEIN.

Qu'exige-t-on? Soyez bref et net!

WRANGEL.

Que vous désarmiez les régiments espagnols, qui sont dévoués à l'empereur, que vous preniez Prague, et que vous cédiez aux Suédois cette ville, ainsi que la place frontière d'Égra.

WALLENSTEIN.

C'est beaucoup demander! Prague! Passe pour Égra! Mais Prague? Cela ne se peut. Je vous donnerai toutes les sûretés que vous pouvez raisonnablement exiger de moi; mais Prague.... la Bohême.... je puis les défendre moi-même.

WRANGEL.

On n'en doute pas. Aussi défendre n'est-il pas ici notre seul but. Nous ne voulons pas avoir dépensé inutilement des hommes et de l'argent.

WALLENSTEIN.

Comme de raison.

WRANGEL.

Et Prague nous restera en gage, jusqu'à ce que nous soyons dédommagés.

WALLENSTEIN.

Avez-vous si peu de confiance en nous?

WRANGEL *se lève.*

Il faut que le Suédois se tienne sur ses gardes avec les Allemands. On nous a appelés de delà la Baltique; nous avons sauvé l'empire de la ruine.... nous avons scellé de notre sang la liberté de la foi, la sainte doctrine de l'Évangile.... Mais, maintenant déjà, on ne sent plus le bienfait, on ne sent que le fardeau, on voit d'un œil malveillant les étrangers dans l'empire, et l'on nous renverrait volontiers chez nous, dans nos forêts, avec une poignée d'argent. Non, ce n'est pas pour le salaire de Judas, pour de l'or, des espèces sonnantes que nous avons laissé notre roi sur le champ de bataille! Le noble sang de tant de Suédois, ce n'est pas pour de l'or et de l'argent qu'il a coulé! Et nous ne voulons pas avec de maigres lauriers reporter nos drapeaux sous le ciel de la patrie; nous voulons rester comme citoyens sur le sol que notre roi a conquis en y tombant.

WALLENSTEIN.

Aidez-moi à dompter l'ennemi commun, et le beau pays de la frontière ne peut vous échapper.

WRANGEL.

Et l'ennemi commun une fois terrassé, qui donc formera les liens de la nouvelle alliance? Nous n'ignorons pas, seigneur prince, quoique la Suède n'en doive rien savoir, que vous avez de secrètes négociations avec la Saxe. Qui nous répond que nous ne sommes pas les victimes du traité que l'on croit devoir nous cacher?

WALLENSTEIN.

Le chancelier a bien choisi son homme; il ne pouvait pas m'en envoyer un plus tenace. (*Se levant.*) Trouvez mieux, Gustave Wrangel. Qu'il ne soit plus question de Prague!

WRANGEL.

Là finissent mes pouvoirs.

WALLENSTEIN.

Vous livrer ma capitale! J'aime mieux revenir en arrière.... à mon empereur.

WRANGEL.

S'il en est temps encore.

WALLENSTEIN.

Cela dépend de moi maintenant encore, à toute heure.

WRANGEL.

Peut-être encore il y a quelques jours. Aujourd'hui, vous ne le pouvez plus.... Depuis que Sésina est pris, vous ne le pouvez plus.

WALLENSTEIN, *interdit, garde le silence.*

WRANGEL.

Seigneur prince, nous croyons que vos intentions sont loyales; depuis hier.... nous en sommes sûrs.... Et maintenant que cette femille nous répond des troupes, il n'y a plus rien qui fasse obstacle à notre confiance. Prague ne doit pas nous désunir. Mon maître, le chancelier, se contente de la vieille ville; il laisse à Votre Grâce le Radschin et le Petit Côté. Mais, avant tout, il faut qu'Égra s'ouvre à nous, avant qu'on puisse penser à aucune jonction.

WALLENSTEIN.

Ainsi, je dois me fier à vous, et vous ne vous fierez pas à moi? Je pèserai votre proposition.

WRANGEL.

Pas trop longtemps, je vous en prie et dois vous en prier. Voici déjà deux ans que la négociation traîne; si, cette fois encore, elle n'aboutit à rien, le chancelier a l'intention de la regarder comme à jamais rompue.

WALLENSTEIN.

Vous me pressez beaucoup. Une pareille démarche veut être méditée sérieusement.

WRANGEL.

Oui, seigneur prince, avant d'y arrêter son esprit; mais elle ne peut réussir que par une prompte action. (*Il sort.*)

SCÈNE VI.

WALLENSTEIN; TERZKY *et* ILLO *reviennent.*

ILLO.

Est-ce conclu?

TERZKY.

Êtes-vous d'accord?

ILLO.

Le Suédois est sorti tout satisfait. Oui, vous êtes d'accord.

WALLENSTEIN.

Écoutez, il n'y a encore rien de fait, et.... tout bien considéré, j'aime mieux pourtant ne pas le faire.

TERZKY.

Comment! qu'est-ce que cela?

WALLENSTEIN.

Vivre par la grâce de ces Suédois, de ces arrogants? C'est ce que je ne pourrais supporter.

ILLO.

Viens-tu, comme un fugitif, mendier leur secours? Tu leur apportes plus que tu ne reçois d'eux.

WALLENSTEIN.

Quel fut le sort de ce royal Bourbon qui se vendit aux ennemis de son pays, et blessa de sa main sa propre patrie? L'exécration fut son salaire, l'horreur des hommes punit sa conduite criminelle et dénaturée.

ILLO.

Es-tu dans le même cas?

WALLENSTEIN

Je vous dis que la fidélité nous tient au cœur à tous par des liens aussi étroits que notre parent le plus proche; chacun se sent né pour la venger. L'inimitié des sectes, la fureur des partis, l'ancienne jalousie, la rivalité, font la paix; les forces les plus acharnées à se détruire se réconcilient et s'accordent, pour donner la chasse à l'ennemi commun de l'humanité, à la bête féroce et meurtrière qui fait irruption dans l'enceinte paisible où l'homme habite en sûreté.... car sa propre sagesse ne suffit point à le protéger entièrement. C'est par devant, c'est au front de l'homme que la nature a placé la lumière des yeux; son dos, sans défense, c'est la pieuse fidélité qui le doit protéger.

TERZKY.

N'aie donc pas de toi-même une pire opinion que l'ennemi qui te tend joyeusement les mains pour agir en commun. Il n'était pas non plus si scrupuleux, ce Charles, l'oncle et l'aïeul de cette maison impériale, lui qui reçut Bourbon à bras ouverts; car l'intérêt régit seul le monde.

SCÈNE VII.

LA COMTESSE, TERZKY, LES PRÉCÉDENTS.

WALLENSTEIN.

Qui vous appelle? Il n'y a rien à faire ici pour les femmes.

LA COMTESSE.

Je viens t'apporter mes félicitations.... Viendrais-je trop tôt peut-être? J'espère que non.

WALLENSTEIN.

Use de ton autorité, Terzky; congédie-la.

LA COMTESSE.

J'ai déjà donné un roi aux Bohêmes.

WALLENSTEIN.

Oui, vantez-vous-en!

LA COMTESSE, *aux autres*.

Eh bien! à quoi tient la chose? Parlez.

TERZKY.

Le duc ne veut pas.

LA COMTESSE.

Il ne veut pas ce qu'il faut qu'il fasse?

ILLO.

C'est maintenant votre tour. Essayez, car je suis à bout quand on me parle de fidélité et de conscience.

LA COMTESSE.

Comment? Lorsque tout était encore dans un vague lointain, lorsque le chemin s'étendait encore devant toi à l'infini, tu avais de la résolution et du courage.... et maintenant que le rêve va devenir une réalité, que l'accomplissement approche, que le résultat est assuré, tu commences à hésiter? Tu n'es brave qu'en projet, lâche en action? Bien! donne raison à tes ennemis! C'est là précisément qu'ils t'attendent. Ils croient volontiers à ton dessein; avec tes lettres et ton sceau, ils te convaincront, sois-en sûr, de l'avoir formé. Mais personne ne croit à la possibilité de l'exécution; car alors ils seraient forcés de te craindre et de t'estimer. Est-il possible? Quand tu es allé si loin, quand on sait le pire, quand l'action t'est déjà imputée comme faite, tu veux reculer et en perdre le fruit? A l'état de simple projet, c'est un crime vulgaire; accompli, c'est une entreprise immortelle; et si elle réussit, elle est aussi pardonnée; car tout succès est une sentence de Dieu.

UN VALET DE CHAMBRE *entre.*

Le colonel Piccolomini!

LA COMTESSE, *vivement.*

Qu'il attende.

WALLENSTEIN.

Je ne puis le voir maintenant. Une autre fois.

LE VALET DE CHAMBRE.

Il ne demande qu'un instant. C'est, dit-il, une affaire pressante qui l'amène....

WALLENSTEIN.

Qui sait ce qu'il nous apporte? Je veux pourtant l'entendre.

LA COMTESSE, *riant.*

Elle peut bien être pressante pour lui ; pour toi, elle peut se remettre.

WALLENSTEIN.

Qu'est-ce ?

LA COMTESSE.

Tu le sauras plus tard; pense maintenant à expédier Wrangel. (*Le Valet de chambre sort.*)

WALLENSTEIN.

S'il y avait encore un choix possible.... s'il s'offrait une issue moins violente.... maintenant encore, je suis prêt à la choisir et à éviter la dernière extrémité.

LA COMTESSE.

Ne demandes-tu rien de plus? Une telle route est là, tout près de toi. Renvoie ce Wrangel, oublie tes anciennes espérances, répudie ta vie passée, décide-toi à en commencer une nouvelle. La vertu a aussi ses héros, comme la gloire, la fortune. Rends-toi sur-le-champ à Vienne, près de l'empereur; prends avec toi une cassette bien remplie, déclare que tu n'as voulu qu'éprouver la fidélité de ses serviteurs, que te jouer du Suédois.

ILLO.

Il est aussi trop tard pour cela. On en sait trop. Il ne ferait que porter sa tête sur le billot.

LA COMTESSE.

Je ne crains pas cela. Les preuves manquent pour le juger légalement ; on évitera l'arbitraire. On laissera le duc se retirer tranquillement. Je vois comment tout se passera. Le roi de Hongrie paraîtra, et il s'entendra de soi-même que le duc s'en va ; il n'y aura nul besoin d'explication préalable. Le roi fera prêter serment aux troupes, et tout restera dans l'ordre habituel. Un beau matin, on ne voit plus le duc. En même temps, tout s'anime dans ses châteaux. Là il se met à chasser, à bâtir, il entretient des haras, se forme une cour, distribue des clefs d'or, a une grande table hospitalière, bref c'est un grand roi.... en petit! Et parce qu'il saura prudemment se résigner à n'avoir plus en réalité aucune importance, aucune valeur, on le laissera se donner les apparences qu'il voudra ; il paraîtra un grand prince jusqu'à sa mort. Eh quoi ! le duc alors est un de ces hommes nouveaux élevés par la guerre, une créature éphémère[1] de la faveur de la cour, qui fait à mêmes frais des barons et des princes.

WALLENSTEIN *se lève, vivement ému.*

Montrez-moi un chemin pour sortir de cette anxiété, puissances secourables ! un chemin que, moi, je puisse suivre.... Je ne puis, comme tel héros en parole, tel hâbleur de vertu, m'exalter et me complaire dans ma bonne volonté et mes pensées.... je ne puis dire, en fanfaron, au bonheur qui me tourne le dos : « Va ! je n'ai pas besoin de toi ! » Si je n'agis plus, je suis anéanti. Je veux bien ne reculer devant aucun sacrifice, aucun danger, pour éviter ce dernier pas, cette extrémité ; mais plutôt que de tomber dans le néant, que de finir si misérablement après un si glorieux début, plutôt que de voir le monde me confondre avec ces malheureux qu'un même jour crée et renverse, ah ! que plutôt le siècle présent et les races futures ne me nomment qu'avec horreur ! que plutôt le nom de Friedland désigne désormais tout acte exécrable !

---

1. La plupart des éditions ont ici : *übernächtiges Geschöpf*; celle de 1839, en un seul volume, a *übermächtiges* (« d'une puissance excessive »). J'ai suivi la première leçon. Elle est confirmée par le dictionnaire de Campe, qui seulement, en citant ce passage, écrit *übernachtiges* pour *übernächtiges*.

ACTE I, SCÈNE VII.

LA COMTESSE.

Qu'y a-t-il donc là qui soit si fort contre nature? Je ne puis le trouver, dis-le-moi.... Oh! ne laisse pas les sombres fantômes de la superstition dominer ton esprit si lucide. Tu es accusé de haute trahison : à tort ou à raison, ce n'est pas la question en ce moment.... Tu es perdu si tu n'uses promptement de la force que tu possèdes. Eh! où vit donc la créature si pacifique, qui ne défende sa vie avec toutes les forces de sa vie? Qu'y a-t-il de si hardi que la nécessité n'excuse?

WALLENSTEIN.

Ce Ferdinand me témoignait autrefois une si grande faveur! Il m'aimait, il m'estimait, nul n'était plus près de son cœur. Quel prince a-t-il honoré autant que moi?... Et finir ainsi!

LA COMTESSE.

Tu te souviens si fidèlement de la moindre faveur, et tu n'as pas de mémoire pour les offenses? Faut-il que je te rappelle comment on a récompensé à Ratisbonne tes fidèles services? Tu avais blessé tous les princes de l'empire; pour l'agrandir, lui seul, tu avais attiré sur toi la haine, l'exécration du monde entier; tu n'avais pas un seul ami dans toute l'Allemagne, parce que tu n'avais vécu que pour ton empereur. Tu ne cherchas d'autre appui que le sien dans cet orage qui, à la diète de Ratisbonne, se forma contre toi.... Et lui alors te laissa tomber, tomber comme une victime offerte au Bavarois, à l'arrogant Bavarois! Ne dis pas qu'en te rendant ta dignité, il a expié cette première, cette criante injustice. Ce n'est certes pas sa bonne volonté, c'est la loi de la dure nécessité qui t'a remis à cette place qu'on eût bien voulu te refuser.

WALLENSTEIN.

Ce n'est pas à leur bonne volonté, cela est vrai, ni à son penchant pour moi, que je suis redevable de cette dignité. Si j'en abuse, au moins n'abusé-je de la confiance de personne.

LA COMTESSE.

Confiance? Penchant?... On avait besoin de toi. C'est la nécessité, cette maîtresse impétueuse, qui ne se paye pas de noms creux, de figurants, qui veut le fait et non l'apparence, qui cherche toujours le plus grand et le meilleur, et le place au gouvernail, quand elle devrait le tirer du milieu de la populace....

c'est elle qui t'a élevé à cette dignité et t'en a expédié le brevet ; car bien longtemps, et jusqu'au jour où elle ne le peut plus, cette race d'hommes se tire d'affaire avec des âmes vénales et serviles, avec les marionnettes de son invention.... Mais quand la dernière extrémité les presse, quand la creuse apparence est impuissante, alors ils tombent dans les fortes mains de la nature, du génie colossal qui n'obéit qu'à lui-même, ne connaît pas les conventions, et traite avec eux, leur imposant ses conditions, sans se soumettre aux leurs.

WALLENSTEIN.

Il est vrai qu'ils m'ont toujours vu tel que je suis ; je ne les ai pas trompés dans le marché ; car je n'ai jamais pensé qu'il valût la peine de cacher l'audace empiétante de mon caractère.

LA COMTESSE.

Loin de là.... tu t'es toujours montré redoutable. Ce n'est pas toi, toi qui toujours es resté fidèle à toi-même, ce sont eux qui ont tort, eux qui te craignaient et qui cependant ont mis la puissance dans tes mains ; car un caractère propre qui s'accorde avec lui-même a toujours raison ; il n'y a d'autre tort que de se contredire. Étais-tu un autre homme, lorsque, il y a huit ans, tu parcourus, avec le fer et la flamme, les cercles de l'Allemagne, que tu promenas sur toutes les contrées le fléau de la guerre, bravant toutes les ordonnances de l'empire, n'exerçant que le terrible droit de la force, et foulant aux pieds toute souveraineté, pour étendre la domination de ton sultan ? C'était alors le moment de rompre ta fière volonté, de te rappeler à l'ordre ! Mais naturellement ce qui était utile à l'empereur lui plaisait fort, et il imprima en silence son sceau impérial sur ces attentats. Ce qui alors était juste, parce que tu le faisais pour lui, deviendrait-il tout à coup infâme, en se tournant contre lui ?

WALLENSTEIN, *se levant*.

Je n'ai jamais envisagé les choses de ce point de vue.... Oui ! cela est réellement ainsi. Cet empereur a accompli dans l'empire par mon bras des actes qui, dans l'ordre, n'auraient jamais dû s'accomplir, et même le manteau de prince que je porte, j'en suis redevable à des services qui sont des crimes.

LA COMTESSE.

Conviens donc qu'entre toi et lui il ne peut être question de devoir et de droit, mais seulement de force et d'occasion! Le moment est venu de faire la somme du grand compte de ta vie; les présages de victoire t'apparaissent à la voûte des cieux, les planètes t'annoncent le succès et te crient d'en haut : « Le moment est venu ! » Est-ce en vain que tu as mesuré toute ta vie le cours des astres?... que tu as manié le quart de cercle et le compas?... imité sur ces murs le zodiaque et la sphère céleste, et disposé autour de toi, en signes muets pleins de présages, les sept dominateurs du destin? N'était-ce que pour t'en faire un jeu frivole? Tout cet appareil ne mène-t-il à rien, et n'y a-t-il aucun sens dans cet art stérile, puisqu'il est sans valeur pour toi-même et ne peut rien sur toi au moment décisif?

WALLENSTEIN, *pendant ces dernières paroles, s'est promené dans la chambre, l'esprit agité et en travail; tout à coup il s'arrête et interrompt la Comtesse.*

Rappelez-moi Wrangel, et que trois courriers sellent leurs chevaux sans délai.

ILLO.

Enfin, Dieu soit loué ! (*Il sort précipitamment.*)

WALLENSTEIN.

C'est son mauvais génie et le mien. Il le punit par moi, par l'instrument de son ambition, et je compte bien aussi que le glaive de la vengeance est déjà aiguisé contre ma poitrine. Celui qui sème les dents du dragon ne doit pas se promettre une joyeuse récolte. Tout méfait porte dans son sein son génie vengeur, la funeste attente.... Il ne peut plus se fier à moi, je ne puis donc plus reculer. Ainsi advienne ce qui doit advenir ! Le destin, en fin de compte, a toujours raison; car le cœur, au dedans de nous, est l'impérieux ministre de ses arrêts. (*A Terzky.*) Amène-moi Wrangel dans mon cabinet; je parlerai moi-même aux courriers. Envoyez chercher Octavio. (*A la Comtesse, qui a pris un air triomphant.*) Ne vous livrez pas à l'ivresse de la joie, car les puissances du destin sont jalouses. Triompher avant le temps, c'est empiéter sur leurs droits. Nous déposons la semence entre leurs mains; produira-t-elle le bonheur ou le malheur? La fin seule nous l'apprend. (*Pendant qu'il sort, la toile tombe.*)

ACTE DEUXIÈME.

Une chambre.

SCÈNE I.

WALLENSTEIN, OCTAVIO PICCOLOMINI; *peu après,*
MAX PICCOLOMINI.

WALLENSTEIN.

Il m'annonce de Linz qu'il y est malade; j'ai pourtant la nouvelle certaine qu'il se cache à Frauenberg, chez le comte Gallas. Assure-toi de tous deux, et envoie-les-moi ici. Tu prendras le commandement des régiments espagnols, tu feras toujours des préparatifs et n'auras jamais fini, et, s'ils te poussent à marcher contre moi, tu diras oui, et demeureras immobile. Je sais que c'est te rendre service que de te laisser inactif, dans la partie qui se joue. Tu aimes, aussi longtemps que tu le peux, à sauver les apparences; les démarches extrêmes ne sont pas ton affaire : c'est pourquoi je t'ai choisi ce rôle; cette fois, tu ne peux pas mieux me seconder que par ton inaction.... Si, pendant ce temps, la fortune se déclare pour moi, tu sais ce qu'il y a à faire. (*Max Piccolomini entre.*) Maintenant va, mon vieux camarade. Il faut que tu partes cette nuit même. Prends mes propres chevaux.... Lui, je le garde ici.... Que vos adieux soient courts. Nous nous reverrons, je pense, tous gais et heureux.

OCTAVIO, *à son fils.*

Nous nous parlerons encore. (*Il sort.*)

SCÈNE II.

WALLENSTEIN, MAX PICCOLOMINI.

MAX s'approche de lui.

Mon général....

WALLENSTEIN.

Je ne le suis plus, si tu te nommes officier de l'empereur.

MAX.

Vous persistez donc à vouloir abandonner l'armée?

WALLENSTEIN.

J'ai renoncé au service de l'empereur.

MAX.

Et vous voulez abandonner l'armée?

WALLENSTEIN.

J'espère plutôt me l'attacher par des liens encore plus étroits et plus forts. (*Il s'assied.*) Oui, Max. Je n'ai pas voulu m'ouvrir à toi, avant que l'heure d'agir sonnât. L'heureux instinct de la jeunesse saisit aisément le bien, et c'est une joie pour elle de délibérer, d'exercer son propre jugement sur un problème qui nettement se résout. Mais quand, de deux maux certains, il faut choisir l'un, quand il faut laisser une partie de son cœur dans la lutte des devoirs, alors c'est un bienfait de n'avoir pas de choix, et la nécessité devient une faveur.... Cette nécessité, elle est là devant toi. Ne regarde pas en arrière! cela ne te servirait de rien. Regarde en avant! Ne juge pas! prépare-toi à agir!... La cour a résolu ma ruine, et je suis décidé à la prévenir.... Nous allons nous réunir aux Suédois. Ce sont de très-braves gens et de bons amis. (*Il s'arrête, attendant la réponse de Piccolomini.*) .... Je t'ai surpris. Ne me réponds pas. Je veux te donner le temps de te remettre. (*Il se lève et va vers le fond de la scène. Max reste longtemps immobile, plongé dans la plus vive douleur; comme il fait un mouvement, Wallenstein revient et se place devant lui.*)

MAX.

Mon général!... Tu me fais majeur aujourd'hui. Jusqu'à ce jour, en effet, la peine m'était épargnée de trouver moi-même mon chemin et ma direction. Je te suivais sans réserve. Je n'avais qu'à te regarder, pour être sûr de la bonne voie. Aujourd'hui, pour la première fois, tu me renvoies à moi-même et me contrains à faire un choix entre toi et mon cœur.

WALLENSTEIN.

Jusqu'à ce jour, ta destinée t'a bercé doucement; tu pouvais, en te jouant, accomplir tes devoirs, satisfaire tous tes nobles penchants, agir toujours avec un cœur non partagé. Cela ne peut durer plus longtemps ainsi. La route se divise en sentiers hostiles. Le devoir est en lutte avec le devoir. Il faut que tu prennes parti dans la guerre qui s'allume, en ce moment, entre ton ami et ton empereur.

MAX.

La guerre! Est-ce là le nom? La guerre est effrayante comme les fléaux du ciel; mais, comme eux aussi, elle est bonne, et dans les vues du destin. Est-ce bien une bonne et vraie guerre, que tu t'apprêtes à faire à l'empereur avec la propre armée de l'empereur? O Dieu du ciel! quel changement! Me convient-il, à moi, de te tenir un tel langage, à toi, qui m'apparaissais comme l'astre fixe du pôle, comme la règle de ma vie! Oh! comme tu déchires mon cœur! Cet ancien respect, enraciné dans mon âme, cette obéissance, dont je m'étais fait une sainte habitude, faut-il que j'apprenne à les refuser à ton nom? Non, ne tourne pas vers moi ton visage! Il a toujours été pour moi comme la face d'un Dieu, et il ne peut tout à coup perdre son pouvoir; mes sens sont encore dans tes liens, bien que mon âme s'en soit affranchie, toute saignante.

WALLENSTEIN.

Max, écoute-moi!

MAX.

Oh! ne le fais pas! Ne le fais pas! Vois, tes purs et nobles traits ne savent encore rien de cette action malheureuse. Elle n'a souillé que ton imagination; l'innocence ne veut pas se laisser bannir de ton auguste physionomie. Rejette-la, cette noire souillure, ton ennemie. Alors, ce n'aura été qu'un de ces mauvais rêves envoyés comme un avertissement à la vertu, dans sa sécurité. L'humanité peut avoir de pareils moments, mais il faut que les bons sentiments triomphent. Non, tu ne finiras pas ainsi. Ce serait décrier chez les hommes les facultés puissantes et toute grande nature ; ce serait donner raison au préjugé vulgaire, qui ne croit pas aux nobles sentiments là où il y a liberté, et qui ne veut se fier qu'à l'impuissance.

WALLENSTEIN.

Le monde me blâmera sévèrement, je m'y attends. Je me suis déjà dit à moi-même tout ce que tu peux me dire. Qui n'éviterait, pouvant tourner l'écueil, ces partis extrêmes ? Mais je n'ai pas le choix, il faut que j'exerce la violence ou que je l'endure.... Telle est ma situation. Il ne me reste aucune autre ressource.

MAX.

Eh bien! soit. Maintiens-toi à ton poste par la force, résiste à l'empereur; va, s'il le faut, jusqu'à une révolte ouverte! Je ne louerai point cette conduite, mais je puis la pardonner; je veux, tout en ne l'approuvant pas, m'y associer avec toi. Seulement.... ne deviens pas un traître! le mot est prononcé.... pas un traître! Ce n'est point là sortir des bornes, ce n'est point là une de ces fautes où s'égare le courage, entraîné par sa force même. Oh! cela est tout autre chose.... cela est noir, noir comme l'enfer!

WALLENSTEIN, *fronçant le sourcil, d'un air sombre, mais pourtant se modérant.*

La jeunesse a bientôt dit de ces mots aussi dangereux à manier que le tranchant du glaive; elle prend hardiment dans sa tête ardente la mesure des choses qui n'ont pas d'autres juges qu'elles-mêmes. Pour elle, tout s'appelle tout d'abord honteux ou honorable, mauvais ou bon!... et tout ce que l'imagination, dans sa fantaisie, attache de sens à ces noms obscurs, elle l'impose aux choses et aux êtres. Le monde est étroit, et le cerveau est large. Les pensées habitent aisément les unes auprès des autres; mais les choses se heurtent rudement dans l'espace; quand l'une prend place, il faut que l'autre recule; qui ne veut pas être chassé doit chasser : là règne la discorde, et c'est la force seule qui triomphe.... Oui, celui qui traverse la vie sans désir, qui peut s'interdire toute ambition, habite avec la salamandre dans le feu subtil, et se conserve pur dans le pur élément. La nature m'a créé d'une plus grossière étoffe, et la convoitise m'attire vers la terre. C'est au mauvais esprit qu'appartient la terre, non pas au bon. Ce que les divines puissances nous envoient d'en haut, ce ne sont que les biens communs à tous; leur lumière réjouit, mais elle n'enrichit personne; dans leur domaine, on ne conquiert aucune possession. La pierre précieuse, l'or tant estimé, il les faut obtenir de ces puissances perfides et malveillantes qui habitent loin du jour. Ce n'est pas sans sacrifice qu'on se les rend favorables, et il ne vit pas un seul homme qui soit sorti de leur service l'âme pure.

MAX, *d'un ton expressif.*

Oh! crains, crains ces puissances perfides! Elles ne tiennent pas leur parole. Ce sont des esprits menteurs, qui, se jouant de toi, t'entraînent dans l'abîme. Ne te fie pas à elles! Je t'avertis.... Oh! reviens à ton devoir! Certainement, tu le peux! Envoie-moi à Vienne. Oui, fais cela. Laisse-moi, moi, dis-je, faire ta paix avec l'empereur. Il ne te connaît pas, mais moi je te connais! Il te verra avec mes yeux purs, et je te rapporterai sa confiance.

WALLENSTEIN.

Il est trop tard. Tu ne sais pas ce qui est fait.

MAX.

Et quand il serait trop tard.... quand les choses en seraient venues à ce point qu'un crime seul pût te préserver de la chute, eh bien! tombe, et que ta chute soit digne comme l'était ta puissance. Perds le commandement. Quitte la scène. Tu peux le faire avec éclat; à l'éclat joins l'innocence.... Tu as beaucoup vécu pour les autres, vis enfin pour toi-même! Je t'accompagnerai; jamais je ne séparerai ma destinée de la tienne....

WALLENSTEIN.

Il est trop tard. Pendant que tu perds tes paroles, une borne milliaire après l'autre est franchie par mes courriers, qui portent mes ordres à Prague et à Egra.... Résigne-toi; nous agissons comme nous sommes contraints de faire. Obéissons à la nécessité avec dignité et d'un pas ferme.... Que fais-je donc de pire que ce César, dont le nom désigne encore aujourd'hui ce qu'il y a de plus grand dans le monde[1]? Il mena contre Rome les légions que Rome lui avait confiées pour la défendre. S'il eût jeté loin de lui son épée, il était perdu, comme je le serais, si je désarmais. Je sens en moi quelque chose de son génie. Donne-moi sa fortune! j'accepterai le reste de sa des-

---

1. Le mot allemand *Kaiser*, « empereur, » veut dire originairement *César*.

tinée. (*Max, qui jusque-là est demeuré en proie à une lutte douloureuse, sort précipitamment. Wallenstein le suit des yeux, étonné et interdit, et reste plongé dans de profondes réflexions.*)

SCÈNE III.

WALLENSTEIN, TERZKY; peu après, ILLO.

TERZKY.

Max Piccolomini vient de te quitter?

WALLENSTEIN.

Où est Wrangel?

TERZKY.

Il est parti.

WALLENSTEIN.

Si promptement?

TERZKY.

C'est à croire que la terre l'a englouti. Il t'avait à peine quitté, quand je me suis mis à sa recherche : j'avais encore à lui parler; mais.... il était parti, et personne n'a pu me donner de ses nouvelles. Je crois vraiment que c'était le malin en personne : un homme ne peut pas s'évanouir ainsi tout à coup.

ILLO *entre.*

Est-il vrai que tu veux donner une mission au vieux Piccolomini?

TERZKY.

Comment? A Octavio! A quoi penses-tu?

WALLENSTEIN.

Il va à Frauenberg prendre le commandement des régiments espagnols et welches.

TERZKY.

Que Dieu te préserve d'accomplir ce projet!

ILLO.

Tu veux confier des troupes à ce perfide? le laisser hors de ta vue, maintenant, dans ce moment décisif?

TERZKY.

Tu ne feras pas cela. Non, pour tout au monde, non!

WALLENSTEIN.

Vous êtes des hommes étranges.

ILLO.

Oh! cette fois seulement, cède à notre avis. Ne le laisse pas partir.

WALLENSTEIN.

Et pourquoi, cette seule fois, ne me fierais-je pas à lui, quand je l'ai toujours fait? Qu'est-il arrivé qui dût lui faire perdre mon estime? Il me faudrait, à votre fantaisie, non à la mienne, changer à son égard mon jugement dès longtemps éprouvé? Ne croyez pas que je sois une femme. Parce que je me suis fié à lui jusqu'à ce jour, je m'y fierai encore aujourd'hui.

TERZKY.

Faut-il donc que ce soit justement lui? Envoies-en un autre.

WALLENSTEIN.

Il faut que ce soit lui, c'est lui que j'ai choisi. Il convient à cette mission; voilà pourquoi je la lui ai donnée.

ILLO.

C'est un Welche, et c'est pour cela qu'il te convient.

WALLENSTEIN.

Je sais bien que vous n'avez jamais eu de penchant pour les deux Piccolomini, parce que je les estime, que je les aime, que je les préfère visiblement à vous et aux autres, comme ils le méritent : de là vient qu'ils vous sont comme une épine dans l'œil! Que me font, à moi et à mon affaire, toutes vos jalousies? Votre haine ne les déprécie point à mes yeux. Aimez-vous, haïssez-vous, à votre gré : je laisse à chacun la liberté de ses sentiments et de ses penchants, mais je sais toujours quelle valeur a pour moi chacun de vous.

ILLO.

Il ne partira pas.... dussé-je faire briser les roues de sa voiture.

WALLENSTEIN.

Modère-toi, Illo!

TERZKY.

Ce Questenberg, pendant qu'il était ici, s'est constamment attaché à lui.

WALLENSTEIN.

C'était, moi le sachant et le permettant.

ACTE II, SCÈNE III.

TERZKY.

Et je sais aussi qu'il reçoit de secrets messages de Gallas.

WALLENSTEIN.

Cela n'est pas vrai.

ILLO.

Oh! Tu as des yeux ouverts pour ne pas voir.

WALLENSTEIN.

Tu n'ébranleras pas ma foi, elle est fondée sur la science la plus profonde. S'il ment, lui, toute la science des astres est mensonge. Car, sachez-le, j'ai, du destin même, un gage qui me répond qu'il est le plus fidèle de mes amis.

ILLO.

En as-tu un aussi qui t'assure que ce gage ne ment point?

WALLENSTEIN.

Il y a des moments dans la vie de l'homme où il est plus près que d'ordinaire de l'esprit qui gouverne le monde, et où il peut adresser librement une question au destin. J'eus un de ces moments dans la nuit qui précéda la bataille de Lützen : appuyé, tout pensif, contre un arbre, je regardais devant moi dans la plaine. Les feux du camp jetaient de sombres lueurs à travers le brouillard; le silence n'était interrompu que par le sourd bruissement des armes et le cri monotone des rondes. Toute ma vie passée et future se déroulait en ce moment devant les yeux de mon âme, et au sort de la prochaine matinée mon esprit, plein de pressentiments, liait l'avenir le plus éloigné. Je me dis alors à moi-même : « Tu commandes à tant d'hommes! Ils suivent tes étoiles; ils placent, comme sur un nombre unique et fatal, toutes leurs chances sur ta seule tête; ils sont montés avec toi sur la barque de ta fortune. Mais il viendra un jour où la destinée dispersera çà et là tous ces hommes; bien peu resteront fidèlement auprès de toi. Je voudrais savoir qui, de tous ceux qu'enferme ce camp, m'est le plus fidèle! Donne-moi un signe, ô destin! Je veux que ce soit celui qui le premier, demain au matin, viendra à moi avec une marque d'affection. » Je m'endormis dans ces pensées. Et je fus conduit en esprit au milieu de la bataille. La mêlée était terrible. Une balle tua mon cheval, je tombai, et sur mon corps passaient, indifférents, chevaux et cavaliers; et j'étais étendu là, haletant, comme un mourant, broyé sous leurs sabots. Tout à coup un bras secourable me saisit, c'était celui d'Octavio..... Je m'éveillai subitement, il faisait jour, et.... Octavio se tenait devant moi.... « Frère, dit-il, ne monte pas aujourd'hui le cheval pie, comme tu en as l'habitude; mais plutôt la bête sûre que je t'ai choisie. Fais-le pour l'amour de moi. Un songe m'a averti. » Et la vitesse de ce cheval me déroba à la poursuite des dragons de Bannier. Mon cousin monta, ce jour-là, le cheval pie, et je ne revis jamais le cheval ni le cavalier.

ILLO.

Ce fut un hasard.

WALLENSTEIN, *d'un ton significatif.*

Il n'y a pas de hasard; et ce qui nous semble purement aveugle et fortuit découle précisément des sources les plus profondes. Il est mon bon ange, j'en ai l'assurance scellée du destin, et maintenant pas un mot de plus à ce sujet! (*Il se retire.*)

TERZKY.

Ce qui me console, c'est que Max nous reste en otage.

ILLO.

Et celui-là, j'en réponds, ne sortira pas vivant d'ici.

WALLENSTEIN *s'arrête et se retourne.*

N'êtes-vous pas comme les femmes, qui constamment reviennent à leur premier mot quand on leur a parlé raison des heures entières?... Les actions et les pensées de l'homme, sachez-le, ne sont pas comme les vagues de la mer, aveuglément agitées. Le monde intérieur, le microcosme, est le puits profond d'où elles jaillissent éternellement. Elles sont nécessaires, comme le fruit de l'arbre; le hasard ne peut les changer par ses prestiges. Quand j'ai une fois pénétré jusqu'au noyau, au vrai fond de l'homme, je connais aussi sa volonté et sa conduite. (*Ils sortent.*)

SCÈNE IV.

Une chambre dans la demeure de Piccolomini.

OCTAVIO PICCOLOMINI, *tout prêt à partir;* UN AIDE DE CAMP.

OCTAVIO.

Le détachement est-il là ?

L'AIDE DE CAMP.

Il attend en bas.

OCTAVIO.

Mais ce sont des gens sûrs, aide de camp ? Dans quel régiment les avez-vous pris ?

L'AIDE DE CAMP.

Dans le régiment de Tiefenbach.

OCTAVIO.

Ce régiment est fidèle. Qu'ils se tiennent tranquillement dans la cour de derrière, et ne se montrent à personne, jusqu'à ce que vous entendiez sonner : alors la maison sera fermée, sévèrement gardée, et tous ceux que vous trouverez demeureront prisonniers. (*L'Aide de camp sort.*) J'espère bien n'avoir pas besoin de leur aide, car je me tiens sûr de mon calcul. Mais il s'agit du service de l'empereur, nous jouons gros jeu, et mieux vaut trop de précautions que trop peu.

SCÈNE V.

OCTAVIO PICCOLOMINI; ISOLANI *entre.*

ISOLANI.

Me voici.... Or çà ! qui des autres doit encore venir ?

OCTAVIO, *avec mystère.*

D'abord un mot avec vous, comte Isolani.

ISOLANI, *avec mystère.*

Cela va-t-il éclater ? Le prince veut-il entreprendre quelque chose ? Vous pouvez vous fier à moi. Mettez-moi à l'épreuve.

OCTAVIO.

Cela peut se faire.

ISOLANI.

Frère, je ne suis point de ceux qui sont braves en paroles et qui, au moment de l'action, gagnent honteusement le large. Le duc s'est conduit en ami envers moi, oui! Dieu le sait! Je lui dois tout. Il peut compter sur ma fidélité.

OCTAVIO.

C'est ce que nous verrons.

ISOLANI.

Tenez-vous sur vos gardes. Tous ne pensent pas ainsi. Beaucoup ici tiennent encore pour la cour, et pensent que les signatures qu'on a dernièrement surprises ne les engagent à rien.

OCTAVIO.

Vraiment? Nommez-moi donc ceux qui pensent ainsi.

ISOLANI.

Eh! que diable! Tous les Allemands parlent ainsi. Il y a aussi Esterhazy, Kaunitz, Déodat, qui déclarent maintenant que l'on doit obéir à la cour.

OCTAVIO.

Cela me réjouit.

ISOLANI.

Vous réjouit?

OCTAVIO.

Oui, de voir que l'empereur a encore de si bons amis et de si braves serviteurs.

ISOLANI.

Ne plaisantez pas! Ce ne sont pas précisément des hommes sans valeur.

OCTAVIO.

Assurément non! Dieu me garde de plaisanter! Je me réjouis très-sérieusement de voir la bonne cause aussi forte.

ISOLANI.

Que diable! qu'est-ce-ci? N'êtes-vous donc pas?... Pourquoi suis-je donc ici?

OCTAVIO, *avec autorité.*

Pour déclarer rondement et nettement si vous voulez qu'on vous nomme ami ou ennemi de l'empereur.

ISOLANI, *avec arrogance.*

Je donnerai cette explication à qui il appartient de me faire cette question.

OCTAVIO.

Que cette feuille vous apprenne si ce droit m'appartient.

ISOLANI.

Qu'est.... qu'est-ce? C'est la main et le sceau de l'empereur. (*Il lit.*) « Tous les officiers de notre armée obéiront aux ordres « de notre cher et fidèle lieutenant général Piccolomini, comme « aux nôtres propres.... » Hum!... Oui.... Ah!... Oui, oui! Je.... vous fais mon compliment, lieutenant général !

OCTAVIO.

Vous vous soumettez à ce commandement?

ISOLANI.

Je.... Mais aussi vous me surprenez si subitement.... On me laissera bien le temps de réfléchir, j'espère....

OCTAVIO.

Deux minutes.

ISOLANI.

Mon Dieu! mais le cas est....

OCTAVIO.

Clair et simple. Vous avez à déclarer si vous voulez trahir votre maître ou le servir fidèlement.

ISOLANI.

Trahison.... Mon Dieu!... Qui parle donc de trahison ?

OCTAVIO.

C'est là le cas. Le prince est un traître, il veut faire passer l'armée à l'ennemi. Expliquez-vous bref et bien! Voulez-vous renier l'empereur? vous vendre à l'ennemi? Le voulez-vous?

ISOLANI.

A quoi pensez-vous? Moi, renier Sa Majesté Impériale? Ai-je dit cela? Quand l'aurais-je dit?

OCTAVIO.

Vous ne l'avez pas encore dit, pas encore. J'attends si vous le direz.

ISOLANI.

Eh bien! voyez, je suis bien aise que vous attestiez vous-même que je n'ai rien dit de semblable.

OCTAVIO.

Ainsi vous vous déclarez détaché du prince?

ISOLANI.

S'il trame une trahison.... La trahison rompt tous les liens.

OCTAVIO.

Et vous êtes décidé à combattre contre lui?

ISOLANI.

Il m'a fait du bien.... mais, s'il est un coquin, que Dieu le damne! le compte est déchiré.

OCTAVIO.

Je suis fort aise que vous vous soyez rendu de bonne grâce. Cette nuit, vous partirez dans le plus grand silence, avec toutes les troupes légères; il faut que l'ordre paraisse venir du duc lui-même. Le lieu de réunion est Frauenberg; là, Gallas vous donnera des ordres ultérieurs.

ISOLANI.

Il sera fait comme vous l'ordonnez; mais aussi qu'il vous souvienne auprès de l'empereur combien vous m'avez trouvé empressé.

OCTAVIO.

Je louerai votre conduite. (*Isolani sort; il vient un Domestique.*) Le colonel Buttler? Bien.

ISOLANI, *revenant.*

Pardonnez-moi aussi la rudesse de mes façons, mon vieux camarade. Seigneur Dieu! comment pouvais-je savoir quel grand personnage j'avais devant moi!

OCTAVIO.

Laissons cela.

ISOLANI.

Je suis un vieil enfant d'humeur joyeuse, et si parfois quelque mot un peu vif sur la cour m'était échappé dans la gaieté du vin, vous savez bien que c'est sans mauvaise intention. (*Il sort.*)

OCTAVIO.

Pas d'inquiétude à ce sujet. — Voilà qui a réussi. Fortune, sois-nous aussi propice auprès des autres!

SCÈNE VI.

OCTAVIO PICCOLOMINI, BUTTLER.

BUTTLER.

Je suis à vos ordres, lieutenant général.

OCTAVIO.

Soyez le bienvenu, comme digne hôte et ami !

BUTTLER.

C'est trop d'honneur pour moi.

OCTAVIO, *après que tous deux ont pris place.*

Vous n'avez pas répondu aux sincères avances que je vous ai faites hier, et même vous les avez méconnues, n'y voyant qu'une vaine formule. Mon vœu partait du cœur, il exprimait ma vraie pensée à votre égard; car nous sommes dans un temps où les gens de bien devraient s'unir étroitement.

BUTTLER.

Cela n'est possible qu'à ceux qui ont les mêmes sentiments.

OCTAVIO.

Et j'appelle unis de sentiments tous les gens de bien. Je n'impute à l'homme que l'acte où le porte de sang-froid son caractère; car l'aveugle entraînement des malentendus jette souvent les meilleurs hors du droit chemin. Vous êtes venu par Frauenberg. Le comte Gallas ne vous a-t-il rien confié? Dites-le-moi. Il est mon ami.

BUTTLER.

Il n'a dit que des paroles perdues.

OCTAVIO.

Je suis fâché de l'apprendre; car son conseil était bon, et j'en aurais un semblable à vous donner.

BUTTLER.

Épargnez-vous cette peine.... et à moi l'embarras de mériter mal votre bonne opinion.

OCTAVIO.

Le temps est précieux : parlons à cœur ouvert. Vous savez où en sont ici les choses. Le duc médite une trahison; je puis vous dire plus encore, il l'a déjà accomplie; l'alliance avec l'ennemi est conclue depuis quelques heures. Déjà ses courriers sont sur la route de Prague et d'Égra, et demain il veut nous réunir à l'ennemi. Mais il se trompe, car la prudence veille; l'empereur a encore ici des amis fidèles, et leur ligue invisible est puissante. Le manifeste que voici le met au ban de l'empire, délie l'armée des devoirs de l'obéissance, et appelle tous les hommes bien intentionnés à se réunir sous mon commandement. Maintenant choisissez, ou de suivre avec nous la bonne cause, ou de partager avec lui le mauvais sort des méchants.

BUTTLER *se lève.*

Son sort sera le mien.

OCTAVIO.

Est-ce là votre dernière résolution ?

BUTTLER.

La dernière.

OCTAVIO.

Réfléchissez, colonel Buttler. Vous en avez encore le temps. Vos trop promptes paroles demeureront ensevelies dans mon sein fidèle. Retirez-les. Choisissez un meilleur parti. Vous n'avez pas adopté le bon.

BUTTLER.

Avez-vous encore quelque autre ordre à me donner, lieutenant général?

OCTAVIO.

Considérez vos cheveux blancs! Retirez votre parole.

BUTTLER.

Adieu!

OCTAVIO.

Quoi! cette bonne et vaillante épée, vous voulez la tirer dans une lutte pareille? Vous voulez changer en malédiction la reconnaissance que vous avez méritée de l'Autriche par une fidélité de quarante ans?

BUTTLER, *riant avec amertume.*

La reconnaissance de la maison d'Autriche! (*Il veut sortir.*)

OCTAVIO *le laisse aller jusqu'à la porte, puis l'appelle.*

Buttler!

BUTTLER.

Plaît-il ?

OCTAVIO.

Comment s'est passée l'affaire du comté?

BUTTLER.

Du comté! Quoi?

OCTAVIO.

Du titre de comte, veux-je dire.

BUTTLER, *éclatant avec violence.*

Mort et démon!

OCTAVIO, *froidement.*

Vous le sollicitiez. On vous l'a refusé.

BUTTLER.

Vous ne me raillerez pas impunément. Dégainez!

OCTAVIO.

Remettez votre épée. Dites-moi tranquillement comment la chose s'est passée; ensuite, je ne vous refuserai pas satisfaction.

BUTTLER.

Eh bien, soit! que tout le monde sache donc une faiblesse que je ne pourrai jamais me pardonner à moi-même!... Oui, lieutenant général, j'ai de l'ambition; jamais je n'ai pu supporter le mépris. Je souffrais de voir qu'à l'armée la naissance et les titres avaient plus de valeur que les services. Je ne voulus pas être inférieur à mes égaux : dans un malheureux moment, je me laissai aller à cette démarche.... C'était une folie! mais je ne méritais pas de l'expier si durement.... On pouvait me refuser.... pourquoi envenimer le refus par ce dédain blessant? pourquoi écraser, accabler le vieillard, l'ancien serviteur éprouvé, sous une cruelle raillerie, lui rappeler si durement la honte de son extraction, parce qu'il s'est oublié dans une heure de faiblesse? Mais la nature a donné un aiguillon au reptile que le caprice insolent se fait un jeu d'écraser....

OCTAVIO.

Il faut qu'on vous ait calomnié. Devinez-vous quel est l'ennemi qui vous a rendu ce mauvais service?

BUTTLER.

Qui que ce soit, peu m'importe! C'est assurément un drôle infâme, un courtisan, un Espagnol, quelque fils d'ancienne famille que j'offusque peut-être, un envieux coquin que chagrine ce rang que je me suis conquis.

OCTAVIO.

Dites-moi, le duc approuva-t-il votre démarche?

BUTTLER.

Il m'y poussa, et s'employa lui-même pour moi avec la noble ardeur d'un ami.

OCTAVIO.

Ah! Le savez-vous bien sûrement?

BUTTLER.

J'ai lu la lettre.

OCTAVIO, *d'un ton significatif.*

Moi aussi.... mais tout autre était le contenu. (*Buttler paraît surpris.*) Je suis, par hasard, en possession de la lettre, et je puis vous convaincre par vos propres yeux. (*Il lui donne la lettre.*)

BUTTLER.

Ah! qu'est-ce que cela?

OCTAVIO.

Je crains, colonel Buttler, qu'on ne vous ait joué indignement. Le duc vous a poussé, dites-vous, à cette démarche?... Dans cette lettre, il parle de vous avec mépris; il conseille au ministre de châtier votre présomption, comme il l'appelle. (*Buttler a lu la lettre; ses genoux tremblent; il étend la main vers un siège et s'assoit.*) Aucun ennemi ne vous poursuit. Personne ne vous veut de mal. N'attribuez qu'au duc l'offense que vous avez reçue. L'intention est manifeste: il voulait vous détacher de votre empereur.... Il espérait obtenir de votre vengeance ce que votre fidélité éprouvée ne lui eût jamais permis d'attendre de vous dans une paisible disposition d'esprit. Il voulait dédaigneusement se servir de vous comme d'un aveugle instrument d'un moyen d'accomplir ses desseins criminels. Il y est parvenu. Il n'a que trop bien réussi à vous détourner de la bonne voie, où vous avez marché durant quarante ans.

BUTTLER, *d'une voix tremblante.*

Sa Majesté Impériale pourra-t-elle me pardonner?

OCTAVIO.

Elle fait plus encore. Elle répare l'affront qu'a reçu, sans le mériter, un homme d'honneur. De son libre mouvement, elle confirme le don que vous a fait le prince dans des vues coupables. Le régiment que vous commandez est à vous.

BUTTLER *veut se lever, il retombe sur son siége. Son âme est en proie à une violente agitation ; il essaye de parler et ne le peut. Enfin, il détache son épée du ceinturon et la tend à Piccolomini.*

OCTAVIO.

Que voulez-vous? Remettez-vous!

BUTTLER.

Prenez!

OCTAVIO.

Pourquoi? Revenez à vous!

BUTTLER.

Prenez! Je ne suis plus digne de cette épée.

OCTAVIO.

Recevez-la de nouveau de ma main, et portez-la toujours avec honneur pour le bon droit.

BUTTLER.

J'ai pu trahir ma foi envers un empereur si généreux!

OCTAVIO.

Réparez le passé! Détachez-vous promptement du duc.

BUTTLER.

Me détacher de lui!

OCTAVIO.

Comment? Hésiteriez-vous?

BUTTLER, *éclatant d'une manière terrible.*

Seulement me détacher? Oh! il ne doit plus vivre!

OCTAVIO.

Suivez-moi à Frauenberg, où tous les fidèles se réunissent auprès de Gallas et d'Altringer. J'en ai ramené beaucoup d'autres encore à leur devoir : ils s'échappent de Pilsen cette nuit....

BUTTLER, *après s'être promené çà et là, dans un état de violente agitation, vient à Octavio, avec un regard résolu.*

Comte Piccolomini! l'homme qui a violé sa foi peut-il vous parler d'honneur?

OCTAVIO.

Il le peut, quand son repentir est aussi sincère.

BUTTLER.

Eh bien! laissez-moi ici.... sur ma parole d'honneur.

OCTAVIO.

Quel est votre dessein?

BUTTLER.

Laissez-moi rester avec mon régiment.

OCTAVIO.

Je puis me fier à vous. Dites-moi cependant ce que vous projetez.

BUTTLER.

Les faits vous l'apprendront. Ne m'interrogez pas maintenant davantage! Ayez confiance en moi, vous le pouvez! Par le ciel! ce n'est pas à son bon ange que vous l'abandonnez! Adieu! (Il sort.)

UN DOMESTIQUE *apporte un billet.*

Un inconnu a apporté ceci et il est reparti sur-le-champ. Les chevaux du prince sont déjà en bas. (*Il sort.*)

OCTAVIO *lit.*

« Faites en sorte de partir. Votre fidèle Isolani. » .... Oh! que ne suis-je déjà loin de cette ville! Si près du port, me faudrait-il échouer? Partons, partons! Il n'y a plus ici de sûreté pour moi. Mais où reste mon fils?

SCÈNE VII.

LES DEUX PICCOLOMINI.

MAX *entre, en proie à la plus violente agitation; ses yeux sont hagards et farouches; sa démarche incertaine; il ne paraît pas remarquer son père, qui le voit de loin et le regarde avec compassion. Il traverse la chambre à grands pas, puis s'arrête, et se jette enfin sur un siège, les yeux fixés droit devant lui.*

OCTAVIO *s'approche de lui.*

Je pars, mon fils. (*Ne recevant aucune réponse, il le prend par la main.*) Mon fils, adieu!

MAX.

Adieu!

OCTAVIO.

Mais tu me suivras bientôt?

MAX, *sans le regarder.*

Moi te suivre? Ton chemin est tortueux, il n'est pas le mien. (*Octavio abandonne sa main et recule.*) Oh! si tu avais été vrai et droit, jamais les choses n'en seraient venues là; tout serait aujourd'hui bien différent! Il n'aurait pas franchi ce pas terrible; les bons auraient gardé leur pouvoir auprès de lui, il ne serait pas tombé dans les piéges des méchants. Pourquoi se glisser ainsi furtivement, guetter avec astuce, comme un voleur ou son complice? Funeste fausseté! mère de tout le mal! c'est toi, source de douleur, qui nous perds! La vérité, la pure vérité, qui conserve le monde, nous eût tous sauvés. Père, je ne puis t'excuser, je ne le puis. Le duc m'a trompé, affreusement trompé; mais toi, tu n'as pas agi beaucoup mieux.

OCTAVIO.

Mon fils, hélas! je pardonne à ta douleur.

MAX *se lève et le considère d'un regard de doute.*

Serait-il possible, père? Père, serait-ce avec préméditation que tu aurais amené les choses à ce point? Tu t'élèves par sa chute. Octavio, cela ne peut m'agréer.

OCTAVIO.

Dieu du ciel!

MAX.

Malheur à moi! j'ai changé ma nature. Comment le soupçon entre-t-il dans mon âme sincère? La confiance, la foi, l'espoir, tout a fui : car tout ce que j'estimais le plus m'a menti. Non! non! Pas tout! car enfin elle vit encore en moi, et elle est vraie et pure comme le ciel. Partout règne le mensonge et l'hypocrisie, le meurtre et le poison, le parjure et la trahison; dans toute l'humanité, le seul asile pur, préservé de profanation, c'est notre amour.

OCTAVIO.

Max, suis-moi plutôt sans délai, cela vaut mieux.

MAX.

Quoi? Avant d'avoir encore pris congé d'elle? le dernier congé?... Jamais!

OCTAVIO.

Épargne-toi la douleur de la séparation, d'une séparation nécessaire. Viens avec moi, viens, mon fils! (*Il veut l'entraîner.*)

MAX.

Non. Aussi vrai qu'il y a un Dieu!

OCTAVIO, *plus pressant.*

Viens avec moi! Je te l'ordonne, moi, ton père.

MAX.

Ordonne-moi ce qui est possible à l'homme. Je reste.

OCTAVIO.

Max, au nom de l'empereur, suis-moi !

MAX.

L'empereur n'a rien à commander au cœur. Veux-tu donc m'enlever encore le seul bien que m'ait laissé mon malheur, sa compassion ? Faut-il que cette cruelle nécessité s'accomplisse cruellement ? Cet arrêt inévitable, on veut encore que j'y obéisse honteusement ; que je me dérobe à elle, comme un indigne, par une fuite lâche et secrète ? Elle verra ma souffrance, ma douleur ; elle entendra les plaintes de mon âme déchirée ; elle versera des pleurs sur moi.... Oh! les hommes sont cruels; mais elle, c'est un ange. Elle sauvera mon âme des fureurs de l'affreux désespoir ; elle apaisera, par de douces plaintes, de tendres consolations, cette douleur mortelle.

OCTAVIO.

Tu ne t'arracheras pas à elle; tu ne le pourras. Oh! viens, mon fils, et sauve ta vertu !

MAX.

Ne prodigue pas en vain tes paroles ! Je suis l'impulsion de mon cœur, car je peux m'y fier.

OCTAVIO, *décontenancé, tremblant*.

Max! Max! Si cet horrible malheur m'atteint, si toi.... mon fils.... mon propre sang.... je n'ose y penser!... tu te vends à l'infâme, si tu imprimes cette flétrissure à la noblesse de notre maison : alors le monde verra un épouvantable spectacle; alors, dans un affreux combat, le glaive du fils s'abreuvera du sang du père.

MAX.

Oh! si tu avais toujours mieux pensé des hommes, tu aurais aussi mieux agi. Défiance maudite ! doute fatal ! Rien, à ses yeux, n'est ferme et assuré ; tout chancelle là où manque la foi.

OCTAVIO.

Et, si même je me fie à ton cœur, sera-t-il toujours en ton pouvoir de lui obéir ?

MAX.

Tu n'as pu contraindre la voix de mon cœur : le duc n'y réussira pas davantage.

OCTAVIO.

Oh! Max, je ne te verrai jamais revenir à moi!

MAX.

Tu ne me verras jamais indigne de toi.

OCTAVIO.

Je vais à Frauenberg, je te laisse ici les régiments de Pappenheim; ceux de Lorraine, de Toscane et Tiefenbach resteront aussi pour te protéger. Ils t'aiment et sont fidèles à leur serment, et ils succomberont, dans une lutte courageuse, plutôt que d'abandonner leur chef et l'honneur.

MAX.

Sois sûr que je laisserai ici ma vie, en combattant, ou que je les emmènerai de Pilsen.

OCTAVIO, *se mettant en devoir de partir.*

Mon fils, adieu!

MAX.

Adieu!

OCTAVIO.

Comment? Pas un regard d'affection? pas un serrement de main au départ? C'est une guerre sanglante que celle où nous marchons, et l'issue est incertaine et voilée. Ce n'était pas ainsi que nous avions coutume de nous séparer. Est-il donc vrai? Je n'ai plus de fils? (*Max tombe dans ses bras, ils se tiennent longtemps embrassés en silence; puis ils s'éloignent, chacun de son côté.*)

ACTE TROISIÈME.

Un salon chez la duchesse de Friedland.

SCÈNE I.

LA COMTESSE TERZKY, THÉCLA, MADEMOISELLE DE NEUBRUNN; *les deux dernières, occupées à des ouvrages de femme.*

LA COMTESSE.

Vous n'avez rien à me demander, Thécla? Absolument rien? J'attends, depuis longtemps déjà, une parole de vous. Avez-vous bien la force de rester si longtemps sans prononcer une fois son nom? Comment? Ou bien serais-je déjà inutile? Auriez-vous d'autres moyens de communiquer que par moi?... Avouez-le-moi, ma nièce, l'avez-vous vu?

THÉCLA.

Je ne l'ai vu ni aujourd'hui, ni hier.

LA COMTESSE.

Et vous n'avez rien su de lui? Ne me le cachez pas.

THÉCLA.

Pas un mot.

LA COMTESSE.

Et vous pouvez être si tranquille?

THÉCLA.

Je le suis.

LA COMTESSE.

Laissez-nous, Neubrunn. (*Mlle de Neubrunn s'éloigne.*)

SCÈNE II.

LA COMTESSE, THÉCLA.

LA COMTESSE.

Je n'aime point qu'il se tienne si tranquille, tout juste en ce moment.

THÉCLA.

En ce moment?

LA COMTESSE.

Maintenant qu'il sait tout! Ce serait l'instant de se déclarer.

THÉCLA.

Parlez plus clairement, si vous voulez que je comprenne.

LA COMTESSE.

C'est dans cette vue que j'ai renvoyé Neubrunn. Vous n'êtes plus une enfant, Thécla. Votre cœur est hors de tutelle, car vous aimez, et il y a dans l'amour un hardi courage. Ce courage, vous l'avez montré. Vous tenez plus de l'âme de votre père que de votre mère. Aussi pouvez-vous entendre ce qu'elle n'est pas capable de supporter.

THÉCLA.

Je vous en prie, finissez ces préliminaires. Quoi que ce soit, dites-le franchement! Cela ne peut m'inquiéter plus que cet exorde. Qu'avez-vous à me dire? Soyez brève.

LA COMTESSE.

Mais ne vous effrayez pas....

THÉCLA.

Expliquez-vous, je vous en prie.

LA COMTESSE.

Il dépend de vous de rendre un grand service à votre père.

THÉCLA.

Cela dépendrait de moi? Que peut....

LA COMTESSE.

Max Piccolomini vous aime. Il peut par vous être attaché à votre père par des liens indissolubles.

THÉCLA.

Est-il besoin de moi pour cela? Ne l'est-il pas déjà?

LA COMTESSE.

Il l'était.

THÉCLA.

Et pourquoi ne le serait-il plus, ne le resterait-il pas toujours?

LA COMTESSE.

Il est aussi attaché à l'empereur.

THÉCLA.

Pas plus que ne l'exigent le devoir et l'honneur.

LA COMTESSE.

C'est de son amour qu'on demande des preuves, et non de son honneur!... Devoir et honneur! ce sont là des mots équivoques, de sens très-divers; c'est à vous de les lui interpréter, à l'amour de lui expliquer l'honneur.

THÉCLA.

Comment?

LA COMTESSE.

Il faut qu'il renonce à l'empereur ou à vous.

THÉCLA.

Il suivra volontiers mon père dans la vie privée. Vous avez entendu de lui-même combien il désire déposer les armes.

LA COMTESSE.

On est d'avis qu'il ne les dépose pas, qu'il tire l'épée pour votre père.

THÉCLA.

Son sang et sa vie, il les donnera avec joie pour mon père, si mon père est victime d'une injuste rigueur.

LA COMTESSE.

Vous ne voulez pas me deviner.... Eh bien! écoutez. Votre père s'est détaché de l'empereur; il est sur le point de passer à l'ennemi avec toute l'armée....

THÉCLA.

O ma mère!

LA COMTESSE.

Il est besoin d'un grand exemple, pour entraîner l'armée à sa suite. Les Piccolomini sont fort considérés dans l'armée. Ils gouvernent l'opinion, et leur résolution sera un signal décisif. Nous nous assurons du père par le fils.... Une grande puissance est en ce moment dans vos mains....

THÉCLA.

O malheureuse mère! Quel coup mortel te menace!... Elle n'y survivra pas.

LA COMTESSE.

Elle se pliera à la nécessité. Je la connais.... Les événements lointains, futurs, inquiètent son âme craintive; ce qui est présent et ne peut changer, elle le supporte avec résignation.

THÉCLA.

O pressentiments de mon cœur!... La voilà...... la voilà aujourd'hui, cette main du sort, main glacée et terrible, qui étreint affreusement ma joyeuse espérance. Je le savais bien.... Hélas! au moment même où je suis entrée ici, une inquiète prévision m'annonça que les astres de malheur étaient sur ma tête.... Mais pourquoi pensé-je à moi d'abord...? O ma mère! ma mère!

LA COMTESSE.

Possédez-vous. N'éclatez pas en vaines plaintes. Conservez à votre père un ami, à vous un amant; par là, tout peut encore avoir une bonne et heureuse issue.

THÉCLA.

Une bonne issue! Quoi? Nous sommes séparés à jamais! Ah! cela n'est même plus en question.

LA COMTESSE.

Il ne vous abandonnera pas. Il est impossible qu'il se détache de vous.

THÉCLA.

O le malheureux!

LA COMTESSE.

S'il vous aime réellement, sa résolution sera bientôt prise.

THÉCLA.

Sa résolution sera bientôt prise, n'en doutez pas. Résolution! Y a-t-il encore ici une résolution à prendre?

LA COMTESSE.

Possédez-vous. J'entends approcher votre mère.

THÉCLA.

Comment soutiendrai-je son aspect?

LA COMTESSE.

Possédez-vous.

SCÈNE III.

LA DUCHESSE, LES PRÉCÉDENTES.

LA DUCHESSE, *à la Comtesse.*

Ma sœur, qui donc était ici? J'entendais parler avec vivacité.

LA COMTESSE.

Il n'y avait personne.

LA DUCHESSE.

Je m'effraye si aisément! Le moindre bruit m'annonce l'approche d'un messager de malheur. Pouvez-vous me dire, ma sœur, où en sont les choses? Fera-t-il la volonté de l'empereur? Enverra-t-il la cavalerie au cardinal? Dites, a-t-il congédié Questenberg avec une bonne réponse?

LA COMTESSE.

....Non, c'est ce qu'il n'a pas fait.

LA DUCHESSE.

Oh! alors c'est fini. Je vois venir les plus grands malheurs. Ils vont le destituer; tout sera encore comme à Ratisbonne.

LA COMTESSE.

Il n'en sera point ainsi. Cette fois, non. Quant à cela, soyez tranquille. (*Thécla, vivement émue, se jette sur sa mère et la serre dans ses bras en pleurant.*)

LA DUCHESSE.

O l'homme inflexible, indomptable! Que n'ai-je pas supporté et souffert dans les malheureux liens de cette union! Enchaînée comme à une roue brûlante qui roule sans relâche, d'un élan emporté, éternel, j'ai passé avec lui une vie pleine d'angoisses, et toujours il m'a entraînée tout au bord d'un abîme à pic, menaçant d'y tomber, en proie au vertige.... Non, ne pleure pas, mon enfant; que mes souffrances ne soient pas pour toi un funeste présage, qu'elles n'empoisonnent pas d'avance le sort qui t'attend. Il ne vit pas en ce monde un second Friedland: toi, mon enfant, tu n'as pas à craindre la destinée de ta mère.

THÉCLA.

Oh! fuyons, ma chère mère! vite, bien vite! Nous ne pouvons

demeurer ici. Chaque heure qui s'approche fait éclore quelque épouvantail nouveau, monstrueux.

LA DUCHESSE.

Tu auras en partage un sort plus tranquille.... Nous aussi, ton père et moi, nous avons vu de beaux jours. Je pense encore avec bonheur aux premières années. Alors il aspirait gaiement à monter; son ambition était un feu qui doucement réchauffe, mais non encore la flamme déchaînée et dévorante. L'empereur l'aimait, se fiait à lui, et tout ce qu'il entreprenait réussissait nécessairement. Mais depuis la malheureuse journée de Ratisbonne, qui le précipita de sa grandeur, un esprit inquiet, insociable, soupçonneux et sombre, s'est emparé de lui. La paix a fui loin de lui, et, cessant de se fier gaiement à son ancienne fortune, à sa propre force, il a livré son cœur aux arts ténébreux, qui jamais encore n'ont fait le bonheur de qui les cultiva.

LA COMTESSE.

Vous voyez les choses avec vos yeux.... Mais est-ce donc là un entretien convenable pour attendre sa venue? Il sera bientôt ici, vous le savez. Doit-il vous trouver dans de telles dispositions?

LA DUCHESSE.

Viens, mon enfant. Essuie tes larmes. Montre à ton père un visage serein.... Vois, ce ruban est dénoué.... Il faut rattacher ta chevelure. Viens, sèche tes larmes; elles ternissent tes beaux yeux.... Que voulais-je dire? Oui, ce Piccolomini est un digne gentilhomme, plein de mérite.

LA COMTESSE.

C'est vrai, ma sœur.

THÉCLA, *à la Comtesse, avec anxiété.*

Ma tante, voulez-vous m'excuser? (*Elle veut sortir.*)

LA COMTESSE.

Où allez-vous? Votre père vient.

THÉCLA.

Je ne puis le voir en ce moment.

LA COMTESSE.

Mais il remarquera votre absence; il vous demandera.

LA DUCHESSE.

Pourquoi se retire-t-elle?

THÉCLA.

Je ne puis supporter sa vue.

LA COMTESSE, *à la Duchesse.*

Elle ne se trouve pas bien.

LA DUCHESSE, *inquiète.*

Que peut avoir ma chère enfant? (*Toutes deux suivent Thécla et cherchent à la retenir. Wallenstein paraît, s'entretenant avec Illo.*)

SCÈNE IV.

WALLENSTEIN, ILLO, LES PRÉCÉDENTES.

WALLENSTEIN.

Tout est tranquille encore dans le camp?

ILLO.

Tout est tranquille.

WALLENSTEIN.

Dans peu d'heures, la nouvelle peut nous venir de Prague que cette capitale est à nous. Alors, nous pourrons jeter le masque et faire savoir à la fois, aux troupes qui sont ici, notre entreprise et son succès. En pareil cas, l'exemple fait tout. L'homme est une créature imitatrice, et celui qui va en tête conduit le troupeau. Les troupes de Prague savent simplement que les régiments de Pilsen nous ont rendu hommage, et à Pilsen ils nous prêterent serment, parce qu'à Prague on a donné l'exemple.... Buttler, dis-tu, s'est déclaré?

ILLO.

De son propre mouvement, sans y être invité, il est venu s'offrir à toi, lui et son régiment.

WALLENSTEIN.

On ne doit pas, je le remarque, croire à toutes les voix qui font entendre leurs avis dans notre cœur. Souvent, pour nous tromper, l'esprit de mensonge emprunte et imite la voix de la vérité, et rend des oracles imposteurs. Ainsi, j'ai à demander pardon à ce digne et brave homme, à Buttler, d'une secrète injustice; car un sentiment dont je ne suis pas maître, et que je n'aimerais pas à nommer de la peur, se glisse en moi à son approche, fait frissonner mes sens et arrête les douces émotions de l'amitié. Et c'est ce loyal soldat, contre qui mon esprit me met en garde, qui m'offre le premier gage de fortune.

ILLO.

Et l'autorité de son exemple te gagnera, n'en doute pas, les meilleurs de l'armée.

WALLENSTEIN.

Maintenant, va, et envoie-moi ici à l'instant Isolani. Je me le suis encore attaché par un récent service. Je veux commencer par lui. Va. (*Illo sort. Pendant ce temps, les autres personnages sont revenus sur le devant.*)

WALLENSTEIN.

Eh! voyez! la mère avec sa fille chérie! Reposons-nous une fois des affaires.... Venez! J'éprouvais le besoin de passer une heure sereine dans le cercle chéri des miens.

LA COMTESSE.

Il y a longtemps, mon frère, que nous n'avons été ainsi réunis.

WALLENSTEIN, *à part, à la Comtesse*.

Peut-elle entendre la nouvelle? Est-elle préparée?

LA COMTESSE.

Pas encore.

WALLENSTEIN.

Viens, ma fille. Assieds-toi près de moi. Un bon esprit repose sur tes lèvres. Ta mère m'a vanté ton talent : une douce voix, me dit-on, habite en toi, la voix de l'harmonie qui enchante l'âme. J'ai besoin en ce moment d'une telle voix pour chasser le mauvais démon qui agite ses noires ailes autour de ma tête.

LA DUCHESSE.

Où as-tu ton luth, Thécla? Viens, fais entendre à ton père une preuve de ton talent.

THÉCLA.

O ma mère! Dieu!

LA DUCHESSE.

Viens, Thécla, et réjouis ton père.

THÉCLA.

Je ne puis, ma mère....

LA COMTESSE.

Comment? Qu'est-ce que cela, ma nièce?

THÉCLA, *à la Comtesse.*

Épargnez-moi.... Chanter.... maintenant.... dans cette angoisse, l'âme accablée d'un tel fardeau.... chanter devant lui.... qui précipite ma mère dans la tombe!

LA DUCHESSE.

Comment, Thécla, des caprices? Ton père bienveillant aurait-il en vain témoigné un désir?

LA COMTESSE.

Voici le luth.

THÉCLA.

O mon Dieu!... Comment puis-je?... (*Elle tient l'instrument d'une main tremblante; son âme est en proie au plus violent combat, et au moment où elle doit commencer à chanter, elle tressaille, rejette l'instrument et sort précipitamment.*)

LA DUCHESSE.

Mon enfant.... Oh! elle est malade!

WALLENSTEIN.

Qu'a donc ma fille? Est-elle souvent ainsi?

LA COMTESSE.

Eh bien! puisqu'elle se trahit elle-même, je ne veux pas non plus me taire plus longtemps.

WALLENSTEIN.

Comment?

LA COMTESSE.

Elle l'aime.

WALLENSTEIN.

Elle aime! qui?

LA COMTESSE.

Elle aime Piccolomini. Ne l'as-tu pas remarqué? Ma sœur non plus?

LA DUCHESSE.

Oh! était-ce là ce qui oppressait son cœur? Que Dieu te bénisse, mon enfant! Tu n'as pas à rougir de ton choix.

LA COMTESSE.

Ce voyage.... Si ce n'étaient pas là tes vues, n'accuse que toi-même. Tu aurais dû choisir un autre compagnon de route.

WALLENSTEIN.

Le sait-il?

ACTE III, SCÈNE IV.

LA COMTESSE.

Il espère la posséder.

WALLENSTEIN.

Espère la posséder?... Ce jeune homme est-il fou?

LA COMTESSE.

Ne l'avais-je pas dit? Elle n'a qu'à l'entendre elle-même de ta bouche.

WALLENSTEIN.

Il pense obtenir la fille de Friedland? Eh! l'idée me plaît. Ses vues ne sont pas humbles.

LA COMTESSE.

Tu lui as toujours témoigné tant de faveur! Alors....

WALLENSTEIN.

....Il veut à la fin être encore mon héritier. Eh bien! oui, je l'aime, je l'estime; mais qu'est-ce que cela a de commun avec la main de ma fille? Est-ce par le don de ses filles, de ses enfants uniques, qu'on témoigne sa faveur?

LA DUCHESSE.

Ses nobles sentiments et ses mœurs....

WALLENSTEIN.

Lui gagnent mon cœur, mais non ma fille....

LA DUCHESSE.

Sa condition et ses ancêtres....

WALLENSTEIN.

Ses ancêtres! Quoi? C'est un sujet, et je veux me chercher un gendre sur les trônes de l'Europe.

LA DUCHESSE.

O cher duc! n'aspirons pas trop haut, pour que notre chute ne soit pas trop profonde.

WALLENSTEIN.

N'ai-je eu tant de peine à m'élever à cette hauteur, à dominer les têtes du commun des humains, que pour clore à la fin le grand rôle de ma vie par une alliance vulgaire?... Est-ce pour cela que j'ai.... (*Il s'arrête tout à coup et se contient.*) Elle est tout ce qui restera de moi sur la terre. Je veux voir une couronne sur sa tête ou ne pas vivre. Quoi? je mets tout.... tout en jeu, pour la faire bien grande.... oui, dans la minute où je parle.... (*Il se ravise.*) Et je devrais maintenant, comme un père au cœur faible, unir bien bourgeoisement qui se plaît et qui s'aime? Et cela, c'est aujourd'hui même que je devrais le faire, aujourd'hui que je veux couronner mon œuvre accomplie.... Non, elle est mon joyau depuis longtemps mis en réserve, la plus précieuse, la dernière pièce de mon trésor, et, en vérité, je ne compte m'en défaire pour rien de moins qu'un sceptre de roi....

LA DUCHESSE.

O mon époux, vous bâtissez sans cesse, vous bâtissez jusque dans les nues, toujours, toujours encore, et vous ne songez pas que la base étroite ne peut porter votre édifice fragile et chancelant.

WALLENSTEIN, à la Comtesse.

Lui as-tu annoncé quelle résidence je lui destine?

LA COMTESSE.

Pas encore. Apprends-le-lui toi-même.

LA DUCHESSE.

Comment? Est-ce que nous ne retournons pas en Carinthie?

WALLENSTEIN.

Non.

LA DUCHESSE.

Ou dans quelque autre de vos domaines?

WALLENSTEIN.

Vous n'y seriez pas en sûreté.

LA DUCHESSE.

Pas en sûreté sur les terres de l'empereur, sous la protection de l'empereur?

WALLENSTEIN.

L'épouse de Friedland ne doit pas se la promettre.

LA DUCHESSE.

O Dieu! vous avez poussé les choses à ce point!

WALLENSTEIN.

Vous trouverez protection en Hollande.

LA DUCHESSE.

Quoi? vous nous envoyez dans des pays luthériens?

WALLENSTEIN.

Le duc François de Lauenbourg vous escortera jusque-là.

LA DUCHESSE.

Le duc de Lauenbourg? qui fait cause commune avec les Suédois? l'ennemi de l'empereur?

WALLENSTEIN.

Les ennemis de l'empereur ne sont plus les miens.

LA DUCHESSE *regarde avec effroi le Duc et la Comtesse.*

Cela est donc vrai? Il en est ainsi? Vous êtes renversé? privé du commandement? O Dieu du ciel!

LA COMTESSE, *à part, au Duc.*

Laissons-la dans cette croyance. Tu vois qu'elle ne pourrait supporter la vérité.

SCÈNE V.

LE COMTE TERZKY, LES PRÉCÉDENTS.

LA COMTESSE.

Terzky! Qu'a-t-il donc? Quel air d'épouvante, comme s'il avait vu un fantôme!

TERZKY, *tirant Wallenstein à l'écart, mystérieusement.*

Votre ordre était-il que les Croates montassent à cheval?

WALLENSTEIN.

Je ne sais rien de cela.

TERZKY.

Nous sommes trahis.

WALLENSTEIN.

Quoi?

TERZKY.

Ils sont partis cette nuit, et les chasseurs aussi. Tous les villages des environs sont évacués.

WALLENSTEIN.

Et Isolani?

TERZKY.

Mais tu l'as fait partir.

WALLENSTEIN.

Moi?

TERZKY.

Non? Tu ne l'as pas fait partir? Ni Déodat non plus? Ils ont disparu tous deux.

SCÈNE VI.

ILLO, LES PRÉCÉDENTS.

ILLO.

Terzky t'a-t-il....

TERZKY.

Il sait tout.

ILLO.

Et aussi que Maradas, Esterhazy, Goetz, Colalto, Kaunitz t'abandonnent?...

TERZKY.

Diable!

WALLENSTEIN *fait signe.*

Silence!

LA COMTESSE, *qui les a observés de loin avec inquiétude, s'approche.*

Terzky! Dieu! Qu'y a-t-il? Qu'est-il arrivé?

WALLENSTEIN, *s'apprêtant à partir.*

Rien! Laissez-nous aller.

TERZKY *veut le suivre.*

Ce n'est rien, Thérèse.

LA COMTESSE *le retient.*

Rien? Ne vois-je pas que tout votre sang s'est retiré de vos joues? que vous êtes pâles comme des spectres? que mon frère lui-même n'a qu'une contenance étudiée?

UN PAGE *vient.*

Un aide de camp demande le comte Terzky. (*Il sort. Terzky suit le Page.*)

WALLENSTEIN.

Vois quelle nouvelle il apporte.... (*A Illo.*) Cela n'a pu se passer si secrètement, sans mutinerie.... Qui a la garde des portes?

ILLO.

Tiefenbach.

WALLENSTEIN.

Fais relever Tiefenbach sans retard, et monter à la place les grenadiers de Terzky.... Écoute! As-tu des nouvelles de Buttler?

ILLO.

J'ai rencontré Buttler. Il sera tout à l'heure ici en personne. Pour celui-là, il tient ferme. (*Illo s'en va. Wallenstein veut le suivre.*)

LA COMTESSE.

Ne le laisse pas s'éloigner de toi, ma sœur. Retiens-le.... Il est arrivé un malheur....

LA DUCHESSE.

Grand Dieu! qu'y a-t-il? (*Elle s'attache à lui.*)

WALLENSTEIN, *se dégageant d'elle.*

Soyez tranquilles! Laissez-moi! Ma sœur! ma chère femme! nous sommes dans le camp. Les choses y vont ainsi; l'orage et le brillant soleil s'y succèdent rapidement. Ces esprits violents sont difficiles à gouverner, et jamais la tête du général ne jouit du repos.... Si vous voulez que je reste ici, éloignez-vous; car les plaintes des femmes s'accordent mal avec l'activité des hommes. (*Il veut sortir. Terzky revient.*)

TERZKY.

Reste ici. On doit voir de cette fenêtre.

WALLENSTEIN, *à la Comtesse.*

Allez, ma sœur!

LA COMTESSE.

Jamais!

WALLENSTEIN.

Je le veux!

TERZKY *la prend à l'écart, et lui montre la Duchesse avec un signe expressif.*

Thérèse!

LA DUCHESSE.

Viens, ma sœur, puisqu'il l'ordonne. (*Elles sortent.*)

SCÈNE VII.

WALLENSTEIN, LE COMTE TERZKY.

WALLENSTEIN, *allant à la fenêtre.*

Qu'y a-t-il donc?

TERZKY.

Tous les corps s'agitent, s'attroupent. Personne ne sait pourquoi. Chaque régiment se range mystérieusement et dans un sombre silence sous ses enseignes. Les soldats de Tiefenbach font mauvaise mine. Les Wallons seuls se tiennent à l'écart dans leur camp, ne laissent approcher personne et demeurent calmes comme à l'ordinaire.

WALLENSTEIN.

Piccolomini se montre-t-il parmi eux?

TERZKY.

On le cherche et on ne peut le trouver nulle part.

WALLENSTEIN.

Que vous a donc annoncé l'aide de camp?

TERZKY.

Ce sont mes régiments qui l'ont envoyé. Ils te jurent encore une fois fidélité, et attendent, pleins d'une ardeur guerrière, le signal du combat.

WALLENSTEIN.

Mais comment ce tumulte a-t-il éclaté dans le camp? L'armée devait tout ignorer jusqu'à ce que la fortune se fût déclarée pour nous à Prague.

TERZKY.

Oh! si tu m'avais cru! Hier au soir encore, nous t'avons conjuré de ne pas laisser sortir des portes Octavio, le sournois, et tu lui as donné toi-même des chevaux pour fuir....

WALLENSTEIN.

Toujours la vieille chanson! Une fois pour toutes, plus un mot de cet absurde soupçon.

TERZKY.

Tu t'es également fié à Isolani, et pourtant il a été le premier à t'abandonner.

WALLENSTEIN.

Hier encore, je l'ai tiré de la misère. Bon voyage! Je n'ai jamais compté sur la reconnaissance.

TERZKY.

Et ils sont tous ainsi, l'un comme l'autre.

WALLENSTEIN.

Et a-t-il tort de me quitter? Il suit le dieu qu'il a servi toute sa vie à la table de jeu. C'est avec ma fortune qu'il a fait alliance et qu'il rompt, non avec moi. Lui étais-je quelque chose, et lui à moi? Je ne suis que le vaisseau où il avait chargé ses espérances, et avec lequel il parcourait gaiement la pleine et libre mer : il le voit passer périlleusement sur des écueils, et se hâte de sauver sa marchandise. Il s'envole loin de moi aussi lestement que fait l'oiseau de la branche hospitalière où il avait niché. Aucun lien humain n'est rompu entre nous. Oui, sans doute, on mérite d'être trompé quand on cherche du cœur chez ces hommes sans pensée. Les images de la vie ne laissent sur ces fronts lisses et unis qu'une trace bien vite effacée. Rien, chez eux, ne tombe dans le fond calme du cœur; d'allègres sensations agitent leurs humeurs au cours facile, mais il n'y a point d'âme qui échauffe les entrailles.

TERZKY.

Pourtant j'aimerais mieux me fier à ces fronts lisses et unis qu'à ceux que sillonnent ces rides profondes.

SCÈNE VIII.

WALLENSTEIN, TERZKY; ILLO *entre furieux.*

ILLO.

Trahison et mutinerie!

TERZKY.

Ah! qu'y a-t-il encore?

ILLO.

Les soldats de Tiefenbach, quand j'ai donné l'ordre de les relever.... Infâmes coquins, oublieux du devoir!

TERZKY.

Eh bien?

WALLENSTEIN.

Quoi donc?

ILLO.

Ils refusent d'obéir.

TERZKY.

Alors fais tirer sur eux sans pitié. Oh! donne l'ordre.

WALLENSTEIN.

Modérons-nous! Quelle raison donnent-ils?

ILLO.

Que personne n'a d'ordres à leur donner que le lieutenant général Piccolomini.

WALLENSTEIN.

Quoi ?... Qu'est cela ?

ILLO.

Qu'il a laissé ces instructions et les a montrées écrites de la main de l'empereur.

TERZKY.

De l'empereur.... Entends-tu, prince ?

ILLO.

C'est aussi à son instigation que les colonels se sont esquivés hier.

TERZKY.

Entends-tu ?

ILLO.

On remarque aussi l'absence de Montécuculli, de Caraffa, et de six autres généraux, qu'il a décidés à le suivre. Il y a longtemps qu'il avait, dit-on, tous ces ordres sur lui de la main de l'empereur, et tout récemment encore il s'en était entendu avec Questenberg. (*Wallenstein tombe sur un siége et se cache le visage.*)

TERZKY.

Oh! si tu m'avais cru!

SCÈNE IX.

LA COMTESSE, LES PRÉCÉDENTS.

LA COMTESSE.

Non, cette anxiété.... je ne puis l'endurer plus longtemps. Pour l'amour de Dieu! dites-moi ce qui se passe.

ILLO.

Les régiments nous abandonnent. Le comte Piccolomini est un traître.

LA COMTESSE.

Oh! mon pressentiment! (*Elle se précipite hors de la chambre.*)

TERZKY.

Si l'on m'avait cru!... Eh bien! tu vois comme les étoiles t'ont menti!

WALLENSTEIN *se redresse.*

Les étoiles ne mentent pas ; mais cela est arrivé contrairement au cours des astres et au destin. La science est vraie et loyale, mais ce cœur faux porte le mensonge et la fraude dans le ciel véridique. La divination ne repose que sur la vérité ; quand la nature chancelle et sort de ses limites, alors toute science s'égare. Si c'est une superstition de ne vouloir pas déshonorer la forme humaine par de tels soupçons, oh ! jamais je ne rougirai de cette faiblesse. Il y a une sorte de religion jusque dans l'instinct de la bête : le sauvage lui-même ne boit pas avec la victime à qui il veut plonger son épée dans le sein. Ce n'est pas là un acte d'héroïsme, Octavio ! Ce n'est pas ton habileté qui triomphe de la mienne, c'est ton mauvais cœur qui a remporté une honteuse victoire sur mon cœur loyal. Nul bouclier n'a arrêté ce coup mortel ; tu l'as dirigé, comme un infâme, sur une poitrine sans défense. Contre de telles armes, je ne suis qu'un enfant.

SCÈNE X.

LES PRÉCÉDENTS. BUTTLER.

TERZKY.

Ah ! voyez ! Buttler ! C'est encore là un ami !

WALLENSTEIN *va au-devant de lui les bras ouverts et l'embrasse cordialement.*

Viens sur mon cœur, mon vieux compagnon d'armes. Moins doux est le regard du soleil au printemps, que l'aspect d'un ami à une pareille heure.

BUTTLER.

Mon général.... je viens....

WALLENSTEIN, *s'appuyant sur son épaule.*

Le sais-tu déjà ? Le vieux Piccolomini m'a vendu à l'empereur. Qu'en dis-tu ? Pendant trente ans, nous avons vécu, souffert ensemble. Nous avons dormi sur le même lit de camp, bu dans le même verre, partagé la même bouchée. Je m'appuyais sur lui, comme maintenant je m'appuie sur ta fidèle épaule ; et dans le moment même où mon cœur, plein d'amour et de confiance, bat sur le sien, il cherche des yeux son avantage, et, m'épiant avec perfidie, il me plonge lentement le poignard dans le cœur. (*Il cache son visage sur la poitrine de Buttler.*)

BUTTLER.

Oubliez le perfide! Dites, que voulez-vous faire?

WALLENSTEIN.

Bien, bien parlé. Bon voyage! Je suis encore riche en amis, n'est-il pas vrai? Le destin m'aime encore, car tout juste à l'instant où il me démasque la malice et l'hypocrisie, il m'a envoyé un cœur fidèle. Ne parlons plus de lui. Ne croyez pas que ce soit sa perte qui m'afflige; c'est seulement sa tromperie. Car je les aimais et les estimais tous deux, et ce Max, il m'aimait vraiment, il ne m'a pas trompé; non, pas lui.... Assez, assez sur un tel sujet! Il faut maintenant une prompte résolution.... Le courrier que le comte Kinsky m'envoie de Prague peut paraître à chaque instant. Quoi qu'il nous apporte, il ne faut pas qu'il tombe entre les mains des mutins. Sur-le-champ donc envoyez au-devant de lui un messager sûr, qui me l'amène par un chemin détourné. (*Illo veut sortir.*)

BUTTLER *le retient*.

Mon général, qui attendez-vous?

WALLENSTEIN.

Le courrier qui vient m'apprendre comment la chose a réussi à Prague.

BUTTLER.

Hum!

WALLENSTEIN.

Qu'avez-vous?

BUTTLER.

Ainsi, vous ne le savez pas?

WALLENSTEIN.

Quoi donc?

BUTTLER.

Comment ce tumulte s'est élevé dans le camp?...

WALLENSTEIN.

Comment?

BUTTLER.

Ce messager....

WALLENSTEIN, *avec la plus vive impatience*.

Eh bien?

ACTE III, SCÈNE X.

BUTTLER.

Il est arrivé.

TERZKY et ILLO.

Il est arrivé ?

WALLENSTEIN.

Mon messager ?

BUTTLER.

Depuis plusieurs heures.

WALLENSTEIN.

Et je ne le sais pas ?

BUTTLER.

La garde l'a arrêté.

ILLO *frappe du pied*.

Damnation !

BUTTLER.

Sa lettre a été ouverte, et elle court dans tout le camp....

WALLENSTEIN, *attentif*.

Vous savez ce qu'elle contient ?

BUTTLER, *hésitant*.

Ne m'interrogez pas.

TERZKY.

Oh !... malheur à nous, Illo ! Tout s'écroule !

WALLENSTEIN.

Ne me cachez rien. Je puis entendre les plus tristes nouvelles. Prague est perdu. Il l'est ? Avouez-le moi franchement.

BUTTLER.

Il est perdu. Tous les régiments, à Budweis, Tabor, Braunau, Königingrætz, Brünn et Znaïm, vous ont abandonné et ont renouvelé leur serment à l'empereur : vous-même, avec Kinsky, Terzky, Illo, vous êtes mis au ban de l'empire. (*Terzky et Illo donnent des marques d'effroi et de fureur. Wallenstein demeure ferme et calme.*)

WALLENSTEIN, *après une pause*.

C'est décidé, tant mieux !... et me voilà bien vite guéri de toutes les tortures du doute. Ma poitrine est de nouveau libre, mon esprit lucide. Il faut qu'il fasse nuit là où rayonnent les étoiles de Friedland. Je tirais l'épée avec une résolution hésitante, un courage chancelant ; je le faisais avec répugnance, tant que le choix m'était permis. La nécessité est là, le doute s'enfuit. Maintenant, je combats pour ma tête et ma vie. (*Il sort. Les autres le suivent.*)

SCÈNE XI.

LA COMTESSE TERZKY *vient par une porte latérale.*

Non! je ne puis l'endurer plus longtemps.... Où sont-ils? Tout est vide. Ils me laissent seule.... seule, dans cette terrible anxiété.... Il faut que je me contraigne devant ma sœur, que je paraisse tranquille, et que je renferme en moi toutes les tortures de mon cœur oppressé.... Je ne puis le supporter.... Si nous échouons, s'il était obligé de passer chez les Suédois, les mains vides, comme fugitif, et non comme un allié considéré, imposant, suivi d'une puissante armée.... S'il nous fallait errer, à l'exemple du palatin, de contrée en contrée, et n'être plus que le honteux monument d'une grandeur déchue.... Non, je ne veux pas voir ce jour! et quand lui-même il pourrait se résigner à une telle chute, moi, je ne me résignerais pas à le voir ainsi tombé.

SCÈNE XII.

LA COMTESSE, LA DUCHESSE, THÉCLA.

THÉCLA *veut retenir la Duchesse.*

O ma chère mère, restez, n'entrez pas.

LA DUCHESSE.

Non, il y a encore ici un terrible secret que l'on me cache.... Pourquoi ma sœur m'évite-t-elle? Pourquoi la vois-je errer, pleine d'anxiété? Pourquoi es-tu remplie d'effroi? Et que veulent dire ces signes muets que tu échanges si mystérieusement avec elle?

THÉCLA.

Rien, chère mère.

LA DUCHESSE.

Ma sœur, je veux le savoir.

LA COMTESSE.

Après tout, que sert-il d'en faire un secret? Cela se peut-il cacher? Tôt ou tard il faudra pourtant bien qu'elle l'apprenne et l'endure. Ce n'est pas le moment de s'abandonner à la faiblesse, il nous faut du courage, une âme prête à tout; il faut nous exercer à la fermeté. Mieux vaut donc que son sort se décide d'un seul mot.... On vous trompe, ma sœur. Vous croyez que le duc est destitué.... Le duc n'est pas destitué.... Il est....

THÉCLA, *allant à la Comtesse.*

Voulez-vous la tuer?

LA COMTESSE.

Le duc est....

THÉCLA, *jetant ses bras autour de sa mère.*

Le duc s'est révolté, il a voulu se joindre aux ennemis, l'armée l'a abandonné, il a échoué. (*A ces mots, la Duchesse chancelle et tombe évanouie dans les bras de sa fille.*)

Une grande salle chez le duc de Friedland.

SCÈNE XIII.

WALLENSTEIN, *revêtu de son armure.*

Tu as atteint ton but, Octavio!... Me voilà de nouveau presque aussi délaissé que je l'étais jadis, sortant de la diète des princes à Ratisbonne. Alors, je n'avais plus personne que moi-même.... Mais vous avez déjà éprouvé ce qu'un homme peut valoir. Vous avez enlevé à l'arbre la parure de ses rameaux : me voici tel qu'un tronc dépouillé! Mais, au cœur, dans la moelle de la tige, vit la force créatrice qui a fait naître et sortir d'elle tout un monde. Une fois déjà j'ai valu une armée, moi tout seul. Les vôtres s'étaient fondues devant la force des Suédois. Sur le Lech, tombait Tilly, votre dernier espoir; en Bavière, comme un torrent gonflé, se déchaînait Gustave; et à Vienne, l'empereur tremblait dans son château. Les soldats étaient chers, car la foule suit la fortune.... Alors, on tourna les yeux vers moi, vers le sauveur au jour du besoin. L'orgueil de l'empereur s'abaissa devant l'homme cruellement offensé. Je dus me lever, prononcer la parole créatrice et rassembler des hommes dans les camps déserts. Je le fis. On battit le tambour. Mon nom, comme un dieu des batailles, parcourut le monde. La charrue, l'atelier sont abandonnés; on s'empresse en foule sous mon vieil étendard bien connu, gage d'espérance.... Je me sens encore ce que j'étais. C'est l'esprit qui se construit son corps, et Friedland remplira son camp autour de lui. Menez hardiment contre moi vos milliers de soldats. Ils sont habitués à vaincre, mais sous moi, non contre moi..... Si la tête et les membres se séparent, on verra où l'âme résidait.

ILLO *et* TERZKY *entrent.*

WALLENSTEIN.

Courage, amis, courage! Nous ne sommes pas encore par terre. Cinq régiments de Terzky sont encore à nous, et les vaillants escadrons de Buttler.... Demain une armée de seize mille Suédois vient nous joindre. Je n'étais pas plus fort lorsque, il y a neuf ans, je partis pour conquérir l'Allemagne à l'empereur.

SCÈNE XIV.

LES PRÉCÉDENTS; NEUMANN, *qui mène Terzky à l'écart et s'entretient avec lui.*

TERZKY, *à Neumann.*

Qu'est-ce qui vous amène?

WALLENSTEIN.

Qu'y a-t-il?

TERZKY.

Dix cuirassiers de Pappenheim demandent à vous parler, au nom de leur régiment.

WALLENSTEIN, *vivement à Neumann.*

Fais-les entrer. (*Neumann sort.*) J'espère quelque chose de ceci. Faites attention, ils hésitent encore, ils sont encore à gagner.

SCÈNE XV.

WALLENSTEIN, TERZKY, ILLO; DIX CUIRASSIERS, *conduits par un Brigadier, s'avancent au pas, et, sur un commandement, ils se placent en un seul rang devant le Duc et font le salut militaire.*

WALLENSTEIN, *après les avoir examinés pendant quelque temps, au Brigadier.*

Je te connais bien. Tu es de Bruges en Flandre. Ton nom est Mercy.

LE BRIGADIER.

Je me nomme Henri Mercy.

WALLENSTEIN.

Tu fus coupé dans une marche, entouré par des Hessois, et tu te frayas ta route, avec cent quatre-vingts hommes, à travers des milliers des leurs.

LE BRIGADIER.

C'est vrai, mon général.

WALLENSTEIN.

Qu'as-tu obtenu pour cet acte de bravoure?

LE BRIGADIER.

Ce que je sollicitais, mon général, l'honneur de servir dans ce corps.

WALLENSTEIN *se tourne vers un autre.*

Tu faisais partie des hommes de bonne volonté que je fis sortir, sur l'Altenberg[1], pour enlever la batterie suédoise.

DEUXIÈME CUIRASSIER.

C'est vrai, mon général.

WALLENSTEIN.

Je n'oublie aucun de ceux avec qui j'ai une fois échangé quelques mots. Exposez votre affaire.

LE BRIGADIER *commande.*

L'arme au bras!

---

1. Les mots *Altenberg* et, un peu plus bas, *Alte Veste* « vieille forteresse, » désignent deux hauteurs situées près de Nurenberg, entre la Biber et la Rednitz, et du haut desquelles Wallenstein repoussa victorieusement, au mois d'août 1632, l'assaut que lui livra Gustave-Adolphe.

WALLENSTEIN, *tourné vers un troisième.*

Tu te nommes Risbeck. Cologne est ton lieu de naissance.

TROISIÈME CUIRASSIER.

Risbeck de Cologne.

WALLENSTEIN.

Tu amenas prisonnier dans le camp de Nurenberg le colonel suédois Duhald.

TROISIÈME CUIRASSIER.

Ce n'est pas moi, mon général.

WALLENSTEIN.

C'est juste, c'était ton frère aîné.... Tu avais encore un frère plus jeune; qu'est-il devenu?

TROISIÈME CUIRASSIER.

Il est à Olmütz, dans l'armée de l'empereur.

WALLENSTEIN, *au Brigadier.*

Eh bien! je vous écoute.

LE BRIGADIER.

Il nous est venu dans les mains une lettre de l'empereur qui nous....

WALLENSTEIN *l'interrompt.*

Qui vous a choisis?

LE BRIGADIER.

Chaque compagnie a tiré son homme au sort.

WALLENSTEIN.

Eh bien donc, au fait!

LE BRIGADIER.

Il nous est venu dans les mains une lettre de l'empereur qui nous ordonne de te refuser obéissance, parce que tu es un ennemi et traître à la patrie.

WALLENSTEIN.

Et là-dessus qu'avez-vous résolu?

LE BRIGADIER.

Nos camarades à Braunau, Budweis, Prague et Olmütz, ont déjà obei, et les régiments de Tiefenbach, de Toscane, ont suivi leur exemple.... Mais nous, nous ne croyons pas que tu sois un ennemi, ni traître à la patrie; nous tenons cette accusation pour fausse et mensongère, pour une invention des Espagnols. (*Cordialement :*) Nous voulons que tu nous dises toi-même ce que tu projettes, car tu as toujours été vrai avec nous, nous avons la plus grande confiance en toi; il ne faut pas qu'une bouche étrangère se glisse entre nous, entre le bon général et ses bonnes troupes.

WALLENSTEIN.

Je reconnais là mes hommes de Pappenheim.

LE BRIGADIER.

Voici ce que ton régiment te fait dire : N'as-tu d'autres vues que de garder dans tes mains ce sceptre de guerre qui te convient, que l'empereur t'a confié, d'être le loyal général de l'Autriche, dans ce cas, nous sommes prêts à t'assister, à te défendre, dans ton bon droit, envers et contre tous.... Et si tous les autres régiments se détachent de toi, nous te resterons seuls fidèles, et nous donnerons notre vie pour toi. Car c'est notre devoir de cavaliers, de périr plutôt que de te laisser tomber. Mais si les choses sont comme le dit la lettre de l'empereur, s'il est vrai que tu veux traîtreusement (que Dieu nous en préserve!) nous conduire à l'ennemi, oh! alors, nous aussi, nous t'abandonnerons et obéirons à la lettre.

WALLENSTEIN.

Écoutez, mes enfants....

LE BRIGADIER.

Il n'est pas besoin de beaucoup de paroles. Dis oui ou non, et nous sommes satisfaits.

WALLENSTEIN.

Écoutez. Je sais que vous êtes intelligents, que vous examinez et pensez par vous-mêmes, et ne suivez pas le troupeau. Voilà pourquoi, vous le savez, je vous ai toujours honorablement distingués parmi tous ces flots de soldats; car le rapide regard du général ne compte que les enseignes, il ne remarque aucune tête en particulier, le commandement inflexible règne aveugle et sévère : ici l'homme ne peut avoir pour l'homme aucune valeur.... Ce n'est pas ainsi, vous le savez, que j'ai agi envers vous. En voyant comme tout d'abord vous vous conduisiez vous-mêmes dans ce rude métier, en voyant luire sur vos fronts la pensée humaine, je vous ai traités en hommes libres, je vous ai reconnu le droit d'avoir votre opinion....

LE BRIGADIER.

Oui, tu as toujours agi dignement envers nous, mon général, tu nous as honorés par ta confiance, tu nous as montré ta faveur plus qu'aux autres régiments. Aussi ne suivons-nous pas la multitude, tu le vois! Nous voulons tenir fidèlement pour toi. Dis seulement un mot : ta parole nous suffira. Dis-nous que ce que tu médites n'est point trahison, que tu ne veux pas conduire l'armée à l'ennemi.

WALLENSTEIN.

C'est moi, moi que l'on trahit. L'empereur m'a sacrifié à ses ennemis, il faut que je tombe, si mes braves troupes ne me sauvent pas. Je veux me confier à vous.... Que votre cœur soit ma citadelle! Voyez, c'est à cette poitrine que l'on vise; à cette tête grise!... Telle est la reconnaissance espagnole; voilà ce qui nous revient de cette lutte meurtrière, qui eut pour théâtre la Vieille Forteresse[1], et de la bataille livrée dans les plaines de Lützen. C'est pour ce prix que nous avons opposé aux pertuisanes notre poitrine nue, pour ce prix que nous avons fait de la terre glacée, du dur rocher, notre chevet. Aucun torrent n'était pour nous trop rapide, aucune forêt trop impénétrable. Nous avons, sans nous rebuter, suivi ce Mansfeld par tous les tortueux détours de sa fuite : notre vie fut une marche sans repos, et, pareils au vent qui gronde dans les airs, nous avons, sans patrie, sans séjour, traversé, comme fait l'ouragan, le monde agité par la guerre. Et maintenant que nous avons fait la rude besogne des armes, l'œuvre ingrate et maudite; maintenant que, d'un bras fidèle, infatigable, nous avons roulé le fardeau de la guerre, on veut que l'adolescent impérial vienne sans effort emporter la paix, qu'il enlace dans sa blonde chevelure d'enfant la branche d'olivier, l'ornement si bien gagné de notre front....

LE BRIGADIER.

C'est ce qu'il ne fera pas, tant que nous pourrons l'empêcher. Nul autre que toi, qui l'as conduite avec gloire, ne doit mettre fin à cette terrible guerre. Tu nous as guidés dans les champs sanglants de la mort, c'est à toi, et non à un autre, à nous ra-

---

1. Voy. la note de la page 491.

mener joyeusement dans les guérets féconds de la paix, à partager avec nous les fruits du long travail....

WALLENSTEIN.

Comment? Comptez-vous, dans votre vieillesse, jouir enfin de ces fruits? Ne l'espérez pas! Vous ne verrez jamais la fin de cette lutte. Cette guerre nous dévorera tous. L'Autriche ne veut point de paix; c'est parce que je cherche la paix qu'on veut que je tombe. Qu'importe à l'Autriche que cette longue guerre consume les armées et ravage l'univers? Elle ne veut que s'agrandir toujours et gagner du terrain. Vous êtes émus.... Je vois le noble courroux qui étincelle dans vos regards guerriers. Oh! puisse mon esprit vous animer en ce jour, comme autrefois quand il vous menait, intrépides, au combat! Vous voulez m'assister, vous voulez, avec les armes, me soutenir dans mes droits.... C'est une noble pensée! Mais ne comptez pas l'accomplir à vous seuls, petite armée! C'est en vain que vous vous serez sacrifiés pour votre général. (*D'un ton de confiance.*) Non, assurons notre marche, cherchons des amis. Les Suédois nous offrent du secours, profitons-en en apparence, jusqu'à ce que, redoutables aux deux partis, nous tenions dans nos mains le destin de l'Europe et que, de notre camp, nous amenions à l'univers charmé la paix parée de sa belle couronne.

LE BRIGADIER.

Ainsi tu ne t'entends avec le Suédois qu'en apparence? Tu ne veux pas trahir l'empereur, tu ne veux pas nous faire Suédois? Vois, c'est tout ce que nous désirons savoir de toi.

WALLENSTEIN.

Et que m'importe le Suédois? Je le hais comme le gouffre de l'enfer; et je pense, Dieu aidant, le rejeter bientôt au delà de sa Baltique. Je n'ai en vue que l'ensemble. Voyez! j'ai un cœur; les lamentations de ce peuple allemand excitent ma pitié. Vous n'êtes que des hommes du commun, mais vous n'avez pas des sentiments communs; vous me paraissez dignes, plus que d'autres, que je vous fasse ma confidence.... Voyez! Il y a quinze ans déjà que la torche de la guerre brûle, et nulle part encore il n'y a de trêve. Suédois et Allemand! Papiste et Luthérien! Nul ne veut céder à l'autre, tous les bras se menacent. Tout est faction et parti, et nulle part il n'y a de juge. Dites, où voulez-vous que cela finisse? Qui démêlera ce nœud qui va grossissant de lui-même et s'embrouillant sans cesse?... Il faut qu'il soit tranché. Je sens que je suis l'homme du destin, et j'espère, avec votre aide, accomplir ses décrets.

SCÈNE XVI.

BUTTLER, LES PRÉCÉDENTS.

BUTTLER, *empressé.*

On a tort, mon général.

WALLENSTEIN.

Qu'est-ce?

BUTTLER.

Cela ne peut manquer de nous nuire auprès de ceux qui pensent bien.

WALLENSTEIN.

Quoi donc?

BUTTLER.

Cela s'appelle déclarer ouvertement la révolte.

WALLENSTEIN.

Qu'est-ce donc?

BUTTLER.

Les régiments du comte Terzky arrachent l'aigle impériale de leurs drapeaux, et mettent vos écussons à la place.

LE BRIGADIER, *aux Cuirassiers.*

Tour à droite!

WALLENSTEIN.

Maudit ce conseil et qui l'a donné! (*Aux Cuirassiers, qui défilent.*) Arrêtez, enfants, arrêtez!... C'est une erreur.... Écoutez.... et je la punirai sévèrement.... Écoutez donc. Restez! Ils n'écoutent pas. (*A Illo.*) Suis-les, persuade-les, ramène-les, coûte que coûte. (*Illo sort à la hâte.*) Cela nous précipite dans notre ruine.... Buttler, Buttler! vous êtes mon mauvais génie; pourquoi me l'annoncer en leur présence?... Tout était en bon chemin.... ils étaient à moitié gagnés.... Les insensés! avec leur empressement irréfléchi. Oh! la fortune se joue cruellement de moi. C'est le zèle de mes amis qui m'entraîne à ma ruine, non la haine de mes ennemis.

SCÈNE XVII.

LES PRÉCÉDENTS; LA DUCHESSE *se précipite dans la chambre;* THÉCLA *et* LA COMTESSE *la suivent; puis vient* ILLO.

LA DUCHESSE.

O Albert! Qu'as-tu fait?

WALLENSTEIN.

Et cela encore!

LA COMTESSE.

Pardonne-moi, mon frère. Je n'ai pu faire autrement, elles savent tout.

LA DUCHESSE.

Qu'as-tu fait?

LA COMTESSE, *à Terzky.*

N'y a-t-il plus d'espoir? Tout est-il donc perdu?

TERZKY.

Tout. Prague est aux mains de l'empereur; les régiments ont renouvelé leur serment.

LA COMTESSE.

Perfide Octavio!... Et le comte Max est parti aussi?

TERZKY.

Où voulez-vous qu'il soit? Il a passé avec son père du côté de l'empereur. (*Thécla se précipite dans les bras de sa mère et cache son visage contre son sein.*)

LA DUCHESSE, *la serrant dans ses bras.*

Malheureuse enfant! Plus malheureuse mère!

WALLENSTEIN, *allant à l'écart avec Terzky.*

Fais vite préparer une voiture de voyage, dans la cour de derrière, (*désignant les femmes*) pour les emmener. Scherfenberg peut les accompagner, il nous est fidèle. Il les conduira à Égra; nous les suivrons. (*A Illo qui revient:*) Tu ne les ramènes pas?

ILLO.

Entends-tu ce concours tumultueux? Tout le corps des Pappenheim est en marche. Ils demandent leur colonel, Max; ils soutiennent qu'il est ici, dans le château, que tu le retiens de force, et si tu ne le lâches pas, on saura, disent-ils, le délivrer l'épée à la main. (*Tous demeurent stupéfaits.*)

TERZKY.

Comment expliquer cela?

WALLENSTEIN.

Ne le disais-je pas? O pressentiments de mon cœur! Il est encore ici. Il ne m'a pas trahi, il ne l'a pu.... Je n'en ai jamais douté.

LA COMTESSE.

S'il est encore ici, oh! alors tout est bien, alors je sais ce qui l'y retiendra éternellement. (*Elle embrasse Thécla.*)

TERZKY.

Cela ne peut être. Réfléchis donc! Le père nous a trahis, a passé à l'empereur, comment peut-il, lui, oser rester ici?

ILLO, *à Wallenstein.*

J'ai vu, il y a peu d'heures, emmener par le marché l'équipage de chasse dont tu lui as fait don récemment.

LA COMTESSE.

O ma nièce, alors il n'est pas loin.

THÉCLA *a fixé les yeux sur la porte et s'écrie vivement:*

Le voici!

SCÈNE XVIII.

LES PRÉCÉDENTS, MAX PICCOLOMINI.

MAX, *s'avançant au milieu de la salle.*

Oui, oui! Le voici. Je ne puis errer plus longtemps, d'un pas timide, autour de cette demeure, pour épier furtivement le moment favorable.... Cette attente, cette angoisse sont au-dessus de mes forces. (*Allant à Thécla, qui s'est jetée dans les bras de sa mère.*) Oh! regarde-moi! Ne détourne pas les yeux, ange adorable! Avoue-le librement devant tous. Ne crains personne. Entende qui voudra que nous nous aimons. Pourquoi le cacher encore? Le mystère est pour les heureux; le malheur, le malheur sans espoir, n'a plus besoin de voile; il peut agir librement, à l'éclat de mille soleils. (*Il remarque la Comtesse, qui jette sur Thécla un regard triomphant.*) Non, tante Terzky, ne me regardez pas avec attente, avec espoir! Je ne viens pas pour demeurer. Je viens prendre congé.... C'est fini. Il faut, il faut que je te quitte, Thécla.... Il le faut! Mais je ne puis emporter ta haine. Accorde-moi seulement un regard de pitié, dis que tu ne me hais pas. Dis-le-moi, Thécla. (*Prenant sa main avec une vive émotion.*) O Dieu!... Dieu! je ne puis m'éloigner de cette place. Je ne le puis.... je ne puis laisser cette main. Dis, Thécla, que tu as pitié de moi, que tu te persuades toi-même que je ne puis faire autrement. (*Thécla, évitant son regard, lui montre de la main son père. Il se tourne vers le Duc, qu'il commence seulement à apercevoir.*) Toi ici?... Ce n'est pas toi que j'ai cherché. Mes yeux ne devaient plus te voir. Je n'ai affaire qu'à elle. Je veux ici être absous par son cœur : tout le reste m'est indifférent[1].

WALLENSTEIN.

Penses-tu que je serai assez fou pour te laisser partir, et pour jouer avec toi une scène de grandeur d'âme? Ton père est devenu envers moi un traître, tu n'es plus rien pour moi que son fils, et je ne veux pas que tu sois tombé vainement en ma puissance. Ne pense pas que je respecterai cette vieille amitié, qu'il a violée en infâme. Le temps de l'amour et des tendres ménagements est passé. C'est le tour de la haine et de la vengeance. Je puis être inhumain, comme lui.

MAX.

Tu me traiteras, comme tu en auras le pouvoir; mais tu sais bien que je ne brave ta colère ni ne la crains. Ce qui me retient ici, tu le sais! (*Prenant Thécla par la main.*) Vois! Je voulais te tout devoir.... tout; je voulais recevoir le sort des bienheureux de ta main paternelle. Tu as détruit cet espoir, mais il ne t'importe. Tu foules, indifférent, dans la poussière le bonheur des tiens : le Dieu que tu sers n'est pas un Dieu de bonté. Pareil à l'élément insensible et aveugle, à l'élément redoutable, avec qui on ne peut conclure d'alliance, tu suis uniquement l'impulsion farouche de ton cœur. Malheur à ceux qui mettent en toi leur confiance, qui, séduits par tes dehors hospitaliers, appuient sur toi avec sécurité la paisible hutte de leur bonheur! Soudain, inopinément, au milieu du calme de la nuit, le feu

---

1. Le texte que j'ai traduit est *An allem andern ist nichts mehr gelegen.* — D'autres éditions portent *An allen andern...*, « tous les autres me sont indifférents. »

s'anime et bouillonne dans le gouffre perfide, le cratère se décharge avec une violence impétueuse, et le torrent furieux étend sur tous les travaux des hommes son cours horrible et destructeur.

WALLENSTEIN.

Tu dépeins le cœur de ton père. Ce que tu décris, j'en trouve l'original au fond de ses entrailles, dans sa noire poitrine d'hypocrite. Oh! c'est un art d'enfer qui m'a trompé. L'abîme m'a envoyé le plus dissimulé des esprits, le plus habile à mentir, et l'a placé, comme un ami, à mes côtés. Qui peut résister à la puissance de l'enfer? J'ai élevé le basilic sur mon sein, je le nourrissais du sang de mon cœur, il s'abreuvait, se gorgeait aux sources de mon amour. Jamais je n'eus de soupçons contre lui. Je laissais toutes grandes ouvertes les portes de ma pensée, et je jetais loin de moi les clefs de la sage prudence.... C'était au ciel étoilé, dans l'immensité des mondes, que mes yeux cherchaient l'ennemi, que j'avais enfermé dans le cœur de mon cœur.... Si j'eusse été pour Ferdinand ce qu'Octavio était pour moi.... jamais je ne lui aurais déclaré la guerre.... jamais je ne l'aurais pu. Il n'était pour moi qu'un maître sévère, non un ami : l'empereur ne se fiait pas à ma foi. Il y avait déjà guerre entre lui et moi, quand il plaça dans mes mains le bâton du commandement, car il y a toujours guerre entre la ruse et le soupçon, il n'y a de paix qu'entre la foi et la confiance. Qui empoisonne la confiance, tue la race future dans le sein de la mère.

MAX.

Je ne veux pas défendre mon père. Malheur à moi de ne le pouvoir pas! Des actes funestes et coupables ont été accomplis. Comme en une chaîne étroite, un crime s'attache affreusement à l'autre. Mais comment avons-nous été entraînés, nous qui n'avons fait aucun mal, dans ce cercle de malheurs et d'attentats? A qui avons-nous manqué de foi? Pourquoi faut-il que la double faute et le crime de nos pères nous enlacent, comme un couple de serpents, d'horribles replis? Pourquoi la haine implacable de nos pères doit-elle nous séparer cruellement, nous qui nous aimons? (*Il serre Thécla dans ses bras, avec une violente douleur.*)

ACTE III, SCÈNE XVIII.

WALLENSTEIN *a fixé sur lui ses regards en silence, et maintenant il se rapproche.*

Max, reste auprès de moi... Ne t'éloigne pas de moi, Max! Vois, quand on t'amena dans ma tente, aux quartiers d'hiver de Prague, tendre adolescent, peu fait aux hivers d'Allemagne, ta main s'était roidie à porter le lourd drapeau, mais en homme tu n'avais pas voulu le lâcher. Je te pris alors, je te couvris de mon manteau, je fus moi-même ta garde-malade, je ne rougis d'aucun petit service, je te soignai avec la sollicitude empressée d'une femme, jusqu'à ce que, réchauffé par moi, sur mon cœur, tu sentis gaiement se ranimer ta jeune vie. Quand, depuis lors, ai-je changé de sentiments? J'ai enrichi bien des milliers d'hommes, je leur ai donné des terres, je les ai récompensés par des dignités.... Toi, je t'ai aimé, je t'ai donné mon cœur et moi-même. Ils étaient tous des étrangers ; tu fus, toi! l'enfant de la maison.... Max, tu ne peux m'abandonner! Cela ne peut être, je ne puis ni ne veux croire que Max puisse m'abandonner.

MAX.

O Dieu!

WALLENSTEIN.

Je t'ai tenu et porté dès la plus tendre enfance.... Qu'a fait pour toi ton père que je n'aie fait et abondamment? J'ai tissu autour de toi un réseau d'amour ; déchire-le, si tu peux.... Tu es attaché à moi par les plus doux liens du cœur, par les nœuds les plus sacrés de la nature qui unissent les hommes les uns aux autres. Va, abandonne-moi, sers ton empereur. Fais-toi récompenser par sa chaîne d'or, par sa Toison, de n'avoir compté pour rien ton ami, le père de ta jeunesse, les sentiments les plus sacrés.

MAX, *en proie à une lutte violente.*

O Dieu! Comment faire autrement? N'y suis-je pas forcé? Mon serment.... le devoir....

WALLENSTEIN.

Le devoir, envers qui? Qui es-tu? Si j'agis mal envers l'empereur, c'est mon tort et non le tien. T'appartiens-tu? Es-tu ton propre maître? Es-tu libre dans ce monde, comme moi, et peux-tu te dire l'auteur de tes actions? Tu es uni à moi, comme la branche au tronc; je suis ton empereur; m'appartenir, m'obéir, voilà ton honneur et la loi de ta nature. Et si l'astre sur lequel tu vis et habites sort de son orbite, se précipite, embrasé, sur un monde voisin et l'enflamme, il ne dépend pas de toi de le suivre ou non; il t'entraîne dans la violence de son élan avec son anneau et tous ses satellites. Légère sera ta responsabilité dans cette lutte. Le monde ne te blâmera pas, il te louera d'avoir mis ton ami au-dessus de tout.

SCÈNE XIX.

LES PRÉCÉDENTS. NEUMANN.

WALLENSTEIN.

Qu'y a-t-il?

NEUMANN.

Les Pappenheim sont descendus de cheval, et s'avancent à pied. Ils sont résolus de prendre d'assaut cette maison, l'épée à la main. Ils veulent délivrer le comte.

WALLENSTEIN, à *Tersky*.

Qu'on tende les chaînes, qu'on braque les canons, je veux les accueillir avec des boulets ramés. (*Tersky sort.*) Me prescrire leur volonté l'épée à la main! Va, Neumann, qu'ils se retirent à l'instant, je l'ordonne, et qu'ils attendent en ordre et en silence ce qu'il me plaira de faire. (*Neumann sort. Illo est allé à la fenêtre.*)

LA COMTESSE.

Laisse-le aller, je t'en prie, laisse-le aller.

ILLO, *à la fenêtre*.

Mort et démon!

WALLENSTEIN.

Qu'est-ce?

ILLO.

Ils montent sur l'hôtel de ville, ils enlèvent la voiture, et braquent leurs canons contre le château....

MAX.

Les furieux!

LA DUCHESSE *et* LA COMTESSE.

Dieu du ciel!

MAX, *à Wallenstein.*

Laisse-moi descendre pour leur faire entendre raison....

WALLENSTEIN.

Ne bouge pas.

MAX, *montrant Théola et la Duchesse.*

Mais leur vie, la tienne!

WALLENSTEIN.

Qu'apportes-tu, Terzky?

SCÈNE XX.

LES PRÉCÉDENTS; TERZKY *revient.*

TERZKY.

Un message de nos régiments fidèles. Ils ne peuvent, disent-ils, modérer plus longtemps leur ardeur. Ils implorent la permission d'attaquer. Ils sont maîtres de la porte de Prague et de celle du moulin, et, si seulement tu veux donner l'ordre, ils pourront prendre l'ennemi à dos, le refouler dans la ville et en triompher aisément dans les défilés des rues.

ILLO.

Oh! viens. Ne laisse pas refroidir leur zèle. Les soldats de Buttler nous demeurent fidèles. Nous sommes les plus nombreux, nous les culbuterons et nous terminerons ici la sédition, dans Pilsen.

WALLENSTEIN.

Faut-il que cette ville devienne un champ de bataille, et que la discorde fraternelle, aux regards enflammés, sévisse déchaînée dans ses rues? Vous voulez que j'abandonne la décision à la sourde fureur qui n'écoute aucun chef? Il n'y a pas ici d'espace pour combattre, mais seulement pour égorger. La voix d'un général ne peut plus rappeler les furies de la rage une fois déchaînées. Eh bien! soit. J'y ai longtemps réfléchi : que la querelle éclate et se vide d'une façon prompte et sanglante. (*Se tournant vers Max.*) Qu'en dis-tu? Veux-tu croiser le fer avec moi et tenter l'aventure? Tu es libre de te retirer. Va te placer en face de moi. Mène-les au combat. Tu entends la guerre, tu t'es instruit à mon école, je n'aurai pas à rougir de mon adversaire, et tu ne trouveras jamais de plus belle occasion de me payer de mes leçons.

LA COMTESSE.

En sommes-nous venus là? Mon ami, mon ami[1], pouvez-vous supporter cela?

MAX.

J'ai promis de ramener fidèlement à l'empereur les régiments qui me sont confiés. Je veux tenir cette promesse ou périr. Mon devoir n'exige rien de plus. Je ne combattrai pas contre toi, si je puis l'éviter, car ta tête, quoique ennemie, m'est encore sacrée. (*On entend deux coups de feu. Illo et Terzky s'élancent à la fenêtre.*)

WALLENSTEIN.

Qu'est-ce que cela?

TERZKY.

Il tombe.

WALLENSTEIN.

Tombe? Qui?

ILLO.

Ce sont les Tiefenbach qui ont tiré.

WALLENSTEIN.

Sur qui?

ILLO.

Sur Neumann, que tu avais envoyé....

WALLENSTEIN, *éclatant*.

Mort et démon! Alors je veux.... (*Il veut sortir.*)

TERZKY.

T'exposer à leur aveugle rage?

LA DUCHESSE *et* LA COMTESSE.

Pour l'amour de Dieu, non!

ILLO.

Pas maintenant, mon général!

LA COMTESSE.

Oh! retiens-le, retiens-le!

WALLENSTEIN.

Laissez-moi!

---

1. Il y a dans l'allemand *Vetter*, *Vetter*, « cousin, cousin; » mais ce mot exprime ici l'intimité et non la parenté. Nous avons vu plus haut, et nous verrons encore plus bas, Max donner à la comtesse Terzky le nom de « tante, » à l'imitation de Thécla.

MAX.

Ne le fais pas, pas maintenant! Cet attentat soudain et sanglant les a mis en fureur, attends leur repentir....

WALLENSTEIN.

Arrière! J'ai déjà trop tardé. Ils ont pu s'emporter à cette coupable audace, parce qu'ils n'ont pas vu mon visage. Je veux qu'ils voient ma face, qu'ils entendent ma voix.... Ne sont-ce pas mes troupes à moi? Ne suis-je pas leur général, leur commandant redouté? Voyons s'ils ne connaissent plus ce visage qui était leur soleil dans les ténèbres de la bataille. Il n'est pas besoin d'armes. Je me montrerai du balcon à l'armée des rebelles, et voyez! aussitôt apaisé, l'esprit de révolte rentrera dans l'ancien lit de l'obéissance. (*Il sort. Illo, Terzky et Buttler le suivent.*)

SCÈNE XXI.

LA COMTESSE, LA DUCHESSE, MAX et THÉCLA.

LA COMTESSE, *à la Duchesse.*

S'ils le voient.... Il y a encore de l'espoir, ma sœur.

LA DUCHESSE.

De l'espoir? Je n'en ai pas.

MAX, *qui, pendant la dernière scène, s'est tenu à l'écart, en proie à une lutte visible, se rapproche.*

Je ne puis supporter cela. Je suis venu en ce lieu, l'âme ferme et résolue, je croyais ma conduite droite et irréprochable, et il faut que je figure ici tel qu'un homme digne de haine, dur et inhumain, chargé de la malédiction et de l'horreur de tous ceux qui me sont chers; que je voie indignement accablés, ceux que d'un mot je puis rendre heureux.... Mon cœur se révolte, deux voix s'élèvent et luttent dans ma poitrine; il fait nuit au dedans de moi, je ne puis choisir le bon chemin. Oh! sans doute, tu as dit vrai, mon père. Je me suis trop fié à mon propre cœur. Me voilà chancelant, je ne sais ce que je dois faire.

LA COMTESSE.

Vous ne le savez pas? Votre cœur ne vous le dit pas? Eh bien, je veux vous le dire! Votre père a commis envers nous une trahison criante, il a attenté à la tête du prince, il nous a précipités dans la honte ; de là ressort clairement ce que vous, son fils, vous devez faire : réparer ce que son infamie a violé, donner un exemple de pieuse fidélité, pour que le nom de Piccolomini ne soit pas une parole d'opprobre, une éternelle malédiction dans la maison des Wallenstein.

MAX.

Où trouver la voix de la vérité, que je puisse suivre? Nous sommes tous agités par le désir, la passion. Si maintenant un ange descendait du ciel vers moi, et me montrait, les puisant, de sa main pure, à la source même de la lumière, le droit, le bien sans tache! (*Ses yeux tombent sur Thécla.*) Comment? Je cherche encore un ange? En attendrai-je un autre? (*Il s'approche d'elle et l'entoure de son bras.*) C'est ici, c'est sur ce cœur, ce cœur infaillible et saintement pur, que je veux déposer mon incertitude ; je veux interroger ton amour, qui ne peut rendre heureuse qu'une âme digne de bonheur et se détourne du malheureux coupable. Pourras-tu m'aimer encore si je reste? Déclare que tu le peux, et je suis à vous.

LA COMTESSE, *d'un ton expressif.*

Réfléchissez....

MAX *l'interrompt.*

Ne réfléchis pas. Parle comme tu sens.

LA COMTESSE.

Pensez à votre père....

MAX *l'interrompt.*

Ce n'est pas la fille de Friedland, c'est toi, toi, ma bien-aimée, que j'interroge. Il ne s'agit pas de gagner une couronne : tu pourrais dans ce cas réfléchir avec une prudence avisée. Il s'agit du repos de ton ami, du bonheur d'un millier de cœurs généreux, héroïques, qui prendront pour exemple sa conduite. Dois-je abjurer mon devoir et mon serment envers l'empereur? Dois-je lancer dans le camp d'Octavio la balle parricide? Car lorsque la balle est sortie du canon de l'arme, ce n'est plus un instrument inanimé, elle vit, un esprit entre en elle, les furies la saisissent, les vengeresses du crime, et leur perfidie la dirige par la route la plus funeste.

THÉCLA.

O Max....

ACTE III, SCÈNE XXI.

MAX *l'interrompt.*

Non, mais aussi point de précipitation. Je te connais. A ton noble cœur le devoir le plus cruel pourrait paraître le plus prochain. Je ne cherche pas l'héroïsme, je ne veux qu'agir en homme. Songe à ce que le prince a toujours fait pour moi. Songe aussi comment mon père l'en a payé. Ah! les beaux et libres sentiments de l'hospitalité, la pieuse foi de l'amitié, sont aussi une sainte religion pour le cœur; les frissons de la nature les vengent cruellement du barbare qui les viole par une affreuse audace. Mets tout, oui tout dans la balance, parle et laisse décider ton cœur.

THÉCLA.

Oh! le tien a depuis longtemps décidé : suis ton premier mouvement.

LA COMTESSE.

Malheureuse!

THÉCLA.

Comment le bien pourrait-il être ce que ton cœur généreux n'a pas saisi et trouvé tout d'abord? Va et accomplis ton devoir. Je t'aimerais toujours. Quel qu'eût été ton choix, ta conduite eût toujours été noble et digne de toi.... mais il ne faut pas que le remords trouble la paix de ta belle âme.

MAX.

Il faut donc que je te quitte, que je me sépare de toi!

THÉCLA.

Te rester fidèle à toi-même, c'est l'être à moi. Le destin nous sépare, nos cœurs restent unis. Une haine sanglante divise à tout jamais les maisons de Friedland et de Piccolomini, mais nous n'appartenons pas à nos maisons.... Pars, hâte-toi, hâte-toi de séparer ta bonne cause de notre cause fatale. La malédiction du ciel pèse sur notre tête, elle est vouée à la ruine. Moi aussi, la faute de mon père m'entraînera dans l'abîme. Ne pleure pas sur moi! Mon sort sera bientôt décidé. (*Max, vivement ému, la prend dans ses bras. On entend derrière la scène des cris de « vive Ferdinand ! » clameur bruyante, fougueuse, qui s'éteint lentement, et qu'accompagne une musique guerrière. Max et Thécla demeurent immobiles, se tenant embrassés.*)

SCÈNE XXII.

LES PRÉCÉDENTS, TERZKY.

LA COMTESSE, *allant au-devant de lui.*
Qu'était-ce que cela? Que signifiaient ces cris?

TERZKY.
C'est fini et tout est perdu.

LA COMTESSE.
Comment? Et sa présence n'a rien produit?

TERZKY.
Rien. Tout a été inutile.

LA DUCHESSE.
Ils criaient : Vivat!

TERZKY.
Pour l'empereur.

LA COMTESSE.
Oh! oublier à ce point le devoir!

TERZKY.
On ne l'a pas même laissé parler. Quand il voulait prendre la parole, on l'interrompait par une étourdissante fanfare.... Le voici.

SCÈNE XXIII.

LES PRÉCÉDENTS; WALLENSTEIN, *accompagné d'ILLO et de BUTTLER; puis* DES CUIRASSIERS.

WALLENSTEIN, *entrant.*
Terzky!

TERZKY.
Mon prince!

WALLENSTEIN.
Que nos régiments se tiennent prêts à partir aujourd'hui même, car nous quitterons Pilsen avant ce soir. (*Terzky sort.*) Buttler....

ACTE III, SCÈNE XXIII.

BUTTLER.

Mon général!

WALLENSTEIN.

Le commandant d'Égra est votre ami et votre compatriote. Écrivez-lui sur-le-champ par un courrier qu'il soit prêt à nous recevoir demain dans la forteresse.... Vous nous suivrez vous-même avec votre régiment.

BUTTLER.

Il sera fait, mon général, comme vous l'ordonnez.

WALLENSTEIN *s'avance entre Max et Thécla, qui jusque-là se sont tenus étroitement embrassés.*

Séparez-vous!

MAX.

Dieu! (*Des Cuirassiers, l'épée nue à la main, entrent dans la salle et s'assemblent dans le fond. En même temps, on entend jouer en bas quelques passages animés de la marche de Pappenheim, comme pour appeler Max.*)

WALLENSTEIN, *aux Cuirassiers.*

Le voici! Il est libre. Je ne le retiens plus. (*Il se détourne, placé de telle sorte que Max ne peut ni venir à lui, ni s'approcher de Thécla.*)

MAX.

Tu me hais, tu me repousses avec colère. Tu veux que les liens de l'ancienne affection soient brisés et non qu'ils se délient doucement; cette douloureuse rupture, tu veux me la rendre plus douloureuse encore. Tu le sais, je n'ai pas encore appris à vivre sans toi.... Sortant d'ici, je vais dans un désert, et tout ce qui m'est cher, tout, reste en ce lieu derrière moi.... Oh! ne détourne pas de moi tes regards! Montre-moi encore une fois ce visage cher à jamais et vénéré. Ne me repousse pas.... (*Il veut lui prendre la main; Wallenstein la retire. Il se tourne vers la Comtesse.*) N'y a-t-il pas ici d'autre regard où je lise de la pitié?... Tante Terzky.... (*Elle se détourne de lui. Il s'adresse à la Duchesse.*) Respectable mère....

LA DUCHESSE.

Allez, comte, où le devoir vous appelle.... Vous pourrez ainsi devenir pour nous un jour un ami fidèle, un bon ange, auprès du trône de l'empereur.

MAX.

Vous me donnez de l'espoir, vous ne voulez pas que je désespère entièrement. Oh! ne me trompez point par une vaine illusion! Mon malheur est certain, et Dieu soit loué, qui m'inspire un moyen de le terminer! (*La musique se fait entendre de nouveau. La salle se remplit de plus en plus d'hommes armés. Il voit que Buttler est là.*) Vous ici, colonel Buttler, vous aussi?... Et vous ne voulez pas me suivre?... Bien! Demeurez plus fidèle à votre nouveau maître qu'à l'ancien. Venez! Promettez-moi, en me donnant votre main, que vous protégerez sa vie, que vous la préserverez de toute atteinte. (*Buttler lui refuse sa main.*) La sentence de l'empereur est suspendue sur lui et livre sa tête auguste au premier assassin qui voudra gagner le prix du sang. C'est maintenant qu'il aurait besoin de la pieuse vigilance d'un ami, de l'œil fidèle de l'affection.... et ceux qu'en m'éloignant je vois autour de lui.... (*Il jette des regards incertains sur Illo et Buttler.*)

ILLO.

Cherchez les traîtres dans le camp de votre père, dans celui de Gallas. Ici, il n'y en a plus qu'un. Allez et délivrez-nous de son odieux aspect. Allez! (*Max essaye encore une fois de s'approcher de Thécla. Wallenstein l'en empêche. Il s'arrête indécis, en proie à la douleur. Cependant la salle se remplit de plus en plus, et les trompettes retentissent toujours plus pressantes et à des intervalles de plus en plus rapprochés.*)

MAX.

Sonnez! sonnez!... Oh! si c'étaient les clairons suédois, si d'ici je marchais tout droit au champ de la mort, et si toutes ces épées nues qu'il me faut voir en ce lieu me perçaient le sein! Que voulez-vous? Venez-vous pour m'arracher d'ici?... Oh! ne me poussez pas au désespoir; ne le faites pas, vous pourriez vous en repentir! (*La salle est entièrement remplie de soldats armés.*) Encore!... ces poids qui me tirent fatalement s'entassent, s'appesantissent, et leur masse m'entraîne.... Songez à ce que vous faites. Il n'est pas sage de prendre pour chef un désespéré. Vous m'arrachez à mon bonheur, eh bien, soit! je dévoue vos âmes à la déesse de la vengeance! Votre choix sera votre perte : qui vient avec moi soit prêt à mourir! (*Pendant qu'il se tourne vers le fond de la scène, il se fait un mouvement soudain parmi les Cuirassiers; ils l'entourent et l'escortent dans un fougueux tumulte. Wallenstein demeure immobile. Thécla se jette dans les bras de sa mère. Le rideau tombe.*)

ACTE QUATRIÈME.

Dans la maison du Bourgmestre à Égra.

SCÈNE I.

BUTTLER, *qui arrive à l'instant.*

Il est dedans. C'est sa destinée qui l'a conduit. La herse est tombée derrière lui, et comme le pont qui l'a porté a abaissé sa voie mobile, puis s'est relevé flottant, tout chemin de salut lui est fermé. Jusqu'ici, Friedland, et pas plus loin! dit la déesse du destin. C'est de la terre de Bohême que s'est élevé ton merveilleux météore, traçant au loin dans le ciel une traînée lumineuse, et c'est sur la frontière de Bohême qu'il doit tomber et s'éteindre.... Tu as abjuré tes anciens drapeaux, et tu comptes, aveugle, sur ton ancien bonheur. Pour porter la guerre sur les terres de l'empereur, pour renverser les foyers sacrés des dieux lares, tu armes ta main criminelle. Prends garde! c'est le malin démon de la vengeance qui te pousse.... prends garde que la vengeance ne te perde!

SCÈNE II.

BUTTLER et GORDON.

GORDON.

Est-ce vous?... Oh! combien il me tarde de vous entendre! Le duc un traître! O mon Dieu! et fugitif! Et sa tête auguste proscrite! Je vous en prie, général, dites-moi en détail comment tout cela est arrivé à Pilsen.

BUTTLER.

Vous avez reçu la lettre que je vous ai envoyée d'avance par un courrier?

GORDON.

Et j'ai fidèlement exécuté ce que vous m'ordonniez ; je lui ai ouvert sans hésiter la forteresse, car une lettre de l'empereur me prescrit de me conformer aveuglément à vos ordres. Cependant, pardonnez! Quand j'ai vu le duc en personne, j'ai recommencé à douter; car, en vérité, ce n'est pas comme un proscrit que le duc de Friedland est entré dans cette ville. Sur son front brillait, comme autrefois, la majesté du commandement, qui exige l'obéissance, et, avec le même calme qu'aux jours où tout est en bon ordre, il m'a demandé compte de mon emploi. L'adversité, le sentiment de la faute rendent affable, et l'orgueil abattu se courbe d'ordinaire, humble et caressant, devant le faible. Mais le duc m'a pesé avec réserve et dignité chaque parole de satisfaction, comme le maître loue le serviteur qui a fait son devoir

BUTTLER.

Tout s'est passé exactement comme je vous l'ai mandé. Le prince a vendu l'armée à l'ennemi, il a voulu lui ouvrir Prague et Égra. A cette nouvelle, tous les régiments l'ont quitté, excepté cinq, ceux de Terzky, qui l'ont suivi jusqu'ici. Sa tête est proscrite, et il est enjoint à tout fidèle serviteur de le livrer mort ou vif.

GORDON.

Traître à l'empereur.... un tel personnage! un homme d'un tel mérite! Oh! qu'est-ce que la grandeur humaine? Je me le disais souvent : cela ne peut finir heureusement. Sa grandeur, sa puissance, cette autorité flottante aux limites obscures, lui sont devenues un piége; car l'homme empiète autour de lui, on ne peut l'abandonner à sa propre modération. Rien ne peut le maintenir dans les bornes, que la loi positive et l'ornière profonde des coutumes. Mais la puissance guerrière aux mains de cet homme n'était pas chose naturelle ni ordinaire; elle le plaçait au niveau de l'empereur même : son orgueilleux génie désapprit la soumission. Quel dommage! un tel homme! car où il est tombé, nul ne saurait, je crois, rester ferme.

BUTTLER.

Épargnez vos plaintes jusqu'à ce qu'il ait besoin de pitié, car aujourd'hui sa puissance est encore redoutable. Les Suédois marchent sur Égra, et bientôt, si nous n'y mettons obstacle par une prompte résolution, la jonction s'opérera. Cela ne doit ni ne peut être. Il faut que le prince ne sorte plus en liberté de cette place, car j'ai engagé mon honneur et ma vie à le faire ici prisonnier, et c'est sur votre assistance que je compte.

GORDON.

Oh ! plût à Dieu que je n'eusse jamais vu ce jour ! C'est de sa main que je tiens cet emploi. Il m'a lui-même confié ce château que je dois changer en sa prison. Nous autres subalternes, nous n'avons pas de volonté; seul, l'homme libre, l'homme puissant, obéit aux nobles sentiments de l'humanité ; mais nous ne sommes, nous, que les sergents de la loi, de la loi rigoureuse. L'obéissance, voilà la vertu où l'inférieur doit aspirer.

BUTTLER.

Ne vous affligez pas du peu d'étendue de votre pouvoir. Où il y a beaucoup de liberté, il y a beaucoup d'erreurs; mais on marche à pas sûrs dans l'étroit sentier du devoir.

GORDON.

Ainsi tout l'a abandonné, dites-vous ? Il a fondé le bonheur de plusieurs milliers d'hommes, car son âme était royale et sa main toujours pleine, toujours ouverte pour donner.... (*Jetant de côté un regard sur Buttler.*) Il en a tiré plus d'un de la poussière, pour l'élever à un haut degré d'honneur, de dignité, et par là il ne s'est pas acquis un ami, pas un seul, qui lui demeure constant dans l'adversité.

BUTTLER.

Il en a un ici qu'il eût à peine espéré.

GORDON.

Je n'ai reçu de lui aucune faveur. Je doute presque qu'il se soit jamais souvenu dans sa grandeur d'un ami de sa jeunesse.... car le service m'a retenu loin de lui; il m'a perdu de vue dans les murs de cette forteresse, où ses grâces ne venaient point m'atteindre, et où j'ai gardé en silence mon cœur indépendant. Car lorsqu'il m'a placé dans ce château, il prenait encore son devoir au sérieux, et je ne trompe pas sa confiance si je garde fidèlement ce qui fut remis à ma foi.

BUTTLER.

Dites si vous voulez exécuter contre lui l'arrêt de proscription, me prêter votre aide pour m'assurer de lui.

GORDON, *avec un profond chagrin, après un moment de silence et de réflexion.*

S'il en est ainsi.... si les choses sont comme vous dites.... s'il a trahi l'empereur, son maître, vendu l'armée, s'il a voulu ouvrir à l'ennemi de l'empire les forteresses du pays.... oui, alors il n'y a plus de salut pour lui.... Cependant il est dur qu'il faille, entre tous, que ce soit précisément moi que le sort choisisse pour l'instrument de sa ruine; car nous avons été ensemble pages à la cour, à Burgau, mais j'étais le plus âgé.

BUTTLER.

Je le sais.

GORDON.

Il y a bien trente ans de cela. Dès lors un hardi courage s'agitait dans le jeune homme de vingt ans. Son esprit était plus sérieux que son âge, et virilement ne se dirigeait que sur de grandes choses. Il marchait au milieu de nous, enfermé dans sa pensée silencieuse, et n'ayant d'autre société que lui-même. Les joies de l'adolescence, joies puériles, n'avaient nul attrait pour lui; mais souvent il avait de soudains et merveilleux accès, et de son sein mystérieux s'échappait, plein de sens, éclatant, un rayon d'intelligence, et nous nous regardions étonnés, sans bien savoir si c'était la démence, si c'était un dieu qui avait parlé par sa bouche.

BUTTLER.

C'est là qu'il tomba de la hauteur de deux étages, s'étant endormi sous l'arceau d'une fenêtre, et qu'il se releva sans s'être fait aucun mal. Depuis ce jour, dit-on, on remarqua en lui des symptômes de démence.

GORDON.

Il devint plus pensif, cela est vrai; il se fit catholique. Le miracle qui l'avait sauvé le convertit merveilleusement. De ce moment il se regarda comme un être favorisé, affranchi, et, avec la hardiesse d'un homme qui ne peut broncher, il courut en avant sur la corde vacillante de la vie. Ensuite le destin nous mena, par des routes diverses, loin, bien loin l'un de l'autre. Il parcourut d'un pas rapide la route audacieuse de la grandeur; j'éprouvais le vertige à le voir marcher : il devint comte et prince et duc et dictateur, et maintenant tout est pour lui trop petit; il étend les mains vers la couronne royale, et se précipite dans une ruine immense.

BUTTLER.

Brisons là. Il vient.

SCÈNE III.

WALLENSTEIN, *s'entretenant avec le* BOURGMESTRE D'ÉGRA; LES PRÉCÉDENTS.

WALLENSTEIN.

Vous étiez autrefois ville libre? Je vois que vous portez dans vos armes une moitié d'aigle. Pourquoi une moitié seulement?

LE BOURGMESTRE.

Nous étions ville libre d'empire; mais depuis deux cents ans la ville est engagée à la couronne de Bohême. De là vient que nous n'avons plus qu'une moitié d'aigle, la partie inférieure est frettée, jusqu'à ce que l'empire peut-être nous rachète.

WALLENSTEIN.

Vous méritiez la liberté. Tenez-vous seulement bien. Ne prêtez pas l'oreille aux propos des agitateurs. A combien montent vos impôts?

LE BOURGMESTRE *hausse les épaules.*

Si haut qu'à peine nous pouvons y atteindre. La garnison vit aussi à nos frais.

WALLENSTEIN.

Je veux que vous soyez soulagés. Dites-moi, il y a encore des protestants dans la ville? (*Le Bourgmestre hésite.*) Oui, oui! je le sais. Il s'en cache encore beaucoup dans ces murs.... Oui, avouez-le franchement.... Vous-même.... n'est-il pas vrai? (*Il le regarde fixement. Le Bourgmestre s'effraye.*) Soyez sans crainte. Je hais les jésuites.... Si cela dépendait de moi, ils seraient depuis longtemps hors des limites de l'empire.... Le Missel ou la

Bible! c'est tout un pour moi.... Je l'ai montré au monde.... A Glogau, j'ai fait moi-même construire une église pour les évangéliques.... Écoutez, bourgmestre.... quel est votre nom ?

LE BOURGMESTRE.

Pachhælbel, mon auguste prince.

WALLENSTEIN.

Écoutez.... mais ne dites à personne ce que je vous découvre ici en confidence. (*Lui plaçant la main sur l'épaule , avec une certaine solennité :*) L'accomplissement des temps est venu, bourgmestre. Les grands tombent et les humbles s'élèvent.... mais gardez cela pour vous. La double souveraineté espagnole penche vers sa fin, un nouvel ordre de choses s'introduit.... N'avez-vous pas vu récemment au ciel les trois lunes ?

LE BOURGMESTRE.

Avec terreur.

WALLENSTEIN.

Dont deux se transformèrent et prirent la figure de poignards sanglants. Une seule, celle du milieu, demeura dans son éclat.

LE BOURGMESTRE.

Nous appliquions ce présage aux Turcs.

WALLENSTEIN.

Aux Turcs ? Quoi ? Deux empires périront d'une fin sanglante, à l'est et à l'ouest, vous dis-je, et la foi luthérienne restera seule. (*Il remarque les deux autres.*) Eh mais, ce soir , comme nous venions ici, nous avons entendu sur notre route, à gauche, une forte fusillade. L'a-t-on également entendue ici, dans la forteresse ?

GORDON.

Nous l'avons bien entendue , mon général. Le vent nous apportait le bruit directement du sud.

BUTTLER.

Il semblait venir de Neustadt ou de Weiden.

WALLENSTEIN.

C'est le chemin par où les Suédois approchent. Quelle est la force de la garnison ?

GORDON.

Cent quatre-vingts hommes propres au service ; le reste, ce sont des invalides.

WALLENSTEIN.

Et combien y en a-t-il à Joachimsthal ?

GORDON.

J'y ai envoyé deux cents arquebusiers, pour fortifier le poste contre les Suédois.

WALLENSTEIN.

Je loue votre prévoyance. On travaille aussi aux fortifications. Je l'ai vu de ma voiture en entrant ici.

GORDON.

Comme le Rhingrave nous serre maintenant de si près, j'ai fait à la hâte élever encore deux bastions.

WALLENSTEIN.

Vous êtes exact et fidèle dans le service de votre empereur. Je suis content de vous, lieutenant-colonel. (*A Butler.*) Vous ferez évacuer le poste de Joachimsthal, ainsi que tous ceux qu'on a opposés à l'ennemi. (*A Gordon.*) Je laisse entre vos mains fidèles, commandant, ma femme, mon enfant et ma sœur, car je ne séjournerai pas ici. J'attends seulement des lettres, pour quitter au plus tôt la forteresse, avec tous les régiments.

SCÈNE IV.

LES PRÉCÉDENTS, TERZKY.

TERZKY.

Message bienvenu! Joyeuses nouvelles!

WALLENSTEIN.

Qu'apportes-tu?

TERZKY.

Un combat a eu lieu près de Neustadt, et les Suédois sont demeurés vainqueurs.

WALLENSTEIN.

Que dis-tu? D'où te vient cette nouvelle?

TERZKY.

Un paysan l'a apportée de Tirschenreut. Le combat a commencé, dit-il, après le coucher du soleil. Une troupe d'Impériaux, venant de Tachau, aurait fait irruption dans le camp suédois; le feu aurait duré deux heures, et mille Impériaux seraient restés sur la place avec leur colonel. Il ne savait rien de plus.

WALLENSTEIN.

Comment une troupe d'Impériaux viendrait-elle à Neustadt? Altringer.... il faudrait qu'il eût des ailes.... était encore hier à quatorze milles de là. Les troupes de Gallas se rassemblent à Frauenberg, et elles ne sont pas encore réunies. Suys se serait-il par hasard risqué jusque-là? Cela ne peut être. (*Illo paraît.*)

TERZKY.

Nous le saurons bientôt, car voici venir en toute hâte Illo tout joyeux.

SCÈNE V.

LES PRÉCÉDENTS, ILLO.

ILLO.

Un cavalier est là et veut te parler.

TERZKY.

La nouvelle de la victoire s'est-elle confirmée? Parle.

WALLENSTEIN.

Qu'apporte-t-il? D'où vient-il?

ILLO.

De la part du Rhingrave et je veux t'apprendre d'avance le sujet de son message. Les Suédois ne sont qu'à cinq milles d'ici. Près de Neustadt, Piccolomini s'est jeté sur eux avec la cavalerie; il y a eu un terrible massacre. Pourtant, à la fin, le nombre l'a emporté. Tous les Pappenheim et avec eux Max, qui les commandait.... seraient restés sur le champ de bataille.

WALLENSTEIN.

Où est le messager? Menez-moi vers lui. (*Il veut sortir. Au même instant, Mlle Neubrunn se précipite dans la chambre. Plusieurs domestiques la suivent et courent par la salle.*)

NEUBRUNN.

Au secours! au secours!

ILLO *et* TERZKY.

Qu'y a-t-il?

NEUBRUNN.

Mademoiselle!

WALLENSTEIN *et* TERZKY.

Le sait-elle ?

NEUBRUNN.

Elle veut mourir. (*Elle sort à la hâte. Wallenstein la suit avec Terzky et Illo.*)

SCÈNE VI.

BUTTLER *et* GORDON.

GORDON, *étonné.*

Expliquez-moi.... Que signifie cette scène ?

BUTTLER.

Elle a perdu l'homme qu'elle aimait : c'était Piccolomini, qui vient de périr.

GORDON.

Malheureuse jeune fille !

BUTTLER.

Vous avez entendu ce qu'Illo annonçait, que les Suédois approchent victorieux.

GORDON.

Oui, je l'ai bien entendu.

BUTTLER.

Ils ont douze régiments, et il y en a cinq dans le voisinage pour protéger le duc. Nous n'avons que mon seul régiment, et la garnison n'est pas forte de deux cents hommes.

GORDON.

Cela est vrai.

BUTTLER.

Il n'est pas possible, avec une si petite troupe, de garder un tel prisonnier d'État.

GORDON.

Je le comprends.

BUTTLER.

Leur multitude aurait bientôt désarmé notre petite troupe et le délivrerait.

GORDON.

C'est à craindre.

BUTTLER, *après une pause.*

Écoutez. Je me suis rendu caution du succès. Je réponds de

tête sur la mienne. Il faut que je tienne parole, quoi qu'il en doive résulter, et s'il ne peut se garder vivant, eh bien!... mort, nous sommes sûrs de lui.

GORDON.

Vous ai-je compris? Juste Dieu! Vous pourriez....

BUTTLER.

Il ne peut pas vivre.

GORDON.

Vous en seriez capable?

BUTTLER.

Vous ou moi. Il a vu son dernier matin.

GORDON.

Vous voulez l'assassiner?

BUTTLER.

Telle mon intention.

GORDON.

Lui qui se fie à votre foi!

BUTTLER.

....Tel est son mauvais destin.

GORDON.

La personne sacrée du général!

BUTTLER.

Il l'était.

GORDON.

Oh! ce qu'il a été, nul crime ne l'efface. Sans jugement?

BUTTLER.

L'exécution tient lieu de jugement.

GORDON.

Ce serait un meurtre, et non un acte de justice. La justice doit entendre jusqu'aux plus coupables.

BUTTLER.

Le crime est évident, l'empereur a jugé, et nous ne faisons qu'accomplir sa volonté.

GORDON.

On ne doit pas précipiter l'exécution d'un arrêt sanglant. Une parole se rétracte, la mort jamais.

BUTTLER.

Les rois aiment qu'on les serve sans retard.

GORDON.

L'homme au cœur noble ne se presse pas de faire office de bourreau.

BUTTLER.

L'homme courageux ne pâlit pas à la pensée d'une action hardie.

GORDON.

Le courage risque la vie, non la conscience.

BUTTLER.

Quoi? Doit-il s'échapper libre, pour rallumer la flamme de la guerre inextinguible?

GORDON.

Faites-le prisonnier; seulement ne le tuez pas. N'empiétez point, par un sanglant attentat, sur les droits de l'ange de miséricorde.

BUTTLER.

Si l'armée de l'empereur n'avait été battue, je l'aurais volontiers gardé vivant.

GORDON.

Oh! pourquoi lui ai-je ouvert la forteresse?

BUTTLER.

Ce n'est pas le lieu, c'est son destin qui le tue.

GORDON.

Je serais tombé en chevalier sur ces remparts, en défendant la citadelle de l'empereur.

BUTTLER.

Et mille hommes de cœur auraient péri.

GORDON.

En faisant leur devoir.... Cela honore et illustre l'homme; mais la nature a maudit le noir assassinat.

BUTTLER, *tirant un écrit.*

Voici l'ordre qui nous enjoint de nous emparer de lui. Il s'adresse à vous, comme à moi. Voulez-vous subir les suites, si, par notre faute, il s'échappe et passe à l'ennemi?

GORDON.

Moi, dans mon impuissance, ô Dieu!

BUTTLER.

Prenez-le sur vous! Répondez des suites. Qu'il en advienne ce qui pourra! Je mets tout sur vous.

GORDON.

O Dieu du ciel!

BUTTLER.

Savez-vous quelque autre moyen d'accomplir la volonté de l'empereur? Parlez; car je veux le renverser, non l'anéantir.

GORDON.

O Dieu! je vois aussi clairement que vous ce qui doit fatalement arriver; mais dans ma poitrine le cœur bat de tout autre façon.

BUTTLER[1].

Cet Illo, ce Terzky ne peuvent pas non plus vivre, si le duc tombe.

GORDON.

Oh! ceux-là ne me font point de peine. C'est leur cœur pervers, et non la puissance des astres qui les a poussés. Ce sont eux qui ont semé dans son âme paisible la semence d'une passion fatale, qui, avec une exécrable activité, ont nourri en lui ce fruit de malheur.... Qu'ils n'échappent pas, j'y consens, au funeste salaire de leurs funestes services!

BUTTLER.

Aussi le précéderont-ils immédiatement dans la mort. Tout est déjà concerté. Ce soir, au milieu des joies d'un festin, nous voulions les saisir vivants et les garder dans le château. Ce sera bien plus tôt fait ainsi. Je vais sur-le-champ donner les ordres nécessaires.

SCÈNE VII.

LES PRÉCÉDENTS, ILLO et TERZKY.

TERZKY.

Maintenant, tout changera bientôt. Demain les Suédois font leur entrée, douze mille vaillants soldats. Puis droit à Vienne! Allons, gai, vieux camarade! Ne montrez pas, à cette joyeuse nouvelle, un visage si austère.

---

1. Dans un manuscrit antérieur à la dernière rédaction, on lit ici deux vers dont voici la traduction : « Le mien est d'une substance plus dure : la nécessité m'a trempé à sa rude école. »

ILLO.

C'est à nous à présent de dicter des lois, et de tirer vengeance des hommes misérables, des infâmes qui nous ont abandonnés. L'un d'eux a déjà expié, Piccolomini. Qu'il en arrive autant à tous ceux qui nous veulent du mal! Quelle rude atteinte pour la tête du vieillard! Il s'est tourmenté toute sa vie pour décorer d'une couronne de prince son antique comté, et voilà qu'il enterre son fils unique.

BUTTLER.

Cet héroïque jeune homme! C'est pourtant dommage. Le duc lui-même en était fort ému, on le voyait bien.

ILLO.

Ecoutez, mon vieil ami. Ce qui ne m'a jamais plu dans le général, et c'était tous les jours ma querelle, c'est qu'il a toujours préféré les Welches. Maintenant encore, je le jure sur mon âme, il aimerait mieux nous voir tous dix fois morts, s'il pouvait à ce prix rappeler à la vie son ami.

TERZKY.

Paix, paix! Brisons là! Laisse les morts en repos! Il s'agit aujourd'hui de mettre sous la table les vivants, car votre régiment veut nous traiter. Célébrons un joyeux carnaval, faisons de la nuit le jour, et attendons, le verre en main, l'avant-garde suédoise.

ILLO.

Oui, donnons-nous encore du bon temps aujourd'hui, car de chaudes journées nous attendent. Cette épée ne se reposera pas, je vous jure, qu'elle ne se soit baignée à satiété dans le sang autrichien.

GORDON.

Fi! quel langage! monsieur le feld-maréchal. Pourquoi une telle rage contre votre empereur?

BUTTLER.

N'espérez pas trop de cette première victoire. Songez avec quelle rapidité tourne la roue de la fortune; car l'empereur est toujours encore très-puissant.

ILLO.

L'empereur a des soldats, mais il n'a pas de général; car ce roi Ferdinand de Hongrie n'entend pas la guerre.... Gallas? Il n'a pas de bonheur, et n'a jamais su que perdre des armées. Et ce serpent d'Octavio, il peut bien blesser à la dérobée, au talon, mais non tenir devant Friedland en bataille rangée.

TERZKY.

Nous ne pouvons échouer, vous n'avez qu'à me croire. La fortune n'abandonnera pas le duc; car enfin c'est connu, l'Autriche ne peut vaincre que sous Friedland.

ILLO.

Le prince aura bien vite réuni une grande armée. Tous vont se presser, affluer vers l'antique gloire de ses drapeaux. Je vois revenir les jours d'autrefois, il va reprendre son ancienne grandeur. Quel mauvais tour alors se seront joué ces fous qui aujourd'hui l'ont abandonné! Car il donnera des terres à ses amis et payera royalement leurs fidèles services. Mais nous, nous serons les premiers dans sa faveur. (*A Gordon.*) Alors il songera aussi à vous, il vous tirera de ce nid, il fera briller dans un plus haut poste votre fidélité.

GORDON.

Je suis satisfait, je ne demande pas à monter. Où la hauteur est grande, la chute est profonde.

ILLO.

Vous n'aurez plus rien à faire ici, car demain les Suédois entrent dans la forteresse. Venez, Terzky. Il se fait temps de souper. Que vous en semble? Faisons illuminer la ville pour rendre honneur aux Suédois, et qui n'illuminera pas est un Espagnol et un traître.

TERZKY.

Laissez cela. Le duc serait mécontent.

ILLO.

Quoi! Nous sommes les maîtres, et personne ne doit se déclarer pour l'empereur là où nous dominons.... Bonne nuit, Gordon! Laissez-moi vous recommander une dernière fois la place. Envoyez des rondes; pour plus de sûreté, on peut encore changer le mot d'ordre. Au coup de dix heures, vous porterez les clefs au duc lui-même; alors vous serez quitte de vos fonctions de gardien, car demain les Suédois entrent dans la forteresse.

LA MORT DE WALLENSTEIN.

TERZKY, *en s'en allant, à Buttler.*

Mais vous viendrez aussi au château ?

BUTTLER.

En temps opportun. (*Illo et Terzky se retirent.*)

SCÈNE VIII.

BUTTLER et GORDON.

GORDON, *les suivant des yeux.*

Les malheureux! Avec quelle imprévoyance, dans l'aveugle ivresse de leur victoire, ils se précipitent dans le piége meurtrier tendu devant eux!... Je ne puis les plaindre. Cet Illo, cet insolent et audacieux scélérat, qui veut se baigner dans le sang de son empereur!

BUTTLER.

Faites ce qu'il vous a ordonné. Envoyez des patrouilles faire la ronde, veillez à la sûreté de la forteresse. Dès qu'ils seront montés, je fermerai à l'instant le château, afin que l'événement ne s'ébruite pas dans la ville.

GORDON, *avec inquiétude.*

Oh! ne vous hâtez pas ainsi! D'abord dites-moi....

BUTTLER.

Vous l'avez entendu. La prochaine matinée appartient déjà aux Suédois. La nuit seule est à nous. Ils sont prompts, nous le serons davantage.... Adieu.

GORDON.

Ah! vos regards ne me disent rien de bon. Promettez-moi....

BUTTLER.

La lumière du soleil a disparu sous l'horizon ; l'ombre d'un soir fatal tombe des cieux. La présomption leur inspire une entière sécurité. Leur mauvaise étoile les livre sans défense dans nos mains, et au milieu de leur ivresse, de leur joyeuse illusion, le glaive acéré tranchera soudain leur vie. Le prince fut de tout temps un grand calculateur ; il savait tout compter, il savait placer les hommes comme les pièces d'un damier et les pousser à son but. Il ne se faisait point de scrupule de jouer et de risquer l'honneur, la dignité, la bonne renommée d'autrui.

Il a calculé toujours et sans cesse, et pourtant à la fin son calcul se trouvera faux. Il aura fait entrer sa vie dans son compte, et tombera, comme cet autre, dans son cercle [1].

GORDON.

Oh! ne songez pas à ses fautes maintenant. Pensez à sa grandeur, à sa douceur, aux qualités aimables de son cœur, à toutes les nobles actions de sa vie, et qu'elles tombent sur le glaive déjà levé, qu'elles l'abaissent comme un ange suppliant qui demande grâce.

BUTTLER.

Il est trop tard. Je ne puis ni ne dois éprouver de pitié, je ne dois avoir que des pensées de sang. (*Prenant la main de Gordon.*) Gordon! ce n'est pas l'impulsion de ma haine.... je n'aime pas le duc et n'ai pas de raison de l'aimer.... mais pourtant ce n'est pas ma haine qui fait de moi son meurtrier. C'est son mauvais destin. Le malheur me pousse, le fatal concours des choses. L'homme pense agir librement, mais c'est en vain. Il n'est que le jouet de l'aveugle puissance qui change tout à coup en nécessité redoutable ce qui fut l'acte de son choix. Et que lui servirait qu'une voix parlât pour lui dans mon cœur?... Il faut pourtant que je le tue.

GORDON.

Oh! si votre cœur parle, suivez son impulsion. Le cœur est la voix de Dieu, tous les habiles calculs de la prudence ne sont que l'œuvre de l'homme. Quel heureux effet peut avoir pour vous cette action sanglante? Oh! rien de bon ne peut naître du sang. Doit-elle vous servir d'échelon pour monter à la grandeur? Oh! ne croyez pas cela.... Parfois le meurtre peut plaire aux rois, jamais le meurtrier.

BUTTLER.

Vous ne savez pas. Ne m'interrogez pas. Mais aussi pourquoi faut-il que les Suédois triomphent et qu'ils approchent si rapidement? Je l'abandonnerais volontiers à la merci de l'empereur. Je ne veux pas son sang. Non, je consentirais qu'il vécût; mais il faut que je fasse honneur à ma parole, et il faut qu'il meure,

---

1. Allusion à Archimède, tué au siège de Syracuse, pendant qu'il faisait ses calculs géométriques.

ou bien.... écoutez et sachez-le! je suis déshonoré, si le prince nous échappe....

GORDON.

Oh! sauver un tel homme....

BUTTLER, *vivement.*

Quoi?

GORDON.

Vaut bien un sacrifice.... Soyez généreux! C'est le cœur et non l'opinion qui honore l'homme.

BUTTLER, *avec froideur et orgueil.*

C'est un grand seigneur que le prince.... mais moi, je ne suis qu'un homme de peu, voulez-vous dire. Qu'importe au monde, pensez-vous, que l'homme de naissance obscure s'honore ou s'avilisse, pourvu que le mortel auguste soit sauvé?... Chacun se donne à soi-même sa valeur. Quel prix je veux attacher à ma personne, cela me regarde. Il n'y a pas d'homme assez haut placé dans ce monde pour qu'auprès de lui je me méprise moi-même. C'est sa propre volonté qui rend l'homme grand ou petit, et, parce que je suis fidèle à la mienne, il faut qu'il meure.

GORDON.

Oh! c'est un rocher que je veux émouvoir. Vous n'avez pas été engendré humainement par des hommes. Je ne puis vous arrêter; mais qu'un Dieu le sauve de votre main redoutable!
(*Ils sortent.*)

SCÈNE IX.

Une chambre chez la Duchesse.

THÉCLA, *dans un fauteuil, pâle et les yeux fermés;* LA DUCHESSE *et* Mlle DE NEUBRUNN, *occupées autour d'elle;* WALLENSTEIN *et* LA COMTESSE, *s'entretenant.*

WALLENSTEIN.

Comment l'a-t-elle donc su si vite?

LA COMTESSE.

Elle semble avoir pressenti un malheur. Le bruit d'une bataille où le colonel impérial avait succombé l'a effrayée; je l'ai vu tout d'abord. Elle a volé au-devant du courrier suédois et lui a bientôt arraché par ses questions le malheureux secret. Nous

nous sommes aperçues trop tard de son absence ; nous avons couru après elle, déjà elle était évanouie dans les bras du messager.

WALLENSTEIN.

Il a fallu que ce coup l'atteignît ainsi au dépourvu! Pauvre enfant!... Comment cela va-t-il ? (*En se tournant vers la Duchesse.*) Reprend-elle ses sens ?

LA DUCHESSE.

Elle ouvre les yeux.

LA COMTESSE.

Elle vit.

THÉCLA, *regardant autour d'elle.*

Où suis-je ?

WALLENSTEIN *s'approche d'elle et la relève en l'entourant de ses bras.*

Reviens à toi, Thécla. Sois ma courageuse fille! Vois ta tendre mère debout près de toi, et les bras de ton père qui te tiennent.

THÉCLA *se redresse.*

Où est-il ? N'est-il plus ici ?

LA DUCHESSE.

Qui, ma fille ?

THÉCLA.

Celui qui a prononcé cette parole de malheur....

LA DUCHESSE.

Oh! n'y pense pas, mon enfant. Détourne tes pensées de cette image.

WALLENSTEIN.

Laissez parler sa douleur! Laissez-la se plaindre! Mêlez vos larmes aux siennes; car elle a éprouvé une grande douleur; mais elle la supportera, car ma Thécla a le cœur invincible de son père.

THÉCLA.

Je ne suis point malade. J'ai la force de me tenir debout. Pourquoi ma mère pleure-t-elle ? L'ai-je effrayée ? C'est passé. J'ai repris mes sens. (*Elle s'est levée et cherche des yeux dans la chambre.*) Où est-il? Qu'on ne me le cache pas. J'ai assez de force, je veux l'entendre.

LA DUCHESSE.

Non, Thécla! Ce messager de malheur ne doit jamais reparaître devant tes yeux.

THÉCLA.

Mon père....

WALLENSTEIN.

Chère enfant!

THÉCLA.

Je ne suis pas faible. Je ne tarderai pas à me remettre encore mieux. Accordez-moi une prière.

WALLENSTEIN.

Parle!

THÉCLA.

Permettez qu'on appelle cet étranger, que je l'entende et le questionne seule.

LA DUCHESSE.

Jamais!

LA COMTESSE.

Non, ce ne serait point sage. N'y consens pas.

WALLENSTEIN.

Pourquoi veux-tu lui parler, ma fille?

THÉCLA.

Je serai plus calme quand je saurai tout. Je ne veux pas qu'on me trompe. Ma mère ne veut que me ménager. Je ne veux pas être ménagée. Le plus affreux est déjà dit, je ne puis plus rien entendre de plus affreux.

LA COMTESSE *et* LA DUCHESSE, *à Wallenstein.*

Ne le fais pas.

THÉCLA.

J'ai été surprise par mon effroi. Mon cœur m'a trahie devant l'étranger, il a été témoin de ma faiblesse, oui, je suis tombée dans ses bras.... Cela me fait honte, il faut que je me relève dans son estime, et il faut absolument que je lui parle, pour que l'étranger n'ait pas de moi une fausse idée.

WALLENSTEIN.

Je trouve qu'elle a raison.... et je suis porté à lui accorder sa prière.... Appelez-le. (*Mlle de Neubrunn sort.*)

LA DUCHESSE.

Mais moi, ta mère, je veux être là.

ACTE IV, SCÈNE IX.

THÉCLA.

Mon plus grand désir serait de lui parler seule. Je me conduirai ensuite avec d'autant plus de fermeté.

WALLENSTEIN, *à la Duchesse.*

Souffre qu'il en soit ainsi. Laisse-la achever l'entretien seule avec lui. Il y a des douleurs où l'homme ne trouve d'aide qu'en lui-même, où un cœur fort ne veut compter que sur sa force. C'est dans son propre sein, et non dans l'âme d'autrui, qu'elle doit puiser de la force pour supporter ce coup. Elle est ma courageuse fille, et je veux la voir traiter non en femme, mais en héroïne. (*Il veut sortir.*)

LA COMTESSE *le retient.*

Où vas-tu ? J'ai entendu dire à Terzky que tu songeais à partir d'ici demain au matin, et à nous laisser en ce lieu.

WALLENSTEIN.

Oui, vous resterez confiées à la garde de braves gens.

LA COMTESSE.

Oh! emmène-nous avec toi, mon frère! Ne nous laisse pas dans cette sombre solitude attendre l'issue, en proie à mille angoisses. Le malheur présent se supporte aisément, mais le doute et les tortures de l'attente grossissent affreusement celui qui est encore à grande distance.

WALLENSTEIN.

Qui parle de malheur ? Corrige ton langage. J'ai de tout autres espérances.

LA COMTESSE.

Eh bien! emmène-nous avec toi. Oh! ne nous laisse pas en arrière dans ce lieu de sinistre présage, car mon cœur est oppressé dans ces murs; j'y sens comme des exhalaisons d'une crypte sépulcrale. Je ne puis dire combien ce lieu me répugne. Oh! emmène-nous! Viens, ma sœur ; prie-le aussi de nous prendre avec lui. Aide-moi, ma chère nièce.

WALLENSTEIN.

J'effacerai ce que ce lieu a de funeste; je veux qu'on dise qu'il a renfermé ce que j'ai de plus cher.

NEUBRUNN *revient.*

Le Suédois !

WALLENSTEIN.

Laissez-la seule avec lui. (*Il sort.*)

LA DUCHESSE, *à Thécla.*

Vois comme tu as pâli ! Mon enfant, il est impossible que tu lui parles. Suis ta mère.

THÉCLA.

Eh bien ! que Neubrunn ne s'éloigne pas. (*La Duchesse et la Comtesse sortent.*)

SCÈNE X.

THÉCLA, LE CAPITAINE SUÉDOIS, Mlle DE NEUBRUNN.

LE CAPITAINE *s'approche respectueusement.*

Princesse.... je dois vous demander pardon, ma parole soudaine et irréfléchie.... Comment pouvais-je....

THÉCLA, *avec dignité.*

Vous m'avez vue dans mon affliction. Un malheureux hasard vous a fait tout à coup, vous, étranger, mon confident.

LE CAPITAINE.

Je crains que mon aspect ne vous soit odieux, car ma bouche a prononcé une triste parole.

THÉCLA.

La faute est à moi. C'est moi-même qui vous l'ai arrachée, vous n'avez été que la voix de mon destin. Mon effroi a interrompu le récit commencé. Je vous prie de l'achever.

LE CAPITAINE, *avec hésitation.*

Princesse, cela renouvellera votre douleur.

THÉCLA.

J'y suis préparée.... Je veux être calme. Comment a commencé le combat ? Achevez.

LE CAPITAINE.

Nous nous tenions, sans nous attendre à nulle attaque, près de Neustadt, faiblement retranchés dans notre camp, quand, vers le soir, un nuage de poussière s'éleva du côté de la forêt, et que notre avant-garde fuyant se précipita dans le camp et cria : « Voici l'ennemi ! » A peine avions-nous eu le temps de nous jeter à la hâte sur nos chevaux, que déjà les Pappenheim, accourant à bride abattue forçaient nos premières défenses. Le fossé qui s'étendait autour du camp fut de même bientôt franchi par ces escadrons fougueux; mais leur courage téméraire les avait lancés en avant du reste des assaillants; l'infanterie était encore bien loin derrière eux; les Pappenheim seuls avaient audacieusement suivi leur chef audacieux.... (*Thécla fait un mouvement. Le Capitaine s'arrête un instant, jusqu'à ce qu'elle lui fasse signe de continuer.*) Alors, de front et par les flancs, nous les attaquons avec toute la cavalerie et nous les repoussons jusqu'au fossé, où l'infanterie, promptement formée en bataille, leur oppose un inflexible râteau de piques. Ils ne pouvaient ni avancer ni reculer, serrés dans un étroit et terrible défilé. Le rhingrave alors cria à leur chef de se rendre honorablement, de bonne guerre. Mais le colonel Piccolomini.... (*Thécla, prise comme d'un vertige, se tient à un siége.*) On le reconnaissait à son panache et à sa longue chevelure, elle s'était détachée dans sa course rapide.... il montre le fossé et lance par-dessus, le premier de tous, son noble coursier; le régiment se précipite après lui.... mais.... déjà c'en était fait! Son cheval, percé d'une pique, se cabre furieux, lance au loin son cavalier, et, emportés d'un bond fougueux, n'obéissant plus au frein, tous les autres chevaux passent sur lui. (*Thécla, qui a accompagné la fin de ce discours de toutes les marques d'une anxiété croissante, est saisie d'un tremblement violent. Elle va tomber. Mlle de Neubrunn accourt auprès d'elle et la reçoit dans ses bras.*)

NEUBRUNN.

Ma chère maîtresse!...

LE CAPITAINE, *ému*.

Je m'éloigne.

THÉCLA.

C'est passé.... Achevez votre récit.

LE CAPITAINE.

Les troupes, quand elles virent tomber leur chef, furent saisies de la rage du désespoir. Aucun ne songe plus à son propre salut; ils combattent, semblables à des tigres furieux. Leur résistance opiniâtre excite les nôtres, et le combat ne prend fin que lorsque le dernier d'entre eux a succombé.

THÉCLA, *d'une voix tremblante*.

Et où.... où est?... Vous ne m'avez pas tout dit.

LE CAPITAINE, *après une pause.*

Nous l'avons enseveli ce matin. Douze jeunes gens des plus nobles familles le portaient. Toute l'armée accompagnait le brancard funèbre. Un laurier parait son cercueil; le rhingrave y plaça lui-même son épée victorieuse. Les larmes n'ont pas manqué non plus à son sort, car il y en a beaucoup parmi nous qui ont éprouvé sa magnanimité, la bienveillance de son caractère, et sa destinée nous a tous émus. Le rhingrave aurait bien voulu le sauver; mais lui-même a rendu cette intention vaine : on dit qu'il voulait mourir.

NEUBRUNN, *émue, à Thécla, qui s'est caché le visage.*

Ma chère maîtresse.... ma maîtresse, levez les yeux! Oh! pourquoi faut-il que vous ayez persisté à vouloir cet entretien!

THÉCLA.

....Où est son tombeau?

LE CAPITAINE.

On l'a déposé dans l'église d'un couvent à Neustadt, en attendant qu'on ait reçu des nouvelles de son père.

THÉCLA.

Comment se nomme ce couvent?

LE CAPITAINE.

L'abbaye de Sainte-Catherine.

THÉCLA.

Est-il loin d'ici?

LE CAPITAINE.

On compte sept milles.

THÉCLA.

Quelle est la route?

LE CAPITAINE.

On passe par Tirschenreut et Falkenberg, à travers nos avant-postes.

THÉCLA.

Qui les commande?

LE CAPITAINE.

Le colonel Seckendorf.

THÉCLA *s'approche de la table et tire une bague d'un écrin.*

Vous m'avez vue dans mon affliction, et vous m'avez montré un cœur humain.... Acceptez (*lui donnant la bague*) un souvenir de cette heure.... Allez....

ACTE IV, SCÈNE X.

LE CAPITAINE, *interdit.*

Princesse...., (*Thécla lui fait signe en silence de se retirer, et le quitte. Le Capitaine hésite et veut parler. Mlle de Neubrunn réitère le signe. Il s'éloigne.*)

SCÈNE XI.

THÉCLA, Mlle DE NEUBRUNN.

THÉCLA *se jette au cou de Mlle de Neubrunn.*

Maintenant, bonne Neubrunn, prouve-moi l'affection que tu m'as toujours promise! Montre-toi ma fidèle amie, ma compagne.... Il faut que nous partions cette nuit même.

NEUBRUNN.

Partir? et où?

THÉCLA.

Où? Il n'y a qu'un lieu dans ce monde. Où il est enseveli, vers son cercueil.

NEUBRUNN.

Que pouvez-vous y vouloir faire, ma chère maîtresse?

THÉCLA.

Que faire en ce lieu, malheureuse? Tu ne le demanderais pas, si tu avais jamais aimé. C'est là, là que se trouve tout ce qui reste encore de lui. Ce seul endroit est pour moi toute la terre.... Oh! ne me retiens pas! Viens et fais nos apprêts. Songeons aux moyens de fuir.

NEUBRUNN.

Mais avez-vous songé à la colère de votre père?

THÉCLA.

Je ne crains plus la colère d'aucun homme.

NEUBRUNN.

Aux sarcasmes du monde? à la langue cruelle de la médisance?

THÉCLA.

Je vais chercher celui qui n'est plus.... Est-ce donc dans ses bras que je cours?... O mon Dieu! c'est seulement dans la tombe du bien-aimé que je veux descendre.

NEUBRUNN.

Et nous seules, deux faibles femmes, sans défense?

THÉCLA.

Nous nous armerons, mon bras te protégera.

NEUBRUNN.

Dans les ténèbres de la nuit ?

THÉCLA.

La nuit nous cachera.

NEUBRUNN.

Par cette rude nuit d'orage ?

THÉCLA.

Sa couche était-elle douce sous les pieds de ses chevaux ?

NEUBRUNN.

O Dieu !... puis tous ces postes ennemis ! On ne nous laissera point passer.

THÉCLA.

Ce sont des hommes. Le malheur passe librement par toute la terre.

NEUBRUNN.

Le long voyage....

THÉCLA.

Le pèlerin compte-t-il les lieues, quand il se dirige vers le lointain sanctuaire et la sainte image ?

NEUBRUNN.

Et le moyen de sortir de cette ville ?

THÉCLA.

L'or nous ouvrira les portes. Va seulement, va!

NEUBRUNN.

Si l'on nous reconnaît ?

THÉCLA.

Dans une fugitive désespérée, personne ne cherchera la fille de Friedland.

NEUBRUNN.

Où trouverons-nous des chevaux pour notre fuite ?

THÉCLA.

Mon écuyer nous les procurera. Va et appelle-le.

NEUBRUNN.

Osera-t-il nous les donner, à l'insu de son maître ?

THÉCLA.

Il le fera. Oh! va seulement, n'hésite pas.

ACTE IV, SCÈNE XI.

NEUBRUNN.

Ah! et que deviendra votre mère quand vous aurez disparu?

THÉCLA, *réfléchissant et regardant avec douleur devant elle.*

Oh! ma mère!

NEUBRUNN.

Elle souffre déjà tant, cette bonne mère! faut-il que ce dernier coup la frappe encore?

THÉCLA.

Je ne puis le lui épargner.... Va seulement, va.

NEUBRUNN.

De grâce, réfléchissez bien à ce que vous faites.

THÉCLA.

Les réflexions à faire sont déjà faites.

NEUBRUNN.

Et quand nous serons là, qu'adviendra-t-il de vous?

THÉCLA.

Là un Dieu l'inspirera à mon âme.

NEUBRUNN.

Maintenant, votre cœur est plein d'agitation, chère maîtresse; ce n'est pas là le chemin qui conduit au repos.

THÉCLA.

Au profond repos, à celui qu'il a trouvé, lui aussi.... Oh! hâte-toi, va. N'ajoute plus d'autres paroles. Une force que je ne sais comment nommer m'entraîne irrésistiblement vers sa tombe. Là je serai soulagée, à l'instant même. Le lien de l'affliction qui étouffe le cœur se déliera.... mes larmes couleront. Oh! va, nous pourrions depuis longtemps être en route. Je ne trouverai point de repos que je ne me sois échappée de ces murs.... ils s'écroulent sur moi.... Une sombre puissance me presse et me pousse hors d'ici.... Ah! quelle est cette impression! Tous les espaces de cette maison se remplissent de fantômes pâles et creux.... Je n'ai plus de place.... Il en vient sans cesse de nouveaux. Leur foule affreuse me chasse de ces murs, moi vivante.

NEUBRUNN.

Vous me jetez dans l'angoisse et l'épouvante, mademoiselle, si bien que moi-même je n'ose plus demeurer. Je sors et vais sur-le-champ appeler Rosenberg. (*Elle s'en va.*)

SCÈNE XII.

THÉCLA.

C'est son esprit qui m'appelle; c'est la troupe des fidèles qui se sont sacrifiés à lui pour le venger; ils m'accusent d'un indigne retard. Ils n'ont pas voulu abandonner, même dans la mort, celui qui fut leur chef dans la vie.... Voilà ce qu'ont fait ces rudes cœurs, et moi je vivrais!... Non! C'est pour moi aussi qu'on a tressé cette couronne de laurier qui pare ton cercueil. Qu'est-ce que la vie sans l'éclat de l'amour? Je la rejette dès qu'elle a perdu son prix. Oui, quand je t'eus trouvé, toi qui m'aimais, alors la vie m'était quelque chose. Un jour nouveau, resplendissant, était là devant moi. J'ai rêvé deux heures belles comme les cieux. Tu te tenais au seuil du monde, où j'entrais avec l'hésitation des vierges du cloître; je le vis éclairé de mille soleils. Tu me parus un bon ange, placé là pour m'emporter rapidement des jours fabuleux de l'enfance au sommet de la vie. Ma première sensation fut le bonheur céleste; c'est sur ton cœur que tomba mon premier regard. (*A ce moment, elle tombe dans une profonde rêverie, puis soudain elle éclate avec des marques d'horreur.*) Mais alors vient la destinée.... Rude et froide, elle saisit cette gracieuse apparition, mon noble ami, et le jette sous le coup de pied de ses chevaux.... Tel est le lot, sur cette terre, de tout ce qui est beau!

SCÈNE XIII.

THÉCLA; Mlle DE NEUBRUNN avec L'ÉCUYER.

NEUBRUNN.

Le voici, mademoiselle; il consent à le faire.

THÉCLA.

Veux-tu nous procurer des chevaux, Rosenberg?

L'ÉCUYER.

Je vous en procurerai.

THÉCLA.

Veux-tu nous accompagner?

L'ÉCUYER.

Mademoiselle, jusqu'au bout du monde.

THÉCLA.

Mais tu ne pourras plus revenir auprès du duc.

L'ÉCUYER.

Je resterai auprès de vous.

THÉCLA.

Je te récompenserai et te recommanderai à un autre maître. Peux-tu nous conduire, sans être découverts, hors de la forteresse?

L'ÉCUYER.

Je le puis.

THÉCLA.

Quand pourrai-je partir?

L'ÉCUYER.

Dans l'heure présente.... Où allons-nous?

THÉCLA.

A.... Dis-le-lui, Neubrunn.

NEUBRUNN.

A Neustadt.

L'ÉCUYER.

Bien, je vais faire les préparatifs. *(Il sort.)*

NEUBRUNN.

Ah! voici votre mère, mademoiselle!

THÉCLA.

Dieu!

SCÈNE XIV.

THÉCLA, Mlle DE NEUBRUNN, LA DUCHESSE.

LA DUCHESSE.

Il est parti, je te trouve plus calme.

THÉCLA.

Je le suis, ma mère.... Souffrez maintenant que sans tarder j'aille dormir et que Neubrunn soit près de moi. J'ai besoin de repos.

LA DUCHESSE.

Oui, repose-toi, Thécla. Je m'en vais consolée, puisque je peux rassurer ton père.

THÉCLA.

Bonne nuit donc, ma chère mère! (*Elle se jette à son cou et l'embrasse avec une vive émotion.*)

LA DUCHESSE.

Tu n'es pas encore parfaitement calme, mon enfant; car tu trembles violemment et ton cœur bat contre le mien, si fort qu'on l'entend.

THÉCLA.

Le sommeil l'apaisera.... Bonne nuit, ma mère bien-aimée! (*Pendant qu'elle se dégage des bras de sa mère, le rideau tombe.*)

ACTE CINQUIÈME.

La chambre de Buttler.

SCÈNE I.

BUTTLER, LE MAJOR GÉRALDIN.

BUTTLER.

Vous choisirez douze dragons vigoureux, et vous les armerez de piques, car il ne faut pas qu'il parte un seul coup de feu.... Vous les cacherez tout près de la salle à manger, et quand le dessert sera servi, vous entrerez de force en criant : « Qui est fidèle à l'empereur?... » Je me charge de renverser la table.... Alors vous vous jetterez sur eux deux, et vous les tuerez sur la place. On aura soin de fermer et de garder le château, de façon qu'aucun bruit n'arrive jusqu'au prince. Allez maintenant.... Avez-vous envoyé chercher le capitaine Déveroux et Macdonald ?

GÉRALDIN.

Ils seront ici à l'instant. (*Il sort.*)

BUTTLER.

Il ne faut pas risquer le moindre retard. Les bourgeois se déclarent aussi pour lui, je ne sais quel esprit de vertige s'est emparé de toute la ville. Ils voient dans le duc un prince de paix et le fondateur d'un nouvel âge d'or. Les magistrats ont distribué des armes; déjà une centaine d'hommes sont venus s'offrir à monter la garde auprès de lui. Il s'agit donc d'être prompt, car les ennemis nous menacent au dedans comme au dehors.

SCÈNE II.

BUTTLER, LE CAPITAINE DÉVEROUX et MACDONALD.

MACDONALD.

Nous voici, général.

DÉVEROUX.

Quel est le mot d'ordre?

BUTTLER.

Vive l'empereur!

TOUS DEUX *reculent*.

Comment?

BUTTLER.

Vive la maison d'Autriche!

DÉVEROUX.

N'est-ce pas à Friedland que nous avons juré fidélité?

MACDONALD.

Ne nous a-t-on pas amenés pour le défendre?

BUTTLER.

Nous? Défendre un ennemi de l'empire, un traître?

DÉVEROUX.

Eh! mais c'est pour lui que tu nous a engagés.

MACDONALD.

Et tu l'as suivi jusqu'ici à Égra.

BUTTLER.

Je l'ai fait pour le perdre plus sûrement.

DÉVEROUX.

Ah! vraiment?

MACDONALD.

C'est autre chose.

BUTTLER, *à Déveroux*.

Misérable! Tu désertes si aisément ton devoir et ton drapeau?

DÉVEROUX.

Au diable! général. Je suivais ton exemple. S'il peut devenir un traître, me disais-je, tu le peux comme lui.

MACDONALD.

Nous ne réfléchissons pas. C'est ton affaire. Tu es le général et tu commandes. Nous te suivons, quand ce serait dans l'enfer.

BUTTLER, *radouci*.

Allons, c'est bien! Nous nous connaissons.

MACDONALD.

Oui, je le pense.

DÉVEROUX.

Nous sommes soldats de la Fortune, nous appartenons au plus offrant.

MACDONALD.

Oui, c'est cela.

BUTTLER.

Il faut que vous restiez maintenant d'honnêtes soldats.

DÉVEROUX.

C'est ce que nous sommes volontiers.

BUTTLER.

Et que vous fassiez fortune.

MACDONALD.

C'est encore mieux.

BUTTLER.

Écoutez.

TOUS DEUX.

Nous écoutons.

BUTTLER.

C'est la volonté et l'ordre de l'empereur de prendre Friedland mort ou vif.

DÉVEROUX.

Ce sont les termes de la lettre.

MACDONALD.

Oui, mort ou vif.

BUTTLER.

Et une magnifique récompense en argent et en terres est réservée à celui qui accomplira l'ordre.

DÉVEROUX.

Cela sonne fort bien. Les paroles qui viennent de là sonnent toujours bien. Oui, oui! nous connaissons cela. Peut-être une de ces chaînes d'or, un cheval déformé, un parchemin ou quelque chose de ce genre.... Le duc paye mieux.

MACDONALD.

Oui, il est splendide.

BUTTLER.

Son temps à lui est fini. Son heureuse étoile est tombée.

MACDONALD.

Cela est-il certain?

BUTTLER.

Je vous le dis.

DÉVEROUX.

Son bonheur est-il passé?

BUTTLER.

Passé à jamais. Il est aussi pauvre que nous.

MACDONALD.

Aussi pauvre que nous?

DÉVEROUX.

Oui, Macdonald ; alors, il faut l'abandonner.

BUTTLER.

Vingt mille hommes déjà l'ont abandonné. Il faut, compatriotes, que nous fassions davantage. Bref et bien!... Il nous faut le tuer. (*Tous deux bondissent en arrière.*)

TOUS DEUX.

Le tuer?

BUTTLER.

Le tuer, vous dis-je.... Et c'est pour cela que je vous ai choisis.

TOUS DEUX.

Nous?

BUTTLER.

Vous, capitaine Déveroux, et Macdonald.

DÉVEROUX, *après une pause.*

Choisissez-en un autre.

MACDONALD.

Oui, choisissez-en un autre.

BUTTLER, *à Déveroux.*

Cela te fait-il peur, lâche poltron? Comment? Tu as bien déjà tes trente victimes sur la conscience....

DÉVEROUX.

Porter la main sur le général.... Pense donc....

MACDONALD.

A qui nous avons prêté serment!

BUTTLER.

Le serment est annulé par son parjure.

DÉVEROUX.

Écoute, général! Cela me semble pourtant trop affreux.

MACDONALD.

Oui, c'est vrai. On a aussi une conscience.

DÉVEROUX.

Si seulement ce n'était pas le chef qui si longtemps nous a commandés et nous imposait le respect.

BUTTLER.

Est-ce là ce qui t'arrête?

DÉVEROUX.

Oui, écoute! Qui tu voudras du reste! Mon propre fils, si le service de l'empereur l'exige, je suis prêt à lui plonger mon épée dans les entrailles.... Mais, vois, nous sommes soldats, et assassiner le général, c'est un péché et un crime dont aucun confesseur ne peut vous absoudre.

BUTTLER.

Je suis ton pape et je t'absous. Décidez-vous promptement.

DÉVEROUX *reste pensif.*

Cela ne va pas.

MACDONALD.

Non, cela ne va pas.

BUTTLER.

Eh bien, donc, allez.... et.... envoyez-moi Pestalutz.

DÉVEROUX *hésite, étonné.*

Pestalutz.... Hum!

MACDONALD.

Que lui veux-tu?

BUTTLER.

Si vous refusez, il s'en trouvera assez....

DÉVEROUX.

Non, s'il doit périr, nous pouvons gagner la récompense tout aussi bien qu'un autre.... Qu'en penses-tu, frère Macdonald?

MACDONALD.

Oui, s'il doit périr, s'il le faut, s'il n'en peut être autrement, je ne voudrais pas laisser le prix à ce Pestalutz.

DÉVEROUX, *après un moment de réflexion.*

Quand doit-il périr?

BUTTLER.

Aujourd'hui, cette nuit même, car les Suédois seront demain devant les portes.

DÉVEROUX.

Me réponds-tu des suites, général?

BUTTLER.

Je réponds de tout.

DÉVEROUX.

Est-ce la volonté de l'empereur? sa volonté franche et nette? Car, cela s'est vu, parfois on aime le meurtre et punit le meurtrier.

BUTTLER.

Le manifeste dit : Mort ou vif. Et vivant, c'est impossible, vous le voyez vous-mêmes....

DÉVEROUX.

Ainsi donc mort! mort!... Mais comment arriver à lui? La ville est pleine des soldats de Terzky.

MACDONALD.

Et puis il y a encore Terzky et Illo....

BUTTLER.

On commencera par ceux-là, cela s'entend.

DÉVEROUX.

Quoi? Doivent-ils périr aussi?

BUTTLER.

Eux d'abord.

MACDONALD.

Écoute, Déveroux.... ce sera une sanglante soirée.

DÉVEROUX.

As-tu déjà ton homme pour cette besogne? Confie-la-moi.

BUTTLER.

Le major Géraldin en est chargé. C'est aujourd'hui carnaval, et on donnera un repas au château. C'est là qu'on les surprendra à table et qu'on les tuera.... Pestalutz et Lesley y seront....

DÉVEROUX.

Écoute, général! cela ne peut te rien faire. Écoute.... laisse-moi changer avec Géraldin.

BUTTLER.

Le danger est moindre avec le duc.

DÉVEROUX.

Le danger? Que diable penses-tu de moi, général? C'est l'œil du duc, non son épée que je crains.

BUTTLER.

Quel mal son œil peut-il te faire?

DÉVEROUX.

Par tous les diables! Tu sais que je ne suis pas un poltron. Mais, vois, il n'y a pas encore huit jours que le duc m'a fait donner vingt pièces d'or pour acheter ce vêtement chaud que j'ai là sur le corps.... Et s'il me voit avec ma pique, s'il regarde mon vêtement.... vois.... alors, alors.... Le diable m'emporte! je ne suis pas un poltron.

BUTTLER.

Le duc t'a donné ce vêtement chaud, et toi, pauvre diable, tu hésites pour cela à lui passer ton épée à travers le corps. Et l'empereur l'a vêtu d'un habit qui tient encore bien plus chaud, du manteau de prince. Comment l'en récompense-t-il? Par la révolte et la trahison.

DÉVEROUX.

C'est encore vrai. Au diable la reconnaissance! Je.... le tuerai.

BUTTLER.

Et si tu veux tranquilliser ta conscience, tu n'as qu'à ôter ton habit, alors tu pourras faire le coup vivement et gaillardement.

MACDONALD.

Oui, mais voici encore à quoi il faut songer....

BUTTLER.

A quoi faut-il encore songer, Macdonald?

MACDONALD.

Que nous serviront contre lui les armes et les moyens d'attaque? On ne peut l'entamer, il est invulnérable.

BUTTLER *éclate*.

Que va-t-il nous....

MACDONALD.

A l'épreuve de la balle et du tranchant. Il est congelé, il est muni de l'art du diable; son corps est impénétrable, te dis-je.

DÉVEROUX.

Oui, oui! A Ingolstadt il y avait aussi un tel homme. Sa peau était dure comme de l'acier, il fallut à la fin l'assommer à coups de crosse.

MACDONALD.

Écoutez ce que je veux faire.

DÉVEROUX.

Parle.

MACDONALD.

Je connais ici, au couvent, un frère dominicain, de notre pays : il faudra qu'il me plonge mon épée et ma pique dans de l'eau bénite, et qu'il prononce dessus une puissante bénédiction. C'est un moyen éprouvé, qui sert contre tout enchantement.

BUTTLER.

Fais cela, Macdonald. Mais maintenant, allez. Choisissez dans le régiment vingt, trente gaillards solides, faites-leur prêter serment à l'empereur. Après qu'il aura sonné onze heures.... quand les premières rondes seront passées, vous les conduirez, dans le plus profond silence, à la maison.... Moi-même, je ne serai pas loin.

DÉVEROUX.

Comment traverserons-nous les archers et les gardes qui veillent dans la cour intérieure?

BUTTLER.

Je me suis informé de la disposition des lieux. Je vous conduirai par une porte de derrière, qui n'est défendue que par un seul homme. Mon rang et ma charge me donnent entrée à toute heure chez le duc. Je vous précéderai et soudain, d'un coup de poignard dans la gorge, je percerai l'archer et vous ouvrirai le passage.

DÉVEROUX.

Et, quand nous serons en haut, comment arriverons-nous à la chambre à coucher du duc, sans que les gens du palais s'éveillent et répandent l'alarme? car il a ici une suite nombreuse.

BUTTLER.

Les gens sont dans l'aile droite; il hait le bruit et habite tout seul l'aile gauche.

DÉVEROUX.

Que n'est-ce déjà passé, Macdonald!... Cela me fait au cœur, j'en atteste le diable, un singulier effet.

ACTE V, SCÈNE II.

MACDONALD.

Et moi aussi. C'est une trop haute tête. On nous tiendra pour deux scélérats.

BUTTLER.

Au milieu des honneurs, de l'éclat, de l'abondance, vous pourrez vous rire du jugement et des propos des hommes.

DÉVEROUX.

Pourvu que ces honneurs soient chose bien assurée.

BUTTLER.

Soyez sans crainte. Vous sauvez à Ferdinand sa couronne et son empire. La récompense ne peut être modique.

DÉVEROUX.

Ainsi son dessein est de détrôner l'empereur?

BUTTLER.

Oui, de lui enlever la couronne et la vie.

DÉVEROUX.

Il tomberait donc par la main du bourreau, si nous le leur livrions vivant à Vienne.

BUTTLER.

C'est là une fin qu'il ne pourrait éviter.

DÉVEROUX.

Viens, Macdonald. Il faut qu'il périsse en général et qu'il tombe honorablement sous des mains de soldats. (*Ils sortent.*)

SCÈNE III.

Une salle, d'où l'on arrive à une galerie qui se perd au loin vers le fond de la scène.

WALLENSTEIN *est assis à une table;* LE CAPITAINE SUÉDOIS *est debout devant lui; bientôt après,* LA COMTESSE TERZKY.

WALLENSTEIN.

Offrez mes salutations à votre maître. Je prends part à sa bonne fortune, et si vous ne me voyez pas témoigner autant de joie que peut le mériter cette nouvelle de victoire, croyez que ce n'est pas manque de bonne volonté, car la fortune désormais est commune entre nous. Adieu! Recevez mes remerciments pour votre peine. Demain la forteresse vous sera ouverte, quand vous viendrez. (*Le Capitaine suédois sort. Wallenstein demeure assis, absorbé dans de profondes réflexions, regardant fixement devant lui, la tête appuyée sur sa main. La comtesse Terzky entre et reste quelque temps devant lui sans qu'il la remarque. Enfin, il fait un mouvement subit, l'aperçoit et se domine aussitôt.*) Viens-tu d'auprès d'elle? Se remet-elle? Que fait-elle?

LA COMTESSE.

Elle se serait trouvée plus calme après l'entretien, me dit ma sœur.... Maintenant elle est au lit.

WALLENSTEIN.

Sa douleur s'adoucira. Elle pleurera.

LA COMTESSE.

Toi aussi, mon frère, je ne te trouve pas comme autrefois. Après une victoire, j'espérais te voir plus serein. Oh! demeure fort. Soutiens-nous, car tu es notre lumière, notre soleil.

WALLENSTEIN.

Sois tranquille. Moi, je n'ai rien.... Où est ton mari?

LA COMTESSE.

Ils sont à un festin, lui et Illo.

WALLENSTEIN *se lève et fait quelques pas dans la salle.*

Il fait déjà nuit sombre.... Va dans ta chambre.

LA COMTESSE.

Ne m'ordonne pas de me retirer, oh! souffre que je ne m'éloigne pas de toi.

WALLENSTEIN *est allé à la fenêtre.*

Il y a au ciel un mouvement très-animé; le vent agite le drapeau de la tour, rapide est la course des nuages; le croissant de la lune vacille, et par intervalles une clarté incertaine traverse la nuit.... Aucune constellation n'est visible. La lueur pâle et unique que voilà vient de Cassiopée, et là est Jupiter.... mais les ombres du ciel orageux le couvrent en ce moment. (*Il tombe dans une profonde rêverie et regarde fixement devant lui.*)

LA COMTESSE, *qui le contemple tristement, lui prend la main.*

A quoi songes-tu?

WALLENSTEIN.

Il me semble que, si je le voyais, je serais bien. C'est l'astre dont l'éclat préside à ma vie, et souvent son aspect m'a fortifié merveilleusement. (*Pause.*)

ACTE V, SCÈNE III.

LA COMTESSE.

Tu le reverras.

WALLENSTEIN *est retombé dans une profonde distraction; tout à coup il revient à lui et se tourne vers la Comtesse.*

Le revoir?... Oh! jamais plus.

LA COMTESSE.

Comment?

WALLENSTEIN.

Il n'est plus là..... Il est poussière.

LA COMTESSE.

De qui parles-tu donc?

WALLENSTEIN.

Il est heureux, lui. Il a fini. Pour lui il n'y a plus d'avenir; le destin ne trame plus d'artifices contre lui.... Sa vie est là qui s'est déroulée brillante, lisse et sans plis ; nulle tache sombre n'y est restée, nulle heure funeste ne le menace. Il est bien loin au-dessus du désir et de la crainte, il n'appartient plus aux planètes chancelantes et trompeuses.... Oh! il est bien! mais nous, qui sait ce que nous apporte l'heure qui s'approche, couverte d'un voile obscur?

LA COMTESSE.

Tu parles de Piccolomini. Comment est-il mort? Le messager te quittait, au moment où je suis entrée. (*Wallenstein lui fait signe de la main de se taire.*) Oh! ne tourne pas tes regards en arrière! Contemplons devant nous des jours plus brillants. Réjouis-toi de la victoire, oublie ce qu'elle te coûte. Ce n'est pas d'aujourd'hui que ton ami t'est enlevé; dès le jour où il t'abandonna, il a été mort pour toi.

WALLENSTEIN.

Le temps apaisera cette douleur, je le sais ; quels regrets n'apaiserait-il pas chez l'homme? Nous apprenons à nous déshabituer des habitudes les plus nobles comme des plus vulgaires, car les heures toutes-puissantes triomphent de nous. Moi je sens bien ce que j'ai perdu en lui. La fleur de ma vie a disparu, et je vois là mes jours devant moi, froids et décolorés. Car il était à mes côtés, pareil à ma jeunesse; il changeait pour moi la réalité en un beau rêve; il me voilait des vapeurs dorées de l'aurore la vérité nette et vulgaire des objets.... Au feu de son âme aimante, s'ennoblissaient, à m'étonner moi-même, les plates et quotidiennes apparences de la vie.... Quelque prix que je puisse conquérir désormais, toujours est-il que le beau a disparu de ma vie, pour ne plus revenir ; car un ami est au-dessus de tout bonheur, c'est lui qui le crée en le sentant, qui l'augmente en le partageant.

LA COMTESSE.

Ne désespère pas de ta propre force. Ton cœur est assez riche pour se vivifier lui-même. Tu aimes et prises en lui des vertus que tu avais toi-même semées et développées dans son âme.

WALLENSTEIN, *allant à la porte.*

Qui nous dérange encore si tard dans la nuit ?... C'est le commandant. Il apporte les clefs de la forteresse. Laisse-nous, ma sœur, voilà qu'il est minuit.

LA COMTESSE.

Oh ! il m'est aujourd'hui si difficile de m'éloigner de toi, et une crainte inquiète m'agite.

WALLENSTEIN.

De la crainte ! pourquoi ?

LA COMTESSE.

Tu n'aurais qu'à partir tout à coup cette nuit, et au réveil nous ne te trouverions plus.

WALLENSTEIN.

Imaginations !

LA COMTESSE.

Oh ! mon âme est depuis longtemps tourmentée par de sombres pressentiments, et quand je les ai combattus, éveillée, ils reviennent attaquer, dans des rêves sinistres, mon cœur inquiet.... Je t'ai vu, dans la nuit d'hier, richement paré, assis à table avec ta première femme....

WALLENSTEIN.

C'est un rêve de favorable augure, car ce mariage a été le fondement de mon bonheur.

LA COMTESSE.

Et aujourd'hui j'ai rêvé que j'allais te chercher dans ta chambre.... Quand je suis entrée, ce n'était plus ta chambre, c'était la chartreuse de Gitschin, que tu as fondée et où tu veux que l'on t'enterre.

WALLENSTEIN.

Que veux-tu? Ce sont là en ce moment les préoccupations de ton esprit.

LA COMTESSE.

Comment? Ne crois-tu pas qu'une voix prophétique nous parle dans des songes pour nous avertir?

WALLENSTEIN.

Il y a de ces voix.... sans aucun doute! mais je n'appellerais pas avis prophétiques ceux qui ne font qu'annoncer ce qui est inévitable. Comme l'image du soleil se peint dans l'atmosphère, avant que l'astre se montre, ainsi les grands événements ont leurs fantômes qui marchent devant eux, et la journée de demain apparaît déjà dans celle d'aujourd'hui. J'ai toujours reçu une singulière impression de ce que nous lisons de la mort d'Henri IV. Le roi sentit dans sa poitrine le spectre du poignard, bien avant que Ravaillac, son meurtrier, s'en fût armé. Le repos l'avait fui; ce présage le chassa de sa couche dans son Louvre, et le poussa dehors en plein air. La fête du couronnement de son épouse retentit à son oreille comme une solennité funèbre, et, tout rempli de pressentiments, il entendit le bruit des pas qui le cherchaient dans les rues de Paris....

LA COMTESSE.

La voix intérieure des pressentiments ne te dit-elle rien?

WALLENSTEIN.

Rien. Sois bien tranquille.

LA COMTESSE, *perdue dans de sombres réflexions.*

Et une autre fois je te suivais en toute hâte, tu courais devant moi par une longue galerie, par de vastes salles, cela ne finissait point.... Des portes se fermaient avec fracas.... Moi, haletante, je te suivais, je ne pouvais t'atteindre.... Tout à coup je me sens par derrière saisie par une main froide. C'était toi, tu m'as embrassée, et une couverture rouge m'a paru se placer sur nous.

WALLENSTEIN.

C'est la tapisserie rouge de ma chambre.

LA COMTESSE, *le regardant.*

S'il fallait en venir là.... Si je devais, toi qui maintenant là devant moi dans la plénitude de la vie.... (*Elle se laisse tomber, en pleurant, sur son sein.*)

WALLENSTEIN.

C'est le décret de proscription de l'empereur qui te tourmente. L'écriture ne blesse point, il ne trouvera point de bras pour frapper.

LA COMTESSE.

Mais s'il en trouvait, alors ma résolution est prise.... Je porte sur moi de quoi me consoler. (*Elle sort.*)

SCÈNE IV.

WALLENSTEIN, GORDON; *puis* LE VALET DE CHAMBRE

WALLENSTEIN.

Tout est-il tranquille dans la ville?

GORDON.

La ville est tranquille.

WALLENSTEIN.

J'entends une musique bruyante, le château est éclairé. Qui sont les gens qui se réjouissent?

GORDON.

On donne un banquet dans le château au comte Terzky et au feld-maréchal.

WALLENSTEIN, *à part.*

C'est à cause de la victoire.... Cette race ne sait se réjouir qu'à table. (*Il sonne. Le Valet de chambre entre.*) Déshabille-moi, je veux me mettre au lit. (*Il prend les clefs.*) Nous voilà donc gardés contre tout ennemi, et enfermés avec nos sûrs amis. Car, ou il faut que tout trompe, ou un visage comme celui-ci (*regardant Gordon*) n'est point le masque d'un hypocrite. (*Le Valet de chambre lui a ôté son manteau, son hausse-col et son écharpe.*) Prends garde! Qu'est-ce qui tombe là?

LE VALET DE CHAMBRE.

La chaîne d'or s'est rompue.

WALLENSTEIN.

Ah! Elle a duré assez longtemps. Donne. (*Regardant la chaîne.*) Ce fut la première faveur de l'empereur. Il la suspendit à mon cou, étant archiduc, dans la guerre du Frioul, et par habitude je l'ai portée jusqu'ici.... par superstition, si vous voulez. Elle devait m'être un talisman, aussi longtemps que je la porterais au cou avec foi, et enchaîner, ma vie durant, la fortune inconstante, dont elle avait été la première faveur.... Eh bien! soit. Il faut qu'une fortune nouvelle commence pour moi désormais, puisque cet ancien charme a perdu sa force. (*Le Valet de chambre s'éloigne avec les vêtements. Wallenstein se lève, se promène dans la salle, et à la fin s'arrête pensif devant Gordon.*) Comme les anciens temps se rapprochent et me sont présents! Je me revois à la cour, à Burgau, où nous étions pages ensemble. Nous discutions souvent; tu me voulais du bien et tu prêchais volontiers la morale; tu me blâmais d'aspirer sans modération aux grandeurs, de croire à des rêves téméraires, et tu me vantais la voie, toute d'or, de la médiocrité.... Eh! ta sagesse a mal soutenu l'épreuve, elle a fait de toi de bonne heure un homme usé et flétri, et, si je n'intervenais avec la magnanime influence de mon étoile, elle te laisserait t'éteindre en silence dans ce triste coin.

GORDON.

Mon prince! Le pauvre pêcheur attache, d'un cœur léger, sa nacelle dans le port tranquille, quand il voit le grand vaisseau échouer dans la tempête.

WALLENSTEIN.

Ainsi tu es déjà au port, vieillard? Moi, non. Mon ardeur, que rien encore n'a affaiblie, continue de voguer, vive et puissante, sur les flots de la vie. Je nomme toujours l'espérance ma déesse; mon génie est toujours jeune, et, quand je me vois en face de toi, je serais tenté de dire en me vantant que les années rapides ont passé impuissantes sur ma chevelure brune encore. (*Il traverse la chambre à grands pas, puis s'arrête du côté opposé, vis-à-vis de Gordon.*) Qui dira encore que la fortune est trompeuse? Elle m'a été fidèle, elle m'a tiré avec amour des rangs de l'humanité, me portant de ses deux bras divins, avec aisance et vigueur, par tous les degrés de la vie. Il n'y a rien d'ordinaire dans les voies de ma destinée, ni dans les lignes de ma main. Qui pourrait expliquer ma vie selon les règles communes de l'humanité? Maintenant, il est vrai, je parais profondément déchu, mais je remonterai, et bientôt le flux, gonflant les vagues, succédera à ce reflux.

GORDON.

Et pourtant je vous rappelle l'ancienne maxime : « Il ne faut pas vanter le jour avant le soir. » Ce n'est point de l'espoir que m'inspirerait la longue prospérité ; c'est au malheur que l'espoir est envoyé. La crainte doit toujours planer autour de la tête de l'homme heureux, car la balance du destin vacille sans cesse.

WALLENSTEIN, *souriant.*

J'entends parler de nouveau le Gordon d'autrefois. Je sais bien que les choses de la terre changent, les dieux malfaisants réclament leur tribut. C'est ce que savaient déjà les peuples païens des vieux temps, voilà pourquoi ils choisissaient eux-mêmes des malheurs volontaires, pour apaiser la divinité jalouse, et des sacrifices humains ensanglantaient l'autel de Typhon. (*Après une pause, gravement et plus bas.*) Moi aussi, je lui ai sacrifié.... car mon ami le plus cher a succombé, et succombé par ma faute. Aucune faveur de la fortune ne pourra désormais me réjouir, autant que ce coup m'a affligé.... L'envie du destin est assouvie, il accepte une vie pour une autre vie, et c'est sur cette tête pure et chérie que s'est détournée la foudre qui devait m'écraser et m'abattre.

SCÈNE V.

LES PRÉCÉDENTS, SÉNI.

WALLENSTEIN.

N'est-ce pas Séni qui vient? Et comme il est hors de lui! Quel motif t'amène encore si tard ici, Baptista?

SÉNI.

Mes craintes pour toi, Altesse.

WALLENSTEIN.

Dis, qu'y a-t-il?

SÉNI.

Fuis, Altesse, avant le point du jour! Ne te fie pas aux Suédois.

WALLENSTEIN.

Quelle idée as-tu là?

SÉNI, *élevant la voix.*

Ne te fie pas aux Suédois.

WALLENSTEIN.

Qu'y a-t-il donc?

SÉNI.

N'attends pas l'arrivée de ces Suédois. Un prochain malheur te menace, venant de faux amis. Les signes célestes offrent d'affreux présages; c'est de près, de tout près, que t'entourent les filets de ta perte.

WALLENSTEIN.

Tu rêves, Baptista, la crainte te rend insensé.

SÉNI.

Oh! ne crois pas qu'une vaine crainte m'abuse. Viens, lis toi-même, dans l'aspect des planètes, qu'un malheur te menace de la part de faux amis.

WALLENSTEIN.

C'est de faux amis que vient tout mon malheur, l'avis aurait dû venir plus tôt. Maintenant je n'ai plus besoin d'étoiles pour cela.

SÉNI.

Oh! viens et vois! Crois-en tes propres yeux. Un signe horrible se montre dans la maison de la vie, un ennemi voisin, un génie malfaisant est là qui épie derrière les rayons de ton étoile.... Oh! reçois cet avis! Ne te livre pas à ces païens, qui font la guerre à notre sainte Église.

WALLENSTEIN, *souriant.*

Est-ce de là que vient l'oracle?... Oui, oui! Maintenant, il m'en souvient.... Cette alliance suédoise ne t'a jamais plu.... Va dormir, Baptista. De tels signes ne m'effrayent point.

GORDON, *qui a été violemment ému par ces discours, se tourne vers Wallenstein.*

Mon auguste commandant! Puis-je parler? Souvent une parole utile sort d'une bouche indigne.

WALLENSTEIN.

Parle librement!

GORDON.

Mon prince! Si pourtant ce n'était pas un vain fantôme enfanté par la crainte, si la Providence divine se servait miraculeusement de cette voix pour vous sauver!

WALLENSTEIN.

C'est la fièvre qui vous fait parler, l'un comme l'autre. Comment un malheur pourrait-il me venir des Suédois? Ils ont recherché mon alliance, c'est leur intérêt.

GORDON.

Si c'était pourtant l'arrivée de ces Suédois.... précisément elle, qui précipitât la ruine sur cette tête si confiante.... (*Tombant à ses pieds.*) Oh! il en est encore temps, mon prince....

SÉNI *s'agenouille.*

Oh! écoute-le! écoute-le!

WALLENSTEIN.

Temps! et pourquoi? Levez-vous.... Je le veux, levez-vous!

GORDON *se lève.*

Le Rhingrave est encore loin. Ordonnez, et cette forteresse lui sera fermée. Si alors il veut nous assiéger, qu'il essaye! Mais je le déclare, il périra avec toute son armée devant ces remparts, plutôt que de lasser le courage de nos âmes. Il éprouvera ce que peut une poignée de héros, commandée, animée par un héros qui veut sérieusement réparer sa faute. Cela touchera et apaisera l'empereur, car son cœur incline volontiers à la clémence, et Friedland, revenant à lui, repentant, sera plus haut dans sa faveur qu'il ne fut jamais avant d'avoir failli.

WALLENSTEIN *le regarde avec surprise et étonnement, et garde quelque temps le silence, montrant une grande émotion intérieure.*

Gordon.... l'ardeur de votre zèle vous entraîne loin. L'ami de ma jeunesse peut se donner quelque licence.... Le sang a coulé, Gordon. Jamais l'empereur ne pourra me pardonner. Et, s'il le pouvait, jamais je ne pourrais, moi, me laisser pardonner. Si j'avais su auparavant, ce qui maintenant est arrivé, qu'il m'en coûterait mon ami le plus cher, et si mon cœur m'eût parlé comme en ce moment.... peut-être eussé-je réfléchi.... peut-être aussi que non.... Mais qu'y a-t-il encore à ménager? Le commencement a été trop grave pour n'aboutir à rien. Que les événements aient donc leur cours! (*Allant à la fenêtre.*) Vois, il est maintenant nuit profonde; déjà tout est tranquille aussi dans le château.... Éclaire-moi, camérier. (*Le Valet de chambre, qui pen-*

dant ce temps est entré en silence et s'est tenu dans l'éloignement, prenant un intérêt visible à l'entretien, s'avance, profondément ému, et se jette aux pieds du Duc.) Et toi aussi? mais je sais pourquoi tu désires que je fasse ma paix avec l'empereur. Le pauvre homme! Il a un petit bien en Carinthie et il a peur qu'ils ne le lui prennent, parce qu'il est auprès de moi. Suis-je donc si pauvre que je ne puisse dédommager mes serviteurs? Soit, je ne veux contraindre personne. Si tu penses que le bonheur m'ait fui, abandonne-moi. Tu me déshabilleras, si tu veux, aujourd'hui pour la dernière fois, puis tu pourras passer à l'empereur.... Bonne nuit, Gordon! Je pense dormir d'un long sommeil, car les tourments de ces derniers jours ont été grands. Ayez soin qu'on ne me réveille pas trop tôt. (*Il sort. Le Valet de chambre l'éclaire. Séni le suit. Gordon demeure dans l'obscurité, suivant des yeux le Duc jusqu'à ce qu'il ait disparu à l'extrémité de la galerie. Alors il exprime sa douleur par ses gestes, et s'appuie, plein de tristesse, contre une colonne*[1].)

SCÈNE VI.

GORDON; BUTTLER, *d'abord derrière la scène.*

BUTTLER.

Demeurez ici immobiles, jusqu'à ce que je donne le signal.

GORDON *tressaille.*

C'est lui. Il amène déjà les meurtriers.

BUTTLER.

Les lumières sont éteintes. Tout est déjà plongé dans un profond sommeil.

---

1. C'est à cette scène ou à la précédente que devait appartenir le fragment suivant, retranché par le poëte du texte imprimé et publié par Fr. von der Hagen dans l'*Album de Schiller* (page 92) :

WALLENSTEIN, *à Gordon.*

La justice est la vertu de qui commande; un cœur fidèle convient à qui obéit. Il n'appartient pas à chacun d'interroger, dans son étroit sentier, la haute et lointaine étoile d'Arcturus. Pour toi le plus sûr est de suivre le plus prochain devoir; le pilote seul interroge le chariot céleste.

GORDON.

Que dois-je faire? Tenterai-je de le sauver? Donnerai-je l'alarme à la maison, aux gardes?

BUTTLER *paraît dans le fond.*

Une lumière brille dans le corridor. Elle mène à la chambre à coucher du prince.

GORDON.

Mais ne sera-ce pas violer mon serment à l'empereur? Et s'il échappe et va accroître la force de l'ennemi, n'amasserai-je pas sur ma tête toutes les terribles conséquences?

BUTTLER, *venant un peu plus près.*

Silence! Écoute! Qui parle là?

GORDON.

Ah! il vaut mieux pourtant que j'abandonne tout au ciel. Car que suis-je pour prendre sur moi une si grande action? Ce n'est pas moi qui l'ai tué, s'il périt; mais son salut serait mon œuvre, à moi, et il me faudrait en supporter toutes les graves conséquences.

BUTTLER, *avançant.*

Je connais cette voix.

GORDON.

Buttler!

BUTTLER.

C'est Gordon. Que cherchez-vous ici? Le duc vous a-t-il congédié si tard?

GORDON.

Vous portez la main en écharpe?

BUTTLER.

Elle est blessée. Cet Illo a combattu comme un désespéré, jusqu'à ce qu'enfin nous l'ayons couché par terre....

GORDON *tressaille d'horreur.*

Ils sont morts!

BUTTLER.

C'est fait.... Est-il au lit?

GORDON.

Ah! Buttler.

BUTTLER, *pressant.*

Y est-il? Parlez. Le fait ne peut demeurer longtemps caché.

GORDON.

Il ne doit pas mourir! pas mourir par vous! Le ciel ne veut point de votre bras. Voyez, il est blessé.

BUTTLER.

Il n'est pas besoin de mon bras.

GORDON.

Les coupables sont morts. La justice est satisfaite. Que ce sacrifice l'apaise! (*Le Valet de chambre vient par la galerie, le doigt sur la bouche, pour commander le silence.*) Il dort! Oh! ne tuez pas le saint sommeil!

BUTTLER.

Non! Il faut qu'il meure éveillé. (*Il veut sortir.*)

GORDON.

Ah! son cœur est encore tourné vers les choses de la terre; il n'est pas prêt à paraître devant son Dieu.

BUTTLER.

Dieu est miséricordieux. (*Il veut sortir.*)

GORDON *le retient.*

Accordez-lui seulement encore cette nuit.

BUTTLER.

L'instant prochain peut nous trahir. (*Il s'éloigne.*)

GORDON *le retient.*

Seulement une heure!

BUTTLER.

Lâchez-moi! Que peut lui servir ce court délai?

GORDON.

Oh! le temps est un dieu fécond en miracles. Dans une heure il s'écoule bien des milliers de grains de sable : non moins rapide est, dans l'homme, le mouvement des pensées. Une heure seulement! Votre cœur, le sien peuvent changer.... Il peut venir une nouvelle.... un événement heureux, décisif, sauveur, peut soudain tomber du ciel.... Oh! que ne peut une heure!

BUTTLER.

Vous me rappelez combien les minutes sont précieuses. (*Il frappe du pied.*)

SCÈNE VII.

MACDONALD et **DÉVEROUX** *entrent avec des hallebardiers; puis*
LE VALET DE CHAMBRE; LES PRÉCÉDENTS.

GORDON, *se jetant entre Buttler et les assassins.*

Non, barbare! Il faudra que tu me passes sur le corps, car je ne veux pas que, moi vivant, il se commette une telle horreur.

BUTTLER, *le repoussant.*

Vieillard imbécile! (*On entend des trompettes dans le lointain.*)

MACDONALD et DÉVEROUX.

Les trompettes suédoises! Les Suédois sont devant Égra! Hâtons-nous!

GORDON.

Dieu! Dieu!

BUTTLER.

A votre poste, commandant! (*Gordon se précipite dehors.*)

LE VALET DE CHAMBRE *entre en toute hâte.*

Qui ose faire ici du bruit? Silence! le duc dort.

DÉVEROUX, *d'une voix haute et terrible.*

Ami! le moment est venu de faire du bruit.

LE VALET DE CHAMBRE, *poussant des cris.*

Au secours! au meurtre!

BUTTLER.

Tuez-le!

LE VALET DE CHAMBRE, *percé par Déveroux, tombe à l'entrée de la galerie.*

Jésus! Marie!

BUTTLER.

Enfoncez les portes! (*Ils entrent dans la galerie, en passant sur le cadavre. On entend dans le lointain deux portes tomber successivement.... des voix sourdes.... un bruit d'armes.... puis tout à coup un profond silence.*)

SCÈNE VIII.

LA COMTESSE TERZKY *avec une lumière.*

Sa chambre à coucher est vide et on ne la trouve nulle part; Neubrunn, qui veillait auprès d'elle, a aussi disparu.... Se serait-elle enfuie? Où peut-elle s'être retirée? Il faut courir après elle, mettre tout le monde en mouvement! Comment le duc prendra-t-il cette terrible nouvelle?... Si seulement mon mari était revenu du festin! Le duc serait-il encore éveillé? Il m'a semblé entendre ici des voix et des pas. Je veux aller prêter l'oreille à sa porte. Écoute! Qui est-ce? On monte précipitamment l'escalier.

SCÈNE IX.

LA COMTESSE, GORDON, *puis* BUTTLER.

GORDON, *se précipitant dans la salle, empressé, hors d'haleine.*

C'est une erreur.... ce ne sont pas les Suédois. N'allez pas plus loin.... Buttler.... Dieu! où est-il? (*Apercevant la Comtesse.*) Comtesse, dites....

LA COMTESSE.

Vous venez du château? Où est mon mari?

GORDON, *saisi d'horreur.*

Votre mari? Oh! ne m'interrogez pas! Rentrez.... (*Il veut sortir.*)

LA COMTESSE *le retient.*

Pas avant que vous m'ayez appris....

GORDON.

Le sort du monde dépend de cet instant! Pour l'amour de Dieu! allez!... Pendant que nous parlons.... Dieu du ciel! (*Criant à haute voix :*) Buttler! Buttler!

LA COMTESSE.

Mais il est au château avec mon mari. (*Buttler vient de la galerie.*)

GORDON, *qui l'aperçoit.*

C'était une erreur.... Ce ne sont pas les Suédois.... Ce sont les Impériaux qui ont pénétré dans la ville.... Le lieutenant général m'envoie, il sera bientôt ici en personne.... N'allez pas plus loin....

BUTTLER.

Il vient trop tard.

GORDON *se précipite contre le mur.*

Dieu de miséricorde!

LA COMTESSE, *pleine d'un sombre pressentiment.*

Pourquoi trop tard? Qui sera bientôt ici en personne? Octavio a pénétré dans Égra? Trahison! Trahison! Où est le duc? (*Elle s'élance vers la galerie.*)

SCÈNE X.

LES PRÉCÉDENTS, SÉNI, *puis* LE BOURGMESTRE, UN PAGE, UNE FEMME DE CHAMBRE; DES DOMESTIQUES *courent pleins d'effroi sur le théâtre.*

SÉNI, *qui vient de la galerie avec tous les signes de la terreur.*

O crime sanglant, épouvantable!

LA COMTESSE.

Qu'est-il arrivé, Séni?

UN PAGE, *sortant de la galerie.*

O spectacle déplorable! (*Des Domestiques avec des flambeaux.*)

LA COMTESSE.

Qu'y a-t-il? Pour l'amour de Dieu!

SÉNI.

Vous le demandez encore? Le prince gît là-dedans égorgé, votre mari a été tué au château. (*La Comtesse demeure glacée d'effroi.*)

UNE FEMME DE CHAMBRE *accourt en toute hâte.*

Aide, aide à la duchesse!

LE BOURGMESTRE *arrive, plein d'épouvante.*

Quel cri lamentable arrache au sommeil les habitants de cette maison?

GORDON.

Votre maison est maudite à jamais. Dans votre maison le prince gît égorgé.

LE BOURGMESTRE.

Dieu nous en préserve! (*Il se précipite dehors.*)

PREMIER DOMESTIQUE.

Fuyez! fuyez! Ils nous tueront tous.

SECOND DOMESTIQUE, *portant de l'argenterie.*

Par ici! En bas, les issues sont gardées.

DES VOIX, *derrière la scène.*

Place! place au lieutenant général! (*À ces mots, la Comtesse se réveille de sa stupeur, se maîtrise et sort rapidement.*)

UNE VOIX, *derrière la scène.*

Gardez la porte! Qu'on écarte le peuple!

SCÈNE XI.

LES PRÉCÉDENTS, *sans la Comtesse*; OCTAVIO PICCOLOMINI *entre avec une suite;* DÉVEROUX *et* MACDONALD *viennent en même temps du fond de la scène avec des hallebardiers. Le corps de Wallenstein, dans un tapis rouge, est emporté par le fond de la scène.*

OCTAVIO, *entrant précipitamment.*

Cela ne peut être! C'est impossible! Buttler! Gordon! Je ne veux pas le croire. Dites que non!

GORDON, *sans répondre, étend la main vers le fond du théâtre.*
Octavio regarde et demeure saisi d'horreur.

DÉVEROUX, *à Buttler.*

Voici la Toison d'or, l'épée du prince.

MACDONALD.

Ordonnez-vous que la chancellerie....

BUTTLER, *montrant Octavio.*

Voici celui qui seul désormais a des ordres à donner. (*Déveroux et Macdonald se retirent respectueusement. Tout le monde s'éloigne en silence, de sorte que Buttler, Octavio et Gordon restent seuls sur la scène.*)

OCTAVIO, *se tournant vers Buttler.*

Était-ce là notre pensée, Buttler, quand nous nous sommes séparés? Dieu de justice! Je lève ma main au ciel : je suis innocent de cette horrible action.

BUTTLER.

Votre main est pure. Vous avez employé la mienne à cela.

OCTAVIO.

Infâme! Il te fallait donc abuser ainsi de l'ordre de ton maître et souiller le nom sacré de ton empereur d'un meurtre sanglant et horrible?

BUTTLER, *avec calme.*

Je n'ai fait qu'exécuter la sentence de l'empereur.

OCTAVIO.

O malédiction attachée aux rois, qui donne à leurs paroles une vie terrible, et lie aussitôt à leurs pensées fugitives l'action qui dure, irrévocable! Fallait-il donc une si prompte obéissance? Ne pouvais-tu accorder à son cœur clément le temps de la clémence? Le temps est le bon ange de l'humanité.... Attacher à la sentence l'exécution rapide ne convient qu'au Dieu immuable.

BUTTLER.

Pourquoi me blâmez-vous? Quel est mon crime? J'ai fait une bonne action, j'ai délivré l'empire d'un ennemi redoutable, et je prétends à ma récompense. La seule différence entre votre conduite et la mienne, c'est que vous avez aiguisé le trait et que je l'ai lancé. Vous avez semé du sang et vous êtes consterné en voyant la moisson sanglante. Moi, j'ai toujours su ce que je faisais, aussi ne suis-je effrayé ni surpris d'aucun résultat. Avez-vous du reste quelque commission à me donner? car de ce pas je vais à Vienne, déposer mon épée sanglante au pied du trône de mon empereur et chercher l'approbation que l'obéissance rapide, ponctuelle, a droit de réclamer d'un juge équitable. (*Il sort.*)

SCÈNE XII.

LES PRÉCÉDENTS, *sans Buttler;* LA COMTESSE TERZKY *entre, pâle et défigurée. Sa parole est faible, lente, sans passion.*

OCTAVIO *va au-devant d'elle.*

O comtesse Terzky! fallait-il que les choses en vinssent là! Telles sont les suites des funestes entreprises.

LA COMTESSE.

Ce sont les fruits de votre conduite.... Le duc est mort, mon mari est mort, la duchesse lutte avec la mort, ma nièce a disparu. Cette maison de splendeur et de magnificence est mainte-

ACTE V, SCÈNE XII.

nant déserte, et tout le service de la cour fuit et se précipite effrayé par toutes les portes. J'y suis restée la dernière, je l'ai fermée et je vous en livre les clefs.

OCTAVIO, *avec une profonde douleur.*

O comtesse, ma maison est déserte aussi!

LA COMTESSE.

Qui doit périr encore? Qui doit être encore maltraité? Le prince est mort, la vengeance de l'empereur peut être satisfaite. Épargnez les anciens serviteurs. Qu'on ne fasse pas un crime, à ces fidèles aussi, de leur amour et de leur foi! Le destin a surpris mon frère trop soudainement, il n'a pu songer à eux.

OCTAVIO.

Pas de rigueurs! pas de vengeance, comtesse! Une grande faute a été grandement expiée, l'empereur est apaisé, rien ne passer, du père à la fille que sa gloire et ses services. L'impératrice honore votre malheur, elle vous ouvre avec sympathie ses bras maternels. Ainsi, plus de crainte! Prenez confiance et remettez-vous avec espoir à la clémence impériale.

LA COMTESSE, *en jetant un regard vers le ciel.*

Je me confie à la clémence d'un plus grand maître.... Où le corps du prince trouvera-t-il le lieu de son repos? Dans la chartreuse qu'il a lui-même fondée, à Gitschin, repose la comtesse Wallenstein; c'est là, auprès de celle qui commença sa prospérité, qu'il a désiré, par reconnaissance, de dormir un jour du dernier sommeil. Oh! souffrez qu'il soit enseveli en ce lieu! Je demande la même faveur pour les restes de mon mari. L'empereur est en possession de nos châteaux; qu'on nous accorde seulement encore une tombe près des tombes de nos aïeux.

OCTAVIO.

Vous tremblez, comtesse.... Vous pâlissez.... Dieu! Et comment dois-je interpréter vos paroles?

LA COMTESSE *rassemble ses dernières forces et parle avec vivacité et noblesse.*

Vous pensez trop bien de moi pour croire que je survive à la chute de ma maison. Nous nous sommes sentis assez grands pour étendre la main vers une couronne royale.... Cela ne devait pas être.... Mais notre âme est royale, et nous estimons une

mort libre et courageuse, préférable à une vie déshonorée....
Le poison....

OCTAVIO.

Oh! sauvez-la! Au secours!

LA COMTESSE.

Il est trop tard. Dans peu d'instants, mon destin sera accompli. (*Elle sort.*)

GORDON.

Oh! maison de meurtre et d'horreur! (*Un courrier vient et apporte une lettre, Gordon va au-devant de lui.*) Qu'y a-t-il? C'est le sceau impérial. (*Il a lu l'adresse et remet la lettre à Octavio, avec un regard de reproche.*) Au prince Piccolomini. (*Octavio tressaille consterné, et regarde le ciel avec douleur. La toile tombe.*)

FIN DE LA MORT DE WALLENSTEIN.

APPENDICE

AUX

PICCOLOMINI ET A LA MORT DE WALLENSTEIN.

« On sait, dit M. Hoffmeister, dans ses *Suppléments aux œuvres de Schiller*, que *les Piccolomini* et la *Mort de Wallenstein* étaient, dans le principe, autrement coupés qu'à présent. La première pièce comprenait encore les deux premiers actes de la *Mort de Wallenstein*, et cette dernière tragédie ne commençait qu'au troisième acte. C'est conformément à cette distribution que les deux drames furent mis au théâtre à Weimar et qu'ils sont encore représentés aujourd'hui.

« J'ai autrefois, dans ma *Vie de Schiller*, exprimé la conjecture que les trois derniers actes de la *Mort de Wallenstein* devaient avoir, sous leur forme primitive, un texte beaucoup plus étendu que maintenant, pour suffire à la tragédie entière ; que *les Piccolomini*, en revanche, puisqu'ils ne contenaient que trois actes, étaient sans doute bien plus courts, et qu'ils n'avaient reçu que plus tard du poète leur développement actuel.

« Je suis maintenant en état de rectifier et de préciser mes vues à ce sujet et de donner des renseignements positifs sur les différences qui distinguent le *Wallenstein* représenté sur la scène de Weimar de notre *Wallenstein* imprimé. Il est vrai que l'exemplaire du théâtre, où la trilogie était accompagnée de remarques autographes de Schiller, a péri dans l'incendie de la salle de Weimar, le 21 mars 1825, avec d'autres reliques précieuses ; mais la perte a été comblée et réparée par la fidèle tradition, et j'ai obtenu de l'obligeante intendance de la scène de Weimar, par l'entremise de mon honorable ami, M. le conseiller d'appel Ernest de Schiller, la communication d'un exemplaire à l'usage du théâtre, par lequel j'ai pu voir comment *Wallenstein* fut représenté, dans le principe, à Weimar.

« *Les Piccolomini* s'étendent jusqu'à la scène où Max se jette dans les bras de son père et où ensuite ils s'éloignent chacun de son côté [1]. Le texte de la version théâtrale est conforme à notre texte imprimé : seulement l'auteur y a fait de nombreuses coupures, pour que les sept actes puissent se réduire à cinq. Là où finit maintenant le premier acte des *Piccolomini* [2], le lieu de la scène change, la scène première du second acte est entièrement supprimée, et l'on voit, dans une salle chez le duc de Friedland, un *Page* qui porte sur un coussin de velours rouge le bâton de commandement et le place sur une table près du fauteuil du Duc. La porte s'ouvre à deux battants, on aperçoit à l'extérieur des gardes, qui

1. *Mort de Wallenstein*, acte II, scène VII, p. 464.
2. Voy. p. 348.

présentent les armes à l'entrée de Wallenstein. Wallenstein et la Duchesse entrent :

« Eh bien, Duchesse? Vous avez touché Vienne, etc.[1]. »

Un mot est substitué à un autre dans la seconde réponse de la Duchesse (*Auftrag* à *Vorschrift*); du reste ce premier acte se prolonge, sans changements dans le texte, mais avec beaucoup de retranchements, jusqu'au troisième acte d'à présent. Il a onze scènes.

« Le second acte commence là où maintenant s'ouvre le troisième. Divers morceaux ont été supprimés, entre autres le chant de Thécla[2]. Après la dernière scène de notre troisième acte, la chute du rideau est remplacée par un nouveau changement de scène, et ce deuxième acte, composé de seize scènes, va jusqu'au cinquième du drame imprimé.

« Notre cinquième acte forme le troisième de la version du théâtre, qui a pour quatrième et pour cinquième le premier et le second de la *Mort de Wallenstein*. La scène sixième du second est omise. Dans la septième, ces mots de Max : « Serait-ce avec préméditation que tu aurais amené les choses à ce point ? » sont remplacés par ceux-ci : « Aurais-tu mieux aimé le voir coupable que sauvé? » Il y a aussi de nombreuses coupures dans l'avant-dernier acte.

« Les *Piccolomini*, sous cette forme, durent, sans compter les entr'actes, près de trois heures; mais la pièce fait un ensemble beaucoup plus satisfaisant que dans son état actuel.

« La *Mort de Wallenstein* commence au troisième acte d'à présent (p. 488), et le premier acte finit à ces mots de Wallenstein, à la fin de la dixième scène : « Maintenant, je combats pour ma tête et ma vie (p. 488). » La onzième scène (p. 488) est supprimée, et le second acte commence à la treizième. Il en forme onze et va jusqu'à notre quatrième acte. Le troisième s'étend de là jusqu'à la fin de la huitième scène (p. 528), où Gordon dit à Buttler :

« Oh! c'est un rocher que je veux émouvoir! Vous n'avez pas été engendré humainement par des hommes. Je ne puis vous arrêter; mais qu'un Dieu le sauve de votre main redoutable. »

« Mais, comme ces mots ne termineraient pas l'acte d'une manière assez frappante, Schiller composa, pour la représentation du drame, sous cette forme, un monologue de Buttler, qui clôt le troisième acte. Buttler reste sur la scène après le départ de Gordon, et dit :

« Je me suis conservé ma pure renommée pendant toute ma vie. La perfidie de ce duc me dépouille du plus grand trésor de mon existence. Qu'il me faille rougir devant ce cœur faible de Gordon ! Pour lui, la fidélité passe avant tout; il n'a rien à se reprocher. Même en dépit de sa mollesse d'âme, il se soumet au dur devoir. Moi, la passion m'en a détourné dans un moment de faiblesse. Me voilà auprès de lui, valant moins que lui, et si le monde ne connaît pas ma trahison, il est un homme pourtant qui le sait et l'atteste.... cet Octavio, à l'âme haute ! Il vit un homme sur la terre qui a mon secret pour me déshonorer.... Non, cette tache d'infamie, le sang peut seul l'effacer.... Toi, Friedland, ou moi! La fortune te remet dans mes mains; je suis à moi-même mon prochain le plus cher.... Ce n'est pas la générosité qui est l'âme de ce monde. L'homme fait la guerre;

---

1. *Les Piccolomini*, acte II, scène II, p. 349.
2. *Ibid.*, acte III, scène VII, p. 385.
3. Voy. p. 465.

sans cesse en campagne, il faut qu'il combatte pour le sol étroit de l'existence; c'est un terrain glissant, et sur lui pèse le poids du monde avec toutes ses puissances! S'il ne découvre d'un œil rapide la branche du salut et ne la saisit soudain, s'il ne s'attache au sol d'un pied ferme, le torrent impétueux le soulève, et, emporté dans le tourbillon de ses ondes, il est dévoré et submergé. » (*Il sort; le rideau tombe.*)

« Le troisième acte se terminait ainsi, à la façon de Schiller, avec force et dignité, par une pensée générale.

« Dans le quatrième acte, qui, dans cet arrangement du drame pour le théâtre, s'étend jusqu'à la troisième scène du cinquième acte, il y a une importante transposition de scènes. L'acte précédent est aussi modifié par quelques déplacements, mais bien moindres, et il ne m'a pas paru qu'il valût la peine de les mentionner. Le quatrième acte commence par la deuxième scène (la première est supprimée) du cinquième acte de notre texte, la scène entre Buttler, le capitaine Déveroux et Macdonald (p. 542); la neuvième du quatrième acte (p. 528) devient la seconde; la suivante, entre Thécla et le Capitaine suédois (p. 532), la troisième; Thécla et Neubrunn (p. 535), la quatrième; enfin Thécla seule (p. 538), la cinquième et dernière, car les scènes treize et quatorze sont retranchées.

« Le cinquième acte, forme dix scènes. Il commence à la troisième (p. 549) et va, sans interruption, *jusqu'à la fin du drame.*

« Dans la *Mort de Wallenstein*, l'auteur a fait aussi un bon nombre de coupures, mais il n'y a introduit que fort peu de variantes. »

Il nous reste à faire connaître une scène que Schiller avait composée pour être la première du premier acte de la *Mort de Wallenstein*, sous sa forme actuelle, mais qu'il a ensuite remplacée, d'après le conseil de Gœthe, par celle qui ouvre la pièce dans notre traduction (p. 425). La voici, telle que M. Dœring l'a extraite de l'*Album de l'amour et de l'amitié* (année 1815) :

WALLENSTEIN, SÉNI.

WALLENSTEIN.

Ainsi il est mort, mon vieil ami et maître ?

SÉNI.

Il est mort à Padoue, dans la cent neuvième année de son âge, tout juste à l'heure qu'il s'était marquée lui-même dans son horoscope. Parmi les oracles qu'il a laissés, et dont deux sont déjà accomplis, on a encore trouvé celui-ci, et tout le monde pense qu'il te concerne. (*Il écrit en grosses lettres sur un tableau noir.*)

WALLENSTEIN, *regardant le tableau.*

Cinq F.... Hum! c'est étrange! Les esprits aiment d'ordinaire l'obscurité.... Si l'on pouvait m'expliquer le vrai sens de cette énigme!

SÉNI.

Elle est déchiffrée, seigneur.

WALLENSTEIN.

C'est? Elle veut dire?

SÉNI.

Tu as entendu parler des sept M, qui furent proposés au monde par le même philosophe, peu avant la mort de feu l'empereur Matthias?

WALLENSTEIN.

Oui, sans doute; ils nous donnèrent alors fort à réfléchir. Que signifiaient-ils donc? Un moine les a expliqués.

SÉNI.

Magnus Monarcha Mundi Matthias Mense Majo Morietur.

WALLENSTEIN.

Et cela se vérifia ponctuellement : il mourut au mois de mai.

SÉNI.

Celui qui a trouvé le vrai sens de cet M d'alors, a lu aussi cet F d'aujourd'hui.

WALLENSTEIN, *attentif.*

Eh bien ! voyons.

SÉNI.

C'est un vers.

WALLENSTEIN.

La divinité s'exprime en vers. (*Séni écrit en grosses lettres sur le tableau.*)

WALLENSTEIN *lit.*

Fidat Fortunæ Friedlandus.

SÉNI.

« Que Friedland se fie à la Fortune ! » (*Il continue d'écrire.*)

WALLENSTEIN *lit.*

Fata Favebunt.

SÉNI.

« Les destins lui seront propices. »

WALLENSTEIN.

« Que Friedland se fie à la Fortune ! Les destins lui seront propices. » (*Il demeure plongé dans de profondes réflexions.*) D'où me vient cette parole?... Est-elle toute vaine ou toute importante? Voilà la question. Ici point de milieu. La plus haute sagesse est si voisine ici de la plus haute illusion ! A quelle épreuve dois-je recourir?... Ce que mes sens m'offrent d'étrange, cela sort-il des profondeurs d'un art mystérieux, ou ne serait-ce qu'une image trompeuse, à la surface?... Le jugement est difficile, car des preuves, il n'en est point ici. Ce n'est qu'à l'esprit au dedans de nous que l'esprit du dehors se révèle. Celui qui n'a pas la foi, les génies perdent leur peine à l'instruire par des prodiges, et dans le livre profond, plein de sens, des étoiles, son œil vulgaire ne lit que le calendrier. Les oracles parlent à celui qui les accueille, et comme l'ombre d'ordinaire suit l'objet réel, ici le corps peut suivre l'ombre. Car comme *l'image du soleil se peint dans l'atmosphère, avant que l'astre se montre, ainsi les grands événements ont leurs fantômes qui marchent devant eux, et la journée de demain apparaît déjà dans celle d'aujourd'hui*[1]. Les puissances

---

1. Schiller a conservé, dans la version définitive du drame, les mots impri-

qui conduisent l'homme d'une étrange façon retournent souvent pour lui la tête de Janus du Temps : il faut que l'avenir enfante le présent.

Fidat Fortunæ Friedlandus, Fata Favebunt. Cela ne résonne pas comme une parole humaine.... Les paroles des hommes ne sont que des signes inanimés, les paroles des esprits sont des puissances vivantes. Celle-ci vient à moi comme une force mystérieuse et ébranle les fibres les plus profondes de ma vie. Il me semble, pendant que je la forme avec mes lèvres, qu'elle prend un corps et peu à peu se dresse, et qu'une tête de fantôme, au regard fixe, s'avance en face de moi.

més en italique. Ils se trouvent dans un discours de Wallenstein à la comtesse Terzky (*Mort de Wallenstein*, acte V, scène III, p. 3».)

TABLE DES MATIÈRES

	Pages.
DON CARLOS, INFANT D'ESPAGNE, poëme dramatique............	1
Appendice. Variantes...................................	191
Premier plan de don Carlos........................	214
Dédicace au duc Charles-Auguste de Saxe-Weimar.........	216
Préface de don Carlos.............................	217
Avis relatif à don Carlos...........................	219
Hommage de don Carlos............................	220
Lettres de Schiller sur don Carlos......................	221
LE MISANTHROPE, fragment...........................	251
WALLENSTEIN, poëme dramatique.......................	281

PREMIÈRE PARTIE :

LE CAMP DE WALLENSTEIN............................	283
Appendice..	325
LES PICCOLOMINI.....................................	327

DEUXIÈME PARTIE :

LA MORT DE WALLENSTEIN, tragédie....................	423
Appendice aux Piccolomini et à La Mort de Wallenstein.........	569

Imprimerie générale de Ch. Lahure, rue de Fleurus, 9, à Paris.

www.ingramcontent.com/pod-product-compliance
Lightning Source LLC
Chambersburg PA
CBHW060506230426
43665CB00013B/1404